武斌 著

第三卷
中西交通与文化互鉴

中国接受
海外文化史

SPM 南方出版传媒 广东人民出版社
·广州·

图书在版编目（CIP）数据

中国接受海外文化史 / 武斌著 . —广州：广东人民出版社，2022.1
ISBN 978-7-218-15338-4

Ⅰ . ①中… Ⅱ . ①武… Ⅲ . ①文化交流—文化史—中国 Ⅳ . ① K203

中国版本图书馆 CIP 数据核字（2021）第 215385 号

ZHONGGUO JIESHOU HAIWAI WENHUA SHI

中国接受海外文化史

武 斌 著　　　　　　　　　　　　　　　　版权所有　翻印必究

出 版 人：肖风华

出版统筹：柏　峰
责任编辑：陈其伟　赵　璐
装帧设计：书窗设计
责任技编：吴彦斌　周星奎

出版发行：广东人民出版社
地　　址：广州市海珠区新港西路 204 号 2 号楼（邮政编码：510300）
电　　话：（020）85716809（总编室）
传　　真：（020）85716872
网　　址：http://www.gdpph.com
印　　刷：广州市浩诚印刷有限公司
开　　本：787mm×1092mm　1/16
印　　张：137.5　插　页：28　字　数：2300 千
版　　次：2022 年 1 月第 1 版
印　　次：2022 年 1 月第 1 次印刷
定　　价：598.00 元（全 4 册）

如发现印装质量问题，影响阅读，请与出版社（020-85716808）联系调换。
售书热线：（020）85716826

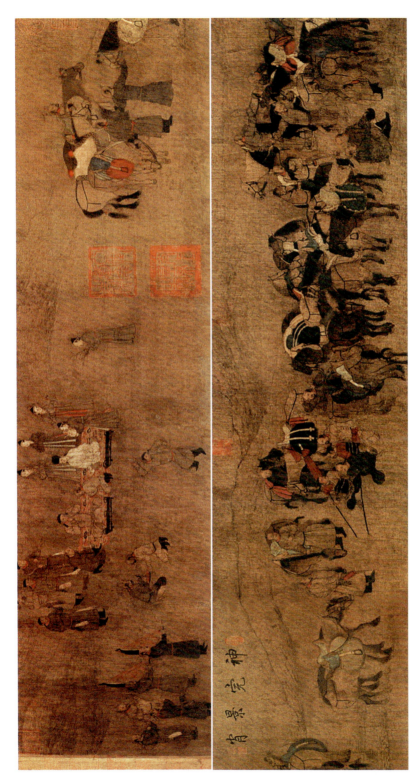

五代胡瓌《卓歇图》（局部），描写契丹族的生活场景。故宫博物院藏

暹羅國在海濱所生男子即割陽所嵌人寶不如晃則不得以富貴驕人厭後配偶又如晃方始得娶地產有犀角香木等物

宋李公麟《万国职贡图》（局部）。台北故宫博物院藏

宋海船纹铜镜。中国国家博物馆藏

元刘贯道《元世祖狩猎图》。故宫博物院藏

明陈洪绶《斜倚熏笼图》。上海博物馆藏

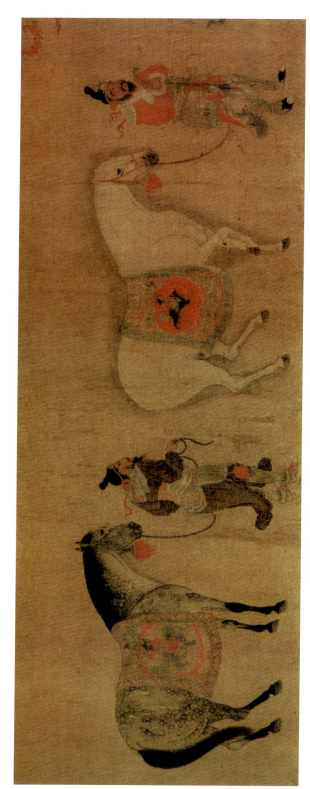

元任伯温《职贡图》（局部）。美国旧金山西部博物馆藏

广州蒲氏家族墓碑。广东省博物馆藏

泉州宋蕃客墓石碑。泉州海外交通史博物馆藏

北宋《重修天庆观记》碑文拓片。广州市博物馆藏

7

泉州伊斯兰也门人建的寺碑。厦门大学人类学博物馆藏

泉州伊斯兰教艾哈马德墓碑。厦门大学人类博物馆藏

明永乐帝敕谕碑拓片。北京民族文化宫藏

泉州景教兴明寺也里可温碑。泉州海外交通史博物馆藏

《马可·波罗游记》扉页的马可·波罗肖像画。1477年纽伦堡印本

目 录

第十五章

宋代海外交通与文化交流

经历了 300 年的大唐气象，中国文化的发展达到一个辉煌的顶峰。此后，经过短暂的五代，中国又进入到一个文化发展的重要时期，这就是宋元时期。从中外文化交流史的角度来看，总体上说，与前代相比，宋元时期的文化交流更为广泛和更为普遍了。虽然宋代不具备唐代那样广泛的官方国际交往，但民间贸易，特别是海上民间贸易的规模却不断扩大。而至元代，中西交通大开，陆路和海路交通十分顺畅，中华文化的深度和广度达到了它那个时代可能达到的最大限度。

一　宋代的海外交通与交往

1. 宋代中外文化交流的态势

英国学者艾兹赫德指出："在中国与外部世界的关系史上，宋朝和元朝，也就是公元 1000 年到 1350 年的中世纪，是特别重要的。"[①]

宋代 300 年，其疆域远没有唐朝那样广大，其气势远没有唐朝那样宏阔，虽然它结束了五代的分裂与动乱，也是中国历史上一个统一的王朝，但实际上它只是处于中国领土的一部分，另外有西夏和辽、金先后与其对峙。但是，从中华文化史的角度来看，宋代是中华文化发展的一个高度成熟的阶段。如果说秦汉时代的文化高峰还带有初创时期的勃勃生机和粗犷风格，盛唐时代的文化盛世带有无与伦比的恢弘气度和雄壮风范，那么，宋代的文化，则处处表现出精致、完备和典雅的成熟风貌。在哲学上，有宋明理学；在宗教上，有悦禅之风；在科学上，火药、指南针和活字印刷术的发明，标志着中国古代科学技术体系的成熟；而在礼俗和日常生活中，中国传统的礼仪教化和伦理秩序已十分完备。正是这种在文化的各个层面、各个领域中普遍展现出来的成熟境界，使这一时期成为中华文化史上一个相对独立的发展阶段。美国学者罗兹·墨菲称宋朝是中国的"黄金时代"，

---

① ［英］S. A. M. 艾兹赫德著，姜智芹译：《世界历史中的中国》，上海人民出版社 2009 年版，第 121 页。

他在《亚洲史》中这样评价宋朝：

> 在许多方面，宋朝在中国都是个最令人激动的时代，它统辖着一个前所未见的发展、创新和文化繁盛期。从很多方面来看，宋朝算得上一个政治清明、繁荣和创新的黄金时代。宋朝确实是一个充满自信和创造力的时代。①

从中外文化交流史的角度来看，从总体上说，宋代的文化交流更为广泛和更为普遍。虽然宋代不具备唐代那样广泛的官方交往，但民间贸易，特别是海上贸易的规模却不断扩大。大量输入中国的外国商品渗透到人们的日常生活中，改变着人们的生活意识和审美情趣，以至于人们的生活中处处体现着典雅精致的情趣。

自从汉唐印度佛教及其文化在中国得到大规模传播之后，宋代中国所面对的外国文化、所接受的外国文化，主要是阿拉伯文化。自从7世纪阿拉伯帝国迅速兴起之后，阿拉伯文化在广泛吸收波斯文化、印度文化、古希腊文化的基础上，成为当时世界先进文化的集合和代表，并出现了向四周广泛传播的态势。中国的对外贸易尤其是海上贸易，基本上由阿拉伯商人所垄断，阿拉伯商人、波斯商人取代了汉唐时期印度商人、粟特商人的地位。他们把大量的阿拉伯商品以及经他们转手的非洲、欧洲和南洋的商品运到中国，把中国的丝绸、瓷器等物产运销海外。在宋代，中国的对外贸易比以往有很大的增加，进口国的范围大大地扩展了，进口商品的种类和数量大大地增加了，广州、泉州等港口城市，出现了比以往更加繁忙的景象。这些进口的商品，包括香料、药物、珠宝以及工艺品和地方特产等，丰富了人们的生活，特别是宋代以后，许多在前代仅为上层社会所享用的奢侈品，由于进口数量巨大，已经走进普通百姓的日常生活之中，为广大民众所享用。所以，从日常生活的角度看，宋代要比唐代更为精致、更为时尚，也更为丰富多彩。这是一个物质交流的大时代，络绎不绝的各国使节，碧海扬波的商船，大漠流沙上的商队，充当了世界各地物产的"搬运工"。正是他们，让世界各地的人们享用到其他国家、其他民族的文明成果。

---

① ［美］罗兹·墨菲著，黄磷译：《亚洲史》，海南出版社、三环出版社2004年版，第198—201页。

物质文化的交流是各民族文化交流的强大推动者和主要载体。不仅如此，物质的交流不仅仅只是一件商品、一件有使用价值的东西，还包含着其背后的文化理念、审美情趣、价值取向以及科学技术等软实力的内容，这些对接受地的民族文化有着潜移默化的影响。宋代是中国科技文化大发展的时代，除了前面提到的印刷术、火药和火器技术、指南针和航海技术之外，天文学、数学、医学、化学等领域也有长足的发展，有些明显是受到阿拉伯文化的影响，还有一些很可能是在这种文化交流中受到激励与启发，从而引起自身的发展。

在这种广泛的物质文化交流中，中国人的世界视野也比前代大为扩展。中国人对于世界地理的认知，已经包含整个欧亚大陆的知识，以及南亚、东南亚和非洲的知识。这些关于世界各国的知识，包括其物产、政治、经济和文化风俗的了解，比较具体了，比较切合实际了。对外部世界认识的扩大实际上也在改变着中国人的世界观，改变着中国人对于外部世界的看法，同时也潜移默化地改变着中国人对于自己和自己文化的看法。

与此同时，宋代有更多的阿拉伯商人、波斯商人滞留在中国，形成所谓的"蕃客"，并出现了他们集中的聚居区"蕃坊"。从汉至南北朝时期，就有许多外国人进入中国，唐朝更为大盛，在社会生活上掀起阵阵"胡风"。到了宋代，随着对外贸易的大发展，来华的外国人更多了，除了唐以来的西域人、波斯人、阿拉伯人等之外，开封还出现了犹太人社区。

所以，有宋一代，中西文化交流出现了前所未有的广阔态势，其盛况远超过盛唐时期。

但是，另一方面，这一时期的文化交流主要是在物质层面、技术层面，是一种补充式的传播和交流，是一种潜移默化的接受和融合，而不是冲击式、震荡式的。这是因为，这一时期海外文化在中国的传播，特别是阿拉伯文化在中国的传播，并没有触动、冲击中国传统文化的核心价值，因而也就没有、也没必要引起中国文化体系相应地回应和改变。在这一时期，外国的宗教如伊斯兰教、也里可温教等也在中国传播，但是，伊斯兰教主要是在外来的穆斯林人群中传播，即作为他们的宗教信仰和生活方式而存在，并没有向该群体之外的人们传教，伊斯兰教的经典《古兰经》和《圣训》也没有被翻译成汉文并流传，所以，在中国人看来，伊斯兰教只是那些"回回"的奇风异俗和生活习惯，因而对中国文化本身、对于中国人的思想世界和信仰世界没有发生影响。也里可温教即天主教和景教虽然也做了很多传教的努力，但基本上是在蒙古上层社会和外来人群中传播，没有进入以汉族为主体的中国社会之中。这个时期伊斯兰教、也里可温教甚至印度教都进入了中国，但它们是随着外来移民群体进入的，是在这个群体中活动的，没有像当初的佛教那样广为宣传和扩散，也没有像以后的天主教那样进行广泛的传教活动，所以当元朝灭亡以后，也里可温教也就销声匿迹，而伊斯兰教则仍然作为"回回"等民族的信仰而存在。

尽管宋代文化交流的范围很广泛，人员的往来很频繁，但没有对中国传统文化的体系产生实质性影响。我们在那个时代的文人中，既没有看到佛教进入中国时引起的震动和争论，也没有李白、白居易那样的诗人对"胡旋舞""胡姬""酒家胡"大加赞颂，更没有晚清时期李鸿章"三千年未有之大变局"的惊叹。有时候甚至觉得奇怪，宋代的那些知识分子，那些文人学士，对于满大街的外国人，对于满大街的奇装异服，对于琳琅满目的外国货，对于遍布各地的清真寺和景教寺，居然见怪不怪，没有多少值得注意的记载和评论，更没有唐代那样多的以"胡风"为主题的诗词歌赋，思想的交流不属于这个时代。而且，艺术和文学领域的文化交流，也没有多少值得特别注意的东西。

这也许是宋代中外文化交流的一个时代性特点。

2. 宋代中外朝贡关系的发展

宋朝立国后，便积极发展与外国的交往和贸易关系。宋朝与朝鲜、日本、东南亚和南亚地区的传统友好关系得到加强和发展，与中亚地区和阿拉伯的官方往来及民间贸易也有所扩大，同时还开辟了与非洲的海上交通，与北非和东非国家建立了官方往来和民间贸易。有宋一代，与世界上 50 多个国家建立经常性交往关系。

在宋代，每年有外国使者和蕃夷贵客来京朝贡，络绎不绝。据《宋会要辑稿·蕃夷》所载，宋代来华朝贡的国家有 26 个，朝贡次数为 302 次，其中，除东亚的高丽外，交趾、占城、三佛齐、大食等东南亚和西亚国家来华朝贡频繁。据统计，宋代来华朝贡较多的国家和地区有：高丽 41 次，交趾 45 次，占城 56 次，三佛齐 33 次，大食 40 次，于阗 34 次，龟兹 21 次。与宋保持朝贡关系的海外国家还有注辇、蒲端、渤尼、阇婆、真腊等。大的使团多至一二百人，小的使团也有数十人。据宋庞元英《文昌杂录》卷一记载，宋代接待的外国使者与蕃夷贵客有：东方有四即高丽、日本、渤海靺鞨、女真；西方有九即西夏国、董毡、于阗、回鹘、龟兹、天竺、沙门、伊州、西州；南方有十三即交趾、渤泥、拂菻、注辇、大食、占城、三佛齐、阇婆、陀罗离、大理、层檀、勿巡、俞卢和地；西南五蕃即罗、龙、方、张、石；北方即契丹、匈奴等。

各国贡使凭历代相沿的习惯和经验，根据地理之远近、交通便利与否选择登陆或进入地点。宋中叶以前，高丽贡使主要在登州登岸，后改由明州出入。交趾贡使由广南西路的如洪镇入境。其他东南亚国家多从广州、泉州登岸。西域贡使抵秦州辖境后，由当地政府派人护送至京。阿拉伯国家在北宋时期由陆海两路来华，南宋时期则多由海路。

各国贡使在京期间，须履行一系列繁琐的朝贡礼仪。据《宋史》记载，其内容包括呈递本国表章，移交贡物，应诏觐见皇帝，参加庆典活动和宴会，代表本国国王接受宋廷封赏和官方文书等。有些国家的贡使还将本国习俗传入，并被宋朝纳入朝贡礼仪，如注辇、三佛齐贡使在觐见宋帝时，"以真珠、龙脑、金莲花等登陛跪散之，谓之撒殿"。

朝贡具有贸易和政治双重功能，宋朝政府除在贸易方面对贡物"估价酬值"外，还常对朝贡国国王、贡使进行额外赏赐，亦称"给赐""加赐"等。在政治上则对朝贡国国王、贡使予以册封。宋仁宗以前，"远国使人贡，赐以间金涂银带"（《宋史》）。天圣六年（1028），三佛齐国王遣使朝贡时，"特以浑金带赐之"。绍兴七年（1137），三佛齐国王遣使"进贡南珠、象齿、龙涎、珊瑚、琉璃、香药。诏补保顺慕化大将军、三佛齐国王，给赐鞍马、衣带、银器。赐使人宴于怀远驿"（《宋史》）。接受宋朝封号的朝贡国国王除高丽、三佛齐国王外，还有交趾、占城、真腊、注辇、于阗等国的国王，其他则赐以诏书、冠带、金、银等。但因宋朝国势衰微，对上述国家的册封并不具君臣主从关系的真实内涵。此外，宋朝还授予各国贡使诸如"归德将军""怀化将军""宁远将军""郎将"等虚衔。

海外国家遣使来华朝贡，一般要向宋廷呈递象征君臣主从关系的表章，称"奉表"或"上表"。元丰至绍圣年间，北宋政府加强对朝贡事务的管理，规定贡使必须携带表章，方许进京，还对有些国家的贡期、回赐等作了限制。北宋初期，西域贡使、商人借宋朝政府招徕朝贡之机，不论有无表章，纷纷涌入京城。元丰初，宋朝颁诏于阗，"惟赍表及方物马驴乃听以诣阙，乳香无用不许贡"（《宋史》）。又令"西南五姓蕃，每五年许一贡"（《宋史》）。北宋时期，偶有朝贡国不按贡期遣使来朝，宋皇也会作出"怀柔远人"的姿态，下诏特许。

宋朝中央主管朝贡事务的机构主要有鸿胪寺、礼部主客司、客省、四方馆等。鸿胪寺负责"四夷朝贡、宴劳、给赐、送迎之事"（《宋史》）。据《文献通考》卷五五记载："宋初虽有九卿，皆以为命官之品秩，而无职事。元丰正名，始有职掌。"故宋初朝贡事务的具体管理，"分隶国信所、都亭、怀远驿、礼宾院"等外事接待机构，位列九卿之一的鸿胪寺"但掌祭祀、朝会"而已。至元丰年间上述机构隶属鸿胪寺后，鸿胪寺开始全面负责朝贡事务的组织与管理工作。其主要职责是：主持对朝贡国的封册、赏赐仪式和贡使的朝觐礼节；按等级、身份确定对四夷君长、贡使的接待规格；翻译朝贡文书；验收贡物；迎送、馆饩、宴享贡使等。建炎三年（1129），鸿胪寺归并于礼部。礼部属官主客郎中、员外郎"掌以宾礼待四夷之朝贡。凡郊劳、授馆、宴设、赐予、辨其等而以式颁之。至则图其衣冠，书其山川风俗。有封爵礼命，则承诏颁付"（《宋史》）。除礼宾事宜外，还负责记载、图绘朝贡国的风俗民情。客省"掌国信使见辞宴赐，及四方进奉、四夷朝觐贡献之仪，受其币而宾礼之，掌其饔饩饮食，还则颁诏书，授以赐予"（《宋史》）。此外，还有四方馆使在贡使参加郊祭、大朝会时，负责安排其位次，引进司使掌"臣僚、蕃国进奉礼物之事"等。

在地方，外国贡使入境的州县，皆设驿馆安置来使，当地军政长官负责接待事宜。如元丰年间，贡使入境后"迓以兵官，饯以通判，使副诣府，其犒设令兵官主之"（《宋史》）。在设置市舶司的港口，市舶司官员参与具体接待事务。宋朝政府规定，贡使抵达后，州县地方官员须"录其国号、人数、姓名、年甲及所赍之物名数，申尚书礼部鸿胪寺"。贡使的行程安排及沿途的接待、供应等，也要记录在案，一并上报。对初入贡者，应"询问其国远近、大小、强弱，与已入贡何国为比奏"（《宋会要辑稿·职官四四》），上奏朝廷。然后，派押伴官护送贡使至京城。贡使往返沿途的供应由所经州县负担。

3. 宋代的海上丝绸之路

在唐代的基础上，宋代的海外交通更为发达。国家的对外交往日益扩大，海外贸易更为活跃，中外文化交流比前代有新的发展。

宋代发达的海外交通，与造船和航海技术水平的提高有很大关系。先进的航海技术和庞大的海船，是进行海外贸易的有力工具。宋代航海造船业的进步，一方面，体现了海外贸易的发展；另一方面，又直接推动了海外贸易的繁荣。

宋代造船业十分兴旺，造船技术和工艺比唐代有很大提高，特别是造船技术成就最大，居于世界领先地位。两宋时期造船技术有三大发明：船尾舱、水密舱、尖底造型及龙骨结构。海船仍然沿袭平地船传统，广泛使用多桅多帆技术、舵技术、船尾纵帆（三角帆技术）、活动主桅技术、水密隔舱技术，并且掌握了石灰浆涂缝技术，船体也由坚实的船板以大铁钉铆牢建成，结构坚固，吨位大（长二三十丈的海船已经很普遍），抗风力强，抗沉性强，适航性好，航速甚至达到四节。所造海船体型庞硕，载重量大，负载多，大者可载万石，相当于现今的 600 吨左右。船体坚固，结构精良，航器先进，设计齐备。宋朱彧《萍洲可谈》说"舶船深阔各数十丈"。《岭外代答》谈到海船，说一般能载几百人，船上能储存一年的粮食，有的还在船上养猪和酿酒。宋代海船建造水平在当时世界上独步一时，宋代船工被后人誉为"世界最进步的造船匠"。吕振羽说：

> 宋朝对外贸易的船只，不仅有用手摇橹的，而且已经有了半机械化的，船下面有轮盘转动，船上有水手六七十人，船身可容几百人，载重很大……所以当时外国人如中亚细亚、非洲、波斯湾等地的人来中国都坐中国船，日本人也坐中国船……中国的这种船，从泉州或广州出发，一个月就可以到印度，做上几个月买卖，从印度用一个月时间又可抵达波斯湾……①

这种巨型的海舶在当时世界上是罕见的。据记载，宋神宗派使节去高丽，命"明州造万斛船二只"，"一曰凌虚致远安济，次曰灵飞顺济，皆名为神舟"，人称为"万斛船"。宋徽宗遣使出使高丽，又命造了两艘更大的海船，号为"神舟"，"巍如山岳，浮动波上，锦帆鹢首，屈服蛟螭"（《宣和奉使高丽图经》）。高丽人聚集海岸，观看远航的友好使船，"倾国耸观"，"欢呼嘉叹"。

宋代改进的造船工艺及其应用已臻成熟，造船业突飞猛进，浙江、福建、

---

① 吕振羽：《中国历史讲稿》，人民出版社 1984 年版，第 242 页。

广东成为建造海船的中心地区，明州、秀州、越州、台州、严州、温州、杭州、婺州等地的造船业都很发达，明州则居首位，成为全国建造海船的重要基地。有资料称，明州船多而且好，船型尖头、尖底、方尾，是中国传统名船——浙船的代表。宋徽宗大观四年（1110），派晁说之在甬东司码头和真武宫码头之间，设置监明州船场，今宁波市战船街即因宋时为造船场所在而得名。高宗建炎三年（1129），为逃避金兵追击，"帝次明州，提领海船张公裕奏：已得千舟，帝甚喜"（《续资治通鉴》），明州船场生产规模之大可想而知。哲宗元祐五年（1090），诏明州、温州"岁造船以六百只为额"（《宋会要辑稿·食货五》）。其时，用于运输的官船频繁出没于舟山海面。王安石《收盐》诗说："州家飞符来比栉，海中收盐今复密。究囚破屋正嗟郁，吏兵操舟去复出。"（《临川集》）除官船场外，民间造船亦甚盛。理宗开庆时，仅民船总计7900艘，其中：鄞县620艘，定海1190艘，象山776艘，奉化1699艘，慈溪282艘，昌国3328艘。

南宋还造过很多车船。车船是在唐德宗时由荆南节度使李皋最早设计制造成功的，可称是现代轮船的始祖。南宋时，车船已在水军建制中大量使用。车船是一种战舰，它有两个木轮桨，每侧一个，一轮叫一车，以人力用脚踩踏，带动轮桨转动，使船行驶，前进速度很快。宋朝时，轮桨增多，有四轮、六轮、八轮、二十轮、二十四轮以至三十二轮之多。

在航海技术方面，宋代有三项重要成就：一是对海洋潮汐的研究，二是航海图的绘制，三是指南针用于航海。朱彧《萍州可谈》卷二说："夜则观星，昼则观日，阴晦观指南针。"这是世界上将指南针运用于航海事业的最早记录。宋代船员在航海实践中积累了丰富的航行知识和经验。日本学者桑原骘藏说："11、12世纪之交，华船已用罗盘，较地中海阿拉伯海船舶之用罗盘，为时独先。"又说华船"自法显后，代有进步，载量日增，设备日周，航术日精，降至宋元，益臻其极。自法显义净始，经六朝而至隋唐，往天竺之僧概乘外船；七八百年后，鄂多立克、伊本·白图泰、马可·波罗等外人，往来华印之间，多乘华船，其故可想也"。[1] 北宋时还绘制了中国历史上第一

①　［日］桑原骘藏：《蒲寿庚考》，引自吴泽主编：《华侨史研究论集》（一），华东师范大学出版社1984年版，第10—11页。

张海道图，即徐兢《宣和奉使高丽图经》中的海道图，对航海事业的发展有很大意义。英国学者巴兹尔·戴维逊（Basil DaVidson）指出："12世纪前后，中国船就技术上来讲，已经能够航行到任何船只所能达到的地方去了。"①

宋朝把发展航海事业作为一项既定国策，大力发展海外贸易，远洋航行的通航区域空前广泛，航程通达整个南洋、北印度洋以及地中海，出现"东西南数千万里，皆得梯航以达其道路"，"虽天际穷发不毛之地，无不可通之理"（《诸蕃志·吴序一》）的鼎盛局面。两宋时，特别是南宋时期，中国的远洋航行空前活跃。南宋人周去非《岭外代答》记录了中国与南洋及西亚的交通情况。宋代的远洋航线可达阿拉伯半岛和东非海岸，当时中国的主要对外港口是广州和泉州。据研究，宋代至东南亚乃至更远通往西方的航路，主要有以下几条：②

（1）广州（或泉州）至三佛齐航路。三佛齐即唐代所称的室利佛逝，位于今苏门答腊，是宋代舶商在南洋进行直航贸易的主要口岸。又由于三佛齐地扼新加坡海峡东南处海口，故而又是中国与印度洋沿岸航行交往的要冲，东西方的远洋船舶多在此地"修船转易货物"。周去非《岭外代答》说三佛齐国是"诸国海道往来之要冲也"。赵汝适《诸蕃志·大食国》说，大食国商人以"本国所产多运载与三佛齐贸易，贾转贩以至中国"。三佛齐至中国的海途十分方便，《厦门志》卷八说，由三佛齐驶向中国，"泛海便风二十日到广州。如泉州，舟行顺风，月余可至"。

（2）广州（或泉州）至阇婆航路。阇婆位于今爪哇岛。宋代的阇婆，其富盛甚于三佛齐，也是中国在南洋通商的重要口岸。由广州出发往阇婆，通常可顺风直航；由阇婆来航，则一般经由渤泥、三佛齐中转。周去非《岭外代答》说："阇婆之来也，稍西北行，舟过十二子石，而与三佛齐海道合于竺屿之下"。《宋史·阇婆传》说，从阇婆出发，"西北泛海十五日至渤泥国，又十五日至三佛齐国，又七日至古逻国，又七日至柴历亭，抵交阯，达广州"。

---

① ［英］巴兹尔·戴维逊著，屠尔康、葛佶译：《古老非洲的再发现》，生活·读书·新知三联书店1973年版，第271页。

② 参见孙光圻：《中国古代航海史》，海洋出版社1989年版，第404—413页；许清泉等：《泉州港与古代海外交通》，文物出版社1982年版，第47—48页。

（3）广州（或泉州）经蓝里、故临至波斯湾航路。蓝里位于苏门答腊岛西北端班达亚齐，扼孟加拉湾与马六甲水道之交口，地当太平洋与印度洋之航行要冲。赵汝适《诸蕃志》说，"泉舶四十余日到蓝里，住冬至次年再发，一月始达"故临。故临位于印度半岛西南部著名的马拉巴贸易海岸，宋代是中外海船云帆汇集、商使交属之处，东西方商舶多在此地歇泊补给。中国与阿拉伯世界的海上交通，一般经由蓝里和故临中转。由于当时中西航海工具的远洋适航性不同，所以"中国舶商欲往大食，必自故临易小舟而往"（《岭外代答·故临国》）；而"大食国之来也，以小舟运而南行，至故临国，易大舟而东行"（《岭外代答·航海外夷》）。"大舟"主要是中国的大中型远洋梅搬，"小舟"主要是阿拉伯海区惯用的三角帆小船。这条航路在唐代已经开辟，贾耽在"广州通海夷道"中已记载此航线。

（4）广州（或泉州）经蓝里至东非航路。这条航路是宋代开辟的。海舶从广州或泉州出发，经南海、蓝里、故临至波斯湾，再由波斯湾沿阿拉伯海岸西南行，至亚丁湾和东非沿岸的弼琶啰（今索马里）、层拔（今桑给巴尔海岸一带）等地。

（5）由泉州通往麻逸、三屿航路。麻逸为今菲律宾尼多洛岛，三屿为菲律宾的卡拉棉、巴拉望和布桑加等岛。宋代和元代通往菲律宾的航路，一般都取道南海，经占城，绕道渤泥，然后至麻逸、三屿等地。明代中期以后改为由泉州经澎湖、台湾直通菲律宾，不再走迂回的航道。

宋代的海上交通线，在东海方面，主要通往朝鲜和日本。在南海方面，除驶往东南亚地区外，又过马六甲海峡，直达印度和斯里兰卡，再进入阿拉伯海，经波斯湾抵达阿拉伯。随着造船航海业的发展，宋代海船比唐代海船载重量更大，设备也更完善了。阿拉伯人东来，依然在印度南部换乘中国船。由于造船技术的进步和航道的改善，中国商船往阿拉伯，不必在印度转换小船，而可以从印度南端直航波斯湾。这一时期，中国商船还开始了向阿拉伯海西岸及更广范围的贸易航行。中国商船最远可到亚丁，亚丁一带同非洲只隔一道曼德海峡，中国商船常到亚丁，也就易于航抵非洲，与非洲海岸也展开了直接贸易。

4. 宋朝与东南亚国家的交往及贸易关系

由于海上交通发达，宋朝与南亚东南亚国家和地区的交往十分频繁，贸易十分发达。

有关中国与菲律宾交往和贸易的文字，始见于宋代史籍。宋、元史籍所称的麻逸、三屿、白蒲延、蒲端、民多朗、麻里噜、苏禄等古国，就在今菲律宾群岛内。据《宋史》卷七、卷八及《宋会要辑稿》中的"占城蒲端""历代朝贡"两目所载，11 世纪初，明达瑙岛东北部的蒲端国频繁遣使来华。宋真宗咸平六年（1003）九月，蒲端王其陵遣使李包罕、副使加弥难来华"贡方物及红鹦鹉"（《格致镜原·鹦鹉》）。次年正月，宋真宗在上元节夜邀蒲端使观灯、宴饮，仍赐缗钱。同年五月，其陵再遣李笆罕来贡方物。景德四年（1007）六月，其陵又遣已絮汉等贡玳瑁、龙脑、带枝、丁香、丁香母等方物，真宗则赐冠带、衣服、器币、缗钱及杂彩小旗等。大中祥符四年（1011）二月，蒲端国王悉离琶大遏至遣使李于燮进金版镌表，献丁香、白龙脑、玳瑁、红鹦鹉及昆仑奴。当时，真宗正在祭祀汾阴后土，命李于燮至祭祀处朝觐，以示重视。及后，真宗"诏以李于燮为怀化将军"，还按后者之奏，赐予旗帜、铠甲，以满足他"以耀远方"的要求。由此可以得知，当时宋朝与蒲端国之间所建立的政治关系是很密切的。

由于有密切的政治关系，宋朝与菲律宾的贸易关系也很频繁。《宋史·阇婆传》说："又有摩逸国，太平兴国七年，载宝货至广州海岸。"这是我国史籍中有关中菲贸易的首次记录。此摩逸（又作麻逸）国故地在今菲律宾民都洛岛，据赵汝适《诸蕃志》记载，南宋时期，摩逸是菲律宾最强盛的国家，邻近的三屿、白蒲延、里银东、蒲里噜等是它的属国。摩逸的统治者很有权威，可左右商业贸易，海盗不敢轻易侵犯这个国家。摩逸是全菲的贸易中心和商品集散地，同各岛有密切的贸易交往。自 982 年摩逸商船到广州，此后中菲贸易稳步发展。宋代中国商船也定期开往菲律宾，到摩逸、三屿等地贸易。据赵汝适《诸蕃志》记载，宋商用瓷器、货金、铁鼎、乌铅、白锡、五色琉璃珠、铁针、皂绫、缬绢、伞等，博易当地土产。宋商尊重当地的交易习惯，彼此凭信用买卖。在摩逸，宋"商舶入港，驻于官场前。官场者，其国阛阓之所也。登舟与之杂处。酋长日用白伞，故商人必赍以为赆。交易之例，蛮贾丛至，随笈篱（竹排）搬取货而去。初若不可晓，徐辨认搬货之人，亦无遗失。蛮贾乃以其货转入他岛屿贸易，率至八九月始归，以其所得准偿舶商。亦有过期不归者，故贩麻逸舶回最晚……商人用瓷器、货金、铁鼎、乌铅、五色琉璃珠、铁针等博易"(《诸蕃志·麻逸国》)。在三屿，商舶"先驻舟中流，鸣鼓以招之。蛮贾争棹小舟，持吉贝、黄蜡、椰心簟等至与贸易。如议之价未决，必贾豪自至说谕，馈以绢伞、瓷器、藤笼，仍留一二辈为质，然后登岸互市。交易毕，则返其质。停舟不过三四日，又转而之他……博易用瓷器、皂绫、缬绢、五色烧珠、铅网坠、白锡为货"(《诸蕃志·三屿国》)。

云南的永昌道开通后，缅甸成为中国与印度交往的中介。有唐一代缅甸向唐朝献乐的事迹，宋时，缅甸正值蒲甘王朝，当时缅王阿奴律陀统一了分裂割据的缅甸，建立以蒲甘为中心的蒲甘王朝。"在整个缅甸历史上，缅甸族第一次获得统一的蒲甘王朝（1000—1300）是一个伟大的兴盛时代，这个时代奠定了缅甸的文化基础。由于吸收了宗教文化以及其他许多新的文化，这个时代的人民在文化水平方面有了很大的提高；由于军事、经济和宗教等原因，他们和中国、印度、锡兰、马来等国发生了密切的联系，从而更加扩大了他们的眼界。"[1]

中国与缅甸的交通有海陆两途。蒲甘王朝建立不久，就控制了地处东西方海上要冲的直通和丹那沙林沿海地区，开始同中国发生海上贸易的交往。宋赵彦卫的《云麓漫钞》提到福建市舶司常到的诸国商舶，其中有与蒲甘国进行贸易的记载。周去非《岭外代答》中提到中缅的陆路交通："蒲甘国自大理国五程至其国。"即从我国西南大理由陆路至蒲甘。中国史籍记载蒲甘第一次遣使入宋，是在宋徽宗崇宁五年（1106）。《宋史·蒲甘国》记载："蒲甘国，崇宁五年，遣使入贡，诏礼秩视注辇。尚书省言：'注辇役属三佛齐，故熙宁中敕书以大背纸，缄以匣襆，今蒲甘乃大国王，不可下视附庸小国。欲如大食、交趾诸国礼，凡制诏并书以白背金花绫纸，贮以间金镀管钥，用锦绢夹缄封以往。'从之。"蒲甘第二次遣使入宋，是在绍兴六年（1136）。《宋会要》记载："绍兴六年七月二十七日，大理、蒲甘国表贡方物，是日诏大理、蒲甘国所进方物，除更不收受外，余令广西经略司差人押赴行在，其回赐令本路转运提刑司于应管钱内取拨付本司，依自来体例，计价优与回赐，内章表等先次入递投进，令学士院降敕书回答。"此外，蒲甘与中国大理的地

---

① ［缅甸］波巴信著，陈炎译：《缅甸史》，商务印书馆1965年版，第51页。

方政权也很密切，它与宋朝的交往，也多通过大理进行。

中国与扶南的交通和文化联系较早，此扶南国的地理位置，大体上在今柬埔寨南部地区。大约在 6 世纪中期，一个名叫真腊的属国起来反叛，扶南帝国遂告灭亡。真腊位于扶南的北面，占有上丁以北的湄公河下游和中游，其原来的中心位于蒙河口正南的巴沙地区，它包括了现在柬埔寨北部和老挝王国的南部。而在它兼并扶南以后，其势力范围又延伸到柬埔寨南部地区。隋代，真腊与中国建立官方联系。8 世纪初，真腊国分裂为两个部分，称为"陆真腊"和"水真腊"，或称"上真腊"和"下真腊"。中国史籍又称"上真腊"为文单国，据黄盛璋考证，文单国位于今老挝万象。① 文单国分别于 717 年、750 年、753 年、799 年四次遣使入唐，受到唐朝的隆重接待。753 年入唐的是文单国王储，他被唐朝赐以"果毅都尉"封号。9 世纪以后，水、陆真腊重新统一。真腊王朝与中国宋朝也有正式的官方往来，1116 年、1120 年和 1129 年，真腊国分别遣使入宋，宋廷以"检校司徒"称号赐赠予真腊国王。《东西洋考》记载了宋朝与真腊的交往："宋政和六年，使者来贡，赐朝服服之。明年，辞去。宣和二年，诏封其国王与占城等。建炎间，以郊恩授王检校司徒，加食邑。"②

二　宋辽与西域国家的交通往来

1. 辽朝与高昌回鹘的交往及贸易

唐自中后期，国势渐衰，逐渐放弃了对西域的经略，并最终退出中亚地区，西域的形势发生了重大变化。

早在漠北回鹘汗国时代，回鹘势力即已扩张到以高昌（西州）、北庭为中心的新疆东部地区。唐开成五年（840），漠北鄂尔浑河流域回鹘汗国政权崩溃，出现回鹘西迁浪潮。西迁回鹘诸部主要分为三支，一支奔至吐蕃统治下

---

① 参见黄盛璋：《文单国——老挝历史地理新探》，《历史研究》1962 年第 5 期。

② 张燮：《东西洋考》，中华书局 1981 年版，第 49 页。

的河西走廊，后来分别以甘州、沙州为中心建立了自己的政权——甘州回鹘、沙州回鹘；另一支逃往中亚葛逻禄统治区，建立了哈剌汗王朝；第三支入新疆，以高昌、北庭为中心建立了高昌回鹘王国。

以庞特勤为首的一支回鹘越过天山进入焉耆地区。当他得知逃到漠南的回鹘可汗乌介已被杀害的消息后，便在焉耆自称可汗。唐大中十年（856），唐朝遣使前去册封，但册封使王端章一行被另一股回鹘势力所阻，册封未能实现。而与之同时，北庭地区也有一股回鹘势力在活动，保金莎岭（即今天山东部之博格达峰），有众至20万，当时阻挡唐朝册封使的可能就是这一股势力。至9世纪60年代，这一回鹘集团中出现一位名叫仆固俊的新首领。唐咸通七年（866），仆固俊从北庭南下，击败吐蕃，收复高昌、轮台（今乌鲁木齐北）等要地，使回鹘人以高昌为中心所建立的政权遂安定下来。大概就从这一年开始，高昌回鹘王国建立起来，其君主号称亦都护（Iduq-qut），疆域最广时东起甘肃西部，西到中亚两河流域，南抵昆仑山北麓与于阗、喀什一线，北达天山以北。回鹘人逐步由游牧过渡到定居的农业，同时融合了居住在塔里木盆地周围的于阗、疏勒、龟兹等古国的居民和两汉以来移居西域的汉族，还有以后迁来的吐蕃人、契丹人、蒙古人等。至13世纪初，已形成近代的"畏兀儿"，在此基础上逐步形成了维吾尔民族。

高昌回鹘政权建立之始，继承从前汉人麴氏高昌首府高昌的遗址，建设了规模宏大的首府。英国汉学家裕尔在《古代中国旅行记》中据波斯史料，说哈喇和卓堡垒的顶端有一个可容纳百人用黄金建成的圆形建筑物，在20英里外还能看到。高昌是当时回鹘人的政治和文化中心。除首府高昌外，回鹘人另在天山北麓唐北庭的旧址，建设第二首府，作为王室在夏天吐鲁番盆地炎热时避暑之地。北宋使臣王延德在太平兴国六年（981）出使高昌回鹘所写的《使高昌记》一书即提到北庭的情况。高昌回鹘时期，多种宗教并行，王室早期信奉摩尼教，后改信佛教，民众则大多皈依佛教，同时亦有不少人信奉景教，摩尼教、道教和萨满教亦有一些信众。1132年，耶律大石西进站稳脚跟后率兵南下，不战而进入高昌，回鹘归顺以为属国，但仍保有相对独立的地位。蒙古太祖四年（1209），成吉思汗西征，亦都护巴而术阿而忒的斤杀西辽派往高昌的少监，归顺于蒙古。

高昌回鹘积极发展与周边政权的关系。早在漠北回鹘汗国时期，契丹就与之有联系，并为其臣属，史言"契丹旧为回纥牧羊，达靼旧为回纥牧牛。回纥徙甘州，契丹、达靼（即室韦）遂各争长攻战"（王明清《挥麈录》）。直到会昌二年（842）回鹘国灭亡以后，在奚和契丹中仍有"回鹘监使等八百余人"。可见，回鹘人当时在契丹人中势力之强盛。但是，这并不意味着契丹从政治上完全依附于回鹘。回鹘汗国破亡后，契丹借机摆脱回鹘的控制，转而内附唐朝，接受唐朝的封号，回鹘旧地也遂为契丹所占有。回鹘西迁后，高昌回鹘与契丹仍保持着联系，不过臣属关系颠倒过来了。据《辽史》卷二记载，辽太祖元年（907）十二月，"和州回鹘"向契丹进贡，和州即高昌。辽太祖七年（913），"和州回鹘来贡"。天赞三年（924），"回鹘霸里遣使来……十一月乙未朔，获甘州回鹘都督毕离遏，因遣使谕其主乌母主可汗"（《辽史》）。辽太祖西征，"遣兵逾流沙，拔浮图城，尽取西鄙诸部"。天赞四年（925）四月，"回鹘毋母主可汗遣使贡谢"。随后，辽于北庭置监国太师。辽圣宗于北庭筑可敦城，屯以重兵，高昌回鹘遂为辽之属邦（同时也称臣于宋），辽设高昌大王府以羁縻。《契丹国志》记载，高昌国向辽朝"三年一次朝贡，进献玉、珠、乳香、斜合里皮、褐里丝等。亦有互市"。

辽朝通往回鹘的道路大致有南北两条。其南部的一条，即由辽上京（今赤峰巴林左旗林东镇）或辽中京（今赤峰宁城县天义镇）出发，向西南经鸳鸯泊（今克什克腾旗达里湖）至多伦（锡林郭勒盟东南部），或由辽南京（今北京）出发向西北至多伦，过辽西京（今大同），再沿阴山向西，过居延，穿越西夏，进入高昌回鹘王国，进而向西可入中亚、西亚；北部的一条则自上京出发，向西北经今蒙古乌兰巴托，折而南行，沿黑水至于张掖，与甘州回鹘进行贸易，沿河西走廊继续西行，可经由酒泉、敦煌而入高昌回鹘王国，再西行至于中亚、西亚。

回鹘人多到辽朝燕京做买卖，以特别能鉴别珍宝著称。北方其他少数民族在那里经商的，也需要经回鹘人从中作牙客，否则无法将货物出售。在辽朝上京，因为回鹘商人来的多，辽朝特别在南城南门东面设有"回鹘营"，作为他们的居留地。《辽史·地理志一》记载："南城谓之汉城，南当横街，各有楼对峙，下列井肆。东门之北潞县，又东南兴仁县。南门之东回鹘营，回鹘商贩留居上京，置营居之。西南同文驿，诸国信使居之。驿西南临潢驿，以待夏国使。"当时高昌、龟兹等地回鹘的王室每隔三年照例要派遣一批百余人的回鹘"使臣"（实际上是商人），远道到辽朝上京做买卖。由天山南道运去的货物有玉、珠、犀、琥珀、乳香、硇砂、琉璃器、镔铁兵器、斜合里皮以及由细毛织成的褐里丝、门得丝、帕里阿褐里丝等。

2. 宋朝与高昌回鹘的交往及贸易

五代时期，高昌回鹘还与中原各王朝保持贸易关系。从后唐同光二年（924）至后汉乾祐元年（948）的 25 年间，高昌回鹘 11 次把马、驼以及马匹上用的装备品如鞍、鞯等运到洛阳、开封等地进行贸易。后晋天福三年至七年（938—942），回鹘四次共向内地运进马匹 1200 匹。从后唐同光二年至后周广顺二年（924—952），回鹘商人 13 次进入内地，将诸多种类货物运到洛阳、开封，其中有白布、安西丝、安西白、白段、斜褐、毛褐、绿野马皮、白貂鼠皮、玉团、玉带、硇砂、羚羊角、大鹏砂、腽肭脐（海狗的肾脏，药用）、琥珀、胡桐泪及香药等等。其中广顺元年（951）一次运到开封的白布 1329 段、白貂鼠皮 2632 段等。

宋朝建国后，也与高昌回鹘建立联系。太祖建隆三年（962），西昌回鹘阿都督等 42 人的使团向宋王朝贡方物。乾德三年（965），西昌回鹘可汗派僧法渊献佛牙、琉璃器和琥珀盏。宋太宗太平兴国六年（981），高昌回鹘王宣布立外甥阿厮兰汉为西州狮子王，派都督麦索温再次向宋朝贡，自称"西州外甥"，追认从前和唐朝的亲戚关系。同年五月，宋太宗派遣供奉官王延德、殿前承旨白勋为首的 100 余人的庞大使团出使高昌。王延德一行从东京汴梁出发，渡黄河、越戈壁沙漠，行程几千公里，于翌年到达西州回鹘汗国的首府高昌城。当时狮子王正在北庭避暑，邀请王延德到北庭相见。王延德一行游历了交河，登上了金岭（今石窑子达坂），历时 13 天，终于到达北庭。狮子王举行隆重的欢迎仪式，王及王子、侍者皆身穿国服，向东朝拜，接受宋王朝的贵重赐品。这次出使其规模是空前的，可见新建的宋王朝对加强与高昌回鹘关系的重视。

王延德出使高昌，前后达 3 年之久。宋雍熙元年（984）四月，王延德等回京后，向宋朝报告了当时高昌回鹘的大概情况，就出使见闻写了《西州使程记》，又称《使高昌记》。该书记载了高昌国拥有发达的农业和丰富的物产，民众善乐器，好骑射。佛寺 50 余，匾额皆唐朝所赐，可见佛教之兴盛。还有摩尼教，波斯僧各持其法。当时北庭多种宗教并存。《西州使程记》详细地记载了北庭发达的游牧业。王及太子各养马群，"放牧平川中，弥亘百余里，以毛色分别为群，莫知其数"（《宋史》）。"北庭北山中出硇砂。山中尝有烟气涌起，无云雾，至夕光焰若炬火，照见禽鼠皆赤，采者着木底鞋取之，皮者即焦。"（《宋史》）硇砂是地下煤层在自然过程中释放的凝结物，呈白色结晶状，有玻璃光泽，中医上用作消积软坚药，是唐至宋西域各地向中央政府纳贡的物品之一。因产自北庭、奇台一带，这里的硇砂，又被称为"北庭砂"。"城中多楼台卉木"，城市建设已初具规模。"人白皙端正，性工巧，善治金银铜铁为器及攻玉"（《宋史》），有发达的手工业。

《西州使程记》为后人了解宋代北庭和高昌的历史、文化和艺术，留下了一份珍贵的资料，近代以来受到中外学者的重视，被译成多种语言。王国维依据《宋史·高昌传》对其进行研究，著《使高昌记校注》。

北宋建隆二年至元丰八年（961—1085）的100多年中，高昌回鹘多次将马匹及其装备品运去开封，源源不绝。其中最大的一笔在元丰八年（1085），其贸易额达12万贯钱，折合马匹数最少有24000匹，运到开封的还有药品及香料，除传统的乳香外，又有木香、安息香（外来）、鸡舌香，药材如胡黄连等。

高昌回鹘人"性工巧，善冶金银铜铁为器及攻玉"。当时冶炼业和玉器雕琢业已有一定水平。后周太祖广顺元年（951），高昌回鹘给后周的"贡品"中有"白玉环子、碧玉环子各一，铁镜二，玉带铰具六十九，玉带一……（《册府元龟》）"。采矿业也有初步发展，有"北庭北山中出硇砂"的记载。高昌回鹘将硇砂大量输入内地，用作药材。据后唐同光二年（924）至宋熙宁十年（1077）不完全统计，回鹘前后18次将药品和香料运往后唐、后晋、后汉、后周和北宋，其中运输硇砂12次。当时还开采琥珀，如广顺元年（951）向后周贡"碧琥珀九斤"和"大琥珀"30颗，熙宁四年（1071）向北宋贡琥珀。织白布、绣文花蕊布、鞣皮等家庭手工业也相当普遍，纺织品有兜罗、绵毛、狨、锦、注丝、熟绫、斜褐等。

宋代，龟兹回鹘是高昌回鹘的一部分，所以当地人也自称西州回鹘，称其地为西州龟兹。龟兹回鹘常单独向宋朝和辽朝进贡。据不完全统计，从宋咸平四年（1001）至绍圣三年（1096），龟兹向宋贡方物15次，贡品包括马、独峰骆驼、大尾白羊、宝刀、镔铁剑、弓箭、盔甲、玻璃器、瑜石、瑜石瓶、硇砂、玉石、玉佛、玉鞍勒、玉斝、玉带、玉越斧、琥珀、象牙、翡翠、真珠、胡黄连、香药、乳香（最多一次为 124.5 千克）、花蕊布、宿绫、褐、杂物等，另有龟兹僧人献梵夹、菩提印叶、念珠、舍利、佛骨等。龟兹是丝绸之路的枢纽之一，当地回鹘商人有时和婆罗门（今印度）人、波斯（今伊朗）人一起到北宋京城进贡。

3. 宋朝与甘州回鹘的交往及贸易

9 世纪回鹘分裂后，有一部分迁居甘州，先归吐蕃所属，转而又受到归义军汉人政权的统治。黄巢之乱后，归义军丧失对甘州、肃州及其以东地区的控制力，回鹘在甘州建立牙帐，国主自称可汗。

根据新旧《唐书》的记载，回鹘早就在河西有所活动。早在唐太宗贞观六年（632）就有回鹘别部——契苾部六千余家在契苾何力的率领下来到沙州，被唐朝安置在甘、凉二州。唐高宗初及武则天时，又有一批回鹘人南奔甘、凉之间；唐开成五年（840）以后，更有大批的回鹘人自漠北迁往这里。由今张掖（甘州）北出额济纳河（今黑河）、居延海而抵达蒙古翁金河流域一线，自古以来就是河西地区与漠北交通的要道。

关于甘州回鹘独立建国的时间，学界说法不一。但至迟到 10 世纪初期，甘州回鹘国已经建立，并经过不断的东征西讨，基本上控制了河西地区。境内民族除回鹘外，还有汉、吐蕃和党项等。甘州回鹘积极发展与中原地区的关系，与后梁、后唐、后晋、后汉、后周及辽、宋等建立了良好的政治经济往来关系，特别是同中原地区的五代政权和北宋王朝，以甥舅相称，贡使往来十分频繁。宋咸平四年（1001），甘州回鹘遣使曹万通入宋朝贡，与之建立反西夏联盟。此后，甘州回鹘屡屡向西夏发难，给西夏以沉重打击，并从其手中夺取河西重镇凉州，基本上将西夏势力逐出了河西。但此后，西夏势力不断壮大，而回鹘内部却因割据势力增长缺乏统一的集权领导而日渐衰退，宋天圣六年（1028），西夏发动突然袭击，攻克甘州，甘州回鹘灭亡。

甘州回鹘所处的河西走廊一带，自古以来就是中西交通的要道、丝绸之路的咽喉。在回鹘未迁入这里以前，当地就已经是经济繁荣、贸易发达之地，且形成了一套较为完整的产、供、销体系，东西方各种民族穿梭往来，不断迁徙、流动，同时，各种风格不同的文化也在这里传播、交流。回鹘人迁入这里后，频繁的丝路贸易，成为回鹘经济发展的命脉。甘州回鹘积极发展与周边民族的关系，尤其是与中原地区的经济文化联系，促进了丝绸之路的繁荣，故往来于丝绸之路上的东西方商旅、使者、宗教信徒络绎不绝。甘州回鹘使者、商人的足迹，西到波斯、印度、阿拉伯，东抵五代都城洛阳、开封、辽都上京、宋都汴京等地。

甘州回鹘与波斯、印度、阿拉伯的往来，史书中有零星反映。关于波斯，敦煌文献《归义军宴设司面、破油历》记载："窟上迎甘州使细供十五分，又迎狄寅及使命细供十分……甘州来波斯僧月面七斗、油一升。牒塞（密）骨示月面七斗。廿六日支纳药波斯僧面一石、油三升。"这份文献说明有来自甘州回鹘国的使者在沙州巡礼莫高窟，同时又有波斯僧自甘州来，并向敦煌归义军官府纳药。《册府元龟》卷九七二亦有波斯与甘州相交往的记载："后唐同光元年四月，沙州（附甘州）进波斯锦。长兴四年十一月，甘州回鹘仁裕……献波斯锦。应顺元年，（贡）波斯宝绁、玉带。"甘州回鹘可汗以波斯锦、波斯宝绁向中原王朝入贡，说明波斯与甘州的交往还是相当频繁的。

甘州回鹘还与阿拉伯有所往来。《宋史·大食传》记载："先是，其入贡路繇沙州，涉夏国，抵秦州。乾兴初，赵德明请道其国中，不许。至天圣元年来贡，恐为西人钞略，乃诏自今取海路繇广州至京师。"《宋会要辑稿·蕃夷七》亦载："天圣元年十一月，入内侍省副都知周文质言，沙州、大食遣使进奉至阙。缘大食北来皆泛海，由广州入朝。今取沙州入京。"此时正是甘州回鹘全面控制河西走廊，确保丝绸之路畅通无阻的时期。

甘州回鹘与中原王朝往来十分频繁。五代至宋，甘州回鹘与中原各王朝保持着密切的关系，经常派遣使者朝贡，并接受中原王朝的册封和回赐，同时也通过朝贡的名义和方式，在丝绸之路沿线进行贸易活动。范玉梅《裕固族史料编年》辑录的仅在甘州回鹘汗国存在时期的内容多数为汗国与中原王朝展开的贡赐贸易和与缘边民族的互市。自五代到北宋年间，甘州回鹘政权对历代中原王朝朝贡不绝，朝贡使团少则几十人，多则上百人，尤其是在河西回鹘史上卓有建树的仁裕可汗在位时期几乎年年上贡五代各王朝，除了笼统记载的，仅姓名可考的入贡使团、僧人中，有的同一年份甚至前来入贡两次，使团规模最大的达 78 人，供物数量尤其是马匹最多时达到 400 匹。

在中原与甘州回鹘的贡赐贸易中，双方都尽量满足对方所需的奇缺物资，如宋朝要求甘州回鹘输入名马、美玉，而甘州回鹘则要求宋朝赐予各种药物、修建佛寺用的金粉、金银等饰物。史载"（回鹘）国中不产香药及小儿药、冷病药，望赐之。又发愿修寺，并无金粉，并求赐妆粉钱、房卧金银之类。诏并从其请"（《宋会要辑稿·蕃夷四》）。

甘州回鹘向中原王朝的朝贡，不仅往来次数多，而且物品种类繁多，有些数量相当大。甘州回鹘的贡物大体上可以分为五类：（1）牲畜类，如马、牦牛、独峰无峰橐驼等；（2）宗教器具类，如佛牙、舍利、金佛、梵觉经等；（3）畜产品，如貂皮、白氎、牦牛尾、羚羊角等；（4）地方特产类，如玉团、珊瑚、乳香、珍珠等，还包括以这些原材料进行加工手工制成的玉鞍辔、琉璃器等；（5）药物类，如黄矾、硇砂等。这些供物里，牲畜及畜产品是世界所有游牧民族都能拥有的一般物产，玉团和宗教器具则是区别于其他游牧民族的，是甘州回鹘民族标志显著的交换物。

在甘州回鹘的所有贡物中，以马的交易次数最多，数量也最大。北宋与辽、西夏战事频繁，需要大量马匹。北宋王朝的战马主要为产自四川、贵州、云南的川马。由于不敷需求，尚需大量的外来马匹，其中又以青海产的吐蕃马和甘州的回鹘马为主。吐蕃与北宋的关系时好时坏，其马的来源不能保证，而且数量也有限，因此，向甘州回鹘购买马匹，就成为北宋战马的主要来源，如乾德三年（965）十二月，甘州回鹘可汗夜落纥一次贡给宋朝的战马即达1000匹，另有骆驼500头。北宋甚至还在陕西设有提举买马监牧司，专司收买西北各族马匹之事。

回鹘人向来以善于经商著称。洪皓《松漠纪闻》记载："回鹘自唐末浸微……甘、凉、瓜、沙旧皆有族帐，后悉羁縻于西夏……多为商贾于燕，载以橐驼过夏地……（其人）尤能别珍宝，蕃汉为市者，非其人为侩，则不能售价。"回鹘商人对沟通中西商业贸易起到了非常重要的作用。在西夏于1028年攻灭甘州回鹘后，回鹘民众虽有不少外迁，但大部尚留于旧地，成为西夏国的属民，仍保留自己善于经商的民族个性。当时，在西夏国境内形成一种专门的职业，号为"回鹘通译"，回鹘人在西夏的对外贸易中，起着非常独特的作用，回鹘语已成为西夏与周边民族进行商业贸易的交际语。《宋史·回鹘传》记载："河西回鹘多缘互市家秦、陇间。"《宋会要辑稿·蕃夷四》记载："（回鹘）因入贡，往往散行陕西诸路，公然贸易，久留不归者有之。"李复《潏水集·乞置榷场》云："回纥、于阗、卢甘等国人尝赍蕃货，以中国交易为利。来称入贡，出熙河路……有留滞在本路十余年者。"前二者记载的是河西回鹘，后者则应指包括河西回鹘在内的所有回鹘人。

甘州回鹘商人把中原地区的物品，如丝绸、锦袍、紫衣锦衣、银带、银器、服饰、笏、介胄、黄金器、金带、冠、器币、香药、美酒、小儿药、冷病药、金粉、金银碗、银瓶器、宝钿、银匣历日、缗钱、罽锦、旋襕等运往河西走廊，通过那里再辗转运往西域、波斯、阿拉伯、印度，乃至欧洲或其他地方，同时又把河西、西域、波斯等地的物品运往内地。

4. 宋朝与哈剌汗的交往及贸易

西迁的回鹘人另有一支进入中亚楚河流域，和先于他们进入这一地区的回鹘旧部及葛逻禄等部会合，因其活动于葱岭以西，史称"岭西回鹘"。这一支回鹘联合其他突厥语系部落建立政权。据喀什噶尔人麻赫穆德·喀什噶里（Mahmūd al-Kashgharī）所撰约成书于 1077 年的《突厥语大辞典》提供的片段材料，该汗朝自称"可汗王朝"或"汗朝"，汉籍作"黑韩王""黑汗王"。现今学界常常称之为哈剌汗王朝，这是 19 世纪欧洲东方学家和钱币学家起的名字，因为该汗朝的许多大汗的称号中多有"哈剌"字样。在一些文献中，由于该汗朝的副汗或小汗的称号中常有"伊利"的字样，所以有时还被称为"伊利汗王朝"。他们自称是波斯神话的枭雄额弗剌昔牙卜（Afrasiyab）的后人。

10 世纪中叶，哈剌汗王朝统治者沙土克·布格拉汗为了得到中亚地区穆斯林的支持，于 955 年左右皈依伊斯兰教，并以"圣战"为名，东征西讨，扩大自己的势力，在占领喀什噶尔后，以之为第二都城。1001 年，哈剌汗王朝灭于阗李氏王朝，将葱岭以东的于阗、叶尔羌、喀什归入哈剌汗国版图，其极盛时期的疆域包括今塔里木盆地的中部和西部、伊犁河流域、巴尔喀什湖以东、楚河流域、伊塞克湖周围、锡尔河中游和阿姆河中游以东的地区。

从 840 年到 1212 年，哈剌汗王朝存在的时间长达 372 年。1042 年后，哈剌汗国分裂成东、西两个王朝。东部王朝以巴拉沙衮和喀什为统治中心，辖有七河地区和喀什、和阗、费尔干那的大部分，东部边界到达库车以南，西部王朝占有河中地区和费尔干那一部分，先以奥孜坎，后以撒马尔罕为统治中心。哈剌汗王朝所辖地区的经济文化有一定程度的发展，产生了诸如《突厥语大词典》《福乐智慧》等文学作品。

哈剌汗王朝统治者自称"桃花石汗"，意即"中国之汗"。"桃花石"和

"秦"都是中亚地区对中国的称呼。《突厥语大词典》以及中世纪阿拉伯、波斯文献多处明确地把黑汗王朝东部疏勒所在的喀什噶尔地区与宋（摩秦）、契丹并列，认为中国是由此三部组成。哈剌汗王朝与当时中国的宋朝和辽朝有频繁的往来和贸易关系。哈剌汗王朝把商税视为国库的主要收入。《福乐智慧》说，"商业带给国家利益很大，这样才能保证国库免于匮乏"，国王"要保护商道的安全，肃清一切盗贼"。① 地处中西交通枢纽的西域回鹘各政权，同东方的宋辽金、印度、西亚、北非和东南欧有发达的贸易关系。

哈剌汗王朝在 1001 年兼并于阗后不久，便向宋朝派出使团，并希望宋朝能派出使团回访。《宋史·于阗传》记载了此事。关于向宋朝派出使团的黑韩王，有研究者认为，很可能是当时的于阗统治者卡迪尔汗玉素甫·本·哈桑（Yusu-fu Kadi'erhan）。"卡迪尔汗在哈剌汗王朝史上是位雄才大略、很有作为的可汗，由他派出第一个使团，使哈剌汗王朝同宋朝建立起正式的关系，这是极其可能而又合理的。"② 当时，哈剌汗使者邀请宋朝派使回访，但宋朝远不如汉唐那样强盛，并无经略西域的强烈愿望，便以"路远""劳费"为辞，没有派出使团。不过，自此以后，哈剌汗王朝向宋朝遣使不断。据《宋会要辑稿》记载，哈剌汗王朝向宋朝派出的使团前后有 50 多次，他们受到宋朝的礼遇。

哈剌汗王朝一直与宋朝保持着密切的友好关系，如元丰四年（1081），哈剌汗王朝首领上表称宋朝皇帝为"东方日出处大世界田地主汉家阿舅大官家"，叙起历史上的姻好。因为哈剌汗王朝汗族的祖先回鹘汗国的可汗，对唐朝有功，娶唐朝公主，"故回鹘世称中朝为舅"，"五代之后皆因之"（《宋史·回鹘传》）。追寻旧好，显然是为了发展现实的友好关系。

哈剌汗王朝同宋朝的往来，主要是贸易关系。哈剌汗使节入宋贡方物，每次宋朝都给予大量回赐，回赐品包括金带、锦袍、袭衣、器币等。另外还有许多哈剌汗王朝的民间商队来宋贸易。这些商队"远不逾一二岁，近则岁再至"，"地产乳香，来辄群负，私与商贾牟利，不售，则归诸外府得善价，故其来益多"（《宋史·于阗传》）。这些商队运到宋朝境内的商品有一部分是

---

① 余太山主编：《西域通史》，中州古籍出版社 1996 年版，第 286、289 页。

② 魏良弢：《哈剌汗王朝与宋、辽及高昌回鹘的关系》，中国中亚文化研究协会编：《中亚学刊》第 1 辑，中华书局 1983 年版，第 215 页。

哈剌汗国的产品，以乳香为大宗，也有从印度、西亚或北非转运来的。他们从宋朝运回的商品，主要是丝织品和衣服，以及中国工艺珍品、茶叶和钱币等。11 世纪，哈剌汗诗人哈斯－哈吉甫·尤素甫（Yüsup Xas Hajip, Yusuf Khass Hajib）在其所写的《福乐智慧》一书中说："他们从东到西经商，给你运来需要之物……假若中国商队之旗被人砍倒，你从哪里得到千万种珍宝！"有研究者认为，"这里说的'中国商队'是哈剌汗王朝到中国去的商队，即到宋朝去的商队。根据汉文史料记载，哈剌汗王朝商队到宋朝不仅次数多，每个商队的人数也多，输入商品的数量也大"①。

5. 辽朝与哈剌汗的交往及贸易

契丹人立国之初，便积极向西北方向扩张。神册元年（916），辽太祖耶律阿保机发动西征，"亲征突厥、吐浑、党项、小蕃、沙陀诸部，皆平之"（《辽史·太祖纪上》）。以后又几经征战，打通了经漠北通往西域的道路。但因一些被征服部族多次反叛，遂使辽朝开辟的西北路线时通时绝。直到统和二十二年（1004），辽朝建漠北三城即镇州、维州、防州，作为辽朝统治漠北的前哨基地，确保了辽对漠北的统治和与西域的贸易路线，一直持续到辽朝末期。

辽代与中亚的交通，主要分南北两条路线，项春松《辽代历史与考古》对此有较详细说明：南线：西起喀什，经叶尔羌、于阗、古楼兰，抵敦煌，东北行穿过阴山山脉、杭爱山支脉，进入东蒙草原，到达上京临潢府。北线：由上京西北上边防河董城（一名回鹘可敦城）、西南至皮被河城、西行至塔懒主城、西行至镇州，途经防州、维州，均在今乌兰巴托西北，经招州（鄂尔浑河西岸，原有古回鹘城），西北行经乃蛮部、辖嘎斯国，再转西南经金山、精河、八喇沙衮，回入阿萨兰回鹘。西辽西迁及西征路线大体与北线相近。

辽朝与西域诸国贸易十分频繁。《辽史·食货志》记载："雄州、高昌、渤海亦立互市，以通南宋、西北诸部、高丽之货，故女直以金、帛、布、蜜、蜡诸药材及铁离、靺鞨于厥等部以蛤珠、青鼠、貂鼠、胶鱼之皮、牛羊驼马、毳罽等物，来易于辽者，道路襁属。"《契丹国志·诸蕃记》也记载辽朝在高昌设置了互市，可见辽朝与西域诸国的贸易是经常性的。

---

① 魏良弢：《哈剌汗王朝与宋、辽及高昌回鹘的关系》，中国中亚文化研究协会编：《中亚学刊》第 1 辑，中华书局 1983 年版，第 217 页。

前文已经提到了辽朝与高昌回鹘的交往及贸易往来。据魏良弢所考,《辽史》中的"阿萨兰回鹘"或"回鹘阿萨兰",即哈剌汗王朝。①《辽史》中关于"阿萨兰回鹘"的记载共达 36 次,可见双方的关系是十分密切的。天显八年(933),哈剌汗王朝派出的第一个使团到达辽朝。辽太宗对同哈剌汗王朝的关系很重视,派出墨离鹘末里率领使团回访。会同三年(940),鹘末里返回,受到辽太宗的赐衣嘉奖。看来这次回访很成功,因为辽朝经常派出使节出访各国,罕见劳慰使臣之记载。这次出使对辽朝在西域的政治影响和经济利益有重大意义,从此哈剌汗王朝与辽朝一直保持密切的友好关系。从天显八年(933)至咸雍四年(1068)的 135 年中,哈剌汗王朝向辽朝共派出使臣 16 次,平均每八九年就有一次。当时中亚把结为姻亲看作是政治结盟的象征和这种结盟的有力保证,所以,在统和十四年(996),哈剌汗遣使辽朝请求和亲,但可能当时契丹人还没有所谓"公主下嫁"的习惯,辽圣宗没有同意。后来,辽朝与哈剌汗王朝才建立和亲关系。可见双方都很重视这种双边交往关系。

辽朝与哈剌汗王朝的交往,和宋朝与哈剌汗王朝的关系一样,贸易关系占有重要地位。哈剌汗王朝向辽朝派遣的 16 次使节中,有 13 次是所谓的"朝贡"。它对辽朝的"朝贡"可能同对宋朝的一样,主要是经济目的。另外,民间的贸易也很活跃。尤素甫在《福乐智慧》中说:"从东方吹来的春风,给世界善良的人打开了天堂之路。""大地裹上了绿绒,契丹商队运来了中国商品。"②魏良弢指出:"这里的'契丹商队'也应是从辽朝回来的哈剌汗王朝的商队。"③

三 宋代对外贸易与文化交流

1. 宋代对外贸易的繁荣发展

《剑桥中国明代史(1368—1644 年)》说:"宋朝和元朝初期,中国的农

① 参见魏良弢:《关于哈剌汗王朝的起源及其名称》,《历史研究》1982 年第 2 期。
② 转引自姜伯勤:《敦煌吐鲁番文书与丝绸之路》,文物出版社 1994 年版,第 264 页。
③ 魏良弢:《哈剌汗王朝史稿》,新疆人民出版社 1986 年版,第 193 页。

业和工业生产、国内贸易及与'外部世界'的经济联系都发生了急剧的扩张，所达到的水平远远超过了已知的中国历史上以往的一切时代……这一时期中国经济大发展不仅深深地影响了中国的文明，而且也对欧亚大陆的其余部分产生了极大的影响。"① 不仅如此，在当时的世界上，中国经济和文化的发展也远远高于其他地区，居于世界的领先水平。正如邓广铭指出的："宋代文化发展所能达到的高度，在从 10 世纪后半期到 13 世纪中叶这一历史时期内，是居于全世界的领先地位的。"②。

宋代西北的贸易较五代有很大发展。西域诸国仍通过陆路与宋朝保持着贸易，"西若天竺、于阗、回鹘、大食、高昌、龟兹、拂林等国虽介辽夏之间，筐篚亦至"（《宋史》）。宋朝与高昌回鹘和哈剌汗国的交往与贸易，其中于阗和高昌回鹘与宋朝的贸易最为频繁，特别是"熙宁以来远不逾一二岁，近则岁再至"。不仅朝贡次数多，而且规模常常很大，如熙宁十年（1077）于阗国贡使携带的贡品仅乳香就有 31000 余斤，市价 44000 余贯。元丰三年（1080）于阗国进奉物品有乳香、杂物等 10 万余斤，数量之多，使熙州不敢解。回纥、卢甘等西域诸国与于阗国一样，"赍蕃货，以中国交易为利，来称入贡"，"所赍物货上者有至十余万缗，下者亦不减五七万"（《漓水集》），实际上是借朝贡之名与"民间私相交易"。

但在此时，全国的经济中心和政治、文化中心逐渐南移。经济重心南移的过程至北宋后期已接近完成，至南宋全面实现。在这样的背景下，东南沿海地区成为出口商品主要供给地和进口商品消费的中心。造船技术和航海技术的进步使海上贸易在商业运输成本、运输规模、贸易周期等方面与陆上贸易相比，具有显著的比较优势。在传统贸易中，香药、珠宝是中国最大宗的进口品，特别在宋代进口商品规模巨大增长以后，香药成为最大宗的商品，而这些商品中大部分主要产地在东南亚和印度洋沿岸地区。这些因素决定对外贸易重心在宋代转移到海上。美国学者费正清指出：

---

① ［英］崔瑞德、牟复礼编，杨品泉等译，杨品泉校订：《剑桥中国明代史（1368—1644年）》下卷，中国社会科学出版社 2006 年版，第 354 页。

② 邓广铭：《国际宋史研讨会开幕词》，《国际宋史研讨会论文选集》，河北大学出版社 1992 年版，第 1 页。

海外贸易对此时的中国经济的发展起到了巨大的刺激作用。与印度和中东有着重大意义的海上贸易自汉代即已出现。但在8世纪，它开始出现迅猛发展的势头，其中预示了世界历史中大洋商业第一个时代的到来……

海洋商业的崛起不时地调整着中国与外部世界的方向。东部和南部的海岸曾一度被视为荒远偏僻、无足轻重的地区，现在却逐渐变成了对外贸易和联系的重要集结地。[①]

因此，宋廷十分重视发展海上交通，推行"招诱奖进"的海外贸易政策，鼓励"商贾懋迁""以助国用"。早在建国之初，北宋即对海外诸国以朝贡或类似名义输入的货物实行免税，并给予丰厚的回赐和赠与。宋太祖雍熙四年（987），朝廷"遣内侍八人赍敕书、金帛，分四纲，各往海南诸蕃国，勾招进奉，博买香药、犀牙、真珠、龙脑"（《宋会要辑稿·职官四四》）。徽宗政和五年（1115），福建市舶司专门派人到占城、罗斛两国，劝说当地政府和商人来华贸易。宋神宗指出："东南利国之大，舶商亦居其一焉。"（《续资治通鉴长编拾补》）他要求臣下"创法讲求"，积极推动对国外的航海贸易，以期"岁获厚利，兼使外蕃辐辏中国，亦壮观一事也"（《续资治通鉴长编拾补》）。

宋朝的统治者不仅了解朝贡的经济意义，更重视其政治与军事意义，所以其对于外国的贡品，不仅"给予免税的优待，而且一般都要'估价回答'，也就是将这些礼物，由市舶司作价，然后回赠一定数量的物品。而宋朝回赠的物品一般来说都要高于原物的价值"[②]。此外，还要对朝贡使节封官授爵，即所谓"厚其委积而不计其贡输，假之荣名而不责以烦缛；来则不拒，去则不追；边圉相接，时有侵轶，命将致讨，服则舍之，不黩以武"（《宋史》）。在这种政策的鼓励下，各国贡使纷至沓来，"朝贡不绝"。在庞大的贡使队伍中，不乏借朝贡之名来华贸易的商人，他们在获取商业利润的同时，还常常获得宋廷优厚的赏赐。真宗末年，开始对先祖以来好大喜功的做法进行变革。大中祥符九年（1016），在市舶贸易兴盛的广州，当地官员率先提出朝贡贸易

---

① ［美］费正清、E.O赖肖尔、A.M克雷格著，黎鸣等译：《东亚文明：传统与变革》，天津人民出版社1992年版，第135—136页。

② 陈高华、吴泰：《宋元时期的海外贸易》，天津人民出版社1981年版，第21页。

的改革方案，得到真宗批准。据《宋会要辑稿·蕃夷七》记载，是年七月，"秘书少监知广州陈世卿言：'海外蕃国贡方物至广州者，自今犀、象、珠贝、栋香、异宝听赍持赴阙，其余辇载重物，望令悉纳州帑估价闻奏，非贡奉物悉收税算，每国使、副、判官各一人，其防援官大食、注辇、三佛齐、阇婆等国勿过二十人；占城、丹流眉、渤泥、古逻、摩迦等国勿过十人，并来往给券、料。广州蕃客有冒代者，罪之。缘赐与所得贸市杂物，则免税算，自余私物不在此例。'从之"。这条材料表明，宋朝政府已开始通过限制进京贡使人数、严禁蕃商假冒贡使以及削减贡物数量等措施，控制朝贡贸易的规模。而且，除进京所携贡物估值回赐外，其余部分作为商品，纳入市舶管理制度予以征税，不仅减轻了政府的财政负担，也有利于市舶贸易的良性发展。

宋朝政府对于海外贸易还采取其他鼓励措施。如广州对从事海外贸易的船只给予种种便利。因为蕃舶常苦飓风，官府便开凿内壕，以便它们避风。每年十月蕃舶归国的时候，官府照例设宴为之饯别，以示慰劳，叫做"犒设"，不单从事海外贸易的主要人物（纲首）被邀参加，其附属人物如作头、梢工（即水手）等也被邀赴宴，以示对海外贸易的奖励。《宋会要·职官四四》记载，绍兴二年（1132）六月二十一日，广南东路经略安抚提举市舶司言："广州自祖宗以来，兴置市舶，收课入倍于他路。每年发舶月分，支破官钱，管设津遣。其蕃汉纲首、作头、梢工等人，各令与坐，无不得其欢心。非特营办课利，盖欲招徕外夷，以致柔远之意……"

南宋偏安江南，"赋入狭而用度增广"，因"市舶之利最厚"，更是竭力推进航海贸易，积极鼓励外商来华进行贸易活动。高宗即以"市舶之利，颇助国用"为由，号召臣僚"宜循旧法，以招徕远人，阜通货贿"。南宋绍兴年间（1131—1162），大食帝国商人蒲罗辛造船1只，运载乳香来到泉州贸易，主管外贸的当地市舶司抽解舶税30万贯。为了表彰蒲罗辛"勤劳""优异"，宋高宗赵构特下诏书，特补蒲罗辛承信郎之职。

吕振羽指出，南宋统治者除了继续奉行北宋的一系列改良政策之外，还做了三件比较突出的事情：第一件事是兴修水利；第二件事是招纳北方南下的流亡人口，从而吸收了大批文人学者，促进了苏、浙、闽生产和文化的发展；第三件事就是大力发展对外贸易。在对外贸易上，南宋采取保护政策，比如出海船只遇风险返回之后，其损失由官府给予补助或免税；去海外经商归来的商人，市舶司（海关）备饭菜招待；外国商人来从事贸易活动，则给予税收方面的优待，并且供给住房，如此等等。① 对外贸易因此而得到较好的发展，而文化，也就随往返的中外商人得以传播和交流。

不单是外商，华商在宋代的对外贸易中起到同样重要的作用。宋朝鼓励资金雄厚的富商以私商身份打造海船，前往海外经营，"并海商人遂浮舶贩易外国物"，特别是"福建一路多以海商为业"。包恢在《敝帚稿略》卷一中称："贩海之商无非豪富之民，江淮闽浙处处有之。"广西濒海之民出海经商者也不少，"或舍农而为工匠，或泛海而逐商贩"。"福建、广南人因商贾至交趾，或闻有留于彼用事者"，而高丽"王城有华人数百，多闽人因贾舶至者"。宋代早期中国帆船更喜欢在马六甲海峡与印度商人交易，后期中国船也乐意到印度的港口与阿拉伯人交易。实际上，北宋还有"华人诣大食，至三佛齐修船，转易货物"（《萍洲可谈》）。由广州发往南洋各国的商船中，有许多华商前往贸易。

中国海商数以万计，虽然中小商人最多，但资产数十万乃至上百万的海商也层出不穷。建康巨商杨二郎由牙侩起家，到南海贸易十余年，蓄资千万。南宋初，泉州商人"夜以小舟载铜钱十余万缗入洋"（《建炎以来系年要录》）。在海外，铜钱可以十贯之数，易蕃货百贯之物，估计一次贸易额就超过了100万贯。福建"南安丘发林从航海起家，至其孙三世，均称百万"。更著名者如"泉州杨客为海贾十余年，致赀二万万"（《永乐大典残卷》）。

因为这种商业的利润很大，所以不单是商人，中国的官吏也利用他们雄厚的资本，以亲信充当商人来经营。《宋会要辑稿·职官四四》记载，至道元年（997）三月，诏广州市舶司曰："朝廷抚绥远俗，禁止末游，比来食禄之家，不许与民争利。如官吏罔顾宪章，苟徇财货，蟊通交易，阑出徼外，私市掌握之珍，公行道中，靡虞薏苡之谤，永言贪冒，深蠹彝伦。自今宜令诸路转运司指挥部内州县，专切纠察。内外文武官僚，敢遣亲信于化外贩鬻者，所在以姓名闻。"宋代广州市舶司也常常发舶往南洋诸国贸易。《宋会要辑稿·职官四四》记载，崇宁五年（1102）三月四日，诏"广州市舶司旧来发舶往来南蕃诸国博易回，元丰三年旧条，只得却赴广州抽解"。至于南宋，

---

① 参见吕振羽：《中国历史讲稿》，人民出版社1984年版，第256—257页。

《宋史·食货志》记载，乾道三年（1167），诏"广南两浙市舶司所发舟还，因风水不便，船破樯坏者，即不得抽解"。

2. 宋代海外贸易与南海贸易体制

由于朝廷积极鼓励发展海外贸易，所以宋代航海业呈现千帆竞发、百舸争流的兴盛景象。中国海商数量庞大，在造船技术、航海技术和商品结构上有优势，在亚洲海上贸易中发挥着主导作用。据宋代的文献，如《岭外代答》《云麓漫钞》《诸蕃志》等书的记载，南宋时，与中国有外贸关系的国家和地区增至 60 个以上，范围从南洋、西洋直到波斯湾和东非海岸。《诸蕃志》的著录最为详细，书中介绍了 50 多个国家和地区的情况，列举其名而未加介绍的又有 20 个。作为来华贸易主要力量的阿拉伯商人在宋代基本上从海路来宋朝贸易。宋朝政府也鼓励来华商旅使节选择海路，宋太宗曾"诏西域若大食诸使是后可由海道来"，宋仁宗又令各国进奉"今取海路由广州至京师"（《咸宾录》）。所以，至宋代已经完全实现了对外贸易重心由西北陆路向东南海路的转移。与海上贸易相比，西北陆路就显得不那么重要了。

宋代海外贸易繁盛，对外贸易港口众多。唐代主要贸易港有交州、广州、泉州和扬州 4 大港，而宋代北至京东路，南至海南岛，与外洋通商的港口已近 20 个。其中广州、泉州、临安、明州等大型海港相继兴起，还兴起一大批港口城镇，在南宋万余里的海岸线上形成了北起淮南，中经杭州湾和福州、漳州、泉州金三角，南到广州湾和琼州海峡的全面开放的港口分布新格局。

广州和泉州是宋代两个最大的外贸港口，从世界各地来中国贸易的商人，大多集中在广州和泉州。广州至宋代已成为我国东南海岸的最大港口，在经济上和交通上占有十分重要地位。沈括《长兴集·张中允墓志铭》说："其后用师于夏州，天下搔于兵，复议益赋于五岭。君时为广州西防尉，谓使者言，'交州地非能饶也。其大商贾胡赖以富者，其根乃在异国。知将困之，彼则踔海而去，昼夜万里，广遂将不为州矣。与其无事而失广州，孰若捐尺寸之利，为百姓计多也'。使者然其言，为格其令。"

泉州自南北朝时就是海外贸易港口。至宋代，泉州在海外贸易中的地位可与广州媲美，"蕃舶之饶，杂货山积"。尤其到了南宋，泉州曾越于广州之上，成为我国对外贸易的第一大港。中国商人到海外通商贸易，很多是从泉州或取道泉州出航的。宋代谢履有诗《泉南歌》说："州南有海浩无穷，每岁造舟通异域。"泉州港口上经常停泊着上百艘大船和无数只小船，呈现一派海外贸易的兴盛景象，居住在泉州的外国商人也日渐增多，几达万计。宋代来华贸易的外国商船，绝大多数往返于广州、泉州两港。

宋代经济重心南移和鼓励海外贸易发展的政策带来海上贸易的繁荣，中国对外贸易重心由西北陆路完全转移到东南海路，亚洲海路贸易从而空前繁荣，促使南海贸易体系最终形成。日本学者滨下武志认为，这个贸易体系是以朝贡贸易体系为基础的亚洲经济圈，是15、16世纪以来，随着对中国朝贡贸易及互市贸易等官营贸易及民间贸易的发展，形成的亚洲多边贸易网，是以中国和印度为两个轴心，以东南亚为媒介的亚洲区域市场。[①] 滨下武志等学者强调，15世纪以后亚洲贸易体系及中国的中心地位是自宋代形成并一脉相承的。美国学者阿布·鲁哈德（Janet Abu-Lughod）指出，13世纪及此前很长时期，阿拉伯海、印度洋和南中国海已形成3个有连锁关系的海上贸易圈：最西边是穆斯林区域，中间是印度化地区，最东边是中国的"天下"，即朝贡贸易区。这3个贸易圈在宋代已经成为一个整体的贸易体系，有学者称之为"南海贸易体系"[②]。南海贸易体系在地理空间上北到中国、高丽和日本，西到印度洋沿岸地区和西亚。东南亚是这个贸易体系商品和人员流动的枢纽，其中三佛齐最处"诸蕃水道之要冲"，"东自阇婆诸国，西自大食、故临诸国，无不由其境而入中国者"（《岭外代答·外国门上·三佛齐国》）。"大食诸番所产，萃于本国"，"商贾转贩以至中国"（《文献通考》）。由中国往印度洋和西亚贸易，从"广州自中冬以后，发船乘北风行，约四十日到地名蓝里，博买苏木、白锡、长白藤。住至次冬，再乘东北风"（《岭外代答·外国门下·大食诸国》），至故临"易小舟而往"大食。自大食国到中国，则"至故临国易大舟而东行，至三佛齐国乃复如三佛齐之入中国"。

有学者概括南海贸易体系在宋代的形成有三个明确标志：一是形成了稳定的商品结构和互补性的市场关系，即以中国瓷器和丝绸为主的手工业品，与东南亚和印度洋沿岸地区的香药、珠宝为主的资源性商品的交换；二是形

---

① 参见［日］滨下武志著，朱荫贵、欧阳菲译，虞和平校订：《近代中国的国际契机：朝贡贸易体系与近代亚洲经济圈》，中国社会科学出版社1999年版，第10、36页。

② 参见黄纯艳：《论宋代南海贸易体系的形成》，《国家航海》2012年第3辑。

成了稳定的贸易力量，即作为基本力量的中国商人和阿拉伯商人，以及日益增长的亚洲其他地区的商人；三是形成了有稳定贸易关系的市场区域。有学者认为，10 世纪到 13 世纪由于宋朝重商政策和贸易发展的推动，海运贸易繁荣，北至东北亚，南到东南亚形成一个"贸易世界"，东北亚第一次被深入地整合到国际贸易网络中，东南亚进入到"商业时代"，贸易和国家发展发生根本性转变。①

"在宋朝海外贸易的推动下，南海、印度洋沿岸地区、东北亚之间有了稳定而密切的贸易联系。这一区域的贸易形成了以中国出口品为主的手工业商品与以东南亚和印度洋沿岸生产的香药珍宝为主的资源性商品相互交换的互补性贸易的市场关系。阿拉伯商人和中国商人成为这一区域并驾齐驱的最重要的贸易力量，东南亚、日本、高丽等地的商人也积极参与贸易，共同维持这一区域的贸易运行。可以说，这一区域贸易已经具备了独立运行的稳定的基本要素，已经形成为一个明确的贸易体系。在这个贸易体系中，南海地区是最重要的中心，其中的中国是推动贸易发展最主要的力量，东南亚是联系这一区域贸易的最重要枢纽，因此我们可以称这一贸易体系为南海贸易体系。元明清时期南海的贸易仍然具备上述三个要素，是宋代南海贸易的继续发展。"②

从以上叙述可知，宋代海上交通十分发达，往来的各国商船络绎不绝，官方和民间的贸易繁荣兴旺。宋代出口的商品以金银、络钱、丝织品和瓷器为主。同宋朝进行海路贸易的各国，以其本国的特产交换中国的金、银、瓷器等。特别是宋瓷，不仅是大宗的出口商品，而且还作为交易外货的手段。海外贸易的发展不仅促进了中国与各国经济和物质文化交流，而且增进了相互的了解。宋代外国使节来访，往往搭乘中国商船，许多从事海外贸易的中国商人，还充当了中国与许多国家建立官方关系的联系人的角色。宋代海上交通的繁盛，为元代和明代的海上交通进一步发展、海外贸易进一步繁荣铺平了道路。

3. 宋代的外贸管理体制

随着沿海贸易港口数量的增多、管理方式的进步、进出口商品种类和数

---

① 参见黄纯艳：《宋代朝贡体系研究》，商务印书馆 2014 年版，第 450—454 页。

② 黄纯艳：《论宋代南海贸易体系的形成》，《国家航海》2012 年第 3 辑。

量的增长，开宝四年（971），宋朝设置了本朝第一个海外贸易的管理机构"市舶司"，制定了管理制度《市舶条法》。

唐代就设立了市舶司，而市舶司制度成熟于宋代。市舶司的职责是"掌蕃货海舶征榷贸易之事，以来远人，通远物"（《宋史》）。石文济把它概括为贡使的接待与蕃商的招徕、蕃舶入港的检查、舶货的抽解与博买等 8 个方面。[①]《市舶条法》就是管理本国海商和来华外商的政策，如：发放公凭，禁止私贩；制定商人立限回舶的规定；抽解和博买；编定船户户籍；设置蕃坊，管理来华外商；对贸易规模大的商人授予官职；由政府主持祈风祭海活动，等等。

宋代的市舶司制度规定，进口货物时首先到官署即市舶司登记，一般缴纳大约百分之十的入口关税（最高不超过百分之二十，叫"抽分"），之后再流入市场。抽取的货物解送京城上交国库叫"抽解"，"抽解"是政府的重要财政税收。商人出关，也要先到当地市舶司详细登记此次出航所带的人员、货物内容数量、航行方向、航线以及出航时间，之后领取官方发放的"引"作为许可证，并要求在航期内回港登记。市舶司及其相关制度措施的实施，保护并且拓展了正常的对外贸易，而且使宋代以前朝贡贸易为主、礼节性为主的经济来往，逐渐转变为官方和民间贸易并存的局面，以政治性贸易为主的地理交往转变为民间资本自发追求商贸利益的航海行为。

北宋中期以前，只有广州、杭州、明州三地设置市舶司，船舶到达其他沿海港口，要"押赴随近市舶司勘验施行"。后于元祐二年（1087）又在泉州和密州设立市舶司，以适应海外贸易发展的需要。在一些较小的港口，如温州、江阴、上海等地设立市舶务或市舶场。到南宋时，除密州归入金版图，其他市舶机构仍存在。广州、泉州二市舶司较为稳定，成为发展航海贸易的重要机构。光宗绍熙元年（1190），禁止外商船舶进至澉浦，杭州的舶务就随之裁撤。宁宗时期（1195—1224），江阴、秀州、温州三地舶务又相继裁撤，两浙地区仅留下明州一处。

宋代的中外商人将外货运抵中国港口后，由市舶司抽解其一部分，复收买若干，然后听其在市场上自由买卖。如果这些货物是政府规定的专卖品，

---

① 参见石文济：《宋代市舶司的职权》，《宋史研究集》第 7 辑，台北"中华"丛书编审委员会 1974 年版。

则完全由政府收买。朱彧《萍洲可谈》卷二说："凡舶至，帅漕与市舶监官，莅阅其货而征之，谓之'抽解'。以十分为率，真珠龙脑凡细色抽一分，瑇瑁苏木凡粗色抽三分外，抽外官市各有差，然后商人得为己物。象牙重及三十斤，并乳香，抽外尽官市，盖榷货也。"

所谓"榷货"是专利品或专卖品的意思。曾三异《因话录》说："榷货非扬榷之义。榷，独木桥也，乃专利而不许他往之义。"宋代的榷货，据太平兴国七年（982）闰十二月及大中祥符二年（1009）八月九日两次诏令（《宋会要辑稿·职官四四》）所载，共有10种，即瑇瑁、象牙、犀角、镔铁、龟皮、珊瑚、玛瑙、乳香、紫矿及鍮石。其中尤以乳香的收买，获利最大。《宋会要辑稿·职官四四》记载，绍兴三年（1133）七月一日，诏广南东路提举市舶官，"今后遵守祖宗旧制，将中国有用之物，如乳香药物及民间常使香货，并多数博买。内乳香一色，客算尤广，所差官自当体国，招诱博买"。至于政府所用以收买这些外货的本钱，称为折博本钱、博易本钱或市舶本钱。这些本钱，很少是见钱（即铜钱），而是出口的各种货物。政府收买外货所规定的价格较外货在市场上自由买卖的为低，所以政府常获大利，而商人则常亏本，或获利较少。

市舶司以官定价格收买到进口货物后，其中一部分即按照市场上通行的价格在当地出卖。但大部分则连同抽解的货物，运往当时政治中心汴梁。《宋会要辑稿·职官四四》记载，天圣五年（1027）九月，诏"自今遇有舶船到广州，博买香药，及得一两纲。旋具闻奏，乞差使臣管押"。神宗熙宁四年（1071）五月十二日，诏"应广州市舶司每年抽买到乳香杂药，依条计纲，申转运司，召差广南东西路得替官往广州交管押上京送纳"。这些由广州运往汴梁的外货，就其性质大致分为粗色及细色两类，一纲一纲地运输。至于体积及重量太大而价值又小的外货，则因负担不起巨额的运费而不运往汴梁，留在广州出卖。关于粗色及细色的外国货物的名称："旧系细色纲，只是真珠、龙脑之类，每一纲五千两。其余如犀牙、紫矿、乳香、檀香之类，尽系粗色纲，每纲一万斤……大观已后，犀牙、紫矿之类，皆变作细色。"（《宋会要辑稿·职官四四》）

输入的外国货物，由政府加以收买，运往汴梁出售。《宋会要辑稿·食货三六》记载，太平兴国二年（977）"三月……诏……先是外国犀象、香药充轫京师，置官以鬻之。咤有司上言，故有是诏"。北宋初年，在汴梁出售这些外国货物的机关名叫榷易院。《宋会要辑稿·食货五五》说："太平兴国中，以先平岭南，及交趾海南诸国连岁入贡，通关市，商人岁乘舶贩易外国物，自三佛齐、勃泥、占城，犀、象、香药珍异之物充盈府库，始议于京师置香药易院，增香药之直，听商人市之。命张逊为香药库使以主之。岁得钱五十万贯。大中祥符二年（1009）二月，拨并入榷货务。"除榷易院外，榷货务也是在汴梁出售外国货物的机关，在北宋初年与榷易院同时存在。到了南宋，因为政治中心由汴梁南转杭州（当时称为"行在"），政府在广州等地收买到的外国货物也运往杭州出售。

宋代海外贸易规模很大，有时候，一次贸易的"净利钱"就达 98 万余贯，一次到货的乳香就达 10 万余斤。宋朝已把市舶收入作为财政收入之一。北宋时对外贸易税收约占国家总收入 2%—3%，南宋时则达 20%。从政府的市舶收入可以概见海上贸易的规模。《文献通考·市籴考一》记载，哲宗元祐元年（1086）"杭、明、广三州市舶，是年收钱、粮、银、香药等五十四万一百七十三缗、匹、斤、两、段、条、个、颗、脐、只、粒，支二十三万八千五十六缗、匹、斤、两、段、条、个、颗、脐、只、粒"。宋高宗曾说："市舶之利颇助国用"，"市舶之利最厚，若措置合宜，所得动以百万计"（《宋会要辑稿·职官四四》），高宗所说反映了宋徽宗朝以后的基本状况。崇宁大观时期市舶每年平均收入约为 110 万单位，史籍有载的绍兴元年（1131）、绍兴七年（1137）、绍兴十年（1140）都为 100 余万单位，绍兴二十九年（1159）达到 200 万缗。北宋前期所见收入在 30 万—80 万（单位有时以缗计，有时为复合单位）。

为了鼓励外商来华贸易，宋朝制定保护外国商人在华贸易利益的措施。宋朝法令上禁止对蕃商随意违章抽税。蕃商到港，除"抽解和买入官外，违法抑买，许蕃商越诉，计赃坐罪"（《文献通考》）。建炎元年（1127）规定，"有亏蕃商者，皆重置其罪"。绍兴十年（1140），广东权市舶晁公迈因贪利，被大食商人"满亚里所诉，诏监察御史祝师龙、大理寺丞王师心往广州劾治"（《建炎以来系年要录》）。政和年间，横州士曹蔡蒙休押伴大食贡使进京，"沿道故滞留，强市其香药不偿直。事闻，诏提点刑狱置狱推治，因诏自今蕃夷入贡，并选承务郎以上清强官押伴，按程而行，无故不得过一日，乞取贾市者以自盗论"（《文献通考》）。宋朝的这些措施保障了外国商人的贸易利益，提高了他们来华经商的积极性，从而也保障了宋朝的市舶收入。

《龙川略志》卷五中记载了一起涉及大食商人辛毗陁罗的财产案。辛毗陁罗对宋与大食的商贸往来作出了突出贡献，后来年老回国，一些不怀好意的广州商人想趁此机会把他的家产充公。苏辙从宋朝法律的角度出发，驳回了广州商人的恶意请求，维护了大食商人在华的合法权益。此举使来华的大食商人有了很大的安全感。

4. 宋代输入的外国商品

海陆丝绸之路的兴盛实际上就是国际贸易的产物。到了宋代，中国的对外贸易有了很大发展。中国历代海外贸易的繁盛，首先是因为中国在商品上、技术上具有很大的优势，长期领先于世界先进水平，因而在国际贸易中发挥着主导的作用。中国丰饶的物产，如丝绸、茶叶、瓷器等等，在很长的历史时期内一直是各国需求的大宗货物，各国商旅长途跋涉，不辞劳苦，主要是在贩运这些先进的、精美的和实用的中国货物中获取更多的商业利润。黄纯艳认为，这种情况主要是由商品结构造成的。他指出：

> 在国际贸易的商品结构中中国长期处于有利地位。中国的出口品以手工业品为主，如丝绸、瓷器、茶叶、铜钱、书籍等等。这些商品的出口，在一定程度上能够促进生产的发展。而进口的商品主要是资源性商品，如香料、药材、犀象、珠玉等，未经加工或技术含量较少。这样的商品结构是由巨大的技术差异和自然条件的不同造成的，有着很强的互补性……这种贸易结构使贸易双方相互依赖，贸易利润丰厚，没有竞争，因而十分稳定。①

美国学者斯塔夫里阿诺斯在《全球通史：1500 年以前的世界》中也指出：

> 当时中国的经济占主导地位，这可以由以下事实看出来：中国的出口品大多数是制成品，如丝绸、瓷器、书画等，而进口品多半是原材料，如香料、矿石和马匹等。②

---

① 黄纯艳：《宋代海外贸易》，社会科学文献出版社 2003 年版，第 1—2 页。
② ［美］斯塔夫里阿诺斯著，吴象婴、梁赤民译：《全球通史：1500 年以前的世界》，上海社会科学院出版社 1992 年版，第 438 页。

宋代延续了以往海外贸易的态势，继续进行大规模的海外贸易，把各种中国精美和精致的商品如丝绸、瓷器等大量销往海外，同时也把世界各地的物产运销中国。据统计宋代从海外进口的货物在410种以上。[1] 根据外来物品的用途和种类，宋代外来物品主要可以分为珍奇异宝、纺织品、动物、文化用品和香料等6大类。珍奇异宝主要存在于宋朝的贡赐贸易中，包括犀角、象牙、玳瑁、真珠、北珠等；纺织品主要来自高丽和大食诸国，主要有高丽纻布、大食锦和火浣布等；动物分为珍禽异兽和役畜两大类，其中珍禽异兽包括驯象、驯犀、红鹦鹉等，主要来自占城、交趾以及大食等南海诸国，役畜则包括马、牛、骆驼等，主要来自北方少数民族政权；文化用品则主要来自高丽和日本，分别以高丽扇、高丽纸和日本扇为代表；香药是外来物品中种类最多，数量最大，使用最为广泛的品种，以沉檀龙麝"四大香"为主要代表。概括起来宋代有"五大进口商品"，分别是香药、犀角、珠宝、木材和棉布。

《宋史·食货下》简略记述了开宝四年（971）置市舶司的情况后记载输入的货品："凡大食、古逻、阇婆、占城、勃泥、麻逸、三佛齐诸蕃，并通货易，以金、银、缗钱、铅、锡、杂色帛、瓷器，市香药、犀象、珊瑚、琥珀、珠琲、镔铁、鼊皮、玳瑁、玛瑙、车渠、水精、蕃布、乌槟、苏木等物。"

关于宋代进口的外国商品，史籍中有很多记载。在宋代的朝贡贸易中，所贡之物包括国王贡物、王室成员贡物、贡使及随行人员贡物等几部分，主要是本国土特产，如高丽贡金银器、绢、布、马、刀剑、人参、硫磺，交趾、占城、三佛齐等东南亚国家贡象牙、犀角、玳瑁、珍珠、驯象以及香料、香木，大食贡玻璃器、水晶、织锦、香料，于阗、龟兹贡骆驼、马、玉器、乳香等。如："天禧二年其王（指占城王）尸嘿排摩惵遣使罗皮帝加以象牙七十二株、犀角八十六株、玳瑁千片、乳香五十斤、丁香花八十斤、豆蔻六十五斤、沉香百斤、笺香二百斤、别笺一剂六十八斤、茴香百斤、槟榔千五百斤来贡。"（《宋史》）"绍兴二年，占城国王遣使贡沉香、犀、象、玳瑁等，答以绫、锦、银、绢。"（《宋史》）"绍兴二十五年十月十四日，占城国进奉使部领萨达麻、副使滂摩加夺、判官蒲翁都纲以次凡二十人到阙入见，表贡附子沉香一百五十斤，沉香三百九十斤，沉香二块一十二斤，上笺香三千六百九

---

① 参见陈高华、吴泰：《宋元时期的海外贸易》，天津人民出版社1981年版，第47页。

十斤，中笺香一百二十斤，笺香头块四百八十斤，笺香头二百三十九斤，澳香三百斤，上速香三千四百五十斤，中速香一千四百四十斤，象牙一百六十八株，犀角二十株，玳瑁六十斤，暂香一百二十斤，细割香一百八十斤，翠毛三百六十只，蕃油一十璒，乌里香五万五千二十斤。"（《宋会要辑稿·蕃夷七》）

《宋会要辑稿·职官四四》记载，绍兴三年（1133）进口品总计212种，其中香药177种、珍宝11种、手工业品14种，其他资源性商品10种，资源性商品所占比重超过90%。

《宋会要辑稿》还记载了绍兴二十六年（1156）三佛齐的贡品："三佛齐贡龙涎一块三十六斤，真珠一百一十三两，珊瑚一株二百四十两，犀角八株，梅花脑版三片，梅花脑二百两，琉璃三十九事，金刚钻三十九个，猫儿眼指环、青玛瑙指环、大真珠指环共一十三事，腽肭脐二十八两，番布二十六丈，大食糖四琉璃瓶，大食枣十六琉璃瓶，蔷薇水一百六十八斤，宾铁长剑九张，乳香八万一千六百八十斤，象牙八十七株共四千六十五斤，苏合油二百七十八斤，木香一百一十七斤，丁香三十斤，血竭一百五十八斤，阿魏一百二十七斤，肉豆蔻二千六百七十四斤，盆椒一万七百五十斤，檀香一万九千九百三十五斤，笺香三百六十四斤。"

《诸蕃志》卷上记载了阇婆国的货品："阇婆国：'出象牙、犀角、真珠、龙脑、玳瑁、檀香、茴香、丁香、豆蔻、荜澄茄、降真香、花簟、番剑、胡椒、槟榔、硫黄、红花、苏木、白鹦鹉，亦务蚕织，有杂色绣丝、吉贝绫布'，'番商兴贩用夹杂金银及金银器皿、五色缬绢、皂绫、川芎、白芷、朱砂、绿矾、白矾、鹏砂、砒霜、漆器、铁鼎、青白瓷器交易。'"

宋商到摩逸、三屿、真腊、单马令、凌牙斯、佛啰安、蓝无里等国的贸易都是如此。

5. 宋代都市的洋货风尚

外商将货物运到广州等港口后，有一部分被挑选出来运到都城汴梁。全汉昇梳理考证贩入汴梁的外国货物，他特别提出这样几种[1]：

（1）香药。范成大在《桂海虞衡志》中说中州人士使用由广州入口的外国沉香石："中州人士但用广州舶上占城、真腊等（沉水）香。"又《岭外代

---

① 全汉昇：《中国经济史研究》第2册，中华书局2011年版。

答》卷七："顷时（沉水）香价与白金等，故客不贩，而宦游者亦不能多买。中州但用广州舶上蕃香耳。"这里说的"中州"，指的是汴梁一带。又张邦基《墨庄漫录》卷二说外国的各种异香由广州转贩入汴："宣和间，宫中重异香：广南笃耨、龙涎、亚悉、金颜、雪香、褐香、软香之类。笃耨有黑白二种……白者每两价值八十千，黑者三十千。外廷得之，以为珍异也。"

在广州做官的人，于罢任时，也把香药贩往汴梁出售。《宋史·李昌龄传》说他由广州罢任北返，运载许多药物回汴："知广州。广有海舶之饶，昌龄不能以廉自守。淳化二年代还。初（父）运尝典许州，有第在城中。昌龄包苴辎重，悉留贮焉；其至京城，但药物药器而已。"孟元老《东京梦华录》卷三说相国寺的瓦市有罢任官员的香药出售："相国寺每月五次开放，万姓交易……殿后资圣门前，皆书籍、玩好、图画及诸路罢任官员土物、香药之类。"

（2）真珠。《宋会要辑稿·食货四一》说，衢州商人在广州外商处购买真珠，运销入汴：景祐四年（1037）正月二十七日，衢州客毛英言："将产业于蕃客处倚富赊真佩三百六十两。到京纳商税院，行人估验价例，称近降诏，禁止庶民不得用真佩耳坠、项佩，市肆贸易不行，只量小估价。缘自卖下真珠，方得见钱，纳税无所从出，乞封回广州，还与蕃客。"诏三司相度，许将真珠折纳税钱。又《宋会要辑稿·食货四一》说，真珠由广州进口，经抽解若干作为关税后，准许运往汴梁及四川等地出售：熙宁七年正月一日，诏定："诸广南真佩已经抽解，欲指射东京西川贸易者，召有力户三两名委保，赴税务封角印押，给引放行。各限半年，到指射处。与免起发处及沿路税，仍具邑额、等第、数目，先递报所指射处照会。候到日，在京委当职官估价，每贯纳税百钱；在西川委成都知府通判监估，每贯收税二百钱。出限不到，约估在京及西川价，报起发处，据合纳税钱，勒保人代纳。即私贩，及引外带数，或沿路私卖，及卖人各杖一百，许人告，所犯真佩没官，仍三分估一分价钱赏告人。"又赵抃《赵清献公集·奏状乞取问王拱辰进纳赃珠》说，商人在广州买珠，经长沙贩往汴梁："况戢子乔陈状：父舜中元于广州用钱一千余贯，买到上件珠子。只自广至潭，又入京师，其价已须两倍。"

（3）倒挂雀。朱彧《萍洲可谈》卷二说，海外的倒挂雀贩入汴梁："海南诸国有倒挂雀。尾羽备五色，状似鹦鹉，形小如雀。夜则倒悬其身。畜之者，食以蜜渍粟米甘蔗。不耐寒，至中州辄以寒死。寻常误食其粪亦死。元符中，始有携至都城者，一雀售钱五十万。东坡《梅词》云：'倒挂绿毛幺凤'，盖此鸟也。"

全汉昇这里所列在汴梁售卖的货品，主要是文献中特别值得注意的，实际上宋代进口的货物品种繁多，可谓琳琅满目。

到了南宋，由于政治中心的南移，杭州人口增多，成为大消费中心，因此商人多把由广州进口的外国货物运往杭州出售。《宋会要辑稿·职官四四》记载了嘉定六年四月七日（1208）客商贩运泉、广等地的外国货物已经抽解的胡椒、降真香、缩砂、荳蔻、藿香等物往杭州售卖的情况。户部答复："今后不得出给兴贩南海物货公凭，许回临安府抽解。如有日前已经出给公凭客人到来，并勒赴庆元府住舶。应客人日后欲陈乞往海南州军兴贩，止许经庆元府给公凭，申转运司照条施行，自余州军不得出给。其自泉、广转买到香货等物，许经本路市舶司给引，赴临安府市舶务抽解住卖，即不得将元来船只再贩物货往泉、广州军。"

由广州等港口上岸的外国货物不仅运销汴梁或杭州，还运往全国的许多地方。苏过《斜川集·志隐》说，广州的犀、象、珠、玉，走于四方，可见由广州进口的外国货物普遍分配于国内各地。然后还有由汴梁、杭州贩往辽、夏、金等国的情况。

据以上所述可知，宋代对外贸易的规模比前代扩大了很多，通商的国家和地区更为扩大，进口商品的种类和数量也比前代有很大增加。古代中国对外贸易的结构性特点是，进口的商品以资源性产品为主，主要是满足上层贵族社会的奢侈品消费。到了宋代，这种情况有所改变，许多进口商品的消费不只是局限于上层社会，而且深入到普通民众的生活，特别是京城和大都市居民，也已经开始大量消费进口商品。

因此，民间出现了进口商品的加工业。由广州、泉州等地转贩入京城的外国货物，多半属于原料性质，由海外输入后，便贩往京城。此外，又有些输入广州和泉州的外国货物，先在广州和泉州加工制造，然后运往内地出售。《桂海虞衡志》说："世皆云二广出香，然广东香乃自舶上来。"许多商品的名称，标记的是它们的集散地的地名，而不是出产地的地名。如"广香"与"广药"等各地所卖的"广洋杂货"，并不出于广州，而产于外洋，广州只因为是对外贸易港，遂成为此种货物的集散地。

南宋时，"京城内外有专以打造金泊及铺翠销金为业者，天下数百家"。为了适应香药消费的需要，香药的加工匠人对各种香药的气味、性能等有清楚的认识，并根据不同的消费用途创制了很多香药的配制方法。

大量进口商品的消费，催生了弥漫于全社会的奢侈之风。珠宝业的发展，香药的流行，成为那个时代流行时尚的文化符号。在唐代人所惊之华丽器物，在宋代已是百姓寻常之物。沈括在《梦溪笔谈》卷一四中说："唐人作富贵诗，多纪其奉养器服之盛，乃贫眼所惊耳。如贯休《富贵曲》云：'刻成筝柱雁相挨。'此下里鬻弹者皆有之，何足道哉？又韦楚老《蚊诗》云：'十幅红绡围夜玉。'十幅红绡为帐，方不及四五尺，不知如何伸脚？此所谓不曾近富儿家。"

在宋代由海外输入广州的商品中，除上述的奢侈品及各种香药外，食物也是其中的一种。当时广州进口的食物，以槟榔为最多。在《宋会要辑稿·职官四四》太平兴国七年（982）闰十二月诏令所列举的输入商品中，槟榔是其中的一种。又《岭外代答》卷八亦说交趾等地的槟榔输入广州："槟榔生海南黎峒，亦产交趾……海商贩之。琼管收其征，岁计居什之五。广州税务收槟榔税，岁数万缗。"宋代广州一带的人士酷嗜槟榔，消耗槟榔的数量甚大。《岭外代答》卷六说："自福建下四川与广东西路，皆食槟榔者，客至不设茶，惟以槟榔为礼。其法……广州又加丁香、桂花、三赖子诸香药，谓之香药槟榔。唯广州为甚，不以贫富长幼男女，自朝至暮，宁不食饭，唯嗜槟榔。富者以银为盘置之；贫者以锡为之。昼则就盘更啖；夜则置盘枕旁，觉即啖之。中下细民，一日费槟榔钱百余。有嘲广人曰：'路上行人口似羊。'言以蒌叶杂咀，终日噍饲也。曲尽啖槟榔之状矣！"

6. 宋代输入的外国香料

在历史上的中外贸易中，香药珠宝是中国最大宗的进口品。前文对汉至南北朝时期以及唐代从西域进口香料的情况，以及香料的大量输入对中国人日常生活的影响，中国用香文化的形成与发展都有过比较详细的介绍。自从汉代以后域外的香料涌入中国，对中国人的生活产生了深刻的影响，它不仅成为人们日常生活的一个内容，改变人们的卫生、起居习惯，并且与中国传统文化相结合，更影响到人们的审美情趣、生活态度，促使中国人、特别是贵族阶层和文人日常生活的精致化。因而,由于域外香料大举进入中国而形成的中国香文化,成为中国传统文化的一个组成部分。

到了宋代,中国的香文化更加成熟和精致,对人们的日常生活的影响也更全面,更深入。用香成为普通百姓日常生活的一部分,与"品茗""观画""插花"一起成了中国文人生活的四大雅事。而在进口商品的规模和数量巨大增长以后,香药成为深受中国老百姓欢迎的最大宗的商品。

香药产于阿拉伯地区以及印度、中南半岛、马来群岛诸地,当时之东西海上国际贸易为阿拉伯人所控制,故经营香药买卖的多系大食商人。绍兴十一年(1141)十一月,户部"重行裁定市舶香药名色",共有 330 余种,其中绝大部分是香药和药材,主要从大食诸国、真腊、占城、阇婆等国输入。另有学者据南宋泉州市舶官员叶廷珪《香录》和赵汝适《诸蕃志》及《宋会要辑稿》等史料所载统计,当时从西域传入东方的香料药材种类有 200 多种,除原有的阿魏、木香、降真香、丁香、没药、胡椒、豆蔻、苏木等外,新添龙涎香、速香、黄熟香、生香、断白香、黑塌香等几十种之多。即使同一种药,也比唐代多了不少亚种,仅龙脑香就有 9 种之多(熟脑、梅花脑、米脑、白苍脑、油脑、赤苍脑、脑泥、鹿速脑、木札脑)。药物的形态各异,除生药、成药(膏药)外,还出现了前所未有的瓶装药露(蔷薇露、大风油等多种花露)。

宋代香料的贸易数量巨大,仅宋神宗熙宁十年(1077),广州市舶输入的乳香一种就多达 34 万余斤。由广州进口的乳香约占全中国的 98%,故乳香又称为"广东香"。南宋建炎四年(1130),泉州仅抽买乳香一项就达 86780 斤。《宋会要辑稿》记载:南宋绍兴二十五年(1155),从占城一地输入泉州的香料有沉香等 7 种共计 63334 斤。南宋乾道三年(1167),占城国王遣使搭乘泉州商人陈应的海船,载乳香、象牙等前来中国朝贡。1974 年在泉州后渚港发掘的宋代沉船上,就发现了大量的香料木(有降夏香、檀香和沉香等),还有胡椒、槟榔、乳香等,其中有一种炒制过的乳香,属于索马里原乳香一类,说明当时输入泉州的香料来源很广,远至东非诸国。由于香药风靡社会,通过转手贸易,香药(特别是那些真正的外来货)的价格一路上升,以至宋代蔡绦在《铁围山丛谈》中说:"多海南真水沉,一星直一万。"除外商输入外,北宋政府还派遣内侍出国"博买香药犀牙真珠龙脑",或者"说喻番商"，优惠采购。

因香料贸易在当时东西方贸易中占有相当大的比例，故史家将这一时期自波斯湾至广州的海上丝绸之路又称为"香料之路"。由于香料贸易规模很大，宋代出现了一大批以经营香料为业、"富盛甲一时"的巨商，如侨居泉州的大食人蒲罗辛、施那帏、蒲霞辛、佛莲等，宋代文献记载了他们的经商情况。这时候来自大食的商人，相当多的是从事香料贸易。

据全汉昇考证，① 宋代由海外输入广州的香药，种类甚多，其著名者有：

（1）龙涎香。这是香药中最贵重的一种。《游宦纪闻》卷七说大食的龙涎香输入广州，"诸香中龙涎最贵重，广州市直每两不下百千，次等亦五六十千。系蕃中禁榷之物，出大食国……予尝叩泉广合香人。云：'龙涎入香，能收敛脑麝气，虽经数十载，香味仍在'。"又《岭外代答》卷七也说："大食西海多龙，枕石一唾，涎沫浮水，积而能坚。鲛人探之，以为至宝。新者色白，稍久则紫，甚久则黑。因至番禺，尝见之。不薰不莸，似浮石而轻也。"

（2）龙脑香。唐慎微《经史证类备用本草》卷一三说："《图经》曰：'龙脑香……今惟南海舶贾客货之'。"又《宋史·三佛齐传》说，该国纲首卖龙脑与广州市舶司：（元丰）"五年，广州南蕃纲首以其主管国事国王之女唐字书寄龙脑及布与提举市舶孙迥。迥不敢受，言于朝。诏令估直输之官，悉市帛以报。"

（3）沉香。《说郛》卷一八说，登流眉的沉香贩入广州，"范致能平生酷爱水沉香，有精鉴，尝谓：'广舶所贩之中下品，黎峒所产大块……皆为佳品……'大率沈水以万安东峒为第一品，如范致能之所详；在海外则登流眉片沉，可与黎峒之香相伯仲。登流眉有绝品，乃千年枯木所结，如石柱，如拳，如肘，如凤，如孔雀，如龟蛇，如云气，如神仙人物。焚一片则盈室香雾，越三日不散。彼人自谓无价宝，多归广帅府及大贵势之家"。又《岭外代答》说："沉香来自诸蕃国者，真腊为上，占城次之。真腊种类固多，以登流眉，案范成大《桂海虞衡志》作丁流眉，《宋史》作登流眉。所产香，气味馨郁，胜于诸蕃。若三佛齐等国所产，则为下岸香矣，以婆罗蛮香为差胜。下岸香味皆腥烈，不甚贵重，沉水者，但可入药饵。交趾与占城邻境，凡交

---

① 全汉昇：《中国经济史研究》第 2 册，中华书局 2011 年版。

趾沉香至钦，皆占城也。海南黎母山峒中，亦名土沉香，少大块，有如茧栗角，如附子，如芝菌，如茅竹叶者，皆佳，至轻薄如纸者，入水亦沉。万安军在岛正东，钟朝阳之气，香尤酝藉清远，如莲花、梅英之类，焚一铢许，氛翳弥室，翻之四面悉香，至煤烬，气不焦，此海南香之辨也。海南自难得，省民以一牛于黎峒博香一担，归自差择，得沉水十不一二，顷时香价与白金等，故客不贩，而宦游者亦不能多买，中州但用广州舶上蕃香耳。唯登流眉者，可相颉颃，山谷'香方'率用海南沉香，盖识之耳。若夫千百年之枯株中，如石如杵，如拳如肘，如奇禽龟蛇，如云气人物，焚之一铢，香满半里，不在此类矣。"蔡絛《铁围山丛谈》卷五说："沉水香其类有四。谓之熟结，自然其间凝实者也……谓之生结，人以刀斧伤之，而后膏脉聚焉，故言生结也。"

（4）乳香。《诸蕃志》卷上《志国》"大食国"条记载："乳香一名薰陆香，出大食之麻啰拔、施曷、奴发三国深山穷谷中。"麻啰拔、施曷、奴发三国皆在阿拉伯半岛东南部之哈德拉茅海岸，其中麻啰拔、施曷自古以盛产乳香闻名于世，有"乳香国"之称。奴发即今阿曼境内之佐法儿，为古代阿拉伯的一大香料集市。梁廷枏《粤海关志》说，宋代广州市舶司所收乳香的数量远超于当时其他的舶港，可见输入广州的外国乳香之多。宋神宗熙宁十年（1077），广州、明州、杭州三州市舶司征收实物税仅乳香一项就获得354449斤。

（5）木香。木香一名密香，又称青木香，佛书名"矩瑟侘"，即梵语名"Kustha"的对音，马来语名"Putchuok"，波斯、阿拉伯语名"Kust"，可作药用。《经史证类备用本草》卷六说外国的木香输入广州："《图经》曰：'木香生永昌山谷。今惟广州舶上有来者，他无所出。'"《别说》云："谨按，木香皆从外国来，即青木香也。"《诸蕃志》记载："木香出大食麻啰抹国，施曷、奴发亦有之。"

（6）薰陆香。陈敬《香谱》卷一说薰陆香经由大食、三佛齐等国贩入广州，"叶庭珪云：一名薰陆香，出大食国之南数千里深山穷谷中。其树大抵类松，以斤斫树，脂溢于外，结而成香，聚而为块。以象辇之，至于大食。大食以舟载易他货于三佛齐，故香常聚于三佛齐。三佛齐每岁以大舶至广与泉。广泉二舶视香之多少为殿最"。

（7）蕃栀子。这也是香的一种，龙涎之所以能香完全靠它。《岭外代答》

卷七说，广州有大食蕃栀子出售，"蕃栀子出大食国，佛书所谓簷葡花是也。海蕃干之，如染家之红花也。今广州龙涎所以能香者，以用蕃栀故也"。

（8）耶悉茗花。高似孙《纬略》说，外人将此花输入广州，"耶悉茗花是西国花，色雪白。胡人携至交广之间，家家爱其香气，悉种植之"。

（9）蔷薇露。波斯语名"gulab"，阿拉伯语名"mawarol"，马来语名"a-ger mawar"，系采集蔷薇花蒸馏所得之香水。《诸蕃志》记载："蔷薇水，大食国花露也。"《诸蕃志》又载记施国："岁遣骆驼负蔷薇水……等下船，至本国，贩于他国。"《宋史·蔡京传》对于外人将蔷薇露贩入广州记载："广州宝贝丛凑，（蔡卞）一无所取。及徙越，夷人清其去，以蔷薇露洒衣送之。"

汉唐已有大量外国香料进口，宫廷和上层社会一时掀起用香的时尚，用香成为当时社会上层的一种生活方式。到了五代时期，这种风尚有增无减，"这是权贵对于香料的享受，较之唐时，实有过之无不及。蕃香在这种享受中居主要地位，也无可疑惑"①。

宋陶谷《清异录》记载："后唐龙辉殿安假山水一铺，沉香为山阜，蔷薇水、苏合油为江池，零藿、丁香为林树，熏陆为城郭，黄紫檀为屋宇，白檀为人物，方围一丈三尺，城门小牌曰"灵芳国"。或云平蜀得之者。"（《薰燎门》"录共国"）"吴越外戚孙承祐奢僭异常，用龙脑煎酥制小样骊山，山水、屋室、人畜、林木、桥道纤悉备具。近者毕工，承佑大喜，赠蜡装龙脑山子一座。其小骊山，中朝士君子见之，云围方丈许。"（《器具门》"龙酥方丈小骊山"）"高丽舶主王大世选沉水近千斤，叠为旖旎山，象衡岳七十二峰，钱俶许黄金五百两，竟不售。"（《薰燎门》"旖旎山"）

这里所描述的几座"香山子"，规模都很可观，或方圆一丈，或重千斤。拥有者不再限于皇室，也包括了大贵族。既有贵族主顾向本地工匠下单定制的情况，也有外国商人看准了市场需求，制出成品之后再寻找大买家。"旖旎山"一条更显示，从事海上贸易业务的外国大商人"高丽舶主"王大世，会特意按照贸易对象的文化传统，用远道运来的沉香木制成"衡岳七十二峰"，然后再在中原贵族中寻找买主。更有趣的是，以富有著称的吴越统治者钱俶开出五百两黄金的高价，竟然也没能把这一座"香山子"拿下。

---

① 白寿彝主编：《中国回回民族史》，中华书局 2003 年版，第 253 页。

到了五代时期，中外香料贸易已经不止于初级的原材料进口，按照中国市场的需求定向加工的奢侈品已经出现了。为中国市场所需而制作的"香山子"，此后长期都有生产。《宋史·外国传》"大食"条记载，北宋至道元年（995），一位大食"舶主"向宋廷进贡一批异域奢侈品，其中就有"乳香山子一座"，宋太宗不仅亲自接见了这位外国大商人，给了不少赏赐，还降诏答赐以黄金，"准其所贡之直"。苏轼被贬海南的时候，得到一座"乳香山子"，特意送给苏辙做生日礼物。苏辙《和子瞻沉香山子赋》序文中讲述这件事说："仲春中休，子由于是始生。东坡老人居于海南，以沉水香山遗之，示之以赋，曰'以为子寿'……"苏轼在《沉香山子赋（子由生日作）》中则形容了这一件珍贵生日礼物的来历、形象和用场："占城之枯朽，宜爨釜而燎蚊。宛彼小山，巉然可欣，如太华之倚天，象小孤之插云……幸置此于几席，养幽芳于悦忯……"

宋洪刍《香谱》，介绍了一种"水盘香"："类黄熟而殊大，多雕刻为香山、佛像，并出舶上。"说明人们已确定了最适合制作香山子的外来香料。有些香料品种的进口，是为了适合中国市场的某些特殊需要。《清异录·薰燎门》中有一条"清门处士"："海舶来，有一沉香翁，剜镂若鬼工，高尺余。舶酋以上吴越王，王目为'清门处士'，发源于心，清闻妙香也。"

外来"海舶"到达中国海港的时候，所带来的是已然加工好的成品。异域海船携来交易的货物中，有香山子、香料雕制的小型佛像，以迎合中国市场的趣味。另外，《清异录·薰燎门》中还谈到"龙脑着色小儿"："以龙脑为佛像者，有矣，未见着色者也。汴都龙兴寺惠乘宝一龙脑小儿，雕制巧妙，彩绘可人。"

宋代香药的进口和使用呈一时之盛。其好用香药的风气，和前代一样，成为上层社会的时尚。洪迈《夷坚丁志》卷九说，在广州加工制造过的龙涎香贩运入杭，致为杭州人士仿制。"许道寿者，本建康道士，后还为民。居临安太庙前，以鬻香为业；仿广州造龙涎诸香。"顾文荐《负暄杂录》说，杭州市肆仿效广州吴氏制造龙涎香，"龙涎香品……番禺有吴监税菱角香，乃不假印，手捏而成。当盛夏烈日中，一日而干，亦一时之绝品。今好事之家有之……泉南香不及广香之为妙。都城市肆有詹家香，颇类广香"。蔡絛《铁围山丛谈》说："旧说蔷薇水，乃外国采蔷薇花上露水，殆不然。实用白金为甑，采蔷薇花蒸气成水，则屡采屡蒸，积而为香，此所以不败。但异域蔷薇花气，馨烈非常。故大食国蔷薇水虽贮琉璃缶中，蜡密封其外，然香犹透彻，闻数十步，洒着衣袂，经十数日不歇也。至五羊效外国造香，则不能得蔷薇，第取素馨茉莉花为之，亦足袭人鼻观，但视大食国真蔷薇水，犹奴尔。"

在宋代，人们对香的研究和利用进入一个精细化、系统化的阶段，焚香与品香不仅大量使用于祭祀等大型活动中，而且深入普通百姓的日常生活当中，达官贵人、富裕人家经常聚会，争奇斗香，使得熏香艺术形成自己特有的风格。古有"开门七件事"之说，到宋代说"开门八件事"，这第八件事指的就是熏香。不仅佛家、道家、儒家提倡用香，而且香更成为普通百姓日常生活的一个部分。在居室厅堂里有熏香，各式宴会庆典场合也要焚香助兴，而且还有专人负责焚香的事务。不仅有熏烧的香，还有各式各样精美的香囊香袋可以挂佩，制作点心、茶汤、墨锭等物品时也会调入香料。集市上有专门供香的店铺，人们不仅可以买香，还可以请人上门作香。富贵之家的妇人出行，常有丫鬟持香熏球陪伴左右。文人雅士不仅用香，还亲手制香，并呼朋唤友，鉴赏品评。陈去非的诗作《烧香》，反映了宋人对香的评价：

> 明窗延静昼，默坐息诸缘。
> 聊将无穷意，寓此一炷烟。
> 当时戒定慧，妙供均人天。
> 我岂不清友，于今醒心然。
> 炉香袅孤碧，云缕飞数千。
> 悠然凌空去，缥缈随风还。
> 世事有过现，薰性无变迁。
> 应如水中月，波定还自丸。

宋代士人视焚香为日常，燕居而求幽玄的清境，少它不得。"尘尾唾壶俱屏去，尚存余习炷炉香"，熏香在宋代士人的生活中算是平常的享受。"长安市里人如海，静寄庵中日似年。梦断午窗花影转，小炉犹有睡时烟。"（周紫芝《北湖暮春十首》）午梦里，也少不得香烟一缕。清雅不是莺边按谱花前觅句，而是"独坐闲无事，烧香赋小诗。可怜清夜雨，及此种花时"（陆游《移花遇小雨喜甚为赋二十字》）。有个叫赵梅石的富豪，"家有沉香连三暖阁，窗户皆镂花，其下替板亦镂花者，下用抽替，打篆香于内，香雾芬郁，终日不绝"(《癸辛杂识》续集下)。独处如此，飨客也是同样。庄绰《鸡肋编》卷下说："吴开正仲云：渠为从官，与数同列往见蔡京，坐于后阁。京谕女童使焚香。久之不至，坐客皆窃怪之。已而报云香满。蔡使卷帘，则见香气自他室而出，霭若云雾，濛濛满座，几不相睹，而无烟火之烈。既归，衣冠芳馥，数日不歇。计非数十两，不能如是之浓也。"曾几《东轩小室即事五首》之五："有客过丈室，呼儿具炉薰。清谈似微馥，妙处渠应闻。沉水已成烬，博山尚停云。斯须客辞去，趺坐对余芬。"嫩日软阴，落花微雨，轻漾在清昼与黄昏中的水沉，是宋人生活中一种特别的温存。传世的《听琴图》，抚琴者身边设一香几，几上小炉香烟袅袅，所焚或亦水沉。赵希鹄《洞天清录·古琴辨》："焚香惟取香清而烟少者，若浓烟扑鼻，大败佳兴，当用水沉、蓬莱，忌用龙涎、笃耨、儿女态者。""夜深人静，月明当轩，香燕水沉，曲弹古调，此与羲皇上人何异。"苏轼的《和黄鲁直烧香》写道：

> 四句烧香偈子，随风遍满东南。
> 不是闻思所及，且令鼻观先参。
> 万卷明窗小字，眼花只有斓斑。
> 一炷烟消火冷，半生身老心闲。

李清照的很多词作也写到香，其中有《醉花阴》（词中"瑞脑"即龙脑香；"金兽"即兽形铜香炉）：

> 薄雾浓云愁永昼，瑞脑销金兽。佳节又重阳，玉枕纱厨，半夜凉初透。　　东篱把酒黄昏后，有暗香盈袖。莫道不消魂，帘卷西风，人比黄花瘦。

用香对文人的意义，明屠隆《香笺》中的一段话可算是一个很好的概括："香之为用，其利最溥。物外高隐，坐语道德，焚之可以清心悦神。四更残月，兴味萧骚，焚之可以畅怀舒啸。晴窗拓帖，挥尘闲吟，篝灯夜读，焚以远辟睡魔，谓古伴月可也。佳丽者红袖在侧，秘语谈私，执手拥炉，焚以熏心热意，谓古助情可也。坐雨闭窗，午睡初足，就案学书，啜茗味淡，一炉初热，香霭馥馥撩人。更宜醉筵醒客，皓月清宵，冰弦戛指，长啸空楼，苍山极目，未残炉热，香雾隐隐绕帘。又可祛邪辟秽，随其所适，无施不可。"

由《桂海虞衡志·志香》可知宋人所重为花香、果香，如莲花、梅英、鹅黎、蜜脾等。饶此风味的蓬莱香、鹧鸪斑香，自是最受钟爱。赵蕃《简梁叔昭觅香》："雨住山岚更郁深，病夫晨起畏岑岑。可能乞我蓬莱炷，要遣衣襟润不侵。""蓬莱"下其自注"香名"。周必大致友人书中提到以"海南蓬莱香十两"为赠。

宋代好香之风，到元代仍然兴盛。元末画家倪瓒好香，每至山水佳盛之处，必燃香注目，欣然记怀。他在诗中写道：

焚香坐幽谷，濯缨向清泉。（《次韵怀张外史》）

烧香对长松，相与成宾主。（《雨中寄孟集》）

梵余闲憩石，定起独哦松。（《悼项山清上人》）

他的诗引也这样说，"玉壶中插瑞香、水仙、梅花戏咏"，"至正乙巳五月三日过开元精舍，希远首座为设汤饼，煮茗焚香相饷"（《清閟阁全集》）。倪瓒在晚年财力不逮之时，也香不绝缕。他常常从好友处借香："斋阁中有沉香，求一两许，不必入药用者，如允同前大片之类，辟取少许亦不妨。""因偶出，行李中乏香烧用，高斋杂香零碎者，求少许，烧置卧内，以净秽气。"（《与介石书》）

大量香料的进口，对宋代中医药学的发展也产生了很大影响。人们常将香与药并称，称之为"香药"，实际上许多香料在中国医药学中可以入药，很多医书中或本草书中有关于香料的记载。

宋代各州县均设立"香行""香铺"，许多名医采用东南亚诸国的香药调配药方，成为民间常用药品。由于这一时期从海外进口了大量香药，医药学家便把它们配制成药剂治病。如杭州城内有患伤寒、舌头外伸寸余患者，一位精通医理的道士用梅花片脑（龙脑）二钱，治愈该病。湖州医师王克明医治一位妇女的气秘腹胀难症，他用半硫丸碾生姜调乳香让她服下，几天后气通腹平。进口的香药还被用来辟秽、净秽气、灭蚊，保持环境卫生，被掺到食品中做成药膳食物。杭州的茶酒店有卖配有食药和香药的果子，把木瓜和香药匹配成燠木瓜饮用。南宋时，泉州名医李迅在其《集验背疽方》中，就记载了用来自东南亚诸国的木香、沉香、乳香、麝香、丁香、没药等配制药方。赵汝适《诸蕃志》记载："苏合香油，出大食国……番人多用以涂身。闽人患大风（麻风病）者亦仿之。可合软食及入医用。"南宋理宗景定年间（1260—1264），福州名医杨士瀛所著的《仁斋直指》，也收录了由东南亚诸国输入福建的香药 40 种，书中记载的很多药方用香药配伍，有的一副药方上就需要多种香药配伍组方，如"换骨丹"的药方为麻黄、仙术、槐角子、桑白皮、川芎、香白芷、威灵仙、人参、防风、何首乌、蔓荆子、苦参、五味子、广木香、麝香、龙脑、朱砂。又如"神效活络丹"的药方也用丁香、乳香、麝香、安息香、木香等多种香药配伍。又《洪氏集验方》记载："肉豆蔻，治赤、白痢……其效如神，上吐下痢者亦治。"

四　宋人对外部世界的认知

1. 周去非《岭外代答》

随着宋代对外交往的扩大，特别是海外贸易蓬勃发展，来到中国经商的外国人，主要是波斯人和大食人，也比以往更多。这些长期在中国居住的外国人有固定的聚居区，即"蕃坊"，这一切促进了宋人对外部世界的了解和认识，扩大了人们的世界视野。这一时期一些记录外国的文献，代表了宋人对外部世界的认知水平。有宋一代之载籍，除正史、政书、类书、总地志、地图及医家、兵家等著作外，记及海外交通史料的有各种杂著和部分地志，如庞元英《文昌杂录》、沈括《梦溪笔谈》、朱彧《萍洲可谈》、楼钥《攻媿集》、叶梦得《石林燕语》、吴曾《能改斋漫录》、范成大《桂海虞衡志》与《吴船录》、周辉《清波别志》、赵彦卫《云麓漫钞》、岳珂《桯史》、吴自牧《梦粱录》、周密《癸辛杂识》等等。其中朱彧《萍洲可谈》对宋代广州之外商集居、市舶往来、海舶规模、航海技术等记录甚详，吴自牧《梦粱录》卷一二也叙及船舶、航海诸事，故向为中外学者所重视。不过这些均非中外交通之专门著作，所含只是片断的资料。另高居诲述其与张匡邺于后晋时西游的《使于阗记》，王延德的《使高昌记》，徐兢的《宣和奉使高丽图经》，金国乌古孙仲端叙其拜谒成吉思汗的《北使记》等，虽属中西交通或中朝关系之专著，唯所记仅限于一国或局部地区。

宋代全面而又详细记载海外交通的最有代表性的私家专门著作是周去非《岭外代答》、赵汝适《诸蕃志》。

　　周去非，字直夫，浙东路永嘉人。南宋孝宗隆兴元年（1163）考取进士，淳熙年间（1174—1178）任广南西路桂林通判，"试尉桂林，分教宁越"。东归后于淳熙五年（1178）撰此书。周去非在自序称此书本范成大《桂海虞衡志》加以耳闻目睹的材料而成。范成大与周去非几乎同时在广西任职，两人交谊颇深。淳熙二年（1175），范成大转任四川制置使兼知成都府，《桂海虞衡志》是他由广西入蜀道中追忆而作。范成大自序，该书为其于所到之处将方志未载之风物土宜等及边远地区的一些传闻加以合编而成。全书共分志岩洞、志金石、志香、志酒、志器、志禽、志兽、志虫鱼、志花、志果、志草木、杂志、志蛮 13 篇，每篇各有小序。此书详尽记载了宋代广南西路的风土人情、物产资源以及当地少数民族的社会经济、生活习俗等情况，是研究广西民族风俗文化的重要资料。

　　周去非《岭外代答》共录存 294 条，用以答客问，故名曰"代答"。全书共分地理、边帅、外国、风土、法制、财计、器用、服用、食用、香、乐器、宝货、金石、花木、禽兽、虫鱼、古迹、蛮俗、志异等共 20 门，"今有标题者凡十九，一门存其子目而佚其总纲"（《四库全书总目提要》）。此书记载了宋代岭南地区的社会经济、少数民族的生活风俗，以及物产资源、山川、古迹等情况。边帅门概述岭南沿边各军事建置的渊源、演变和辖属；法制门列举一些当时岭南地区政治、经济方面的特殊规定；财计门记载当时岭南地区的财政、商业等情况，并附有统计数字，这些都保留了许多正史中未备的社会经济史料。外国门、香门、宝货门兼及南洋诸国，并涉及大秦、大食、木兰皮（故地在今非洲西北部和欧洲西班牙南部地区）诸国，反映了当时岭南地区与海外诸国的交通、贸易等情况。

　　周去非任职期间，南宋政府十分重视对岭南各地的经营管理，桂林成为西南重镇，广州成为对外贸易中心，一时间，南来北往的客商云集此地。岭南地区政治稳定，经济繁荣，发展速度快于战乱频繁的北方，地位越来越引人注目。由于赵构做过静江节度使和桂州牧，继位后，他于绍兴三年（1133）就把桂林升为静江府。宋孝宗即位后，也非常重视岭南地区的发展和建设，被派到岭南任职的官员如范成大、周去非等十分重视考察当地的风土民情，以寻求更好的治政之道。周去非利用工作的便利，在检查州县、游历名胜古迹时，细心观察社会的民俗风情，进行了充分的调查研究，获得许多宝贵资料。周去非在自序中说他在广西期间"随事笔记,得四百余条",而且所记皆为"疆场之事、经国之具、荒忽诞漫之俗、瑰诡谲怪之产"。周去非的这部书,具有相当高的史料价值,它是广西地方史中内容较全面而时代较早的重要文献,同时也是研究宋代中西海上交通和 12 世纪南海、南亚、西亚、东非、北非等地古国史的可贵资料。

《岭外代答》有很多篇幅记载了海路所通诸国,他写到所了解的各国方位:"诸蕃国大抵海为界限,各为方隅而立国。国有物宜,各从都会以阜通。正南诸国,三佛齐其都会也。东南诸国,阇婆其都会也。西南诸国,浩乎不可穷,近则占城、真腊为窊里诸国之都会,远则大秦为西天竺诸国之都会,又其远则麻离拔国为大食诸国之都会,又其外则木兰皮国为极西诸国之都会。三佛齐之南,南大洋海也。海中有屿万余,人莫居之。愈南不可通矣。阇婆之东,东大洋海也,水势渐低,女人国在焉。愈东则尾闾之所泄,非复人世。稍东北向,则高丽、百济耳。西南海上诸国,不可胜计,其大略亦可考。姑以交趾定其方隅。直交趾之南,则占城、真腊、佛罗安也。交趾之西北,则大理、黑水、吐蕃也。于是西有大海隔之,是海也,名曰细兰。细兰海中有一大洲,名细兰国。渡之而西,复有诸国。其南为古临国,其北为大秦国、王舍城、天竺国。又其西有海,曰东大食海。渡之而西,则大食诸国也。大食之地甚广,其国甚多,不可悉载。又其西有海,名西大食海。渡之而西,则木兰皮诸国,凡千余。更西,则日之所入,不得而闻也。"

《岭外代答·外国门》对南海、南亚、西亚、东非、北非等地古国的地理、民俗、物产及交通方面都有比较充分的记载。

关于海上之航线,《岭外代答》卷三记载:"诸蕃国之富盛多宝货者,莫如大食国,其次阇婆国,其次三佛齐国,其次乃诸国耳。三佛齐国者,诸国海道往来之要冲也。三佛齐之来也,正北行,舟历上下竺与交洋,乃至中国之境:其欲至广者,入自屯门;欲至泉州者,入自甲子门。阇婆之来也,稍西北行,舟过十二子石,而与三佛齐海道合于竺屿之下。大食国之来也,以小舟运,而南行至故临国,易大舟而东行至三佛齐国,乃复如三佛齐之入中国。其他占城、真腊之属,皆近在交趾洋之南,远不及三佛齐国、阇婆之半,而三佛齐、阇婆又不及大食国之半也。诸蕃国之入中国,一岁可以往返,唯大食必二年而后可。大抵蕃舶风便而行,一日千里,一遇朔风,为祸不测。

幸泊于吾境，犹有保甲之法，苟泊外国，则人货俱没。若夫默伽国、勿斯里等国其远也不知其几万里矣。"

《岭外代答》在宋代已流传，著录于尤袤《遂初堂书目》、赵希弁《郡斋读书志拾遗》、陈振孙《直斋书录解题》等书目，又见引于王象之《舆地纪胜》、祝穆《方舆胜览》、赵与时《宾退录》、谢采伯《密斋笔记》等书。但问世以后，此书并未镂板，只有抄本流传。赵汝适《诸蕃志》抄袭《岭外代答》之文甚多，但包括赵氏自序在内，全书无一处提及《岭外代答》书名及其作者，或许当时未见到好的刻本。到了明代，《永乐大典》虽抄入了《岭外代答》，但遇缺文却未能补上。杨士奇《文渊阁书目》、叶盛《箓竹堂书目》，虽著录《岭外代答》，但均不载撰人及卷数，仅得一正确书名。清乾隆三十八年（1773），四库馆开，从《永乐大典》中抄出《岭外代答》全帙，并评价它"补正史所未备"，使淹没了数百年之书，得以重新问世。

2. 赵汝适《诸蕃志》

周去非《岭外代答》主要记载两广地区特别是广西的事情，兼及海外诸国的地理交通，而赵汝适《诸蕃志》则是专门记述外国的地理学著作，"所言皆海国之事"。

赵汝适，字伯可，是宋太宗八世孙。父亲赵善待官至朝请大夫、岳州知州。绍熙元年（1190），赵汝适以祖上遗泽，补将仕郎。二年（1191），授迪功郎、临安府余杭县主簿。庆元三年（1197），赐进士及第，授修职郎。后历任多种官职。嘉定十六年（1223），知南剑州，次年转朝奉大夫、朝散大夫、提举福建路市舶司。他在市舶司任职两年多，就又专任他职。赵汝适在史学上最大的贡献，就是在提举福建路市舶司兼权泉州市舶使任上所撰著的《诸蕃志》。据该书序说："汝适被命此来，暇日阅诸蕃图，有所谓石床、长沙之险，交洋、竺屿之限，问其志则无有焉。乃询诸贾胡，俾列其国名，道其风土，与夫道里之联属，山泽之蓄产，译以华言，删其秽秽溇，存其事实，名曰《诸蕃志》。"所以，"是书所记，皆得诸见闻，亲为询访。宜其叙述详核，为史家之所依据矣"。

《诸蕃志》成书于宋理宗宝庆元年（1225），分上下卷。上卷记海外诸国的风土人情，下卷记海外诸国物产资源。它记载了东自日本，西至东非索马里、北非摩洛哥及地中海东岸诸国的风土物产，并记有自中国沿海至海外各国的里程及所需时日，内容丰富而翔实。其中记大食国"王与官民皆事天。有佛名麻霞勿。七月一削发翦甲，岁首清斋，念经一月。每日五次拜天"，"唐永徽以后，屡来朝贡。其王盆尼末换之前，谓之白衣大食。阿婆罗拔之后，谓之黑衣大食"。关于穆斯林商人来华情况，其曰："有番商曰施那帏，大食人也。侨寓泉南，轻财乐施，有西土气习，作丛冢于城外之东南隅，以掩胡贾之遗骸。"该书有关海外诸国风土人情多采自周去非《岭外代答》记载，有关各国物产资源则多采访于外国商人。

《诸蕃志·志国》记述的国家有：占城国、真腊国、宾瞳龙国、登流眉国、蒲甘国、三佛齐国、单马令国、凌牙斯国、佛啰安国、新拖国、监篦国、蓝无里国、阇婆国、苏吉丹、南毗国、胡茶辣国、麻啰华国、注辇国、大秦国、天竺国、大食国、麻嘉国、弼琶啰国、层拔国、勿拔国、中理国、瓮蛮国、记施国、白达国、吉慈尼国、忽厮离国、木兰皮国、遏根陀国、茶弼沙国、斯伽里野国、默伽猎国、渤泥国、麻逸国、三屿国、蒲哩鲁国、流求国、毗舍耶国、新罗国、倭国等58个国。

其中的斯伽里野国篇记述的是西西里岛的地理和岛上的活火山。这是中文典籍最早记述意大利西西里岛和埃特纳火山的著作。

《诸蕃志·志物》记述的物品有：脑子、乳香、没药、血碣、金颜香、笃耨香、苏合香油、安息香、栀子花、蔷薇水、沉香、速暂香、黄熟香、生香、檀香、丁香、肉豆蔻、降真香、麝香木、槟榔、椰子、没石子、吉贝、椰心簟、木香、白豆蔻、胡椒、荜澄茄、阿魏、芦荟、珊瑚树、琉璃、猫儿睛、砗磲、象牙、犀角、腽肭脐、鹦鹉、玳瑁、龙涎、黄蜡等54篇。

《诸蕃志》是《宋史·外国传》的主要底本，"但《宋史》详事迹而略于风土、物产，此则详风土、物产而略于事迹。盖一则史传，一则杂志，体各有宜，不以偏举为病也"(《四库全书总目提要》)。

《诸蕃志》作为中外关系上的一部重要著作，在19世纪末期就受到西方学者的关注。德国汉学家夏德（Friedrich Hirth）和美国汉学家柔克义（Willian W. Rockhill）合作将其译成英文，于1911年出版。1912年12月29日《纽约时报》周末书评版用了近一版的篇幅来介绍这本书的内容，给予这部著作和两位译者以非常高的评价。

第十六章

元代的东西方大交通

13 世纪蒙古在中国北方崛起，西进灭亡西夏王朝，南下中原，先后灭亡金朝和南宋，建立了统一中国的元朝。与中国历史上的汉、唐、宋、明、清等统一王朝相比，元朝的统治时间比较短。从 1206 年成吉思汗建蒙古帝国算起，至 1368 年元朝灭亡，共 160 多年；如果从 1279 年灭南宋、统一中国算起，则只有 90 年。但在中外文化交流史上，特别是对于中西文化交流来说，元代是一个十分重要的朝代。

有元一代，中西文化的交流达到新的高潮，大规模的民族迁徙，广泛的人员交流，外国文化特别是阿拉伯文化在中国的广泛传播，以及伊斯兰教和也里可温教等在中国的传播与发展，为中华文化的发展提供了新的内容、新的激励，同时也促进了中国人对外部世界的认识和了解。

一　蒙古西征与东西文化的交汇

1. 三次西征与四大汗国

在古代中西文化交流中，生活在中国北方的游牧民族曾经发挥很大的作用。中国北方的草原和大漠地区，世代聚居着以游牧和狩猎为主要生产生活方式的游牧民族。游牧文明和农耕文明是两种不同类型的文明。在中国古代的历史上，北方游牧民族时常侵扰中原，游牧文明与农耕文明的对抗和冲突是民族冲突、军事冲突、文化冲突的主要内容。但是，北方游牧民族在与中原农耕民族即汉族的对抗冲突中，也广泛地接触到先进、发达的汉文化，部分地或全部地吸收了汉族先进的生产技术、生活方式、政治制度乃至思想观念，从而使自己的文明水平得到很大提高，并且在一定程度上汉化了，成了中华文化的负载者。与此同时，他们也把草原游牧文化以及西方文化传播到中国内地。公元前后的月氏人、匈奴人，唐代突厥人、回纥人，对欧亚大陆上的文化交流发挥了重要作用。

13 世纪，蒙古人在欧亚大陆的文化传播中扮演着主角。13 世纪上半叶，蒙古军队先后发动三次大规模的西征。

1206 年成吉思汗统一蒙古各部落，建立大蒙古国，此后不久，便把眼光转向更大的外部世界。1218 年，成吉思汗率领大军进行了蒙古的第一次西征。他先派哲别消灭西辽僭主屈出律，灭西辽帝国，继而又亲率大军分四路攻伐花剌子模，平定中亚各地。1221 年攻占花剌子模首都玉龙杰赤城。不久，成吉思汗返回蒙古，派遣哲别和速不台一军继续西进，在攻掠阿哲儿拜占（今阿塞拜疆）、谷儿只（今格鲁吉亚）、设里汪（位于里海西北，高加索山附近）等地后，又越过太和岭（今高加索山），征伐阿速、钦察等部，钦察首领被迫逃往斡罗思。1223 年，哲别、速不台大败钦察和斡罗思联军于坷里吉河（今迦勒迦河），进兵斡罗思南部。还有一支蒙古军队越过克里米亚半岛，一直推进到第聂伯河。成吉思汗的这次西征，灭亡了花剌子模（里海、锡尔河南），讨伐了钦察（里海西、黑海北）和斡罗思（伏尔加河西莫斯科、基辅一带），征服了康国（里海、咸海北），打开了东西方交通的大道，为日后世界性蒙古大帝国的建立奠定了基础。

成吉思汗死后，1234 年，窝阔台召开诸王大臣会议，决定继承成吉思汗的事业，继续西征。1235 年到 1244 年，拔都和速不台率领 25 万大军，进行第二次西征，征服欧洲的计划也正式付诸实现。1237 年，蒙古军队消灭莫尔瓦多后，分兵四路征讨斡罗思、连克莫斯科、基辅等城。1240 年，拔都的军队击破斡罗思国都乞瓦城。第二年蒙古军分两路，分别出击勃列儿（波兰）和马扎儿（匈牙利）。1241 年春夏之交，进攻波兰的蒙古军直入西里西亚地区，甚至乘筏渡过奥得河，直掠德国边境。西里西亚公爵亨利二世（Henry KⅡ the pious）在里格尼茨附近组织波西联军、日耳曼十字军和条顿骑士团 3 万人抵抗，但蒙古军势不可挡，所向披靡，亨利兵败被杀。拜达儿率领的蒙古军转道马扎儿，与拔都会合。1241 年春，蒙古军攻占马扎儿的首都佩斯城。7 月，又挺进维也纳附近的新城，奥地利会同波西米亚军队拼死抵抗，击退蒙古军队。这年底，拔都渡过多瑙河，攻克大城达兰。1242 年，传来大汗窝阔台去世的消息，拔都率军向东撤退，而合丹继续追击匈牙利国王别剌，然后经巴尔干半岛进至亚得里亚海，取道塞尔维亚与拔都会师一道东还。在此期间，还有一支蒙古军向西亚进军。1239 年，绰马尔罕率领的蒙古军攻下大亚美尼亚。1241 年，拜住那颜接替绰马尔罕统帅在西亚的军队。1243 年，另一支蒙古军攻入叙利亚，同年小亚美尼亚国王海屯一世遣使到拜住那颜帐下，请求归附。

蒙古军队的第二次西征以 1242 年的东撤为结束的标志，这次西征给欧洲各国以极大的震撼，他们惊恐地称蒙古军队为"上帝之鞭""黄祸"，时刻有大难临头的感觉。用一位外国史学家的话说："由于我们的罪恶，我们不知道的部落来到了，没有人知道他们是什么人，他们是从哪里来的——也不知道他们的语言是什么，他们是什么种族，他们信仰的宗教是什么——只有上帝知道他们是什么人，知道他们是从哪里跑出来的。""鞑靼人从第聂伯河折回了，我们不知道他们是从哪里来的，也不知道他们再一次躲藏在哪里。由于我们的罪恶，上帝知道，他是从哪里把他们接来惩罚我们的。"①

蒙哥于1251年即大汗位后，令其弟旭烈兀率兵西征，也就是第三次西征。这次西征主要方向是西南亚地区，头等目标是消灭木剌夷国（在今里海南岸的伊朗北部）。1257年，蒙军荡平木剌夷之地，并挥师继续西进，攻陷报达（今巴格达），屠杀80万人，灭亡历时500多年的阿拉伯帝国。此后旭烈兀又率兵攻陷阿拉伯的圣地麦加，攻占大马士革，其前锋曾渡海收富浪（即今地中海东部的塞浦路斯岛）。本来他还要进一步攻打埃及，因得到蒙哥伐宋阵亡的消息，便率主力班师。

在近半个世纪中，蒙古帝国以蒙古大漠为中心，通过三次西征，以及对中国内陆地区包括金朝、西夏以及南宋王朝的征服，把欧亚大陆的大部地区纳入到蒙古帝国的版图中，形成从东到西的庞大的蒙古汗国。

> 蒙古军队征服的土地和人民，比罗马人花费400年时间征服的还要多。成吉思汗和他的子孙一起，征服了13世纪人口最稠密的诸文明世界。无论从被征服的人口总数、被纳入依附体系的国家总数，还是从被占领的地域总幅员来衡量，成吉思汗的征服比历史上任何其他征服者的规模都要多出两倍以上。从太平洋到地中海沿岸，蒙古勇士的铁骑溅起每条江河和每个湖泊的水花。蒙古帝国全盛时期幅员在2840万到3108万平方公里之间……它从西伯利亚冰雪覆盖的冻土地带延伸到印度的酷热平原，从越南的水稻田伸展到匈牙利的麦地，从朝鲜半岛伸展到巴尔干半岛。②

---

① 葛桂录：《中英文学关系编年史》，上海三联书店2004年版，第1页。

② ［美］杰克·威泽弗德著，温海清、姚建根译：《成吉思汗与今日世界之形成》，重庆出版社2009年版，第6页。

至元二十二年（1285），元世祖诏修全国舆地图志，主持其事的秘书监臣奏称，"如今日头出来处、日头没处都是咱每的"（《大元一统志》），宜将秘监所得"回回图子"与汉地、江南各省舆图"都总做一个图子"。许有壬《大元一统志序》说："我元四极之远，载籍之所未闻，振古之所未属者，莫不涣其群而混于一。"《元史·地理志一·序》说，元之幅员"北逾阴山，西极流沙，东尽辽左，南越海表"，"东南所至不下汉、唐，而西北则过之，有难以里数限者矣"。

在这广袤的大地上，他们征服了今咸海以西、里海以北的钦察、花剌子模和东起阿尔泰山、西至阿姆河的西辽、畏兀儿，建立察合台汗国，大体上相当于西辽帝国的故地；在鄂毕河上游以西至巴尔喀什湖的乃蛮旧地，建立窝阔台汗国；在伏尔加河流域的梁赞、弗拉基米尔、莫斯科、基辅等公国，建立钦察汗国，统治俄罗斯的大片领土；在两河流域的伊朗、阿富汗、叙利亚，建立伊儿汗国，主要统治波斯。此外，在中国建立的元朝，成为全国的统一王朝。

这"四大汗国"以及元朝在名义上属于一个统一的蒙古帝国，元朝皇帝即是蒙古大汗，其他汗国对其保持臣属地位，接受元朝的册封。元朝的皇帝"合罕""是有居民的四大地域的帝王和成吉思汗后裔所有各家族的长者"，是"一切蒙古君主之主君"。元朝与四大汗国的交往也比较密切。总之，在当时的欧亚大陆上，"四海为家"，"无此疆彼界"，"适千里者如在户庭，之万里者如出邻家"，东西交通空前繁荣，国际关系十分活跃，使节往来频繁，商旅络绎不绝，移民相望于途，从而开创了东西文化接触、交流、交融的新局面，开创了中西文化交流的新态势。

2. "大汗给予的和平"

经过三次西征，蒙古人在广袤的欧亚大陆上建立起一个庞大的帝国，从东亚的海边一直延伸到欧洲的内陆，跨越了东亚的中国、中亚和西亚的穆斯林以及欧洲的基督教几大文明世界。经过多次征战，"成吉思汗帝国将周围诸文明社会整合进一个全新的世界秩序之中"①。这片广袤的大陆实现了前所未有的"和平"景象。14世纪的意大利人裴哥罗梯（Francesco Balducci Pe-go-

---

① ［美］杰克·威泽弗德著，温海清、姚建根译：《成吉思汗与今日世界之形成》，重庆出版社2009年版，第7页。

lotti）游历广泛，他根据当时往来商人的介绍，于1340年著成《通商指南》一书，对当时颇为兴盛的中国与意大利贸易作了详细介绍，其中特别提到通往中国的商路是很安全的。裴哥罗梯说："据商人曾至契丹者言，由塔那至契丹，全途皆平安无危险。日间与夜间相同。惟来往商人，死于途中者，则所有财货，皆归当地国王所有。王委官吏至寓所收没之。死于契丹国者亦然。若有兄弟随行，或知己同伴，冒称为死者之兄弟，则官吏交出其财货，不没收也。"① 志费尼说："他带来了完全的和平、安全与宁静，他实现了极度的繁荣与安宁，道路安全，骚乱减少。"② 所以，后来的西方学者把14世纪称为"蒙古强权下的和平世纪"。英国历史学家汤因比说："忽必烈的帝国从中国延伸到黑海，在他的统治下，这片广袤的疆域处于前所未有的太平时代。"③ 英国作家拉尔夫·福克斯（Ralph Fox）在讲到成吉思汗时形象地描写道：

　　　　这位蒙古骑士往往使用源于其大草原生活的纯粹史诗式的形象语言来谈话。他是餐沙饮露、风驰电掣的四只猎犬的主人。④

　　但这是通过铁与血的征服而实现的和平，是建立在杀戮和废墟上的和平，是"大汗给予人民的和平"。法国历史学家勒内·格鲁塞写道：

　　　　成吉思汗的同时代人对他作出了如此评价。马可·波罗说："他的去世是一大遗憾，因为他是一个正义、明智的人。"约因维尔（Jean de Joinville）说："他使人民保持了和平。"这些结论表面上看是荒谬的。由于把所有突厥—蒙古民族统一于一个唯一的帝国之中，由于在从中国到里海的范围内强行贯彻铁的纪律，成吉思汗平息了无休止的内战，为商旅们提供了前所未有的安全，阿布哈齐（Abu'l Ghazi Baha-dur）写道："在成吉思汗统治下，从伊朗到图兰（突厥人的地区）之

---

① 张星烺编注：《中西交通史料汇编》第1册，中华书局2003年版，第416页。

② ［美］杰克·威泽弗德著，温海清、姚建根译：《成吉思汗与今日世界之形成》，重庆出版社2009年版，第129页。

③ ［英］阿诺德·汤因比著，刘北成、郭小凌译：《历史研究（修订插图本）》，上海人民出版社2000年版，第251页。

④ ［英］李约瑟著，袁翰青译：《中国科学技术史》第1卷，科学出版社和上海古籍出版社1990年版，第194页。

间的一切地区内是如此平静，以致一个头顶金大盘的人从日出走到日落处都不会受到任何人的一小点暴力。"他的扎撒在整个蒙古和突厥斯坦建立了一块"成吉思汗和平碑"。扎撒在他的时代无疑是可怕的，但是，他的继承者们的统治时代，扎撒变得温和一些，并且为 14 世纪的大旅行家们的成就提供了可能性。在这方面，成吉思汗是野蛮人中的亚历山大，是打开通往文明之新路的开拓者。①

所以，无论如何，和平实现了，民族的疆域被打破了，文化的藩篱被拆除了，贸易的道路通畅了，元人形容其时是"适千里者如在户庭，之万里者如出邻家"。因此，这就进入到一个中西方文化大交流的时代，进入到一个中国走向世界、世界走向中国的时代。美国学者杰里·本特利和赫伯特·齐格勒指出：

> 在 1000 年至 1500 年间，东半球各民族在旅行、贸易、交流和互动方面比以往任何一个时期都更为频繁和密切。蒙古以及其他游牧民族所建立的庞大帝国为这一跨文化交流互动提供了政治基础。当他们征服并平息了广大地区时，游牧民族为过往的商人、外交人员、传教士以及其他旅行者提供了安全的通道。除了游牧帝国之外，航海技术的改进也带来了印度洋和南中国海上的交通的增加。②

在"大汗给予的和平"之下，东西方陆路交通实现大畅通。意大利汉学家白佐良、马西尼说道："经过无数的战乱之后，亚洲的北部和中部全部臣服于蒙古帝国的统治之下，'和平'时期终于到来。长期以来一直阻碍罗马帝国和汉代中国进行直接接触的巨大的地理距离，好像一下子缩短了。商旅终于可以自由通行，货物也可以自由畅通了，不必担心强盗，无需缴纳买路钱，不再蒙受中间大国的敲诈勒索了。"③ 从汉代张骞通西域开始，贯穿欧亚大陆

① ［法］勒内·格鲁塞著，蓝琪译，项英杰校：《草原帝国》，商务印书馆 1998 年版，第 322 页。

② ［美］杰里·本特利、赫伯特·齐格勒著，魏凤莲、张颖、伯玉广译：《新全球史——文明的传承与交流》，北京大学出版社 2007 年版，第 598 页。

③ ［意］白佐良、马西尼著，萧晓玲、白玉崑译：《意大利与中国》，商务印书馆 2002 年版，第 22 页。

的交通大通道"丝绸之路"就已经建立。这条"丝绸之路"承担起东西方物质和文化交流的重要使命。但是，这条大路并非时时畅通，在汉代就出现过"三通三绝"的现象。唐代安史之乱以后，中国通西域的道路已不大通畅，到了宋代，特别是南宋时，因辽、金、西夏的阻隔，中西陆路交通中断多年。元代对外交通的一个突出成就，就是陆路交通得到恢复和发展，丝绸之路实现空前的大畅通。法国学者勒内·格鲁塞指出：

> 必须强调的是，道路所以这样自由畅通是以大屠杀为代价的，是蒙古征服的一大有利的客观后果。中国、突厥斯坦、波斯、俄罗斯团结在一个大帝国之中，在蒙古王公们的统治之下，按严格的扎撒进行管理，这些王公们关心商旅的安全，宽容各种信仰，重新开通了自上古末期以来就阻塞不通的世界陆上与海上的大道……历史上第一次，中国、伊朗与欧洲互相之间开始了真正的接触。这是震惊世界的成吉思汗征服所产生的意想不到的结果，同时也是幸运的结果。①

自成吉思汗建立起一个横跨欧亚大陆的庞大帝国，被阻滞多年的中西陆路交通又重新畅通。1221年，长春真人丘处机奉成吉思汗之命西行，由燕京北上，经过蒙古高原，越过金山（阿尔泰山），经天山北路至阿里麻里城（今新疆霍城东），沿着亦列河（伊犁河）谷，向西越过吹没辇（楚河），到达塔剌思（今哈萨克江布尔），经察赤（今乌兹别克斯坦首府塔什干），渡过霍阐没辇（今锡尔河），到达邪米思干（撒马尔罕）及其南面的天险铁门关，渡过乌浒河（今阿姆河）到达大雪山（兴都库什山）。这是走丝绸之路北道的东段。

关于这一时期中西的陆路交通，勒内·格鲁塞写道：

> 马可的游记和裴哥罗梯撰写的《通商指南》都证实了这一点：蒙古征服使中国社会与欧洲发生了联系。到13世纪末，贯穿大陆的两条路把欧洲与远东联系起来。第一条是从钦察汗国到敦煌，对欧洲人来说，它起于克里米亚的热那亚和威尼斯的商业据点，更准

---

① ［法］勒内·格鲁塞著，蓝琪译，项英杰校：《草原帝国》，商务印书馆1998年版，第398页。

确地说，起于顿河河口处的塔纳。……第二条路是穿过波斯的蒙古汗国，它的起点或者是特拉布松希腊国都城、黑海边的特拉布松城，或者是从法属叙利亚的亚美尼亚国最繁忙的港口剌牙思。①

为了保护商旅和有利于传递信件，成吉思汗在西征时就开辟了官道，窝阔台开始建立"站赤"即驿站制度，忽必烈则把站赤制度推行到元廷势力所及的一切地方。志费尼《世界征服者史》说："他们的领土日广，重要事件时有发生，因此了解敌人的活动变得重要起来，而且把货物从西方运到东方，或从远东运到西方也是必要的。为此，他们在国土上遍设驿站。"② 拉施特的《史集》中也提到驿站，他说从契丹国到和林，每隔5程就有一站，共37站。在每一驿程上，置一千户，以守卫那些驿站。元朝的驿站十分发达，无论是设置、管理还是功能、建制，都达到了前所未有的发展水平。据记载，元朝腹地和各行省的驿站共有1400处。《元史·兵站志》说："元制站赤者，驿传之译名也。盖以通达边情，布宣号令，古人所谓置邮而传命，未有重于此者焉。凡站，陆则以马以牛，或以驴，或以车，而水则以舟。其给驿传玺书，谓之铺马圣旨。遇军务之急，则又以金字圆符为信，银字者次；内则掌之天府，外则国人之为长官者主之。"站赤中有驿令、提领等官。在关会之地，还设置脱脱禾孙，以司辩诘。站赤中的各级官吏皆归通政院及中书兵部统一管理。站户有逃亡的，要及时签补，并加以抚恤和赈济。为了保证站赤的正常运行，对随路官员及站赤人等的过往进行严格的规定："使臣无牌面文字，始给马之驿官及元差官，皆罪之。有文字牌面，而不给驿马者，亦论罪。"（《元史·兵志四·站赤》）站赤官员要对过往行人进行严格盘查，根据是否带有文字牌面来决定是否给予马匹，没有牌面的，随便给予马匹，要治罪；有牌面，没给马匹的，也要治罪。虽然规定如此严格，但前来朝贡的使臣，却可以不受限制，"若系军情急速，及送纳颜色、丝线、酒食、米粟、缎匹、鹰隼，但系御用诸物，虽无牌面文字，亦验数应付车牛"（《元史·兵志四·

---

① ［法］勒内·格鲁塞著，蓝琪译，项洪杰校：《草原帝国》，商务印书馆1998年版，第397—398页。

② ［伊朗］志费尼著，何高济译，翁独健校订：《世界征服者史》上册，内蒙古人民出版社1980年版，第34页。

站赤》）。

为了转运贡物，加强对属国的控制，元朝还将驿站设置在各属国境内。如至元十七年（1280）七月，元朝首次在高丽境内设置驿站，"以高丽国初置驿站，民乏食，命给粮一岁，仍禁使臣往来，勿求索饮食"（《元史·世祖本纪》）。按照元朝的计划，在高丽境内应设置40个驿站，由于"民畜凋敝"，高丽恳请元朝减少驿站的数目，后得到准许将40个驿站合并为20个。《元史·地理志六》说："元有天下，薄海内外，人迹所及，皆置驿传，使驿往来，如行国中。"《经世大典·站赤门》说："我国家疆理之大，东渐西被，暨于塑南，凡在属国，皆置棋布，脉络贯通，朝令夕至，声闻毕达，此又总纲挈维之大机也。"元代的驿路已贯穿欧亚大陆，向南延伸到波斯。

站赤管理井然有序。《元史·兵志四·站赤》说："于是四方往来之使，止则有馆舍，顿则有供帐，饿渴则有饮食，而梯航毕达，海宇会同，元之天下，视前代所以为极盛。"发达的站赤制度标志着元朝国内交通的发达，也标志着元朝对外交往的频繁与广泛。依靠这个发达的站赤制度，元朝的天下，"梯航毕达，海宇会同"，超过以前任何一代。以大都为中心，在四通八达的驿道上，各国使节往来不绝，贩运队商相望于途，呈现空前活跃的局面。中西陆路交通的恢复和发展，大大促进了东西方的经济贸易和文化交流。马可·波罗以及柏朗嘉宾、鲁布鲁克等人都是通过这条道路从遥远的欧洲进入中国的。驿站不仅是商人、僧侣、使节等各色人往返的歇息之地，而且也是输送东西方文化的传递站，是文化的辐射地和集散地。

元代是中国历史上对外交通最发达的时期之一。在欧亚大陆的另一端，这一时期的欧洲人也在进行着从西向东的开拓。从11世纪开始的近200年的时间里，在教廷的号召和组织下，由西欧封建主、意大利商人和天主教会对东部地中海沿岸地区发动的侵略性远征，称十字军东征，前后共8次，其中从第四次开始的东征与蒙古军队的西征大体处于同一时期。"十字军东征给欧洲人思想打开了远方未知的世界，并且唤起了一切人的旅行和冒险的热情。"①

---

① ［瑞士］雅各布·布克哈特著，何新译，马香雪校：《意大利文艺复兴时期的文化》，商务印书馆1979年版，第280页。

一方面，十字军东征并没有达到巩固天主教会势力的目的，反而使西欧诸国四分五裂，使欧洲没有任何力量可以与蒙古大军相抗衡，这就为蒙古军队的西进打开了一条空间上的通道。另一方面，十字军东征打破了拜占庭和阿拉伯人在东方贸易中的垄断地位，打破了他们筑起的东西方贸易的屏障，威尼斯、热那亚、马赛、巴塞罗那等城市在地中海的商业优势从此得以确立。这就冲破了中世纪对西方文化在时间和空间上的禁锢，使西方人得以发现东方世界，使中国文化与外部世界的交流进一步延伸到地中海以西和以北地区，造成东西方文化交流的新态势。

蒙古军队从东往西开拓，所到之处烽火狼烟，但战争之后，"大汗给予和平"，丝绸之路重新畅达，中国与西方的交通洞开。

关于元代中西交通的盛况，李约瑟评论说：

> 中国在元代比在以前和以后（直到 20 世纪）的任何时候都更著称于欧洲。这是因为蒙古人统治下的疆土一直扩展到欧洲：喜马拉雅山以北的全部地区，从山海关到布达佩斯，从广州到巴士拉，全部在一个政权统治之下，这在世界历史上是空前绝后的。通过中亚细亚的交通线在当时比在以前和以后的任何时候都更繁忙和安全。在大汗的朝廷中充满了许多有各种技能的欧洲人和穆斯林，以及来自西藏、俄罗斯或亚美尼亚的使者。[1]

3. 元代海上丝绸之路

元代陆路对外交通，使传统的丝绸之路得以畅通，元朝还大力发展海上交通，实际上，有元一代，海路的作用和重要性远远超过陆路。

元代海上交通发达得益于造船技术的进步。元代的造船与航海技术在宋代技术的基础上又有较大的进步，居于世界的领先水平。在宋代，最大商船载货 5000 石，舱内货物交相叠放，"无少隙处"，各客商占地数尺，"下以贮物，夜卧其上"（《萍洲可谈》）。而到了元代，9000 石的船已很平常，元代所建造的船体大到有五六十个很宽适的船房，高达 4 层，可载 1000 人。利用风力多至 12 帆，当时称雄海上，无与匹敌。元廷积极支持并动用国库资金建造

---

① ［英］李约瑟著，袁翰青译：《中国科学技术史》第 1 卷，科学出版社和上海古籍出版社 1990 年版，第 145 页。

船舶，以发展海上交通和海外贸易。领先的造船技术，使中国舶商使用着当时最先进的船只。

为保证近海航运航行安全，元廷在沿线设置了航标船、标旗、航标灯等指挥航行。航标的设置，是中国海运史上的重大成就。远海航行已可通过观测星的高度来定地理纬度，这种方法当时叫"牵星术"。牵星术的工具叫牵星板，是用优质乌木制成。用牵星板观测北极星时，左手执木板一端的中心，手臂伸直，眼看天空，木板的上边缘是北极星，下边缘是水平线，这样就可测出所在地的北极星距水平的高度。求出北极星的高度，就可计算出所在地的地理纬度。

白寿彝论及元朝海运开拓的重要性时说：

> 元明清交通底特色，是海运底发达。元以前的海运，并不是有整个的计划，而元以前的海运也与国家大计，无密接的关系。自元时起，海运底意义便显然和以前不同，这时的海运，显然关系着国家底根本，它在元明清的重要，一如运河之在唐宋。[1]

至元十四年（1277），元沿宋制设置市舶司。10 年后，元朝政府组建完整的海上贸易机构，设"行泉府司"，下辖镇抚司、海船千户所、市舶提举司，"统海船万五千艘"（《元史》），还建立海上驿站，专为宫廷运送"番夷贡物及商贩奇货"，并组建"海船水军"，保护航道安全。这些举措，无疑有利于海上贸易的发展。

元代从至元十九年（1282）到至元三十年（1293），开辟了 3 条近远海航线。第一条航线是于至元十九年开通的。它自刘家港起航入海，向北经崇明州之西，再北经海门县附近的黄连沙头及其北的万里长滩，沿海岸北航，经连云港、胶州，又转东过灵山洋，沿山东半岛的南岸，向东北航，以达半岛最东端的成山角，由成山角转而西行，通过渤海南部向西航行，到渤海西头进入界河口，沿河可达杨村码头，最后转运河达大都，全程约 6600 千米。这一航线主要是近海航行，离岸不远，浅沙甚多，航行不便，加之我国东部的近海，自渤海以至长江口，全年均受由北向南的黑潮流系的影响，船逆水北上，航程迟缓且危险，另外线路曲折费时，往往数月甚至一年才能到达，这

---

[1]　白寿彝：《中国交通史》，商务印书馆 1993 年版，第 159—160 页。

样显然不能满足漕运要求，必须别辟航程。

至元二十九年（1292）开辟了第二条航线。该航线从刘家港入海，过了长江口以北的万里长滩后，驶离近海海域，如得西南顺风，一昼夜即可航行到达青水洋，再过黑水洋即可望见沿津岛大山，再经刘家岛、芝罘岛、沙门岛，最后直抵海河口。这条航线，自刘家港至万里长滩的一段航程，与第一条航线相同，但从此后即指向东北航经青水洋，进入深海，利用东南季风改向西北直驶成山角。这段新开航线比较直，在深海中航行，不仅不受近海浅沙的影响，而且可以利用东南季风和夏季来临的黑潮暖流帮助航行，大大缩短航行时间，快的时候半月即可到，"如风、水不便，迂回盘折，或至一月、四十日之上，方能到彼"（《新元史·食货志八》）。这条新航线的开辟，突破了以往国内沿海航线只能近海航行的局限，是元代海运对我国沿海航路发展的一个重要贡献。

至元三十年（1293）开辟了第三条航线。这条新航线从刘家港入海，至崇明州三沙放洋，东行入黑水洋，取成山转西，至刘家岛，又至登州沙门岛，于莱州大洋入界河。此航行与第二条航线相比，其南段的航路向东更进入深海，路线更直，全航程更短，加以能更多地利用黑潮暖流，顺风时只用 10 天左右即可到达，大大缩短了航程。从此以后，元代海运漕路均取此路，再无重大变化，直到今天，从上海到天津海路仍走这条线路。

在远洋航行方面，元代的交通范围在宋代的基础上，更有扩大。如两次附商船游历东西洋的汪大渊在其所著的《岛夷志略》里记载了他所经历的海外诸国，其地域包括东自澎湖、琉球，西至阿拉伯半岛、非洲东岸之层拔罗（今桑给巴尔）等地，南至南洋诸岛及印度洋沿岸各国等。大德年间陈大震等人所修的《南海志》亦记载海上贸易国家与地区多达 145 个，海上贸易区域达到了波斯湾、阿拉伯半岛、埃及、东非各国以及欧洲地中海沿岸。由于元朝对海上交通和贸易的积极经略，当时与元朝通商的国家有三岛、民多郎、真腊、无枝拔、丹马令、日丽、麻里鲁、彭亨、吉兰丹、丁家卢、八都马、尖山、苏禄、班卒儿、文老古、灵山、花面国、下里、麻那里、沙里八丹、土塔、忽厮离、假里马打、古里佛、放拜、万年港、天堂、忽鲁模斯等 200 多个国家和地区。

元初波斯湾一线的通航，主要是为了加强和伊儿汗国的联系。伊儿汗国和元朝保持了一定的隶属关系，彼此十分友好。元朝为了加强与阿拉伯人之间的交往，还发展了阿拉伯海、红海航线，并由阿拉伯进一步沟通了中国和地中海以及东非之间的联系。1258 年阿拔斯王朝灭亡后，阿拉伯人的政治、经济、文化中心便从巴格达移到埃及的开罗。离开罗不远，位于地中海南岸的亚历山大港，与当时中国的泉州，同样是具有世界性意义的东西方两大海港。元朝的丝绸和陶瓷等商品，不少是从泉州港出海后，经过印度洋及红海到亚历山大港，再从该港输送到欧洲和非洲各地。当时阿拉伯人在海上的势力虽已削弱，但他们仍保持了在印度洋以西的阿拉伯海和红海海上的势力，并在东西方的经济交流中继续发挥重要作用。因此有元一代阿拉伯商人和波斯商人一样，继续来中国从事海外贸易。

4. 元朝与东南亚的交往

元灭宋后，即遣使"诏谕"东南亚各国来朝，"诸蕃国列居东南岛寨者，皆有慕义之心，可因蕃舶诸人宣布朕意，诚能来朝，朕将宠礼之，其往来互市，各从所欲"（《元史·世祖本纪》）。但忽必烈企图用武力征服各国，先后遣兵侵入安南、占城、爪哇、缅等国，因遭到各国的顽强抵抗，忽必烈的海外扩张均告失败。元成宗即位后，下诏罢征南之役，中国与东南亚各国传统的经济、文化联系渐次恢复。

中泰两国的文化联系最远可以追溯到青铜时代，随着航海业的发达，中泰两国通过海路频繁接触，加强了经济贸易关系和文化交流。据《暹罗史》记载，南朝梁末至隋代，有中国公主下嫁暹罗，率艺术家 500 人前往，以后还有中国派遣军士及军械匠前往暹罗的事。但中国史籍没有这样的记载。[①] 中国通暹罗，据我国史籍所载，在 7 世纪，隋大业四年（608），隋炀帝遣屯田主事常骏使赤土国，赤土国国王遣其子那邪迦随之入贡。《明史》也说赤土国为暹罗的前身。

中泰两国正式的官方交往始于 13 世纪末。13 世纪中叶，泰族建立的南诏国为忽必烈所灭，泰族向南方移动，奠定今日泰国之基础。在南诏灭亡之前，湄公河流域已经有泰族建立的素可泰、清迈、清莱、阿瑜陀耶等一系列新的

---

① 参见李长傅等：《南洋史地与华侨华人研究——李长傅先生论文选集》，暨南大学出版社 2001 年版，第 64 页。

泰族国家，其中素可泰王国至 13 世纪后半期在腊玛坎亨统治下成为一个强大的国家。腊玛坎亨（Rama Khamheng）即《元史》所记载的敢木丁，是泰国历史上一位有为的政治家。在对外关系上，"腊玛坎亨政策的关键就是要对中国保持最密切的关系"①。当蒙古皇帝派遣军队出征占城、爪哇之际，暹国遂成为出使导其"来贡"的海外诸国之一。《元史·占城传》记载："（至元）十九年十月，朝廷以占城国主孛由补剌者吾嚢岁遣使来朝，称臣内属，遂命右丞唆都等即其地立省，以抚安之。既而其子补的专国，负固弗服，万户何子志、千户皇甫杰使暹国，宣慰使尤永贤、亚阑等使马八儿国，舟经占城，皆被执，故遣兵征之。""十一月，占城行省官率兵自广州航海至占城港。"《元史·迦鲁纳答思传》记载："朝议兴兵讨暹国、罗斛、马八儿、俱蓝、苏木都剌诸国，迦鲁纳答思奏：'此皆蕞尔之国，纵得之，何益？兴兵徒残民命，莫若遣使谕以祸福，不服而攻，未晚也。'帝纳其言。命岳剌也奴、帖灭等往使，降者二十余国。"

《元史》还有多处记载元朝与暹国的交往："（至元二十六年十月）辛丑，罗斛、女人二国遣使来贡方物。""（二十八年十月）癸未，罗斛国王遣使上表，以金书字，仍贡黄金、象齿、丹顶鹤、五色鹦鹉、翠毛、犀角、笃耨、龙脑等物。""（二十九年十月甲辰）广东道宣慰司遣人以暹国主所上金册诣京师。""（三十年四月甲寅）诏遣使招谕暹国。""（三十一年七月甲戌）诏招谕暹国王敢木丁来朝，或有故，则令其子弟及陪臣入质。""（元贞二年十二月癸亥）赐金齿、罗斛来朝人衣。""（大德元年四月壬寅）赐暹国、罗斛来朝者衣服有差。""（四年六月甲子）吊吉而、爪哇、暹国、蘸八等国二十二人来朝，赐衣遣之。""（延祐元年三月）癸卯，暹国王遣其臣爱耽入贡。""（六年春正月）丁巳朔，暹国遣使，奉表来贡方物。""（至治）三年春正月癸巳朔，暹国及八番洞蛮酋长各遣使来贡。"据统计，仅 1293 年至 1300 年间，元朝先后 3 次派出使臣前往素可泰国，而素可泰王朝则在同一时期遣使元朝达 12 次之多。

另据传说，腊玛坎亨于 1294 年和 1300 年两次亲到中国。暹国国王敢木

---

① ［英］D. G. E. 霍尔著，中山大学东南亚历史研究所译：《东南亚史》上册，商务印书馆1982 年版，第 222 页。

丁曾经"来朝",其时间在大德三年(1299)前后。《元史·暹传》云:"当成宗元贞元年,进金字表,欲朝廷遣使至其国。比其表至,已先遣使,盖彼未之知也。赐来使素金符佩之,使急追诏使同往。""大德三年,暹国主上言,其父在位时,朝廷尝赐鞍辔、白马及金缕衣,乞循旧例以赐。帝以丞相完泽答剌罕言:彼小国而赐以马,恐其邻忻都辈讥议朝廷。仍赐金缕衣,不赐以马。"贡师泰《玩斋集·四明慈济寺碑》云:"慈济寺在明城之东,鄞江之上,故泉州德化县尹杨侯秀为乾符观主太虚容法师创建者也。侯郡人,仕宋为监舶官。入国朝,尝使暹人,以其主来朝。当涉海时,风猛涛怒,舟几覆,侯于恍惚中若有见观音大士者,因得无害。""至正戊戌(十八年)冬,予以分部董漕闽、广,使过甬东,止宿寺之方丈。""予既序次其事,而复为之叹曰:杨侯以孤身远涉,能致暹臣之朝;容公以硕德峻行,能起杨侯之敬;而言也、贵也,又能即空捐有以获殊胜,上为天子祝厘,下为民庶锡福,使愈久而愈大,亦何其教之盛,而信之笃耶?""大海渤漭,蛟龙窟穴。狂飙鼓之,颠倒日月。杨侯使暹,摧樯折帆。被发一呼,风平浪恬。惟大悲力,是名菩萨。圆通出现,有难斯脱。"

暹国之南的罗斛国是由吉蔑人建立的一个独立王国,其国都是位于湄公河下游的罗斛城(即泰国华富里),它在强盛时拥有众多的属国,也一度为真腊所征服。罗斛国和暹国分别占有今泰国湾以北区域的东、西部,或许正是以湄南河作为分界,东岸为罗斛国,西岸为暹国。前者的中心在今华富里府,亦"Lop Buri",前一音节,是"罗斛"的音译。后者的中心在今素攀武里府,亦"Suphan Buri",前二音节,是"暹番"的音译。当元中叶,暹国已使湄南河中、上游右岸的上水、速孤底成为所"管",而罗斛国,也将毗近的弥勒佛、忽南圭、善司阪、苏剌司坪、吉顿力变作自己的所"附"。脱离真腊国控制后,暹国向北经略,而罗斛国向东拓展。暹国多山岭,而罗斛国多低地。《大明一统志》卷九〇记载:"暹乃汉赤眉遗种,其国土瘠,不宜耕艺。罗斛土田平衍而多稼,暹人岁仰给之。"张燮《东西洋考·西洋列国考暹罗》云:"暹瘠土不宜耕稼,罗斛土平衍而种多获,暹取给焉。"罗斛国濒海,"煮海为盐";暹国同样也是拥有"海岸"的国度。《岛夷志略》记载:"罗斛,山形如城郭,白石峭厉。其田平衍而多稼,暹人仰之。气候常暖如春。风俗劲悍。男女椎髻,白布缠头,穿长布衫。每有议刑法、钱谷出入之事,并决之于妇人，其志量常过于男子。煮海为盐，酿秫米为酒。有酋长。法以汃子代钱，流通行使，每一万准中统钞二十四两，甚便民。此地产罗斛香，味极清远，亚于沉香。次苏木、犀角、象牙、翠羽、黄蜡。货用青器、花印布、金、锡、海南槟榔口、汃子。次曰弥勒佛，曰忽南圭，曰善司坂，曰苏剌司坪，曰吉顿力。地无所产，用附于此。"

"罗斛"一名，始见于《宋会要辑稿·职官四四》。北宋政和五年（1115），罗斛国遣使访问中国，并与北宋进行贸易，当时北宋福建市舶司还令其下属机构在接待罗斛国特使时，"询其国远近大小强弱，已与入贡何国为比"。南宋绍兴二十五年（1155）十一月二十九日，罗斛国与真腊国一起向南宋朝廷贡献了两头大象。而今故宫收藏品中尚保存了相关的"职贡图"。

元代，罗斛国与元朝的来往比较多。元元贞二年至元贞三年（1296—1297），罗斛国使者前往元朝朝贡。元大德元年（1297），罗斛国使者前往元朝朝贡。元大德三年（1299），罗斛国使者前往元朝朝贡。元天历年间（1328—1330），罗斛国派遣使者前往元朝朝贡，并向元朝政府上金字表章，进贡九尾龟一只，象、孔雀、鹦鹉各两只，元朝政府赐给罗斛国国王良马十匹，授予罗斛国使者武略将军、顺昌知州职。元至元二十六年（1289）十月，罗斛国和女人国派遣使者前往元朝朝贡。元至元二十八年（1291）十月，罗斛国国王遣使上金字表章，贡献黄金、象齿、丹顶鹤、五色鹦鹉、翠毛、犀角、龙脑等。元元贞二年（1296）十二月，元朝政府赐给罗斛国使者金齿、朝衣。元大德元年（1297）四月，元朝政府"赐暹国、罗斛来朝者衣服有差"。

元代，中国与印度尼西亚的贸易规模比以前更加扩大了，印度尼西亚的许多地区与中国建立了经济联系，爪哇商船经常往来于中国、印度尼西亚之间，经营国际贸易，泉州等地商人到爪哇经商者也很多，常获大利。据汪大渊《岛夷志略》可知，当时中国商人到印度尼西亚贸易的地区已不限于爪哇和苏门答腊，其足迹已扩大到马鲁古群岛，甚至远至印尼群岛东端的帝汶岛。《岛夷志略》"文老古"条记载：文老古"地每岁望唐舶贩其地，往往以五枚鸡雏出，必唐船一只来，二鸡雏出，必有二只，以此占之，如响斯应。贸易之货，用银、铁、水绫、丝布、巫仑、八节那间布、土印布、象齿、烧珠、青瓷器、埕器之属"。同书"古里地闷"条记载：古里地闷"以银、铁、碗、西洋丝布、色绢之属为之贸货也……昔泉之吴宅，发舶梢众百有余人，到彼贸易"。① 印度尼西亚历史学家陶威斯·德克尔（Douwes Dekker）在《印度尼西亚历史纲要》中也指出：

> 满者伯夷和中国之间的贸易是颇频繁的，爪哇的硫磺最为中国所需要……（印尼）人民亦已采用来自中国的陶器和碗碟。由于中国、印尼之间的贸易，许多爪哇王的后裔做了财主，贵族也做了商人，航业进步，经营方面得到新的方法。许多人经营土产，输出到中国，使中国、爪哇两方面得到利益。②

13 世纪后半期，元朝与缅甸进行过 3 次较大规模的战争，并一度攻入缅甸都城蒲甘，建立征缅行省，推行中国的军事、行政、职官制度。元缅战争后，两国恢复了正常的外交关系，官方交往也比以前增多。据统计，终元之世，缅甸至少 13 次遣使至元朝，元朝向缅甸遣使 6 次。③ 两国政治联系的加强，促进了经济文化的交流，特别是双方的海上贸易，在元代有了新的发展。汪大渊《岛夷志略》中所记的针路、淡邈、都八马、乌爹等地，据考是今缅甸的海港城市。从汪大渊的记载可知，中国商舶多有到这些地方进行贸易，他们以丝绸、瓷器、乐器、金银、铜铁换取缅甸的特产象牙、胡椒、稻米等。

真腊故土包括今柬埔寨及越南南部。宋元两代，中国与柬埔寨之间的贸易有了一定的发展。《真腊风土记》记载："真腊国或称占腊，其国自称曰'甘孛智'。今圣朝按《西番经》，名其国曰'澉浦只'，盖亦甘孛智之近音也。""甘孛智"即柬埔寨之异译，其名在元初已有明确记载，作干不昔、甘不察。《元史·世祖本纪》记载："（至元十八年十月）诏谕干不昔国来归附。""（至元二十二年九月）丙子，真腊、占城贡乐工十人及药材、鳄鱼皮

---

① 苏继庼校释：《岛夷志略校释》，中华书局 1981 年版，第 205、209 页。

② ［印度尼西亚］陶威斯·德克尔：《印度尼西亚历史纲要》，转引自温广益等：《印度尼西亚华侨史》，海洋出版社 1985 年版，第 24 页。

③ 陈炎：《中缅文化交流两千年》，周一良主编：《中外文化交流史》，河南人民出版社 1987 年版，第 17 页。

诸物。""（至元二十九年七月）乙丑，阿里愿自修船，同张存从征爪哇军，往招占城、甘不察。"另《元史·占城传》也提到至元十九年（1282）"十二月，招真腊国使速鲁蛮请往招谕"，所记皆元初中国与真腊通交之事。当时两国贸易的规模很大，商旅往来频繁。周达观在《真腊风土记》"欲得唐货"条记中国货物在真腊的贸易情况。他说："其地向不出金银，以唐人金银为第一，五色轻缣帛次之，其次如真州之锡镴、温州之漆盘、泉州之青瓷器，及水银、银朱、纸札、硫黄、焰硝、檀香、白芷、麝香、麻布、黄草、布雨伞、铁锅、铜盘、水朱、桐油、篦箕、木梳、针。其粗重则如明州之席。"

5. 元朝与印度的交往

中国与印度很早就有往来，特别是以佛教大规模在中国的传播为主线，两国僧人往来不断，双方的使节也互有交聘，到唐朝时达到了高潮。在漫长的中印交往史上，印度文化对中国文化的发展产生了重大影响。宋朝与印度也有往来，宋朝派出上百人的僧侣巡礼团出访印度，印度僧人也多有到宋朝来的。

元朝与印度的交往有了很大进展。早在元朝建立之前，成吉思汗就远征印度，虽无功而返，但蒙古人在印度留下的历史痕迹却是难以磨灭的。至元八年（1271）元朝建立，蒙古人对印度的情况仍记忆犹新，其时，中亚的大片地区在蒙古人的控制之下，中国与南亚诸国间的陆上交通已无大的人为障碍。故《元史》卷一二五有克什米尔人铁哥的传记，卷二〇三有尼泊尔人阿尼哥的传记，他们都在元朝为官。《元史·外夷传》记载有中国与印度交通情况："海外诸蕃国，惟马八儿与俱蓝足以纲领诸国，而俱蓝又为马八儿后障，自泉州至其国约十万里。其国至阿不合大王城，水路得便风，约十五日可到，比余国最大。世祖至元间，行中书省左丞唆都等奉玺书十通，诏谕诸蕃。未几，占城、马八儿国俱奉表称藩，余俱蓝诸国未下。"这里，马八儿和俱蓝都在印度半岛南部，是当时南印度的大国。"至元间"指元世祖忽必烈统治中国时期，这一时期是历史上中国与印度交往最频繁的时期之一。而有元一代，中印间互派使者达数十次，中印政府间这样频繁的往来，在此前的历史上是从来没有过的。

元朝与印度的交往主要通过海路，印度半岛南部马八儿、俱蓝两国是由波斯湾通往中国的必经之地，商船往来较他国尤多。据伊本·白图泰记载，当时中印间的交通，多由中国海舶承担，大者至用十二帆，可载一千人。至元九年（1272），亦黑迷失第一次出使印度马拉巴海岸的八罗勃国，接受和购买了大量异国珍稀财宝，"以珍宝奉表来朝"，于至元十一年（1274）返回中国，得到忽必烈赏赐"金虎符"。至元十二年（1275），元船队第二次出使印度八罗勃国，该国国师随亦黑迷失船队来到中国。至元二十一年（1284）和至元二十四年（1287）亦黑迷失又奉旨率船队分别前往斯里兰卡的僧加剌国和印度的马八儿国。

忽必烈因俱蓝国未通使节，至元十六年（1279）底，派广东招讨使杨廷璧出使俱蓝国。至元十七年（1280）杨廷璧到达俱蓝，国王表示来年再遣使通交，杨廷璧带着俱蓝国书回元。至元十八年（1281），杨廷璧与哈撒儿海牙再次奉命乘坐使船从泉州出发，去往俱蓝国。但使船到达僧加剌国海岸时遇季风转向，"舟人郑震等以阻风乏粮"，改道马八儿国，欲走陆路进入俱蓝国，但因这一地区战火纷纭，几次商议无果，杨廷璧与哈撒儿海牙只好按原路回国。同年底，忽必烈第三次派杨廷璧率使团携国书远洋前往俱蓝国。至元十九年（1282）二月到达俱兰，受到俱蓝国国王的迎接，"国主及其相马合麻等迎拜玺书"。周边国家也纷纷派宰相等重臣到俱蓝国与杨廷璧签订建交国书。杨廷璧完成外交使命后，率使团返航，途中停泊于尼科巴群岛中的那旺国，杨廷璧还率使团参拜该国国王，并与那旺国建立了外交关系，那旺国"愿纳岁币，遣使入觐"。

至正二年（1342），元顺帝遣使者至德里，赠予德里算端男女奴隶及锦绸等名贵物品，要求在印度建造佛寺，德里算端遣寓居印度的阿拉伯旅行家伊本·白图泰率领使团与元使一同入元报聘。使团从古里起航后，遇风漂没，伊本·白图泰未及登舟，得免于难。元朝使臣脱难后来到俱蓝，从这里搭元朝商船回国。伊本·白图泰因失去随员、礼物，不敢回德里复命，辗转游历于马尔代夫群岛、僧加剌、马八儿等地，两三年以后始从朋加剌乘商船至苏木都剌，由此航海抵泉州。他在泉州幸遇先已回国的元朝使臣，由使臣转介于泉州地方官，奏报朝廷。在候旨期间，伊本·白图泰到广州游历，回泉州后，即奉旨北上大都觐见。而白图泰的中国之行，成就了他的举世名著《伊本·白图泰游记》。

二　元代繁荣的对外贸易

1. 元代的对外贸易

元朝规模空前的统一局面、畅达四方的水陆交通，为中外商旅提供了"适千里者如在户庭，之万里者如出邻家"的优越环境，同时，元朝政府采取积极开放的对外贸易政策，因此，元代的海外市场颇为广阔，海陆贸易极为发达。

元朝对海外贸易十分重视。黄仁宇指出，宋元的财政结构是相对超前的，政府手中掌握大量社会资源，也形成了大笔直接的军政开销。故两朝统治者均看好海外贸易的收入，将其作为"军国之所资"而予以高度重视。蒙古族作为北方游牧民族，对贸易的依存度是非常高的。在蒙古国时期，因为现实的需要和优越的地理位置，他们与中亚、阿拉伯、欧洲商人建立了长期的合作关系，商人在汗廷中享有相当高的官方地位。南宋理宗时出使蒙古的徐霆讲道："大率鞑人止欲紵丝、钱、鼎、色木，动使不过衣食之需。汉儿及回回等人贩入草地，鞑人以羊马博易之。鞑俗真是道不拾遗，然不免有盗，只诸亡国之人为之。"（《黑鞑事略》）徐霆还在漠北见到来自西域的许多物品，如"效回回样"的环刀，产自西域的玻璃瓶等，并喝了来自回回国的葡萄酒。蒙古在西征后，通过畅达无阻的驿站通道，与西域之间的联系更加紧密，蒙古国领地成为西域商人活动的广阔天地。大约在蒙古宪宗四年（1254）春，法国教士鲁布鲁克到达哈剌和林，他看到城里有两个地区："一个是萨拉森人区，市场就在这个区里，许多商人聚集在这里，这是由于宫廷总是在它附近，也是由于各地来的使者很多。"[1] 在哈剌和林专设有西域商人居住、经营的街区，且将它置于宫廷附近。

元朝在推动海外贸易的发展上更具积极性。至元十四年（1277），元朝在泉州、庆元、上海及杭州附近的澉浦等地相继设立市舶司。至元十五年

---

[1] ［英］道森编，吕浦译，周良霄注：《出使蒙古记》，中国社会科学出版社1983年版，第203页。

（1278），元世祖忽必烈诏示海外，"诸蕃国列居东南岛寨者，皆有慕义之心，可因蕃舶诸人宣布朕意，诚能来朝者，朕将宠礼之，其往来互市，各从所欲"（《元史·世祖本纪》）。同时，忽必烈又令唆都奉玺书"招谕南夷诸国"，后又遣亦黑迷失、杨廷璧、周达观、孛罗等人陆续出使南海与印度洋诸国，进行外交和招诱贸易活动。元朝把海外贸易看作是"军国之所资""国家大得济的勾当"（《元史·贾昔刺传》），所以政府全力运营。至元二十六年（1289），兼管海外贸易的机构行泉府司所统海船达15000艘，而"挂十丈之竿，建八翼之橹"的"富人之舶"也不少见。市舶所入亦甚可观，元代前期约占"岁入之数"中黄金总数的六分之一强，到了元代中期，舶税收入至少达钞数十万锭。至元三十年（1293）正式制定市舶法则二十三条，这是中国古代对外贸易史上的一个重要文献，它第一次详细地规定了中外商舶从事海外贸易的法则，具有特别重要的意义。

至元二十一年（1284），元朝开始实行"官本船"制度。"官本船"是在元朝海外贸易活动中占据了重要位置的一种贸易形式，具体做法是"官自具船、给本，选人入番，贸易诸货。其所获之息，以十分为率，官取其七，所易人得其三"（《元史·食货志》）。"发舟十纲，给牒以往，归则征税如制"（《元史》）。这是元朝官本商贩的海外贸易法。为了推行官本船法，元朝廷投入大笔资金，充作营运本钱。如官本船法创立之时，就一次投入十万锭，元贞元年（1296），"别出钞五万锭，令沙不丁等议规运之法"（《元史》）。所谓"规运"，"谓以官本营利者"。终元一代，官本船始终存在。作为专门从事海外贸易的"舶商""梢人"等，市舶司以下衙门不得"差占"。他们的"家小"亦享有"除免杂役"的优遇。元代的贸易政策也较前代更为宽松，对进口货物一般只实行抽解，不存在官方统制的"禁榷"政策条文。

忽必烈在灭宋前后积极招降、重用阿拉伯商人后裔蒲寿庚，史称"寿庚提举泉州舶司，擅蕃舶利者三十年"（《宋史》）。蒲氏家族随着全国海外商贸中心由广州向泉州转移的形势，及时由广州迁到泉州，长期垄断经营香料生意而大富，后又因助官兵击退海寇而被南宋授福建安抚使兼沿海都制置使，统领海防兵事和民政，成为官商合一的巨头。至元十三年（1276）底蒲寿庚降元后，对元代海外贸易制度和海外贸易的发展起了很大的作用。至元十五年（1278）八月，元世祖诏唆都、蒲寿庚出使招谕各国，并任命唆都、蒲寿庚为福建行省中书左丞，"镇抚濒海诸郡"。此后，元朝政府几次重大的招谕活动都从泉州港起航，且主要由泉州当局负责，并有蒲氏亲信参加。至元十五年（1278）八月，蒲师文等人的出使，借助蒲寿庚"南海蛮夷诸国莫不畏服"的影响力，取得良好的效果，打开了中国与南海诸国关系的新局面。至元十六年（1279）六月，元朝又派蒲寿庚部下尤永贤招谕南毗国，"占城、马八儿诸国遣使"来华，其他国家（地区）的使者和商人也相继而至。

远航贸易方面，浙江澉浦的杨氏家族在元朝赫赫有名。最初，杨发掌管元朝的庆元、上海、澉浦三处市舶司，后在家乡修筑船场造大船，并进行航海贸易，成为一代海商巨富。杨发去世后，其子杨梓继承父亲的船队，主要从事对日本和高丽等国的海上贸易。杨梓除有大量私家船只外，还因熟悉海路和东南亚风情，任爪哇宣慰司官，随大臣伊克穆苏负责军事导航，前往招谕，归来后受封为安抚总司，后又因"澉浦杨家等皆有舟，且深知漕事"（《元史》），杨梓再次升迁为海道运粮都漕万户。大德五年（1301），杨梓之子杨枢承包了泉州致用院的官本船，出海经商贸易。杨枢率远洋船行至西洋，适遇波斯王派遣使臣那怀数人欲去元朝"来贡珍物"，遂载那怀等一同来朝。大德七年，杨枢与那怀平安到达中国，那怀等人去京城觐见了元朝皇帝。大德八年，那怀因为念及杨枢海船之稳定与远洋途中高超的驾驶技术，请求元朝廷还由杨枢率船队护送他们一行回国。元成宗早知杨枢精于船事，因此当即同意，并加封杨枢为忠显校尉海运副千户。大德八年（1304）冬，杨枢开始了第二次远洋波斯的航行，顺利地把那怀送回波斯国，受到波斯国国王的隆重礼遇与回谢。一路上，杨枢还多次与别国进行海外贸易。至大元年（1308）杨枢回国，受到元武宗的召见。

经过这些努力，南洋航线上的诸国使节与中外商贾络绎不绝，元朝与南海之交通贸易盛极一时。后来，元朝出于政治方面的考虑，几度"禁商泛海"，不许民间商贾下海经商，企图借官本船垄断海外贸易，但未能奏效，禁后不久即行复开。元至治二年（1322），元英宗"复置市舶提举司"，最后决定"听海商贸易，归征其税"，此后元朝再未禁海。又制定二十三条市舶条例，外贸管理制度更加完善。于是，"富民往诸蕃商贩率获厚利"，"商者益众"，从事官本船贸易的商人和私商日益增多，形成官本船与私人航海贸易并存发展的局面。尽管"海外番夷之国，去中国数万里，舟行千日而后始至，风涛之与凌，蛟龙之与争"，然而"嗜利者必之焉"（《闻过斋集》）。《诸蕃志·后序》也说："皇元混一，声教无远弗届，区宇之广，旷古所未闻。海外岛夷无虑数千国，莫不执玉贡琛，以修民职，梯山航海，以通互市。中国之往复商贩于殊庭异域之中者，如东西州焉。"

2. 元代的进口商品

丰饶的中国物产和先进的工艺技术为大规模的中西贸易提供了雄厚的物质基础。元朝统一全国后，农业和手工业都得到恢复和发展。出口商品的种类有纺织品、陶瓷、漆器、日用工艺品、矿产品和药材等。有元一代，丝绸之路上的商队络绎不绝，中国的商船在东起高丽、日本，西抵非洲海岸的地方都十分活跃。以明州港的进口舶货为例，宋代《宝庆四明志》记载的进口货物为160余种，元代《至正四明续志》记载的舶货为220余种，比宋代增加了60余种。与元代交通和贸易的国家或地区十分广泛，除东亚地区的高丽、日本等国外，在南海及以西方向，东起菲律宾、中经印度尼西亚群岛、印度次大陆，西到波斯湾沿岸地区、阿拉伯半岛和非洲沿海地区。据元成宗大德八年（1304）刊印的《南海志》记载，当时与广州建立贸易关系的国家和地区已达143个。

元代主要进口商品，汪大渊《岛夷志略》记载的有100多种，除香料外，还有衣料类、食品类、宝货类、杂货类，比宋代多，各种蕃布的输入与转输尤为频繁。主要的进口商品有：象牙、犀角、珍珠、琥珀、片脑、梅花片脑、肉豆蔻、白豆蔻、米脑、硼砂、肉桂、苏木、降真香、安息香、丁息、打白香、木香、罗斛香、龙涎香、上等沉速香、黄熟香头、栀子花、百合、萝菔、琼花、蔷薇水、波萝蜜、大枫子、红檀、苏木勃、盈山、龟筒、腽肭脐、鸭咀胆、芎蕉、苇粟、甸子、檀木、椰心蕈、生金、黑小斯、小丁皮、鸦忽石、青蒙石、鹤顶、驼毛、张叶、软棉、木棉、丝布、皮桑布、芯布、高你布、兜罗布、花布、打布、棉布、竹布、大手巾布、八丹布、白布、玳瑁、猫儿眼睛、琉璃瓶、白银、沙金、铜、铅、锡、鸦鹘石、青琅玕、珊瑚树、红石、蚌珠、琉璜蜡、红紫、茄蓝木、鸟梨木、贝八子、白藤、浮留藤、藤杖、万年枣、胡椒、孩儿茶、椰子、槟榔、石榴、波萝、甜瓜、单皮、西瓜、马乳葡萄、黄豆、黍子、紫蔗、米、麦、盐、蔗酒、酒、鱼干、孔雀、仙鹤、鹦鹉、骆驼、西马、骏马、牛、大羊、绵羊、鸡、鸭、绿毛狗、熊、鹿、豹、麂皮、麝檀、翠羽等。

《大德南海志》记录了元代广州口岸的外国货物，写道："山海为天地宝藏，珍货从出，有中国之所无。风化既通，梯航交集。以此之有，易彼之无，古人贸通之良法也。广为蕃舶凑集之所，宝货丛聚，实为外府。岛夷诸国，名不可殚，前志所载者四十余。圣朝奄有四海，尽日月出入之地，无不奉珍效贡，稽颡称臣。故海人山兽之奇，龙珠犀贝之异，莫不充储于内府，畜玩于上林，其来者视昔有加焉。而珍货之盛，亦倍于前志之所书者。"

《大德南海志》记录了这些商品的清单，共计 71 种：

宝物：象牙、犀角、鹤顶、真珠、珊瑚、碧甸子、翠毛、龟筒、玳瑁。

布匹：白番布、花番布、草布、剪绒单、剪毛单。

香货：沉香、速香、黄熟香、打拍香、暗八香、占城、粗熟、乌香、奇楠木、降香、檀香、戎香、蔷薇水、乳香、金颜香。

药物：脑子、阿魏、没药、胡椒、丁香、肉子豆蔻、白豆蔻、豆蔻花、乌爹泥、茴香、硫黄、血竭、木香、荜拨、木兰皮、番白芷、雄黄、苏合油、荜澄茄。

诸木：苏木、射木、乌木、红柴。

皮货：沙鱼皮、皮席、皮枕头、七鳞皮。

牛蹄角：白牛蹄、白牛角。

杂物：黄蜡、风油子、紫梗、磨末、草珠、花白纸、藤席、藤棒、虮子、孔雀毛、大青、鹦鹉螺壳、巴淡子。

勒内·格鲁塞指出："在蒙古统治期间，中国市场与印度和马来亚市场有着紧密的联系。按马可的陈述，大批中国船只定期在爪哇港停泊，带回'黑胡椒、良姜、毕澄茄、丁香和其他香料，刺桐商人们因经营这些商品而致富'……中国的商船队载着大捆的生丝、彩色丝织品、缎子、薄绢和金丝锦缎定期在加韦里伯德讷姆、卡亚尔、奎隆和锡兰停泊。"这些"来自中国的丝绸……在霍尔木兹卸下，由商旅们带着通过蒙古统治下的波斯到达桃里寺大市场，然后由此分发到基督教世界的港口特拉布松，或者是刺牙思"。[①]

---

① ［法］勒内·格鲁塞著，蓝琪译，项英杰校：《草原帝国》，商务印书馆 1998 年版，第 396、398 页。

除此之外，"为了把贸易延伸到蒙古政治势力之外的新地区，蒙古人鼓励一些臣属地区特别是中国南部，向外移民并在外国的港口建立贸易点。纵观整个蒙元王朝统治时期，上千中国人离乡出海，到越南、柬埔寨、马来半岛、婆罗洲、爪哇、苏门答腊的沿海地区定居。他们大多从事航运贸易，像商人一样往来于通向港口的江河上，但他们也逐渐地扩大到其他行业"①。

3. 泉州："天下货仓"

元代对外贸易的总体水平超过宋代，对外贸易港口最多发展到泉州、广州、庆元、上海、澉浦、温州、杭州7大港口。其中泉州港的航海贸易空前繁荣，跃居广州之上，成为元代对外交通的第一大港口。

泉州东南濒临大海，沟阔港深，自唐中期海上交通得到迅速发展，外商船舶云集港口，出现了"云山百越路，市井十洲人"（张循之《送泉州李使君之任》）的繁荣景象。至晚唐时，泉州在海外交通中的地位日渐重要，遂与广州、交州、扬州并称为"东南四大贸易港"。

五代宋初，泉州先后在王延彬、留从效、陈洪进等人的治理下，保境安民，海港贸易十分繁荣。后梁开平二年（908），闽王王审知向后梁进贡"玳瑁、琉璃、犀象器并珍玩、香药、奇品、海味，色类良多，价累千万"（《旧五代史·梁书·太祖纪四》），这些大多是从南海诸国进口的商品。此后王延钧、王继鹏、王延曦等亦相继向北方朝廷进贡犀牙、香药、玳瑁、龙脑、珍珠等海外珍品，王继鹏一次向后晋贡奉的物品即有珍珠20斤、犀30株、副牙20株、香药1万斤。宋太平兴国年间（976—984），陈洪进先后向宋王朝进贡乳香2万斤、瓶香1万斤、象牙2000斤。以上说明了五代宋初泉州与亚洲各国的通商往来十分频繁，香料的进口量十分惊人。

北宋元祐二年（1087），宋朝正式在泉州设市舶司，这在泉州历史或是中国对外贸易史上都是一件大事，泉州市舶司的设立，标志着泉州进入我国最重要的对外贸易港的行列。设司以后，泉州港可以直接发船到海外贸易，也能接纳外来的商船，因而进出口贸易得到迅速的发展，它在海外交通方面的地位，迅速赶上广州。"况今闽、粤，莫盛于泉州"（《舆地纪胜》），"若欲船

---

① ［美］杰克·威泽弗德著，温海清、姚建根译：《成吉思汗与今日世界之形成》，重庆出版社2009年版，第275页。

泛外国买卖，则是泉州便可出洋"（《梦粱录》）。宋代泉州与广州并列为对外贸易的两大港口之一，到南宋时，泉州更成为全国第一大港。赵汝适《诸蕃志》载，至宋时来泉州的东南亚及西亚、北非的商人、传教士、游历家，骤然间增至"数以万计"。《泉州府志》说："胡贾航海踵至，富者赀累巨万，列居郡城南。"

元代泉州海外贸易在宋代的基础上，取得了更进一步的发展，达到空前繁荣的程度。"泉，七闽之都会也。番货远物、异宝奇玩之所渊薮，殊方别域富商巨贾之所窟宅，号为天下最。其民往往机巧趋利，能喻于义者鲜矣。而近年为尤甚，盖非自初而然也。"（吴澄《送姜曼卿赴泉州路录事序》）"号为天下最"说明泉州在全国海外贸易中居于领先地位。泉州人庄弥邵说："泉本海隅偏藩，世祖皇帝混一区宇，梯航万国，此其都会，始为东南巨镇。"（道光《晋江县志》）古人认为泉州的地理形势优越："夫泉南为郡，控带番广，海舶之所集，珍货之所聚，视七路尤为要。"《梦粱录》记载，泉州是中国商船最主要的出海口，也是外国使臣、商人、学者来华最主要的入境口。《诸蕃志》和《岛夷志略》记载，宋元时期泉州成为计算我国与世界各地航线里程的起点，所以泉州在元代已经成为通商的总门户，开辟了泉州港至三佛齐航线、至西亚航线、至澎湖经台湾至三屿航线，以及泉州港至明州、高丽、日本航线。当时麇集于泉州的外国人来自非洲、威尼斯、阿拉伯、波斯、占城、菲律宾、高丽等。诗人薛能诗言："秋来海有幽都雁，船到城添外国人。"（《送福建李大夫》）

汪大渊在《岛夷志略》中记载：与元代泉州有过海外贸易的国家达到98个，物资品种达250种以上。泉州输出的商品，许多来自国内各地，例如："处州瓷器"来自浙江、"建阳锦"与"建宁锦"来自闽北、"苏杭五色缎"来自江浙、"云南叶金"来自西南、"海南布""海南槟榔"来自海南岛。至于海外输入的各种珍宝、香料，更是通过泉州输往全国各地。可见，元代的泉州是当时世界船舶物资的重要集散地，所以人们用"天下货仓"来描绘宋元时期的泉州。商业繁荣使泉州城市发展很快。"一城要地，莫盛于南关，四海舶商，诸番琛贡，皆于是乎集。"（道光《晋江县志》）元末扩修泉州城，把南关也包括进去，使泉州城墙周长扩展到30里长。

外国人称泉州港为"刺桐港"，马可·波罗和伊本·白图泰等人记述此港之繁荣景象。马可·波罗在游记中说：

> 应知刺桐港即在此城，印度一切船舶运载香料及其他一切贵重货物咸莅此港。是亦为一切蛮子商人常至之港，由是商货、宝石、珍珠输入之多竟至不可思议，然后由此港转贩蛮子境内。我敢言亚历山大或他港运载胡椒一船赴诸基督教国，乃至此刺桐港者，则有船舶百余，所以大汗在此港征收税课，为额极巨。①

伊本·白图泰称："刺桐港为世界上各大港之一，由余观之，即谓世界上最大之港亦不虚也。余见港中有大船百余，小船则不可胜数矣。"②

宋元时期的泉州，比经济意义上的"天下货仓"更令世人瞩目的是其文化意义上的"天下货仓"，泉州出现多元文化和平共处、融于一体的独特景象。

发达的海外贸易，使当地的社会风气发生了巨大的变化。当时诗人宗泐对泉州有这样的描写："缠头赤脚半蕃商，大舶高樯多海宝。"（《清源洞图为洁上人作》）许多外国商人、水手随着海船来到泉州，这个港口成为各国人杂居的海港都市。南宋时，来泉州贸易的外商"有黑白二种"，数量众多，为了便利外国人居住，照顾不同民族的风俗习惯，泉州划出固定范围作为外国人的聚居区，这样的地方称为蕃坊。元朝时，居住在这座都市的居民，除了汉人和蒙古人外，还有来自阿拉伯、波斯、叙利亚、也门、亚美尼亚、印度、占城、爪哇、吕宋群岛以及遥远非洲和欧洲各地的人们。他们当中有商人、传教士、教徒、旅行家、水手、骑士，也有王子、贵族和使节。不少外国人与当地人通婚，从此定居下来，他们的后代被称作"半南蕃"。

宋元400年间，多种外来宗教与泉州的道教和民间信仰和平共处，融于一体。元代的泉州对异域文化在本地的存在和传播，视为正常现象，外国宗教文化与中国儒家思想、道家文化等相互融合。例如佛教长期在泉州传播，且不断世俗化，成为泉州人的重要宗教信仰，泉州人对传入的其他外国宗教的教主，亦一律称"佛"，而外国宗教教徒甚至也将他们的主神称为"佛"。

---

① ［法］沙海昂注：《马可波罗行纪》，商务印书馆2017年版，第341页。

② 马金鹏译：《伊本·白图泰游记》，转引自张星烺编注，朱杰勤校订：《中西交通史料汇编》第2册，中华书局1977年版，第75页。

元代泉州有六七座伊斯兰教清真寺、三座天主教堂、多座景教堂、多座印度教寺、多座佛教寺庙，还有许多民间信仰宫庙和道教宫观。基督教、伊斯兰教、印度教、佛教、犹太教、摩尼教共处于一个6平方千米的城市之中，各种宗教的教堂、寺院林立，构成奇异的景观，使得这座商业气氛极为浓厚的泉州城，增添了不少异国情调和文化氛围，并获得历史上仅有的"世界宗教博物馆"的美誉。

4. "到东方去寻求财富"

英国学者约翰·霍布森（John M. Hobson）指出："13世纪蒙古帝国的出现极大地推动了东方的全球化。这一帝国将东方和西方连结成一个密切相联的贸易空间……到13世纪后半叶，欧亚大陆大部分地区都处在蒙古人的控制之下。重要的是，这一相对统一的区域性帝国——'蒙古治下的和平'——提供了一个和平安定的地区，使资本主义在区域内得以繁荣发展。这一方面使覆盖了中国和欧洲之间5000英里范围的远距离或全球贸易得以进行，另一方面使先进的东方思想和技术传到了西方（以及其他地方）。"① 美国社会学家阿布·鲁哈德认为，在11世纪之后存在着一个世界体系，这个体系将亚洲和中东的农业帝国和欧洲独立的城市连成了一个体系，这个体系在13世纪达到了高峰。她指出：

> 在公元1250—1350年间，国际贸易和经济的发展从西北欧一直延续到中国，加入缩小交换网络，它包括世界范围内的商人和生产者。尽管初级产品……构成了所有贸易物的重要部分，特别是在短距离内，但很令人吃惊的是制造品是这个体系的核心组成部分，假如没有这些制造品，远距离贸易早就不能维持……
>
> 而且贸易包括了世界各地的各种商业团体。这些商人并不一定说或写同样的语言，尽管阿拉伯语很盛行，希腊语和拉丁语也很盛行，汉语是远东地区许多民族的混合方言，他们的地方货币也不一样。银在欧洲有很高的价值，中东主要使用黄金，而中国盛行铜钱。距离，如按照时间来计算，可以是几天和几个月，但它需要很多年

---

① ［英］约翰·霍布森著，孙建党译，于向东、王琛校：《西方文明的东方起源》，山东画报出版社2009年版，第41—42页。

才能完成整个流程。商品得以转移，价格得以确定，交换率得以认可，合同得以实行，关于其他地区的商品和资金的信誉得以扩大，合作伙伴得以形成，记录得以保持，承诺受到认可。我希望表明 13 世纪的这个体系是如何的先进。①

在这个时代，中国与西方的贸易往来比以往任何时候都更加频繁。可以说，交通和人员往来，最主要的推动力是给人们带来巨大利益的贸易。贸易是冲破一切障碍的强大动力。元朝的统治者对与欧洲开展贸易十分重视。他们"取得丝绸之路沿线散乱衰败的商贸城镇，并将其纳入历史上最大的自由贸易区之中"②。"蒙古商业的影响力要比他们的军队更深远，在忽必烈汗统治时期，蒙古帝国转变为'蒙古公司'。在整个 13 世纪和 14 世纪初，蒙古人维持着横跨帝国各境的商贸路线。"③

早在西征之时，成吉思汗就特别重视与中亚地区的贸易，他把这条商业通道称为"黄金绳索"。以后蒙元帝国的大汗十分重视对外贸易。美国作家劳伦斯·贝尔格林（Laurence Bergreen）指出："忽必烈汗手中最有力的武器不是利剑长矛，也不是枪炮火药，而是与其他国家建立贸易关系。事实上，为了能够在自己所缔造的世界新秩序中生存，蒙古人非常需要来自欧洲、波斯、阿拉伯的商品和技术。为此，他们开辟了很多商路，并为 19 世纪后广为人知的'丝绸之路'奠定了基础。'丝绸之路'不仅是为东西各方输送诸如宝石、织物、香料、贵重金属、武器等货物的要道，而且也是输送数不清的佛教僧侣、基督教传教士和来自各地的商人的通道。""蒙古帝国的'丝绸之路'和威尼斯的商船使世界变成了'坦途'。在一个没有阻碍，能够相互交流的世界里，贸易往来及宗教、文化、思想的交流与融合极大地促进了各国的经济繁荣与发展。"④

---

① 王正毅：《世界体系论与中国》，商务印书馆 2000 年版，第 279—280 页。

② ［美］杰克·威泽弗德著，温海清、姚建根译：《成吉思汗与今日世界之形成》，重庆出版社 2009 年版，第 7 页。

③ ［美］杰克·威泽弗德著，温海清、姚建根译：《成吉思汗与今日世界之形成》，重庆出版社 2009 年版，第 271 页。

④ ［美］劳伦斯·贝尔格林著，周侠译：《马可·波罗传》，海南出版社 2010 年版，第 16 页。

这种远程贸易的另一端欧洲，这一时期正处于中世纪的晚期，虽然各国仍处于基督教神学占统治地位的"黑暗时代"，但早期资本主义和商业也正在发展。在12至14世纪，地中海区域商业出现了空前繁荣的景象，并对欧洲的历史发展进程产生了深刻的影响。西方史学家常把这时处于"黄金时代"的商业发展称为"地中海商业革命"。当时的欧洲，特别是意大利，在"大汗给予的和平"的时代，商业城市正在迅速发展，如威尼斯、热那亚等充分利用国际形势的变化，成为欧洲最大的国际商埠，以及13世纪欧洲最重要的商业中心。意大利的比萨，法国南部的马赛、蒙伯利尔、那旁和西班牙的巴塞罗那也在一定程度上参与了东西方贸易。此时出现了从事东西方贸易的香料商、绸缎商，他们沿着陆路与海路迅速进行商业扩张，并在黑海、巴尔干、亚历山大、君士坦丁堡、北非海岸地带建立起自己的殖民地和商站。威尼斯人控制了黑海沿岸的东方贸易，在亚速海顿河河口建立了塔纳港（今罗斯托夫），作为贩运丝绸和药材的重要基地，塔纳港成为丝绸之路西端的新起点。而热那亚人，在他们足迹所到之处，"都再建一个热那亚"，仅君士坦丁堡就有300多名热那亚商人。他们认为世界是一个由从陆地延伸到海上的、没有边界的商路和贸易机遇所构成的巨大的网络。他们借助商船和驼队，足迹遍布世界各地，寻找珍贵的香料、珠宝和丝绸。威尼斯、热那亚以及其他意大利自由城市"在公元十三世纪都有着强大的经济活力，在当时世界上是无与伦比的"①。在当时，"威尼斯贸易"几乎成了"全球化"的代名词。热那亚人和威尼斯人打破种族和宗教分歧，与各个国家的商人进行贸易，他们与阿拉伯人、波斯人、土耳其人、蒙古人等建立了合作关系。马可·波罗就是这个时代走向东方的威尼斯商人之一。赫德逊指出："当时热那亚在商业活动的范围领先。威尼斯人或许更有利地经营商业，但让你一人跑遍了旧世界，其精力之充沛令人难以置信。""这种精神使热那亚商人于14世纪初期在鞑靼人统治下的和平中前往中国。"②

12至14世纪地中海商业革命强大推动力是与东方的贸易。约翰·霍布森

　　① ［英］G. F. 赫德逊著，王遵仲、李申、张毅译，何兆武校：《欧洲与中国》，中华书局1995年版，第111页。

　　② ［英］G. F. 赫德逊著，王遵仲、李申、张毅译，何兆武校：《欧洲与中国》，中华书局1995年版，第11页。

指出："在中世纪的大部分年代里，意大利对于欧洲的发展来说是非常重要的……但是那种认为是意大利人开拓了所有推动欧洲资本主义发展创新的观点，却是一种神话。东方对意大利的影响就如同它的广泛传播那样深远、深刻。"① 到东方寻求财富是意大利商人的梦想，也是他们奋斗的目标。"这一阶段专门从事奢侈品、香料、美丽的纺织品、毛皮制造业所需的原料品等物的交易。"来自东方的商品主要有"香料、糖和甜酒；药材与颜料；珍珠与宝石；香水与瓷器；丝织与金银；线锦、薄棉纱布与棉布……"② 他们的商业活动源源不断地把丝绸、瓷器、香料等物品运到波斯湾和红海一带，再经由中东与埃及进入地中海区域城市，由此极大地促成了地中海商业革命生机勃勃的景象。而那时候东方商品成了欧洲富人阶层重要的消费品，欧洲市场对东方商品存在"普遍的需求"。正如雅各布·布克哈特（Jacob Burckhardt）指出的："在他们一度熟悉了地中海的所有东方口岸以后，他们之中最富有进取精神的人被诱使参加伊斯兰教以这里为门户的广泛的世界活动是很自然的。世界的另一半就好像新发现的一样，展现在他们眼前。或者，像威尼斯的马可·波罗一样，他们被卷入了蒙古人的洪流中，被带到大可汗的朝廷上去。"③ 在《马可·波罗游记》中我们看到，他到处留心当地的物产、物价以及商业发展的状况和贸易形式，这不仅仅是出于商人的本能，也是一种需要，所以有人就把他的游记说成是东方贸易的指南。

马可·波罗是当时来华的欧洲商人的一个代表。在元代，有许多威尼斯、热那亚等地的商人如马可·波罗一样来到中国，这在当时的文献中也有记录。比如：泉州的安德鲁主教在 1326 年的信中提到以私人身份出现在中国的拉丁商人，他在信中说热那亚商人提到中国货币；1346 年，马黎诺里说他去过泉州，那里的方济各会传教机构经营着一家商业性工厂，还有一座为欧洲商人使用的仓栈；伊本·白图泰大约于 1336 年记录在泉州见到过热那亚商人；鲁

---

① ［英］约翰·霍布森著，孙建党译，于向东、王琛校：《西方文明的东方起源》，山东画报出版社 2009 年版，第 118 页。

② ［英］P. 布瓦松纳著，潘源来译：《中世纪欧洲生活和劳动（五至十五世纪）》，商务印书馆 1985 年版，第 165、178 页。

③ ［瑞士］雅各布·布克哈特著，何新译，马香雪校：《意大利文艺复兴时期的文化》，商务印书馆 1979 年版，第 280 页。

布鲁克去蒙古的时候，是由商人陪伴同行的。这个时期的有关文献，随处闪烁着欧洲商人的身影，他们活跃在中国的港口城市甚至大都、杭州等这样的大城市之中。

总之，元代陆路和海路的对外交通很发达，对外交往十分活跃，中国的谷米、茶叶、瓷器、金银、铜钱、金属器皿、日常生活用品和文化用品、药物等都是当时的大宗出口商品，源源不断地流向世界各地。这些中国商品不仅丰富了各国的经济生活，而且也促进了中国与各国的文化交流。关于这一时期的中西关系，艾兹赫德指出："中国因袭了从唐朝到宋朝物质和文化上的巨大进步，伊斯兰在新的土耳其统治者领导下处于停滞状态，印度在分化为穆斯林派和印度教派之后走向衰落，穆斯林通过奴隶贸易对非洲进行开发，落后但制度上先进的拉丁基督教世界兴起。由于有了这些更早期的发展，除了人员以外，交流活动的方向主要是向西，而不是向东。"①

三　中西文化的大交汇

"鞑靼地区呈现了一片和平盛景，这对于旅行家和商人们颇为有利。"②畅通的道路带来了空前的人员往来的便利。英国汉学家裕尔写道："蒙古征服者在中国和西亚所造成的这种特别关系，不仅将陌生人从遥远的西方输送到中国及其边境，而且也将中国人从中央王国传输到遥远的地方。人们不仅看到由阿兰人和钦察人组成的军队在东京作战，而且也看到中国工程师受雇在底格里斯河畔工作，中国的占星术士、医师和技师在桃里寺（Tabriz）接受人们咨询。忽必烈使团的足迹扩展到马达加斯加。"③

人是文化交流的载体，文化交流主要是依靠人员往来实现的。人员往来

---

① ［英］S. A. M. 艾兹赫德著，姜智芹译：《世界历史中的中国》，上海人民出版社2009年版，第156—157页。

② ［法］安田朴著，耿昇译：《中国文化西传欧洲史》，商务印书馆2000年版，第99页。

③ ［英］H. 裕尔撰，［法］H. 考迪埃修订，张绪山译：《东域纪程录丛》，云南人民出版社2002年版，第128页。

使不同民族、不同文化的人有了面对面交流的机会，就有了互相认识、互相了解的机会。交通的畅达、人员的流动，为元代中西文化大交流创造了条件。

在这一时期，蒙古的都城哈剌和林和元朝大都先后成了国际交流的政治中心和文化中心。1229年窝阔台继大汗位后，选定位于今蒙古国乌兰巴托附近的哈剌和林作为都城，将其修葺一新，使之成为一座热闹非凡的国际都市。忽必烈入主中原后，在原来辽朝南京和金朝中都的所在地即今北京建元朝大都。

元朝大都由汉人刘秉忠和阿拉伯人也黑迭儿主持设计，由宫城、皇城和郭城三部分组成。郭城平面接近正方形，南北长7400米，东西宽6650米，共有城门11座，东、南、西三面各3门，北面为2门。城外绕以护城河，城的四角建有巨大的角楼。皇城在大都南部的中央，包括宫城和御苑。宫城位于全城中轴线的南端，大明殿和延春阁为宫城中两座主要的宫殿。宫城和皇城正北的中心阁是当时商业集中的地方。皇城东西分别是太庙和社稷坛。大都的街道十分整齐，城中的主要干道都通向城门，主要干道之间又有纵横交错的街巷。大道宽一般为25米左右，胡同宽一般为6—7米。诚如马可·波罗所言，"划线整齐，有如棋盘"。

除和林、大都外，当时还有一座国际化的大都市，即上都。上都位于今内蒙古锡林郭勒盟正蓝旗境内，是元朝仅次于大都的第二个政治、军事、经济和文化中心，是1256年修建的，初名开平府，至元元年（1264）改名元上都。每年四月至七月元朝皇帝率群臣到这里避暑并处理政务，元朝的很多重大事件在这里发生。元朝各方人士汇聚上都，使它成为当时"蒙古草原上最繁荣的城市"。上都修建得宏伟壮观，如宫城中主要建筑大安阁是蒙古人灭金后将宋汴京城中熙春阁拆卸、北运、复建而成，高达60余米，极其雄伟富丽。由于它特殊的政治地位，贵族、官僚、商人云集于此，许多来华的外国人也聚于上都。元朝有人写诗称赞上都之盛："明德城南万骑过，御天门下百官多"（《上京行幸词》），"西关轮舆多似雨，东关帐房乱如云"（《上京杂诗》）。

元帝国的建立，打破了原有民族、地域之间的界限，增进了各民族在经济、文化方面的交流，出现了有异于唐宋时期的盛况。对此，元代文人王礼曾写道："西域之于中夏，言语嗜欲殊焉。虽汉唐以来婚媾有之，然各怀旧族，不能杂处他土，顾安有生西域而葬江南者。惟我皇元，肇基龙朔，创业垂统之际，西域与有劳焉。泊于世祖皇帝四海为家，声教渐被，无此疆彼界，朔南名利之相往来，适千里者如在户庭，之万里者如出邻家。于是西域之仕于中朝，学于南夏，乐江湖而忘乡国者众矣……呜呼！一视同仁，未有盛于今日也。"（《麟原前集》《义塚记》）

元帝国之内，四海一家，无民族、地域差别，所谓"四海为家，声教渐被，无此疆彼界"。商业领域打通了地域、民族方面的限制，出现全国范围内经济、文化的大交流，西域人入仕元政府，学习汉文化，皆以中国为家，即"西域之仕于中朝，学于南夏，乐江湖而忘乡国者众矣"。

空前的人员大流动造成了空前的文化大交流。在这 100 多年的时间里，欧亚大陆出现了前所未有的"流动"的浪潮，有各类人员的流动、物质商品的流动、技术发明的流动、思想观念的流动、文化的流动。蒙古人的征战和统治为这一切的流动创造了广泛的条件和基础，他们本身就是文化交流的载体，他们也在创造一切可以使更广泛文化交流得以实现的载体。美国学者杰克·威泽弗德认为蒙古人虽然没有取得科技突破，没有建立新的宗教，也少有著作或剧作问世，也没有给世界带来新的农作物或农业方法；工匠也不能织布、冶炼、制陶，可能还不会烘烤面包；不会制瓷做陶，不会绘画，也不会盖房子，但是，当蒙古军队征服一个又一个的文明之后，他们将收集的每一个文明的所有技术，在各文明之间传递。比如：蒙古人将中国医生、中国按指印为凭的经验带到波斯；将中国的面条、纸牌和茶传播到西方，又将德国矿工带到中国；将地毯推广到更广大的地区；资助中国建造教堂、寺庙、学校等。[1]

蒙古人的作用不仅仅是充当了文化交流的媒介和载体，他们还担当了催生新的文化形式的使命。各种文化相遇、交流、冲撞和融合，一种文化要素从一种文明进入到另一种文明，不仅仅是原封不动的移植，还会出现许多新的变异，或者激发出新的文化因素。比如大炮，来自中国、波斯和欧洲的技师将中国火药、穆斯林喷火器和实用的欧洲铸钟技术融于一体就制造出了大

---

① 参见［美］杰克·威泽弗德著，温海清、姚建根译：《成吉思汗与今日世界之形成》，重庆出版社 2009 年版，第 11 页。

炮。这项技术革新，催生出从手枪到导弹的巨大的现代武器库。①

正是在这样的人员交流、文化交流的高潮中，西方第一次真正地认识了中国。如果说，在古罗马那个时代，欧洲人经由丝绸对中国的认识只是一些模糊的影像，那么，随着蒙古大军横扫欧亚大陆，开创了大交通、大交流的新局面，欧洲人则看到了一个真实的中国，一个充满神秘和魅力的中国。裕尔指出："蒙古统治的极盛时期，中国与西方各国的交流，较之历史上的任何其他时期，都更少受阻于人为的障碍。""正是在蒙古时代，中国才第一次真正地为欧洲所了解。欧洲所知道的这个名称——契丹，虽是特指中国北部各省，但它逐渐变成了一个更宽泛的称呼。"② 勒内·格鲁塞在《蒙古帝国史》中论述了蒙古的征服对于中西交通和文化传播所发挥的重要作用，他说：

> 蒙古人几乎将亚洲全部联合起来，开辟了洲际的通路，便利了中国和波斯的接触，以及基督教和远东的接触。中国的绘画和波斯的绘画彼此相识并交流。马可·波罗得知了释迦牟尼这个名字，北京有了天主教的总主教。将环绕禁苑的墙垣吹倒，并将树木连根拔起的风暴，却将鲜花的种子从一个花园传播到另一个花园。从蒙古人传播文化这一点说，差不多和罗马人传播文化一样有益。对于世界的贡献，只有好望角的发现和美洲的发现，才能够在这一点上与之比拟。这是一个足称为马可·波罗的世纪。③

四 元人对外部世界认识的扩大

1. 耶律楚材与《西游录》

元代中西的大交通、大交流，使元朝人具有极为广阔的文化视野，对于

---

① 参见［美］杰克·威泽弗德著，温海清、姚建根译：《成吉思汗与今日世界之形成》，重庆出版社2009年版，第11—12页。

② ［英］H. 裕尔撰，［法］H. 考迪埃修订，张绪山译：《东域纪程录丛》，云南人民出版社2002年版，第118—119页。

③ ［法］勒内·格鲁塞著，龚钺译，翁独健校：《蒙古帝国史》，商务印书馆1989年版，第278页。

外部世界的认知比前代大为扩展，一些有关外国情况的文献也因之出现。

元代，随着蒙古之西征，中西陆道大通。在传统的丝绸之路上，西行的元朝使者或旅游者络绎不绝，他们或随蒙古大军而前往西方，或奉朝廷派遣而出使西域，也有的以私人身份游旅，他们的行纪等文献大大加深了人们对西域的认识。其中比较有名的如：

（1）契丹人耶律楚材于元太祖十三年（1218）扈从西征，归著《西游录》。

（2）金人乌古孙仲端于兴定四年（1220）奉使乞和于蒙古，次年经西辽故地至中亚，谒见成吉思汗。旋归国复命，以其行程告刘祁，祁等为记之题曰《北使记》（载刘祁《归潜志》第十三卷）。

（3）长春真人丘处机及其弟子于元太祖十五至十九年（1220—1224）往返西域谒见成吉思汗，归后其弟子李志常就途中经历闻见撰成《长春真人西游记》。

（4）常德于元宪宗九年（1259）奉命由和林出发，西觐皇弟旭烈兀于西亚，次年东归复命，并由刘郁据其闻见撰成《西使记》。

（5）耶律楚材之孙耶律希亮，因乃父耶律铸投奔元世祖，希亮母子被阿里不哥部将驱迫、监视，避难于西域，中统四年（1263）入觐世祖于上都，备陈边事及羁旅困苦之状。

（6）维吾尔人拉班·扫马于至元十五年（1278）决意西游，前往耶路撒冷，后抵西亚、欧洲诸地。

其中，耶律楚材随成吉思汗西征，撰写了《西游录》，记载了许多关于西域的地理文化知识。

耶律楚材是金元之际契丹人，字晋卿，号湛然居士。辽东丹王耶律突欲之后，金尚书右丞相耶律履之子。耶律楚材秉承家族传统，自幼学习汉籍，精通汉文，在燕京士子中有一些名气。元太祖十年（1215），蒙古军攻占燕京，成吉思汗得知他才华横溢、满腹经纶，遂派人向他询问治国大计。元太祖十三年三月，耶律楚材奉命北出居庸关，赶赴漠北大营觐见成吉思汗，随成吉思汗西征，常晓以征伐、治国、安民之道，屡立奇功，备受器重。元太祖二十一年，耶律楚材又随成吉思汗征西夏，前后历时六年，传奇的西游方告结束。窝阔台汗即位后，耶律楚材倡立朝仪，劝亲王察合台等人行君臣礼，以尊汗权。他在政治、经济、文化各方面殚精竭虑，创举颇多。耶律楚材主张采用汉族以儒教为中心的传统思想和制度来治理中原，使新兴的蒙古贵族逐渐放弃落后的游牧生活方式，使战争不断的乱世转为和平的盛世，使先进的中原封建农业文明得以保存和继续发展，也为后来忽必烈建立元朝奠定了基础。耶律楚材多才多艺，在文化艺术方面有卓越的修养和多种贡献。他是我国提出经度概念的第一人，编有《西征庚午元历》，还主持修订了《大明历》。

耶律楚材随成吉思汗征行 6 万多里，对边疆塞外的风土人情、山川景物比较熟悉，留下了为数不少的描绘西域地方的诗文。他的西域诗约有 50 首，均为当时的即兴之作，其中最为人熟知的当推《壬午西域河中游春十首》和《西域河中十咏》。

《西游录》是耶律楚材在成吉思汗去世后的次年（1227）返回燕京时所作。上篇以纪实的手法，优美的文辞，细致勾勒出自金山至河中一带的自然景观、交通地理、风俗民情、物产经济等，留下了 13 世纪初期西域历史的最为翔实的资料。下篇为问答体，是与道教首领丘处机的驳辩。

《西游录》上卷记其自燕京出发而抵西域之情形。元太祖十三年（1218）之春，耶律楚材扈从西游。始发永安（指燕京），过居庸关，历武川，出云中（大同）之右，抵天山（指今内蒙古之阴山，亦名大青山）之北，涉大碛，逾沙漠，而抵行在（在今蒙古的克鲁伦河畔）。他形容当时成吉思汗武威之盛：车帐如云，将士如雨，马牛被野，兵甲赫天，烟火相望，连营万里，千古之盛，未尝有也。

太祖十四年（1219），成吉思汗率蒙军大举西伐，耶律楚材随行，于盛夏过金山（即阿尔泰山），越瀚海。由别石把（别失八里），经轮台、和州、不剌，然后南下出阴山（即天山山脉），经圆池而抵阿里马城。复西渡亦列河（伊犁河），抵虎司窝鲁朵，即西辽之都也。又西数百里经塔剌思（怛逻斯）、苦盏、八普、可伞、芭榄诸城。又自苦盏西北五百里至讹打剌，其西即寻思干（撒马尔罕），又西为蒲华（布哈拉）。蒲华之西河名曰阿谋（即阿姆河），河之西为五里犍城。又西濒大河有斑城，又西有砖城。又自斑城等处而南，直抵黑色印度城。

太祖十九年（1224），耶律楚材随蒙军东归进攻西夏，经沙州、瓜州、肃州、甘州、灵州，而于太祖二十二年（1228）返回燕京。

在《西游录》中，耶律楚材对西域的民情风物均有具体而微的描绘。如他记述了寻思干的园林之盛，瓜果之丰，货币形制，衣饰之俗，他的"漱旱河为雨，无衣垅种羊"（《西域河中十咏其十》），不仅说到干旱地区的灌溉农业，还指明这里的棉花种植，而此时植棉技术尚未传入中原。由于耶律楚材"西游"及东归均经天山北麓，所以他在《西游录》中对新疆境内的自然景观及人文地理也有不少的精彩描述。关于金山（阿尔泰山），他在《西游录》中写道："时方盛夏，山峰飞雪，积冰千尺许。上命斫冰为道以度师。金山之泉无虑千百，松桧参天，花草弥谷。从山巅望之，群峰竞秀，乱壑争流，真雄观也。自金山而西，水皆西流，入于西海。"关于阿里马城所在的伊犁河谷的塞外江南风光，他在《西游录》中写道："既过圆池，南下皆林檎木，树荫翁蘙，不露日色。既出阴山，有阿里马城。西人目林檎曰阿里马。附郭皆林檎园圃，由此名焉。附庸城邑八九。多蒲桃梨果，播种五谷，一如中原。"别石把是耶律楚材东归途中的最后一站，对这座历史名城，他在《西游录》中写道："金山之南隅有回鹘城，名曰别石把，有唐碑，所谓瀚海军者也……城之西二百余里有轮台县，唐碑在焉。城之南五百里有和州，唐之高昌也。高昌之西三四千里有五端城，即唐之于阗国也。出乌白玉之二河在焉。"

金山之名在汉代即见诸我国载籍；而阿里马城所在的伊犁河谷，唐朝军队曾在此地对西突厥叛军进行征讨；别石把则是唐朝北庭大都护府治所，安史之乱后沦陷于吐蕃，后为高昌回鹘的夏都。耶律楚材之前，人们对上述地方或者有所记述，但往往语焉不详，或者根本没有任何文字的描写，至此才有了比较具体的认识。

关于耶律楚材《西游录》的价值，向达指出，其所记"地理和反道教的两部分都很重要"。《西游录》和《长春真人西游记》两部书"都是十三世纪记述天山以北和楚河、锡尔河、阿姆河之间历史地理最早最重要的书。八世纪中叶以后，关于天山以北以至于葱岭以西楚河、锡尔河、阿姆河一带，游历其地归而以汉文记载游踪的，绝无其人、其书。《宋史·高昌传》只凭王延德所记，略及北庭，如大食、拂林诸传不过得之传闻而已。到了十三世纪《西游录》《西游记》二书，始首先对于上述诸地目识亲览所得，著成文字，公诸于世"。"二书也是研究十三世纪楚河、锡尔河以及阿姆河地区历史的重要资料。"①

2. 丘处机与《长春真人西游记》

丘处机，字通密，自号长春子，山东登州栖霞县人。后拜全真道的创立人王重阳为师。丘处机在磻溪隐居了12年，人称"蓑衣先生"。1180年32岁的丘处机迁居龙门山继续修道，成为全真道龙门派的创始人。

1217年，丘处机成为全真教的教主。大约在元太祖十三年（1218）前后，成吉思汗正统兵进行第一次西征，通过近侍刘仲禄和耶律楚材的介绍，得知丘处机是神仙般的人物，于元太祖十四年（1219）派遣刘仲禄携带他的诏书，去邀请丘处机来汗庭传道。丘处机欣然接受了成吉思汗的诏请，率领弟子赵道坚、尹志平、夏志诚、王志明、张志素、宋道安、孙志坚、宋德方、于志可、鞠志圆、李志常、张志远、綦志清、杨志静、郑志修、孟志稳、何志清、潘德冲18人西行。途中又接到太祖之诏，勉邀其西行，丘处机一行行程万余里，于元太祖十六年（1221）在阿富汗境内兴都库什山西北坡的八鲁湾行宫谒见成吉思汗。

丘处机西行的路线大致是：从山东登州出发至燕京，出居庸关，北上至克鲁伦河畔，由此折向西行至镇海城，再向西南过阿尔泰山，越准噶尔盆地至赛里木湖东岸，南下穿过中亚到达兴都库什山西北坡之八鲁湾。东归时，丘处机一行至阿力麻里后，直向东至昌八剌，经由别失八里东面北上，过乌伦古河重归镇海城。此后，向东南直奔丰州，过云中，至宣德，居朝元观。元太祖十九年（1224）春，丘处机与其弟子们同回燕京，居太极宫，受命掌管天下道教。元太祖二十二年（1227）去世，享年80岁。丘处机西游的路线位于西北的蒙古高原和中亚地区，丘处机西行的出发地是莱州，最远到达成吉思汗位于今阿富汗境内的大雪山行宫。不同于以往旅行家如晋代法显和唐代玄奘所走的路线，此路线更具唯一性和典型性。丘处机去世后，其弟子李

---

① 白寿彝总主编：《中国通史》第13卷，上海人民出版社1997年版，第10页。

志常编纂《长春真人西游记》，记述了这段不平凡的旅程。全书两卷，上卷写丘处机一行西行来到兴都库什山西北坡的成吉思汗行宫觐见，然后回到中亚名城撒马尔罕，在那里等候正式讲道。下卷记载丘处机讲道的经过、东归的行程，对沿途居民生活习俗有很多详细的记叙。李志常在随其师西游途中，详细记载了丘处机北上西域的历程、沿途地理状况和风土人情。当时的文士孙锡为《长春真人西游记》作序说："师之是行也，崎岖数万里之远际，版图之所不载，雨露之所弗濡……门人李志常，从行者也，掇其所历而为之记。凡山川道里之险易，水土风气之差殊，与夫衣服饮食百果草木禽虫之别，粲然靡不毕载，目之曰西游。"

　　李志常，字浩然，号真常子，道号通玄大师，他少年时受过良好的儒家教育，有较高的文化素养。1218 年拜丘处机为师，得到丘处机的赏识。丘处机西行传法，李志常是 18 位随行弟子中的一员。书中的很多描述是他的亲身见闻，读来令人有身临其境之感。王国维称赞他"文采斐然。其为是记，文约事尽。求之外典，惟释家《慈恩传》可与抗衡。三洞之中，未当有是作也"（《观堂集林》）。《长春真人西游记》记载的主要内容包含以下三方面。

　　一是以精炼的笔触描述了 13 世纪蒙古高原、西域及中亚一带的自然景观，包括沿途数万里经过的高山、峡谷、河流、湖泊、沙漠、森林、绿洲的气候植被、地质地貌，为后人留下了极为难得的自然地理学资料。例如关于阿尔泰山附近的大峡谷的地理状况，"其山高大，深谷长坂，车不可行。三太子出军，始辟其路，乃命百骑挽绳，悬辕以上，缚轮以下"。在穿越阴山最为难行的一段山路时，《长春真人西游记》仔细描写了当地的地形地貌状况："渡河而南前经小山，石杂五色，其旁草木不生。首尾七十里，复有二红山当路。又三十里，盐碱地中有一小沙井，因驻程，挹水为食。旁有青草，多为羊马践履。"过赛里木湖时，这样描写道："晨起西南行约二十里，忽有大池，方圆二百里，雪峰环之，倒影池中，师名之曰天池。沿池正南下，左右峰峦峭拔，松桦阴森，高逾百尺，自巅及麓，何啻万株，众流入峡，奔腾汹涌，曲折湾环可六七十里。"准确形象地将赛里木湖的地理位置、方圆面积及周围山势水流走向记录下来。

　　《长春真人西游记》对所经过的蒙古中部长松岭山地森林的分布特点也有

很准确的概括，指出其森林分布限于北坡，"松栝森森，干云蔽日，多生山阴涧道间，山阳极少"。对中亚大石林牙地区的地理气候特点也做了分析对比："此地其风土气候与金山以北不同，平地颇多，以农桑为务，酿葡萄为酒，果实与中国同。惟经夏无雨，皆疏河灌溉百谷。"《长春真人西游记》还将丘处机西行途中所遇的一些自然现象如日食记录下来。沿克鲁伦河南岸西行时，就记录了五月初的一次日食现象。"五月朔，一争午，日有食之。既众星乃见，须臾复明。时在河南岸，蚀自西南，生自东北。"后来在邪米思干大城，丘处机路遇一算历者，丘处机还与他讨论起旅行途中所见的日食的原因。"时有算历者在旁，师因问五月朔日食事。其人云：'此中辰时食至六分止。'师曰：'前在陆局河时午刻见其食既，又西南至金山，人言巳时食至七分，此二处所见各不同。按孔颖达《春秋疏》曰：（月）体映日则日食。以今料之，盖当其下既见曰食既，在旁者则千里渐殊耳。正如以扇翳灯，扇影所及无复光明。其旁渐远则灯光渐多矣。'"丘处机在旅行中已经注意到各地的时差问题，他借用"以扇翳灯"的例子，扇影对灯光遮蔽的原理，来解释说明两处因时差所见不同日食现象的原因。

二是详细记载了大量的人文地理信息，诸如沿途城乡的居民人口、民风民俗、宗教信仰、建筑、手工业生产状况等等。丘处机一行至斡辰大王（成吉思汗四弟）所辖贝加尔湖地区，详细考察了这一地方的地理状况和风土人情，"冰始浮，草微萌矣。时有婚嫁之会，五百里内首领皆载马湩助之。皂车毡帐成列数千。""其地凉而暮热，草多黄花，水流东北，两岸多高柳，蒙古人取之以造庐帐。"在经过库伦以南的山地之后，丘处机一行来到蒙古自然条件最为优越的土拉河流域，"从此以西，渐有山阜，人烟颇众，亦皆以黑车白帐为家。其俗牧且猎。衣以韦毳，食以肉酪。男子结发垂两耳，妇人冠以桦皮，高二尺许，往往以皂褐笼之。富者以红绡，其末如鹅鸭，名曰故故。大忌人触。出入庐帐须低回。俗无文籍，或约之以言，或刻木为契，遇食同享，难则争赴。有命则不辞，有言则不易"。对中亚细亚城市撒马尔罕亦有详尽的记述："由东北门入其城，因沟岸为之，秋夏常无雨，国人疏二河，入城分绕巷陌，比屋得用。方算端氏之未败也，城中常十万余户。国破而来存者四之一，其中大率多回纥人。田园自不能主，须附汉人及契丹、河西等。其官长亦以诸色人为之，汉人工匠杂处城中。有冈高十余丈，算端氏之新宫据焉。""车舟农器制度，颇异中原……有若中原定磁者。酒器则纯用琉璃，兵器则以镔。市用金钱无轮孔，两面凿回纥字。其人物多魁梧，有膂力，能负载重物，不以担。妇人出嫁，夫贫则再嫁。"这些有关城市建筑、器物制度、民风民俗的记录都是研究 13 世纪中亚地区历史、人文地理和中西交通的珍贵文献史料。

三是对地质、气象、水文、物种、矿产等方面的记录。如中亚地区古代是棉花（草棉）的原产地，书中就记载了阿里马城种植棉花的情况："其地出帛，目曰秃鹿麻，盖俗所谓种羊毛织成者，时得七束，为御寒衣。其毛类中国柳花，鲜洁细软，可为线、为绳、为棉。"秃鹿麻即棉花，丘处机在山东地区未曾看见过棉花，所以将其称为羊毛。这段记载有助于我们了解棉花种植的历史。此外，丘处机在旅行途中还时常触景吟诗，《长春真人西游记》收录了丘处机近 70 首诗，其中有不少诗词描绘了沿途的自然景色和地理特点。

《长春真人西游记》写成之后，流传并不广，直到清乾隆六十年（1795），被钱大昕从苏州元妙观《正统道藏》中发现并借抄出来，才逐渐为人所知。钱大昕为之作跋说："《长春真人西游记》，二卷，其弟子李志常所编，于西域道里、风俗多可资考证者。而世鲜传本，予始从道藏钞得之"。这之后，阮元抄录一部献给清朝皇室。道光年间，徐松和程同文等曾对书中的地理、名物加以考订。此书较早的刊本是山西灵石杨尚文编辑的《连筠簃丛书》本，后世涉及边疆史地的丛书多收入此书。20 世纪以来，随着西北舆地之学和元史的兴起，有越来越多的学者开始研究这部行记，如丁谦撰《〈长春真人西游记〉地理考证》、沈垚撰《西游记金山以东释》、王国维作《〈长春真人西游记〉校注》、王汝棠写《〈长春真人西游记〉地理笺释》等，对此书进行了大量的注释和考证。张星烺认为《长春真人西游记》记载详明，为研究中世纪中亚细亚史地者不可缺之书，其价值堪与《马可·波罗游记》相媲美。

3. 常德与《西使记》

《西使记》是由常德口授、刘郁笔录的一部记述蒙古旭烈兀西征活动的见闻录。常德，字仁卿，其生平不详。刘郁，字文季，别号归愚，与兄刘祁均为当时之名士，刘祁即乌古孙仲端《北使记》所刊之著作作者。元中统元年（1260）组建中书省，刘郁受征召为左右司都事，后出任新河县尹，召拜监察御史。蒙古宪宗蒙哥即位后，皇弟旭烈兀奉命西征，征服了西亚大片土地并灭了阿拔斯王朝。元宪宗九年（1259），常德奉命西觐伊儿汗旭烈兀，自和林出发，经天山北麓西进，到达今撒马尔罕等地，往返共 14 个月。元中统四年（1263），刘郁笔录其途中见闻，整理编撰成书。常德此行比丘处机和耶律楚材晚 40 年左右，此时新疆和中亚地区已发生了不小的变化，因而《西使记》中关于旭烈兀的西征活动及西域的民俗、风物等记载都较珍贵。据《西使记》述常德西行之经过大略如下：

"宪宗皇帝二年壬子，命皇弟旭烈统诸军西征，凡六年，拓境几万里。九年己未正月甲子（二十日），常德驰驿西觐。"常德自和林出兀孙中，西北行，过瀚海，渡昏木辇，又数日渡龙骨河。河西流入海曰乞则里八寺。西行至业瞒城，又西南至字罗城，城北有海。又西南行至铁木尔忏察。出关至阿里麻里城，又南有赤木儿城。二月二十四日，常德过亦堵，旁近有河曰亦运，流汹汹东注。二十八日过塔剌寺。三月一日，过赛蓝城，三日过别石兰，次日过忽章河。八日过挦思干城，十四日过暗木河，十九日过里丑城，二十六日过马兰城，又过纳商城，二十九日过殢扫儿城。四月六日，过讫立儿城，又过阿剌丁城。《西使记》在提及殢扫儿城后，记载了一段关于木乃奚的情况。木乃奚即木剌夷，系旭烈兀西征之首要进攻目标。《西使记》所叙征服木乃奚之事，实系常德对往事之追记，并非其亲身经历，例如："新得国曰木乃奚……所属山城三百六十，已而皆下，惟檐寒西一山城名奇都卜，孤峰峻绝，不能矢石。丙辰年，王师至城下……已而兀鲁兀乃算滩出降。"

常德抵达波斯北部时，旭烈兀已灭亡报达之黑衣大食。据波斯史家所记，彼时旭烈兀适驻跸于大不里士，常德既为西觐而来，则前往大不里士自是常理中事。但后来是否随军往征叙利亚，或径自还朝复命，不得而知。

《西使记》后半部尚述及中亚、西亚诸多地区，如印度西北"有佛国名乞石迷西"，"失罗子国出珍珠"，"（七年）丁巳岁，取报达……其国六百余年，传四十主，至哈里巴而亡"，"报达之西，马行二十日，有天房"，"海西有富浪国"，等等。书中中亚风土人情，记载翔实，为研究西域古代史和中西交通史之珍贵文献，为多部著作所引用。

4. 周达观与《真腊风土记》

周达观，号草庭逸民，生卒年不详。元成宗元贞二年（1296），元朝派遣一个外交使团出使真腊，周达观是使团的随行人员。使团于当年二月离明州，二十日自温州港口开洋，三月十五日抵占城。中途因逆风不利，故秋七月始达真腊，逗留其国一年。大德元年（1297）六月回舟，八月十二日返抵四明泊岸。周达观回国后，根据亲身经历见闻，写成《真腊风土记》一书。此次遣使因为各书所未载，仅依周达观本人所述才得知始末。

10 至 13 世纪，是柬埔寨文明最灿烂的时代。周达观出使真腊之时，正值其国势鼎盛，文化繁荣。周达观在《真腊风土记》中根据其亲身经历，记述了今柬埔寨及越南南方 13 至 14 世纪时的都城、宫室及风土人情。除了总叙外，全书共有下列 40 节：城郭、宫室、服饰、官属、三教、人物、产妇、室女、奴婢、语言、野人、文字、正朔时序、争讼、病癫、死亡、耕种、山川、出产、贸易、欲得唐货、草木、飞鸟、走兽、蔬菜、鱼龙、酝酿、盐醋酱麹、蚕桑、器用、车轿、舟楫、属郡、村落、取胆、异事、澡浴、流寓、军马、国主出入。

《真腊风土记》记载了柬埔寨吴哥城，该城周围约 20 里，有 5 道城门。城外皆巨濠，濠之上有通衢大桥。桥之两旁有石像 54 座，桥上阑干凿石而成蛇形，蛇为多头蛇。城由石块垒成，周密坚固，可达 2 丈之高。城中有铜塔金塔，周达观因而感叹"富贵真腊"。王宫及宫舍府第皆面向东方，屋颇壮观。梁柱甚巨，皆雕画佛形。防禁甚严。其余国戚大臣，以官阶决定房屋大小。一般以草盖顶，高官之家，也只有家庙和正屋可以用瓦。其余百姓之家，皆为草屋。

真腊人无论男女都梳发髻，服饰是以布围腰，大布里面是小布。贵族和平民的区别是布料不同，花色有别。贵族服饰不仅用纯花布，而且有金冠鲜花做装饰。平民服饰便有限制。也有新唐人不识体例缠两块花布，一般倒不会怪罪。至于官员体制，"皆国戚为之"。宗教有三种，儒者、僧者和道者，这是依中国人的称呼。所谓儒者，伯希和考证是婆罗门博士，僧者是小乘佛教僧人，道者是回教徒。儿童学习，先在寺庙，成年后还俗。一般居民肤色粗黑，但是宫人贵族却有面白如玉者。真腊语言与汉语不同，次序颠倒。用一种粉笔将字写在动物皮上，永不脱落。正朔时序也和中国不同，以中国十月为正月，此后每月都有活动，奇怪的是柬埔寨人也有十二生肖，只是语言不同。争讼刑法类似中国，只是方式有些差别。

《真腊风土记》记载了真腊的出产，"山多异木，无木处乃犀、象屯聚养育之地。珍禽奇兽，不计其数"。出产多种珍宝和香料。国人贸易，都由妇女承担。所以中国人到此做生意，先娶一位当地女子，以利买卖。过去淳朴的土人看见唐人敬畏，伏地顶礼，现在也有些欺诈唐人的事发生，大约是因为去的人多了，不以为奇罢了。他谈草木飞鸟走兽，也谈蔬菜。所举蔬菜名都是中国有的，不识名之菜当然无法写出。木棉花树未列入草木，列入蔬菜。

《真腊风土记》还记载当地的华侨，说唐人水手以为此国富裕方便，来了就不再回去了。流寓真腊的唐人，多以商贾为业，所以真腊市场中国产货物颇多。

《真腊风土记》是中国古代一部优秀的地理名著，它准确地记述了柬埔寨的气候、季节、水文、土壤、耕耘、作物、山川等地理资料，而对中国与中南半岛之交通尤足珍贵。该书所记自温州开洋抵达其国之行程，值得注意的是针位之记载，因为指南针之应用于航海虽早见于宋代载籍，但述及罗盘针位者则首推《真腊风土记》。该书"属郡"一节记载其国有属郡 90 余，曰真蒲，曰查南，曰巴涧，曰莫良，曰八薛，曰蒲买，曰雉棍，曰木津波，曰赖敢坑，曰八厮里。以上是 13 至 14 世纪柬埔寨历史地理之珍贵材料。此外，该书"服饰"一节有载"其国中虽自织布，暹罗及占城皆有来者，往往以来自西洋者为上，以其精巧而细样故也"，总叙说"其国……西南距暹罗半月程"，一般认为此乃"暹罗"一名之始见，指泰国历史上的大城王国，但也有人认为暹罗之名始见于明初，这里出现的系明人抄刻时误增。至于西洋则指今印度南部的卡利卡特一带，该书亦为较早刊载"西洋"一名之古籍。

真腊即古之扶南，三国吴时朱应、康泰曾出使扶南并撰写《扶南异物志》或《吴时外国传》，然其书早佚。后来《隋书》《唐书》《宋史》虽有真腊传，但均非专著，内容也颇为简略。故《真腊风土记》遂成为现存最详细的中柬关系、柬埔寨古代历史之专门性要籍。《四库全书总目提要》说："真腊……

自《隋书》始见于《外国传》，唐、宋二史并皆纪录，而朝贡不常至。故所载风土方物，往往疏略不备。元成宗元贞元年乙未，遣使招谕其国，达观随行，至大德元年丁酉乃归。首尾三年，谙悉其俗，因记所闻见为此书，凡四十则，文义颇为赅瞻……然《元史》不立真腊传，得此而本末详具，犹可以补其佚阙。是固宜存备参订，作职方之外纪者矣。"

周达观的这部著作是现存的同时代人所写的柬埔寨文化极盛时代的唯一记录。柬埔寨本国的文献，也没有一部像这样详述他们中古时代文物风俗生活。从 9 世纪至 15 世纪，吴哥作为真腊国的首都，历经几百年的建设发展，成为一座壮丽辉煌的都城。城中许多建筑和雕刻，都是这个时代的文物精华，城中塔寺林立，巍峨壮观，俨如一座城市寺院，被认为是"全世界最大的宗教建筑物"[①]。但是，自 15 世纪末叶吴哥废弃后，逐渐被湮没在修藤巨树之间，无人所知，直到 19 世纪中叶才被重新发现，而正是《真腊风土记》帮助人们打开了这座古老艺术宫殿的大门。它所载的州城（即吴哥城，亦称大吴哥）及其王宫、金塔（巴云寺）、鲁班墓（即吴哥寺）、东池、北池等等，是现存同时代人所记吴哥文化鼎盛情况之唯一记载，笔酣墨饱，绘声绘影，具有很高的历史价值。陈正祥指出："19 世纪初这篇游记被译成法文时，[②] 无人相信这个古都真的存在，就因为有这篇游记，当时统治柬埔寨的法国人，才起寻觅这个废墟的念头，按照文章所述的方位去勘探。1850 年，传教士 Chartes Bouillevaus 看到废墟的一角；1863 年博物学家 Henri Mouhot 漫游吴哥，翌年发表了游记，于是引起欧洲人的注意和好奇。这和玄奘《大唐西域记》指导英国人和印度人，使他们成功地发掘纳兰德废墟的事实极为相似。"[③] 方豪指出："达观所记虽有轻率之处，或过甚其辞，然不失为精密之观察家，奇俗异风，事无巨细，经彼慧眼，尽入笔底，其收获之丰富，今西人之治东南

---

① ［英］D. G. E. 霍尔著，中山大学东南亚历史研究所译：《东南亚史》上册，商务印书馆 1982 年版，第 153 页。

② 19 世纪初法国殖民者侵入印度支那之后，法国汉学家便开始注意到《真腊风土记》这本书。1819 年，雷慕沙将其译成法文。20 世纪出版的有：伯希和的法译本，1951 年出版；松枫居主人的日译本，1936 年出版；纪尔曼（D'arcy Paul Gilman）的英译本，1967 年出版。

③ 陈正祥：《中国文化地理》，生活·读书·新知三联书店 1983 年版，第 198 页。

亚史者，固无不加以重视也。"①

5. 汪大渊与《岛夷志略》

汪大渊字焕章。至顺元年（1330），年仅 20 岁的汪大渊首次从泉州搭乘商船出海远航，历经海南岛、占城、马六甲、爪哇、苏门答腊、缅甸、印度、波斯、阿拉伯、埃及，横渡地中海到摩洛哥，再回到埃及，出红海到索马里、莫桑比克，横渡印度洋回到斯里兰卡、苏门答腊、爪哇，经澳洲到加里曼丹、菲律宾返回泉州，前后历时 5 年。至元三年（1337），汪大渊再次从泉州出航，历经南洋群岛、阿拉伯海、波斯湾、红海、地中海、非洲的莫桑比克海峡及澳大利亚各地，至元五年返回泉州，航迹遍及东亚、东南亚、南亚、西亚、印度洋与地中海，并把出海见闻写成《岛夷志略》。

在长期的远航考察中，汪大渊对所过之地，凡其目所及，皆为书以记之。他在第一次航海归国后，撰写了航海纪实性著作，在第二次航海回国后，又以新增的阅历对旧志进行修订，最后完成《岛夷志》一书。之后，他又以 5 年的时间，校对前人的记载，发现其中许多与自己的见闻"大有径庭"的地方。《岛夷志》最后成书是在"至正己丑冬"，即元顺帝至正九年（1349）冬天。这年冬天，汪大渊路过泉州，适值泉州路达鲁花赤偰玉立莅任。偰以《清源前志》散失，《清源后志》仅至南宋淳祐十年（1250）为止，乃命吴鉴编修《清源续志》。吴鉴以泉州为对外贸易的大港，船舶司的所在地，诸蕃幅辏之所，不能没有海道诸岛屿及诸国地理情况的记载，于是请两次亲历海外、熟悉海道地理情况的汪大渊撰写《岛夷志》，附于《清源续志》之后。不久，大渊回到故乡南昌，又将《岛夷志》刊印成单行本，以广其传。至正十年（1350），正式发行于世。

《岛夷志》在清代改名为《岛夷志略》。全书共分 100 条，前 99 条记载和涉及的地点总计 220 个，有关各地的山川、风土、物产、居民、饮食、衣服和贸易的情况，都是汪大渊当时根据亲身的见闻记录下来的，其说可靠，其第 100 条"异闻类聚"，是摘录前人旧记《太平广记》等书而成。

《岛夷志略》上承南宋周去非《岭外代答》和赵汝适《诸蕃志》，下启明

---

① 方豪：《中西交通史》下卷，上海人民出版社 2008 年版，第 337 页。

初马欢《瀛涯胜览》、费信《星槎胜览》等书。但《岭外代答》，特别是《诸蕃志》，主要是作者耳闻，而不是亲历。《四库全书总目提要》在评价中指出："诸史外国列传秉笔之人，皆未尝身历其地。即赵汝适《诸蕃志》之类，亦多得于市舶之口传。大渊此书，则皆亲历而手记之，究非空谈无征者比。"

《岛夷志略》是研究 14 世纪上半叶亚、非、欧各国历史、地理、经济、文化的重要文献，也是考察中国元代远洋航海活动的珍贵史料。自元以来，这部著作为中外研究海上交通的学者所重视。

6. 陈大震与《大德南海志》

《大德南海志》原名《南海志》，因其成书于元成宗大德八年（1304），故有此名。陈大震，字希声，晚年号蓬觉，番禺人。以疾力辞。卒年八十。吕桂孙，生平不详。

《大德南海志》现仅残存元大德刻本 5 卷。这 5 卷对应的是原书的第六至第十卷，涉及元代广州地区赋税、物产、教育及海上贸易等诸多领域，其中卷六记户口、土贡、税赋；卷七记物产、舶货；卷八记社稷坛壝、城濠；卷九记学校；卷十记兵防、水马站、河渡、局务仓库、廨宇、郡圃。凡所举废，由宋及元。卷七之后还附有"诸藩国"名表。此志综记元代广州路所属七县事，举凡历史之沿革，山川之广袤，户口之登耗，田畴之芜治，物产之丰盛，舶货之品类，诸蕃之国名，社稷之变迁，以及税课，书院，科第，学租，兵防等。

其卷七"船货"与其附录"诸蕃国"，是元初广州海外贸易之记录。所著录当时广州贸易海外之国有 142 国，分别列各国为东洋、西洋。东、西洋之划分，始见元代，而元初其他著作只见西洋一词，如《天南行记》《真腊风土记》提及"西洋国黄毛皮子""西洋布"。唯《大德南海志》并述东洋、西洋，并且细分为小东洋、大东洋、小西洋、大西洋。大抵以巽他海峡为东、西洋之分界：加里曼丹岛北部至菲律宾为小东洋，其南诸地为大东洋；马来半岛，苏门答腊一带为小西洋；印度洋为大西洋。这些国家与广州大多有交通和贸易往来。

《大德南海志》不仅载及东、西洋之名，而且根据航路的先后、近远，把今东南亚诸国之地名予以排列，使我们便于探索元代之南海航路和考证今地。

从《大德南海志》可以看出，当时我国与南洋各地的海路交通大致有下列数条路线：自广州发舶，顺中南半岛东岸至半岛南端；自中南半岛南端，经柬埔寨、泰国而至缅甸；由泰国沿马来半岛东岸而下，抵新加坡、马六甲海峡；从马六甲海峡南航至巽他海峡，或北出马六甲海峡抵苏门答腊西北岸；自巽他海峡东行，中经爪哇岛直达帝汶岛；由南海至文莱、菲律宾群岛，或由泉州至菲律宾、文莱；自加里曼丹岛西北端，顺该岛西岸、南岸，向东直抵马鲁古群岛。[①]

陈佳荣认为："《南海志》比周达观的《真腊风土记》稍稍晚出，然所载不限于一国。它较汪大渊的《岛夷志略》不够详赡，唯成书年代则略早，且诸航线上的地名排列先后井然有序。"[②] 总之，《大德南海志》是元代中外交通史上一部很有价值的著作。

---

① 参考陈佳荣：《中外交通史》，《南溟网》。
② 陈佳荣：《中外交通史》，《南溟网》。

第十七章

宋元时期的外国移民

在中外文化交流史上，在外国文化向中国传播以及中国接受外国文化影响的过程中，人员交流是主要的载体和渠道。在这几千年的过程中，不断有外国人来到中国，也不断有中国人走出国门。他们有着不同的身份，有着不同的使命，他们是国家使节、商人、宗教人士、留学生、艺人和旅行家，他们通过艰苦跋涉，在欧亚大陆上奔走往来，把东方的文化介绍给西方，把西方的文化传播到东方，他们成为沟通中西文化的生命之桥。早在汉朝以后，特别是在南北朝时期，大批草原民族的人们和外国人进入中原。到了唐代，随着全面对外开放，到中国来的外国人更多了，以至于出现了"胡风"盛行的文化景观。宋代继承唐代的余绪，仍然有大批外国商人、主要是来自阿拉伯的商人到中国来进行商贸活动，并在中国留居，在广州、泉州等地形成了集中居住地"蕃坊"。而到了元代，中西交通大开，欧亚浑然一宇，大批西域人、阿拉伯人甚至欧洲人进入中国内地，呈现了"回回遍天下"的局面。

在宋元时期，这些来到中国的外国人，对于中西文化交流，对于外国文化向中国的传播，作出了他们的贡献。

一　留居宋朝的外国商人

1. "蕃客"与"蕃坊"

唐代，很多外国商人来到中国定居。当时中国商人在异国逗留一年以上称为"住蕃"，外国商人旅居中国当年不回称为"住唐"。宋代沿用了这一说法，"诸国人至广州，是岁不归者，谓之住唐"。在宋王朝招徕远人的政策影响下，许多外国商人纷纷来到中国，且有不少人定居在沿海港口城市，从事经商贸易活动。到神宗时，"州多蕃商"已成为朝野关注的社会问题。

宋廷允许外商自由来往，"听其往还，许其居止"。宋代来华的外国商人，多聚居在广州和泉州。《宋会要·刑法》记载，景祐二年（1035）"十月九日，前广南东路转运使郑载言：'广州每年多有蕃客带妻儿过广州居住。'"当时在广州的外国商人，有的在中国娶汉女为妻，有的带来了自己的妻子儿女。那些穆斯林妇女，穿着鲜洁的衣裳，戴着珍贵的耳环，被中国人称为"波斯妇”或“菩萨蛮”。所谓“菩萨蛮”是波斯语"Mussulman"或其讹形"Bus-surman"的译音，意为“穆斯林”。后世有“菩萨蛮”的教坊曲，其曲调本源自波斯，在融合中国本地音乐元素后形成一种新的曲风，其原始乃是出自于穆斯林妇女的来华。

许多蕃客与当地人嫁娶通婚，出现了许多混血后裔，叫作“土生蕃客”，到北宋徽宗政和四年（1114），已出现许多在华居住五世以上的土生蕃客。《宋会要辑稿》“崇宁三年五月二十八日”条中说：“诏应蕃国及土生蕃客愿往他州，或京东贩易物货者，仰经提举市舶司陈状，本司勘验诣实，给与公凭。”宋廷还特意颁发“蕃商五世遗产法”，用以解决他们在中国的遗产分配问题。至今泉州人中仍然不乏高鼻、深目、多髯的阿拉伯、波斯人与当地人的混血后裔，其中有马、丁、陈、郭、蔡等大姓，还有“丁家的鼻子，苏家的胡子”的民谚。

宋初法律规定外商不得居住在城内。由于商业的需要，外商大多择居靠近港口和商船停泊处的城郊地区。外商在广州的聚居地“蕃坊”就邻近珠江主流。蕃坊设置管理外国人事务的蕃长司，由中国政府挑选外国人担任蕃长和都蕃长。蕃长由德高望重、财力雄厚者担任，其具体封职由皇帝下诏，或由皇帝令地方官裁定。例如神宗“熙宁中，其使辛押陀罗乞统蔡蕃长司公事，诏广州裁度”。熙宁六年（1073），“都蕃首保顺郎将蒲陀婆离慈表令男麻勿奉贡物，乞以自代，而求为将军，诏但授麻勿郎将”。由此可见，宋时蕃长均授有一定的官阶，是政府任命的官员，因而须穿戴政府规定的衣冠。

在广州的外商，除有蕃坊（或蕃巷）居住外，又有“蕃市”，以便从事贸易。

在泉州，外商居住在晋江之畔的“泉南”区。泉州的外来侨民中，有所谓“黑白二种”，他们居住的地方，称为“蕃人巷”。他们每年乘大海舶浮海往来，贩运象犀、玳瑁、珠玑、玻璃、玛瑙、异香、胡椒等物品到中国沿海各港口。为了加强对“蕃商”的管理，官府设置“蕃长”1人，负责管理“蕃坊公事”，尤其是要“招邀蕃商入贡”。时人有“惟有桐城南郭外，朝为原宪暮陶朱”的诗句，可见泉南是蕃商聚居的商业区。但随着外商人数的增多和活动范围的扩大，泉州出现了民夷杂处的现象。

关于蕃坊建置、职权等情况，朱彧《萍洲可谈》记载："广州蕃坊，海外诸国人所居住。置蕃长一人，管勾蕃坊公事，专切招邀蕃商入贡，用蕃官为之，巾、袍、履、笏如华人。蕃人有罪，诣广州鞫实，送蕃坊行遣，缚之木梯上，以藤杖挞之，自踵至顶，每藤杖三下，折大杖一下。盖蕃人不衣裤袴，喜地坐，以杖臀为苦，反不畏杖脊。徒以上罪则广州决断。"

外商居住的蕃坊保留了他们的生活习俗。如在他们聚居的地方相继建造了清真寺。北宋大中祥符二年（1009），伊斯兰教徒在泉州通淮街建造了一座清真寺，其后又陆续建造了多座清真寺。在广州，史载："广州蕃坊……蕃人衣装与华异，饮食与华同……至今，蕃人但不食猪肉而已。又曰：汝必欲食，当自杀自食……至今蕃人，非手刃六畜则不食。"《萍洲可谈·蕃坊蕃商》中竟以大食人的风俗习惯来指代所有居住在蕃坊里的外国人习俗，可见大食商人在蕃坊中所居的主导地位。伊斯兰教进入中国，起初就是这些蕃客在蕃坊内进行的宗教活动，他们把自己的宗教信仰和生活习俗也带到中国来，并且在蕃坊中得以保持。关于蕃坊与伊斯兰教的关系以及伊斯兰教在中国的初步传播，本书后文有专章论述。从文化上来讲，这些来自大食、波斯的商人，最重要的贡献就是将阿拉伯的伊斯兰教带进了中国，在中国人的信仰世界里、在中国人的宗教谱系中，又增添了伊斯兰教。正如佛教是印度文化的主要载体一样，伊斯兰教是阿拉伯文化的重要载体。唐宋时期来华的阿拉伯商人，正是阿拉伯文化在中国传播的主要承担者。

《桯史·番禺海獠》也说到广州蕃坊的习俗："獠性尚鬼而好洁，平居终日，相与膜拜祈福。有堂焉，以祀名，如中国之佛，而实无像设，称谓聱牙，亦莫能晓，竟不知何神也。堂中有碑，高袤数丈，上皆刻异书如篆籀，是为像主，拜者皆向之。旦辄会食，不置匕箸，用金银为巨槽，合鲑炙、粱米为一，洒以蔷露，散以冰脑。坐者皆寘右手于褥下不用，曰此为触手，惟以溷而已，群以左手攫取，饱而涤之，复入于堂以谢。"

随着蕃客日益增多，甚至成家立业，子孙繁衍，蕃客子弟也日益增多，为满足蕃客子弟入学的需要，广州、泉州等地还开设了外国子弟学校"蕃学"。如程师孟于北宋神宗熙宁年间在广州"大修学校"，"诸蕃子皆愿入学"。但当时蕃学只是依附于郡学内的"别舍"，规模不大。到大观年间，才出现了名副其实的"蕃学"。北宋蔡絛《铁围山丛谈》说："大观、政和年间，天下大治，四夷响风，广州、泉州请建蕃学。"广州蕃学建于大观二年（1108），泉州蕃学也是在徽宗时设置的。按照阿拉伯的教育方式，蕃学当设在清真寺内，教学生朗读《古兰经》，学习书法、语法、历史、算学和诗词等。对成人的教育由通过讲授"圣训"以使之学习为人接物之道。同时在每周伊斯兰"聚礼"即"主麻日"的宣教中，进行品德和历史教育，其目的是使客居中国的穆斯林始终保持着对故土的认知和对伊斯兰教的信仰。"宋代的穆斯林通过建立蕃学、科举考试、联姻、投充、蓄奴等多种方式和途径，较融洽地渗入到社会的各个层次，并扩大了伊斯兰教载体的数量，成为后来形成回回民族共同体的来源之一。"①

这些外来侨居的蕃客，许多人老死后就在当地安葬，还建造了公墓。南宋绍兴三十一年（1161），在泉州的阿拉伯人建造了穆斯林公墓。波斯巨商施那帏，侨寓泉南，重义轻财，乐善好施，出资在泉州城外东南隅造丛冢，收葬掩埋"胡贾之遗骸"。"施那帏"是地名，即今"忽莲"，在伊朗西南岸之塔黑里，是唐宋时期我国与阿拉伯、印度主要的通商港口。阿拉伯人习俗往往以住宅区地名为其人名称，"施那帏"就是"尸罗围"商人。这处泉州最早的穆斯林公墓有围墙，大门加锁，墓区内有房屋覆盖。《诸蕃志》记载："元祐开禧间……有番商曰施那帏，大食人也，侨居泉南，轻财乐施，有西土气，作丛冢于城外之东南隅，以掩胡贾之遗骸，提舶林之奇记其实。"林之奇在《泉州东坂葬蕃商记》中对此有更明确的记载："试郍围其一也。试郍围之在泉，轻财急义，有以庇护其畴者，其事以十数，簇蕃商墓其一也。蕃商之墓建发于其畴之浦霞辛，而试郍围之力能以成就封殖之。其地占泉之城东东坂。既剪杂其草莱，夷铲其瓦砾，则广为之窀穸之坎，且复栋宇，周以垣墙，严以扃钥，俾凡绝海之蕃商有死于吾地者，举以此葬焉。经始于绍兴之壬午，而卒成乎隆兴之癸未。试郍围于是举也，能使其椎髻卉服之伍，生无所忧，死者无恨矣，持斯术以往，是使大有益乎互市，而无一愧乎怀远者也。余固喜其能然，遂为之记，以信其传于海外之岛夷云。"

1965年，泉州郊区出土一方阿拉伯文墓碑，用白色花岗岩石琢成，顶部残缺，表面粗糙。其上的阿拉伯文铭文译为中文是："这是侯赛因·本·穆罕

①　米寿江、尤佳：《中国伊斯兰教简史》，宗教文化出版社 2000 年版，第 69—70 页。

默德·色拉退的坟墓。真主赐福他。亡于回历二九三年二月。"由于部分字迹漫漶模糊，这方墓碑的阿拉伯文翻译、释读以及年代存在很大的差异，有唐朝说、宋元说，不过，它仍是在泉州发现的最早的伊斯兰墓碑之一。

除了广州、泉州外，杭州、扬州等地也有蕃客聚居区。杭州清波门外聚景园，宋时即为回回人坟地，可见该城亦有蕃客聚居之地。扬州普哈丁墓园又称回回堂、巴巴窑（"巴巴"是阿拉伯语，是对长辈的尊称），位于解放桥南塊。普哈丁是扬州仙鹤寺的创建者，他去世后扬州的伊斯兰教徒为他建造了墓园。墓园内有礼拜殿。普哈丁墓上方有方形墓亭，外为四角攒尖筒瓦顶，内为砖砌穹隆顶。墓在亭中央，墓上覆盖五层矩形石塔，第三层的立面刻有阿拉伯文的《古兰经》章句。墓园内还有南宋景炎三年（1278）去世的来华伊斯兰教徒阿拉伯人撒敢达、明成化元年（1465）去世的伊斯兰教徒阿拉伯人马哈莫德等人的坟墓，以及1927年拆除城南挡军楼时出土的4块元代伊斯兰教徒的阿拉伯文墓碑。

2. 富甲一方的蕃商

来自阿拉伯、波斯等地的外商，善于经营，获利甚多。"住唐"的外国商人，有许多是富甲一方。《桯史·番禺海獠》记叙了当时广州穆斯林的有关情况："番禺有海獠杂居，其最豪者蒲姓，号白番人，本占城之贵人也。既浮海而遇涛，惮于复反，乃请于其主，愿留中国，以通往来之货。主许焉，舶事实赖给其家。岁益久，定居城中，屋室稍侈靡逾禁。使者方务招徕，以阜国计，且以其非吾国人，不之问，故其宏丽奇伟，益张而大，富盛甲一时。"

宋代像上文提到的这样富有的外国商人很多。如最早见于历史记载的大食国国王派往宋朝的贡使蒲希密，开宝九年（976）"四月三十日，大食国王珂黎佛遣使蒲希密来贡方物"。后来他以舶主即商人的身份向宋朝进贡，《宋史·大食传》记载："淳化四年，又遣其副酋长李亚勿来献。其国舶主蒲希密至南海，以老病不能诣阙，乃以方物附亚勿来献……进象牙五十株，乳香千八百斤，镔铁七百斤，红丝吉贝一段，五色杂花蕃锦四段，白越诺二段，都爹一琉璃器，无名异一块，蔷薇水百瓶。诏赐希密敕书、锦袍、银器、束帛等以答之。"

蒲希密到了广州，遇见其国副酋长李亚勿，他则以老病为由，把进贡物品交给亚勿进京朝贡，自己留在广州经商。至道元年（995），他的儿子蒲押陁黎亦来朝贡，"献白龙脑一百两，腽肭脐五十对，龙盐一银合，眼药二十小琉璃瓶，白沙糖三琉璃瓮，千年枣、舶上五味子各六琉璃瓶，舶上褊桃一琉璃瓶，蔷薇水二十琉璃瓶，乳香山子一座，蕃锦二段，驼毛褥面三段，白越诺三段"。从其进贡物品来看，他应是一个很有实力的商人。

辛押陁罗于熙宁五年（1072）四月五日作为大食勿巡国贡使向宋朝进贡。徐松《宋会要辑稿》记载："大食勿巡国遣使辛押陁罗奉表贡真珠、通犀、龙脑、乳香、珊瑚笔格、琉璃水晶器、龙涎香、蔷薇水、五味子、千年枣、猛火油、白鹦鹉、越诺布、花蕊布、兜罗锦、毯、锦祀、蕃花簟。"

从史料记载来看，辛押陁罗是大食勿巡国，即今阿曼人。阿曼商人辛押陁罗的到来，对于宋廷来说是一件很高兴的事，宋神宗对辛押陁罗给予特别的封赐。熙宁五年（1072）六月二十一日，"诏大食勿巡国进奉使辛押陁罗辞归蕃，特赐白马一匹、鞍辔一副，所乞统察蕃长司公事，令广州相度，其进助修广州城钱银不许"（《宋会要辑稿》）。由此可见，辛押陁罗不仅富甲一方，而且还是一位热心公益事业的商人。苏辙《龙川志略》说："番商辛押陁罗者，居广州数十年矣，家资数百万缗。"

关于大食商人蒲亚里，《宋会要辑稿》记载，绍兴元年（1131）十一月二十六日，提举广南路市舶张书言上言："契勘大食使蒲亚里所进大象牙二百九株，大犀三十五株，见收管广州市舶库，象牙各系五十七斤以上，依例每斤估钱二贯六百文，约用本钱五万余贯，数目稍多，难以变转，乞起发一半，将一半就便搭息出卖给还。诏拣选大象牙一百株，犀二十五株，起发赴行在，准备解笏造带宣赐臣僚使用，余从之。"

蒲亚里是一位有着雄厚资财的犀象商，其进贡物品之多令宋廷难以承受，最后只好允许其进贡其中的一部分。蒲亚里惮于海运的险恶，加上在广州又娶了一个中国妻子，便有心在广州定居下来。高宗皇帝对此十分重视，遂委派广州知州劝诱他归国，以促贩运蕃货，《宋会要辑稿》记载："绍兴七年……闰十月三日，上曰：市舶之利最厚，若措置合宜，所得动以百万计，岂不胜取之于民？朕所以留意于此，庶几可以稍宽民力尔。诏令知广州连南夫条具市舶之弊。南夫奏至，其一项：市舶司全藉蕃商来往贸易。而大商蒲亚里者，既至广州，有右武大夫曾纳利其财，以妹嫁之。亚里因留不归。上今委南夫劝诱亚里归国，往来干运蕃货，故圣谕及之。"

此外还有蒲啰辛、施那帏、佛莲等，都是资产雄厚的大商人。蒲啰辛是大食香料商人，《宋会要辑稿》记载："绍兴六年……八月二十三日，提举福建路市舶司言：大食蕃客蒲啰辛状，本蕃系出产乳香。自就烦造船一只，广载迤逦入泉州市舶进奉抽解。乞比附纲首推恩，诏蒲啰辛特补承信郎。"《宋史·食货志》记载："大食蕃客蒲啰辛贩乳香直三十万缗，纲首蔡景芳招诱舶货，收息钱九十八万缗，各补承信郎。"蒲啰辛贩运到泉州的乳香价值30万缗，可谓不小的数目，比熙宁九年（1076）明、杭、广三市舶司所出卖的乳香总额仅少2万余缗，比熙宁十年（1077）的总额少1万余缗，比元丰元年（1078）的总额还要多出4万多缗。客死泉州的佛莲一人便拥有80艘商船。《癸辛杂识》续集下《佛莲家赀》记载："泉南有巨贾南蕃回回佛莲者，蒲氏之婿也，其家富甚，凡发海舶八十艘。癸巳岁殂，女少无子，官没其家赀，见在真珠一百三十石，他物称是。省中有榜，许人告首隐、寄债负等。"

二 犹太人与犹太教

1. 关于犹太人入华

在宋代来华定居的外国人中，还有一个特殊的群体，即犹太人群体。在明末的来华耶稣会士如利玛窦等人展开对在华犹太人这个群体的调查以后，在华犹太人问题引起了学术界的重视和关注。

关于在华犹太人的主要文献，是现存开封博物馆的明弘治二年（1489）《重修清真寺碑记》、明正德七年（1512）《尊崇道经寺记》和现存于罗马的清康熙二年（1663）《重修清真寺碑记》。正是根据这三通刻碑，人们对当年开封犹太人的情况有了一些了解。

犹太人最早是什么时候来华的？据现存于罗马的一通《重修清真寺碑记》的碑文拓片，犹太人早在周代就来到中国，"教起于天竺，周时始传于中州，建祠于大梁"。还有"汉代"说，据《尊崇道经寺记》所载，开封犹太人"厥后原教自汉时入居中国"等。但这两种说法没有确实的证据。方豪认为："以吾人观之，犹太人自汉时或汉以前入华，非不可能，但为明清之开封犹太寺作碑记，而欲上溯其渊源，以至于汉或周者，则其脉络实无可寻。"①

从 9 世纪末开始，有一些西方旅行家或传教士说过，在中华帝国内存在着犹太人。由于他们的观察非常简单，所以既未引起世人的高度重视，又未引起世界犹太人本身的关注。到了 880 年左右，有一名叫作埃尔达德·但尼（Eldad Ha Dani，即《圣经》中但部的埃尔达德）的犹太旅行家，声称在西域被一支土匪抓获，并且一直被掳至中国。他可能非常幸运地被以撒萨尔部的一名犹太商人从其仆人手里赎回，此人后来又帮助他逃离那里。这个故事受到某些学者认真对待，但大部分学者却认为它纯粹是无稽之谈。《印度中国见闻录》指出，黄巢在广州屠杀十几万名外国人，包括阿拉伯人和波斯人，其中也有一些犹太人。唐代，拜占庭通过可萨突厥与中国联系，可萨突厥是信奉犹太教的，有许多犹太人居住在可萨突厥，他们之中也有可能随商队到过中国。

学术界普遍认为，大批犹太人最早是在唐代（约 8 世纪前后）沿着丝绸之路来到中国的，这种看法已从考古发现中获得了比较充分的证明。20 世纪初叶，有两种考古发现提供了犹太人于 8 世纪进入中国的证据。一是 718 年用犹太—波斯文字写在纸卷上的书信残卷，当时中国是唯一能制造纸张的国家。此件于 1901 年由斯坦因在新疆丹丹乌利克发现，现收藏于大英博物馆。二是一页用希伯来文写成的祈祷经文（愿文），出自《雅歌》和《使徒传》（先知书）中散落的一页，由伯希和于 1908 年在甘肃敦煌千佛洞的文献中发现，被断代为 8 世纪。此外，在 8 世纪初叶的中国墓葬中，也发现了酷似犹太人相貌的瓷俑，它们有时又被用来证明犹太商人于该时代来到中国。耿昇指出：

> 我们不能怀疑犹太商人曾于 8—9 世纪赴中国旅行过，尤其是某些拉丹族（Radanitte）商人，他们赴远东的长途航行已被同时代的大食奥地学家伊本·胡尔达兹比赫（IbnKhordadbeh）作了描述。在 9 世纪时，犹太商人不仅是为贸易前往中国，而且还在那里定居。……虽然中国唐代编年史未记载过犹太人在中国领土上的存在，但伊斯兰教、摩尼教、景教和袄教都在这个时代进入中国。我们还可

---

① 方豪：《中西交通史》下卷，上海人民出版社 2008 年版，第 398 页。

以假设认为，犹太教也作出过同样的尝试。伯希和正是根据这种假定而指出：在宁波，就如同在扬子江出海口的整个地区一样，从波斯宽大的帆船上登陆的冒险家和商人，都是不同种族和不同宗教信仰的人：摩尼教徒和祆教徒、伊斯兰教徒和景教徒，他们与从……甘肃这另一条路上前来的兄弟们相会合了。如果犹太人置身于这股强大潮流之外，那将是非常奇怪的事。①

唐代或以后的中国犹太人大部分是自波斯（西域）和印度（天竺）等地辗转到达中国的。在中国的丹丹乌利克、敦煌、杭州、宁波、宁夏、北京、上海、天津、大连等地留下了他们的足迹。很可能在不同历史时期，中国各地也有犹太人的活动，如8世纪时敦煌就有犹太人生活；9世纪时广州也有犹太人居住，人口数目还不小。但只有河南开封的犹太人，形成了一个比较强大的民族和宗教社团。现存开封博物馆的《重修清真寺碑记》是犹太人定居开封最为确凿的证据。从这通碑文可知，开封犹太人至少自北宋年间就开始在这里繁衍生息了。

2. 开封犹太人及其被同化

据记载，约在北宋徽宗时期，一部分犹太人随着阿拉伯人、波斯人通过丝绸之路来到了东京（开封）。他们以进贡西洋布为名，得到宋朝皇帝的接见，皇帝还为此发出了"归我中夏，遵守祖风，留遗汴梁"的敕令。他们来开封时，主要经营商业贸易，尤其是以销售西洋布和印染品为主。金朝占领开封后，对他们仍采取了宽容政策，他们于金世宗大定三年（1163）在开封始建会堂。到了元代开封便发展成为一个比较大的犹太社区，有73姓、500多家，约5000人，并建有犹太人住宅、教堂、墓地的专区。明弘治二年（1489）《重建清真寺记》（弘治碑）记载："有李、俺、艾、高、穆、赵、金、周、张、石、黄、李、聂、金、张、左、白等七十姓，进贡西洋布于宋。"其中金、张、李三姓重复，可能其家族来源不同。因碑中仅列17个姓氏，或疑"七十姓"乃"十七姓"之误。但赵氏《祠堂述古碑记》也称宋时"教人七十有三姓，五百余家"。所以宋代犹太人当有73姓、17家是大族。

---

① 耿昇：《西方汉学界对开封犹太人调查研究的历史与现状》，《西北第二民族学院学报》2000年第4期。

清康熙二年（1663）的《重建清真寺记》只提到李、赵、艾、张、高、金、石七姓。又据开封犹太人家谱（现藏美国希伯来学院）所列 453 名男性犹太人姓氏，也只有艾、李、张、高、赵、金、石七姓，此家谱约编于崇祯十五年（1642），可见明末开封犹太人大族已只剩七姓。

犹太人来到中国，处于一种完全陌生的文化环境中，他们在开封定居，形成了一个相对封闭的聚居区和文化社区。起初，和世界各地的犹太人一样，开封犹太人坚持自己的民族文化传统，保持了独特的宗教礼仪和社会习俗。他们通过立碑的方式来阐释犹太教，他们熟悉早期希伯来民族的历史，坚信自己是亚伯拉罕的后代，他们的圣典《托拉》是上帝在昔那山（西奈山）授予摩西的，其宗旨是"以善为师，以恶为戒"，"教人为善，戒人为恶"。他们不崇拜偶像、不敬奉鬼神，只信仰"无声无息，至微至妙，而行生化育，咸顺其序"的上帝。开封犹太人延续了传统的犹太礼仪。在开封犹太社团存在的早期，犹太人能维持严格的宗教信仰，他们一日 3 次礼拜，一月 4 次守斋（安息日），一年 7 次举戒（过宗教节日），并施行割礼，忌食猪肉，严守犹太教的风俗习惯。咸丰元年（1851），我国基督教教徒邱天生和蒋荣基去开封调查犹太人情况回上海时，带来开封的两名犹太人赵文魁（40 岁）和赵金城（43 岁），他们都行过割礼。同治五年（1866），美国传教士丁韪良访问开封犹太人的时候，他们还能记得逾越节、住棚节，但此时已经不过这些节日了。

但是，由于长期在中国社会中生活，并且与其他地区的犹太人相互隔绝，开封犹太人逐渐接受了中国文化的影响，最后为中国社会文化所同化。在全世界的犹太民族的历史上，开封犹太人的被同化是一个特例。这也是各国学者对开封犹太人感兴趣的主要原因之一。犹太人被称作是"唯一纵贯 5000 年、散居五大洲的世界性民族"，它有着极强的凝聚力与生命力。在长达两千多年的流散生涯中，它遭受到任何民族都难以相比的灾难与痛苦，但在多数情况下，都能以其极为独特的"犹太精神"维系着民族团体的生存与发展，被异族完全同化的先例甚少。但随着犹太人在开封的定居，古老的希伯来文化与博大精深的儒家文化相互接触，开封犹太人渐渐产生了仿效心理，自愿选择了占有绝对优势的儒家文化，开封犹太人逐渐被汉文化所同化。

开封犹太人把汉语作为自己的第一语言，尽管少数神职人员还世代相传、掌握希伯来文直至 19 世纪。"于 12 世纪定居在开封的第一批犹太移民，最早可能操波斯语，他们对希伯来文的精通程度，至少是可以阅读它。到了 1700 年左右，他们的后裔讲汉语，波斯语和希伯来语成了他们的历史遗物。"①

开封犹太人中有不少人通过读孔孟之道，循科举之路而出人头地，甚至成为官宦之辈。这些人为了跻身于上层社会，从小就学习中国文化。明万历三十三年（1605），利玛窦在北京会见了赴京参加科举考试或者是寻求升迁官职的开封犹太人举子艾田，艾田对利玛窦说，他自己从小就全力攻读中国文学，所以放弃学希伯来语。正是在此过程中，犹太知识分子"受到了中国传统思想和佛教的影响、熏陶，以及封建官场的环境和他们与各族官吏交往的频繁，逐渐改变了他们立身处世的哲学。这些都强有力地冲淡了他们的民族意识。特别是他们是犹太人集团中有势力、有威望、有影响的人物，其影响所及，不能不遍及整个犹太人集团"②。大约在 14 世纪，越来越多的犹太人参加科举考试，到了元明时，由文武科登仕者已不止一二人。

犹太人定居开封后，入乡随俗，在婚丧嫁娶、衣食住行等方面渐渐遵从汉人的习惯。他们不仅尊重皇权，而且尊孔祭祖。据弘治二年（1489）《重建清真寺记》记载："其道教相传，至今衣冠礼乐，遵行时制。语言动静，循由旧章。人人遵守成法，而知敬天遵祖，忠君孝亲者，皆其力也。"骆保禄（Giampaolo Gozani）在其书简中写道：开封犹太人实行汉族的礼拜式，"我请求这些人告诉我他们是否崇拜孔夫子，包括他们的掌教在内的所有人都毫不犹豫地回答我说：他们确实尊孔，其方式与大多数异教徒文人一样。他们也参加隆重的祭祀孔子的仪式，也如同其他人一样在圣人庙中举行"③。

金大定三年（1163），当清真寺创建之时，犹太人尚采用希伯来文来取名，如掌教利味·五思达、主持工程的俺都剌等，但后来犹太人逐步改用汉姓。据明弘治二年（1489）《重建清真寺记》记载："俺诚医士……永乐二十一年，以奏闻有功，钦锦赵姓，授锦衣卫指挥，升浙江都指挥金事。"《明实

---

① ［法］荣振华、［澳］李渡南等编著，耿昇译：《中国的犹太人》，大象出版社 2005 年版，第 20 页。

② 潘光旦：《中国境内犹太人的若干历史问题》，北京大学出版社 1983 年版，第 10 页。

③ ［法］荣振华、［澳］李渡南等编著，耿昇译：《中国的犹太人》，大象出版社 2005 年版，第 92 页。

录·太宗实录》也记载：赵诚原名俺三，是河南中护卫军丁，因几次告发开封周王朱橚"图谋不轨"，永乐皇帝"赐姓名赵诚"，并加官奖励，升任"锦衣卫指挥佥事"。

　　根据犹太法律，犹太教徒实行"族内婚制"，不得与外族通婚。开封犹太人在定居中国后的较长一段时间还维持着这种生活习惯。由于"族内通婚"与中国传统的伦理道德相违背，所以中国史籍中有了这样的记载：元顺帝至元六年（1340）"十一月甲寅，监察御史世图尔言，宜禁答失蛮、回回、主吾人等叔伯为婚姻"。这里的"主吾"是元时对犹太人的称谓之一。可见，犹太人定居开封的100多年后仍然保持着"弟娶寡嫂"的婚姻制度。可是，明代以后，开封犹太人就逐渐放弃了这一传统，与汉、回等民族通婚。从明末清初记载的开封犹太七姓《登记册》中可以看出，开封犹太人至少娶了苏、郭、陈、徐、顾、吴、贾、林、牛、吕、胡、周、宋、王、董、孔、孟、郑、邓、许等40多个姓氏的外族妇女为妻。到了18世纪60年代，中国犹太人在容貌、衣着、习惯和宗教上都地地道道地变成了中国人。

　　犹太人被中国文化同化，并融入中华民族之中，其原因很多。笔者在这里要指出的是，犹太人来到中国，也把他们的宗教信仰、生活习俗、文化传统带到了中国。虽然他们在这个大环境中只是一个很小的群体，并且由于他们群体的封闭性，其文化和宗教的传播范围不大，影响也不会很大。但在数百年中，特别是在宋元时期，他们还是很活跃的群体，在政治、文化、经济等方面都留下了他们的印记，也为中华文化带来了接触、了解犹太文化的渠道。开封犹太人以及在其他地方生活的犹太人，在几百年的漫长岁月中失去了与其他犹太人群体的联系，最后汇集到中华民族的汪洋大海之中。与此同时，他们所携带的犹太文化因子，也汇集到中华文明的汪洋大海之中。

3. 犹太教的传入与衰落

　　在讨论开封犹太人的时候，我们也遇到了上文提到的"蕃坊"的相似的情况。唐宋时期来华的阿拉伯人都是信奉伊斯兰教的，他们在蕃坊以及自己的日常生活中，保持着自己的宗教信仰、宗教礼仪，而许多日常生活习惯、民族习俗等，也是和伊斯兰教紧密联系在一起的。所以，阿拉伯人的移民群体与伊斯兰教的传播，实际上是同一个过程。并且，自唐代至元代来华的阿拉伯人和其他信仰伊斯兰教的民族的移民，没有主动向其他族群的人们开展传教活动，信仰和礼仪是他们自己的宗教活动。犹太人也是这样的。犹太人的到来也就意味着犹太教的到来。来华的犹太人移民从来没有主动地向当地的其他族群传播推广犹太教，但他们在自己的群体中，在自己的日常生活中，严格地坚持着自己的宗教信仰和宗教礼仪，并且这些也是和生活习俗紧密联系在一起的。

开封犹太人对自己的信仰称"一赐乐业教"。"一赐乐业"是希伯来文，即"以色列"的古音译。明弘治二年（1489）《重建清真寺记》记载："夫一赐乐业立教祖师阿无罗汉，乃盘古阿耽十九代孙也。"明正德七年（1512）《尊崇道经寺记》记载："至于一赐乐业教，始祖阿耽，本出天竺西域。"因为他们在宰杀动物时，"惟谨守挑筋遗规，虽血缕线，必净尽焉。清真之旨，远过于回教"，故又名"挑筋教"。

金世宗大定三年（宋孝宗隆兴元年，1163），开封的犹太人始建清真寺，由掌教（拉比）主持。寺以"清真"命名，非指此寺为回教寺，而是取其"道必本于清真礼拜，清者精一无二，真者正而无邪"之意，实际上就是犹太教的会堂。"会堂"的原意为"会议之所"，是犹太人聚众礼拜的地方，尤其在大流散时期，"会堂一直作为城市犹太社区的精神与公共生活的聚焦点而存在"。因水患等原因，此寺多次遭毁，亦屡经修缮，至明朝弘治二年（1489）共重建和修建过6次，清朝顺治十年（1653）重修。

根据清代来华的法国传教士孟正气（Jean Domenge）于清康熙六十一年（1722）所绘的开封犹太教会堂的两张图，开封犹太教会堂是一座中国建筑风格的寺院，包括大门、牌楼、二门、三门、中心庭院、大殿（一赐乐业殿）、围墙等。牌楼上是康熙皇帝题写的"敬天祝国"四个大字。二门上有一副对联："自女娲嬗化以来西竺钟灵求生天生地生人之本，由阿罗开宗而后中华衍教得学儒学释学道之全。"大殿名叫"至清殿"，正中供奉着摩西的宝座，墙壁上有三处刻着开封犹太人特别重视的一句祷文："以色列啊！你要听，耶和华我们上帝是独一的主！"（《旧约·申命记》第6章第4节）大殿的后面还有一个殿，名叫"至教堂"，是存放犹太教经籍的地方，西墙上刻有"摩西十诫"。大殿的两侧有两个碑亭，分别竖立着"弘治碑"和"康熙二年碑"。中心庭院的两边还盖有讲经堂、厨房（挑筋处）、教祖圣祖殿、祖堂等。教祖圣祖殿里摆着亚伯拉罕、以撒、雅各、摩西等的牌位，但没有画像。祖堂里有赵姓和李姓的祖先牌位，开封犹太人在春、秋两季用中国的方式敬拜自己的祖先。

开封的犹太教会堂称为"清真寺"，与伊斯兰教的寺院名称一样。但开封犹太人又力图使人们不把犹太教与伊斯兰教混淆起来，他们称呼自己的宗教为"一赐乐业教""古教""回回古教"。"古教"的称呼表示犹太教的历史久远、古老。"回回古教"的称呼是为了与"回回教"（伊斯兰教）区别开来。明正德七年（1512）碑的碑文题目是《尊崇道经寺记》，寺名不用"清真寺"，而改用"尊崇道经寺"，且碑文中不提"清真"二字。这也说明开封犹太人想努力表明犹太教与伊斯兰教的区别。

开封的犹太教会堂里藏有古老珍贵的犹太教经书。康熙二年（1663）会堂重修时，藏有道经13部，方经、散经各数十册。道经是写在羊皮纸上的《摩西五经》；方经是抄写在厚纸上的部分的《摩西五经》；散经是写在羊皮纸上的教规、礼仪、祈祷文、犹太年表、日历、开封犹太人的族谱等。这些经书用希伯来文抄写。康熙六十年（1721），孟正气见到了30卷《大先知书》。开封的犹太教会堂的经书一直保存了几百年，后来大部分被西方传教士买走，现在收藏在英、美等国的博物馆和大学图书馆里，其余的则散失了。

开封犹太人保持独特的宗教礼仪。一位叫赵念祖的开封犹太人于1850年8月写给西方人的信中介绍了犹太教会堂的节日和礼拜日①。

犹太教进入中国以后，作为犹太人族群的信仰，除了保持自身的传统之外，也努力与中国文化相适应。前文提到，开封犹太人在后来的生活中逐渐接受了中华文化的影响。犹太人知识分子也用儒家观念来阐释"一赐乐业教"的宗旨、教义。他们用儒家观念中的"天"来称呼犹太教所崇拜的"雅赫维"。在开封犹太人留存下来的几块碑的碑文中都以"天""上天""真天""重天""敬天""天道""天心""告天""天命"来称呼万物之主。到开封实地调查的葡萄牙耶稣会士骆保禄在其书简中写道："对于他们（即开封犹太人）来说，埃洛希姆（Elonim）、阿特乃（Aaonai）、活的和真正的上帝等，

---

① 参见耿昇：《中法文化交流史》，云南人民出版社2013年版，第249—250页。

所有这些名称,他们仅用汉文中的'天'来表示,别无他称。"① 开封犹太人在对"天"的解释上也明显儒化,如"恩其天者,轻清在上,至遵无对。天道不言,四时行而万物生。观其春生夏长,秋敛冬藏,飞潜动植,荣悴开落"。他们还用儒家的纲常伦理来解释"一赐乐业教"教义。

由此可见,开封犹太人所阐发的本教教宗与儒家经典上的"父子有亲,君臣有义,夫妇有别,长幼有叙(序),朋友有信"以及众人皆知的"三纲五常"如出一辙。正如英国学者宋奈雷(Song Nai Rhee)所说的:"开封犹太人一直把五伦(五种关系)、三纲(三种社会约束)和五常(五种永恒的道德)等儒家原则当作自己的伦理规范加以强调,同时还用天、上天、上帝和道等儒家伦理术语来描述自己的神。""通过对儒家经典广泛深入的研究,他们发现了一个与犹太教并不同的、有高度组织的伦理制度。犹太儒生意识到犹太教与儒教相同,因此,为他们的儒化合理性找到了一条理论根据。"②

犹太清真寺的结构、布局、风格,特别是寺内设置等方面也明显地体现了希伯来文化与儒家文化的交融。清真寺的大殿分前后殿,前殿名为"至清殿",后殿名为"至教堂"。不仅大殿的名称颇具中国色彩,而且殿内布置了许多儒学味极浓的对联,有些出自犹太名人之手。如至清殿的窗旁挂着一副文林郎宜良令赵映斗所题的对联,内容为:

> 识得天地君亲师不远道德正路,
> 修在仁义礼智信便是灵圣源头。

在清真寺内最神圣的地方,不仅置有"摩西椅",而且在高椅之后设有万岁楼,供有"大清皇帝万岁万岁万万岁"的"万岁牌",以表达他们"受君之恩,食君之禄,惟尽礼拜告天之诚,报国忠君之意"。可见,开封犹太人中的一些代表人物为适应中国社会,改革了自己的宗教,而宗教的儒化必然导致开封犹太人与当地社会相融。

———————————

① [法]荣振华、[澳]李渡南等编著,耿昇译:《中国的犹太人》,大象出版社2005年版,第45页。

② [英]宋奈雷:《犹太人的同化:中国犹太人之例》,《社会和历史比较研究》1973年1月号,转引自《民族译丛》1979年第3期。

开封犹太社团"在16世纪之前，他们还与波斯（西域）保持联系，可以从那里获得经卷和官拜书"。但此后，他们与外界的联系逐渐减少，到后来开封犹太社团进一步处在孤立无援的境地。明万历三十三年（1605），利玛窦与艾田会面之后，曾派人给开封犹太清真寺的掌教送去一封信，那位年事已高的掌教在回信中表示愿意将清真寺交给利玛窦管理。掌教的这一心愿一方面是出于对利玛窦的敬重，但更为关键的原因是开封犹太社团已缺乏合适的掌教继承人。后来，又有3位开封犹太人去北京拜访利玛窦，声称自那位掌教去世后，开封犹太社团中已无人再懂希伯来文了。

从宋徽宗时代犹太人来到开封，到20世纪初开封犹太社团最后消失，这一个人数不多的族群，在一个完全异质的文化环境中顽强地存在了八九百年。虽然最后消逝了，被同化了，但仍然可以看作是文化史上的一个奇迹。随着他们而来的，是犹太教在中国的传播。我们不能认为犹太教的传播是成功的，因为此后并没有犹太教及其宗教思想的流传，也没有其中的什么内容被吸收到中国文化传统之中。但是，也不能认为它的传播就是失败的，因为它只是作为犹太人移民群体自己的宗教信仰而存在，并没有向其他族群、向所到之处传播发展的使命。犹太教随着犹太移民群体而来，也随着这个群体的消失也消失。

但是，在中国文化的历史长河中，在中外文化交流的历史长河中，犹太人和犹太教来过，存在过，在一个不大的范围内生存繁衍，留下了它们活动的遗迹。

4. 元代犹太人的活动

开封犹太人是从宋代入华，并形成了自己的社团和独特的宗教生活。除了开封犹太人之外，其他地区也有一些犹太人的活动。特别是在元代，犹太人来华的数量大增，"一赐乐业教"在中国得到进一步传播和发展。

蒙古军的西征，使得东西方交通变得极为通畅，为犹太人从陆路来华贸易提供了便利条件。与此同时，犹太人仍有取道海路来华贸易。犹太人从陆、海两路来华，使得元朝在华犹太人的数量剧增。除开封外，还广为分布在大都、西北地区和东南沿海诸地。

据马可·波罗在其游记中的记载，汗八里有许多犹太教徒，这些犹太人尊崇摩西，有着自己的习俗和节日，犹太人的宗教和节日受到忽必烈和其他蒙古贵族的尊重。元大都里犹太人同基督教徒一样，已形成一个社会集团，他们尊崇自己的神道，有着自己的节日，而忽必烈和蒙古汗廷的达官贵人也像尊重基督徒那样尊重犹太人。马可·波罗在游记中还提到大都的犹太人，是在忽必烈平定乃颜叛乱之后（至元二十四年，1287）。乃颜是个信奉基督教的人，军旗上画有"十"字。败灭后，犹太人和回教徒都借此事来嘲笑城里的基督徒，笑其"十"字不灵。基督教徒将此事状告于忽必烈，忽必烈怒斥了在场的犹太人等。马可·波罗东游之时，正值至元十六年（1279）开封重建犹太教会堂之际，其时犹太人初来不久，未改汉姓，所以能区别辨认出来。

除京城外，泉州、杭州等地也有许多犹太人。北宋时期，有许多犹太人在泉州经商，有的则定居于此。这些犹太人有着自己的信仰，不愿意归附基督教。元泰定三年（1326），在泉州传教的天主教圣方济各会主教安德鲁的一封信中提到泉州的犹太教徒不肯皈依天主教的事，这说明当时犹太人居住在泉州并坚信自己的宗教。杭州也有关于犹太人居住的记载，伊本·白图泰说，杭州城里住着许多犹太人、基督教徒和崇拜太阳的突厥人，他们有着自己的居住区域，城市的第二区有城门曰"犹太人门"。元人杨瑀在《山居新话》中云："杭州砂糖局……糖官皆主鹘、回回富商。""主鹘"即指犹太人。距杭州数十里的澉浦港，是元朝同其他国家发展海上贸易的重要港口，杭州的犹太人可能多是在此港从事贸易者定居而来。明万历三十三年（1605）艾田访问利玛窦时，说杭州的犹太人比开封的还多，且有自己的庙宇，当时并没有提到双方的联系的记载。南京在明末时也有犹太人居住。据说，明末南京还有4户犹太人，后来都改信了伊斯兰教。

此外，在其他一些城市和地区，如宁波、扬州、宁夏等地，也都活动着许多犹太人。弘治二年（1489）《重建清真寺记》碑中有"天顺年石斌、李荣、高鉴、张瑄，取宁波本教道经一部，宁波赵应捧经一部，赍至汴梁归寺"一句，说明当时宁波有犹太人居住。开封宋代已有犹太人定居，元代曾重修犹太教寺，明代还有犹太人立碑纪念，这一切表明元代开封的犹太人数量一定很多，其中大部分为宋代开封犹太人的后裔，也可能有一些是元代新去的犹太人。从犹太碑中可知，宁夏犹太人与开封的联系比较密切。宁夏犹太人金瑄于天顺五年（1461）开封犹太人重建清真寺时来开封，奉献了供桌、铜炉、烛台等。金瑄之弟金瑛于弘治二年（1489）合家置寺地一块，于碑石的刻立，也出了一半财力。金润也是犹太人，正德七年（1512）重建庙宇，他亲自刻石立碑。宁夏与开封之间虽有人员往来，但是由于路途遥远，交通不便，人员来往的频率也不会很高，各地犹太人基本上处于相互隔绝状态。

《元史》中经常出现"术忽"一词。如《元史·文宗本纪》记载，元文宗天历二年（1329）三月，诏"僧、道、也里可温、术忽、答失蛮为商者，仍旧制纳税"。据学者们考证，"术忽"即犹太人。元代的文献中，"术忽"又作"主吾""主鹘""主忽得"，均为希伯来文"Yehudi"和波斯文"Djuhud"的对音，意为"犹太人"或"犹太教徒"，还有"珠赫"，即希伯来文"Judah"的对音，意为"犹太国人"。元朝以蒙古语音译之，再被史官以汉字译其音，辗转相译，遂有"术忽""主忽得"诸名。

在有关元史的文献中，术忽经常与僧、道、也里可温、回回、答失蛮等并称，皇帝的诏令中亦多次提及术忽。可见犹太人在元代已形成一股比较大的势力。术忽中有许多是随蒙古军队来到中国的，他们作为"色目人"的一部分，同也里可温、答失蛮一样，成为元帝国统治民族中的一员，享受着各种特权，深为元朝统治者所重视。术忽在蒙古军队中扮演着重要角色。《元史·顺帝本纪》记载：元顺帝至正十四年（1354）五月，搴宁夏善射者及各处回回、术忽殷富者，赴京师从军。可见，蒙古军队中有许多术忽，即使是后来散居各处的或分散来华经商的术忽，也被招募成兵。

术忽在元代经济生活中也发挥了重要作用。文献中凡言及术忽，则多与"商""税"二字相连，可见术忽多是从事贸易活动的，经商贸易是他们主要的生活内容。术忽中有许多"富商""殷富者"，他们的租税成为元朝政府财政收入的重要组成部分，有的术忽则成了不善经营的蒙古贵族的代理商。元代与犹太人有关名称的还有"斡脱"。后文将讲到"斡脱"在元朝商业活动中的作用，其主要由回回商人担当。"斡脱"也与犹太人有着千丝万缕的关系。有学者认为，元代与蒙古人接触、代理蒙古人经营商业及银钱借贷的外来民族，主要是回回人和犹太人。还有人认为，《经世大典·马政篇》中的"斡脱"，也可能是中国犹太人名称的异译。在犹太人中，那些巨商富贾以及斡脱们的经济实力雄厚，与贵族联系密切，在政治上享有的地位也高。此外，他们还有以养马、制糖、屠牛、行医为业的。

术忽在元代政治、经济、军事中的作用，使其所信仰的宗教得到相应的尊重，再加之元朝统治者的宗教宽容政策，"一赐乐业教"便广泛流行于犹太人在华活动之处。

三　色目人："皆以中原为家"

1. 形形色色的"色目人"

自汉代以后，特别是南北朝时期，开始陆续有西域商人以及其他人士进入中国，到了唐代达到高潮，形成外国侨民群体。宋代则有"蕃客"和"蕃坊"。这些侨民或移民为中外文化的交流、为海外文化在中国的传播作出了贡献。到了元代，这种人员上的交流，外国侨民群体进入中国内地，形成了前所未有的大高潮。

蒙古人崛起后，东征西讨，连续发动了三次大规模的西征，在欧亚大陆上建立起一个幅员广阔的庞大帝国，实现了前所未有的中西大交通。蒙古西征促成了欧亚大陆上广泛的人员交流和民族交融。在蒙古大军的三次西征中，有大批蒙古军士兵驻扎在征服占领的广阔领土上，同时也有成千上万的蒙古族人和汉族人从中国迁至中亚、波斯、阿拉伯地区乃至欧洲。相应的，也有大批的西方人迁徙到东方。每次战争结束后，蒙古统治者将大批阿拉伯人、波斯人和中亚各族人迁徙到东方，他们中有被签发的军士、工匠，被俘掠的妇孺百姓，还有携带家属部族归附的上层人士，东来经商的商贾。这些移居中国的西方人有的从事农业、手工业生产，有的充当职业军人，担任传教士，或者从事贸易，还有少数人在元朝当了官。如花剌子模都城玉龙赤杰之役，就有10万工匠迁徙东方，撒马尔罕城之役被俘工匠3万人，3万青壮年被签发从军。《世界征服者史》一书指出："今天，许多真主的信徒已经朝那边迈步，抵达极遥远的东方国家，定居下来，在那里成家，以致多不胜数。"艾兹赫德指出："蒙古崛起导致了前现代时期人口的大迁移。那是一个逃难者、奴隶、流放者和冒险者的时代，人口迁移主要是由西向东。"①

法国东方学家莱麦撒（Abel Remusat）对蒙古西征评论说：

> 蒙古人的西征，将以前闭塞的路途，完全打开，将各民族聚集一处。西征的最大结果，即使各族人民可以互换迁徙。不仅堂堂使节东西往来如织，还有不计其数的不知名的商人、教士，以及随军的人，也络绎地往来。②

韦尔斯在其著名的《世界史纲》中也谈到元代的中西交通和文化交流：

> 这段蒙古人的征服故事确实是全部历史最出色的故事之一。亚历山大大帝的征服，在范围上不能和它相比。在散播和扩大人们的思想以及刺激他们的想象力上，它所起的影响是巨大的。一时整个亚洲和西欧享受了一种公开的交往；所有的道路暂时都畅通了，各国的代表都出现在喀剌和林的宫廷上。……
>
> 教皇的使节，从印度来的佛教僧人，巴黎、意大利和中国的技工，拜占庭和亚美尼亚的商人，阿拉伯官员，波斯和印度的天文学家及数学家都汇集在蒙古宫廷里。我们在历史上听得太多的是关于蒙古人的战役和屠杀，而听得不够的是他们对学问的好奇和渴望。也许不是作为一个有创造力的民族，但作为知识和方法的传播者，他们对世界历史的影响是很大的。③

在马可·波罗、柏朗嘉宾和鲁布鲁克等人的记载中，都提到在大都、在和林以及在中国的其他地方见到过来自欧洲不同国家的人，有的是专业的工匠，在大汗的宫廷里服务。在和林城中，不但有畏兀儿人、回回人、波斯人，而且有匈牙利人、弗来曼人、俄罗斯人，甚至还有英国人和法国人。布累斯劳、波兰、奥地利人也有奔赴东方的，威尼斯、热那亚和犹太人也有前来贸易的。元大都是当时世界上规模最宏伟的大都市。在大都里聚集了来自亚欧

---

① ［英］S. A. M. 艾兹赫德著，姜智芹译：《世界历史中的中国》，上海人民出版社 2009 年版，第 157 页。

② 引自马肇椿：《中欧文化交流史略》，辽宁教育出版社 1993 年版，第 33 页。

③ ［英］赫·乔·韦尔斯著，吴文藻等译：《世界史纲——生物和人类的简明史》，人民出版社 1982 年版，第 763 页。

各地的贵胄、官吏、卫士、传教士、天文学家、阴阳家、建筑师、医生、工程技术人员以及乐师、美工和舞蹈家等。白寿彝论述元代和林和大都的重大影响时指出：

> 和林和大都都不只先后为大元帝国发号施令的所在，也是欧亚两洲交通的中心。……在这两个地方，不惟东西各国使者项背相望，络绎于途，并且有很多的异国商人都在这两个地方汇集，有不可计数的世界各国底旅行家到这里观光。我们已经知道唐时的长安在当时中外交通上的位置，元底和林和上都较之前者，有过之，无不及。①

无论是哪一种情况，这些人元的西方人与中国人杂居共处，耳濡目染，深受中华文化的熏染和影响，有一部分人已经华化了。他们在与中国人的交往中，也必然会将他们本民族的科学技术、生活礼俗、宗教艺术等与之介绍、宣传，因而对西方文化的东传发挥了一定的作用。元代文人王礼在《麟原集·义冢记》中写道："西域之于中夏，言语嗜欲殊焉。虽汉唐以来，婚媾有之，然各怀旧族，不能杂处他土，顾安有生西域而葬江南者。惟我皇元，肇基龙朔，创业垂统之际，西域与有劳焉。洎于世祖皇帝，四海为家，声教渐被，无此疆彼界，朔南名利之相往来，适千里者，如在户庭，之万里者，如出邻家。于是西域之仕于中朝，学于南夏，乐江湖而忘乡国者众矣。……呜呼！一视同仁，未有盛于今日也。"

元朝对除蒙古以外的西北各族、西域以至欧洲各族人概称为"色目人"。"色目"一词，始见于唐代。《唐律疏议·户婚·许嫁女辄悔》释"之类"二字说："以其色目非一，故云'之类'。"《唐会要·租税》记载建中元年（780）颁两税法敕文："其比来征科色目，一切停罢。"可见"色目"具有"诸色名目"和"种类非一"之义。北宋钱易《南部新书》说："大中（唐宣宗年号）以来，礼部放榜，岁取三二人姓氏稀僻者，谓之'色目人'，亦曰'榜花'。"所谓"姓氏稀僻"，即指一般常见姓氏外的姓氏，也就是正常姓氏以外的另一种人。

蒙古人最早接触和熟悉的是女真人、契丹人和汉人，他们把这些人统称

---

① 白寿彝：《中国交通史》，商务印书馆 1937 年版，第 203 页。

为汉人，其中也包括渤海、高丽人等在内；灭南宋后，称南宋境内的汉人为南人，而把汉人以外的，主要是在他们西方的各民族称为"色目人"，有时也称西域人。蒙古人借用"色目"这个词，就是取"种类繁多"的意思。因为当时来到中原的西域人以及阿拉伯人、欧洲人等，不仅数量庞大，而且也来自多个国家、多个民族。

当时色目人有多少种，说法不一。元末人陶宗仪在《南村辍耕录》中列举了31种，即哈剌鲁、钦察、唐兀、阿速、秃八、康里、若里鲁、剌乞歹、赤乞歹、畏兀儿、回回、乃蛮歹、阿儿浑、合鲁歹、火里剌、撒里哥、秃伯歹、雍古歹、密赤思、夯力、苦鲁丁、贵赤、匣剌鲁、秃鲁花、哈剌吉答歹、拙儿察歹、秃鲁八歹、火里剌、甘木鲁、彻儿哥、乞失迷儿。

一般以为，陶氏所列重复、讹舛、错漏者颇多，即其名称、数目也不甚准确。但色目人的主要成分已经被陶宗仪记录下来了。清人钱大昕的《元史氏族表》则列为23种，即畏吾、唐兀、康里、乃蛮、雍古、钦察、阿速、迦叶弥儿、赛夷、族颖、突甘斯、感木鲁、土波思乌思藏掇族、回回、也里可温、木速蛮、哈剌鲁、合鲁、阿鲁浑岛、尼波罗、板勒纥城、谷则斡儿朵、伊吾庐。

据近人核查，陶、钱所列既有重出，也有错漏。因为当时西域、欧洲人的民族成分很繁杂，元人对他们的译名又不划一，所以不可能精确地记载元代色目人的种数。常见于元人记载的色目人，有唐兀、乃蛮、汪古、回回、畏兀儿、康里、钦察、阿速、哈剌鲁、吐蕃等等。其中以回回人为最多，因而有时也用回回人代称色目人。邱树森认为，在元朝初期，"回回"只是十余种色目人中的其一，到元朝中后期，"回回"的范围逐渐扩大，成为信仰伊斯兰教的各色目人种的总名称。[①] 杨志玖也指出，此时"回回成为色目人的代称，泛指一般的西域人或色目人"[②]。但是，"色目人"的概念所包含的范围要比"回回"大。此外，当时在中国境内居住的外国人还有犹太人。

元朝把治下人民划分为蒙古人、色目人、汉人、南人四等，并据其所处等级在为官、刑罚、禁令、赋役等方面作出了与之相应的政策或规定。色目

---

① 邱树森：《中国回族史》，宁夏人民出版社 1996 年版，第 135 页。

② 杨志玖：《回回一词的起源和演变》，《回族研究》1992 年第 4 期。

人在元朝的建立和统一全国的过程中大量进入汉族居住地区，他们作为蒙古人征服中亚和西域的归附者受到元朝的重视，被列为全国四等人中的第二等，待遇仅次于蒙古人。

但是，这些色目人在中国的活动，相对于唐宋时期发生了重大的变化。元朝通过法律认可色目人等的中国人身份，使这些来华定居的色目人，结束了唐宋时期的"蕃客"身份，转而被元廷认定成为真正的中国人。色目人的定居地，不再局限于"大贾擅水陆利，天下名城居邑，必居其津要，专其膏腴"，而是遍及于全国各地城乡之间。"元时，回回人遍天下。"他们入居元朝后，"乐居中土，皆以中原为家"，"不复回首故国也"。来华定居的色目人"仕于中朝，学于南夏，乐江湖而忘乡国"，这种境况亦被表述为"皆以中原为家"。就是说，色目人和中国社会实现了相互认同，一体性接纳。

色目人在经济、政治方面享有仅次于蒙古人的优越地位，许多色目人上层人物成为蒙古汗国和元朝的高官显宦。《西域使者哈只哈心碑》记载："我元始征西北诸国，西域最先内附，故其国人柄用尤多。大贾擅水陆利，天下名城巨邑，必居其津要，专其膏腴。"色目人在各级行政机构上的地位虽在蒙古人之下，却在汉人、南人之上。有时虽然其名义上的级别低，实权却驾于蒙古长官之上。他们可以担任汉族官员不能担任的职务，如地方政府的达鲁花赤。元世祖至元二年（1265）二月甲子下令，"以蒙古人充各路达鲁花赤，汉以充总管，回回人充同知，永为定制"（《元史》，这里的回回人是泛指色目人而言）。规定了三种人任官的不同待遇。按元制，达鲁花赤和总管都是正三品，同知是从三品，似乎回回人的地位不及汉人，实际不然。至元五年（1268）三月丁丑又下令，"罢诸路女直、契丹、汉人为达鲁花赤者，回回、畏兀、乃蛮、唐兀人仍旧"，可见其时非蒙古人而为达鲁花赤者仍多，此时始禁止汉人，而回回人及其他色目人仍可与蒙古人同任达鲁花赤。据元文宗时所修之《至顺镇江志》统计，从元世祖至元十三年到二十六年（1276—1289），镇江路的达鲁花赤先后有7人，其中蒙古1人，汉人3人，回回2人，也里可温1人，可见这期间还有汉人在江南任达鲁花赤一职。而自至元二十六年到至顺二年（1289—1331）间任达鲁花赤者先后有15人，其中畏吾儿9人，回回3人，也里可温2人，康里1人，全是色目人，没有汉人。没有蒙古人，则因蒙古人数本少，而有治理才能的人更少，色目人包办了全部官位。

元朝地方上最高权力机构是行中书省。行中书省的首席长官是丞相，一般不常置，而以平章政事为实际首长。在行省中，除湖广行省外，其他行省俱有回回人任平章政事，至于平章政事以下的职官，如右丞、左丞、参知政事（简称参政）则各省皆备，较之汉人、南人，回回的官位及员数皆占优势。据文献记载，色目人在政府中担任各种职位的，其中任职中书省左、右丞相，平章政事及参政等重要职务者多达 320 人；在行中书省任丞相、平章、参政等重要职务者多达 65 人。著名者如花剌子模人牙老瓦赤，从窝阔台汗末年到蒙哥汗时代一直担任统辖中原汉地的断事官；大商人奥都剌合蛮以扑买中原课税，被窝阔台任命为提领诸路课税所官；元世祖时的赛典赤父子、阿合马，武宗至仁宗时的合散、泰定帝时的倒剌沙、乌伯都剌等人，位至丞相、平章政事，掌握朝廷大权。色目人在其他中央衙门和地方政府中担任要职的为数更多。

蒙古从成吉思汗建国时即创立"怯薛"制度。怯薛，蒙古语义为"番直宿卫"，即皇帝的禁卫军。因分四番（每番三日夜），故称"四怯薛"。怯薛长由亲信近臣充任，权势甚重，入则护卫皇帝，出则掌握朝政，其子孙并得世袭其职。宿卫之士，多至万余人，称"怯薛歹"，虽为皇帝服各种杂役，但地位亦高，可由此作为入仕途径。元朝建立后，有些汉人也设法投充，元政府则屡次下令禁止。如元武宗在大德十一年（1307）十二月的至大改元诏书上有一款说："近为汉人、南人军、站、民、匠等户，多有投充怯薛歹、鹰房子等名色，影占差徭，滥请钱粮，靠损其他人户，已自元贞元年分拣。今后除正当怯薛歹蒙古、色目人外，毋得似前乱行投属。"（《元典章》）可见做怯薛歹后，便可不纳差徭，冒领钱粮，其利甚大。引文中提到的"鹰房子"，又称"鹰房户"或"鹰坊户"，蒙古语称"昔宝赤"，意为鹰人或放鹰人，皇帝怯薛中有此等人，诸王投下中也有不少。他们也免除差役，因而有人投充。从诏令上看，汉人、南人禁止投充，色目人和蒙古人才享有此特权。

在科举考试和入仕方面，色目人享有的优遇几乎与蒙古人相同。元仁宗皇庆二年（1313），中书省臣议立科举取士法，不久颁令施行，法令中明确规定对蒙古人和色目人的特殊待遇。要点是，蒙古、色目人和汉人、南人分别考试，考试内容不同。此外还有乡试（行省考试）和会试（中书省考试），同时对蒙古人和色目人优待。

元朝首次开科是在延祐元年（1314）。蒙古、色目人考两场，第一场考经问五道，出自《大学》《论语》《孟子》《中庸》，用朱熹章句集注；第二场考策问一道，以时务出题。汉人、南人考三场，第一场考明经经疑二题，出自《大学》《论语》《孟子》《中庸》，用朱熹章句集注；第二场考诗赋、诏诰、章表；第三场考策问一道，由经、史、时务内出题。如果蒙古、色目人愿意参加汉人、南人科目考试，入选者加一等注授官职。蒙古、色目人为一榜，汉人、南人为一榜，分榜录取。中选举人，蒙古、色目人榜贴于中书省门之左，称"左榜"；汉人、南人榜贴于中书省门之右，称"右榜"。延祐元年，在 11 行省即河南、陕西、辽阳、四川、甘肃、云南、岭北、征东、江浙、江西、湖广，二宣慰司即河东、山东，四直隶省路即大都、上都、真定、东平，荐举 300 人参加会试。在入选参加会试的 300 人中，色目人占四分之一。会试录取 100 人，规定色目人录取 25 人，亦占四分之一。因为色目人总数在全国人口比例中大大低于四分之一，所以这一措施是有利于色目人的。

元代的色目人群体庞大，其中不少人对中国科学文化的发展作出了贡献。自成吉思汗西征以来，大批西域工匠被俘东迁，后散居漠北、中原各地，立局造作，有织造金绵的纳失失局以及金玉等匠局。叙利亚人爱薛精通星历、医药之学，贵由在位时来蒙古，后入忽必烈藩府。忽必烈即位后，命爱薛掌西域星历、医药二司事。阿拉伯学者赡思精通汉文，参与编纂《经世大典》，所著《西国图经》《西域异人录》等书，系译介阿拉伯史地著作。窝阔台令木速蛮工匠在和林以北的春季驻地建迦坚茶寒殿。忽必烈时，阿拉伯建筑家也黑迭儿参加了大都皇城和宫苑的建设。也黑迭儿是出色的建筑工程师，忽必烈时任茶迭儿局诸色人匠总管府达鲁花赤，兼领监宫殿。在大都宫城的设计中，"受任劳勋，夙夜不遑，心讲目算，指授肱麾，咸有成画"。后与张柔、段天祐同行工部事，管领修筑宫城，为大都城的修建作出了贡献。尼泊尔绘画装塑家阿尼哥，中统元年受帝师八恩巴之招，率领匠师 80 人造黄金塔于吐蕃。后从帝师入京，以塑绘和工巧著名一时，两都寺观的塑像，多出其手。阿老瓦了和亦思马因是伊利汗阿八哈应忽必烈之命而派遣来元的制炮家。他们所造的巨炮用于进攻襄阳与常州，具有颇大的摧毁力。前文提到的蒲寿庚，则为发展元朝的海运和海外贸易作出了贡献。关于色目人在元代科技文化等领域的贡献，在以后的章节中还要有所介绍。

2. 元代入华的西域工匠

在元代进入中原的外国人中，有一大部分是来自西域的各种工匠。在蒙古的历次西征中，他们俘获、征招、搜罗大批西域工匠、技师东来，将其置于蒙古王公贵族投下，以满足他们的生产生活需要，为蒙古贵族服务。

西域地区自古有着悠久的传统手工技艺，至中世纪，其手工部门日益完善，手工技术更加发达。蒙古人西征时，每攻克一地，在施以残暴屠城的同时，按例括取各种手工匠人，签发至中土，以供其役使。1219 年，蒙古军首次攻破中亚重镇讹答剌后，"内堡和城池被夷为平川"，"那些刀下余生的庶民和工匠，蒙古人把他们掳掠而去，或者在军中服役，或者从事他们的手艺"。[1]不久，蒙古军兵临费纳客忒城下，在允准该城乞降后，他们将"士卒和市民给分为两队：前者悉数被歼，有的死于刀下，也有的死于乱箭，而后者则被分配给百户、十户。工匠、手艺人、看猎兽的人，分配（适当的工作）"[2]。而在不花剌，许多人"以佃巧手艺入附，（被）徙置和林"。1220 年，蒙古军攻破撒马尔罕内外两城，在将整个城市化为废墟后，"蒙古人清点刀下余生者：三万有手艺的人被挑选出来，成吉思汗把他们分给他的诸子和族人"[3]。同年，蒙古军攻克花剌子模都城玉龙杰赤，他们"令技师工匠别聚一所，其从之者，遣送蒙古，皆得免死"。波斯史家拉施特和志费尼认为玉龙杰赤所掳工匠的数目为 10 万人。蒙古军"将居民一下子全部驱到野外，从他们中间将十万左右的工匠（注：志费尼的记载是"为数超过十万的工匠"）分出来，

---

① ［伊朗］志费尼著，何高济译，翁独健校订：《世界征服者史》上册，内蒙古人民出版社 1980 年版，第 99 页。

② ［伊朗］志费尼著，何高济译，翁独健校订：《世界征服者史》上册，内蒙古人民出版社 1980 年版，第 107 页。

③ ［伊朗］志费尼著，何高济译，翁独健校订：《世界征服者史》上册，内蒙古人民出版社 1980 年版，第 40 页。

（押）到东方去"①。

1221 年，拖雷攻下马鲁城，"从百姓中挑选的四百名工匠"带入蒙古。接着，拖雷再克你沙不儿，"他们把活人杀光，仅剩下四百人，这些人因有技艺而被挑选出来"②。1222 年，窝阔台攻破哥疾宁城，"除工匠免死送蒙古外，余尽歼亡"③。

在蒙古第二次西征中，又有大量的斡罗斯、亚美尼亚、马札儿工匠被签发东来。由此看来，从攻克讹答剌、费纳客忒、不花剌、撒马尔罕、玉龙杰赤起，直到降服马鲁、你沙不儿、哥疾宁、斡罗斯、马札儿等，无论是成吉思汗、拖雷，还是窝阔台、拔都，凡破西域城池，均将当地工匠免死、掳走。柏朗嘉宾说："在萨拉森人和其他民族地区，在那些从某种程度上可以说鞑靼族人是主宰的地区，他们掳掠了那些优秀工匠，使他们从事各种工作。"④ 这些西域工匠之所以为蒙古贵族所重视，在于他们的手工技艺是当时蒙古军事、生产及生活所迫切需要的。曾出使蒙古汗国的南宋使臣徐霆，在其为彭大雅所撰《黑鞑事略》疏证中就讲道："鞑人始初草昧，百工之事，无一而有，其国除孳畜外，更何所出？其人椎朴，安有所能。……箭镞则以骨，无从得铁。后来灭回回，始有物产，始有工匠，始有器械。盖回回百工技艺极精，攻城之具尤精。"

十几万西域工匠起初被安置于蒙古诸王投下和军营中，为其效力，后隶属于蒙古汗国为其专门设置的局、院中。柏朗嘉宾和鲁布鲁克都曾在和林见到许多来自西域的工匠，他们中有斡罗斯金匠科斯玛，他制造过贵由的御座和贵由答复教皇信函所用的御玺；出生在巴黎的金匠威廉·布歇尔及一位熟悉房屋建筑的斡罗斯工匠。蒙古问鼎中原，大批西域工匠又被遣往中原汉地立居造作。太祖时，就曾遣千余户西域工匠至燕京路。至太宗时，又将阿散纳管领的 3000 户回回工匠徙往抚州之荨麻林。同时，镇海所掌的 300 余户

---

① ［伊朗］拉施特主编，余大钧、周建奇译：《史集》第 1 卷第 1 分册，商务印书馆 1986 年版，第 298 页。

② ［伊朗］志费尼著，何高济译，翁独健校订：《世界征服者史》上册，内蒙古人民出版社 1980 年版，第 189、207 页。

③ 道润梯步：《新译简注〈蒙古秘史〉》，内蒙古人民出版社 1978 年版，第 335 页。

④ 耿昇、何高济译：《柏朗嘉宾蒙古行纪　鲁布鲁克东行记》，中华书局 1985 年版，第 4 页。

"西域织金绮纹工"也被迁到弘州（今河北阳原）。

元朝从中央到地方均设有许多专门制作手工产品和管理工匠的机构。元代的官营手工业门类繁多，机构庞杂，工匠数量大，其部门涉及军事与生活用品的所有领域。据学者研究，元代官营"匠户二三十万，或者还要多一点，也未可知"，其中西域匠户应占有相当比例。

早在至元年间，忽必烈就在中央与地方设置许多工匠管理部门，负责官府用品的制造。《元史》记载："诸色人匠总管府，秩正三品，掌百工之技艺，至元十二年始置。"至元十七年（1280），又置管领保定等路阿哈探马儿诸色人匠总管府，秩从三品。二十一年（1284），再设管领随路诸色民匠达鲁花赤管官，秩正五品，统民匠 1525 户，以及管领随路打捕纳锦民匠长官，秩从五品，掌民匠 179 户，等等。官营工匠因所造物品、器具有别，归属于不同的管理机构。专门制造皇室用品的工匠，隶于宣徽院下；修建两都的工匠，则分隶于大都、上都留守司；制造兵器的工匠，属武备寺等机构管辖；其他工匠，则大多为工部各司、局、院所管领。由于元代官营工匠数额庞大，所属部门众多，为加强和便于管理，元朝还专门设有工匠内部的词讼机构，即管领随路人匠都提领所。提领所设提领、大使各一员，"俱受省檄，掌工匠词讼诸事"，以解决工匠间的民事纠纷。

东来的西域工匠基本服务于政府设置的各类手工业部门。他们多数集中于工部诸色人匠总管府所属的镔铁局，诸司局人匠总管府属下的上都、大都毡局，宣徽院所属的砂糖局，徽政院辖领的弘州、荨麻林纳失失局，以及工部直属的撒答剌欺提举司、别失八里局、弘州人匠提举司、纳失失毛缎二局、兴和路荨麻林人匠提举司等部门，主要从事纳失失、速夫、撒答剌欺等纺织品的织造，及阿剌吉酒、舍儿别、葡萄酒的酿造和砂糖、镔铁器具的制作。此外，他们还多以庐帐匠、建筑匠、金银匠、玉匠、皮匠、染匠等，服务于元朝茶迭儿局总管府，织染局，牛皮局，金银器盒局，大都、上都软皮局等相关部门。

元代西域工匠基本可分为三大类：

（1）军匠，主要生产各种战争器械及军士所需用品。至元二十二年（1285），元廷设置的回回炮手军匠上万户府和工部诸色人匠总管府下属的镔铁局，即为西域军匠专门生产回回炮、回回环刀及其他枪、剑器的机构。

（2）专门为皇室及王公贵族制造生活用品和奢侈品的工匠。他们多在荨麻林纳失失局、纳失失毛缎二局、撒答剌欺提举司、砂糖局、尚饮局、尚酝局等部门职役。

（3）从事杂役的工匠。他们中包括庐帐匠、建筑匠、皮匠、毡匠等，主要服务于诸色人匠总管府、茶迭儿局人匠总管府等部门。

元廷往往在西域工匠集中的官营手工机构中安置西域官吏，以便于管领。至元二十七年（1290），元廷以札马鲁丁为撒答剌欺提举司提举，西域人乌马儿曾任扬州织染提举司提举，别鲁沙则曾专职管领织匠户计，木八剌亦为管领纳失失户计的首领，而西域人忽辛曾任杭州诸色人匠兼领官，亦黑迭儿丁则官至茶迭儿局人匠总管府达鲁花赤，后升为工部尚书，主持大都城的建设，其子马哈马沙也长期主持元朝工部工作。

按元制，官营手工作坊中工匠制造的产品要上缴官府。他们生产所需的材料、工具等，也均由官府供应。元朝设有"制国用使司"，就是专门负责官营手工业原料供应的机构。至元五年（1268），中书省曾议："制国使用司，行下各路起运丝料包银等，并成造军器打夹及熟皮柴草价值……合该钱数，亦于应支钱粮内应付。"

元朝官营手工作坊的西域工匠被编入户籍，于各类手工业局院中应役，成为隶属于官府的匠户，与一般民户享有同等的地位。但其职业须子孙世袭。按规定，"诸匠户子女，使男习工，女习刺绣，其辄敢拘刷者禁之"。元政府的这一措施，保证了西域工匠精湛的手工技艺得以世代相承，从而丰富了元代中国的手工业门类。官营手工业机构的西域匠户只负责为政府生产、制造手工产品，享受免当杂泛差役、免征从军的待遇。至元三十年（1293）十一月，世祖诏令："免江南都作院军匠出征。"《元典章》亦记载，"至元三十一年正月，福建行省准中书省咨，近准湖广行省咨，造作局院军匠……见行成造常课生活及供给交趾军器"，"若将上项人匠差拨弃军，诚恐失误造作，未便，请明的闻奏"。

官营手工业机构的工匠，后来也有成为民间匠人，使得一些西域工匠进入民间，从而促成了中原手工业与西域手工业的直接交流，对元代中国手工业经济的发展，起到了积极的作用。①

---

① 参见马建春：《元代的西域工匠》，《回族研究》2004 年第 2 期。

3. 阿尼哥对元代建筑和雕塑的贡献

在来华的外国工匠中，有一个人物特别应该提到，就是尼波罗国人阿尼哥。

阿尼哥（Anigo）是尼波罗王室后裔，其祖名密迪迩，父名腊可纳。阿尼哥自幼诵习佛书，并通梵文，有从事画塑业的同学读《尺寸经》，他一听即能默记，稍长大后，善于画塑和铸金为像。

尼波罗国擅长建筑、雕塑、绘画等工艺。尼波罗国是释迦牟尼的诞生地，佛教盛行，建造了大量的佛教建筑，木工、木料、雕刻艺术都达到了很高的水平。在马拉王朝统治时期，金属塑像取代石雕成为主要的雕塑艺术形式，寺庙建筑改以石木结合为主，重要的寺庙加了金汞合金的屋顶。金、银、铜和其他金属的工艺达到了相当高的程度，木刻、象牙雕刻、赤陶和烧砖等手工艺也同样非常繁荣。

元中统元年（1260），忽必烈命八思巴建黄金塔于吐蕃，以尼波罗国多良工，发诏书征召，其国搜罗得 80 人应征，时年仅 17 岁阿尼哥为领队，率诸匠至吐蕃，受命督役。八思巴爱惜其才华，劝其入朝，为之祝发，收为弟子，授予秘典，并推荐给元廷，忽必烈遣使召阿尼哥至京。忽必烈召见了阿尼哥，问他："汝来何为？"阿尼哥回答说："臣世家西土，奉诏构塔于吐蕃者二载，见彼土兵难，愿至尊安戢之，特为苍生来耳。"又问其有何技能，阿尼哥答说："臣以心为师，粗知绘塑铸镂。"于是忽必烈命他修补一尊针灸铜人像，系窝阔台时王檝出使南宋时所得献。针灸铜人像是北宋时期的王维一设计制造的，这个针灸铜人像制造工艺非常精细，上面人体的经脉一目了然，每个位都有一个对应的针孔。据说当时御医进宫之前要接受严格的考试，考试的时候铜人像里注满水，针孔封上蜡，考生如果一针下去就扎准位，里面的水就会冒出来。但年久损坏，诸匠皆不敢承命修补。阿尼哥于至元二年（1265）补成，令诸匠折服，叹为天巧。此后凡大寺庙建塔、造像及重要画塑、铸镂等工事都由阿尼哥负责。

阿尼哥巧思绝人，凡塔庙之建筑，像设之铸镂、雕塑或绘织以及其余器物之铸造刻镂，无不精湛。他仕元 40 余年，主持的大型工事有塔 3 座，大寺 9 座，祠祀 2 座，道宫 1 座，像设多出其手。《元史·方艺·工艺》记载："阿尼哥，尼波罗国人也，其国人称之为八鲁布……长善画塑，及铸金为像……凡两京寺观之像，多出其手。"著名的如西园之"凌空"玉塔，大圣寿万安寺塔（今北京白塔寺之白塔），五台山佛塔，大都护国仁王寺之庄严佛像，涿州护国寺及所塑摩诃葛剌（大黑天神）主从之像，大都东花园寺所铸丈六金身佛像，圣寿万宁寺所塑千手千眼菩萨及所铸五方如来，大都和上都国学文庙所祀之孔夫子及十哲肖像，元世祖和察必皇后之织像，真金和其长妃阔阔真之织像等。此外还先后铸成内廷之大鹏金翅雕和尚酝巨瓮；制造了镔铁自运法轮，元世祖行幸时用于前导；又创浑天仪及其他司天器物。

阿尼哥对中国艺术的主要贡献是创作、传授佛教造像的"西天梵相"，将"梵式"造像引入中原，使之成为元代佛教艺术的特色。至元七年建护国仁王寺时，汉族巧匠刘元被召参加塑造佛像，从阿尼哥学西天梵相，得其神妙，遂为绝艺，成为仅次其师的元代最著名的塑像工艺家，这种造像式样也日益盛行。《元史·方技传》云："有刘元者，尝从阿尔尼格学西天梵相，亦称绝艺。"

刘元，字秉元（又称刘銮），河北省宝坻人，早年曾在山东为道士，在道观里接触了雕刻技术。他从阿尼哥学习后，把中国传统的雕塑技术和外来艺术融会贯通，自成一家。刘元给上都和大都的大庙塑铸了许多名像，都是非常精彩的。被赞为"西天梵像神思妙合，栩栩如生令人叫绝"，号称"天下节与比者"。在元朝达到了极高的水平，堪称一代典范。《元史》云："至元中，凡两都名刹、塑土、范金、转换成佛像，出元手者，神思妙合，天下称之。""刘元画塑兼能，时常塑作，且于梵式佛教、汉式佛教均精。文献记载，刘元生平塑像以道教形象居多。"清代康熙年间编辑的《日下旧闻》记载："京师像设之奇古者曰刘銮塑。"郝伯常《陵川集》："燕有四贤祠，其像塑自刘銮。"当时京都许多庙观塑像出自刘元之手。清乾隆年间编撰的《日下旧闻考》记载："玄都胜境在弘仁寺西，建于元，相传为刘元塑像。正殿乃玉皇大帝，右殿塑三清，仪容肃穆，道气深沉，左殿塑三元帝君，上元持簿侧首而问，若有所疑，一吏跪而答，甚战栗，一堂之中皆若悚听严肃者。神情动止，真称绝艺。"在北京西安门里府右街北口有一个刘兰塑胡同，据说这里原是元代天庆观旧址，天庆观的神像都是刘銮所塑。《天咫偶闻》记载："天庆观在毡坛寺南，俗称刘銮殿，神像皆出元刘正奉銮手。今已颓败零落，蔓草塞门，过者瞻望太息。"刘銮殿内有真武庙。乾隆二十五年（1760）重修赐名"天庆宫"，"前殿额曰泰钧，后殿额曰统元。皆皇上御书"。

阿尼哥对中国艺术的另一个贡献是设计建造了尼泊尔式塔。最著名的就是元大都西城大圣寿万安寺"释迦舍利灵通之塔"，始建于至元八年（1271），经过 8 年的设计和施工，到至元十六年（1279）建成，并随即迎请佛舍利入藏塔中。塔高 50.9 米，塔基上建二重复合式方形折角须弥座，其上为覆莲承托之圆瓶形硕大塔身，塔颈作圆锥形相轮状，顶端华盖直径 9.9 米，其周边悬挂 36 个铜质透雕之流苏和风铃，其上之塔顶为一铜质小塔（原为一宝瓶）。这种尼泊尔式佛塔的蓝本是古印度覆钵式佛塔造型，塔身主体像一个倒置的钵盂，这也是藏传佛教所沿袭的样式，所以又被人们叫做"喇嘛塔"。因塔座、塔身通体用石灰粉刷，故俗称"白塔"，曾经是元代大都的标志性建筑。

同年，忽必烈又下令以塔为中心兴建一座"大圣寿万安寺"，范围根据从塔顶处射出弓箭的射程来确定，面积达 16 万平方米。作为当时营建大都城的一项重要工程，寺院在至元二十五年（1288）落成，因位于大都城西，所以又称作"西苑"。从此开始，这里便成为元朝的皇家寺院，也是百官习仪和译印蒙文、维吾尔文佛经之处。忽必烈去世后，白塔两侧曾建神御殿（影堂）以供祭拜。

至元十二年（1275），元朝立诸色人匠总管府，下统梵像局等 18 个司局，授阿尼哥为总管。至元十三年（1276），元朝派特使携黄金 500 两，将阿尼哥的妻子接到大都。至元十五年（1278），诏命阿尼哥还俗，授光禄大夫、大司徒，兼领将作院。至元十六年（1279），因建圣寿万安寺塔成，赐京畿良田 15000 亩、农夫 100 人及牛具等物。元贞元年（1295），以建五台山万圣佑国寺，皇太后阔阔真赐银万两，并赐贵戚女为妻。次年，崇真万寿宫建成，诏为其设位置像。元成宗大德十年（1306），阿尼哥病卒于大都，加赠开府仪同三司、太师、凉国公，谥敏慧。

4. 关于"回回"的概念

在元代的色目人中，以"回回"居多，因而有时也用回回人代称色目人。元代所指称的"回回"，是从唐代来自阿拉伯、小亚细亚的"蕃客""胡商"侨居中国开始，历经宋元时期涌入的穆斯林色目人，而在元代形成的一个新的独具特色的共同体。

北宋沈括《梦溪笔谈》中已出现"回回"一词："旗队浑如锦绣堆，银装背嵬打回回。"据考证，文中的"回回"是指7世纪以来唐人所称的"回纥"或"回鹘"，此时回回民族未形成，同伊斯兰教也没有联系。徐霆《黑鞑事略》说："霆考之，鞑人本无字书，然今之所用则有三种……行于回回者则用回回字，镇海主之。回回字只有二十一个字母，其余只就偏旁上凑成……燕京市学，多教回回字。"这里所说的"回回字"是指"回鹘字"。成书较早的《蒙鞑备录》说："今鞑之始起，并无文书……其俗既朴，则有回鹘为邻，每于西河博易贩卖于其国。迄今于文书中，自用于他国者，皆用回鹘字。"宋朝时，回纥（回回）从指回鹘人转指中亚人，也有指唐兀（西夏）人。南宋以后，"回回"主要泛指西域穆斯林民族、伊斯兰国家和地区，如有"回回人""回回国""回回地面""回回诸种"等指称。在《黑鞑事略》中，"回回"一词，有时也被用以泛指西域各国："霆在草地，见其头目民户，车载辎重，及老小畜产，尽室而行，数日不绝……问之则云，此皆鞑人调往征回回国……回回诸种，尽已臣服。"所述明指窝阔台时遣兵征中亚各国事。徐霆之所以将西域各国均称为"回回"，显然是认为他们都是"回鹘"引起的。

蒙古语中，称回回为"撒儿塔兀勒"或"撒儿答兀仑"，现在传世的以汉语字音写蒙古语的《元朝秘史》中经常出现这个词。此词的词根为"撒儿特"（sart），伯希和认为，"sart"源于梵文"sartha"，意为"商人"。这个词除了指商人外，还指定居在城市中的居民。《元朝秘史》中还有"回回田地""回回百姓"等词。前者指阿拉伯世界，即阿拉伯帝国所包含的广大地区；后者指阿拉伯人以及其他西域信奉伊斯兰教的穆斯林。宋末元初周密《癸辛杂识》中把来自海道的穆斯林称"南藩回回"，并称"今回回皆以中原为家，江南尤多"。元代史籍中还有"回回军""回回炮""回回工匠""回回药方""回回司天监""回回国子学"等记载。元代一般把伊斯兰教徒音译为"木速蛮"或"木速鲁蛮"，汉文史籍经常称他们为"回回人"。在蒙古国的官方文书或诏令中，"回回"一词一般指信仰伊斯兰教的中亚各族人，而将"回鹘"称之为"畏兀儿"或"委兀儿"。元至元二年（1265），忽必烈在一份诏谕中就说："今拟黄河以南，自潼关以东，直至蕲县地面内百姓、僧、道、秀才、也里可温、答失蛮、畏吾儿、回回……应据官中无身役人等，并不得骑坐马匹。"（《大元马政记》）所以，杨志玖指出："元代的回回人主要指元代中国境内信奉伊斯兰教的阿拉伯人、波斯人以及中亚的突厥各族人。"①

据以上所知，元代以后，"回回"这个词主要是指阿拉伯人、波斯人以及其他西域人，与唐宋时期的"回纥""回鹘"不是一回事。"回回"与"回纥"不是一个种族。但"回回"这个名称，又是由"回鹘"音转来的。清末屠寄《蒙兀儿史记》卷一五五说："蒙兀西征，不暇深辩，举天山南北，葱岭东西，只奉摩诃末（即穆罕默德）信徒，不以波斯、吐火罗、康居、乌孙、大食、突厥，通谓之回纥，而又不能正言，声讹为'回回'。"② 陈垣指出："关于回回名称的起源……实由回纥转变而来。"③

白寿彝总主编、陈得芝主编的《中国通史》第 8 卷说，在 1234 年元太宗圣旨中已有回回之名，但尚难断定是专指伊斯兰教徒，但在 1252 年括户时，回回人作为一类户计登记入籍，与畏兀儿人户区别开来。《户口条画》将伊斯兰寺院称为"回回寺"，可见回回作为伊斯兰教徒的专称已经确定。"至少从世祖时代起，'回回'一名就被专用于指称信奉伊斯兰教的中、西亚人，而不使用会和畏兀儿人混同的'回纥'之名。"④

元代"回回"是当时人口最多的汉民族对这一外来群体的统称，也就是说在元朝初期，"回回"是他称，而非自称，实际上正是这一"他称"确立了"回回"这一内部多元性族群的外边界。但总体来看，元朝初期被"他者"称为"回回"的是一个以信仰伊斯兰教的穆斯林为主体的群体，其内部成分呈多元化，包括不同的民族、不同的地缘群体、不同族系的群体、同一族系的不同部族群体、不同语言文化的群体、不同种族的群体、同一宗教下不同教派的群体、不同职业的群体、不同社会阶层的群体以及少部分的不同宗教信仰的群体，等等。因此，这一"他称"的"回回"是一个含有多个边界清晰的次级群体的族群，但同时，它又是一个以穆斯林为主

① 杨志玖：《元代回族史稿》，南开大学出版社 2003 年版，第 7 页。

② 白寿彝主编：《中国回回民族史》，中华书局 2003 年版，第 3 页。

③ 陈垣：《回回教入中国史略》，白寿彝主编：《中国回回民族史》，中华书局 2003 年版，第 712 页。

④ 白寿彝总主编，陈得芝主编：《中国通史》第 8 卷，上海人民出版社 1997 年版，第 282 页。

体的族群。①

当时西域诸国和阿拉伯、波斯等国的人大量进入中原，在宪宗蒙哥二年（1252）括户时，又正式立"回回户"。由"客居"中国的"华外"之人，到"回回"落籍中国而成为"华内"之人，这是一个国家认同的过程，即自认同与被认同的双向过程，同时也是回回民族形成的过程。

"回回"一词既是对信仰伊斯兰教的民族的通称，也逐渐成为对回回民族的定称。在元代东来的回回人，后来不仅成为中国穆斯林少数民族形成的主要来源，而且也是伊斯兰教在中国得以发展的重要社会基础。因为有了回回人，才使中国穆斯林人数激增，从而使伊斯兰教由在蕃客内部父传子继而走向社会，成为一种独立的宗教信仰。

但是，许多学者指出，对"回回"这一名词还要有更准确的区分。入元以后，特别是明代，回回已经形成了一个新的民族共同体，"回回"则是这个民族的称谓，而"回回教"则是指伊斯兰教，"信仰伊斯兰教的，并不只有回回民族"②。

但在元代的时候，"回回"往往是泛指的，即指称一切信仰伊斯兰教的民族。所以，在本书这一卷中，所用的"回回"一词也并非专指中国境内的"回族"，而是采用当时语境中泛指的阿拉伯人、波斯人以及其他西域人等。

5. 从色目人到回回民族的形成

前文提到，唐宋几百年间多有阿拉伯、波斯商人到中国来从事经商活动并住唐不归，形成所谓"蕃客"。这些蕃商、蕃客"与华人结姻，或取科第"，其后裔即为"土生蕃客"或"五世蕃客"，其绝大部分跟当地居民混融而实现自然同化，这种自然同化现象，一直延至明初。丘浚在《区处畿甸降夷》中指出，"（明）国初平定，凡蒙古色国人散处诸州者，多已更姓易名，杂处民间"，"久之固已。相忘相化，而亦不易以别识之也"。到元代，仍有大批阿拉伯商人入华，这时的泉州以"民夷杂处"著称，穆斯林商人在此安家落户，死后亦埋葬于泉州。广州在明代时有 4 所清真寺。元代庆元的"下蕃

---

① 参见杨文炯：《回族形成的历史人类学解读》，《民族研究》2006 年第 4 期。

② 白寿彝主编：《中国回回民族史》，中华书局 2003 年版，第 105 页。

滩码头"是进口货物汇聚处，占城人和阿拉伯人侨居庆元的不少，至元年间，在庆元灵桥南建立有回回堂。元代来到中国沿海港口城市定居的穆斯林，和唐宋时代留存下来的"蕃客"后代一起，成为日后中国回族穆斯林的重要来源之一。

元朝境内的回回人的来源主要是成吉思汗西征以来中亚、波斯、阿拉伯各地被俘东来的工匠和其他平民，归降蒙古的贵族、官员及其族人、部属，先后签调来的军队，被征辟入仕于元的学者，以及来中国经商因而留居的商人。这些回回工匠或隶属大汗政府，置局、院管领，或分配给诸王贵族领有。后来，他们中的大批人又被遣往中原汉地立局造作。[1]

元代东来的回回军士被编入"回回军""西域亲军"及"探马赤军"中。有的平时分军屯戍，战时抽调作战。中国史书记载过不少在蒙古军队中服役的回回军士在元代落籍于中国各地的事例。如大量编入"探马赤军"的回回军士就被作为蒙古军的前锋和驻戍守卫。元朝建立后，自1273年始，探马赤军就地入社，"与编民等"，即编入户籍另为一类人，称作回回户，转入屯垦牧养的经济生活。有的取得普通农民的身份，有的仍作为屯戍的军户。回回军士农垦的地区，当时散处西北、西南和中原各地。其中宁夏、陕西、甘肃等地是主要地区。据《元史》记载，1288年，元世祖命回回人忽撒马丁管领甘肃、陕西等处，"屯田等户达鲁花赤，督斡端，可失合儿工匠千五十户屯田"。《甘宁青史略》也记载，1291年，"以甘肃旷土赐回回昔宝赤·合散等俾耕种之"。合散任甘肃行省参知政事，替他耕种的想必是回回军士等。今河南、山东一带，元代也有较多的回回屯田。在云南，有1.5万名回回军士遣征缅甸后还戍，屯聚牧养的回回人和当地各族人民共同兴修水利灌溉系统。元代聚居江南的回回人也不在少数，仅1260年就迁徙甘肃凉州寄居回回于江南各卫。上述被签发的回回军士对元代农垦事业的发展和西北、西南的开发作出了贡献，但他们绝大部分没有家眷随行，在各地留居后，与当地汉、蒙古、维吾尔等族居民通婚繁衍，成为中国回族的主要来源之一。在河北的寻麻林一地有3000户回回工匠驻守。

---

[1] 参见白寿彝总主编，陈得芝主编：《中国通史》第8卷，上海人民出版社1997年版，第283页。

在大都有回回人近 3000 户。

在回族的族源上，还有许多非阿拉伯、波斯和中亚的人种。比如"罗哩回回"，这是元代对吉普赛人的称呼。《元史·顺帝纪》至正三年六月条说："是月，回回刺里五百余人济河寇掠解、吉、隰等州。"《元史》上与罗哩有关的记载还有卷二〇《成宗纪》："大德六年九月丁未，中书省臣言：'罗哩等扰民，宜依例决遣置屯田所。'从之。"《元史·唵木海传》说他"癸丑，从宗王旭烈兀征刺里西番"，屠寄《蒙兀儿史记·妥欢帖睦尔可汗本纪》至正三年六月引回回刺里条下注云："唵木海传云：'从宗王旭烈兀征刺里西番'即此回回刺里，似指罗耳。此伍百人盖俘虏居陕西者。"按杨志玖的论断，"罗哩人"就是吉普赛人。元代的"罗哩回回"大多来自波斯，多数信仰伊斯兰教，直到明代还将其称为"回国别种"，其中有的罗哩人融入了回族。

另有宋元时期寓居在占城的穆斯林即"占城回回"，后来许多也迁居中国。而"昆仑回回"则是对今中印半岛南部和南洋诸岛上属于马来人种的穆斯林的称呼，其中也有一些因迁居中国而成为回族先民之一。另外，学术界还一致认为，回鹘有一部分在历史上也成为今天回族的先民。

在陕西、甘肃、宁夏、新疆、山西、河南、山东、河北以及云南等地区形成回回聚集区；在作为区域经济的中心和连接点的中东部地区的城市中亦形成回回的小聚居区，如北京、泉州、广州、扬州、杭州、宁波、南京、济南、西安等。

回回民族在 16 世纪后期有了明显发展。在甘肃、云南等回回人重要聚居区内，不仅原有的回回村屯人口较之从前更加密集，而且还出现许多新的回回村屯。例如在河西肃州，陇右的狄道、河州、巩昌，陇南的徽城、盐道、莲花、张家川，陇东的平（凉）固（原）以及西宁、灵州和金城（兰州）等地，相继涌现许多拥有万户以上的居民点，并逐步将聚居区扩展至洮州和河州等地，几及甘肃全境。《河湟诸役纪要》云："迄明末清初，西起瓜、沙，东至环庆，北抵银、夏，南及洮、岷，所谓甘回及东甘回之踪迹，已无处无之。"在云南，则由昆明、大理、保山、腾越一带，扩充至楚雄、巍山、开远、蒙自、曲溪、嵩明、寻甸、沾益、曲靖等地。云南《蒙化志稿》记载："回族，其先阿刺伯人。元初从世祖取云南，遂占籍。及明洪武中，傅友德、沐英平蒙化，随征而来者留屯田。厥后历年既久，种族蕃盛。"

6. 活跃在中西之间的回回商人

在元代中西贸易中，回回商人担当了重要的角色，发挥着独特的作用。

西域的回回人具有传统的商业才能，而且大多数始终生活在一种多种语言混用的社会氛围中，一般能操回鹘（畏兀儿）、阿拉伯、波斯、蒙古等多种语言，其中有些尚通汉语。由于这样的优越条件，回回人很快就取代了先是粟特人后是回鹘人在丝绸之路上的优势地位，成为丝路国际贸易史上最后一个商业民族。

中亚、波斯和阿拉伯商人历来就是沟通东西方的陆、海丝绸之路上最活跃的人群。早在蒙古西征之前，回回商人就已经活跃在蒙古和华北地区，操纵着不善经商的游牧民与定居农业地区间的贸易。蒙古西征后，由于诸部已经统一，交通大道上设置了驿站，交通更为方便，商旅往来更安全。成吉思汗早就与回回商人建立了关系，在蒙古汗国建立之前，成吉思汗结识了一位贩羊到也里古纳河来的西域商人，后来又有一位"饶于财，商贩巨万，往来于山东、河北"的回鹘人，他鼓动成吉思汗用兵南下。蒙古人西征时，他们还利用经商的方便条件，为蒙古军队提供情报，甚至担任蒙古的使节。

回回商人受到蒙古汗廷和贵族的重视和重用。1218年，成吉思汗命诸子、那颜、将官，各从其部属中抽调两三名西域商人，随花剌子模人马合木等前往中亚搜罗奇物异宝。结果，从这些蒙古贵族的麾下，竟然共集中起来450名西域商人。看来，这时在漠北的西域商人已是成群结队，数以千计了。当时，蒙古贵族迫切需要西域地区生产的锦缎、珍奇宝物、粮食、兵器及酒类饮料等。为此，成吉思汗在大道上设置守卫，颁布命令：凡进入其国土内的商人，一律发给凭照，"而值得汗受纳的货物，连同物主一起遣送给汗"。

由于蒙古人早期在物质上对西域商人的依赖，决定了他们在蒙古帝国中享有较高的地位。史载元末回回人丁鹤年，其"曾祖阿老丁与弟乌马儿皆元初巨商。世祖皇帝徇地西土，军饷不继，遂杖策军门，尽其资归焉"。元朝统一全国后，其经济观念仍局限于畜牧，以致有尽夺汉人之田而为牧地的举动。李璮之叛后，忽必烈不再信任、重用汉人，这时懂得经营理财的西域商人遂成为其政治上的得力帮手。忽必烈时重用的西域人阿合马，即为商人出身。阿合马于中统三年（1262）领中书左右部，兼诸路都转运使，忽必烈"专以财赋之任委之"，说明他在经济管理方面具有才干。阿合马的手下也聚集了一批西域敛财之臣。阿合马死后，这些西域人继续得到重用。卢世荣上书忽必烈，"天下能规运钱谷者，向日皆在阿合马之门，今籍录以为污滥，此岂可尽废？臣欲择其通才可用者，然惧有言臣用罪人"。忽必烈乃谕令："何必言此，可用者用之。"结果，撒都丁、不鲁合散等西域回回人复升为河间、山东等路都转运盐使。泰定帝时，朝廷仍多以回回人理财，一些汉人官员对"时相多西域人"颇有微词。"但是他们毕竟在灾变连年的情况下大体维持了经济的稳定。这时继续采用南粮北运的办法来平抑京畿物价，稳定民间市场。泰定三年海运粮总数达三百三十七万石，实到三百三十五万石，是为元代抵京海运粮的最高纪录。"①

许多回回商人充当了蒙古贵族的"斡脱"。"斡脱"为非汉语语词的音译，契丹语指行帐、宫殿；蒙古语为请酒；而突厥语意为伙伴、商人。② 元代文献中常见的"斡脱"一词，乃专指突厥语之"ortak"。在突厥语中，"斡脱"词义颇广，其原意为同伙、伙伴，或商业组合。因使用突厥语的西域商人往往结成商帮，长途贩运，且自称"斡脱"，故该词又转义为商业团伙，或专指西域商人。"斡脱"一词最早出现在《经世大典·马政篇》中："至元二十六年七月十日，兵部承奉尚书省奏：诸衙门官吏、僧、道、答失蛮、也里可温、斡脱，不以是何军民诸色人户，所有堪中马匹，尽数合买。"该书又载，至元二十六年七月十四日，"兵部承奉尚书省劄付：和尚、先生、也里可温、答失蛮、斡脱等户，但有四岁以上骟马、曳剌马、小马，尽数赴宫中纳，当面给付价钞"。有学者认为，斡脱是元代的一种商业组织，并进而引申为商人。蒙古人不善于做生意，把钱交给斡脱，令其贸易纳税，这种机构以及在这种机构工作的人统称为斡脱。所以有"斡脱钱""斡脱所""斡脱总管府"等词。

"斡脱"经营，则实是元代的一种特殊的商业高利贷活动，它似乎由这一

---

① 白寿彝总主编、陈得芝主编：《中国通史》第 8 卷，上海人民出版社 2004 年版，第 487—488 页。

② 元代"斡脱"这个词是三个非汉语语词的音译，因而有三种含义。一是音译契丹—蒙古语 ordu，意为行帐、宫殿，这个词常译作斡耳朵。二是音译蒙古语 ötök，意为请酒。三是音译突厥语 ortak，意为伙伴、商人。参见黄时鉴：《元朝史话》，北京出版社 1985 年版，第 136 页。

时期东来的西域商人所专门经营，并成为元代社会中一个特殊的社会阶层——斡脱户。《元典章·户部》对"斡脱户"解释为"见奉圣旨、诸王令旨随路做买卖之人"。从大汗到诸王、公主、大臣都把银两交给他们做本钱经商或放债，而收取利息。元朝皇室常以虎符、圆牌、驿传玺书授予木速蛮商人，遣他们赴西域各国购买奇珍异物；他们贩运来的奇珍异物上献后，又索要巨额"回赐"（价值），称为"中卖"。回回商人具有雄厚的经济实力，其商业活动直接影响元朝财政，他们交纳的关税和其他"例献"之物，是元朝中央与地方政府重要的财政来源。元朝廷还给予西域回回商人种种优惠，如免差役、免租税等，更加促进了回回商人的发展。

回回商人在元代的国内外贸易中势力很大，他们的活动地域遍及全国各地，且深入到极北的吉利吉思、八剌忽（在今贝加尔湖地区）等部落，在国际上则伸展到波斯和印度等地。波斯史学家志费尼认为：

> 但在今天，许多真主的信徒已朝那边迈步，抵达遥远的东方国家，定居下来，在那里成家，以致多不胜数。部分人是在河中和呼罗珊被征服时充当军中的工匠和看兽人给驱赶去的；很多来自遥远的西方，来自两伊剌克（Iraqs），来自西利亚（Syria）及其他伊斯兰国家的人，是为生意买卖而跋涉，访问了每个地区和每座城镇，获得了声望，观看了奇景，并且在那些地方抛弃旅杖，决定在那里择居；由此安家落户，修建邸宅和城堡，在偶像庙宇对面建伊斯兰寺院，并创办学校，其中学者讲述课程，求学者由此受教。这犹如圣传说"求学尤当在中国"，指的正是这个时代和生活在这个时代的那些人。[①]

回回商人的商业范围很广泛，他们把国外进口的包括象牙、犀角等在内的宝物，各种布匹、沉香、檀香等香货，不同种类的珍贵药物，以及木材、皮货、牛蹄角、杂物等商品贩运至大都、上都等城镇，把南方的粮食输往大都、上都及北方缺粮地区，把中国的特产如丝绸、瓷器等运到海外。他们在中土"多方贾贩"，其足迹遍及元朝全境。元人许有壬《西域使者哈只哈心

---

① ［伊朗］志费尼著，何高济译，翁独健校订：《世界征服者史》上册，内蒙古人民出版社1980年版，第12页。

碑》说："我元始征西北各国，西域最先内附，故其大贾擅水陆利，天下名城巨邑，必居其津要，专其膏腴。"《元史·朵罗台传》说："回回户计，多富商大贾，宜与军民一体应役，如此则赋役均矣。"说明当时回回商人数量很多，且得免役待遇。陈垣《元西域人华化考》中记有元代诗人"萨都剌曾为商，远商亦波斯、大食人本俗"。据中统四年（1263）的户口登记，中都（后改大都）就有回回人2953户，其中多是富商大贾、势要兼并之家。回回商人有许多以贩卖珠宝为业，元人陶宗仪《南村辍耕录》记载了十余种"回回石头"即阿拉伯宝石，其中说道："回回石头，种类不一，其价亦不一。大德间，本土巨商中卖红剌一块于官，重一两三钱，估直中统钞一十四万锭。"元代诗人马祖常《河湟书事》诗说：

> 波斯老贾度流沙，夜听驼铃识路赊。
>
> 采玉河边青石子，收来东国易桑麻。

在元代，回回商人有许多富商大贾。伊本·白图泰说他在杭州寄宿在一位巨商的家里，"他的子孙在此地继承了他的声望，他们一仍其父辈的怜贫济困之风"。除大商巨贾外，元代回回商人中更多的是小本经营者。他们大半从事长途贩运小宗贸易，经营日用商品，对促进各地区的物资交流起了积极作用。

元朝政府高度重视回回商人在海外贸易中的作用，多委以回回商人从事市舶贸易，鼓励他们"下蕃货卖"。经济史专家王孝通指出："回回既由陆路通商，又有海道兴贩，故其时市舶颇盛。"[1] 至元二十四年（1287），元廷"用桑哥言，置上海、福州两万户府，以维制沙不丁、乌马儿筹海运船"（《元史》）。沙不丁、乌马儿都是回回人。至元二十六年（1289）以"沙不丁上市舶司岁输珠四百斤、金三千四百两，诏贮之以待贫乏者"（《元史》）。元贞二年（1296），又诏令"禁海商以细货于马八儿、呗喃、梵答剌亦纳三蕃国交易，别出钞五万锭，令沙不丁等议规运之法"（《元史》）。"大德六年命江浙平章阿里专领财赋。"（《古今图书集成·经济汇编·食货典》）在泉州、广州、杭州等对外贸易港口城市，唐宋以来就有不少大食商人寓居，入元以后，由于元朝统治者倚重木速蛮商人经营海外贸易，他们的势力更盛。

---

① 王孝通：《中国商业史》，上海书店出版社1984年版，第148页。

第十八章

阿拉伯文化在中国的传播

本章所述的内容主要包含伊斯兰教在内的阿拉伯文化在中国的传播。方豪认为："元以前，传入中国之西域文化，皆属于波斯系即伊兰系者；元以后则阿拉伯色彩之回教文化，代表西域文化。回教人挟其学艺以俱来，在'色目'人中特受蒙古人之重视。京师建立回回国子学，以专授阿拉伯语文，实为阿拉伯文化在中国发扬之最好说明。而最可注意者则为天文、历法、地理及炮术。"①

阿拉伯在 7 世纪迅速崛起，建立起强大的帝国，创造了丰富多彩的阿拉伯文化。这里所说的阿拉伯文化，不仅包括阿拉伯本民族的传统文化，还包括经过阿拉伯人接受和改造过的希腊罗马文化、拜占庭文化、波斯萨珊文化等等。实际上在 7 世纪以后的一段时间里，阿拉伯文化成为历史上各民族文化的集大成者，成了一种世界文化，并对东西方文化的发展都产生了重大影响。举例来说，15 世纪开始的西方文艺复兴，就是从发现了阿拉伯人保存的古希腊哲学、艺术、思想等重要文本开始的。

阿拉伯帝国早在兴起之初，即在中国的唐朝时，就与中国建立了官方交往，特别是贸易关系已经十分繁盛，阿拉伯文化在中国已经有所传播。到了宋元时期，阿拉伯文化在中国的传播达到了高潮。阿拉伯人来了，他们在中国经商，定居，与中国人交往交流，从事政治和文化活动，开展宗教传播活动，因而形成了阿拉伯文化在中国传播的一个高潮。阿拉伯的科学技术、医药学知识、艺术文化以及物产等等，大规模地传播到中国，给中国文化的发展注入了新的因素、新的内容，丰富了中国人的精神和物质文化生活，促进了中国文化的进一步发展。

一 宋辽与阿拉伯的交通往来

1. 宋朝与大食的交往

宋代依唐代习惯，仍称阿拉伯为"大食"。大食帝国的阿拔斯王朝（黑衣

---

① 方豪：《中西交通史》下卷，上海人民出版社 2008 年版，第 401 页。

大食）与宋朝相偕并存了 300 年。阿拔斯王朝前期，曾有百年的鼎盛时代，它与中国唐朝有着密切的官方交往和民间贸易关系。而在 9 世纪中叶以后，阿拔斯王朝出现了分裂割据的局面，东西各小国纷纷独立，各据一方，仅在表面上承认阿拔斯王朝的统治地位。昔日地跨亚非欧三洲、国力强盛的阿拉伯帝国一蹶不振，势力大衰。1055 年，塞尔柱突厥人侵入阿拔斯王朝都城白达（今巴格达），阿拔斯王朝之哈里发在政治上被废黜，但仍保持宗教领袖地位，阿拉伯帝国分裂成众多小国，但这些小国仍视白达为首都，故《岭外代答》称："白达国，系大食诸国之京师也。"

这些小国本来是文明古国的后裔，各有其文化传统，独立或半独立后，根据自己的优势大力巩固政权、发展经济，把各国固有的文化和阿拉伯文化结合起来，在阿拔斯王朝前期文化成就的基础上，发展出各具特色的灿烂文化。在埃及的图龙王朝，叙利亚的哈木丹王朝，波斯的布韦希王朝、萨曼王朝，突厥的伽色尼王朝和塞尔柱王朝等，体现了阿拉伯—伊斯兰文化的高度发展。阿拉伯历史学家将 10—13 世纪称为"多元化文化"发展的时期。[1] 另外，阿拉伯帝国的分裂与衰败并未影响阿拉伯商业的繁荣，阿拉伯商人古老的贸易传统并未随着帝国一起衰落。巴格达依旧是"城市居民衢陌民居豪侈，多宝物珍段"（《诸蕃志·志国·白达国》）。这里的市场依旧繁荣，"巴格达的码头长好几英里，经常停泊着几百艘各式各样的船只，其中也有中国的大船……市场上除各省的货物外，还有中国的瓷器和丝绸、印度和马来群岛的香料"[2]。

唐朝与新兴起的阿拉伯帝国已经有了比较多的来往，唐代来华的西方商人相当多的是阿拉伯人。到了宋代，中国人对阿拔斯王朝后期的形势变化及阿拉伯帝国经济文化的发展，已有所了解。《宋史》《岭外代答》《诸蕃志》中对大食有所记载："大食者，诸国之总名也。有国千余所，知名者特数国耳。""诸蕃国之富盛多宝货者莫如大食国。"其中比较著名的有勿巡、陁婆离、俞庐和地、麻啰跋（麻啰拔、麻离拔、麻罗抹）、麻嘉、吉兹尼、眉路骨惇、勿斯离、陁葛、奴发、哑四包闲、罗施美、木俱兰、伽力吉、毗喏耶、

---

① 参见纳忠等：《传承与交融：阿拉伯文化》，浙江人民出版社 1993 年版，第 92—93 页。

② ［美］希提著，马坚译：《阿拉伯通史》，商务印书馆 1995 年版，第 136 页。

伊禄、白达、思莲、白莲、积吉、甘眉、蒲花罗、弼琶罗、勿拔、瓮篱（翁蛮）、记施、弼斯罗等国。其中，白达国对其他各国有象征意义的宗主国身份，故史书中凡以"大食"为名者，在多数情况下指的是白达国。

上述这些文献对大食与宋朝的交往都有记载。北宋建立初年，宋太祖为扬其国威，招徕他国商人进行贸易，遣僧行勤等157人西行印度求取佛经，顺道诏谕沿路诸国向宋进贡。史载："乾德四年，僧行勤游西域，因赐其王（大食国王）书以诏怀之。"开宝元年（968），大食入贡，由此拉开了大食与宋交往的序幕，大食入宋的贡使贸易很快兴盛起来。开宝四年（971），大食"又贡方物。以其使李诃末为怀化将军。特以金花五色绫纸写官告以赐。是年，本国及占城、门婆（阇婆之误）又致礼物于李煜。煜不敢受，遣使来上，因诏自今勿以为献"（《宋史·大食传》）。据统计，从开宝元年（968）到乾道四年（1168）的200年间，大食入贡宋朝共计52次。这比唐代大食入贡的次数要多、频率更高。但到了南宋，大食入贡次数急剧下降，仅有4次。

据《宋史》《岭外代答》《诸蕃志》等文献记载，当时由海路与宋朝通使贸易的阿拉伯国家，在西亚有白达（巴格达）、弼斯罗（巴士拉）、勾斯离（摩苏尔）、瓮蛮（阿曼）、勿拔（木尔巴特）、层檀（沙特阿拉伯西部）；在非洲有勿斯里（埃及）、层拔（桑给巴尔）、弼琶罗（索马里）等。

在大食诸国向宋朝遣使中，也可能有大食商人冒称国使者。在这些朝贡活动中，仅有少数几次朝贡具备真正意义的国使性质，大部分是商人出面做贡使的，具有明显的商业因素。《宋会要辑稿·职官四四》记载："天禧元年六月，三司言：大食国蕃客麻思利等回，收买到诸杂物色，乞免缘路商税。今看详麻思利等将博买到真珠等，合经明州市舶司抽解外，赴阙进卖。今却作进奉名目，直来上京。其缘路商税不令放免。诏特蠲其半。"

蕃客麻思利等人本来就是商人，为了免去沿途商税，特充作进贡使者。尽管宋朝官员已看透了这些商人的伎俩，但政府还是免去了沿途一半的税。《宋会要辑稿》记载："（宋神宗熙宁）五年六月二十一日，诏大食勿巡国进奉使辛毗陁罗辞归蕃，特赐白马一匹、鞍辔一副。"

在这里，辛毗陁罗的身份为大食勿巡（今阿曼东北部苏哈港）国的进奉使者，但实际上却是一个地地道道的商人。宋苏辙《龙川略志》卷五记载："蕃商辛毗陁罗者，居广州数十年矣，家赀数百万缗。"《宋史·外国列传》

"大食"条记载：淳化四年（993），大食国遣使李亚勿来贡。"其国舶主蒲希密至海南，以老病不能诣阙，乃以方物咐亚勿来献。其表曰：'大食舶主臣蒲希密上言，众星垂象，回拱于北辰。百谷疏源，委输于东海。属有道之柔远，罄无外以宅心。伏惟皇帝陛下，德合二仪，明齐七政。仁宥万国，光被四夷。赓歌洽击壤之民，重译走奉珍之贡。臣顾惟殊俗，景慕中区。早倾向日之心，颇郁朝天之愿。昨在本国，曾得广州蕃长寄书招谕，令入京贡奉。盛称皇帝圣德，布宽大之泽。诏下广南，宠绥蕃商，阜通远物。臣遂乘海舶，爰率土毛，涉历龙王之宫，瞻望天帝之境。庶遵玄化，以慰宿心。今则虽届五羊之城，犹赊双凤之阙。自念衰老，病不能兴，遐想金门，心固俱断。今遇李亚勿来贡，谨备蕃锦药物，附以上献……'"

蒲希密的这篇表文很可能是托人代笔而成，但字里行间流露出仰慕中华的心情，却可见出自内心。也许这篇表文所表达的，是当时来华贸易的许多阿拉伯商人的共同心声。当时的宋太宗对蒲希密的贡献，诏赐敕书、锦袍、银器、束帛等物以答。蒲希密在华贸易经年未归，其子蒲押陁黎千里寻父，在广州相见。蒲希密又遣其子奉表文和贵重礼品进京贡献。

唐代，中国与大食之间的通路，通常的有两条：一条是走陆路，一条是走海路。唐贾耽著录中国入四夷路程，就详细地讲到了这两条路。宋朝与大食间的交通，同样有陆路和海路两条。《宋史·外国列传》"大食"条记载："先是，其入贡路由沙州，涉夏国，抵秦州。乾兴初，赵德明请道其国中，不许。至天圣元年来贡，恐为西人钞略，乃诏自今日取海路由广州至京师。"

仁宗天圣元年（1023），内侍省副都知周文质言："沙州大食国遣使进奉至阙。缘大食国比来皆汎海，由广州入朝，今取道沙州入京，经历夏州境内，方至渭州。伏虑自今大食止于此路出入，望申旧制，不得于西蕃出入。从之。"

由上面两则史料可知，在天圣元年（1023）以前，大食入贡北宋也可由陆路到达京城，其路线是由沙州历河西走廊，下渭州，或经秦州，然后到达汴京。后来，北宋为了遏制西夏势力的发展，禁止大食经过西夏境内。周文质所谓的"旧制"，大约是咸平五年（1002）西夏王李继迁攻陷灵州后制定的。但是这个旧制对大食入贡路线的制约并不是十分奏效，天圣元年，大食又从夏州入宋朝贡，于是，北宋政府不得不重申禁令。禁令的实行无疑会对陆路丝绸之路贸易产生巨大影响，但这并不意味着陆路的完全断绝，因为大食与西夏、辽朝之间也有频繁的贸易，需借道陆路丝绸之路。大食入贡宋朝还可以经由熙州（今甘肃临洮）而往。绍圣三年（1096）十月十五日，熙河兰岷路经略安抚使司言："大食国进奉般次，迷令马斤等赍到表章。缘近奉旨，于阗国已发般次，未到熙州者，表彰进奉物，令本司于熙州军资库寄纳。今者大食国乞赴阙进贡，领取朝廷指挥。诏依于阗已降指挥。"（《宋会要辑稿·番夷四七》）

由此可见，大食与宋朝的贸易，尽管越来越依赖于海路，但陆路贸易并未完全终止。而在大食入贡宋朝的活动中，大食贡使是以由海路来到中国为主。在大食入贡宋朝的使节中，有称舶主的，如蒲希密、李亚勿、蒲押陁黎、陁婆离等人。舶主乃一船之长，所以这些舶主充任使节进贡宋朝，必当走海路无疑。

宋朝与阿拉伯海上交通的繁荣、官方往来的频繁和经济贸易的发展，加强和促进了双边的文化交流。中国发明的指南针在这时传入阿拉伯，并已为阿拉伯海船所应用，对阿拉伯航海事业的发展起到很大作用。火药和火器技术也大约在这一时期传入阿拉伯。与此同时，阿拉伯文化也继续传入中国，给中国文化的发展以一定的影响。

宋朝还通过与阿拉伯的海上交通，进一步与非洲、欧洲建立了联系。关于宋朝与非洲的交往，将在后面有关非洲一章中论述。关于宋朝与欧洲的交往，《宋史·外国列传》"拂菻国"条记载，元丰四年（1081）四月，拂菻国即拜占庭"其王灭力伊灵改撒始遣大首领你厮都令厮孟判来献鞍马、刀、剑、真珠"。有研究者认为，这里说的拂菻国王灭力伊灵改撒，即东罗帝国皇帝迈克尔（Michael Ducas）。但迈克尔已于元丰元年（1078）年被废黜，可能其使者或早遣出，因亚洲大陆行旅不便，羁留途间，致延迟至元丰四年（1081）始抵宋朝汴京。《宋史》又记载："元祐六年，诏别赐其王帛二百匹、白金瓶、袭衣、金束带。"另外，《岭外代答》《诸蕃志》中也有对大秦国或地中海及欧洲诸国的记载。

2. 宋朝与大食的贸易

宋代中国与阿拉伯的贸易，既有官方贸易，又有民间贸易。官方贸易即传统的朝贡贸易形式，由大食使节入宋时进行。北宋初期，大食国曾派一位僧侣，与西域另一国家的僧侣一起至汴京朝贡，这位僧侣还向北宋皇帝报告了本国的地理位置和社会政治经济情况，此事记载在《宋史·外国列传》"天竺"条中："雍熙中……又有婆罗门僧永世与波斯外道可里烟同至京师。永世自云：'本国名利得，国王姓牙罗王得，名阿喏你缚，衣黄衣，戴金冠，以七宝为饰，出乘象或肩舆，以音乐、螺、钹前导，多游佛寺，博施贫乏……其国东行经六月至大食国，又二月至西州，又三月至夏州。'阿里烟自云：'本国王号黑衣，姓张，名哩没。用锦彩为衣，每游猎，三二日一还国。署大臣九人治国。无钱货，以杂物贸易。其国东行六月至婆罗门。'"

"雍熙中"指宋太宗雍熙元年至四年（984—987）中的某一年。"婆罗门"指天竺国。"波斯外道"指基督教僧侣，唐朝称由波斯东传的聂斯脱里派即景教所建的基督教堂为"波斯寺""波斯十字寺"，所以佛教徒称基督教徒为"波斯外道"。"西州"指高昌回鹘国，"黑衣"即黑衣大食。

阿拉伯商人来东方和中国贸易，或合伙，或自备船舶和船货独资经营。阿拉伯地理学家伊本·豪卡尔（Mohammed Abul Kassem ibn-Hauqal）在写于977年的《地球的面貌》（*The face of the Earth*）中记载，他于961年在巴士拉遇见了一位名叫阿卜·贝克尔·阿赫迈德·西拉菲的富商，常常从自己的船队中装备一艘驶往印度或中国的货船。他把全部船货交给合伙人，从不索要报偿。到宋朝经商的大食商人多拥有雄厚的资产，动辄数以百万计，而且还把持着非洲的优质象牙与阿拉伯地区的香药与宝货，宋朝向海外购进的香料，首要的就是原产于阿拉伯地区的乳香。宋朝对乳香的大量需求，刺激着大食商人甘冒海上航行的危险，不远万里而来，从而导致双方之间的贸易呈现出一派欣欣向荣的景象。

北宋时，来广州港贸易的阿拉伯商人最多，所征收的关税位居全国第一。宋朝在珠江之滨特设蕃坊，以供各国蕃商聚居，并置蕃长，负责"蕃坊公事"和"招邀蕃商"来华贸易。此蕃长多由大食巨商担任，如宋神宗时代的蕃长辛押陀罗、蒲陁波罗慈等都是大食人。

阿拉伯与宋朝的贸易，如上所述，有官方贸易和民间贸易。从《宋史》《宋会要辑稿》等文献的记载来看，大食使节每次入宋，都贡献多种方物。宋朝也向大食回赐各种物品，主要有金银、铜铁、丝织品、瓷器以及其他高级工艺品等，数量都很大。民间贸易规模更大，交易品种也很广泛。

在双边的贸易中，由中国输往阿拉伯各国的货品，以丝绸和瓷器为大宗。另外，还有相当多的药物，如从《宋会要辑稿》中记载的互市药品来看，有朱砂、人参、牛黄、茯苓、茯神、附子、水银、白附子、川芎、雄黄、川椒、石钟乳、白术、芜荑、山茱萸、茅术、防风、杏仁、五苓脂、黄耆、土牛膝、石斛、肉桂、天南星、秦皮、橘皮、鳖甲、官桂、红豆、生姜、黄芩、龙骨、蔓荆子、金毛狗脊、五加皮、菖蒲等近60种，由阿拉伯和中国商船输往阿拉伯各国。从阿拉伯输入中国的货品有香料、药物等数十种，品种繁多，物色齐全。白寿彝认为："唐时大食商品，以珍宝驰名于世。宋时则以犀象，尤其是香药，为人所重。"① 阿拉伯输入中国的货物大致可分为珍宝、犀象、香药三大类。其中珍宝以及特产之类大多数只能作为进贡物品出现，作为大宗的交易商品，有宋一代应以犀象、香药为最多。

（1）珍宝，如真珠、珊瑚、琥珀、琉璃之类。

（2）犀象即犀角和象牙。《诸蕃志》记载："象牙出大食诸国及真腊、占城二国，以大食者为上，真腊、占城者为下。大食诸国惟麻啰抹最多。"大食所出象牙其特点是株大、端直、洁白、纹理密细，而真腊、占城所出象牙株小色红。至道元年（995），蒲押陁黎来宋朝进贡，太宗问及其国特产，得到的答复是"为犀象及香药"。蒲押陁黎详细叙述了捕捉大象的方法，虽然其进贡物品中并没有犀角与象牙，但此前其父蒲希密曾一次向宋朝进贡象牙50株，由此可见这个家族应该经营着一定规模的犀象生意，但比起南宋初年来中国的大食商人蒲亚里却稍逊一筹。蒲亚里一次就进贡象牙209株、犀角35株，仅象牙就值钱5万余贯，以至于提举广南路市舶张书言认为数目过多，难以接受。由此可见，大食商人在中国象牙市场上应占有一定的优势。

（3）香药。大食的香药则更为宋人所青睐，其中最突出的便是乳香。《诸蕃志》记载："乳香一名薰陆香，出大食之麻啰拔、施曷、奴发三国深山穷谷中。"麻啰拔、施曷、奴发三国皆在阿拉伯半岛东南部之哈德拉毛海岸，其中麻啰拔、施曷自古以盛产乳香闻名于世，有"乳香国"之称。奴发即今之佐法儿，为古代阿拉伯的一大香料集市。缘此，大食不乏经营乳香的巨商，南宋时大食蕃客蒲啰辛一次就贩运乳香值钱30万缗，南宋政府特补其为承信

---

① 白寿彝主编：《中国回回民族史》上册，中华书局2003年版，第272页。

郎。由于乳香用途的广泛，宋廷常常是大量收买乳香，对乳香贸易常作特别的奖励。香药的进口对于宋朝的日常生活影响很大，前文有专门的讨论。

（4）其他特产。如蕃锦、花锦、碧黄锦、越诺、白越诺、细驼毛褥面、红驼毛、间金线碧衣、绣丝、红丝、花蕊布、蕃花簟、白砂糖、千年枣、五味子、褊桃、金饰寿带、连环簪、臂钩、念珠等。

3. 三佛齐：宋朝与大食交往的中转站

在唐宋时期的南海贸易中，阿拉伯商船一度垄断了地中海、印度洋、南洋、南中国海的航行。有的阿拉伯商人把他们的商业总店设在南洋群岛，来往于广州、南洋之间。例如三佛齐在宋朝和阿拉伯的贸易中就起着重要作用。

在唐朝经营海上贸易之路中，位于印尼的室利佛逝是一个重要的中转站和交汇点。它是南海上的一大港口，在中国与印度、与大食的交通贸易中起到了居间的作用。唐僧义净赴印度求法取经，往返都经过室利佛逝，并在那里居留了一段时间。唐昭宗天祐元年（904），中国文献将室利佛逝改称为"三佛齐"，时以勃林邦为首都。"三佛齐"是阿拉伯语"Zabadj"和爪哇语"Samboja"的对音。

《诸蕃志》对三佛齐的记载有几点值得注意：一是三佛齐"管州十有五"，这15个州约在马来半岛、苏门答腊和爪哇西部等地区，其领地远比当年室利佛逝大。二是三佛齐在泉州正南方，航程为顺风时一个月。三是三佛齐的物产相当一部分"皆大食诸蕃所产，萃于本国"。四是三佛齐扼诸蕃舟车往来之咽喉，凡往来商船，必须入港，否则"即出船合战，期以必死，故国之舟辐辏"。可见当时三佛齐是一个海上强国，成为当时国际贸易甚为发达的国家，并试图垄断东南亚与中国及西方的贸易。

在大食通往中国的海路上，三佛齐为中国与大食贸易的中转站，无论是大食商人来华，还是宋朝商人去大食，都要经过这里。《诸蕃志·大食国》记载："大食在泉之西北，去泉州最远。蕃舶艰于直达，自泉发船四十余日，至蓝里博易住冬，次年再发，顺风六十余日方至其国。本国所产，多运载与三佛齐贸易，贾转蕃以至中国。"蓝里也即蓝无里，在今之苏门答腊岛西北端，为三佛齐属国。三佛齐在今苏门答腊岛东南部，朱彧《萍洲可谈》卷二说："最号大国，有文书，善算……是国正在海南，西至大食尚远，华人诣大食，至三佛齐修船，转易货物，远贾辐辏，故号最盛。"《岭外代答》记载："三佛齐国，在南海之中，诸蕃水道之要冲也。东自阇婆诸国，西自大食、故临诸国，无不有其境而入中国者。"

三佛齐是一个大的国际贸易集散地，大食商人常常将货物运载到三佛齐进行贸易，把其中的一部分商品卖于三佛齐，然后购买本国所没有的商品，前往宋朝进行贸易。而三佛齐亦将从大食商人手中得到的商品贩运到宋朝销售。所以在三佛齐运销到中国的货品中，有许多商品是大食特有的，如乳香、蔷薇水、木香、万岁枣等。《岭外代答》记载："国无所产……蕃舶过境，有不入其国者，必出师尽杀之，以故其国富犀象、珠玑、香药。"

唐以后的五代十国时，据有福建七州的闽国在王审知的治理下，文化和经济较为落后的福建开始有所发展。王审知开辟海港，奖励海外贸易，招徕外国商贾，使福州成为当时对外贸易的大商港。他派人到三佛齐国进行贸易。此事对以后福建商人到东南亚，特别是到苏门答腊和爪哇等地进行贸易有一定的积极影响。《龙溪县志》记载："南唐保大中，有三佛齐国将军李某以香货诣本州易钱，营造普贤院，手书法堂梁上。"可见当时三佛齐与中国的贸易关系是比较密切的。

宋朝开国之初，三佛齐便遣使入朝。据《宋史·外国列传》"三佛齐"条记载："建隆元年九月，其子悉利胡大霞里檀遣使李遮帝来朝贡。二年夏，又遣使蒲蔑贡方物。是冬，其王室利乌耶遣使茶野伽、副使嘉末吒朝贡。其国号生留，王李犀林男迷日来亦遣使同至贡方物。三年春，室利乌耶又遣使李丽林、副使李业末、判官吒吒壁等来贡……开宝四年，遣使李何末以水晶、火油来贡。五年，又来贡。七年，又贡象牙、乳香、蔷薇水……八年，又遣使蒲陁汉等贡方物……太平兴国五年，其王夏池遣使茶龙眉来……八年，其王遐至遣使蒲押陁罗来贡水晶佛、锦布、犀牙、香药……端拱元年，遣使蒲押陁黎贡方物。"据此可知，在960—988年的28年间，三佛齐有10次遣使入宋，平均不到3年就遣使一次。11世纪以后，三佛齐仍与宋朝往来不断。据统计，三佛齐从宋朝立国之始，到1178年的200多年间，先后遣使20多次，与中国保持了极为密切的友好关系。

三佛齐的朝贡，所献礼品除了本地特产之外，大多数是来自大食的产品。所以我们看到，上述贡品中在大食运销中国的货物中也出现过。因此，在一定意义上说，三佛齐承担了大食商品向中国的转运功能。

除了官方的往来进行朝贡贸易外，还有一些三佛齐商人来华进行贸易活动，宋商也有很多赴三佛齐进行贸易。宋洪迈《夷坚志》甲志卷七记载，"泉州僧本俏说，其表兄为海贾，欲往三佛齐"；南宋绍兴八年（1138）立在福建莆田"祥应庙碑"，记述大观元年（1107）"泉州纲首朱纺舟往三佛齐国，亦请神舟，行迅速，无有艰阻，往返不期年，获利百倍，前后贾于外蕃者未尝有是"。绍兴二十六年（1156），三佛齐商人莆晋中仅乳香就有8万斤、胡椒1万升、象牙40斛，名香宝器甚众。元丰五年（1082），三佛齐国舶主向广州提举市舶孙迥赠送龙脑和布，孙迥不敢私自收纳而向朝廷报告，诏令按价收入官库，并全部用绢帛优惠回报。三佛齐商人在华定居的也不少，"三佛齐之海贾，以富豪宅，生于泉者，其人以十数"。

在当时爪哇岛上的阇婆国，与宋朝也有往来。阇婆于北宋淳化三年（992）和大观三年（1109）遣使至宋朝。除官方通使往来频繁以外，民间贸易也很发达。据《宋史·外国列传》"阇婆"条记载，"中国贾人至者，待以宾馆，饮食丰洁"；淳化三年（992），阇婆使者入宋，说"今主舶大商毛旭者，建溪人，数往来本国，因假其向导来朝贡"。可知此福建商人毛旭是经常去爪哇贸易的。

宋朝与渤泥国的关系也比较密切。渤泥国一般认为即今加里曼丹岛。《宋史》记载渤泥国王两次遣使入宋："太平兴国二年，其王向打遣使施弩、副使蒲亚里、判官哥心等赍表贡大片龙脑等物。"这些使节是由一名叫蒲卢歇的商人充当向导的。《宋史》记载："向打闻有朝廷，无路得到。昨有商人蒲卢歇船泊水口，差人迎到州，言自中朝来，比诣阇婆国，遇猛风破其船，不得去。此时闻自中国来，国人皆大喜，即造船舶，令蒲卢歇导达入朝贡。"元丰五年（1082），"其王锡理麻嗒复遣使贡方物"。宋与渤泥国也有贸易往来。宋商到渤泥贸易，往往受到很好的礼遇。《诸蕃志》记载："番舶抵岸三日，其王与眷属率大人（王之左右曰大人）到船问劳。船人用锦藉跳板迎，肃款以酒醴，用金银器皿、禄席、凉伞等分献有差。既泊舟登岸，皆未及博易之事。商贾日以中国饮食献其王，故舟往佛泥必挟善庖者一二辈与俱。朔望并讲贺礼。几月余，方请其王与大人论定物价。价定，然后鸣鼓以召远近之人，听其贸易。价未定而私贸易者罚。"等到"船回日，其王亦醱酒椎牛祖席，酢以脑子、番布等，称其所施"。

4. 辽朝与大食的交往及贸易

在宋朝积极发展与大食的往来贸易的同时，与两宋政权先后鼎立的辽、西夏、金等政权也同大食等国家建立了朝贡和贸易关系，留下了穆斯林活动的足迹。

辽朝在与西域的交通中，除了与高昌回鹘、哈剌汗王朝保持着密切的友好往来和贸易关系外，还与波斯、大食等国有通使和贸易。《辽史·太祖本纪》记载：天赞二年（923）六月，"波斯国来贡"。这里的"波斯"即萨曼王朝，当时受阿拉伯帝国阿拔斯王朝统治。《辽史·太祖本纪》记载：（天赞三年八月）"癸亥，大食国来贡。""天赞三年"为924年，可见辽朝创立不久，大食国就主动与其建立外交关系。《辽史·属国表》中，列有波斯、大食、沙州、阿思濒（即阿萨兰回鹘）、于阗等。南宋叶隆礼《契丹国志·诸小国贡进物件》中，列有大食等8个国家和地区，后文接着说："已上诸国三年一次遣使，约四百人，至契丹贡献玉、珠、犀、乳香、琥珀、玛瑙器、宾铁兵器、斜合黑皮、褐里丝、门得丝、帕里呵、礵砂、褐里丝。""已上皆细毛织成，以二丈为匹。契丹回赐至少亦不下四十万贯。"契丹指辽朝，"斜合黑皮"应作"斜合里皮"，这是用硇砂鞣制而成的红色牛皮和马皮，为西域特产，是做皮靴的高级原料。"门得丝"即今新疆和田等地盛产的麦德莱斯花绸。"褐里丝"也是塔里木盆地出产的丝织品。"帕里呵"当作"帕黑呵"，为新疆喀什产的花绸。"礵砂"为"硇砂"的误写，它既是鞣制高级皮革的重要原料，又是矿物质药品。从这条记载看，大食国至少每3年遣使一次，人数多达400人，从贡物品种看，犀牛角、乳香、琥珀、玛瑙器产于阿拉伯地区，为大食商人对外贸易的常见商品。

《辽史·圣宗本纪》记载：（开泰八年十月）"壬寅，大食国遣使进象及方物，为子册割请婚。"（太平元年三月）"是月，大食国王复遣使请婚，封王子班郎君胡思里女可老为公主嫁之。""开泰八年"为1019年，"太平元年"为1021年。由于大食国王一再为王子册割求婚，辽圣宗将侄孙女可老嫁给大食王子册割为妻，双方建立了舅亲关系。

后来，辽朝濒亡，耶律大石意欲西迁时，最初就是打算去大食。可见辽朝与大食的关系一贯是很友好的。

11世纪中亚木鹿伊斯兰学者马卫集（Sharaf al-Zamān Tāhir Marvazi）在其

著《动物之自然属性》第 8 章第 22 节载录有契丹皇帝致伽色尼算端书，书中建议双方通好。书末注明写于鼠儿年，当为辽圣宗太平四年（1024）。伽色尼王朝是大食帝国领域内分离出来的突厥人国家。辽圣宗在使者携带的国书中表示希望修建由辽至伽色尼的道路，以便两国使臣往还。这一记载说明，辽朝对发展同西亚，尤其是大食的关系是非常重视的。

辽朝与大食帝国尽管相距遥远，但二者间的贸易却是相当繁盛的，除朝贡外，还存在着其他多种贸易形式。西夏与辽长期保持着较为友好的关系，大食很可能通过西夏境内入辽进贡。马卫集记载了从喀什噶尔，经叶尔羌、和田、沙州、可敦城到辽上京的路线。该路线当即大食商人东行辽朝之道。

唐宋时期，阿拉伯地区的玻璃制品通过丝绸之路大量流入辽朝，备受辽人的喜爱，所以在现已发现的辽代文物中，有不少阿拉伯地区的玻璃制品。1974 年，在对辽宁省法库县叶茂台早期辽墓进行发掘时，出土了一件"玻璃方盘"，器形特殊，面呈正方形，中间微凹，四周镶裹银边。下有 4只袋形足，袋足之间，有阴弦纹沟通。玻璃器原裂成 3 块，用 3 个小银锔子将玻璃锔合在一起。玻璃绿色透明，壁较厚，4—5 毫米，铸造成形，成形后经过打磨，打磨痕迹很清楚，可能产自伊拉克或埃及，使用于放置不同的调味品。[①] 辽宁省朝阳市姑营子辽代耿氏墓（开泰八年，1019）出土的带把玻璃杯，呈圆筒状，腹部急收成假圈足，口、腹部附一把手，把上端一角翘立，具有典型的伊斯兰玻璃器特征，与伊朗高原喀尔干出土的玻璃把杯有着相同的造型。[②] 与姑营子辽代耿氏墓出土的带把玻璃杯完全一样的器物在内蒙古自治区通辽市奈曼旗青龙山镇辽代陈国公主夫妇合葬墓（开泰七年，1018）中也有发现。这些器物，与德国杜塞尔多夫市博物馆藏品中的 9—10世纪近东或伊朗产的带把杯相近。沙特阿拉伯利雅得伊斯兰艺术馆收藏的一件带把玻璃杯，被认定为 9—10 世纪的产品，也与姑营子辽代耿氏墓、青龙山镇辽代陈国公主夫妇合葬墓所出同类器物相近。可以肯定，辽墓所出这两

① 参见马文宽：《法库叶茂台早期辽墓出土的伊斯兰玻璃调味方盘》，《中国历史文物》2002 年第 3 期。

② 参见朝阳市博物馆：《辽宁朝阳姑营子辽耿氏墓发掘报告》，《考古学集刊》第 4 辑，文物出版社 1983 年版。

件相同的玻璃杯可能是从伊朗输入辽境的。① 此外，在陈国公主夫妇合葬墓中还出土有乳钉纹玻璃杯 1 件，口颈漏斗形，圆腹圈足；刻花玻璃瓶 1 件，细长颈，折肩，桶形腹，腹部刻几何纹，② 与喀尔干出土的 9—10 世纪玻璃把杯的器形极为相近。在河北省定州宋代静志寺塔地宫出土有类似的玻璃瓶，③ 与德黑兰考古博物馆藏你沙不儿出土的 10 世纪水瓶的形状和纹饰几无二致。④ 这些玻璃器皿属于伊斯兰风格，应系包括伊朗在内的大食商人传入辽朝境内的。

在辽代金银器中，也可以找到波斯金银器的遗风。如内蒙古自治区赤峰市阿鲁科尔沁旗罕苏木乡发现的辽代耶律羽之墓中出土有鎏金"孝子图"银壶，⑤ 在赤峰市克什克腾旗二八地一号辽墓出土有"大郎君"银壶，形制均为敞口、束颈、折肩、圆腹、圈足，⑥ 与俄罗斯米努辛斯克盆地西部叶尼塞河上游的科比内二号突厥墓出土的折肩金杯非常相似，纹饰和錾文为中国式，应为仿突厥的造型。联珠纹装饰又是波斯萨珊王朝银器的做法，饱满圆润，技法高超。辽代早期高足杯的形状在唐代金银器中不见，杯身宽浅，呈敞口盘形，圈足矮小，如赤峰市元宝山区大营子辽代驸马墓出土的鎏金团龙戏珠纹银高足杯。⑦ 这种类型的高足杯，与中亚巴拉雷克发现的 5 至 6 世纪嚈哒壁画中人物手中的同类器物相近。流传到国外文物市场的辽太平年间（1021—1031）制双凤纹金高足杯口缘有一周联珠纹，杯身比早期稍有增高，圈足矮，但有增大的趋势，其器形具有明显的波斯风格。

此外，大食马也被输入辽朝。据《辽史·属国表》记载，圣宗统和二十

---

① 参见内蒙古自治区文物考古研究所、哲里木盟博物馆：《辽陈国公主墓》，文物出版社 1993 年版，第 157 页。

② 参见内蒙古自治区文物考古研究所、哲里木盟博物馆：《辽陈国公主墓》，文物出版社 1993 年版，第 57—58 页。

③ 参见河北定县博物馆：《河北定县发现两座宋代塔基》，《文物》1972 年第 8 期。

④ 参见安家瑶：《中国的早期玻璃器皿》，《考古学报》1984 年第 4 期。

⑤ 参见盖之庸：《探寻逝去的王朝——辽耶律羽之墓》，内蒙古大学出版社 2004 年版，第 61 页。

⑥ 参见项春松：《克什克腾旗二八地一、二号辽墓》，《内蒙古文物考古》1994 年第 3 期。

⑦ 参见前热河省博物馆筹备组：《赤峰县大营子辽墓发掘报告》，《考古学报》1956 年第 3 期。

四年（1006）六月，"沙州敦煌王曹［贤］寿遣使进大食马及美玉，以对衣、银器等物赐之"。说明通过敦煌地区大食马也到达了辽朝宫廷。

三 元朝与伊儿汗国的交往

成吉思汗西征时，蒙古军占领了里海的南岸和西岸，并且迫使小亚细亚的罗姆地方臣服，奉献贡赋。1231年，窝阔台汗遣3万蒙古军西征，征服和招降了波斯大部分地区。其后，格鲁吉亚、亚美尼亚、小亚细亚的塞尔柱王朝等国也先后归附蒙古。1253—1260年，蒙古人又发动了第三次西征，由旭烈兀统率，旭烈兀率大军远征波斯，两年内攻陷100多座城池。1258年，蒙古军队攻占巴格达，推翻了阿拉伯帝国阿拔斯王朝；1260年，蒙古军队又攻下大马士革，并在征服的领土上建立伊儿汗国。伊儿汗国的版图以伊朗为中心，包括今天的土耳其、伊拉克、阿塞拜疆、亚美尼亚和格鲁吉亚等地，建都城于今伊朗北部的大不里士。所以，阿拉伯帝国故地的大部分地区被纳入伊儿汗国的范围。

伊儿汗国和元朝统治者同属拖雷后裔，关系较其他汗国尤为密切。在元朝与察合台、窝阔台两系的斗争中，伊儿汗国总是站在元朝方面。在名义上，伊儿汗国保持对元朝蒙古大汗的臣属地位。伊儿汗的称号是元世祖忽必烈所封，突厥语"Ilkhān"是部族首领，意思是蒙古大汗的附庸。旭烈兀被尊称为大伊儿汗，是这个波斯蒙古王朝的奠基者。旭烈兀死后，其子阿八哈于1265年即位。因未奉元朝册封，阿八哈设小座在汗位下，受朝臣祝贺。据拉施特《史集》记载，阿八哈说："忽必烈合罕是长房，怎能不经他的诏赐就登临汗位呢？"因此，"尽管他是王冠和王位的拥有者，但在忽必烈合罕陛下的急使送来以他的名义颁发的玺书前，他端坐在椅子上治理国家"。直到5年后，1270年11月，忽必烈册命到达大不里士，阿八哈才举行登基大典，接受元朝送来的冠服，正式称汗。自阿八哈开始，历代伊儿汗都必须受元朝蒙古大汗的册命。元朝蒙古大汗还曾向伊儿汗颁发过刻有汉字篆书"辅国安民之宝"和"真命皇帝和顺万夷之宝"的印章。历代伊儿汗"和中国诸大汗关系特别密切，并且对之尊敬"。① 一些伊儿汗廷有殊勋的权贵，也往往由大汗赐予官爵。伊儿汗娶妃，也以请大汗赐婚为殊荣。阿鲁浑之妃卜鲁罕去世，遗命非其族人不得袭其位为阿鲁浑妃。因是阿鲁浑派遣使者前往蒙古大汗廷，请求大汗赐婚。于是忽必烈选阔阔真公主由使者护送至伊儿汗国。马可·波罗就是在这次护送公主之后返回威尼斯的。

伊儿汗国与元朝之间的官方使节往来频繁。据《元史·伯颜传》记载，元至元初年，旭烈兀派遣伯颜入元奏事。"世祖见其貌伟，听其言厉，曰：'非诸侯王臣也，其留事朕。'"《元史·成宗本纪》记载："大德八年秋七月癸亥，诸王合赞自西域遣使来贡珍物。"直到元代末期，伊儿汗国仍遣使不断。如泰定元年（1324）至泰定四年（1327），伊儿汗不赛因11次派遣使节入元，献文豹、虎、狮子、马、佩刀、珠宝等物，元廷亦回赐不赛因金、银钞等，并两次遣使赴伊儿汗国。又据记载，至顺元年（1330）至至顺三年（1332），不赛因又5次遣使入元。

另外，波斯史家瓦萨甫（Wassaf）也记载伊儿汗国两次遣使入元之事。一次是元大德二年（1298），合赞汗遣使阿合马特（Melik Mo'azzam Fakhr-ed-din Ahmed）和博开伊尔洛（Bocai Ilchi）二人，往东方大汗之廷，献珍珠异物、虎豹等兽。合赞汗给使者重金，让他在中国购买物品。使者抵大都后，大汗命给伊儿汗以旭烈兀离东后所积40余年之岁赐，优待诸使，诸使居大都4年而归。瓦萨甫记第二次使节，于元皇庆元年（1312）离波斯。大汗阿裕尔巴里巴特喇（Ayur Bail Batra，《元史》爱育黎拔力八达，即元仁宗）即位后，遣使者阿雅基丞相（Ayadji Chinksank）及代甫雷武沙（Devlet Shah）二人持诏书至伊儿汗国。1312年2月抵八吉打城，递诏书于鄂尔介都算端。鄂尔介都亦遣使报之，并命使者取累年所积岁赐。忽必烈大举征宋时，遣使征炮匠于伊儿汗国，阿八哈汗应命派回回炮手东来，把回回炮技术传入中国。

元朝还多次向伊儿汗国派遣使节。如前面提到的常德即是奉使出访伊儿汗国的。在泰定年间和至顺年间伊儿汗频繁遣使入元时，也有元朝使节西去访问伊儿汗国。大德八年（1304），杨枢西至伊儿汗国。杨枢此行，以大德八

① 参见［法］雷纳·格鲁塞著，龚钺译，翁独健校：《蒙古帝国史》，商务印书馆1989年版，第304页。

年"发京师，十一年乃至其登陆处曰忽鲁模思。是役也，君往来长风巨浪中，历五星霜。凡舟楫、糗粮、物器之需，一出于君，不以烦有司。既，又用私钱市其土物、白马、黑犬、琥珀、蒲萄酒、番盐之属进"。可见，使臣往来，都兼营贸易。伊儿汗国所处的地理位置自古以来就是中西交通要道，过境贸易一直是汗国重要财政来源，而汗国内的回回商人又是当时中西贸易中的活跃力量，所以有元一代，伊儿汗国与元朝的贸易往来很频繁，双方使臣兼做官方贸易，民间的贸易往来也很广泛。前文述及回回商人在元代对外贸易中的作用，其中有一部分回回商人就是往来于中国内地与伊儿汗国之间，做珠宝即所谓"回回石头"生意的。

在元朝派往伊儿汗国的使节中，最著名的一位是孛罗。① 他在古代中国和波斯的关系史上是一位很有影响力的重要人物。孛罗是元朝重臣，深得忽必烈的信任。1271 年，孛罗被忽必烈任命为御史中丞兼大司农卿，主持司农事务，并兼领侍仪司事；1275 年升为御史大夫，1277—1283 年任枢密副使，并兼宣徽使；后来还担任过中书丞相。1283 年，忽必烈派遣孛罗出使伊儿汗国，有爱薛等人同行。他们由海道抵达忽里模子港，从这里进入伊儿汗国。这也就是几年后马可·波罗西返的路线。

伊儿汗国建国之初，以元朝的经济、政治制度为效法的典范，在许多方面模仿中国。孛罗出使伊儿汗国后，便为当时的伊儿汗阿鲁浑留用宫中，从此孛罗便在伊儿汗国任职，直到 1313 年在那里去世。合赞汗在位期间，孛罗受到充分的信任，执掌汗廷的万人亲卫军。合赞汗是伊儿汗国历史上一位有为的君主，他与元朝保持密切的关系，使用元朝颁发的汉文国玺，同时又以伊斯兰教为国教，使伊儿汗王国成为信奉伊斯兰教的王朝，加速了蒙古政权与伊斯兰文化的融合。合赞汗任命拉施特为宰相，在国内进行了一系列改革，改善政治生活和社会经济，制定新的土地、赋税、驿站、货币等制度，限制蒙古贵族、将校和官吏对人民的横征暴敛，使农业、工商业得到发展，财政收入也得到了增加。他还鼓励发展科学文化，在首都

---

① 此孛罗被认为与马可·波罗是同一人。19 世纪法国学者波蒂（Pauthier）首先主张马可·波罗就是 1277 年任枢密副使的孛罗。英国学者裕尔和张星烺也持此说。但英国学者帕克尔（Parker）和法国伯希和则主张此孛罗并不是马可·波罗。关于孛罗的出身及生平事业，见余大钧：《蒙古朵儿边氏孛罗事辑》，《元史论丛》第 1 辑，中华书局 1982 年版，第 179—196 页。

兴建天文台，设立学校，命宰相拉施特编纂《史集》。合赞汗通晓多种语言，对天文、医学和许多工艺都颇有知识，尤精通历史，被誉为贤君。孛罗与拉施特过从甚密，深受后者的信赖和尊重，很可能对这次改革产生过重要影响。

元代，伊儿汗国境内波斯、阿拉伯各族人入元做官、经商、行医和从事手工业者甚多，汉族官员、文人、工匠留居伊儿汗国者亦为数不少，双方来往如同一家，经济、文化交流达到空前规模。

四 阿拉伯科技文化在中国的传播

1. "西域仪象"与"回回司天台"

阿拉伯的天文学十分发达。阿拉伯的科学家对天文学一直保持着浓厚的兴趣，他们已经能够娴熟地运用诸如星盘、等高仪、象限仪、日晷仪、天球仪和地球仪之类的天文仪器从事天文学研究。很多天空中的恒星，如毕宿五、河鼓二，以及很多天文学的术语，如照准仪、地平经度和高度方位仪，来源于他们的阿拉伯名字。阿拉伯天文学继承了前人的科学遗产，如古代希腊—罗马、波斯甚至印度的天文学等。当伊斯兰天文学自成体系后，它又影响和推动了世界其他文明的进程。而在这一推动过程中，伊斯兰天文学在和中华文明的交融中，极大地影响和丰富了中国的天文学。

早在唐代，阿拉伯天文学就已向中国传播。前文述及唐代的《九执历》，可能受到阿拉伯历法的某些影响。中国传统历法以周天为365度。清代《历代职官表》明确指出：《九执历》是中国"回回星学"之始。清代天文学家梅文鼎也指出：以360度为周天"实本回回"，唐之《九执历》正是回回历法之权舆。

回回天文学的传入，最早可上溯到宋代初期，据创谱于明朝成化年间的两种回族家谱《怀宁马氏宗谱》和《青县马氏门谱》记载，北宋太祖建隆二年（961），精通西域历法的阿拉伯人马依泽"应召入中国，修天文"。参与由司天少监王处讷主持的《应天历》的编撰工作。《应天历》分6卷，分别为《历经》《算经》《五更中星历成》《晨昏分立成》《昼夜日出入立成》和《暑影立成》。《应天历》在中国历史上首次引进了星期日制度，可能与马依泽的参与有关。《应天历》编成并奉诏颁行后，马依泽及他的儿子马额、马怀等留居中国，并长期在宋朝的司天监中担任重要的职务。马依泽父子把黄道十二宫的方位及太阳入宫日期的推算方法引进中国天文学。他的三儿子马忆在军队中任职，把占星术用于军事。北宋庆历年间（1041—1048）的《武经总要》中就应用了黄道十二宫，即今天我们熟悉的十二星座。

成吉思汗时，波斯、阿拉伯历法被介绍到中国。耶律楚材于1219年作为成吉思汗的星占学和医学顾问，随大军远征西域。在西征途中，他与伊斯兰天文学家就月蚀问题发生争论，《元史·耶律楚材传》载其事说："西域历人奏：五月望，夜月当蚀；楚材曰否，卒不蚀。明年十月，楚材言月当蚀；西域人曰不蚀，至期果蚀八分。"耶律楚材本人也通晓伊斯兰历法。陶宗仪《南村辍耕录》卷九"麻答把历"条说："耶律文正工于星历、筮卜、杂算、内算、音律、儒释。异国之书，无不通究。尝言西域历五星密于中国，乃作《麻答巴历》，盖回鹘历名也。"蒙古汗国建立后，初采用汉族的干支纪年，后沿用金朝的《大明历》，因误差较大，耶律楚材于是以"西域历，五星密于中国，乃作《麻答巴历》，盖回回历名也"（《元文类》）。王国维《湛然居士文集序》说：耶律楚材"志天文以革西历"为据，认为"太祖末年，必曾用回回历，否则不必作是语也"。

约略与耶律楚材随成吉思汗西征的同时，丘处机奉召前去拜见成吉思汗，于1221年岁末到达撒马尔罕。丘处机在该城与当地天文学家讨论了这年5月发生的日偏食（公历5月23日），《长春真人西游记》卷上载其事。

忽必烈居藩时，"有旨征回回为星学者"，任用了一批伊斯兰天文学家，其中著名的天文学家、波斯人札马鲁丁应召东来，后主西域星历司。《元秘书监志》卷七记载："世祖在潜邸时，有旨征回回为星学者，札马剌（鲁）丁等以其艺进，未有官署。"元世祖中统年间，政府就已设置西域星历司。中统四年（1263），元廷命爱薛掌西域星历、医药二司。史载爱薛"于西域诸国语、星历、医药无不研习"，但有关西域星历司的始置时间、属员配备、天文工作及废止年代，因文献记载简约，无法追述。

札马鲁丁就是拉施特《史集》中的 Jamal al-Din。他于 1249—1252 年来到中土，效力于蒙哥帐下，后来转而为忽必烈服务。忽必烈登大汗之位后，又将札马鲁丁派回伊儿汗国，去马拉盖天文台参观学习。至元四年（1267），札马鲁丁带着马拉盖天文台上的新成果回到忽必烈宫廷。[①] 札马鲁丁向忽必烈进献《万年历》，并进献西域天文仪器 7 件。这 7 件仪器的原名音译、意译、形制用途等皆载于《元史·天文志》，引起中外学者极大的研究兴趣。由于这 7 件仪器实物早已不存，故对于各仪的性质用途等，学者的意见并不完全一致。江晓原将其原名音译、意译列出：

（1）"咱秃哈剌吉（Dhatu al-halaq-i），汉言混天仪也。"

（2）"咱秃朔八台（Dhatu'sh-shu'batai），汉言测验周天星曜之器也。"

（3）"鲁哈麻亦渺凹只（Rukhamah-i-mu'—wajja），汉言春秋分晷影堂。"

（4）"鲁哈麻亦木思塔余（Rukhamah-i-mustawiya），汉言冬夏至晷影堂也。"

（5）"苦来亦撒麻（Kura-i-sama'），汉言浑天图也。"

（6）"苦来亦阿儿子（Kura-i-ard），汉言地理志也。"

（7）"兀速都儿剌（al-Ustulab），汉言定昼夜时刻之器也。"[②]

江晓原认为，上述 7 件仪器中，第一、二、五、六件皆为在古希腊天文学中即已成型并采用者，此后一直承传不绝，阿拉伯天文学家亦继承之；第三、四件有着非常明显的阿拉伯特色；第七件星盘，古希腊已有之，但后来成为中世纪阿拉伯天文学的特色之一——阿拉伯匠师制造的精美星盘而久负盛名。如此渊源的 7 件仪器传入中土，意义当然非常重大。[③] 李约瑟认为，当札马鲁丁在中国制造平纬仪、斜纬仪等天文仪器时，阿拉伯天文

---

① 参见李迪：《纳速拉丁与中国》，《中国科技史料》第 11 卷第 4 期，1990 年。

② 江晓原：《元代华夏与伊斯兰天文学接触之若干问题》，《传统文化与现代化》1993 年第 6 期。

③ 参见江晓原：《元代华夏与伊斯兰天文学接触之若干问题》，《传统文化与现代化》1993 年第 6 期。

学家阿里·哈桑·马拉库撰写的日晷学巨著《开始和终结之书》，才刚刚完成 12 年。这说明回回人带入中国的天文学知识是当时世界最新的天文研究成果。

不过，有的学者认为这 7 件西域仪象，对以后中国传统天文仪器的发展没有重大的影响。原因就是由于它们不适合中国天文学特有的体系——有天极，并使用赤道坐标。更重要的原因是与这些仪器的运用极为相关的数学知识和计算方法的缺乏，如欧几里得几何学、平面三角学、球面三角学等等，都没有在当时被译成汉文。因此，除了回回司天台上的工作人员外，传统的中国天文学家就很难了解和使用这些仪器。① 不过从元代设立回回司天台来看，至少对元代的天文学有影响。

札马鲁丁进献这 7 件仪器之后 7 年，至元八年（1271），忽必烈下令在上都设立回回司天台，秩从五品，并令札马鲁丁领导司天台的工作。元仁宗皇庆元年（1312），改台为监，秩从四品，掌观象衍历。监中设提点一员，司天监三员，少监二员，监丞二员。监内有天文科、算历科、三式科、测验科、漏刻科，各设管勾一员。元代在天文机构的设置上实行双轨制，即在为回回天算家设立机构之前或同时，也为汉人设立了另一套天文机构。按元制，回回司天监与汉司天监地位相等，两监官员品秩相当，人数也基本相同。札马鲁丁、爱薛、可马剌丁、苫思丁、赡思丁等一批天文学家先后在这里任职，为中国天文历算的完善和发展作出了巨大的贡献。据马可·波罗记载，"在汗八里城的基督教徒、撒拉逊人和契丹人中，约有五千名星占学家和占卜家。他们的衣食由皇帝供给……他们有他们自己的观象仪，上面画有星宿的符号、时间和它的全年的几个方位。各派的星占学家，每年要对自己的图表进行检查，以便确定天体运行的轨道和相互间的位置，他们从各种符号的星宿在轨道上运行的图像中，发现天气的变化。并且，用这样方法预测每月的特别气象。例如，他们预言某月将有雷鸣、暴风雨、地震，某月将有闪电和暴雨的袭击，某月将有疾病、死亡、战争、冲突和阴谋等等"。按元制，司天监专职人员需子孙世袭。"至治三年三月十五日，拜住怯薛第三日速速在（左）丞特

---

① 白寿彝总主编，陈得芝主编：《中国通史》第 8 卷，上海人民出版社 1997 年版，第 503—504 页。

奉圣旨，太医、阴阳、匠官不教丁忧，休致仕者，后他的子孙休承荫者，他要祖父母本事学的呵，斟酌委付者。"元廷还规定："司天台执事者，恐泄天文，不可流之远方。随朝应承技艺者，太医、阴阳、匠官，免丁忧致仕。"由此可以推断，终元一代，供职于回回司天监者，基本为来自西域的回回人、也里可温人及其后裔。竺可桢指出："元朝的时候，我们的天文学和历法从西域各国吸收了不少经验。而这些经验的吸收，正是在札马鲁丁这样的天文学家的努力下完成的。"①

上都的回回司天台，既与伊儿汗王朝的马拉盖天文台有亲缘关系，又由伊斯兰天文学家札马鲁丁领导，且专以进行伊斯兰天文学工作为任务，在伊斯兰天文学与中国天文学交流方面占有重要地位。除上述大型仪器外，回回司天监当时还拥有小天球仪、万能仪（星盘）、横道仪及圆规等小型回回天文器具，这些仪器的研制，应该是对伊斯兰同类仪器的引进和复制。回回天文仪器的制造，为"掌观象衍历"的回回司天监的工作提供了基本的观测条件，保证了回回天文工作的正常开展。柳诒徵指出："测候天象，必资仪器，明代钦天监所用仪器，多沿元旧。"② 看来，札马鲁丁所造七种"西域仪象"，仍为明代回回钦天监所运用。

与此同时期主持汉司天监的郭守敬，通过回回司天监和札马鲁丁的"西域仪象"，对回回天文学有一定的了解，因而在仪器设计方面，吸收了回回天文仪器的长处。上文提到认为札马鲁丁引进的仪器虽然对中国天文学仪器影响不大，但亦认可郭守敬的天文仪器，至少有两点是从札马鲁丁的仪器上借鉴来的。③

札马鲁丁所制"鲁哈麻亦渺凹只"和"鲁哈麻亦木思塔余"，有庞大的配套建筑，其屋脊开窍，以漏日光。而据明初叶子奇《草木子》记载的"元朝立简仪，为圆室一间，平置地盘二十四位于其下，屋脊中间开一圆窍，以漏日光，可以不出户而知天运矣"，显然郭守敬的简仪与札马鲁丁的平纬仪之间有着密切的联系。叶子奇还说，郭守敬所制"玲珑仪"，"镂星象于其体，

---

① 康定主编：《民族团结教育三十讲》，上海社会科学出版社 2014 年版，第 107 页。

② 柳诒徵：《中国文化史》下册，中国大百科全书出版社 1988 年版，第 677 页。

③ 白寿彝总主编，陈得芝主编：《中国通史》第 8 卷，上海人民出版社 1997 年版，第 504—505 页。

就腹中仰以观之，此出色目人之制也"（《草木子》）。薄树人指出："郭守敬的简仪的百刻环上把一刻分成三十六等分，就是阿拉伯天文学中360度分划制的反映。"[1] 柳诒徵也说："郭守敬之学，尤为集古今天算之大成。其时回回法东来，仪器算书，皆可补中土所未备。疑守敬所制，必有参取回回之法，而又加以新意者，惜其器之不尽传也。"[2]

根据明永乐时贝琳所编的《七政推步》，元明时期回回司天监天文学家还做过一件重要的工作，即他们根据当时的测定，编制了一份包括277颗星的中外恒星对译表。在这一成果中，黄道带上的星被分别按中外两类列出。

2.《万年历》与《回回历》

元代穆斯林还编修了较完善的历法。他们修订的历法主要有两种，一是札马鲁丁的《万年历》，一是可马剌丁的《回回历》。

元至元四年（1267），札马鲁丁根据伊斯兰历法撰写《万年历》。忽必烈下旨在全国颁行。到至元十八年（1281）郭守敬《授时历》完成，《万年历》才终止使用。《万年历》在中国通用了14年。

郭守敬编制《授时历》时，也参用了回回历法，从《万年历》中吸收了不少合理的内容。《新法算书》记载："元人尝行《万年历》，其人为札马鲁丁，阴用其法者为王恂、郭守敬。"明初学者宋濂的《革象新书序》说："抑余闻西域远在万里之外，元既取其国，有札马鲁丁者献《万年历》。其测候之法，但用十二宫而分三百六十度；至于二十八宿次舍之说，皆若所不闻，及推日月之薄蚀颇与中国合者。"白寿彝指出："后来的《授时历》和《历议》，按照科学发展的一般情况而言，也不能不吸收《万年历》之合理的内容。"[3] 沈福伟指出："《万年历》是第一部正式受到政府许可，获准使用的回回历。""回回历的特点是五星纬度计算周密，郭守敬的《五星细行考》五十卷，当是吸收回回历的这一优点而作。"[4]

比《万年历》稍后一些时期的，还有《回回历》，是可马剌丁在至元十

① 《中国大百科全书·天文卷》，中国大百科全书出版社1988年版，第547页。
② 柳诒徵：《中国文化史》下册，中国大百科全书出版社1988年版，第586—587页。
③ 白寿彝主编：《回族人物志（元代）》，宁夏人民出版社1985年版，第81页。
④ 沈福伟：《中西文化交流史》（第2版），上海人民出版社2006年版，第244、246页。

五年（1278）任司天少监时主持编写的。① 它实际上就是各国穆斯林通用的阿拉伯太阴历，即迄今一直使用着的伊斯兰教历。伊斯兰教历有太阳历（宫分年）和太阴历（月分年）之分，前者主要供农牧生产之用，后者则用于伊斯兰教宗教活动。札马鲁丁所进《万年历》，很可能依太阳历修成，由于它同中国传统历法大相径庭，故没能在元代长期通用。而后来回回司天监、回回历科所编制的回回历法，除提供皇家以备参用的太阳历外，还应包括印行于民间以满足穆斯林宗教生活需要的太阴历。《万年历》和《回回历》均源于阿拉伯伊斯兰历法，但二者之间是有区别的。《回回历》制成后，忽必烈命回回司天台"每岁算写回回历日两本"，与《授时历》参用，并呈送皇子安西王。《元秘书监志》记载："至元十五年十月十一日，司天少监可马束丁照得：在先敬奉皇子安西王令旨：'交可马束丁每岁推算写造《回回历日》两本送将来者。'敬此。今已推算至元十六年历日毕工，依年例，合用写造上等回回纸札，合行申复秘书监应付。"按规定，每年"冬至日，太史院进历，回回太史进历，又进画历，后市中即有卖新历者"。其中所进"回回历用紫色印之"。天历元年（1328），元朝一次印行《回回历》达 5257 本。而这一数字仅为大都一地印行的数量。元朝还于至元九年（1272）下令"禁私鬻回回历"，说明当时在民间也有人印制《回回历》出售。由此可知《回回历》虽不为官府通用，但仍在元代西域人中广泛使用。陈美东指出："《回回历》所定回归年长度值的精度远高于中国古代传统历法（仅稍逊于邢云路在 1608 年所测值），太阳远地点进动值的概念及数据更是传统历法所不备。从精度的总水平看，回回历法对五星远日点进动值的测定，亦优于传统历法。……由于回回历法与传统历法分属于两种不同的天文学体系，它们各有独到之处，但由于它们均以日月五星的运动为观测研究的客观对象，所以在许多问题上，又表现出

----

① 白寿彝认为，《元史·历志》所谓《万年历》与《元史·本纪》提到的《回回历》当系一物。《新元史·历志》亦称："札马鲁丁之《万年历》，实即明人所用之《回回历》。"又谓："西域人札马鲁丁用回回法撰《万年历》，其法为默特纳国王马哈麻所造。"参见白寿彝：《元代回教人与回教》，《中国伊斯兰教史参考资料》上册，宁夏人民出版社 1985 年版。邱树森认为，《万年历》并非《元史》中多次提到的《回回历》，《回回历》是一种纯阴历的伊斯兰教历，而《万年历》"是流行于波斯地区带有浓厚托勒密体系色彩的回回宫分年历法"。参见邱树森主编：《中国回族史》，宁夏人民出版社 1996 年版。

殊途同归之妙，应该说回回历法和中国传统历法是两朵争相辉映的古代天文学的奇葩。"①

《回回历》到明代仍然使用。洪武三年（1370），设回回历科，"《回回历》始终隶于钦天监，与《大统》参用"。同卷记载，万历年间，《大统历》推日蚀、月蚀屡误，《回回历》却推之屡验。"万历十二年十一月癸丑朔，《大统历》推日食九十二秒，《回回历》推不食，已而《回回历》验。"于是，礼科给事中侯先春上书，认为"回回历科推算日月交食、五星凌犯最为精细，曩者月食时刻，分秒不差"。明神宗高度重视，诏令将《回回历》纂入《大统历》中，以备考验。万历二十五年（1598），"郑世子载堉进《圣寿万年历》《律历融通》二书"，认为授时、大统"积年既久，气逆渐差"，而"推步回回历数，较对大统，务求吻合，以成一代之典"。遂参《回回历》以补《大统历》《授时》之不足。其时，雷宗亦著《合璧连珠历法》，皆会通《回回历》以入《授时历》。可见《回回历》在天象预报、测算系统中，不失为一种较严密的历法，特别是在推算日月交食、五星运动位置方面高出一筹，有独到的长处，因而为众多历法学家所认可。明人黄省曾《西洋朝贡典录》说："尝闻诸故老云，日月之食非《回回历》，安得不谬。"《回回历》在推算日月交食方面显示的优势，令汉族学者赞叹。沈德符《万历野获编》说："中国历法，本不及外国精密。以故前元钦天监外，又有回回钦天监。本朝亦设回回司天监。"

明初以元代回回历法著作为蓝本译介的《回回历法》，是中国历史上比较科学的一部回回历法著作，它也是当时世界上优秀的天文学著作之一。《回回历法》是明初回回天文学家根据中国天文学的基本精神编译的，其内容主要包括 5 个部分：

（1）最基本的天文数据的介绍，包括周天宫、度、分，宫分日数、阴历月、七曜数，月分闰日等。

（2）太阳位置的计算。

（3）月亮位置的计算。

（4）土、木、火、金、水五大行星位置的计算。

① 　陈美东：《回回历法中若干天文数据之研究》，《自然科学史研究》1986 年第 1 期。

（5）日月交食的推算。

为了运算方便，后四部分还配备了各种助算表格，并特别安排了日月交食、五星凌犯的内容。就其基本功能看，第一部分是编制回回纯阴历（教历）和回阳历（宫分年）的基本数据；第二、三部分为排定日历之用，它是预报日月食最基础的工作；第四部分主要为预报行星天象，包括五星凌犯所用；第五部分主要是推算日月交食。

明朝颁行的《大统历》，是在元代《授时历》基础上稍加改造而成的，因年久失修，在日月食的预报工作中屡屡失验。回回历法的修订，反映出中国传统历法中的一些缺项和弱项，填补了这些方面的不足。晚明徐光启《崇祯历书》说："至若岁差环转，岁实参差，天有纬度，地有经度，列宿有本行，月五星有本轮，日月有真会、假会，皆古来所未闻，惟西国之历有之。而舍此数法，则交食凌犯，终无密合之理。高皇帝曾命史臣吴伯宗与西域马沙亦黑翻译历书，盖以此也。"

明嘉靖、万历年间，唐顺之、周述学、陈壤、袁黄、雷宗等一批民间天文学者，也以所谓"熔回回法入大统术"，接收了回回天文学知识，并试图以回回天文学改造中国的传统历法。为此，他们撰成了《荆川历算书稿》《大统·万年二历通议》《历法新书》和《合璧连珠历法》等著作，这说明回回天文学对中国天文学的影响是广泛的。

3. 传入中国的阿拉伯天文学书籍

元至元十年（1273），札马鲁丁以回回司天台提点的身份被元世祖任命兼职为新设立的秘书监两长官之一。另一长官是汉人，原任户部尚书的焦友直。秘书监的主要职责是掌管皇家收藏的历代书籍和阴阳禁书，从事皇帝特命的撰述任务等。而元代的司天台因为当时认为其工作关涉皇家机密，故也被划为秘书监管辖。元代回回司天台和秘书监的主管人往往是兼任的，札马鲁丁就是这样兼任惯例的开始者。至元二十四年（1287），札马鲁丁升任集贤大学士，官阶为从二品。集贤院掌"提调学校，征求隐贤，召集贤良。凡国子监、玄门道教、阴阳、祭祀、占卜、祭遁之事"。

在札马鲁丁的领导下，秘书监引进了大量波斯文、阿拉伯文的天文学、数学、星占学等方面的图书、器物，还有大量的阿拉伯地图。秘书监是元代中国与阿拉伯科学文化交流的一个重要中心。《元秘书监志》中录有"回回书目"195 部。清初伊斯兰学者刘智在《天方至圣实录》中称："向也吾欲著三极会编，苦无其学；遍求书肆，天地人三者之书，言多陈腐无实；求之天方之书，无从可得，早夜思皇。俄于京师得诸吴氏藏经数十册，皆西国原本，自元世载入，藏之府库，而为流寇发出者，天文地理之学，思过半矣。"马坚对元代官方记载的传入我国的回回书籍进行逐条释义。在 26 种存目的回回书籍中，包括数学、几何学、天文学、医学、地理学、星象学、化学、哲学、历史学、辨认宝石学、机械制造原理、诗歌、天文仪器制造等方面内容。[①]

从刘智《天方至圣实录》中得知，元代宫廷收藏有许多伊斯兰天文学方面资料，如该书卷二〇《敕回回太师文》记载："洪武初，大将入都，得图籍，文皆可考。惟秘藏之书数十百册，乃乾（天）方先圣之书，我中国无解其文者。闻尔某道学本宗，深通其理，命译之。今数月，所译之理知上下，察幽微，其测天之道，甚是精详。"

《元秘书监志》的藏书目录中天文数学部分共有 13 种著作：

（1）兀忽烈《四擘算法段数》15 部。

（2）罕里速窟《允解算法段目》3 部。

（3）撒唯那罕答昔牙《诸般算法段目仪式》17 部。

（4）麦者思《造司天仪式》15 部（司天仪式之书）。

（5）阿堪《诀断诸般灾福》。

（6）蓝木立《占卜法度》。

（7）麻塔合立《灾福正义》。

（8）海牙剔《穷历法段数》7 部（天文地理之书）。

（9）呵些必牙《诸般算法》8 部。

（10）《积尺诸家历》48 部（即 1272 年完成的波斯文的《伊利汗天文表》）。

（11）速瓦里可瓦乞必《星纂》4 部（云星象答问之书）。

（12）撒那的阿剌忒《造浑仪香漏》8 部（天文仪器制造之书）。

（13）撒非那《诸般法度纂要》12 部。

这里的"部"大体上就是"卷"，第五、六、七种的部数数目空缺。这

---

①　参见马坚：《元秘书监志"回回书籍"释义》，《光明日报》1955 年 7 月 7 日。

些书是用什么文字写成的，尚未见明确记载，很可能是波斯文或阿拉伯文的。马坚引用国外学者勒朋的话指出："1259 年，旭烈兀汗曾召阿拉伯最优秀的科学家到他的宫廷去，并且在马拉格建立一座规模很大的天文台。旭烈兀汗的哥哥忽必烈汗曾将巴格达和开罗两城的科学家所著的天文学书，传入他们征服的中国。现在我们知道，中国的天文学家——特别是郭守敬——曾由那些天文学书中获得他们的天文学知识。"① 忽必烈由巴格达和开罗引进的天文学书籍，可能就是《元秘书监志》回回书目中的天文历算之书。另外，马拉格天文台设有一所藏书 40 万卷的图书馆，爱薛在此搜罗和重新编订过一部分天文历算书籍，这些书后来也由爱薛带入中国，藏于秘书监。秘书监成立于至元九年（1272），其职责为"掌历代图籍并阴阳禁书"。至元十五年（1278）五月十一日，"秘书监照得，本监应有书画图籍等物，须要依时正官监视，仔细点检曝晒，不致虫伤，浥变损坏。外据回回文书就便北台内令兀都蛮一同检觑曝晒"（《元秘书监志》）。看来，当时秘书监置办收藏的回回天文历算书籍数量不少，以至于在秘书监文件中被专门提及。

4. 明初译介的回回天文历法典籍

明代，明政府对回回天文学给予了相当的重视。沈福伟指出："阿拉伯天文历算对中国天文观测的启发和推动，却是在 13 世纪便已奠定了基础，到 15 世纪初，才取得丰硕的成果。"② 明政府也为回回天算家设立了专门的天文机构，在司天监外，又置回回司天监，下设四科：天文科、漏刻科、大统历科、回回历科。此后不久，又在南京的雨花台建成回回观星台，作为回回钦天监天文工作的附设机构。明政府录用了大批的回回天算人才。如洪武二年（1369）夏四月，征元上都回回司天台官郑阿里、黑的儿、阿都剌、迭里月实等 11 人，至南京讨论历法、占天象。这些人虽然可以编算每年行用的回回历书，但对西域天文学已不甚精通。而原藏秘书监的天文书籍又多为波斯文或阿拉伯文，"言殊字异，无能知者"。于是，朱元璋决定派遣使臣去西域再聘专家，与原回回司天监的天文学家合作翻译阿拉伯天文学著作。

---

① 中国社会科学民族研究所、中央民族学院民族研究所编：《回族史论集》，宁夏人民出版社 1983 年版，第 184 页。

② 沈福伟：《中西文化交流史》（第 2 版），上海人民出版社 2006 年版，第 247 页。

《聚真堂马氏宗谱》简要记述了明初礼聘天文学家马德鲁丁的情况："洪武元年，为创立政府，成立钦天监，派钦使到阿拉伯满凯（麦加）政府聘请精于历学专家，乃聘到准带地方古来氏族学者，即我来华始祖德鲁丁公字彦明者，于洪武二年来至江苏省江宁县。明朝之南京成立钦天监，授钦天监监正，带来随员甚多，皆分任钦天监职务。"当时刘基为司天监监正，马德鲁丁担任的是回回司天监监正。马德鲁丁因其测天之学而被称为大测先生，留下了"大测堂马"的誉称。他曾以其学推测天象，预报结果优于《大统历》，因而备受尊崇。《聚真堂马氏宗谱》记载："明太祖尊我祖如师，晋封回回太师。因国事初定，关于建设多所顾问，而言听计从，大为刘基所忌。"

洪武三年（1370），改称钦天监和回回钦天监。洪武三十一年（1398）罢回回钦天监，改设回回历科。明太祖亲自委任伊斯兰天文学家阿都剌为回回司天少监，要其"勤于推测，谨于敷陈，恪守攸司，以称予意"。明太祖在《阿都剌除回回司天少监诰》中说："天文之学，其出于西域者，约而能精。虽其术不与中国古法同，然以其多验，故近代多用之。别设官署以掌其职，盖慎之也。以尔阿都剌敏而多识，回回天文之说，实世守之。朕仰观天象，敬授民时，乃循近制，仍设其职。而命尔复居厥官，尔尚勤于推测，谨于敷陈，恪守攸司，以称予意。"

明太祖曾敕令翰林院对从元大都宫廷接收的"乾（天）方先圣之书"数百册进行翻译。他对翰林李翀、吴伯宗说："天道幽微，垂象以示人。人君体天行道，乃成治功。古之帝王，仰观天文，俯察地理，以修人事、育万物。由是文籍以兴，彝伦攸叙。迩来西域阴阳家，推测天象至为精密有验，其纬度之法又中国书之所未备。此其有关于天人甚大，宜译其书，以时披阅，庶几观象，可以省躬修德，思患预防，顺天心，立民命焉。"

因此，他下令召钦天监灵台郎臣海答儿、臣阿答兀丁、回回大师臣马沙亦黑、臣马哈麻等翻译阿拉伯天文书籍。马德鲁丁来华的一项重要工作是翻译阿拉伯天文书籍，但他于洪武七年（1374）逝世，所以译书的任务落到了他的儿子身上。马沙亦黑是他的长子，接任回回钦天监监正之职；次子马哈麻，洪武三年（1370）起任回回钦天监监副、文林郎。根据太祖上述指示，李翀、吴伯宗及马沙亦黑等人，"开局于（南京）右顺门之右，相与切摩，达厥本指，不敢有毫发增损。越明年二月，《天文书》译既，缮写以进"（《明译天文书》）。史载这一工作始于洪武十五年（1382）九月，完成于洪武十八年（1385），历时三年左右。这些回回天文之书，就是后来流传于世的《天文书》《回回历法》和《经纬度》等，亦即《元秘书监志》所藏回回书籍中的部分天文书籍。因为汉人不懂西域文字，只能作文字加工和修饰润色，以使其符合汉语习惯，因此，主要工作是马沙亦黑做的。经过几年的研究，马沙亦黑对《大统历》的长处及缺陷有了较深的了解，也明白这一译事对皇帝的重要性，纯粹翻译并不适合在中国使用，所以他实际上做的是编译工作。马沙亦黑所译《回回历法》的重要价值，上一节已经有所论述。他也因翻译了这批珍贵的阿拉伯文书籍，被皇帝誉为"不朽之智人"。

《天文书》是马哈麻主要负责翻译的。这是阿拉伯伊斯兰教学者、"大贤"阔识牙耳所著的一部回回天文星占著作。阔识牙耳出生于伊朗北部，客居巴格达，编撰过多部数学、天文学著作。《天文书》序说："然而大道在天地间，茫然无闻。必有聪明睿智圣人者出，心得神会斯道之妙，立教于当世。后之贤人接踵相承，又得上古圣人所传之妙，以垂教于来世也。圣人马合麻及后贤辈出，有功于大道者，昭然可考。"上文提到的元朝秘书监内收藏的一种名为《决断诸般灾福》的著作，很可能就是这部《天文书》。《天文书》分为4类（相当于4卷），各类之中，又分若干门，全书共计58门，介绍了回回星历学的基本理论依据和方法，指明了日月、五星在星空背景上的位置、变化及行星和恒星等天体运行常规，测定了异常天象，如日月交食、新星、彗星、流星、云气的出现规律，内容丰富，涉及星历学的各个方面。《天文书》所采用的天体坐标是古希腊的黄道十二宫体系，在此系统下，为观测星历的需要，对各种天体位置之间的相互关系给予了特别周密的关注，冲、照、合、弦、宫、度、分，显得相当精密，它反映了回回天文学高超的观测、计算技术。异常天象的测定虽在回回天文学中不占主要地位，但《天文书》所涉及的彗星和云气，反映出回回人对这类天象的观察、认识已达到较高的层次。

朱元璋对此书给以很高的评价，他说："今数月所译之理，知上下、察幽微，其测天之道甚是精详于我。"吴伯宗在其奉旨为《天文书》所作之序中称："今观西域天文书，与中国所传，殊途同归，则知至理精微之妙，充塞宇宙，岂以华夷而有间乎！"

洪武间对回回天文历法典籍的译介，标志着回回天文学著作较为系统地介绍到中国。至永乐时，贝琳又编译回回天文学著作《七政推步》，书中不仅正式介绍了阿拉伯优秀的天文学知识，并且运用其先进的方法列出了中外恒星对照表。

5. 阿拉伯数学在中国的传播与影响

阿拉伯人在数学领域也取得了很大成就。花拉子米（Al-khowarizmi）是阿拉伯初期最主要的数学家，他编写了第一本用阿拉伯语在伊斯兰世界介绍印度数字和记数法的著作。12 世纪后，印度数字、十进制值制记数法开始传入欧洲，又经过几百年的改革，这种数字成为我们今天使用的印度—阿拉伯数码。花拉子米的另一名著《代数学》系统地讨论了一元二次方程的解法，该种方程的求根公式便是在此书中第一次出现。三角学在阿拉伯数学中占有重要地位，它的产生与发展和天文学有密切关系。阿拉伯人在印度人和希腊人工作的基础上发展了三角学。他们引进了几种新的三角量，揭示了它们的性质和关系，建立了一些重要的三角恒等式。他们给出了球面三角形和平面三角形的全部解法，制造了许多精密的三角函数表。

元代，一些阿拉伯数学著作也传入中国。据《元秘书监志·回回书籍》记载，元代传入我国的 26 种科技书目中，有 4 种是数学方面的，包括兀忽烈《四擘算法段数》15 部、罕里速窟《允解算法段目》3 部、撒唯那罕答昔牙《诸般算法段目仪式》17 部、呵些必牙《诸般算法》8 部。有人认为，兀忽烈《四擘算法段数》15 部可能是欧几里得《几何原本》15 部的最早译名。据学者研究，蒙哥曾对《几何原本》有所研究。《多桑蒙古史》说："成吉思汗系诸王以蒙哥皇帝较有学识，彼知解说 Euclid 之若干图式。"[①]

阿拉伯先进的数学知识传入中国，使中国的数学在元代有了一个巨大的进步。郭守敬在制定《授时历》的过程中，曾以"垛垒、招差、勾股、弧矢之法"进行"密算"。他的精密计算，最为以后历代学者称道的是他采用了弧三角法作为割圆术。中外学者一致指出，这种弧三角法恰恰是阿拉伯人发明的。

中国人在数学上应用阿拉伯数码也始于元代。1957 年，在西安元代安西

---

① ［瑞典］多桑著，冯秉钧译：《多桑蒙古史》下册，中华书局 1962 年版，第 91 页。

王府遗址中，考古队员发现 5 块铸有阿拉伯数字的铁块，其中 4 块出土时夹在凿刻整齐的两块方石中。这是至元十年（1273）修建安西王府时，作为奠基埋藏的。经学者的研究，这是用阿拉伯数字排列的"六六幻方"，每行、每列及两条对角线上的 6 个数之和都相等，都是 111。这是这块"六六幻方"非常独特的地方。它还是一个"回整幻方"。去掉"六六幻方"最外一层数字，剩下部分是一个"四阶幻方"，其每行、每列及两条对角线上的 4 个数之和都是 74。它也是一个"完美幻方"。即上述"四阶幻方"各条"泛对角线"上的 4 个数之和也都是 74。

这个幻方铁板是我国数学史上应用阿拉伯数字的最早实物资料，也是元代接受阿拉伯文化影响的具体体现。但是，这种阿拉伯数字在当时并没有被广泛应用。

在明代的一些著作中，还有对"土盘算法"的介绍。这种计算方法不仅可以用于乘法、除法，而且可以用于平方、立方、开立方法。据说这种算法最早为印度算家所用，后流传至阿拉伯，为伊斯兰教徒所喜用。用印度数码在沙盘里进行演算，人们称之为"土盘算法"。自伊斯兰历法传入中国时，土盘算法也随之为中国人所了解。回回司天台的伊斯兰天文学家在推验历法时，以土盘布算，并"仍用其本国之书而明之"，故清初天文学家王锡阐的《晓庵遗书》及梅文鼎的《梅氏历算全书》将《回回历》称为"土盘历"。《四库全书总目提要》说："其法以土盘布算，用本国之书。明初译汉之后，传习颇寡。故无所校，讹脱尤甚。"《明史》卷三七称，明代已有汉族学者习其算法。当时的一些数学家，如唐顺之、陈壤、袁黄等，不仅"习其术"，而且有体会，有论著，能"自成一家言"。

"写算铺地锦"也是一种流行于阿拉伯地区的计算法。它的方法是先画出方格和斜线，然后在画好的格子里记入相应的数字，再根据记录好的数用乘法口诀进行计算。因为计算完了以后，形如我国古代织出的锦缎，因此人们将这种计算格式称为"铺地锦"。明代数学家程大位在万历二十年（1592）所著《算法统宗》卷一三中写道：

> 写算铺地锦为奇，不用算盘数可知。
>
> 法实相呼小九数，格行写数莫差池。
>
> 记零十进于前位，逐位数数亦如之。

照式画图代乘法，厘毫丝忽不须疑。

据考证，写算铺地锦在十三四世纪流行于阿拉伯地区，同时开始传入欧洲，成为后来西洋筹算的前身。16 世纪传入印度并经印度、南洋传入中国。将这种计算法带到中国的，正是明初往来于印度、南洋、中国的伊斯兰商人。

6. 阿拉伯地理学与《元大一统志》

元王朝疆域横跨欧亚大陆，原有的宋、金、元地图远远达不到要求，急需扩充西征疆域的资料。至元二十二年（1285），札马鲁丁向忽必烈建议编纂全国地理图志。次年，札马鲁丁上奏建议制作全国地理图志。这项建议得到批准，元世祖命"大集万方图志而一之，以表皇元疆理无外之大"。

札马鲁丁是《元大一统志》的首倡者和编辑业务及学术上的主要负责人。札马鲁丁以原朝廷收藏的汉文地图为主，又增加了他从西域带来的大量地图资料，即含中亚、波斯及阿拉伯地区的西域"回回图子"，扩充了当时中国版图的地理知识，并首次引进了阿拉伯制图技术。

阿拉伯人的地理学很发达。9 世纪，阿拉伯著名学者花拉子米就在《地形》一书中绘有一幅用文字详细说明的全球大地图。该图把地球绘制成几个包括大陆在内的海洋，如罗马海（地中海）、波斯海（印度洋）等，图中西边的子午线已准确地穿过加那利群岛。12 世纪，穆斯林地理学家易德里斯（Abu Abdallah Mohamed Ben Idrisi）又引用大量的实际测绘材料，绘制出 71 张详尽的北半球各区域地图和一幅圆盘形世界地图。札马鲁丁制西域仪象 7 件，其中有地球仪。中国人对地球概念的认识，即始于札马鲁丁这一"西域仪象"。札马鲁丁的地球仪，"其制以木为圆球，七分为水，其色绿；三分为土地，其色白'画江河湖海'脉络贯串于其中，画作小方井，以计幅员之广袤，道里之远近"（《元史》）。球面以所绘绿色代表水，占其十之七分，又以三分白色为陆地，这与现代地球仪水陆比例 70.8%：29.2% 基本接近。所绘可度量距离远近和面积大小的小方井，也即现代意义上的经纬线。地球仪代表了当时回回人对地球构造先进、科学的认识水准，"在中国历史上第一次以球的形式来形象地说明人类居住的大地是球形，并且以图的形式，在球面上表示出相对位置和大小"[1]。易德里斯在 12 世纪制有一银制的地球仪，札马鲁

---

① 杨怀中、余振贵主编：《伊斯兰与中国文化》，宁夏人民出版社 1995 年版，第 174 页。

丁的木制地球仪是否和易德里斯的银制地球仪有关，尚无线索，但二者之间应该有密切的联系。

《元大一统志》由札马鲁丁、虞应龙等主持编纂，至元三十一年（1294）完成初修稿 755 卷。稍后又得《云南图志》《甘肃图志》《辽阳图志》，因而继续重修，由孛兰肹、岳铉等主其事，至成宗大德七年（1303）全书始正式告成，前后共 18 年，凡 600 册，1300 卷。《元大一统志》所志各路、州、县事，继承唐代《元和郡县图志》、宋代《太平寰宇记》《舆地纪胜》等书成例，分为建置沿革、坊郭乡镇、里至、山川、土产、风俗形胜、古迹、宦迹、人物、仙释等篇目。所用资料，大江以南各行省大多取材于《舆地纪胜》和宋、元旧志，北方诸省则多取材于《元和郡县图志》《太平寰宇记》和金、元旧志。

《元大一统志》按例在每一路卷首绘有彩色地理小图。另外，又绘制一幅彩色"天下地理总图"，除分卷各路地图外，还兼有西域等地之图。这些特点显然是中国以前地理志中所没有的，特别是所绘"天下地理总图"，在中国地图史上占有重要的地位，虽然元以前中国已出现彩色地图，但绘制这样全国性的彩色大地图尚属首次。从文献记载来看，这一总图无论从地理范围，还是绘图技术，都是空前的。

《元大一统志》成书后藏于秘府。至正六年（1346）十二月，中书右丞别儿怯不花率省臣奏："'是书（《元大一统志》）国用尤切，恐久湮失，请刻印，以永于世，制可。"并令中书平章政事铁木耳达实传旨许有壬，序其首。许有壬序说："我元四极之远，载籍之所未闻，振古之所未属，莫不涣其群而混于一。则是古之一统，皆名浮于实，而我则实协于名矣。"

《元大一统志》是我国古代由朝廷主持编纂的第一部规模较大的全国地理总志，它内容翔实，规模毕具，在分量上比以前私家撰集大得多，卷帙之富，是以前中国地理志所不能比拟的，虞应龙故而称其"比前代地理书似为详备"。后来的《元史·地理志》西北地附录中，收录了钦察汗国、伊儿汗国和察合台汗国等境域内以前地理志中未载的许多地名，应该说有赖于《元大一统志》中的知识。

《元大一统志》绘制"天下地理总图"之知识与方法，对元、明两代中国制图学产生了深远的影响。一向为史地学家所重的《元经世大典地图》，很大程度上即受到《元大一统志》的影响，有些学者甚至认为，它本身可能就出于回回人之手。清沈曾植在光绪十三年（1887）所作《经世大典西北地图书后》中指出："元代地图多出西域，大典之图，北不及海都所封，东尽沙洲，西北月祖伯封地（钦察汗国）阔略，而独详于回回故地笃来帖木儿、不赛因二人所封（察合台汗国和伊儿汗国），其必为回回人所绘无疑也。"胡逢祥认为"大典图底本源出西域回回人"，很可能为"至元中修《元大一统志》时伊利汗国所进'回回图子'，不过在收入《经世大典》时曾稍加'修饰润色'罢了"。①

《元大一统志》编成不久，元人朱思本于至大四年（1311）至延祐七年（1320）间，参考、借鉴这一成果，并依据他本人旅行所得实际资料，绘制出一幅大地图。此图不分幅，名为《舆图》。继朱思本之后，元代地理学家李泽民和僧清濬也受益于札马鲁丁之"天下地理总图"，前者于至顺元年（1330）左右绘成一幅《声教广被图》，后者则于元明之际制出《混一疆理图》。这两幅图于明建文元年（1399）被朝鲜使节金士衡携往朝鲜，并于建文四年（1402）由朝鲜人李荟和权近合成一幅图，名为《混一疆理历代国都之图》。此图的西方部分共有近100个欧洲地名和35个非洲地名，且非洲陆地形状很准确地绘成三角形。此外，非洲北部的撒哈拉，与中国地图上的戈壁沙漠一样被绘成黑色；在埃及亚历山大城所处位置上则绘有一个塔状物，以代表亚历山大城著名的灯塔，地中海的轮廓绘制也很规范。看来朱思本、李泽民、清濬等广博的地理学知识无疑"是通过和阿拉伯人、波斯人、土耳其人的接触得来的"。李约瑟认为："这几位地理学家显然都曾经由于中国当时和西方的穆斯林、波斯人、阿拉伯人如札马鲁丁等之间的接触而受益匪浅。""也许在更大的程度上和札马鲁丁1267年来北京时所带来的地球仪有关。"②

7. "回回炮手"与"回回炮"

元初，有两位非常有名的伊斯兰造炮专家：阿老瓦丁和亦思马因。他们把阿拉伯的制炮技术传播到中国，为发展中国的兵器事业作出了很大贡献。

---

① 胡逢祥：《〈元经世大典地图〉探源》，《西北史地》1986年第1期。

② ［英］李约瑟著，《中国科学技术史》翻译小组译：《中国科学技术史》第5卷，中华书局香港分局1978年版，第144、155页。

　　至元初年，忽必烈征伐宋朝期间，在襄阳、樊城遭到宋军顽强抵抗。襄樊战役始于至元五年（1268），元军围城 5 年，却始终未能攻克。至元八年（1271），忽必烈遣使到伊儿汗国，向伊儿汗国阿八哈汗征调回回炮匠。阿老瓦丁及其弟子亦思马因应诏，举家驰驿至京师。至元九年（1272）十一月，阿老瓦丁、亦思马因制成回回炮，奉旨在大都五门前试射。试射成功，忽必烈非常满意，特赐他们衣物、绸缎，并诏令他们带此炮赴襄阳军前使用。至元十年（1273）正月，他们以回回炮攻樊城，一举告捷。接着，元军移炮以向襄阳。亦思马因细心观察地势，在襄阳城东南角安置巨炮。"机发，声震天地，所击无不摧陷，入地七尺。"结果，一炮就射中襄阳谯楼，"声如雷霆，震城中。城中汹汹，诸将多逾城降者"。宋将吕文焕自知不敌，遂纳城归降元军。相持 5 年之久的襄樊战役宣告结束。《元史·工艺传》记载了这两位造炮专家的生平事迹："阿老瓦丁，回回氏，西域木发里人也。至元八年，世祖遣使炮匠于宗王阿不哥，王以阿老瓦丁、亦思马因应诏，二人举家驰驿至京师，给以官舍。首造大炮竖于五门前，帝命试之，各赐衣段。十一年，国兵渡江，平章阿里海牙遣使求炮手匠，命阿老瓦丁往，破潭州、静江等郡，悉赖其力。十五年，授宣武将军、管军总管。十七年，陛见，赐钞五千贯。十八年，命屯田于南京。二十二年，枢密院奉旨，改元帅府为回回炮手军匠上万户府，以阿老瓦丁为副万户。大德四年告老。子富谋只，袭副万户。皇庆元年卒，子马哈马沙袭。亦思马因，回回氏，西域旭烈人也。善造炮，至元八年与阿老瓦丁至京师。十年，从国兵攻襄阳未下，亦思马因相地势，置炮于城东南隅，重一百五十斤，机发，声震天地，所击无不摧陷，入地七尺。宋安抚吕文焕惧，以城降。既而以功赐银二百五十两，命为回回炮手总管，佩虎符。十一年，以疾卒。子布伯袭职。"

　　所谓"回回炮"并不是火炮，实际上是一种发石机，所用弹石重达 150 千克，以机发射，用力省而射程甚远，因首先在攻打襄阳、樊城时使用，又名"襄阳炮"。又由于它的发射威力大，所以又叫"巨石炮"。《明史·兵志》记载："古所谓炮，皆以机发石。"《续资治通鉴·宋纪一百八十》记载，咸淳八年（1272），"元刘整筑新门于鹿门山，使千户隋世昌总其役。樊城出兵来争，整授军二百，令世昌立炮帘于樊城拦马墙外。夜大雪，城中矢石如雨，军校多死伤，达旦而炮帘立"。

攻占襄阳后，元军利用这种威力巨大的回回炮不断扩大战果。至元十一年（1274），元军渡江，宋兵陈于江南岸，拥舟师迎战。亦思马因之子布伯于北岸竖回回炮击之，宋舟全部沉没。至元十三年（1276），元军以炮先克潭州，继克静江，将战果扩大到湖南、广西。南宋王朝也曾令边郡仿造回回炮。《宋史·兵志十一》记载："咸淳九年，沿边州郡因降式，制回回炮。有触类巧思，别置炮远出其上。"宋人郑思肖在《心史》中说，"其回回炮法，本出回回国，甚猛于常炮"，"用之打入城，寺观楼阁，尽为之碎"。宋人徐霆评价回回炮说："回回百工技艺极精，攻城之具尤精。"

元政府对回回炮手和军匠的训练、组织、管理极为重视。在攻破襄阳的第二年，设立了回回炮手总管府。至元十六年（1279）三月，调令两淮造炮回回炮兵新附军匠 600 人及蒙古人、回回人、汉人、新附人能造炮者俱至京师大都。十八年（1281），设置回回炮手都元帅府。二十二年（1285），改都元帅府为回回炮手军匠上万户府，品秩为正三品。至治三年（1323），派遣回回炮手赴河南汝宁、新蔡等地教习炮法。致和元年（1328），亦不刺金奉令率所部回回炮手军匠至京师，与马哈马沙的回回炮手军匠上万户府合并，共同监造回回炮。由此可见，元代回回炮手军匠数目可观，大都、南京（开封）、江南都有回回炮手军匠的记录。

《明史·兵志》记载："古所谓炮，皆以机发石。元初得西域炮，攻金蔡州城，始用火。"由此可知，中国由石炮向火炮的过渡和发展，也得力于穆斯林。早在 7 世纪，中国即发明了火药。但直至 14 世纪初，中国才制造出发射铁弹丸的管形火铳。这种火铳，大者用车，小者用架、用桩、用托，发射时从点火孔装入引线，从铳口装入火药和弹丸，用火点燃引线，引着火药，将弹丸射出。应该说这已经是真正意义上的火炮了。

8. 蒸馏酒技术在中国的传播

中国古代的酿酒技术，一直采用酿造的形式，后来葡萄酒技术传入中国，也还是属于酿造酒。而蒸馏酒技术是元代从西方传来的。

早在古希腊时代，人们就发现了蒸馏的原理。亚里士多德写道："通过蒸馏，先使水变成蒸汽继而使之变成液体状，可使海水变成可饮用水。"古埃及人曾用蒸馏术制造香料。在中世纪早期，阿拉伯人发明了酒的蒸馏。在 10 世纪，阿拉伯学者伊本·西那对蒸馏器进行过详细的描述，但当时还未提到蒸馏酒。有人认为尽管没有提到蒸馏酒，但蒸馏酒肯定在那个时期已经出现了。大约在 12 世纪，人们第一次制成了蒸馏酒。据说当时蒸馏得到的烈性酒并不是饮用的，而是作为引起燃烧的东西，或作为溶剂，后来又用于药品。

阿拉伯人的药用蒸馏器在宋代就传入中国。宋蔡絛《铁围山丛谈》卷五记载："旧说蔷薇水乃外国采蔷薇花上露水，殆不然，实用白金为甑，采蔷薇花蒸汽成水，则屡采屡蒸，积而为香，此所以不败，但异域蔷薇花气馨烈非常，故大食国蔷薇水虽贮琉璃缶中，蜡密封其外，然香犹透彻闻数十步，洒着人衣袂，经十数日不歇也。"此书成于南宋初年，说明阿拉伯药用蒸馏法在北宋年间就已经传入中国，并且已经为广州的民间所掌握。南宋张世南在《游宦纪闻》卷五中记载了一例蒸馏器，用于蒸馏花露。南宋吴侯撰《丹房须知》一书中画有当时蒸馏器的图形"抽汞器"，下部是加热用的炉，上面有一盛药物的密闭容器，在下部加热炉的作用下，上面密闭容器内的物质挥发成蒸汽。在此容器上有一旁通管，可使内部的水银蒸汽流入旁边的冷凝罐中。

蒸馏酒制造技术是在元代通过阿拉伯人传入中国。李时珍《本草纲目》说："烧酒非古法也，自元时始创。其法用浓酒和糟，蒸令汽上，用器承取滴露，凡酸坏之酒，皆可蒸烧。"清代檀萃《滇海虞衡志》说："盖烧酒名酒露，元初传入中国，中国人无处不饮乎烧酒。"章穆《饮食辨》说："烧酒又名火酒，《饮膳正要》曰'阿剌吉'。番语也，盖此酒本非古法，元末暹罗及荷兰等处人始传其法于中土。"《雍熙乐府·一枝花·咏烧酒》云："甜甘甘甜如蜜脾，萃浸浸萃似姜汁，若斋，到席，黄封御酝都回避，鞑靼家呼为阿剌吉，声播华夷。"《剪灯馀话·至正妓人行》记载："浑脱囊盛阿剌酒，达拏珠络只孙裳。"元代文学家朱德润的《轧赖机酒赋》对当时制造蒸馏酒的设备和工艺，作了古雅生动的描写。这是我国经典著作中较早讲蒸馏酒生产的一篇文章。其中写道："甑一器而两圈，铠外环而中洼，中实以酒，仍缄合之无余。少焉火炽既盛，鼎沸为汤，色混沌于郁蒸，鼓元气于中央。熏陶渐渍，凝结为炀，中涵竭于连漉，顶淄咸濡于四旁。乃泻之金盘，盛之以瑶樽。"

元人称蒸馏酒为"阿剌吉酒"，阿剌吉是阿拉伯语"araq"对音。这个字有人认为在语源上它是"汗"的同义词，本来是指"树汁"，后来发展成植物的液汁自然发酵成的酒。这个字既可指未经蒸馏的树汁及其自然发酵而成的酒，又可用来指经蒸馏而成的。因为他的酒度高，所以早期的记载说它"大热，有大毒"，"饮之则令人透液而死"。

古代的蒸馏酒分在中国南北两大类型，如在明代，蒸馏酒就起码分为两大流派，一类为北方烧酒，一类为南方烧酒。《金瓶梅词话》中的烧酒种类除了有"烧酒"（未注明产地）外，还有"南烧酒"这一名称。清代中后期成书的《浪迹丛谈》在评论各地的烧酒时说："今各地皆有烧酒，而以高粱所酿为最正。北方之沛酒、潞酒、汾酒皆高粱所为。"

五　阿拉伯医药学在中国的传播

1. 阿拉伯的医学成就

阿拉伯人在继承埃及、印度、中国、希腊、罗马等古代人类医学成果的基础上，创立了阿拉伯—伊斯兰医学体系。相传穆罕默德说过，学问有两类：一类是教义学，一类是医学。有文献可考的世界上第一所正规医院是9世纪在阿拔斯王朝巴格达建立的。大约经过一个世纪的时间，又有5所医院在巴格达开业。10世纪初期那里已经建立起流动医院，在村庄提供医疗服务。巴格达最具规模的一所医院建立于982年，该院建院之初就拥有包括眼科医生与外科医生（含正骨医师）在内的25名医生，而到1184年，一位旅行家描述说，那所医院的规模就像是一个巨型的宫殿。英国学者撰写的《阿拉伯医学》说道："在先知穆罕默德时期，容迪—沙波尔（Jundi-Shapur）学校达到了顶峰，在那儿集中了希腊和东方的文化。""另外还从印度、中国、埃及、叙利亚和其他国家招来50名医生，每个人分配10名上进的学生，他们在医院负责一定的工作……""有6000份有关科学和文献的手稿，包括印度和中国书籍。"[1] 活跃于9世纪阿拉伯的著名医生阿里·泰

---

① 马伯英等：《中外医学文化交流史——中外医学跨文化传通》，文汇出版社1993年版，第186页。

伯里（Aliibn-Sahl al-Tabari），担任过哈里发的御医。他在 850 年著成的《智慧的乐园》是一本用阿拉伯语写成的最古的医药学著作。法国学者玛扎海里评论说：

> 《智慧的乐园》是第一部典型的中世纪医学著作，因为它是中国、印度和希腊三种科学交叉的结果，这种交叉是在贡迪萨布尔的萨珊王朝的皇家医学堂中实现的，从此变成了穆斯林教徒们的"加利安医学"和"迪奥斯基里德斯医学"的坚强基础，这种医学中在解剖学和外科方面的极端贫乏又由于在药剂学和临床学方面非常丰富的内容而得到了补偿。①

阿拉伯在历史上涌现出许多杰出的医学家。拉齐（al'Razi）被称为伊斯兰医学家中富于独创性而且著作最多的人物，曾任巴格达医院院长，被誉为"阿拉伯的盖伦""穆斯林医学之父"。拉齐在医学上广泛吸收希腊、印度、波斯、阿拉伯甚至中国的医学成果，创立了新的医疗体系与方法。他在外科学（例如疝气、肾与膀胱结石、痔疮、关节疾病等）、儿科学（例如小儿痢疾）、传染病及疑难杂症方面尤其具有丰富的临床经验与理论知识。拉齐的代表作《曼苏尔医书》和《医学集成》是医学史上的经典著作。

伊本·西那（Ibn Sina）是著名的伊斯兰医学家，被称为"医者之尊"。伊本·西那一生著述颇丰，据说写过 100 多部著作，内容包括医学、哲学、几何学、天文学、教义学、语言学和艺术等方面。他把希腊和阿拉伯医学思想加以总结，编成《医典》，成为那个时代最具权威的著作，被欧洲各大学作为教科书。《医典》一书全面而系统，全书包括 5 个部分，分别讲述医学总论、药物学、人体疾病各论及全身性疾病等。

扎哈拉维（al'Zahrawi Abul Qasim Khalaf ibn Abbas）是出生在伊斯兰统治下的西班牙的著名医学家，享有"外科学之父"的赞誉，其祖先来源于阿拉伯半岛的安萨尔部落。扎哈拉维的《医学手册》是一部集其数十年医学知识与经验的著作，包括 30 篇的内容，涵盖大量临床问题，适用于执业医生与医学生。这部著作附有历史上最早的外科器械插图与文字说明，而且数量相当

---

① ［法］阿里·玛扎海里著，耿昇译：《丝绸之路——中国-波斯文化交流史》，中华书局 1993 年版，第 454—455 页。

丰富，有 200 幅左右。这些精致的插图与文字说明极具学术价值。

另一位出生在西班牙的医学家伊本·路西德（ibn Rushd）是研究组织学的先驱。他发现患过天花的人以后不会沾染天花，还对血管与运动保健也颇有研究，西班牙与北非的摩洛哥都留下他工作的足迹。他的《医学原理》在当时是一部很全面的医学入门书籍。

阿拉伯的医学非常注重眼科疾病，医生们大多对这方面的病症显示出浓厚的兴趣，而且具有很高的诊断与治疗眼科疾病的技艺。绝大部分医学著作有专门的篇章论述眼科疾病。医学家侯奈因·伊本·易司哈格（Hunayn ibn Ishaq，拉丁名 Joannitius）写了多部眼科学专著，其中以《眼科十论》影响最大。卡哈尔（al'Kahhal）在其眼科学专著里介绍了多达 130 种眼科疾病。

伊本·贝塔尔（ibn al'Baitar）是中世纪最伟大的药用植物学家，他的医药著作所介绍的药物是根据它们的治疗作用进行编排的，而且除了阿拉伯语名称之外，还加上了希腊语和拉丁语名称。

2. 回回医生在中国的医疗活动

蒙古西征中，对包括医生在内的各种匠艺人员采取了一定程度的保护措施。蒙古统治者在所征服的地区征召医生为其服务，在当时蒙古最高统治者周围逐渐集聚了一些著名的中外各族医生，如为成吉思汗服务的就有信奉景教的回回医生。

元初，阿拉伯、中亚及波斯等地的医生及药物大量进入中国，阿拉伯医学得到广泛应用和推广。前文提到的爱薛是唯一在《元史》中立有专传的阿拉伯医家，爱薛及其家人在元代为阿拉伯医药学在中国的传播起着重要作用。《元史·爱薛传》记载："爱薛，西域拂菻人。通西域诸部语。工星历、医药。初事定宗，直言敢谏。时世祖在藩邸，器之。中统四年，命掌西域星历、医药二司事。后改广惠司，仍命领之……"

爱薛本名穆哈伊·米赖·艾比·舒克尔·马格里布·安达卢西亚，又称阿什克岱，出身于基督教聂斯脱里派教徒世家。他的父亲不鲁麻失为著名的天文学家。爱薛继承家学，通晓阿拉伯语、古叙利亚语和蒙古语，擅长阿拉伯星历、医药之术。蒙古贵由汗曾征召不鲁麻失，不鲁麻失因年老"辞不能往"，极力推荐其子爱薛代父应召，入侍蒙廷。忽必烈汗即位后，爱薛仍当侍从，后被擢升为秘书监卿、翰林学士、平章政事。中统四年（1263），忽必烈任其管西域星历、医药二司。1265—1286 年，爱薛 3 次出访伊儿汗国，在马拉格天文台参与纳绥尔丁·图西（Nasir a1-Din al-Tusi）主持的国际科学协作，在马拉格代表中国学者作报告，协同纳绥尔丁·图西等人译编过欧几里得、托勒密的天文学著作，进行算弧三角法和占星术的研究。

爱薛于至元七年（1270）成立京师医药院（其提举为正三品，级别仅次于太医院），由其妻撒剌主持。至元十年（1273）春正月京师医药院改为广惠司，仍由爱薛掌管。据《元史·百官志》记载，广惠司的职责一是掌修制宫廷用回回药物与和剂（配方）；二是治疗诸宿卫士和大都的孤寡及贫寒之士。广惠司均为回回医生，按阿拉伯传入的各种香药配制有特效的良方，以阿拉伯医术治疗。该司还翻译回回药方，推广回回医药。广惠司主要的职官有 20多人，内设提举、卿、少卿、司丞、经历、知事、照磨等官职。在广惠司及两所回回药物院等机构中，聚集着爱薛、鲁合父子、答里麻等一批回回名医。元成宗时，"置各路惠民局，择良医主之"。朝廷派遣回回医官到全国各地建立医疗机关，回回医药学也在社会上得到广泛传播。至元二十九年（1292），在太医院下专设回回药方院和回回药物局两个药学机构，分管大都和上都两所回回药物院。至治二年（1322），大都和上都药物院划归广惠司统一掌管。这些是中国历史上中原地区最早传播回回医学的机关。除了回回医药专门机构外，在太医院、典医监等中国传统的医药机构中，也先后有爱薛长子野里牙、铁树、曲抠等多名回回医生并担任领导工作。

元廷除在京师设广惠司外，各地还设惠民局，方便民众就医。因而很多回回医生散居中国各地，在民间行医或卖药。元成宗大德元年（1297）春正月庚寅日，"诏遣使问民疾苦……置各路惠民局，择良医主之"，伊斯兰医药学也因之随回回医官到达全国各地，从而在社会上得到广泛传播。当时，大批阿拉伯、波斯、突厥血统的伊斯兰医师携带着医书药典来到中国，以行医为计，治病救命，遂形成伊斯兰医学大举输入中国之势。这些外国医师被称作"回回医人""回回医官"。

散居在民间的回回医生，他们主要以行医卖药为业。陈垣在《元西域人华化考》中说："回回入中国者，多数以卖药为业，其俗至今尚存。"据元欧阳玄《圭斋集》卷九记载，回族学者贯云石（海涯）在钱塘行医，"卖药市肆，诡姓名，易冠服，混于居人"。戴良《九灵山房集》卷一九记载有丁鹤年在四明行医，"寄居僧舍，卖药以自给"，他"博览经史，精于算术、方药之说"。丁鹤年"于导引方药之术，靡不旁习"，其祖为元初到中国的商人，可能懂得医术，并对丁鹤年有一定的影响，乃至入明以后，他还在四明市上卖药为生。埃及富商奥托曼在杭州城内开办阿拉伯医院，称"奥托曼尼稚"，并聘有回回医师从职。伊本·白图泰在其游记中说："余寓埃及人鄂施曼后裔家中。鄂施曼乃大商家，甚喜汉沙（杭州）城，故常寓此。城亦由彼而得名曰阿尔鄂施曼尼稚，其子孙在此亦甚受人尊敬，善继父志，救济穷人。有贫僧来门求助者，彼赠之甚丰。创办医院，亦名鄂施曼尼稚即奥斯曼尼稚，建筑颇为华丽。此外各种慈善之事，均有施行。疾病之人，居其医院者甚众。"

在元人的笔记小说中，如杨瑀《山居新话》、陶宗仪《南村辍耕录》等，记载了许多回回医生和回回药物治病有奇效的故事。这些故事是元代回回医学在民间广为盛行的形象反映。《山居新语》卷一记广惠司回回医官治疗奇症事：某驸马忽然得一怪症，坠马后"两眼黑睛皆无，而舌出至胸，诸医束手"。这时广惠司的一位回回医官挺身而出，"以剪刀剪去长舌，又在舌两侧各去一指许，用药涂之而愈。剪下之舌尚存，亦异证也。广惠司者，回回医人隶焉"。陶宗仪《南村辍耕录》记载，元大都"邻家儿患头疼，不可忍。有回回医官，用刀划开额上，取一小蟹，坚硬如石，尚能活动，顷焉方死，疼亦惝止"。在阿拉伯语中，"蟹"，又作毒瘤解。"取一小蟹"，实际是回回医官为这个小孩做了切除肿瘤的手术。《南村辍耕录》还讲到另一则回回医生的"西域奇术"，说："夏雪蓑云：尝于平江阊门见过客马腹膨胀倒地，店中偶有老回回见之，于左腿内割取小块出，不知何物也，其马随起即骑而去。信西域多奇术哉！"

元人王沂《伊滨集·老胡卖药歌》记回回医生卖药之事，极为生动。诗中说：

> 西域胡贾年八十，一生技能人不及。
>
> 神农百草旧知名，久客江南是乡邑。
>
> 朝来街北暮街东，闻掷铜铃竞来集。
>
> 师心已解工名术，疗病何须说《难经》。
>
> 江南只今成乐土，异代繁华复亲睹。
>
> ……

大家"闻掷铜铃竞来集",售药的铜铃一响,人们竞相来购,特别是他熬制的金丝膏药,更受人们欢迎。

《元秘书监志》卷七所列"回回书籍"中,也有《忒必医经》等阿拉伯医书。"忒必"是阿拉伯语"Tibb"的意译,意为医学、医术,亦可译作"医经"。阿拉伯文医学著作名称中有"Tibb"一词的,有拉齐的《曼苏尔医书》、阿里·伊本·阿巴斯的《医学全书》、伊本·西那的《医典》等。这13部《忒必医经》究竟是其中的哪一部著作,目前尚难考定,但它对当时中国医药学的发展却起过有益的影响。

3. 传入中国的阿拉伯药物与方剂

在中外贸易交往中,输入中国的商品,以香药为其大宗。"香"和"药"其实是两类商品,一类是香料,一类是药物。但是,有许多香料也可以入药,所以人们时常"香""药"并称,除了日常生活中用香,如熏香、焚香等外,以香料入药也是常见的。自汉代中西交通开辟以来,从西域、波斯、阿拉伯乃至非洲以及南洋、印度等地,源源不断地将各地的特产药物输入中国,极大地丰富了中医药学的内容,为中国人的医药卫生保健作出了贡献。唐宋以后,香料与药物的进口数量更大、品种更多,来源地也更广泛。而在这个时期,由于阿拉伯和波斯的商人成为中西交通贸易的主体,往来的商船多是来自阿拉伯地区,许多国家的物产是经由他们转运的,所以到中国以后也都记在他们的名下,认为是阿拉伯的产品。这样,在宋代,输入中国的香料和药物,无论是阿拉伯本土所产的,还是阿拉伯商人转运的,都被认为是阿拉伯香药。

到了元代,交通和贸易更加繁盛,继续有阿拉伯的各种香料和药物源源不断地输入中国。元朝统治者对阿拉伯药物很感兴趣。如自波斯等地运入的橄榄油,他们"皆以重阶收买之,宝藏之,视若无上之药物",在《回回药方》中可看到不少方剂内运用此药。据汪大渊《岛夷志略》记载,当时中国商船在同波斯湾地区的贸易中,运回不少药材,如甘埋里的丁香、豆蔻、苏木、麝香,挞吉那的水银、硫黄,加里那的水银、苏木,波斯离的大风子、肉桂等。《常德西使记》也记载了中亚的几种特效药物,如阿只儿,状如苦参,治马鼠疮;妇人损胎及打扑内损,用豆许咽之自消;阿息儿,状如地骨皮,治妇人产后衣不下,又治金疮脓不出,嚼碎敷疮上即出脓痊愈;奴哥撒儿,形似桔梗,治金疮;肠与筋断者,嚼碎敷之自续。这些记载说明,当时出国的旅行者对外国生产的药物也很注意。

元代回回药物输入的途径之一，是诸汗国的"进贡"。伊儿汗合赞、不赛因诸王先后多次遣使向元廷进贡，在所贡物品中，回回药物占了很大比重，其中多有珍奇之品。如至顺三年（1332）十月，不赛因"遣使贡塔里牙八十八斤"，即属此类。延祐七年（1320）七月，回回太医进药"打里牙"（即塔里牙），所得的一次酬竟达 15 万贯之巨。上述药物的进贡，由于一般均从元廷领取大量的回赐，实际上带有贸易的性质。

在药物学方面，阿拉伯的医生与药物学家善于使用复方制剂，主药、佐药与替代药巧妙搭配。首先开始将樟脑、氯化氨与番泻叶等作为药物加以使用。在他们的处方里，还出现了来自中国、东南亚以及非洲的药物。他们首创了糖浆、软膏、搽剂、油剂、乳剂或脂等剂型，以及丸药的金、银箔外衣，甚至今天西方医学界使用的"Syrup"（糖浆）、"Soda"（苏打水）等词汇，是从阿拉伯语音译的。当时的医学百科全书或综合性医学书籍留有专门的章节介绍药物以及处方药物的搭配，系统地讲解药物与处方的构成成分与配制的程序和步骤。

糖浆的阿拉伯语称为"sharab"，中文译为"舍儿别""舍里别"等，意译为"煎"。元代已多使用此类制剂。朱丹溪《局方发挥》记载："舍里别，非诸汤之类乎？其香辛甘酸，始有什焉，何言论弗之及也？予曰：谓之舍利别者，皆取时果之液，煎熬如糖而饮之，稠之甚者，调以沸汤，南人因名之曰煎味，虽甘美，性非中和，且如金樱，煎之缩小便，杏煎，杨梅煎，蒲桃煎，樱桃煎之发冒，火积而至久，湿热之祸，有不可胜言者，仅有桑椹煎无毒，可以解渴，其余味之美者，并是嬉笑作罪，然乎？否乎？"

元廷下令在闽浙、云南等地专门制造糖浆，并作为地方贡物而源源不断输入中原。舍儿别一类制剂，至清代赵学敏《本草纲目拾遗》中尚有记载。

伊本·西那的书中有用金、银箔做药剂丸衣的记载，这在当时是比较先进的医药技术，它不仅对药物能起到防腐作用，对提高药剂疗效也有一定作用。这种技术在宋时传入我国，并得到进一步的发展与应用，促进了我国丸衣剂型的多样化。[①] 由于这种丸剂当时在我国尚属新奇，故北宋时有中国药商

① 参见范行准：《中国与阿拉伯医学交流的史实》，《医史杂志》1952 年第 4 期。

经营朱砂丸而成巨富。

除药物外，当时还有大量回回方剂输入中国。《史集》提到，当时有一些峻烈的蒙古药剂，被称为"合只儿"，这一名称的语源来自"合迪儿"。而"合迪儿"一词为阿拉伯语"伟大""强盛"之意。① 这类药剂与阿拉伯医药有着密切关系。

至元二十九年（1292），大都、上都始置"回回药物院，秩从五品。掌回回药事"。从此，"回回医药""回回药物"则成了阿拉伯医药在中国的别称，阿拉伯医药在元朝廷里，有了崇高的地位。忽必烈的重臣廉希宪"尝有疾，帝遣医三人诊视，医言须用砂糖作饮，时最难得，家人求于外"。在当时的中国，砂糖是很罕见的。忽必烈得知回回人、宰相阿合马有 2 斤砂糖，于是将之要过来转赐予廉希宪。在伊斯兰医学中，砂糖（伊本·西拿《医典》中称作"法尼的"）常被当作药引子。《回回药方》卷一二"长生马准"即用"砂糖或蜜调和，每服五钱"。该书卷一二"阿夫忒蒙"方内记有"上同为细末，砂糖水调和为丸"之语。因此说，医人给廉希宪开的医方，应是阿拉伯医方，或叫作回回医方。

据杜文秀《古兰释义八千题》述，继至元七年（1270）设回回"广惠局"之后，《回回药方》具二万剂珍药，眼、耳、喉、心、胃、肝、肾、脊疾患药到病除。一批回族医药店堂，先后在中华各地回族聚居地区开设，如昆明"万松草堂"等，因其医术高明，脉理幽深，名远价廉，民多感恩。众多匾额如"天方妙术""回回药神""天人妙术"等高挂回回医家门楣。

4. 中国学者对阿拉伯医药学的研究

宋元时期大量阿拉伯药物的输入以及一些阿拉伯药物在实际中的应用日益广泛，促进了当时人们对阿拉伯药物的认识和研究，某些阿拉伯药物为中国本草学所吸收，逐渐华化为后世所习用的中药。"宋时之有大批的关于医药知识之输入"，"异国香药之初度入华，当然是由商人宣传它们的用法和它们品质之佳妙。它们之能入方济，也许有一部分是中国人偶尔的发现，但大体

---

① 参见［伊朗］拉施特主编，余大钧、周建奇译：《史集》第 1 卷，第 1 分册，商务印书馆 1983 年版，第 201 页。

上恐还是得其知识于香药商人"。①

宋嘉祐二年（1057），宋朝成立了校正医书局，开始校修《开宝本草》，历时 3 年，于嘉祐五年（1060）八月书成，命名为《嘉祐补注神农本草》，简称《嘉祐本草》，又编绘《图经本草》。《嘉祐本草》与《图经本草》二书相辅相成，互为补充，把宋代本草研究推向新的高度。其中涉及进口药物，即询问市舶药商，并取药物各一二两，或一二枚封角送至京城，以作编绘注解之凭据。这是继唐代之后又一次全国范围内所进行的规模浩大的药物普查。在宋代医方中，出现了许多以进口药材为主的药剂，如《圣济总录》中，仅"诸风"一门即有：乳香丸 8 种，乳香散 3 种，乳香丹 1 种；木香丸 5 种，木香汤 1 种；没药丸 5 种，没药散 2 种；安息香丸 2 种；肉豆蔻丸 1 种。

又如《太平惠民和剂局方》中，以阿拉伯香药为主并以之标名的方剂，绍兴元年（1131）以前有 10 种，绍兴年间（1131—1162）续添 3 种，宝庆年间（1225—1227）再增 4 种，淳祐年间（1241—1252）续增 18 种。《崇文总目》载有安文恢（一名安堰）所著《万全方》（一作《万金方》）3 卷，有学者认为此方可能是阿拉伯人所撰的医方。②

在当时很轰动的"圣散子方"，苏东坡曾大力推广。当年苏轼被贬黄州，其友巢谷不远千里来与之做伴，并为苏家之"西席"，为其子苏迨、苏过之良师。是年黄州及邻近州郡大疫流行，死人无数，苏轼痛心疾首，却苦无良策。而恰在此时，巢谷用其家传秘方圣散子治好了处于生死边缘的病人。苏东坡将此方传给了名医庞安常，庞氏在《伤寒总病论》中附了此方，并有《圣散子方》一卷流传，以后被收入《苏沈良方》中。

元代有两部与药学有关的著作，据认为在很大程度上吸收了阿拉伯医药学的成果。

元代药物学家萨德弥实，元至大四年（1311）至泰定年间（1324—1327）先后任江南行御史台监察御史、内台监察御史、建昌州知州等职。在职期间，萨德弥实致力于考订各家方书，博采回族医药经效诸方，病家试用屡效的单方、验方，加以分门别类，泰定三年（1326）编辑订正而成

---

① 白寿彝主编：《中国回回民族史》，中华书局 2003 年版，第 300—301 页。

② 参见范行准：《中国与阿拉伯医学的交流史实》，《医史杂志》1952 年第 4 期。

共 15 卷《瑞竹堂经验方》。原著在明代中叶后在国内失传，但书中许多内容则散见于国内外的医药文献中。清乾隆年间修纂的《四库全书》将明代《永乐大典》中散载的内容搜集，编辑为 5 卷 24 门，集有内、外、妇、儿、眼、齿、调补、美容等科，效验方 170 余首。日刊本按明刻本，分 15 卷，每卷 1 门，集方 300 余首。该书运用回回香药较多，如书中记载的悬吊小桶淋浴是阿拉伯人自古以来独特的卫生传统习俗。另有治急气疼方、治疗疮方，且在方名上标有"海上方"等字样，说明有些方药是经海路传入中国的阿拉伯伊斯兰治方。还有的验方特别强调禁食马、驴、猪肉。"羡补门"，不轻用金石之药，处方醇正，如二圣散、四神丸、七仙丹、八宝丹、十宝丹、还少丹、金锁丹等；"妇人门"如八珍散，其用尤广；"疮肿门"所载返魂丹，今更名为梅花点舌丹，用于治疗毒瘤癌肿，内托千金散于临床亦见殊功，"屡试屡验，积久弥实"。

《瑞竹堂经验方》以其丰富的内容和卓有成效的药方，在我国药物学史上有一定影响。元人王都中、吴澄在此书序中说："谓病之有方不难，而方之有验为难"，而萨德弥实书中之方"遇有疾必谨试之，屡试屡验"，并断言《瑞竹堂经验方》将流传后世。《永乐大典》称此书"其处方最为醇正"。李时珍在《本草纲目》中也吸收了此书大量的内容。

回回医生忽思慧（忽斯慧）1314—1320 年担任宫廷饮膳太医，负责宫廷中的饮膳调配工作，并专门从事饮食营养研究。他将回回医药学与汉、蒙古、女真、维吾尔等民族的医药学和营养学结合起来，1330 年完成了《饮膳正要》。这是集元朝以前我国营养学研究精华而完成的第一部饮食卫生和营养学方面的专著。全书系统全面地总结了营养理论，收集了各种奇珍异馔、汤膏煎造术 238 方，谷类、肉类、菜类 230 余种，介绍了各种食物的性质、烹饪及饮食卫生要求。

《饮膳正要》全书 3 卷，卷一记养生、妊娠、乳母、饮酒诸忌，标目"聚珍异馔"，分述汤、粉、羹、面、粥、馒头、烧饼等饭食，以及用蒸、炒、滑、炙、攒、盐、熬等方法制成的菜肴。每种菜肴说明其食疗效用、材料、调味品、烹调技术。卷二主要是阐述用于保健医疗的加药饮料与食品的配料及制作方法，寓养生治病于日常饮食。卷三记米谷品、鱼品、菜品等，对每种食品的性味与作用，都逐一加以说明，大部分附有绘图，而对加工成品则简述其制法及疗效。

书中有不少来自伊斯兰的清真食品原料。如回回葱、回回青、回回豆子、回回小油等。清真食品原料中，包括来自阿拉伯国家冠以"胡"字的食材，如胡葱、胡麻、胡椒、胡荽等。《本草纲目》记载："元人《饮膳正要》作回回葱，似言自胡地，故曰胡葱耳。"《洛阳伽蓝记·城南》也有记载说有些食物是"波斯国王所献也"。书中收载的马思答吉汤、木瓜汤、粉汤、鸡头粉血汤等，是穆斯林医疗保健食品。此书还有关于阿拉伯烧酒制法传入中国并用于医药的记载。《饮膳正要》记载：阿拉伯烧酒，即"阿剌吉酒，味甘辣，大热，有大毒。主消冷坚积，去寒气，用好酒蒸熬，取露成阿剌吉"。可见，用好酒蒸熬制得的"阿剌吉"正是烧酒最常用的制备方法和用于医疗的实证。《饮膳正要》备受赞誉，经久不衰。元代"刻梓而传之"，明代"锓诸梓以广利人"，清代乾隆时，《饮膳正要》被收入《四库全书》。

阿拉伯—伊斯兰医学对传统中医学的医药经典著作也有重要影响。明初朱橚、滕硕、刘醇同编的《普济方》和李时珍的《本草纲目》，均录有阿拉伯医方。有的药名是用阿拉伯药名，如朵梯牙（天然硫酸锌）、安咱芦（波斯树胶）、可铁刺（西黄耆胶）、阿飞勇（鸦片）、红石扁豆（鸡血石）、李子树胶（阿拉伯树胶）、咱甫兰（藏红花、番栀子花）、鸡子清、火煅大海螺、炼酥铜、奶女儿汁（奶汁、乳汁）、白雪粉（铅白）等。

5.《回回药方》：中阿医学的融合

元代阿拉伯医学在中国得到了广泛传播，中国学者对阿拉伯医学进行了深入的研究，其最显著的成果体现在这个时代的医学的代表作《回回药方》中。

阿拉伯医药学在元代中国传播和应用，也使其理论著作、方剂药书得到朝野人士的高度重视。元秘书监收藏的伊斯兰各类科学书籍中，就有医学书籍。与此同时，中国的回回医人为行医之便及传示门生、子弟之需，遂将这类回回医书译成汉文。这些医书的传入和译著抄本的传播，形成了对汉族固有的医药文化传统的新鲜与长期的刺激，对中国文化界认识、了解回回医学具有很大的帮助。为此，在元廷的直接推动下，回回医人兼收并蓄了诸家回回医书的汉译抄本，分门别类地编撰注释，历经数年，有了今日众所周知的

《回回药方》。

《回回药方》是我国穆斯林编译的一部回回医药方剂汇集。宋岘通过对《回回药方》的研究，认为"这是从唐代伊斯兰医药传入中国后，中国与伊斯兰世界长期的易学文化交流的顺理成章的结果"①。宋岘分析了《回回药方》与伊斯兰医学的渊源关系，认为"其基本内容是译自拉齐、侯纳因、撒卜而、麦朱西、伊本·西那等人的著名的伊斯兰医学经典。其中的 110 首方剂同《医典》的方剂是完全相同的。这表明，在中古时期，伊本·西那《医典》等医书不仅流传到了欧洲，有了拉丁文译本，而且也传到了中国，并有了汉文译本。由此证明，《回回药方》是伊斯兰科学文化于 13 世纪即已传到中国的重要史实，是传统中国文化与外来的阿拉伯、波斯文化相融合的结果"②。

宋岘还认为，《回回药方》的成书年代，应在明朝洪武年间。他指出："在中国元明时期，社会上已有很多种阿拉伯文、波斯文古医书，其中一些书，或者全部地、或者部分地被人已译成为汉文写本。再后有人按照伊本·西那《医典》或其他种艺术的模式，将这些医、药书的汉文译本编排在一起，再加上小字注释，遂成了《回回药方》如今的样子。"③

《回回药方》的作者是中国元明之际的回回医学家，他（或他们）既精于以《医典》为代表的阿拉伯医学，也有较深的汉学造诣及较高的中国传统医学水平，在全面研究和掌握这两种世界古代医学理论与医疗实践的基础上，经过一番"咀嚼"与"融合"的努力，才写出这样一部系统反映元代回回医学水平的大型综合性医药学著作。《回回药方》既保存了阿拉伯医学的基本特征，也接受了中国传统医学的影响，在医方和医论上加入许多中国传统医学的内容。因此，体现中国与阿拉伯两种不同医药学的初步融合。还有的学者指出，《回回药方》是元代穆斯林医学家继唐末五代李珣的《海药本草》之后，对我国医学体系的形成、丰富和发展作出的又一巨大贡献。它成功地移植、吸收、改造了阿拉伯医学，建立了中国回回医药学体系，成为中国医药学体系的有机组成部分。它的许多学术思想达到了当时中国医药界的最高水

---

① 宋岘考释：《回回药方考释》上册，中华书局 2000 年版，"前言"，第 1 页。

② 宋岘考释：《回回药方考释》上册，中华书局 2000 年版，"致读者"，第 1 页。

③ 宋岘考释：《回回药方考释》上册，中华书局 2000 年版，"前言"，第 34 页。

平，表明元代回回医药学已经有了相当成熟的理论。

《回回药方》未署编译者姓名，共36卷，现仅存明代红格抄本4卷（残卷），即目录卷之下、卷一二、卷三〇、卷三四。全书以汉文写成，但杂有大量阿拉伯文书写的病症、药物、方剂及人名或其汉文音译。其内容涉及内、外、妇、儿、眼、神志、食疗、骨伤各科，并专门论述了灸法与药饵修合，内疗外治，医药同炉。现存残本录有数百种产自阿拉伯、波斯及中亚、南亚、北非、南欧诸地的海外药物，收集了580余副药方，其中包括希波克拉底、亚里士多德、盖伦、保罗、拉齐、伊本·西那等10余位古代外国医药学家的经验方。据此，有专家估计，全书方剂可达六七千首之多，"是一部内容丰富的医学百科全书"①。

《回回药方》以叙方为主，方论结合。残卷常用药物332种，从中亚、西亚传入的香药多达232种。其中有诸多阿拉伯医学的传统用药，如东罗马的茴香（大茴香），喀布尔的诃梨勒，亚美尼亚的石头（天青石），印度的化食丹，犹太的膏子药，克尔曼的茴香，阿拉伯的橄榄油，索科特拉岛的芦荟，波斯的紫丁香及都龙知（吐根），土耳其的龙胆、朵梯牙（皓矾）、可铁刺（西黄蓍胶）、猩猩毛发、红宝石，还有亚美尼亚产的红玄武石，埃及产的缟玛瑙，尼罗河的柳果实以及松子仁、山香菜、西域芸香（漆树科乳香）、咱法兰（番红花）、阿飞勇（鸦片）、李子树胶（三额，阿拉伯树胶）、法尼的（碇子砂糖）、可落牙（茴香，维吾尔族称作"孜然"）、哈而八吉（藜芦）、海速木（洋蒿）、奄摩勒（余甘子）等。有些是华化已久的胡药，如苏合香、荜拨、肉豆蔻、安息香、龙脑、胡椒、乳香、没药、腽肭脐、安石榴、血竭、阿月浑子、胡葱等，还有一些如巴豆、肉桂、大黄、麻黄、黄连等是阿拉伯、西亚久用的产于中国的药物。

《回回药方》极大地丰富了中医的本草学。《回回药方》出现以前，历朝医书记载的传入中国的胡药，合计亦不过百余种，而《回回药方》所罗列的动、植、矿物新药及新名称则在几百种以上。《回回药方》十分注意地理学的知识，对本草的原产地多有详细的介绍。总之，《回回药方》为人们确定与鉴别本草的性状、产地、名称提供了帮助。

---

① 宋岘考释：《回回药方考释》上册，中华书局2000年版，"致读者"，第1页。

在药物剂型运用方面,《回回药方》大量地增加了丸、散、膏、酊剂的处方。这些方剂多以伊斯兰国家及穆斯林航海贸易所经诸热带国家出产的草本植物的汁液、乳汁（如墨牵牛子、芦荟）和木草植物的树脂胶汁（如乳香、安息香）。

《回回药方》残卷中保存有阿拉伯芳香挥发药为主的露酒剂、糖浆剂、膏剂、漱口剂、药饼、搽药、贴药、渍药、取嚏剂及滴鼻剂等。尤其滴鼻剂的应用,颇令世人瞩目。书中收载滴鼻药剂方20多首,占总方剂数的4%。所治疾病不仅仅局限于鼻腔疾病,适应范围相当广泛,且多用于治疗中风一类重危疾病。所使用的鼻药溶剂种类多样,如麦尔桑过失水、紫花油、撒答卜水、葡萄醴、骆驼尿、妇人乳汁、梅桂水、麻叶水等。鼻药的使用方式有滴、搐、吹、嗅,方剂有单方、复方、验方。药方组成少则一味（如纳尔丁油方）,多则竟达100多味（如马准西里撒方）。除此之外,还有些药方除了修合制成丸、膏、散、汤供内服外,亦可随治疗需要调化合成滴鼻剂。

《回回药方》中的医学理论体系,受阿拉伯哲学思想的影响,坚持"真一、阴阳、四元、三子"说,继承了中世纪医学理论的精华,即"四体液""四性"及"禀性"学说。回回医学认为"四元"（土、火、水、气）为万有形色之宗元。四元不是四种"物质元素",而是四种运动方式。回回医学还将古希腊的"四体液"学说改造为"白、红、黄、黑"四液,并将其纳入元气、"四性"理论中加以运用。四元乃化生"四体液"的基础。每种"禀性"又是体液在人体中分布多寡及气质异常的表征,亦即每个人的禀性、气质又受体液的制约和调节。在"四性"中,其中相反的性质是不能共处于同一事物中,即有冷就无热,有燥则无润。阿拉伯伊斯兰医学承袭了古希腊的医学理论,将"四禀性"按其微显的不同程度,大致分为四个阶段,第一等是最轻微的,第四等是最显著的。《回回药方》也是用这种"四禀性"学说来规定药的属性。如卷一二在描述病因时,除冷、热、燥、润之状外,尚有冷湿、冷燥、热湿、热燥诸状态。卷三〇记"大西阿答里徒西方"时所说:"凡因冷因润改动禀气,用之皆得济。"即使医治外伤,《回回药方》也循此"四性"说。宋岘认为:"《回回药方》的内容是源自诸种阿拉伯医书的。其医术思想应属于阿拉伯医学体系。"他进一步指出:"《医典》等书就是以希腊'医学之父'希波克拉底的理论为医学法规的。因此，阿拉伯医学的哲学体系是源自古希腊哲学的。由于《回回药方》与《医典》《医术全书》等阿拉伯医典著作之间存在着亲缘关系，因此，《回回药方》的医术思想也应是对古希腊医学理论的继承。"

在《回回药方》残卷"折伤门"中，基本包括了古今骨科的软组织损伤、骨伤、关节脱臼及其并发症，并从理论上阐述了这些损伤的原因、发生机理、诊断和治法，从而反映了元代中国骨伤诊疗水平及发展成就。如对骨折的愈合和治疗的论述："凡人骨有损伤，小儿童子的可望再生。盖因初生的力还在其身内。若即壮年老人的，虽然辏接了，必无再生之力，却生一等物如脆骨，在其周回显出来。将损折处把定，如焊药一般。"这"焊药"一般的"脆骨"，即今日所称"骨痂"。儿童骨愈合速度比老年人提前二分之一或三分之二时间。又说："接骨并移骨总治法，凡有二等：一等是扯，二等是栓系……对又折大者，用三条带栓，其栓是先放绢片，次用板。此等板宜用柔软木制者，如石榴木、柳木等的最可。又要光且匀。然此板当损折处栓欲牢固，非稍厚与硬不可用。"这种整复与固定并用夹板扎缚的技法，在中国是前无记载的。此法溯源于古希腊希波克拉底，被阿拉伯伊斯兰医学所采用、推广。所用治方，外敷为主，计有 12 方。内服仅 4 方，且多为内外兼治。对头部外伤的诊断，根据损伤组织划分，并分别使用不同的方法治疗。对外伤肿胀不忍且并发全身症状者，主张作"十"字切开，引流排脓。如论颅脑骨粉碎性骨折的碎骨片剔除法，改进脑手术及使用金属脓刀钻，《回回药方》中均作了详尽介绍，极大地影响了中国，使元明代外科学的发展有了一大飞跃。随后李仲南《永类钤方》（1331）、危亦林《世医得效方》（1332）中的正骨内容，与《回回药方》亦大致相同。

《回回药方》卷三四"针灸门"专论三大灸法（艾灸、药灸、烙灸）。其中"烙灸"源于阿拉伯医学家扎哈拉维，他在其所著的《医学手册》一书中论述了烧灼（烙灸）并作了详尽的描述。烙灸法的适应证分为 16 种，可治疗内科、外科、伤科、眼科、皮肤科等多种疾病。其病因多与体内"恶润"有关。具体方法是，采用多种器械烙灼皮肤及相应穴位，令其破损、溃烂、流脓，促使体内"恶润"排出，然后用生肌收回药，使之平复。《回回药方》中灸法虽然以烙灸为主体，带有明显的阿拉伯医学特色，但在书中出现中医特有的艾灸法，烙灸法中出现针灸穴位，这说明《回回药方》的灸法体现了与中医共同的医学特色。

六　阿拉伯艺术在中国的传播

1. 阿拉伯音乐在中国的传播

元时有许多西域乐器传入，拉弦乐器有胡琴，弹弦乐器有箜篌、琵琶、火不思、七十二弦琵琶、兴隆笙等。《元史》卷七一记有宫廷乐器 22 种，其中兴隆笙、殿廷笙、火不思、胡琴 4 种，即为回回乐器。

兴隆笙是元代中统年间（1260—1263）中亚的花剌子模进贡的乐器。关于兴隆笙的形制，《元史》卷七一记载："兴隆笙，制以楠木，形如夹屏，上锐而面平，缕金雕，镂枇杷、宝相、孔雀、竹木、云气，两旁侧立花板，居背三之一。中为虚柜，如笙之匏。上竖紫竹管九十，管端实以木莲苞。柜外出小橛十五，上竖小管，管端实以铜杏叶。下有座，狮象绕之，座上柜前立花板一，雕镂如背，板间出二皮风口，用则设朱漆小架于座前，系风囊于风口，囊面如琵琶，朱漆染花，有柄，一人揿小管，一人鼓风囊，则簧自随调而鸣。中统间，回回国所进。以竹为簧，有声无律。"

兴隆笙大体是有楠木制成的音箱，音箱上有 90 根紫竹管，用竹为簧。音箱向外延伸出 15 个雏形的键等。《元史》说"以竹为簧，有声无律"，也就是说，传入我国的兴隆笙能发声，但音律不合，后经过玉宸乐院判官郑秀加以改进后才合用。《元史》记载："玉宸乐院判官郑秀乃考音律，分定清浊，增改如今制。其在殿上者，盾头两旁立刻木孔雀二，饰以真孔雀羽，中设机。每奏，工三人，一人鼓风囊，一人按律，一人运动其机，则孔雀风舞应节。殿廷笙十，延祐间增制，不用孔雀。"

从其形制来看，所谓"兴隆笙"，其实就是小型管风琴。这是传入中国最早的西方键盘乐器。日本音乐史家岸边成雄指出，兴隆笙就是 13 世纪在欧洲流行的管风琴。但将这种管风琴带进元廷的不是欧洲人，而是阿拉伯人。兴隆笙用于演奏宫廷宴飨之乐，元朝仿制过与其大体相同的殿廷笙。

陶宗仪在《南村辍耕录》中记载："兴隆笙在大明殿下。其制：植众管于柔韦，以象大匏土鼓，二韦橐，按其管，则簧鸣。笙首为二孔雀，笙鸣机动，则应而舞。凡燕会之日，此笙一鸣，众乐皆作。笙止，乐亦止。"

方豪认为，兴隆笙与殿廷笙的区别在于，一有孔雀，一无孔雀，《元史》讲得很清楚。陶宗仪所说的兴隆笙，实际上是无孔雀的殿廷笙。①

这些乐器的产生，使这个时期器乐独奏和称为"小乐器"的小合奏大为盛行。如双韵合阮咸，稽琴合箫管等等。同时，有的乐器又为传统器乐合奏所吸收，从而推动了器乐的发展。

"火不思"一词为"qobuz"的音译，又名"浑不似""和必斯""虎拨思""琥珀词""胡不思"和"胡拨四"等，四弦、长柄、无品、音箱梨形。《元史·礼乐志》记载："火不思，制如琵琶，直颈，无品，有小槽，圆腹如半瓶榼。以皮为面，四弦皮，同一孤柱"。清代《大清会典图》记载："火不思，四弦，似琵琶而瘦，桐柄，梨槽半冒蟒皮，柄下腹上背有梭，如芦节，通长二尺七寸三分一厘一毫。"元人杨瑀《山居新语》中说："镔铁胡不四，世所罕有，乃回回国中上用之乐，制作轻妙。"元时它被列入国乐，经常在盛大宴会上演奏，后来流传于民间，在山西、河南和陕西一带则称其为"琥珀词"。

关于七十二弦琵琶的传入，《元史》记载，旭烈兀西征时，占领巴格达，带回七十二弦琵琶。刘郁《西使记》记载："丁巳岁取报达国。……琵琶三十六弦……一伶人作新琵琶七十二弦。"在《元史·郭宝玉传》中也载有郭侃随旭烈兀西征时，"忽里算滩降。……香气传出百里，得到七十二弦琵琶、五尺珊瑚灯檠等珍宝"。这种七十二弦琵琶可能就是卡龙传入中国后的名称。《钦定大清会典图》记载："喀尔奈，钢丝弦十八，状如世俗洋琴。刳木中虚，左直右曲，前广后削……以手冒拨指或以木拨弹之。"清代列入宫廷回部乐。"卡龙"的名称最早源于希腊，10世纪初引入阿拉伯。世界著名的突厥族音乐家艾甫纳斯尔·法拉比对卡龙进行改革，使卡龙的构造有了很大的变化，演奏性能得到了显著的提高，在他所著的重要文献《音乐全书》中，记载了这种乐器，当时称之为"米兹阿夫"，已有45条琴弦。13世纪的波斯音乐家

---

① 参见方豪：《中西交通史》下卷，上海人民出版社2008年版，第410页。

萨非·丁（Safi Din）称它为"努兹哈卜"。此后卡龙流传到阿拉伯地区和东、西方很多国家。现代阿拉伯地区流行的卡龙，琴弦多为70条左右，最少者63条，最多者84条，三条琴弦为一组，音高同度，音域有3个八度。

日本音乐史家岸边成雄认为，马头琴可能是元朝时来自伊斯兰乐器"拉巴布"。据说在10世纪时拉巴布已在叙利亚等国广泛流行。按当时法拉比的记载，那时所用的琴弓与战争中使用的弓形状是相同的。拉巴布的外形接近于马头琴，共鸣体是四边形或菱形，长颈，在木制的框架上两面都蒙以羊皮。过去，有一根琴弦的称为诗人拉巴布，是说唱艺人用来自拉自唱的；有两根琴弦的则称为歌者拉巴布，用来为歌唱伴奏。岸边成雄认为，马头琴是通过阿拉伯人传播到东亚的拉巴布的一个支流。①

随乐器东传的还有许多回回乐人和乐曲。元陶宗仪《南村辍耕录》记载元代较为流行的回回曲有《伉里》《马黑木当当》《清泉当当》三个曲目。《南村辍耕录》收录之"回回曲"均属东传的伊斯兰音乐，乃元朝宫廷宴饮时由回回乐工以本民族乐器弹奏之乐曲。有学者认为《伉里》可能是西域康里国流行的曲目之一，随回回乐人传入中原。《马黑木当当》很可能就是新疆维吾尔族最古老的乐曲《木卡姆》。"木卡姆"当时称"马黑木"。西域乐舞在元代非常盛行。"木卡姆"乐舞已成为大都和上都演出的重要节目。

回回音乐与中国音乐一同构成元代宫廷音乐，元朝政府礼部下设仪凤司和教坊司，"掌汉人、回回、河西三乐细乐；每色各三队，凡三百二十四人"，供奉祭祀和宴享娱乐之事。仪凤司秩正四品，掌乐工、供奉、祭飨之事，是至元二十年（1283）设置的。下设云和、安和、常和、天乐四个署，分工掌管乐工调音律及部籍更番、回回乐人、河西乐人。皇庆元年（1312），又增设广乐库，委任大使、副使二人管理乐器。教坊司秩从五品，是中统二年（1261）设置的，至元十二年（1275）升正五品，十七年（1280）再升正四品。下设兴和、祥和二署及广乐库，共辖乐户500户。元朝另设太常礼仪院，秩正二品，掌大礼乐、祭享宗庙社稷、封赠谥号等。下设太庙、郊祀、社稷、大乐四署。大乐署掌管礼生、乐工479户。元朝有比较完整的乐舞机构及制

---

① 参见［日］岸边成雄著，郎樱译：《伊斯兰音乐》，上海文艺出版社1983年版，第89—90页。

度，并且对"河西乐""回回乐"给予特殊的重视。

蒙古从阿拉伯地区征调大量回回艺人东来，专门立署于宫廷，为其服务。这些回回乐人，就是中国早期的回回表演艺术家。此外，名满民间的回回戏曲表演家当时也已出现。元代《雪蓑渔隐青楼集》中，介绍了一位名叫米里哈的回回旦角演员，说她"歌喉清婉，妙入神品；貌虽不扬，而专工贴旦杂剧"。元代还涌现出一批回族作曲家，如马九皋、贯云石、玉元鼎、阿里耀卿、阿里西瑛、沐仲易、丁野夫、蓝楚芳、吉诚甫等人的散曲小令，在当时很有名气。其中马九皋的作品，激越慷慨，流丽清婉，傲世不俗，豪爽疏放，风趣中隐藏着内心的忧愤，诙谐中流露出对现实的嘲弄。马九皋遗留下来的元曲小令，在数量上居元代曲家第八位，艺术成就也名列前茅。维吾尔族散曲作家贯云石，又名小云石海涯，自号酸斋，又号芦花道人。他创作的曲调传于浙江澉浦杨氏，称为"海盐腔"，流传至明代，成为昆腔的先驱。吉诚甫，西域回回，被人赞为元曲的"知音状元"，"是梨园一点文星，西土储英，中夏扬名"。

元代回回乐不仅供宫廷蒙古统治者欣赏，也传入民间，受到全国各地人民的喜爱。元代的无名氏杂剧《西天取经》残折中，有个"回回舞"曲牌，歌词也很民歌化："回回回回把清斋，虔诚虔诚顶礼拜，眼睛眼睛凹进去，鼻子鼻子长出来。"这应该用的是当时的"回回曲"乐曲之一。

在陕北的民歌、秧歌、酒曲里，有这样一类词：

高高山上一篓油，一脚踢哩可坡流，你流你就尽管流，俺回俺家喂黑牛。

高高山上一只虎，下山来寻王老五，不进院来不进家，想上他家大母猪。

高高山上一只狼，摇头摆尾想吃羊，喊了一声大黄狗，勿浪勿浪撵过梁。

高高山上一口井，起早把水没担桶，你要问俺因为甚，迷迷糊糊才睡醒。

高高山上一座庙，庙里有位灵神仙，初一十五去上香，保佑平安。

有学者研究认为，这些歌词的共同特征是首句的"高高山上一××"。这成为一种歌词形制，这应该就是"回回曲"的形制。"回回曲"不仅传下了这么一种歌词形制，还传下了一首天下闻名的民歌。那就是在很多地方广泛传唱、在陕北流行于秧歌小场子里的《小放牛》：

> 天上的娑罗树什么人栽？
>
> 地下的黄河什么人开？
>
> 什么人独把三关口？
>
> 什么人出家没有回来？
>
> 天上的娑罗树王母娘娘栽，
>
> 地下的黄河老龙王开。
>
> 杨六郎独把三关口，
>
> 韩湘子出家没有回来。

2. 青花瓷：中阿文化交融的结晶

瓷器是中国的一项伟大发明。中国历代精美的瓷器，源源不断地输往世界各地，给各地的瓷器制造业和工艺美术等方面产生重大影响。到了元代，随着东西交通的繁盛，中国瓷器更大量地输入阿拉伯、波斯地区，给当地的陶瓷制造业以新的启发。"据文献记载，当时波斯一代的画家多有模仿中国的作品，喜欢采用中国的龙、凤、麒麟等纹饰。元至元二年（1322），阿布萨伊特（Abu Saiyd）所建的法拉明大清真寺门面上即有龙的形象。对比现在仍保存在伊朗、土耳其等博物馆内的元代青花瓷中绘有龙、凤、麒麟的作品，以及这两个国家当时所仿制的青花瓷器，均可想见其影响之深远。"① "我国青花瓷的技法，始于宋代，也可能是从阿拉伯国家钴蓝的颜料借鉴来的。"② 青花是我国传统的颜色釉，它是用氧化钴作着色剂，在坯体上描绘各种花纹，然后施透明釉，经高温（1300℃左右）在还原气焰中一次烧成的。清代龚轼在他的《陶歌》中这样称赞青花瓷器："白釉青花一火成，花从釉里透分明。可参造化先天妙，无极由来太极生。"从扬州出土的唐青花瓷片和收藏在香港冯平山博物馆的一件唐白釉蓝彩三足缶看，我国早在唐代就已经开始了青花瓷的制作，但还属于原始阶段。到了元代，青花瓷的制作有了突飞猛进的发

① 叶喆民：《中国陶瓷史》，生活·读书·新知三联书店 2006 年版，第 473 页。

② 朱培初：《明清陶瓷和世界文化的交流》，轻工业出版社 1984 年版，第 131 页。

展，无论在造型、画面装饰还是工艺制作方面都日渐成熟，为明、清两代青花瓷的生产奠定了基础。青花瓷发展到明代永宣时期可谓进入了黄金时代，这时期的青花瓷以其胎质细腻洁白、釉层晶莹肥润、青色浓艳、造型多样和纹饰图案优美而享有盛名，其制作达到了最高水平，而尤以浓艳幽深的青花色泽最为著称。

元代以后青花瓷的突飞猛进的发展，以及明代青花瓷的登峰造极，都与阿拉伯文化的影响有着直接的关系。傅统先指出：

明代艺术品以陶瓷铜器为最著，而回教促成此种上品之力量尤多。

明人对于瓷器之技术均至顶点，永乐以降，因波斯、阿拉伯艺术东渐，与我国原有之艺术相融合，于瓷业更放异样光彩。

回教对于明瓷之贡献，在质料上则有回青，在装饰上则有回回文字，其质地高尚，至今尤传为珍品。①

明代开始引进了伊斯兰"苏麻离青""回青""霁红料"等色料，特别是苏麻离青的使用使得这一时期的青花色泽浓重明艳。苏麻离青是来自伊拉克萨马拉的钴蓝料。"萨马拉"在古代的发音是"Samarra"，叙利亚文是"Sum-ra"。中国早期青花使用的进口料称为"苏麻离青""苏渤泥青"，这发音与"萨马拉"及当时普遍使用的叙利亚"Sumra"这个地名发音相同。明代永乐年间，郑和七次下西洋从伊斯兰地区带回一批苏麻离青。此后就有这种颜料的大量进口。

苏麻离青是一种用于青花瓷器的着色原料，这种色料的特点是凝重幽艳，其晕散现象更是独树一帜。由于料中含有较高的铁质，而且含锰较低，所以常出现深浅不同的色泽，浅处为天蓝色，浓重处则呈现出靛色，并带有类似铁锈的结晶斑点，且微凹不平。明万历十七年（1589），王世懋《窥天外乘》记载："官窑，我朝则专设于浮梁县之景德镇，永乐、宣德间，内府烧造，迄今为贵。以苏麻离青为饰，以鲜红为宝。"这是有关苏麻离青最早的文献。万历十九年（1591），高濂《遵生余笺》亦有"宣窑之青，乃苏渤泥青"的记载。明陈继儒《妮古录》记载："宣庙窑器，选料、制样、画器、题款，无一

---

① 傅统先：《中国回族史》，宁夏人民出版社 2000 年版，第 72 页。

不精。青花用苏勃泥青。"明王士性《广志绎》记载："宣窑以青花胜，成窑以五彩。宣窑之青，真苏勃泥青也，成窑时皆用尽。"朱琰《陶说》、蓝浦《景德镇陶录》、唐秉钧《文房肆考》等文献，都有相同的记载。清《南窑笔记》记载："宣窑一种，极其精雅古朴，用料有浓淡，墨势浑然而庄重，青花有渗青、铁皮锈者。"用这种青料绘制的纹饰具有中国画的水墨韵味，形成了不可模仿的特征。同时，制瓷工匠们熟练地运用不同含量的青料，烧制出不同的青花，如淡描青花、蓝地青花等，使青花瓷的制作达到了炉火纯青的地步。随着苏麻离青的引进，中国青花瓷烧造史出现了自元代末期青花瓷成熟以来的第二次发展高峰，尤其是宣德时期的青花瓷与中国传统文化有机的结合而被民间称之为"青花之王"。

中国瓷器大量输往阿拉伯地区，得到了那里的王公贵族以及一般平民百姓的喜欢，他们对中国瓷器的偏爱和需要，又形成了外销瓷器的大市场。而这一地区大批的陶瓷订货，使得具有典型伊斯兰文化色彩的阿拉伯、波斯陶瓷式样、纹饰及风格，引入了中国瓷器的制造工艺中，使青花瓷的造型发生了很大变化。有学者指出："百分之八十的永、宣青花瓷在造型方面可以在西亚地区古代金银器、铜器、玻璃器、陶器中溯源到范本。"① 明代青花瓷除了继承前期传统造型之外，基本改变了元代青花瓷的面貌，许多瓷器与西亚地区器物的风格相似，有些器物本身就是为适应西亚诸国的需要而制作的，如抱月瓶、长颈方口折壶、长颈水罐、仰钟式碗、无挡尊、八角烛台、花浇、水注、军持、执壶、藏草壶、僧帽壶、卧壶、扁腹绶带葫芦瓶、天球瓶、折沿洗、大盘、鸡心碗等。其中的卧壶亦称扁平大壶，器身呈圆形，一面鼓腹，腹中有脐形拱起，一面为平砂底无釉，中心下陷如脐，肩两侧或凸起花朵，或以双系活环为装饰，小口，直颈，带盖。藏草壶也称无柄壶，盘口，束颈，鼓腹，下部承托，足外撇，腹一侧有管形长流，无柄。此器物受西亚文化影响，造型雅静，梵语谓之"净瓶"。僧帽壶形如僧人之帽，直颈，圆腹，圈足，口面有流于颈部突出，一侧宽带柄，两端为如意头连接口腹，宝珠顶钮盖合于长条口流之上，盖边凸出一角与流相合。

阿拉伯文化的输入也给此时的陶瓷绘画带来了丰富多变的图案。我国最

---

① 王健华：《明初青花瓷发展的原因和特点》，《故宫博物院院刊》1998 年第 1 期。

早出现装饰有阿拉伯文字的瓷器可上溯至唐代。1998 年在印度尼西亚海域发现了装有 6 万余件唐代长沙窑、越窑外销瓷器的沉船，其中长沙窑中有部分瓷器用褐绿和红色彩料书绘阿拉伯文字及伊斯兰风格纹饰，如书写有阿拉伯文（"我是安拉的仆人"）的褐绿彩纹碗。这类瓷器出现的历史背景与明代永宣时期有相似之处，也是为了满足外销需要，有目的地去吸收外来文化元素。在宋代，南北各窑生产的青瓷、白瓷上也出现过类似的装饰，但为数不多。到了元代，开始大规模生产具有伊斯兰装饰风格的青花瓷，并销往阿拉伯地区。考古资料显示，在埃及的福斯塔特遗址、伊朗的尼沙普尔遗址、印度托古拉古宫殿遗址和叙利亚的哈马、波斯湾的巴林岛等地，都曾大量出土带有伊斯兰风格的元青花瓷，而这些地区也正是伊斯兰文化兴盛的区域。明代永宣时期的瓷器也有许多外来风格的纹饰图案，如几何纹、藏文、阿拉伯文字、藏人歌舞、胡人舞乐、洋莲、佛花等。特别是最广泛使用的西番莲纹样（一种团形的多叶莲花）就是从痕都斯坦（今巴基斯坦北部、阿富汗东部一带）的玉质盘子上的番莲图案移植过来的。明代文献中多次提到的"回回花"就是这种纹样。永宣青花瓷上的"回回花"装饰无所不在，即使是传统的龙凤纹样也常常是以西番莲为底衬，有的则书写《古兰经》中的语录，直接歌颂真主。河北省民俗博物馆就藏有一件具有浓郁西亚风格的瓷器——永乐青花无挡尊。此器高 17 厘米，直径 17 厘米，内径 10 厘米，尊无底，呈筒状柱形体，上下板沿对称，腰部有一道凸棱。胎体较轻，釉质莹润，外壁釉色白中闪青，内壁为浅鹅卵青色，底部口缘处无釉。青花色泽浓艳深沉，有晕散及靛色斑点。纹饰共分六层，上、下板沿绘变体锯齿纹，器身绘两组缠枝勾莲纹，中间凸棱处绘缠枝纹，器身书有两组阿拉伯文字，因青花晕散较严重，部分文字模糊不清，其中有两句大意为"赞颂归于真主"，"万物非主、唯有真主"。此件器物是明代工匠将我国传统工艺与西域风格的造型纹饰巧妙地融为一体的典范。

傅统先引朱琰《陶说》所列隆万器，上有回回花纹者有下列各种：

（1）外双云龙、芙蓉花、喜相逢、贯套海石榴、回回花，里穿花翟雉、青鸂鶒荷花、人物、狮子、故事、一秤金、全黄、暗龙钟。

（2）穿花龙凤、板枝娃娃、长春花、回回宝相花瓶。

（3）双云龙、回回花果翎毛、九龙淡海水、荷花、红双云龙、缠枝宝相花香炉。

（4）外穿云龙、鸾凤、缠枝、宝相花、松竹梅、里朵朵、四季花、回回样结带如意、松竹梅、边竹叶灵芝盘。

（5）外穿花龙凤、八仙庆寿、回回、缠枝、宝相花，里团云龙、荷花、鱼、江芥子、花棒真言字瓯。①

受伊斯兰文化影响的青花瓷在元明盛行，明代永宣时期达到顶峰，随后明天顺、成化、正德历朝都有此类瓷器出现。明代各个时期生产的瓷器，尤其是青花瓷，无论在造型还是纹饰上，广泛受到阿拉伯文化元素的影响。对于明代各个时期瓷器具有伊斯兰文化元素的讨论，国内外陶瓷学者有所论述。如冯先铭指出，在明代永宣时期瓷器中，有大约 9 种青花瓷在器形上直接受到西亚地区的影响。马文宽则进一步指出，明代瓷器（主要是指青花瓷）仿伊斯兰金属器、陶器、玻璃器造型至少有 19 种，而明代瓷器上所见具有伊斯兰风格的纹饰也有 12 种之多。万明指出："明代青花瓷的崛起，是中外文明互动与交融的产物，也是跨文化交流的绝佳例证。因此，明代青花瓷的历史，是一部中外文明交融的历史。"②

3．"亦思替非"与回回国子学

元帝国建立初期，幅员辽阔，国内民族众多。为了把皇帝的旨谕及时传达到国内各地，并使下情及时上报，便先后采用了蒙古文、汉文、回回文 3 种文字，由官方通令施行。元帝国统治下的中亚细亚地区，原是阿拉伯帝国阿拔斯王朝的属地，在这个地区波斯语占主导地位，是通行的书面用语，而阿拉伯语一般则用于散文作品的著作方面，或是穆斯林过宗教生活的"经堂"用语。元初东迁的大批"西域回回"，大部分来自这一地区，他们包括波斯人、突厥人、阿拉伯人等。他们到中原后，或为官，或充戍军、屯田军，或当工匠，或做商贾。初来之时，他们对官方的蒙古语和中原地区通行的汉语是陌生的。为了使政令在中亚细亚地区和东来中原的回回人间施行，元帝国除通用蒙古文、汉文外，又决定采用回回文字。凡是元朝政府重要的中央或地方机关中，都设有回回掾史、回回译史、回回令史等官职。王恽《中堂纪

---

① 傅统先：《中国回族史》，宁夏人民出版社 2000 年版，第 72 页。

② 万明：《明代中外关系史论稿》，中国社会科学出版社 2011 年版，第 699 页。

事》说回回译史麦术丁以木笔挑书普速蛮字："其所译簿籍，捣治方厚，尺纸为叶，以木笔挑书普速蛮字，该写众事。纸四隅用缕穿系，读则脱而下之。"

元代回回人宗教活动及日常用语中多为阿拉伯语和波斯语。元人陶宗仪在《书史会要》中有关于回回字的记载："回回字，其母凡二十有九，横行而写，自前向后，复归于前。"陶宗仪不仅指出了字母数，而且明确说明了其书写规则。此外，他还在书中记录了这 29 个回回字母。学者们由此研究认为，其中的 28 个为阿拉伯字母，剩余 1 个则为两个字母的连写形式。

然而，随着时间的迁延，入居中原的回回人通过与广大汉族人民的交往以及联姻等，汉族的语言文字逐步被他们所掌握，成为他们日常交往的工具。至元二十四年（1287）回回人麦术丁提出学习回回文字时，精通的人已为数不多了。元世祖在先后设立蒙古国子学和汉文国子学之后，又于至元二十六年（1289）设立了回回国子学。后罢。仁宗延祐元年（1314）置回回国子监。《元史·选举志》"学校条"记载："尚书省臣言：'亦思替非文字宜施于用，今翰林院益福的哈鲁丁能通其字学，乞授以学士之职。凡公卿大夫与富民之子，皆依汉人入学之制，日肄习之。'帝可其奏。"不久便在"翰林兼国史院……置官五员，掌管亦思替非文字"。徐霆所撰《黑鞑事略》记载："回回文镇海主之，汉文耶律楚材主之。"到了仁宗延祐元年（1314）又"别置回回国子监学，以掌亦思替非官属之"（《元史·百官志》）。据《通制条格》记载："至元二十四年正月初八日，总制院使桑哥、帖木儿左丞等奏：前者麦木丁说有来，'亦思替非文书学的人少有。这里一两个人好生的理会得有，我则些少理会得。咱每后底这文书莫不则那般断绝了去也么？教学呵，怎生？'道有来。么道。奏呵，麦木丁根底说者，交教者。么道圣旨了也。钦此。"

有学者认为，"回回国子学"是我国最早的外国语学校，是专门教授"亦思替非文"的外语学校。关于上述引文中的"亦思替非文"，有学者认为，"看来镇海所主管的回回文，应即当时回教（即伊斯兰教）世界东部通用的波斯文。那么在回回国子学、国子监中所讲授的亦思非文字，可能就是波斯文"。至于为什么把波斯文叫"亦思替非文"，这可能与古代人们的习惯称谓有关。"亦思替非"之名，经考证，是波斯名城"亦思法杭"的异译。因为古代的国家、部落或人名以及所使用的文字的名称，习惯上多以所在的地名或河流名等来表示。陈垣在《元西域人华化考》说："亦思替非为波斯都城之名，亦思替非文字者，实波斯文字。回回国子学者，教习波斯文字者也。"

白寿彝推测亦思替非文"在元代系做关防会计之用"。后来又有人撰文认为是波斯文、阿拉伯文，也有人认为是一种突厥语言。伊朗学者穆扎法尔·巴赫蒂亚尔尔（Mozafar Bakhtyar）的《〈亦思替非〉考》认为："亦思替非（Estifi）本意乃是'获取应有之权利'或'向某人取得应得之物'。作为一个专有名词，其意为'财产税务的核算与管理'。因此，在古代，在大多数伊斯兰政权统治的国家，类似现代财政部的部门称为'亦思替非部'。""'亦思替非'乃是一种特殊的文字符号，用于国家文书之中，它有特定的写法与规则，国王及政府有关财务税的诏书、清算单据、税务文书等都用这种文字书写……这种文字类似缩写符号或象形文字，只表意而不标音。"① 由此可见，亦思替非文是一种专用于财务核算的文字，创造者是伊朗人，元代传入我国，元政府设立回回国子学，蒙古贵族子弟有入学学习者，命回回人益福的哈鲁丁专门教习。

回回国子学除教授亦思替非文外，尚开设有回回语言文字学等课程，为政府培养专业书写、翻译人才，"凡百司庶府所设（回回）译史，皆从本学取以充焉"。元代大量回回人入华，形成一种特殊的社会力量，他们在政治舞台上始终扮演着重要角色。按元制，除设专司回回人军政事务的机构（回回炮手军近上万户府、回回哈的司、蒙古回回水军万户府、诸色目人匠总管府等）外，中书省和吏、户、礼、兵、刑、工各部等中央主要机构及江南、陕西诸道行御史台、大都留守司、上都留守司、太仆寺、大司农司、宣政院、宣徽院、中政院、诸政院和各行中书省都设有回回书写、回回译史、回回令史、回回掾史和回回架阁库管勾等专门职务。他们是用回回文处理公文，管理财务，起草、翻译文书的专职人员。元廷规定："诸内外百司有兼设蒙古、回回译史者，每遇行移及勘合文字，标译关防，仍兼用之。"（《元史》）看来，元朝官方之所以通行回回文，与元和西域伊儿汗国之间频繁的文书往来也有关系。而这些需具备一定回回文字能力的官员，即由回回国子学加以培养。

回回国子监培养对象主要为回回人，但也不乏有汉人入监习学者。回回国子监作为专门培养回回财经和语言文字专业人才的官学，为元朝政府输送

---

① 叶亦良主编：《伊朗学在中国论文集》，北京大学出版社1993年版，第44页。

了大批优秀人才，当时著名的回回学者，如马九皋、沐仲易、丁野夫、玉元鼎等，都为回回国子监监生。许多翰林院、秘书监的回回文士，中央及地方政府机构中的回回令史、回回译史、回回书写、回回掾史也都是回回国子监培养的。

4. 回回与元代珠宝业

在唐宋时期来华进行贸易的波斯和大食商人，有许多是从事珠宝生意的。到了元代，波斯和阿拉伯商人仍然主要是经营珠宝、丝绸、香料、药材等生意。他们把河北的丝绸、瓷器等特产通过京杭运河、丝绸之路和通往漠北的草原之路，销往西域和其他边疆地区；把海外的珠宝、香料、名贵药材运至大都，或献于皇家，或投放市场销售。宋代，广州、明州、杭州、泉州准许大食等商人前来交易，以珊瑚、琥珀、珠琲、玛瑙、玳瑁、水晶等物来交易。宋人编著的《太平广记》有好几卷记载了胡商从事珠宝生意及善识宝的事。如卷三三"神仙盛遇传"条、卷四〇二"守船者"条、"李勉"条，卷四〇三"玉清三宝"条等有过记载。"宋廷南迁临安（杭州）后，泉州远离宋金战场，故成为南宋重要的海上门户。穆斯林商人竞相云集泉州，港内风樯鳞集，云帆遮天。城之南关珠宝奇珍，琳琅满目。"①

元代大都珠宝业十分兴盛。当时回回人经营的珠宝 20 多种，获利丰厚。元贞年间，有一回回商人奉珍宝进售，名曰"押忽大珠"，售价高达 60 万锭。《元史》记载："回回勃克、马合谋沙等献大珠，邀价数万锭"，"回回以宝玉鬻于官"。回回商人不仅善经营，而且善识宝，因而民间多称"识宝回回"。

陶宗仪《南村辍耕录》记载许多来自西域的不同名目的"回回石头"："回回石头，种类不一，其价亦不一。大德间，本土巨商中卖红刺一块于官，重一两三钱，估直中统钞一十四万，定用嵌帽顶上。自后累朝皇帝相承宝重。凡正旦及天寿节大朝贺时，则服用之，呼曰刺，亦方言也。"其列举的种类有：

（1）红石头，四种，同出一坑，俱无白水。刺，淡红色，娇。避者达，深红色，石薄方娇。昔刺泥，黑红色。苦木兰，红黑黄不正之色。块虽大，石至低者。

---

① 杨怀中：《回族史论稿》，宁夏人民出版社 1991 年版，第 111 页。

（2）绿石头，三种，同出一坑。助把避，上等暗深绿色。助木刺，中等明绿色。撒卜泥，下等带石，浅绿色。

（3）鸦鹘。红亚姑，上有白水。马思艮底，带石，无光。二种同坑。青亚姑，上等深青色。你蓝，中等浅青色。屋扑你蓝，下等如冰样，带石，浑青色。黄亚姑。白亚姑。

（4）猫睛。猫睛中含活光一缕。走水石，新坑出者，似猫睛而无光。

（5）甸子。你舍卜的，即回回甸子，文理细。乞里马泥，即河西甸子，文理粗。

谷泰《博物要览》（成书于明嘉靖四十年，1561）卷一○记宝石种类，其中记红宝石八种，即避者达、映水、昔那、伊尼剌、兀尹剌、罕赖剌、羊血、石榴；黄宝石五种，即黄亚姑、黄刺姑、黄伊思、鹅儿黄、腊洒黄；绿宝石三种，即助把、助木、撒尼；紫宝石六种，即你伊、马思艮底、尼兰助把、茄苞、披遐西、相袍；青宝石五种，即青亚姑、鸦鹘青、螺丝青、天云青、青水；白宝石两种，即白亚姑、羊眼睛；猫儿眼睛宝石两种，即猫儿眼睛、卵子。

慎懋官《华夷花木鸟兽珍玩考》（成书于明万历九年，1581）卷一一记载："玉出西域于阗国。有五色。利刀刮不动，温润而择，摸之灵泉应手而生。凡看器物，白色为上，黄色、碧色亦贵，更碾琢奇巧敦厚者尤佳。……白玉其色如酥者最贵，但冷色即饭汤色、油色及有雪花者皆次之。黄玉如栗者为贵，谓之甘黄玉。焦黄者次之。碧玉其色青如蓝靛者为贵。或有细墨星者、色淡者皆次之。盖碧今深青色。黑玉其色如漆，又谓之墨玉，价低，西蜀亦有之。赤玉，其色红如鸡冠者好，人间少见。绿玉，深绿色为佳，色淡者次之，其中有饭糁者最佳。甘青玉，其色淡青而带黄。菜玉，非青非绿如菜叶，此玉色之最低者。沙子玉，此玉罕得，比之白玉，此玉粉红润泽，多作刀靶环子之类，少有大者。"

到了明代初期，珠宝业更加兴旺。由于回回人多居住在沿海各大城市和港口，善于鉴识珠宝，又善于经营珠宝，所以在明代就获得了"识宝回回"的美称，"其人善鉴识，每于贾胡海市中，廉得奇琛，故称曰识宝回回"。

第十九章

伊斯兰教在中国的传播

从唐代初期开始，阿拉伯人陆续进入中国，他们所信仰的伊斯兰教就随之来到了中国。到了宋元时期，特别是元代，由于进入中国的阿拉伯人、伊朗人增多，加上西域许多民族开始信奉伊斯兰教，有许多人进入中国，伊斯兰教在中国的传播达到了一个高潮。

与佛教和天主教不同，伊斯兰教是随着信奉它的阿拉伯人、波斯人以及其他西域人一起来到中国的，它首先是作为这些移民的宗教信仰而存在的。到了元代，来自阿拉伯和西域地方的移民数量庞大，逐渐在中国形成了新的族群即回回民族。这个新族群的标志就是信仰伊斯兰教。伊斯兰教在中国传播的历史，实际上就是中国回族形成和发展的历史。沙百里指出："伊斯兰教在中国的发展，主要是属于一种移民现象的范畴，而不是属于一项改宗的布教活动的范畴。"① 与佛教一样，伊斯兰教在中国的传播与发展，也经历了一个与中国传统文化相接触、相融合的过程，也经历了一个本土化的过程，而这个过程，也就是这些外来移民及其后裔在中国落地生根，与中华民族相融合的过程，是由一个外来移民群体转变为中华民族成员的过程。在这个过程中，伊斯兰文化、阿拉伯文化在中国得到广泛传播，其中的许多内容被吸收到中华文化的传统之中，成为中华文化的组成部分，促进了中华文化的丰富和发展。

一　伊斯兰教在中国的初传

1. 中国早期对伊斯兰教的了解

伊斯兰教与佛教、基督教并称为世界三大宗教。中国旧称大食法、大食教度、天方教、清真教、回回教、回教等。"伊斯兰"（Islām）系阿拉伯语音译，原意为"顺从""和平"，指顺从和信仰宇宙独一的最高主宰安拉及其意志，以求得两世的和平与安宁。信奉伊斯兰教的人统称为"穆斯林"（Muslim，意为"顺从者"）。

---

① ［法］沙百里著，耿昇译：《中国基督徒史》，中国社会科学出版社 1998 年版，第 59 页。

伊斯兰教于 7 世纪初兴起于阿拉伯半岛，由麦加人穆罕默德所创传。主要传播于亚洲、非洲，以西亚、北非、中亚、南亚次大陆和东南亚最为盛行。它自创兴迄今已有 1400 多年的历史，作为一种宗教信仰、意识形态和文化体系，传入世界各地后，与当地传统文化相互影响和融合，在不同的历史条件下，对许多国家和民族的社会发展、政治结构、经济形态、文化风尚、伦理道德、生活方式等产生了不同程度的影响。

从唐初至元朝建立以前，由于与阿拉伯、波斯穆斯林的接触不断增多，中国人对伊斯兰教的教义和历史有了初步的了解。在《旧唐书·大食传》《新唐书·大食传》及《册府元龟》中，在杜佑《通典》所引杜环《经行记》中，在慧超《往五天竺国传》、周去非《岭外代答》、朱彧《萍洲可谈》、方信孺《南海百咏》、赵汝适《诸蕃志》、岳珂《桯史》、郑所南《心史》等史籍中，反映了唐宋时人对伊斯兰教的了解和认知。

唐宋时期，人们称伊斯兰教为"大食法""大食教度"；称穆罕默德为"摩诃末""麻霞勿"；称穆斯林为"摩思览"，穆民为"慕门"；称第三任哈里发奥斯曼为"瞰密莫末腻"；称倭玛亚王朝为"白衣大食"，阿巴斯王朝为"黑衣大食"。对于从摩诃末创教立国至黑衣大食哈里发诃伦的大致经过，《旧唐书·西戎传》《旧唐书·拂菻传》有记载。

这些书除了介绍阿拉伯国家的基本情况外，还对伊斯兰教的信仰、宗教仪式等也有一些了解。关于伊斯兰教的基本信仰，本书引杜环《经行记》说到了回教的基本信仰、礼拜、作斋和日常生活上应该遵守的一些条件，以及伊斯兰教其他方面的教规、风俗。杜环于唐与大食的怛逻斯战役中为大食所俘，在大食生活多年。《经行记》中所述，皆为亲身见闻，非如他书之转录传闻，故可信度较高，记述亦较准确。如女人戴面纱之俗，男人以佩带银带、银刀为饰的风俗，每周聚礼日讲经布道之事，伊斯兰教以"奸非劫窃、细行谩言、安己危人、欺贫虐贱"为罪，以及"法唯从宽，葬唯从俭"等记述，都是真实可信的。白寿彝说："就唐宋两代关于回教教义的汉文记录来看，《经行记》是最早的，也是最好的。"①

其他史籍也有一些关于伊斯兰信仰的记载。如《旧唐书·西戎传》说：

---

① 白寿彝主编：《中国回回民族史》，中华书局 2003 年版，第 177 页。

"其俗勇于战斗，好事天神……自云在本国唯拜天神，虽见王亦无致拜之法。"《新唐书·西域传》说："国人止拜天，见王无拜也。"慧超《往五天竺国传》记大寔（即大食）国说："国人爱煞事天，不识佛法。国法无有跪拜法也。"《诸蕃志》卷上记载了信仰习俗。

周去非《岭外代答》卷三中的"吉慈尼"，《元史·地理志·西北地附录》作"哥疾宁"，为"Ghazna""Ghiznin"之译音，其地在阿富汗迦布逻城之西南，为柴布里斯坦省之首府。周去非不仅记述了该地清真寺数量多、规模宏大，而且准确记述了"除蚻"（即主麻日）聚礼。

文献中提到的"祀天""事天""拜天""天神"等词中的"天"，并非指自然界天地之天，而是套用了中国古代哲学概念的"天"，类似于"上帝"的概念。伊斯兰教最基本的信仰是信真主，认主独一；除真主安拉外，不崇拜任何鬼神、偶像，也不礼拜包括国王、父母在内的任何人。杜环等所谓"不拜国王、父母之尊，不信鬼神，祀天而已"等，应该说是抓住了伊斯兰教信仰的核心，认识是准确的。

宋代岳珂对广州清真寺及穆斯林的宗教生活、日常生活印象极为深刻。他在《桯史》卷一一"番禺海獠"条中也有追述。"海獠"即指浮海而来中国的穆斯林。岳珂说这些穆斯林"性尚鬼"是不对的，穆斯林不尚鬼神，只信独一安拉；但他强调穆斯林"好洁"则是相当正确的。清真寺大殿并非祠堂，称之为"祀堂"不够准确；但说殿中"实无像设"则抓住了清真寺的特点。伊斯兰教反对一切偶像崇拜，只崇拜无方所、无形似的真主安拉。岳珂说穆斯林赞颂真主时，"称谓聱牙"，他听不懂，不知道拜"何神也"。"堂中有碑……拜者皆向之"，讲的是大殿的礼拜朝向"米合拉布"，窑殿中以阿拉伯经文为饰，在岳珂眼中"皆刻异书，如篆籀"。他看到大家皆面向"米合拉布"礼拜，以为那些刻写的"异书""是为像主"，也不确切，但确实无误的是大家皆面向"米合拉布"作礼拜。

关于穆斯林饮食风俗，唐宋时人记述稍多些。如《旧唐书·西戎传》说大食人"唯食驼马等肉"；《新唐书·西域传》说大食人"不饮酒、举乐"；《通典·大食国传》说大食"无五谷，惟食驼象等肉；破波斯、拂菻，始有米面"；又说"其大食法者……不食猪、狗、驴、马等肉……其俗每七日一假，不买卖，不出纳，唯饮酒、谑浪终日"。杜环《经行记》说伊斯兰教"断饮酒", 等等。

宋代朱彧《萍洲可谈》卷二中述广州蕃坊中穆斯林饮食习俗颇详, 然亦有曲解、误会之处。朱氏所述, 正确之处在于穆斯林不食猪肉; 可食之畜须亲自动手屠宰, 不吃自死物或非穆斯林宰的牲; 鱼则不需亲自屠宰。《诸蕃志》卷上记桑给巴尔穆斯林饮食, 则很简明: 吃饭面、烧饼、羊肉。岳珂《桯史》卷一一记广州蕃坊穆斯林饮食习惯: 不用刀等餐具, 将鲑与粱米合在一起炙, 左手进食, 右手接触秽物, 是为触手等。

岳氏还记述餐后洗手"复入于堂以谢"则很准确, 穆斯林吃完后确是要净手"接杜哇依"、感赞真主慈悯的。

关于伊斯兰教清真寺建筑, 唐宋时人亦有一定的认识。《新唐书》与《经行记》中, 都称大食的清真寺为"礼堂"; 前者说礼堂"可容数百人", 后者说"容数万人", 都是讲其建筑规模之大。亦有讲其寺院数量的, 如《岭外代答》卷三中, 记吉慈尼国"有礼拜堂百余所, 内一所方十里"; 眉路骨悖国"有蕃塔三百余, 内一塔高八十丈, 内有三百六十房"。这本书中还记述了麦加大寺: "有麻嘉国……此是佛麻霞勿出世之处。有佛所居方丈, 以五色玉结甃成墙屋。每岁遇佛忌辰, 大食诸国王皆遣人持宝贝、金银施舍, 以锦绮盖其方丈。每年诸国前来, 就方丈礼拜, 并他国官豪, 不拘万里, 皆至瞻礼。方丈后有佛墓, 日夜常见霞光, 人近不得, 往往皆合眼走过。若人临命终时, 取墓上土涂胸, 即乘佛力超生云。"

2. 伊斯兰教初入中国

伊斯兰教在兴起不久就传入中国。关于伊斯兰教传入中国的时间, 也有不同的说法, 有隋开皇七年 (587)、唐武德五年 (623)、贞观二年 (628)、永徽二年 (651) 诸说。比如"开皇七年, 圣命其臣塞尔帝斡歌士等赍奉天经三十册传入中国……遂遍于天下"的说法, 似不足信, 因为在隋开皇年间, 穆罕默德还没有创教, 所以谈不上到远方传教。

陈垣主张以"唐永徽二年"作为伊斯兰教进入中国标志年代。[①] 据《旧唐书》与《册府元龟》记载, 这一年伊斯兰教第三任哈里发奥斯曼 (Osman)

---

① 参见陈垣:《回回教入中国史略》, 白寿彝主编:《中国回回民族史》, 中华书局 2003 年版, 第 707 页。

家统一的经过。阿拉伯帝国第一次正式派使节来华，对后来中阿两国在政治、经济和文化上的广泛交流，以及穆斯林商人的东来都产生了重大影响，故历史学家一般将这一年作为伊斯兰教传入中国的开始。

《真教寺碑记》记载，唐太宗"梦与圣人接……乃遣使者数辈至其国。圣人乃命其徒赛尔德宛歌斯以真经三十藏，计锁勒（章）一百一十四篇，分六千六百六十六段来献。云：'诵此经能灭诸邪。'太宗撰之，颁诸天下，而其教遂大行于中土焉"。但此说与《古兰经》自身成册的史实也不符。英国历史学家赫·乔·韦尔斯的《世界史纲》说，贞观二年（628），穆罕默德的使节来到唐朝：

> 628 年，比景教徒早 7 年，还有更值得注意的一个使节也来到了太宗的朝廷。这是一批阿拉伯人，他们从阿拉伯半岛麦地那城港口延布乘商船出发，由海道来到广州（附带有意思的事，是知道这时有这样一些商船也从事于东西方之间的贸易）。这些阿拉伯人我们已经说过，是由自称为"上帝的使者"穆罕默德派遣的，他们带给太宗的信大概与同一年送给拜占廷皇帝赫拉克利乌斯和忒西丰的卡瓦德的召唤是相同的。
>
> ……据说，还帮助他们为广州的阿拉伯商人建立了一座清真寺，这寺直到今天还在。这是世界上最古老的清真寺之一。[①]

金吉堂在 1935 年发表的《中国回教历史问题》一文中，根据赫·乔·韦尔斯的记载，认为传教与朝贡不能混为一谈，"实则回教不得大食遣使朝贡已竟输入中国"，主张"回教入华"以穆罕默德的使节到达唐朝、在广州建立清真寺那一年，即贞观二年。

白寿彝则认为："大食朝贡使之最早的记录是永徽二年，就是普通所认为回教传入中国的一年。其实，大食朝贡使到中国来，是一件事；回教传入中国，是又一件事。我们说，回教传入中国，与大食商人或大食朝贡使有相当关系，是可以的。但要一定说回教传入中国，与某次朝贡使有关，是不可以

---

① ［英］赫·乔·韦尔斯著，吴文藻等译：《世界史纲——生物和人类的简明史纲》，人民出版社 1982 年版，第 629 页。

的。并且，大食朝贡使虽于永徽二年始来，但在这一年以前，谁也不敢说，没有回教人到中国来过啊。"①

所以，和佛教传入中国的情况一样，很难确定伊斯兰教究竟是哪一年传入中国的。但是，在唐朝初期，实际上也就是伊斯兰教创立不久，就确实传到中国了。

永徽二年（651）之后，阿拉伯帝国又有多次遣使来唐。安史之乱发生后，至德二年（757）唐政府借用大食援军协助镇压叛乱。这些大食兵估计有3000余人。事毕，除少数回国外，大部分留居中国，在中国娶妻生子，繁衍后代，蓄积永业财产，成为中国人。伊斯兰教在唐代的传播是与大食人和信仰伊斯兰教的波斯等中亚人在唐朝的留居同步进行的。

唐代有许多波斯和阿拉伯商人进入中国经商，其中有许多居留不还，成为在中国社会活跃的"胡商"中的一部分。他们分布在长安、广州和扬州等地。在广州留居的穆斯林，据说多以万计。当时来华的阿拉伯人和波斯人已经把他们的宗教信仰及其宗教活动带到了中国。白寿彝指出：

> 大食商人在中国似无传教的事，但他们之来华对于教义的传布，似也不无关系。第一，因为他们是异邦人，并且居止阔绰，他们的行动易受异邦人注意，他们的宗教生活也就可能成为人们所注意的一种目标。第二，他们在中国的商业活动，事实上恐怕不能不雇佣中国人来帮忙。这些中国人同他们相处日久，也许有信仰回教的人。不过，这两种可能的事究竟可能到什么程度，我们是没有法子来估定的。②

唐时来华贸易的阿拉伯穆斯林商人，落籍广州后，一般居住在蕃坊内。阿拉伯商人苏来曼在其游记中对于广州蕃坊内阿拉伯人的宗教信仰和活动记载说：在广州，中国长官委任一个穆斯林，授权他解决这个地区各穆斯林之间的纠纷。"每逢节日，总是他带领全体穆斯林做祷告，宣讲教义，并为穆斯

---

① 白寿彝主编：《中国回回民族史》，中华书局2003年版，第172—173页。
② 白寿彝主编：《中国回回民族史》，中华书局2003年版，第172页。

林的苏丹祈祷。……他的判决是合乎正义的，是合乎尊严无上的真主的经典的，是符合伊斯兰法度的。"① 蕃长依《古兰经》、圣训行事，按照伊斯兰教风俗开展宗教活动、规范同类习俗、解决同类民事纠纷、维护同类利益。因此，蕃坊既是穆斯林聚居区的称谓，同时又是一种政教合一的组织机构。在蕃坊中一般建有清真寺，以适应宗教信仰和宗教生活的需要。

现在广州的怀圣寺、光塔一带是蕃客的主要聚居区，在聚居区内设有清真寺，故怀圣寺是我国最早的清真寺。南宋方信儒《南海百咏》记载："蕃塔始于唐时，曰怀圣塔。轮囷直上，凡六百十五丈，绝无等级。其颖标一金鸡，随风南北。每岁五六月，夷人率以五鼓登其绝顶，叫佛号以祈风信，下有礼拜堂。"

中外学术界对光塔始建的年代有不同意见，但可以肯定的是光塔在北宋已经存在。郭祥正《广州越王台呈蒋帅待制》诗云：

> 番禺城北越王台，登临下瞰何壮哉。
> 三城连环铁为瓮，睥睨百世无倾摧。
> 蕃坊翠塔卓椽笔，欲蘸河汉濡烟煤。
> ……
> 屯门钲铙杂大鼓，舶船接尾天南回。
> 斛量珠玑若市米，担束犀象如肩柴。

此诗系作者于元祐三年（1088）赴知端州任途经广州所作。"蒋帅"即广南东路经略安抚使、知广州蒋之奇，元祐元年（1086）至四年（1089）在任。"翠塔"即光塔。郭氏作于同一时间的《同颖叔修撰登蕃塔》诗云：

> 宝塔疑神运，擎天此柱雄。
> 势分吴越半，影插斗牛中。
> 拔地无层限，登宵有路通。
> 三城依作镇，一海自横空。
> 礼佛诸蕃异，焚香与汉同。
> 祝尧齐北极，望舶请南风。

---

① 穆根来、汶江、黄倬汉译：《印度中国见闻录》，中华书局1983年版，第7页。

瑞气凝仙露，灵光散玉虹。

铎音争响亮，春色正冲融。

怀圣寺在元初仍保存完好。元至正三年（1343）毁于火。元至正十年（1350），由僧家讷元卿主持重建。寺内有至正十年住持哈散所立《重修怀圣寺》碑，碑文有载："白云之麓，坡山之隈，有浮图焉，其制则西域，磔然石立，中州所未睹。世传自李唐迄今……"

广州先贤古墓中的墓主圣贤艾比·宛葛素，相传是穆罕默德的母舅，东亚地区伊斯兰教最早的传播者，据说怀圣寺即为他所建。元至正十年（1350）泉州《重立清净寺碑》记载："隋开皇中，有撒哈八撒阿的·斡葛思者，自大食航海至广，方建礼拜寺于广州，赐号'怀圣'。"因之，广州在伊斯兰世界中被誉为"东方麦加"，历史上为东亚、东南亚、南亚地区穆斯林的朝觐之地。广州的先贤古墓旧称"蕃人冢"，俗称"回回坟"或"响坟"，坐落在广州市城外流花桥畔。《南海百咏·蕃塔》记载："藩人塚，在城西数十里，累累数千，皆南首西向。"墓园拱门嵌额为唐贞观三年（629）所建，据陈垣考证，当为唐永徽三年（652）。后经多次修葺，清代重建。清代仇池（巨川）辑录的《羊城古钞》记载"回回坟"中有一条按语："元至正间，留撒都刺十七家居粤看寺及坟。明季，命回教世袭指挥驻广州，因是兵民日盛。各姓每年必诣响坟瞻拜、诵经，至今相沿不替。而西域诸国服其化，每航海万里来粤，以得诣坟瞻拜为荣，虽极尊贵者，至此亦匍匐膜拜于户外，极其诚敬焉。"

据清代蓝子羲所撰《天方正学·旺葛师大人墓志》说："大人道号旺葛师，天方人也，西方至圣之母舅也，奉使护送天经而来，于唐贞观六年行抵长安……太宗复敕建江宁，广州亦建清真寺分驻，阙后大人期颐之年，由粤海乘海船放洋西去，既抵青石，伏思奉圣命而往，未曾奉命而还，何可还阙梓里。是以复旋粤海。大人在船中复命归真，真体大发真香，墓于广州城外，为固土补奥师，小寒节气喜神。"

按照这个说法，艾比·宛葛素是最早来华传播伊斯兰教的人。此外，还有传说唐时由海路来中国传教的有四大"先贤"。明代何乔远《闽书》记载："吗喊叭德圣人门徒有大贤四人，唐武德中来朝，遂传教中国。一贤传教广州，二贤传教扬州，三贤、四贤传教泉州。"大贤即艾比·宛葛素。这个说法没有明确的史证。但自唐宋以后，除广州外，扬州、泉州等地都有许多阿拉伯、波斯商人来经商定居，他们也会将其宗教生活习惯带到当地。"穆罕默德确有一个名叫艾布·宛葛思的母舅，但从来没有到过中国。他的儿子赛德·伊本·宛葛思是伊斯兰教初期征服波斯西部（伊拉克）的大将，死于675年，传说中的宛葛思其人，据说死于中国，葬于广州流花桥畔，很可能是到中国经商的阿拉伯商人和穆罕默德时代的宛葛思同名，而为后人所附会，产生以上传说。"① 另外，据说唐时长安也有一座清真寺，即现在大学习巷的礼拜寺。

宋代，泉州的阿拉伯商人数量更多。他们在泉州兴建了几座清真寺，其中较为著名的有北宋真宗大中祥符二年（1009）"圣友寺"，又称清净寺，俗称麒麟寺，位于泉州通淮街。南宋初年的宋高宗绍兴元年（1131）"有纳只卜穆慈喜鲁丁者，自撒纳威从商舶来泉，创此寺于泉州之南城"。元至大三年（1310），耶路撒冷人艾哈玛德·本·穆罕默德重修。泉州清净寺门楼北墙横嵌的阿拉伯文石刻，记载了这座清真寺的始建年代："这座最古老、悠久、吉祥的礼拜寺，是此地人们的第一座礼拜寺，号称'圣友寺'，建于伊斯兰教历四百年；三百年后，艾哈玛德·本·穆罕默德·贾德斯，即设拉子著名的鲁克伯哈支，建筑了高悬的穹顶，加阔了甬道，重修了高贵的寺门并翻新了窗户，于伊斯兰教历七百十年竣工。"

伊斯兰纪元400年即北宋大中祥符二年（1009）。泉州圣友寺主要建筑有大门、奉天坛、明善堂等部分。大门用青、白花岗石砌筑，分外、中、内三重，都是圆形穹顶尖端门。门楼顶部平台为望月台，是决定斋月开斋日期之处。望月台上原有宣礼尖塔，连同正殿顶盖均毁于明万历三十五年（1607）泉州一带的大地震中。大殿四壁均为花岗石砌成，东西是尖拱形正门，西墙中部是一尖拱形大壁龛，左右相间并列着六个嵌有阿拉伯文《古兰经》石刻经句的小壁龛。大殿之北为明善堂。据汉文石碑记载，此寺亦经明清多次修缮。该寺仿叙利亚大马士革的伊斯兰教礼拜堂的形式而造，为中世纪阿拉伯普遍流行的伊斯兰建筑样式。

泉州城南另有一座清真寺，为纳只卜穆兹喜鲁丁于南宋绍兴元年（1131）创建。元至正十年（1350），教长夏不鲁罕丁主持，富商金阿里等

① 纳忠：《阿拉伯通史》下卷，商务印书馆1997年版，第399—400页。

捐资重修，吴鉴为此撰《重建清净寺记》碑文，元末寺毁。泉州通淮门一带，发现有元代清真寺石碑，其碑文写道："一位虔信、纯洁的长者建筑了这座吉祥的清净寺的大门和围墙。他乃是也门人奥姆尔·艾比奈的第四代子孙奈纳·奥姆尔，乞求真主恩赐他宽恕他。"此碑的发现表明，这一带还存在另一座清净寺。

扬州礼拜寺，俗称"仙鹤寺"，位于扬州南门街，始建于南宋。据明《嘉靖维扬志·杂志》记载："礼拜寺，在府东太平桥北。宋德佑元年西域补好丁（现译作普哈丁）游方至此创建。"该寺为中国风格建筑，现存的主要建筑为明洪武二十三年（1390）哈三重建。相传先知穆罕默德的第16世孙普哈丁于宋咸淳年间（1265—1274）到扬州，"未几，先贤归去，越三年复东游至津沽，遂移舟南下"，于德祐元年卒，葬于新城东水关河东高岗上，其基有坟园。

杭州的真教寺，俗称凤凰寺，始建于唐或宋，确切的年代目前尚无可靠的材料。元至正元年（1341）西域人阿老丁重建。这是一座中国建筑风格和阿拉伯建筑风格相结合的清真寺。礼拜大殿有阿拉伯风格的砖砌圆拱顶。五层塔式望楼为中国建筑风格，可惜1929年修建马路时被拆除。寺内的碑廊存有汉文、阿拉伯文、波斯文的石碑共19方。

唐宋时期的伊斯兰教是作为一种"侨民文化"而存在的，是客居中国的穆斯林侨民的信仰，它的存在范围仅限于蕃坊之中。此时的伊斯兰教没有也不可能融合到中国文化体系之中，更不可能与儒、佛、道三大文化主流相提并论。蕃坊实际上是一种政教合一的组织，伊斯兰教既是蕃民们信奉的宗教，又是蕃坊组织运作和蕃民生活的精神准则。作为侨民文化，伊斯兰教在蕃坊中的存在和传播直接承继和保存了本土（阿拉伯地区）的形态：布教者和信教者均直接来自阿拉伯地区；蕃坊内通行的是阿拉伯和波斯的语言文字，实行的是阿拉伯式的社会制度、教育制度和市井生活。因而，可以说唐宋时期的伊斯兰教是以一种相对封闭的蕃坊文化圈内存在的，其功能是服务蕃民的宗教生活。由于蕃坊文化圈的相对封闭性，伊斯兰教以及蕃民的生活，在当时中国人的眼中不过是一种异国的风情和生活习俗，人们对伊斯兰教并无清晰的认识，伊斯兰教对中国社会及其主流文化也并未产生冲击和影响。

二 伊斯兰教在中国的传播与发展

1. 穆斯林的发展与伊斯兰教的传播

元代是伊斯兰教在中国内地广泛传播和全面发展的重要时期。蒙古人在西征中，将一批批中亚各族人、波斯人、阿拉伯人作为战俘而征调到中国来，其中有军士、工匠和被俘掠的妇孺，也有一些宗教学者、社会上层部属等，总数有几十万之多。军士被编入"探马赤军"，战时从征，平时屯聚牧养，分驻各地，以西北的陕、甘、青为多，有的则迁往西南、江南和中原各地。自愿来华的商人、传教士、旅行家、学术人士也络绎不绝。他们与唐宋时期寓居中国的大食、波斯人的后裔都是穆斯林，故被称为"回回"或"木速蛮"（Muslman，即波斯语"穆斯林"），成为元代色目人中的重要成分。前文对这些移民以及后来回回民族的形成已经做了比较多的论述。

迁徙到中国的大批阿拉伯人和其他西域人，背井离乡，长途跋涉，实际上经历了一个十分痛苦和艰难的过程。志费尼在《世界征服者史》中，一方面对蒙古西征表示痛苦，另一方面又说，这是一种必要的祸害，是真主对伊斯兰教徒的罪恶的警告和处罚，同时又使伊斯兰的旗帜举得更高，正教的烛光更加明亮，使许多信徒抵达极遥远的东方，定居下来，其数不可胜计。[①] 白寿彝认为元以前来华的回回，仅能在通商口岸长期定居，现在可在内地大都市定居，甚至可以拣好的地方居住。如果说以前的回教在中国仅是作客，现在则是主人翁了。[②]

元代，有相当数量的汉、蒙古、维吾尔等族人改信了伊斯兰教，成为回回穆斯林。据明代文献记载，明初哈密地区有3种人杂居："一是回回人，一是畏兀儿，一是哈拉灰。"哈拉灰原为蒙古人，明正德年间，他们两次迁至肃

---

① 参见［伊朗］志费尼著，何高济译，翁独健校订：《世界征服者史》，内蒙古人民出版社1980年版，第2—17页。

② 参见白寿彝主编：《中国回回民族史》，中华书局2003年版，第182—183页。

州，到明万历年间由于受到回族的影响，已经"不食猪肉，与回回同俗"了。另外，居住在今甘肃和青海省的东乡族、保安族和撒拉族，他们的祖先也是元明时期从中亚等地区迁入的各族穆斯林。

穆斯林的主要成分，最初虽然大多数是外来成分，但在其形成过程中，也吸收了大量的汉族成分。穆斯林对汉族成分的吸收，主要通过通婚实现。通婚形式，从有关记述看，大多数是回男娶汉女。这一婚姻形式，早在唐宋时期就已产生。13世纪初，回回人大批涌入中国时，因多数人是"回回军"或"回回工匠"，故当其在中国定居后，便通过娶汉女为妻的办法，将她们吸收进回回民族中。例如哈只哈心妻荀氏，阿散妻张氏，勘马剌丁妻蒋氏、周氏、龙氏，职马禄丁妻冯氏，买奴妻陆氏、王氏，等等，均是其例。

汉男娶回女而被吸收入回回民族的也不少。例如泉州《林李宗谱》记载："元氏失驭，而色目人据闽者，唯我泉州为最炽……今虽入编户，然其间有真色目人者，有伪色目人者，有从妻为色目人者，有从母为色目者。"所说的"色目"，实际上就是指"回回"。而所谓"伪色目人"，即是指信奉伊斯兰教的汉族人；"从妻为色目人者"，是指原是汉人，后随妻子成为"回回"；"从母为色目者"，亦是指父是汉人，随母成为"回回"。据说明代思想家李贽二世祖林弩，就是因为"娶色目女"而习其俗成为回回的。另据云南蒙自县沙甸村口碑资料，该村林姓原是福建汉族人，后因随赛典赤·赡思丁抚滇，获宠信，受妻以女，遂改奉伊斯兰教，成为其族属成员。

又据《循化志》，在西北地区，还有回民乏嗣抱养汉民为子，或汉民贪财"叛汉归回"的。泉州《郭氏族谱》也有谈及汉族人皈依伊斯兰教而被吸收入回族之事。"迨元之时，于回免其差扰，泉之回尤盛，世人因多从回。或好两（西）国之教，或托是以避乱，故先人之适回大抵有取矣。"

元代，除吸收汉族外，还吸收维吾尔和蒙古等各族成员为穆斯林的。维吾尔族原信奉摩尼教和佛教，11—13世纪期间，又相继改奉伊斯兰教。元世祖忽必烈统一中国时，由于配合蒙古军作战，或受遣到内地当官，或奉派往战略要地屯守，而落籍内地的人很多。这些人后来实际上大多数也成了回回。例如元至元二十二年（1285），高昌王雪雪的斤率领维吾尔兵千名驻镇云南，这部分后便成为云南回回的一部分。又如明正统元年（1436）和正统三年（1438），明政府先后两次将居于甘州和凉州的"寄居回回"，迁往江浙一带，这些人原先也是维吾尔人，尔后便融合于江浙地区的回回人中。

回回人吸收蒙古族成分，主要和部分蒙古人改奉伊斯兰教有关。例如元成宗铁木耳在位时，蒙古的王公、贵族及军队，就有为数颇多的人皈依伊斯兰教。其中最典型的就是宗王阿难答及其部属。据载，阿难答不仅自己笃信伊斯兰教，遵循其一切戒律，并使依附他的15万蒙古士兵也成为穆斯林。他的儿子月鲁一帖木儿为了表示对教法的忠诚，还在自己的营地上建立清真寺，经常念诵《古兰经》，沉湎于祈祷。这些人后来也大部分融合于回回民族中。据说在今阿拉善及青海湟源等地，至今仍有虔信伊斯兰教的蒙古人。白寿彝指出：

> 阿难答的办法，很像北伐以前的冯玉祥，因为自己信仰某一种宗教，也愿意他的部下信仰这种宗教；同时，他的部下因为主帅对于某种宗教有信仰，也就容易对这种宗教发生信仰。阿难答的事，只是我们所知道的一个例。像这样的事，在元代不知要有多少，可惜文献不足征了。①

通过以上叙述可以清楚看出，回回民族既不是"外来回回人"的综合体，也不是国内任何一个民族的"分支"，而是外来回回人，融合国内汉、维吾尔、蒙古等多种民族成分而逐渐形成的新的以伊斯兰教为纽带的新的民族共同体。

元代迁入中国的穆斯林对伊斯兰教有着坚定的信仰，伊斯兰教的基本教义和礼仪都能为他们所信奉和遵守。他们"居中土也，原食中土也，而惟其俗是泥也"；"虽适殊域，传子孙"，其宗教信仰"累世不敢易焉"。这些人遍布全国各地，马可·波罗在其游记中就多次提到中国各地都有穆斯林。他说押赤（今昆明）"人有数种，有回教及偶像教徒，及若干聂斯脱里派之基督教徒"。伊本·白图泰在其游记中记载："中国各城市，都有专供穆斯林居住的地区，区内有供行礼等用的清真大寺。"他还具体记述了刺桐（今泉州）穆斯林的情况。

在元代伊斯兰教碑刻中，有许多关于穆斯林宗教生活内容的记载，如定州《重建礼拜寺记》、泉州《重建清真寺碑记》、广州《重建怀圣寺碑记》

① 白寿彝主编：《中国回回民族史》，中华书局2003年版，第183页。

等。这些碑记中既有人们对伊斯兰教创始人穆罕默德及阿拉伯的认识，也有关于念、礼、斋、课等宗教制度的记述，是元代穆斯林宗教生活的最好见证物。定州《重建礼拜寺记》写道："其教专以事天为本，而无像设。其经有三十藏，凡三千六百余卷，其书体旁行，有真、草、篆、隶之法，今西域之国皆用之。又有阴阳、星历、医药、音乐……其教以事天为本，而无像设。今近而京城，远而诸路，其寺万余，俱西向以行拜天之礼，而殿则空焉。盖造物之主不可以行迹求，若拟之像，则类物，殆亦渎矣。惟有想无像以表其诚，其遗风流俗之美盖可知也。况其奉正朔，躬庸租，君臣之义无所异；上而慈，下而孝，父子之亲无所异；以至于夫妇之别，长幼之序，朋友之信，举无所异乎！夫不惟无形无像与《周雅》无声无臭之旨吻合，抑且五伦全备与《周书》五典五惇之义又符契而无所殊焉。较之释、老，不大有间乎？且其拜天之礼，一日五行，斋戒之事，每岁一举，与夫沐浴无间于寒暑，施与不问其亲疏，则又其笃信力行而无所訾议焉者也。"

广州《重建怀圣寺记》认为伊斯兰教"不立像教，唯以心传，亦仿佛达摩"；"其寺宇空洞，阒其无有像设；与其徒日礼天祝釐，月斋戒唯谨，不遗时刻晦朔"。信真主，信天使，信经典等基本教义和念、礼、斋、课等基本修持，在元代穆斯林中基本保持着，并且笃信力行。他们"虽适诸城，传子孙，累世不敢易焉"。

元代穆斯林基本上是"大分散，小聚居"的存在形式，所谓"教坊"，也称"寺坊"，实际上就是以一个清真寺为中心的穆斯林聚居区，它由该地区的全体教徒组成，是一个独立的地域性的宗教组织单位。教坊一般各自为政，凡是有十几户、几十户或几百户的穆斯林居住的地区，便建造一座清真寺，由一位阿訇担任这个寺的教长。所有在这个清真寺举行宗教活动的教民，是这个寺的"高目"（阿拉伯语音译，意为"居民"），在宗教上归这个教长管辖，它和其他教坊没有隶属关系。

元代各地的穆斯林聚居区，有"哈的"之类的职业宗教者。"哈的"阿拉伯语为"法官"之意。哈的大师掌管教务及诉讼事宜，在穆斯林中很有威望。一些有名的哈的大师还主持为皇帝祝寿，为国祈福的仪式。据志费尼《世界征服者史》，教历六百五十年（1252）回教斋戒日，蒙哥所诸回教徒集于皇帝之斡耳朵前，盛礼贺庆此节。先是忽毡城人大法官札马鲁丁·马合木主持祈祷，为皇帝祝寿。蒙哥命其重祷数次，遂以金银及贵重布帛数车，赐之。并于此日大赦，遣使至各地，命尽释狱中诸囚。这里的"大法官"即哈的，除主持教务、诉讼外，还承担了为国祈福，为皇帝祝寿之事。

清真寺是穆斯林举行宗教仪式的场所，也是穆斯林的集会之地。在元代，随着穆斯林人数的大量增加，伊斯兰教在内地的发展，全国许多城市建起了清真寺。元代回回人分布在全国各地，然在每一具体聚居处则又相对集中，在城则聚居于某一街巷，在乡则聚居于某一村庄，他们各自建寺，自成教坊，并以清真寺为一坊宗教、政治、经济、文化、民事处理和社会活动的中心。各教坊之间各自独立，互不隶属。元代的诏令、典章等文献中，称礼拜寺为"密昔吉"（Masjid，麦思基德），或俗称"回回寺"；称掌教为"答失蛮"（即学者），或称回回掌教、回回大师；把伊斯兰教法称之为"回回法""回回家体例"，等等。根据文献记载，元代规模较大的礼拜寺，除设有掌教外，还有执掌教法、传呼礼拜和执掌寺务的各类教职人员。到明代，教坊制度下的礼拜寺管理组织更趋完善。寺坊内有阿訇（伊玛目）和"三掌教"。吴鉴在《重建清净寺碑记》中记载："摄思廉不鲁罕丁令舍刺甫丁哈梯卜领众分诉……不鲁罕丁者，年一百二十岁，博学有才德，精健如中年人，命为摄思廉，犹华言主教也。益绵苦思丁麻哈抹，没塔完里舍刺甫丁哈梯卜漠阿津萨都丁。益绵，犹言主持也。没塔完里，犹言都寺也。漠阿津，犹言唱拜者也。"

这里介绍了摄思廉、益绵、没塔完里、漠阿津、哈梯卜几种职务，摄思廉现今翻译为"谢赫·伊斯兰"，意为伊斯兰教长老。《伊本·白图泰游记》记载："中国每一个城市都设有谢赫·伊斯兰，总管穆斯林的事务。"益绵即"伊玛目"，率领教众礼拜，主持公共性的宗教仪式与活动，管理瓦克夫土地和公共墓地。没塔完里是主持寺产、看护寺产的人。漠阿津今译为"穆安津"，即宣礼员，主要职责是每天呼唤穆斯林做礼拜。哈梯卜是宣讲教义教法的人，主麻日站在讲台上念呼图白。至正年间的《重建清净寺碑记》中就已经提到了上述诸多职业宗教者的名称。元中后期，"回回掌教哈的所"被撤销，"哈的"不复存在。原来清真寺中的伊玛目（益绵）、海推布（哈梯卜）、穆安津（漠阿津）三种教职人员的地位和职能也随之变化。伊玛目逐渐取代了"哈的"的职能和作用，成为寺坊的掌教，最高宗教首领，被称为大掌教或掌教，具有行教和掌教的全部权力；海推布则在伊玛目的领导下，协助其处理教务，并受其委派代理一部分教务，称作二掌教或副教；穆安津专司宣礼职责，并无实际掌教之权，称作三掌教。这样就形成了三掌教制度，这三种宗教人员是世袭的。这种制度在中国流传了数百年，直到 17 世纪末叶情况才发生了一些变化，阿訇选聘制度开始出现，但并未完全取代三掌教世袭制度，阿訇选聘制和三掌教世袭制两种掌教制度并存的局面一直延续到民国初年。

伊斯兰教在很大程度上影响了回族的风俗习惯，包括婚姻、家庭、丧葬、饮食、节日、礼仪及道德行为等，多从《古兰经》有关规定演变而来。伊斯兰教对回回民族的政治、经济、文化教育，以及思维方式、心理结构和价值观念产生了深刻的影响。他们在饮食上严格禁食"自死物、血液、猪肉及非诵真主之名而宰的动物"。在一生的一些关键性时期，如出生、出幼、成婚、死亡时要遵循一定的、显然主要来源于伊斯兰教规定的礼仪和习俗。比如出生后的取经名（又曰"回回名"），出幼时的割礼，成婚要经过阿訇念"尼卡哈"（证婚词）证婚，死亡后按伊斯兰教规定进行符合土葬、速葬、薄葬的一系列仪式等。有关这些习俗在史籍中有不同程度的记载。秃黑鲁帖木儿汗率众皈依伊斯兰教时，额西丁为其主持了入教仪式，他们当天"剪掉长发"，秃黑鲁帖木儿还"行了割礼"。阿难答改信伊斯兰教后，在蒙古人中传播教义，也劝蒙古儿童行割礼。元代回回人物，多用伊斯兰教名，很少有改宗他姓者。据《多桑蒙古史》记载，有回教人来自忽里及乞儿吉思之地，贡白鹘马及白爪红戏喙之鹰。"帝示优待，赐以御食，其人据不食。忽必烈询其故，对曰：杀牲未遵其教法，其肉不洁，故不食。"回回人用"断喉法"宰杀诸供食之牲畜，还与蒙古人的习惯发生了矛盾，以至于引起了一些纠纷，但回回人还是采用了自己的方法宰牲。明田汝成《西湖游览志》记有元代回回人的礼俗及其对宗教的信仰："元时……色目种，隆准深眸，不啖豕肉，婚姻丧葬，不与中国通，诵经持斋，归于清真。"

在元代，随着大批阿拉伯人、波斯人和其他西域人进入中国内地，并且吸收了其他民族的一些成员信奉伊斯兰教，所以，在这个时期，信仰伊斯兰教的群体远比唐宋时期扩大了。此外，在唐宋时期，那些信奉伊斯兰教的穆斯林是作为蕃客存在的，伊斯兰教是这个侨民群体的信仰，是一种侨民文化。而在元代，外来的穆斯林获得了中国居民的身份，不再是蕃客或侨民，因而这一时期的伊斯兰教是中国内部一部分居民的宗教信仰。但是，这部分居民又是以族群的形成出现的，信仰伊斯兰教的就是"回回"这个族群的成员。因此，在元代的伊斯兰教，虽然比前代有了很大的发展，但仍然是属于这个族群内部的信仰和宗教生活，并没有向其他民族和群体传播。对其他民族成员的吸收也是通过通婚等形式将其纳入到这个族群中，而不是通过传教和使人改变信仰的形式实现的。所以，在元代的伊斯兰教，"没有表现翻译经典、阐扬教义的记载，'无人以中国文字解说回教教义与礼节者'。元代文献中的'回回''答失蛮''木速蛮'等称呼，既未区分宗教与民族，也未弄清宗教学者、修道者和一般信徒的不同。这一时期，伊斯兰教在中国仅以宗教礼仪和教法的遵循，生活习俗的坚持，血统的遗传，阿拉伯文和波斯文的学习，经典的口头传授等为传播方式，伊斯兰教主要在穆斯林社团内部信奉"①。傅统先指出：

> 回教在中国亦无公开之宣传。伊斯兰初入中国，教徒多为商贾而非传教师，故当时回教徒亦保持其自己之信仰而不与非教徒宗教上之接触。随后回教外侨来华日众，逐渐与中国人民发生各种经济、政治、社会、婚姻等等之关系，于是中国人民乃有一部分信奉回教。然此种皈依回教之行为，均非专借宗教宣传之力量所达到之结果。其掌教与阿衡亦不游历各地专向非回教徒作公开之演讲。其清真寺亦不许非回教徒上殿听道或祈祷。且清真寺之建立根本，即为回教徒本身祈祷礼拜之用。②

澳大利亚华裔学者秦家懿将传入中国的宗教分为"民族的宗教"和"传教的宗教"两类，这个区分可以有助于我们理解伊斯兰教进入中国以后的某些特征。

> 我认为将早期基督教（景教）侨民和后期传教士区分开是非常重要的。因为虽然基督教和伊斯兰教一样本质上是传教的宗教，但真正的传教活动到 16 世纪天主教传教士来华以及后来 19 世纪新教、

---

① 周燮藩、沙秋真：《伊斯兰教在中国》，华文出版社 2002 年版，第 82—83 页。

② 傅统先：《中国回教史》，宁夏人民出版社 2000 年版，第 8 页。

天主教传教士相继而来时才正式开始。伊斯兰教徒和景教徒多以侨民的身份由邻近国家迁入中国，而后来的传教士则主要是为了传教，为了劝化中国人皈依基督教而来。这正是基督教遇到的阻力远比伊斯兰教和犹太教大的原因之一，因为后者只求在异域文化中求生存而已。①

秦家懿的这个区分，对于我们理解进入中国的各种外来宗教的传播和影响的不同情况十分重要。早期的佛教和晚近来华的天主教、基督教，是通过少数传教士携带他们的教义和经典而进入中国，其目标是在中国传播他们的宗教信仰，劝化中国人接受他们的信仰。而伊斯兰教进入中国的人数要大得多，但他们不是以传教士身份和使命来到的，他们是整个族群的进入，是一种移民行动，而伊斯兰教只是他们自己族群信仰和文化。他们没有把劝化汉族人信奉他们的宗教作为活动的目标。"中国的伊斯兰教徒在悠久的历史中不断努力保持他们内部信仰的活力，维持他们的宗教身份，向外传教却并不积极。"② 所以，和在唐宋时期的情况一样，虽然元代的穆斯林群体大为增加，清真寺遍布全国各地，伊斯兰教获得了很大的传播，并且获得了与佛教、道教等同等的宗教地位，但仍然是一个特殊的文化圈子内部的宗教信仰活动和文化活动，并没有与中华文化传统发生实质上的接触和碰撞，并没有引起中国文化体系的震动和强烈反应。在以汉族为主体的文化传统中，伊斯兰教还只是属于进入他们视野的一道文化风景。

2. 遍布各地的清真寺

由于元代进入中原的阿拉伯人和其他信奉伊斯兰教的民族数量庞大，遍布各地，元代清真寺的建筑规模和数量也远远超过前代。

清真寺是伊斯兰教徒举行宗教仪式的场所，阿拉伯语称之为"麦斯吉德"，意即"叩拜场所"，所以又称礼拜寺，也称"白易屯拉黑"（安拉的宅第）。清真寺的起源与伊斯兰教的传播、发展历史息息相关。穆罕默德创

---

① ［澳大利亚］秦家懿、［德］孔汉思著，吴华译：《中国宗教与基督教》，生活·读书·新知三联书店1990年版，第176—177页。

② ［澳大利亚］秦家懿、［德］孔汉思著，吴华译：《中国宗教与基督教》，生活·读书·新知三联书店1990年版，第178页。

建伊斯兰教初期非常重视清真寺的修建,《古兰经》中就有鼓励穆斯林修建清真寺的规定:"谁今世为'安拉'出力修建一座清真寺,后世'安拉'将在乐园中为他加倍修宫殿和别墅。"622年,穆罕默德从麦加向麦地那迁徙途中,在距麦地那3千米处的古巴义,修建了一座简易的清真寺,它是在战争频繁、物质条件相当困难的环境下,由穆罕默德亲自参加奠基而修建起来的清真寺,这也是世界上第一座清真寺。在这座简易的清真寺内,穆罕默德率领信士们举行了伊斯兰教创建后的第一个"主麻"(聚礼)。穆罕默德在麦地那正式修建的一座清真寺称"先知寺"。因穆罕默德的陵墓位于该寺的东南角,穆罕默德的继承者阿布·伯克尔(Abu Bakral-Siddia)和欧麦尔(Vmar)两代哈里发及穆罕默德的女儿法蒂玛的陵墓也在这里,故又称为"光荣的先知寺"。《古兰经》的启示和穆罕默德的实践,对以后清真寺的修建产生了深远影响。637年,第二任哈里发欧麦尔下令,每开拓一个新地区,首先要修建清真寺。

伊斯兰教在中国的初传时期,即唐宋时期,就已兴建了许多清真寺,著名的有广州的怀圣寺,泉州的圣友寺,扬州的仙鹤寺等。

元代随着伊斯兰教在中国的广泛发展,各地穆斯林纷纷建起了清真寺。

在哈剌和林,有两座清真寺,鲁布鲁克出使蒙古时见到这两座教寺,并说那里的伊斯兰教徒在此举行宗教仪式,庆祝自己的节日。在今内蒙古额济纳旗东部,还发现有哈剌和托回回寺遗址,寺碑之文为波斯文,也是元代兴建的清真寺。

在西北地区,如甘肃、陕西、宁夏等地,亦建有许多清真寺。甘肃元代的清真寺,著名的有临夏的城角寺和南关大寺。这两座伊斯兰教清真寺均始建于元末,后者在明初时为临夏八坊各寺之首。此外还有天水北关清真寺,据有关方志材料及重建寺碑文记载,始建于元至正年间。陕西西安的化觉巷清真寺,据传为唐中宗年间修建,现一般认为初建于元中统年间,名回回万善寺,明称清静寺,清改称清真寺。西安新兴坊清净寺始建于元世祖中统四年(1263)。元代至陕西的伊斯兰军队驻扎于今西安小学习巷内,并在此建有清真寺,即今称之营里寺。另有小皮院真教寺,盛于元皇庆年间。此外,宁夏府路回纥礼拜寺亦很有名。新疆为伊斯兰教较早传入之地,也有许多伊斯兰教寺。

在北京、河北、山西、山东、河南等地，元代也建有许多清真寺。元代北京兴建的清真寺主要是东四清真寺，位于今北京东四大街，始建于元至正年间，明代加以扩建，并由明代宗敕题"清真寺"三字。北京另一著名清真寺为牛街清真寺，建于元以前（辽统和十四年，北宋至道二年，966），元代此寺保存完好，伽色尼人阿合买德和不花剌人阿力曾来此寺掌教，先后于1280、1283 年去世，墓、碣存于寺内。河北定州也建有清真寺。此寺始建的具体年代不详，于至元三至五年（1343—1345）重建，至正八年（1348）杨受益撰《重建礼拜寺记》记其建寺经过。此寺"正殿始成，但见画栋雕梁，朱扉藻梲而壮丽华采，有不可以言语形容者"。河北威县、泊头两地，有建于元代的清真寺两座。威县的清真寺建于至正十年（1356），为王伯大携黄姓阿訇到此任官时所建；泊头的清真寺相传始建于元末。山西太原的清真古寺为元以前所建，元代加以重修，赵子昂为此寺寺碑题铭。山西的大同也有元以前的清真寺，历元时保存尚好，泰定帝元年（1324）六月，在上都、大同路各建有礼拜寺一座。山东的元代清真寺有济南清真南大寺和潍坊真教寺。济南清真南大寺始建时间为元大德元年（1297），后多次重修。潍坊真教寺位于潍坊东关，属中国宫殿式建筑，寺内有明洪武元年（1368）太祖御制百字赞碑一幢。今河南开封三民胡同的清真寺，原名凤凰寺，始建于北宋。元代此寺尚保存完好。沁阳县北之清真寺，始建于元代，明代迁至今址。商丘西关的清真寺是元末明初兴建完工的。位于河南禹州朝阳门一带的清真寺，始建年代也可能是元代，寺所在地街道原名为东回回营、西回回营，可能是元代驻禹州的回回军营所在地，明嘉靖十五年（1536）对此寺加以重建。

江浙一带，元时也建有许多清真寺。苏州清真寺位于苏州西馆桥附近。据清乾隆《吴县志》记载，元泰定年间，西域人流寓苏州，在西馆桥建寺，后苏州清真寺屡经移置，清乾隆年间移至铁匠局弄。扬州礼拜寺在府东太平桥北，1275 年西域僧普哈丁游方至此创建，1380 年哈三又重建。元代还在今上海松江建有一座名为"真教寺"的清真寺。元代蒙古军队南下时，军兵中有许多伊斯兰教徒定居于松江之地，他们在此建起了礼拜堂和邦克楼，后经明初改建为清真寺院。杭州真教寺在市文锦坊南羊坝头，据《杭州府志》和《西湖游览志》，元延祐间，为回回大师阿老丁所建，今存大殿穹窿式顶部，属阿拉伯建筑风格。宁波在元代有两座礼拜寺，《至正四明续志》卷一〇说建于元延祐以后。安徽有涡阳义门集清真寺。元中期，在河北沧州、山东德州一带驻防的回回人、色目人迁至涡阳，于顺帝年间建造了这座具有中国传统宫殿式风格的清真寺。

福州、泉州一带均有伊斯兰教寺。福州安泰桥附近，原系五代闽王王继鹏的行宫，后晋时改为佛寺。元至正年间，在原有基础上改建成伊斯兰教寺院。明嘉靖二十年（1541）毁于火灾。泉州清真寺，据元至正十年（1350）三山吴鉴《重建清净寺碑记》记载，"今泉造礼拜寺增为六七"，有六七座之多，现可知其中3座，有两座建于前代，一座建于元代，已如前文所述。

云南的清真寺与赛典赤·赡思丁的政绩紧密相联。据传赡思丁在昆明建寺有12所之多。12所中的9所，其寺址坐落在五华山上、大南门内、金牛寺街、顺城街、东寺街、云津市场附近、鱼课司街、大西门外、大桃花林等。据说五华山上的清真寺是赡思丁本人礼拜的地方。但因文献缺乏，尚不能证实9寺均为赡思丁所建。李元阳于明隆庆元年（1572）修《云南通志》中说："清真寺有二，一在崇正门内，一在崇正门外，俗呼礼拜寺，俱元平章赛典赤建。"崇正门内之寺，即南城清真寺。崇正门外之寺，即在东寺街之寺，今称永宁清真寺。此二寺在元代以后屡次被毁，又屡次重建。另有一座元代清真寺，位于建水县，初建于元皇庆年间，清初曾重修扩建。在大理，还有大理路元帅寺，也是元代云南著名的清真寺之一。

以上仅限史籍所载钩沉出来的清真寺。元代清真寺不限于以上所举，只是不见于史籍和方志记载而已。现存最早的一批清真寺遗址，大多创建或重创于元代。这些清真寺在元代以后，均重修或改建。

3. 元朝对伊斯兰教的尊重与管理

伊斯兰教在元代的广泛传播与发展，除了元代有大批穆斯林进入中国之外，还与元朝对伊斯兰教的尊重与支持是分不开的。

蒙古早期诸汗，包括从成吉思汗到忽必烈汗，基本上执行了一套宗教兼容和信仰自由的政策。在对待伊斯兰教方面，他们也基本上采取了这种态度和政策。成吉思汗在他制定的律令和札撒中，不偏重任何一种宗教，允许各种宗教存在，对各教都给予尊重。他尊敬、重用一切有学识、有才干的忠诚之人，而不问其宗教信仰。"他一面优礼相待穆斯林，一面极为敬重基督教徒和偶像教徒。"① 据说，他向伊斯兰学者详细地询问过伊斯兰教的教义和教规，认为伊斯兰教"所言亦是"，仅对朝觐麦加不以为然。有了了解便有了尊重。撒马尔罕的一批伊斯兰教首领及 5 万余名穆斯林，因投诚而受到他的赦免和保护；花剌子模的大伊玛目纳只马丁·忽卜剌，受到他主动友好的邀请；穆斯林将领哈散纳、札八儿火者均为与之同饮班朱尼河水的"班朱尼特"，深受其宠信，延赏及于子孙。

窝阔台汗不只一次地礼遇、宽恕、偏袒、保护穆斯林。他重用父王的旧臣答失蛮·哈只卜、牙老瓦赤，前者作为亲信大臣不离其左右，后者则被委以丞相重任，主管汉民公事及向西域人征调丁赋；他还重用商人奥都剌合蛮，以之充任提领诸路课税所官，执掌经济大权。这几位都是显赫一时的穆斯林。从《世界征服者史》《史集》所记载的窝阔台汗各种轶事中，可以看出他对伊斯兰教也有相当的了解与尊重，他甚至在一块刻有真主和先知圣名的红宝石上，刻自己的姓名于主名、圣名之后。窝阔台十年（1238），他颁旨严禁"俗人骚扰"清真寺的宗教活动和教长（"引头儿拜天"的"达失蛮"）。在其统治期间，"回教的旗帜飘扬在尚未嗅到伊斯兰教芳香的遥远异端国土和偏僻的多神教邦邑上，慈悯真主的寺院耸立在偶像庙宇的对面"②。

窝阔台去世后，穆斯林依然受到尊重与重用。乃马真皇后（脱列哥那哈敦）重用忽炭异密亦马都·木勒克·穆罕默德，宠用女穆斯林法迪玛并使之权势倾朝。贵由汗朝有牙老瓦赤、异密阿儿浑、算端鲁克那丁等穆斯林分享契丹诸州及中亚、西亚的行政大权。在察合台统治下，有才干的异密哈巴石·阿迷的位居宰辅，伊玛目巴哈丁·马儿吉纳尼奉命辅佐察合台之子也速，而另一位穆斯林麦术督丁则作为御医深受器重。

蒙哥与忽必烈的母亲庄圣太后唆鲁禾帖尼（唆儿忽黑塔吉别吉）是位基督徒，但全力赞助伊斯兰教文化教育事业，出资一千银巴里失修建布哈拉的一所伊斯兰教经文学校，任命晒黑赛甫丁·巴哈尔耶为该校负责人，并购买几座村庄赠送该校作为学校的不动产。她的这些作法对其子有很大影响。蒙哥对伊斯兰教也是有一定了解的，给予尊重和保护。他免征伊斯兰教大晒黑、

① 刘云柏：《中国管理思想通史》第 1 卷，上海人民出版社 2010 年版，第 803 页。
② ［伊朗］志费尼著，何高济译：《世界征服者史》上册，商务印书馆 2011 年版，第 201 页。

赛义德（圣裔）及伊玛目们的赋税徭役；降旨处死密谋屠杀当地穆斯林的别失八里佛教徒首领亦都护；在庆贺自己登临汗位的长达一周的贺宴上，因有已改宗伊斯兰教的同宗兄弟别儿哥在场，蒙哥下令牲畜须全部依伊斯兰教法规定屠宰。1252 年 12 月开斋节会礼中，大伊玛目札马鲁丁·马合木·忽毡迪在念诵"呼图白"时"为蒙哥合罕作了祈祷，并颂扬了他"，因此获赐"几车金银巴里失和珍贵衣服"。

忽必烈本人信仰佛教，同时也敬重其他各教。他亲自参加包括伊斯兰教在内的各种宗教节日庆典，虔敬地履行各教的宗教礼仪。他对伊斯兰教也应有一定程度的了解。清末民初学者慕寿祺在《甘宁青史略》卷首之二、之三及正编卷一三反复强调：元代"凡进士赐出身者，须别通回回教，则其势力之盛可知"。慕氏对此评论说："元以胡入主中夏，色目人所信从之宗教，政府亟为提倡，无非结合团体，其所见岂不伟哉！"据此可知，有元一代不仅尊重和保护穆斯林，而且鼓励学者研习伊斯兰教。

穆斯林所到之处普遍兴建礼拜寺，对前代所建寺也进行了修葺和重建，伊斯兰教成为与佛、道教并驾齐驱的"清教"与"真教"。为便于对各地哈的进行统一管理，元朝政府在中央设立了"回回掌教哈的所"，专门管理各地哈的的掌教司属。在中国历史上，这是第一次设置全国性伊斯兰教管理机构。

这一官署大概初置于元初，在至大四年（1311）第一次被废除。《大元通制条格》卷二九"词讼"条记载："至大四年十月初四日，中书省钦奉圣旨：'哈的大师每只教他们掌教念经者。回回人应有的刑名、户婚、钱粮、词讼、大小公事，哈的每休问者，教有司官依体例问者。外头设立来的衙门，并委付来的人每，革罢了者。么道圣旨了也。钦此。"这就是说，该年取消了伊斯兰教的中央管理机构，各地哈的可自行履行职务，不再有上下的隶属关系。第二年即皇庆元年（1312）又发布圣旨，对各地回回哈的的职责作出明确规定，"敕回回哈的如旧祈福，凡词讼悉归有司，仍拘还先降敕书。"《元史·刑法志》记载："诸哈的大师止令掌教念经，回回人应有刑名、户婚、钱粮、词讼，并从有司问之。"这些旨令，实际上是对回回哈的包揽教务和词讼大权的一种限制，并不是罢免回回哈的大师的宗教权利，而是"止令掌教念经"，诉讼等权应由有关司法部门办理。此后，哈的的基本权限由官方准许的只是"掌教念经"。回回掌教哈的所在泰定帝当政的四年里（1324—1328）曾经复置。文宗继位后于天历元年（1328）再次被废除。此后，这一机构似乎再没有恢复。哈的所被撤销后，哈的及伊斯兰教事务很有可能划归宣政院管理。宣政院是元朝设置的管理佛教及吐蕃事务的中央机关。在宣政院所颁布的具有法律性质的一些规定中，有的内容就涉及伊斯兰教。

4. 伊斯兰教的中国化

穆斯林虽然在自己的族群中保持伊斯兰教的宗教信仰和宗教活动，但他们毕竟生活在中国文化的大环境中，与中国文化和中国本土的汉民族和其他民族的人群发生联系和接触，他们必然要受到中国文化的熏染，并且自觉地学习和接受中华文化，最终使自己和整个族群成为中华民族的成员。在此同时，作为他们的宗教信仰的伊斯兰教，也逐步实现了本土化或中国化。

伊斯兰教在中国的本土化，是伊斯兰教在与中国社会文化的互动过程中，以保持其自身固有根本信仰、礼仪制度与价值内核为前提，积极地融入中国社会，从中国文化中吸取有益于其生存发展的因素而加以改造，作适当的变通，表现出不断适应中国社会而发展变化的趋势和倾向，是在不违背伊斯兰教的基本立场、观点与宗旨的前提下，在应对和解决中国社会的问题中有所发展和创新，并通过中国化的语言和方式表达出来。伊斯兰教在中国的传播发展，遵循着"契理"和"契机"的基本原则，并不断实现着本土化：所谓"契理"，就是从根本上合乎伊斯兰教的基本理念，契合伊斯兰教的根本精神；所谓"契机"，就是随顺时代的变化和大众的不同需要而不断地更新发展自己，并应机接物，方便施教。

从历史上来看，伊斯兰教的中国化是成功的。这一点和佛教也有相似之处。一种新宗教、新文化，进入到一个新的文化环境中，首先就有一个如何与其相适应、在新的文化环境中如何存在的问题，所以，无论是佛教、伊斯兰教，还有以后的天主教，都在寻求一种与中国传统文化相适应的策略。但是，另一方面，还要保持自己的文化的特点，保持自己宗教的基本信仰，并不是一味去追求这种适应而放弃了自己的基本的文化立场和文化要素，否则它就不会为中华文化提供新的内容，因而也就没有存在的必要。在保持自身的信仰和文化传统的同时与所进入的文化环境即中华传统文化相适应、相融合，佛教、伊斯兰教、天主教是成功的例子，祆教、摩尼教、景教等则是失败的例子。

穆斯林与中国社会的结合，是在一种由中国政权允许的民族多元论的气氛中实现的。在回民中，这种政治曾广泛地获得过成功，他们政治生活的表象已被汉化。伊斯兰信仰在私生活中仍原封不动地保持下来了。清真寺中的宗教仪式、饮食习惯和婚姻法，使中国的伊斯兰教团在穆斯林的乌姆玛（Umma，社团或居民区，蕃坊）中被保留下来。但这些宗教修持都是供内部使用的。……他们普遍节制一种咄咄逼人的传播宗教之热忱。①

早在唐代阿拉伯人进入中国之初，就有穆斯林努力学习和适应儒家文化。据《全唐文》卷七六七记载，唐宣宗时就有来华的穆斯林后裔李彦升考取进士的事。当时一名文人还写了一篇文章，题目叫《华心》，赞扬李彦升能懂得中国礼仪，是一位"形夷而心华"的人。关于来华穆斯林在元代主动融入中国社会，陈垣指出：

> 惟畏吾儿、突厥、波斯、大食等国，本有文字，本有宗教，畏吾儿外，西亚诸国去中国尤远，非东南诸国比，然一旦入居华地，亦改从华俗，且于文章学术有声焉。是真前此所未闻，而为元所独也。②

方豪也指出：

> 元时回教人之通经书，崇儒学，能文善诗，或立身处世完全效华俗者，比比皆是。③

元代穆斯林入居中土后，由于政治、经济等原因，其居住特点具有"大分散、小集中"的特点，散居于全国各地，而又相对集中。在汉族的汪洋大海中求得自身的生存与发展，除了宗教信仰、生活习俗等保持本民族的特点外，在语言、姓氏、服饰等方面必须作出相应的变化。元明以来，回回人多采用汉姓，汉语成为回族的共同语言，甚至有些生活习惯也改从"华俗"。这样，回族文化就在多元化中取得发展，除了伊斯兰文化和世俗文化以外，"华

---

① ［法］沙百里著，耿昇译：《中国基督徒史》，中国社会科学出版社1998年版，第64页。
② 陈垣：《元西域人华化考》，上海古籍出版社2000年版，第2、3页。
③ 方豪：《中西交通史》下卷，上海人民出版社2008年版，第397页。

化"文化就成为回族文化的重要组成部分。

回回人初到中国，他们大多讲阿拉伯语或波斯语，基本上还保持着原来国家固有的文化传统。名字大都仍由带有阿拉伯语或波斯语的音译。但由于居住分散，大多数人长期与汉族人民杂居共处，久而久之，其后裔便逐渐学会汉语，并"舍弓马而诵诗书"，接受汉族儒家思想，提倡讲求儒家经典，尊崇忠孝仁爱等伦理观念，喜爱汉族的诗、词、赋、曲。由于汉文化的熏陶，有的还改用汉姓名，按汉族习惯为自己取"字"；有的在使用原来名字的同时，又取一个汉姓。在他们看来，"居中夏声名文物之区"，"衣被乎书诗，服行乎礼义，而氏名犹从乎旧"，实于理不合，应随时变通自己的习俗，才能更好地与广大汉族人民相处。诚如一位仕元官员凯霖所说，"居是土也，服食是土也，是土之人与居也，予非乐于异吾俗而求合于是也，居是而有见也，亦惟择其是而从焉"①。

蒙古统治者在统一中国和管理国家的过程中，非常注意汲取和借鉴辽、金统治的经验，他们在不断完善自身文化传统的同时，重视优越、完备的中原文教制度，并在其统治的广大地区大力实行"汉化"教育，朝廷尊崇儒教，兴办学校，推行科举制度，使得元代汉文化教育事业在各民族中有了长足的发展。元政府于蒙古、西域军士所在诸卫、司中，多设儒学教授，以敦促教化。如在回回军士集中的西域亲军都指挥使司中，就设有"儒学教授一员"。到元统一中国时，具有一定文化层次的西域回回人及其后裔，已经散居中华各地，其中不少人由于世代居住中原，深受中国文化的熏陶，他们"学于中夏，慕周公、孔子之道"，接受儒家教育，并受到中国传统礼俗的感染，从姓名、居室、立身处世及文学艺术创作等各个方面均效法汉俗，即"乃事笔砚，读书属文，学为儒生"。

　　西域人的华化，主要是通过儒学的熏陶。他们受到儒学的启蒙教育，认识到中华文化的崇高华美，祈慕之，服膺之，并以儒者自居，对儒学在元代的延续与发展做出了贡献。②

元朝汉国子学正式设立至于元六年（1269），主要以学习四书五经及周敦

①　刘乃和编校：《中国现代学术经典·陈垣卷》，河北教育出版社1996年版，第153页。
②　杨志玖：《元代回族史稿》，南开大学出版社2003年版，第455页。

颐、二程、朱熹理学为主。国子学生员选自随朝蒙古、汉、色目官员及近侍子弟。回回人就学于国子学者不在少数，其中著名者有：玉元鼎，本名阿鲁丁，至大、皇庆间入国子学，师从教育家、国子监丞吴澄（后任祭酒），至治、天历间为翰林学士，著有《古今历代启蒙》一书；札剌里丁，以国子生登进士第，得授翰林编修；马合谋，亦由国子生而荣登进士。

元朝科举制实行较晚。世祖至元初，欲仿前代而行科举，但未能实行，直至仁宗延祐二年（1315），方正式实行以科举取士的制度。元朝对色目人的科举优待，在某种意义上激发了回回人积极投身于汉文化的学习。这时的考试命题主要出自朱熹的《四书集注》以及其他经史，考生答题要求以程朱理学为依据，这在一定程度上促使回回人接受儒家思想教育。而色目人与其他民族同等的录取比例，又使元代产生了一大批的回回进士、回回举人。元人马祖常《石田集》记载："延祐初，诏举进士三百人，会试春官五十人，或朔方、于阗、大食、康居诸土之士，咸橐书橐笔，联裳造庭而待于有司，于是可谓盛矣。"顾嗣立《元诗选》亦说："自科举之兴，诸部（族）子弟，类多感励奋发，以读书稽古为事。"在元代回回人中还产生了许多一门数进士的家庭。如穆鲁丁、海鲁丁、获独步丁"兄弟三人，皆忝进士"。

翰林学士院是元朝文士、儒臣集中的中央官署，掌起草制造、诏令，纂修国史及备咨询，设立于至元元年（1264）。至元四年，改为翰林监国史院，登科进士多被授职于此。天历二年（1329），元朝又置奎章阁学士院，聚集蒙古人、色目人及汉人、南人文士，为皇帝进经史之书，考前朝统治得失，并为蒙古贵族子弟讲授经学。学士院还受命编纂《经世大典》。元朝在这两处重要机构供职的回回学者亦不在少数，他们多为汉文化修养深厚的博学之士，如散曲家玉元鼎、阿里耀卿，学者赡思、伯颜、乌马儿，文士亦赫抵雅尔丁、恒泽都、迭里威失、谙都剌、伯都、拜住、乃贤等，都为翰林学士、侍读学士、翰林编修官等。像亦福的哈鲁丁、伯帖木儿和买奴等还担任翰林院的最高长官翰林承旨。大量回回文臣、儒士的涌现，说明元代回回人中通经重道，尊崇儒学的风气颇盛。

元代还出现了许多积极办学，弘扬儒学，致力于教育事业的回回政治家。赛典赤·赡思丁任云南平章政事时，修建了云南的第一座孔庙。后来他又在孔庙中置学舍，创建了云南第一所学校，使云南各族子弟接受教育，以敦教化。在赡思丁倡导下，大理、楚雄、曲靖等地先后兴办了学校，使云南一时文风大兴。《元史纪事本末》对此评论道："时云南俗无礼仪，男女往往自相配合，亲死则火之，不为丧祭，子弟莫知读书者。赛典赤始教民跪拜之节，婚姻行媒，死者为之棺椁奠祭，创建孔子庙、明伦堂、购经史，置学田。其后赛典赤子忽辛相继为行省右丞，复请下云南诸路，遍立孔子庙，选经学之士为之教官，而文风始兴。元世学校之盛，远被遐荒，亦自昔所未有。"

官至福建行省平章政事的赛典赤·乌马儿，也大力倡导教育，先后在泉州、兴化两处兴建学校，并设置学田，以助学用。伯笃鲁丁任职浙东时，修复永嘉石门洞书院，他鼓励诸生"学贵自得"，"有学有政，需用于时"。马九皋，又名薛超吾，居官 20 余年，为官宽缓，颇有政声，且崇敬汉学。他在任池州路总管时，大力倡导汉学，建尊经阁一所。《重修池州路学记》记载："尊经阁，前总管薛超吾所建者，特为壮伟。"

回回人在兴办私学、传播儒学方面同样表现出极大的热情。官至回回炮手总管的勘实载，在驻军河南伊川鸣皋镇时，奉儒家学说，好珍藏典籍，费时 10 年，以其家资建书院一座，仁宗亲赐为"伊川书院"。学者伯颜，名师圣，字宗道，受业于宋进士黄坦，潜心钻研朱子之学，后设家塾，从学者甚众。至正四年（1344），授为翰林待制，编修《金史》。编修完毕后，因病回归故里，从学者随之涌来，"所居有小斋曰'友古'，学者云集，村落寄寓皆满。其后来者日众，则各为小房环所居，百有余间，檐角相触，骈集如市"。此外，元代回回人中也多有任地方"儒学教授"之职者，如买闾，字兼善，先后任尹和靖书院山长、嘉兴路儒学教授；伯颜，字子中，至正年间中乡试，得授龙兴路东湖书院山长，后改建昌路儒学教授；哲马鲁丁，字师鲁，泰定三年（1326）为镇江路儒学教授。这些回回儒士长期研习儒学经典，广招各族子弟，以深厚的汉学造诣，为元代儒学教育的发展作出了贡献。傅统先指出：

> 西域回教徒于元代遍布中国朝野，一方面挟既有之技能，于军事、政治、文化各方面，对元代为有力之援助，一方面吸收中国文化之精髓，对其思想、文学、艺术作深刻之研究。故元代信仰回教

之学者文人颇众。①

但是，穆斯林的"华化"并不意味着他们完全被汉族文化同化。实际上，他们在接受中华文化的熏染和濡化的同时，还坚持保持他们的宗教信仰和文化传统。白寿彝认为伊斯兰教除了是一种宗教信仰外，还有一套社会制度、饮食习惯，让同教者容易接受，婚姻习惯，也只限于同教者有正常通婚的机会，便于保持伊斯兰文化传统。② 杨志玖先持相同的见解③。

5. 明代穆斯林的华化

元代来到中国的穆斯林在中国生活日久，他们及其后裔接触中华文化，渐受濡染，在许多方面学习和接受中华文化的影响，出现了"华化"趋向。但当时，一方面，中国本土的回回民族尚处在形成之中，另一方面色目人居于社会结构的上层，还没有迫切地与中华文化、与本土居民融合的需要。所以，元代的穆斯林及其所信奉的伊斯兰教还保持着"移民文化"的特点。到了明代，建立了汉民族主导的政权，穆斯林不再居于社会结构的上层，而是作为少数族群而存在。并且在日常生活中与汉民族交际日繁，接受以儒家为代表的中国传统文化影响日深，促使伊斯兰教与中国社会生活相适应的步伐逐渐加大。明代伊斯兰教的时代特征，是其加速完成的本土化运动。

伊斯兰教的本土化，首先在于穆斯林开始普遍使用汉语作为基本语言。唐宋时期的回回先民大多使用阿拉伯语和波斯语，元代东迁而来的穆斯林中有阿拉伯人、波斯人、突厥人和其他一些民族成分的人，他们各自使用着自己的民族语言，这对于他们相互之间的日常交际和交流思想十分不便，所以选择一种便于交流的共同语言就成为一种必然趋势。到明代中后期，随着使用母语环境的渐渐消失，穆斯林使用母语的机会也必然会减少，阿拉伯文和波斯文的使用明显地衰微。他们在和周围汉民的交往中渐渐地学会了使用汉语，穆斯林后来日常使用的语言中虽然也一直保留了不少阿拉伯语和波斯语词汇，但是他们已经不能用阿拉伯语和波斯语进行正常的交流，阿拉伯语和波斯语逐渐淡出他们的日常交际，汉语取代了阿拉伯语和波斯语成为他们新

---

① 傅统先：《中国回教史》，宁夏人民出版社 2000 年版，第 51—52 页。

② 参见白寿彝主编：《中国回回民族史》，中华书局 2003 年版，第 118 页。

③ 参见杨志玖：《元代回族史稿》，南开大学出版社 2003 年版，第 16、471—472 页。

的通用语言。在新的语言中保留下来的阿拉伯语和波斯语词汇则采取了汉字音译的形式。据马之骐在《修真蒙引·序》中说："忆予稚年受业于先大掌教太所马公，乃骐外祖也。万历申寅岁授予一经，名曰哈题卜雅纳，意是指顽正道。予谨受之。后马公捐馆，骐意欲此经流行，以汉字译之，且欲解释其义。"一般而言，宗教用语最能保留各民族的固有语言，马之骐所言如想使经能流行，就要用汉语翻译，解释其含义，说明汉语已经在回回人的宗教活动中发挥着重要的语言功能。白寿彝指出："这可见，在17世纪初年，这本供童蒙学习的小册子已经需要译成汉字。这时，汉语之成为回回共同使用的语言，已可说不是新鲜事情了。我们从此上推五六十年，说16世纪中叶汉语已经成为回回的共同语言，也许会失之较晚，而绝不会失之过早的。"①

朱元璋先以"驱逐胡虏，恢复中华"为号召，兴兵反元；继以推行一套汉化措施和政策，加速民族同化与融合，对信仰伊斯兰教的各族"色目人"尤其如此。朱元璋建立明朝的第二月（洪武元年二月）下令，"复衣冠，如唐制"。《明太祖实录》记载："初，元世祖起自溯漠，以有天下，悉以胡俗变异中国之制，士庶咸辫发椎髻，深襜胡帽，衣服则为裤褶、窄袖及辫线腰褶，妇女衣窄袖短衣，下服裙裳，无复中国衣冠之旧。甚至易其姓氏为胡名，习胡语。俗化既久，恬不为怪，上久厌之，至是悉命复衣冠如唐制：士民皆束发于顶，官则乌纱帽、圆领袍、束带、黑靴；士庶则服四带巾，杂色盘领衣，不得用黄玄；乐工冠青云纹字项，巾系红绿帛带；士庶妻首饰许用银镀金，耳环用银珠，钏镯用银，服浅色团衫，用纻丝绫罗绸绢；其乐妓则戴明角冠、皂褙子，不许与庶民妻同；不得服两截胡衣；其辫发椎髻胡服胡语胡姓一切禁止，斟酌损益，皆断自圣心，于是百有余年胡俗，悉复中国之旧矣。"

另一件事即变胡姓为汉姓。变姓的基本原则是：改繁为简，改诡为俗。如：元末明初的丁鹤年，父名职马禄丁，祖名苫思丁，曾祖阿老丁，曾叔祖乌马儿；其兄名吉雅谟丁、爱理沙、瞻烈，姐名月娥。可知鹤年之丁姓必是后改的。明代改汉姓的还有许多。如："吴谅，经名耳里，原名墨沙一赫，撒马儿罕国人也。""金大车的先辈是默伽（即麦加）人，东来后居永平（治所在今河北省卢龙），明太祖赐姓金。""沐英……八岁时被朱元璋收为义子，从

---

① 白寿彝：《民族宗教论集》，河北教育出版社2002年版，第107页。

朱姓,在朱元璋夫妇身边生活。"郑和的曾祖名伯颜,祖名察尔·美的纳,父名米里金,生于元顺帝至正四年(1344),卒于明洪武十五年(1382),始以马为姓,人称"马哈只";"和自幼有材志,事今天子,赐姓郑"。北京东四《敕赐清真寺住持马公世德记》记载:"曰定亦德者,我太祖高皇帝赐之中国之姓名马信。"洪武九年(1376)闰九月丙午,海安府海州儒学正曾秉正指出:"臣见近来蒙古、色目人多改为汉姓,与华人无异;有求仕为官者,有登显要者,有为富商大贾者。"

明朝还在其他习俗方面提出了一些改变措施。洪武元年(1368)十二月辛未,监察御史高原侃上言:"京师人民循习元氏旧俗,凡有丧葬,设宴会亲友,作乐娱尸,惟较酒肴厚薄,无哀戚之情,流俗之坏至此,甚非所以为治。"(《明太祖实录》)朱元璋因而令礼官制定官民丧礼。江南丧葬尚且如此遵从蒙古人的礼俗,在北方流行更盛。洪武四年(1371)十二月壬寅,朱元璋鉴于"军民行礼,尚循胡俗,饮宴行酒,多以跪拜为礼",乃令中书省和礼部定官民揖拜礼。主管官员遵令定出相应制度,于是"一切胡礼悉禁勿用"(《明太祖实录》)。

在明代,各方来的穆斯林依然不绝如缕。据《明实录》统计,从洪武到成化的100多年间,来自西方的伊斯兰教徒有70批,来自北方的穆斯林近50批。仅景泰八年(1457)一年中就有5批来归者,其中人数最多的一批有70余人。来自南方的穆斯林以永乐十五年(1417)来访的苏禄国东王为代表,他在回国途中客死德州。其长子回国继位,其偏妃、次子安都禄及众多陪臣和国民,留居德州守墓。这一群组发展很快,至万历年间已传5代,仅安氏一支已是有数百人口的大家族了。

明王朝上述种种汉化政策和措施,在一定程度上加速了各族穆斯林的"华化"过程:衣汉装,说汉语,姓汉姓,称汉名,习汉文化,娶汉女为妻,使穆斯林在组织制度和生活方式上,逐步形成一套与中国传统社会的政治、经济、文化结构相适应的基本模式。但是,如在元朝的情况一样,这些汉化政策和措施并未能将各族穆斯林同化于汉民族中。相反,在恪守伊斯兰教信仰的基础上,各族穆斯林一方面借与汉人通婚之机大量吸纳汉族成分,使对方"回化"。洪武五年(1372),朱元璋下诏"凡蒙古、色目人,听与中国人(汉人)为婚姻,不许本类自相嫁娶。违者杖八十,男女入官为奴"。元代色目人与汉族在社会经济、文化各方面的交往已十分密切，自然的民族融合早已开始，朱元璋的这一政策不仅没有借助通婚使信仰伊斯兰教的色目人"遽绝"，反而由于异族通婚扩大了穆斯林的队伍。

6. 明朝对伊斯兰教的宽容政策

上述明初的汉化政策与措施，是在种族主义层面提出的，并不包括思想信仰层面。相反，明朝统治者在宗教政策方面，包括如何对待伊斯兰教及其文化的政策方面，则是比较开明的。朱元璋起兵反元之始，即有一批穆斯林追随其左右，为其治国、安邦的建国大业服务。长期以来，民间一直流传着明代"十大回回保国"的故事。白寿彝主编的《回族人物志（明代）》中，收有常遇春、胡大海、丁德兴、沐英、蓝玉、冯胜、冯国用、铁铉、郑和等一批回族功臣。这些回族穆斯林作为明王朝的开国功勋，受到明帝重用，其信仰的伊斯兰教及其文化亦随之受到明皇室的尊重。

明太祖对伊斯兰教持欣赏的态度，他认为伊斯兰教经籍"知上下，察幽微，其测天之道，甚是精详"。洪武元年（1368），明太祖敕建礼拜寺于金陵，还御制《至圣百字赞》，褒奖伊斯兰教："乾坤初始，天籍注名。传教大圣，降生西域。授受天经，三十部册，普化众生。亿兆君师，万圣领袖。协助天运，保庇国民。五时祈佑，默祝太平。存心真主，加惠穷民。拯救患难，洞彻幽冥。超拔灵魂，脱离罪业。仁覆天下，道冠古今。降邪归一，教名清真。穆罕默德，至贵圣人。"

这篇《至圣百字赞》，不见于正史文献，故史家多疑之。然而，这篇《至圣百字赞》在回族民间广为流传。

史籍中多有明朝皇帝敕建清真寺的记载，如洪武元年（1368），明太祖"敕建清真寺于金陵，赐名'净觉寺'……""明洪武初，敕修清真寺于西、南两京及滇南、闽、粤……""洪武二十五年三月，召赛哈智赴内府，宣谕天经于奉天门。奉旨每户赏钞五十锭、棉布二百匹。与回回每分作二处，盖造礼拜寺两座。如寺院倒塌，随时修，不许阻滞……""敕太监郑和……得尔所奏，南京城内三山街礼拜寺被焚，尔因乞保下番钱粮人船，欲要重新盖造。此尔尊敬之心，何可怠哉！尔为朝廷远使，既已发心，岂废尔愿？恐尔所用人匠及材料等项不敷，临期误尔工程，可于南京内监官或工部支取应用，乃可完备，以候风倍开船，故敕。时宣德五年七月二十六日。""世宗敕名净觉寺，行令礼部给与札付，冠带荣身……令各省随方建寺，赴京比例，请给札付，住持寺院。""神宗召修天下清真寺，褒以封号：凡一应主持，恩及冠带。今供职焚修，以事造化天地人神万物之主。"明廷还鼓励各地自建礼拜寺。《天方至圣实录》记载："洪武中，有咸阳王赛典赤七代孙哈智赴内府宣谕：'允各省建造礼拜寺，历代赐敕如例。'"松江清真寺《重修真教寺碑记》称："持谕赛哈智支持，香火所在，寺有倾颓，许重修，不许阻滞。"

明成祖对伊斯兰教给予了充分的肯定和保护，在扬州、福州和泉州等地的清真寺内，还保留着永乐五年（1407）的《敕谕碑》："朕惟人能诚心善者，必能敬天事上，劝率善类，阴翊皇度。故天锡以福，享有无穷之庆。尔米里哈只，早从马哈麻之教，笃志好善，导引善类，又能敬天事上，益效忠诚，眷兹善行，良可嘉尚。今特授尔以敕谕，护持所在。官员军民，一应人等，毋得慢侮欺凌。敢有故违朕命，慢侮欺凌者，以罪罪之。"

在明代皇帝中，对伊斯兰教评价最高的是明武宗。他制诗褒扬伊斯兰教：

> 一教元元诸教迷，其中奥妙少人知。
>
> 佛是人修人是佛，不尊真主却尊谁？

许多文献还记载了武宗禁止食猪肉之举，如清人傅维麟《明书·武帝本纪》说："正德十四年九月，上次保定，禁止民间畜猪，著为令。"明武宗尽管对伊斯兰教评价较高，但他本人并没有成为穆斯林。明武宗对各宗教都有所研究，他对诸教有如下的评论："儒者之学，虽可以开物成务，而不足以穷神知化；佛老之学，似类穷神知化，而不能复命皈真，盖诸教之道，皆各执一偏，唯清真认主之教，深原于正理。此所以垂教万世，与天壤久也。"（《正教真诠·群书集考》）

明朝皇帝多次颁布诏令，命保护回民，勿歧视回民。明太祖洪武三年四月甲子的诏谕中说："天生斯民，族属姓氏，各有本原……朕起布衣，定群雄为天下主，已尝诏告天下。蒙古诸色人等，皆吾赤子，苟有才能，一体擢用。比闻入仕之后，或多改姓更名。朕虑岁久其子孙相传，昧其本原……"成祖于永乐五年（1407）五月颁布上谕保护回民。

明朝对于伊斯兰教的宽容和保护政策，是与它所主张的宗教宽容的一部分。但明代也采取了一些控制伊斯兰教的措施，实行政教分离、教法分离。唐宋以来，穆斯林聚居区教坊内部的司法事务是由教长来处理的，即教长除传教外，享有一定的司法权。至明代，司法权统归朝廷掌握，各地伊斯兰教团均不许设哈的。这样就取缔了回回人教坊的政权组织，是强化中央集权制度，增强政治统一性的必要措施。但同时保留了回回人教坊的教权，原来的教长只剩下布道之职，不得包揽民事诉讼，并诏令废止清真寺教长专名，改称掌教为"老师父"。同时，兴建清真寺也受到一定的限制，必须以"祝延圣寿"为名义，才能获准兴建。

7. 明初学人对伊斯兰教的记述

明初，随着郑和下西洋这一空前的航海外交活动，中国与阿拉伯伊斯兰国家的相互了解日渐加深。在马欢《瀛涯胜览》、费信《星槎胜览》、黄省曾《西洋朝贡典录》、罗日褧《咸宾录》以及《纪录汇编》《明朝典故》《潜确类书》《明朝世法录》《吾学编》《历代小史》《大明一统志》《文苑潇湘》《凤洲汇苑》《八纮译史》《古今说海》《职方外纪》《七修类稿》《刘氏鸿书》《怀化类编》《明百官考》等著作中，对阿拉伯国家及伊斯兰教，包括对麦加克尔白、麦地那圣墓、教规、习俗等，都有具体论述。

《纪录汇编》记载"天方国"说："天方国即默克国也，自古里国开船投西南申位，船行三个月方到本国马头。地名秩达，有大头领主守。自秩达往西行一日，到王居之城，名默克国，奉回回教门。圣人始于此国阐扬教法，至今国人悉遵教规行事，纤毫不敢违犯。其国人物魁伟，体貌紫膛色。男子白布缠头，穿长衣，足着皮鞋。妇人俱戴盖头，莫能见其面。说阿尔壁言语。国法禁酒，民风和美，无贫难之家。悉遵教规，犯法者少，诚为极乐世界。婚丧之礼，皆依教门体例而行。再行大半日之程，到礼拜寺，其寺名'克而白'，外周垣城。其城有四百六十六门，门之两旁皆用白玉石为柱，其柱共有四百六十七个：前九十九个，后一百一个，左边一百三十二个，右边一百三十五个。其堂以五色石叠砌，四方平顶样，内有沉香大木五条为梁，以黄金为阁；满堂内墙壁皆是蔷薇露、龙涎香和土为之，馨香不绝；上用皂纻丝为罩罩之，蓄二黑狮子守其门。每年至十二月十日，各国回回人一二年远路者亦到堂内礼拜，皆将所罩纻丝割取一块为记验而去。剜割既尽，其王预织罩之，仍复年年不绝。堂之左，司马仪圣人之墓。其坟垅俱是绿撒不泥宝石为之，长一丈二尺，高三尺，阔五尺；其围坟之墙，以黄甘玉叠砌，高五尺余。城内四角造四座塔叫礼；左右两旁有各祖师传法之堂，亦以石头叠造，整饰极华丽……又往西行一日，到一城，名"默底纳"，其穆罕默德圣人陵寝正在城内，至今墓顶豪光日夜侵云而起。墓后有井泉，其水清甜，名'阿卜糁糁'。下番之人取其水藏其船，过海倘遇飓风，即以此水洒之，风浪顿息。"

《七修类稿》一书还以比较法对回回教与儒、释、道诸教之优劣进行评论，褒扬回回教教义"有数种吾儒亦有不如"："回回祖国，《世史正纲》以为'大食'；《一统志》以为'默啜那国'。据其教崇奉礼寺，西域惟天方国在，其寺即天房也。入中国乃隋时，自海达广。其教有数种吾儒亦有不如——富贵、贫贱、寿夭，一定也；惑于异端而信事鬼神者，愚也。彼惟敬天事祖之外，一无所崇。富贵者亦不少矣，即吾儒虽至亲密友之贫者，多莫尚义，他人又何暇问之？彼于同郡贫人月有给养之数，他方来者亦有助仪。吾儒守圣人之教，或存或亡；彼之敬天、事亲、尚义、乐助，终身无改焉。道、释二教，又在吾儒之下，不论也。"

郑和的祖父、父亲都是朝觐过麦加的"哈只"；郑和本人也于下西洋之际，遣通事 7 人至天方，归国时还带回一册《天堂图》。这是目前所知中国最早的一张麦加清真大寺图。

8. 《古兰经》的流传与汉译

《古兰经》是伊斯兰教经典。它是穆罕默德在 23 年的传教过程中陆续宣布的"安拉启示"的汇集。"古兰"一词系阿拉伯语"Quran"的音译，意为"宣读""诵读"或"读物"，复述真主的话语之意。中国旧译为《古尔阿尼》《可兰经》《古兰真经》《宝命真经》等。中世纪伊斯兰经注学家根据经文的表述，说它有 55 种名称，其中常以"克塔布""启示""迪克尔""真理""光""智慧"等来称呼。《古兰经》既是一部宗教经典，也是第一部诗歌形式的阿拉伯文献，在阿拉伯思想文化史上占有重要的地位。由于它的内容直接反映了 7 世纪初发生于阿拉伯半岛并对后来阿拉伯民族发展有着深远影响的一场伟大社会变革，所以它是研究穆罕默德和伊斯兰教以及当时阿拉伯半岛社会情况极重要的历史文献。《古兰经》的哲理是伊斯兰教义学和阿拉伯哲学思想的重要组成部分；它的法制思想和道德规范，成为中世纪以来伊斯兰国家当权者经世治国的依据。当今世界各地流传的经籍版本，均以它的"定本"（即"奥斯曼本"）为蓝本印制的。该定本约完成于 651 年。根据《古兰经》的定本，它共有 30 卷 114 章 6200 余节经文。

《古兰经》在中国正式刊印以前，它的流通最主要的形式是在穆斯林中通过口耳相传而记诵经文。普通穆斯林只要会口诵一些常用的经文，适应宗教生活的需要就可以了。只有那些被称之为"海里法"的清真寺学员，在学经的过程中，边学习、边抄录，最后把抄录的经文装订成册以供日后诵读之需。

中国穆斯林将缮写《古兰经》视为宗教善行，富贵豪门也以资助抄写经文为功德。因此，大量书写优美、装帧精致的《古兰经》抄本在中国穆斯林中流传。迄今发现的最早的一部手抄本为元代文物，现存北京东四清真寺，抄写时间为伊斯兰教历718年，即元延祐五年（1318）。抄经人姓名为穆罕默德·伊本·阿赫默德·伊本·阿布杜·拉赫曼。

中国穆斯林抄写经文极其考究，用毛笔抄写，字体浑厚圆润，具有中国书法风格。他们以经文书写漂亮为荣，并用单色或彩色图案装饰封面，美观典雅，非常珍贵。清代宫廷中存有一部30卷《古兰经》抄本，黄绫皮面，宝蓝纸版，经文全用沥粉堆金法写成，是中国《古兰经》抄本中最贵重的。牛街礼拜寺存有一部阿拉伯、波斯两种文字对照的《古兰经》抄本，用黑、红两色分别书写两种文字，字迹秀丽，文字准确，装帧精美，是300多年前一位中国阿訇精心缮写而成，被中外学者誉为"无价之宝"。

清同治元年（1862），云南杜文秀以《宝命真经》之名颁印阿拉伯文《古兰经》30卷，木刻线装，每卷有28或29页，浅蓝布裱糊硬书皮，装订古朴精致，别具特色。这是中国最早出现的木刻本。光绪二十一年（1895），云南经堂教育家马联元再刻《宝命真经》30卷，由云南著名经师田家培哈吉抄写全部经文，经马联元核对校正，后送昆明刊刻，刻工30余人均为四川名匠。

穆斯林认为《古兰经》是世界上现存的唯一的真主的启示录，所以非常尊重，没有"大小净"的人不得触摸，没有"大净"的人不得诵读。《古兰经》是阿拉伯散体诗，伊斯兰教不提倡翻译《古兰经》，翻译的《古兰经》只能是表达《古兰经》的意思，通常只能称为《古兰经译解》，不能称为《古兰经》。因此伊斯兰教的传统观念反对用汉文翻译伊斯兰教经典。《古兰经》中有"我降示给你们阿拉伯文的《古兰经》"。在穆斯林心目中阿拉伯文和波斯文才是纯正的宗教语言，他们担心用汉文翻译伊斯兰教经典会影响教义教理的纯正。一直到明代后期的万历年间，仍有人认为不应该用汉文翻译伊斯兰教经典，因为"不译经不杂"，就不会有损教义的纯正性。明万历三十七年（1609）李光缙所撰的泉州《重修清净寺碑记》中说道："余按净教（伊斯兰教）之经，默德那国王谟罕驀所著，与禅经并来西域，均非中国圣人之书。但禅经译而便于读，故至今学士谭之；而净教之经，未重汉译，是以不甚盛行于世。"但是"禅经译而经杂，净经不译而经不杂"，因此，他认为"多言诡道，不如冥冥之，民可使由，不可使知，吾于经取其不译而已矣"。

《古兰经》的传播，主要是依靠口传面授，阿訇讲解，群众聆听的方式进行，宣传条件简陋，宣讲范围有限。清末民初学者马淳夷在其《翻译古兰经》文中说："我国自唐有教，千余百年来，司锋者抱持原本，师传徒受，仅恃口译讲解。虽曰作始有伦，而辗转口述，日久不免多所模糊。既无汉译辞书可以参考而教师率不惜国文，遇有译语间吐词不甚了然者，面面相观，尝至无法确证。号称通学大师，真能执《古兰经》本，对众讲述流利者，恒不多睹。一般坐经堂，拥皋比，传道授业，率多囫囵其辞，陈陈相因，弥久弥堕……"①

用文字翻译，虽然是广大穆斯林的迫切需要，却迟迟不能实现。明末清初，有些精通阿拉伯文和汉文修养很高的穆斯林学者如王岱舆、刘智、马注等，有极其丰富的译著，但他们未把翻译《古兰经》的计划列入议程。主要是由于这些学者态度特别严肃、认真、谨慎、虔诚，惟恐曲解误译，走样失真。在他们的著述中，偶尔会出现几句汉语转述《古兰经》的引文。

刘智在其著述中，摘译了《古兰经》的几个段落，可以看作是试译《古兰经》之始。但他说："天经圣谕，皆本然妙文。无用藻饰，兹用汉译，或难符合，勉力为之，致意云尔。"他的一段译文是：

> 世赞归主，化育万物，普慈独慈，执掌公期。
>
> 吾唯拜主，唯求主助，导吾正路！
>
> 是夫人路，主福之者，非祸之者，亦非迷路。

译文仿《诗经》四言体，音节铿锵，韵律和谐，可见是字斟句酌。其他穆斯林学者的撰述中，也只能偶尔扑捉到零星摘句或转述大义的若干痕迹。

此后陆续出现了一些作为普及性读物推广重点选译本。据以翻译的蓝本，

---

① 傅统先：《中国回教史》，宁夏人民出版社 2000 年版，第 139—140 页。

多半是在穆斯林中流行最广泛的一个被称为"亥帖"的选本，其中包括《古兰经》首章、几个长章中的若干节，以及卷尾的若干短章，都是大家在宗教礼仪中家喻户晓，能用原文熟背牢记的。穆斯林多能背诵如流，但未见得理解其含义。这种选译，有两类情况：

一是选文精简者，只突出展示某一章或较少的章节加以译释。如李廷相译注《天经译解》，仅选第一章及第二章前5节，有题解、翻译，并逐节注疏。道隐（伍特公笔名）的《汉译古兰经第一章详解》，约15万字。译者在《序》中指出："经首《法淂海》章，涵全经要旨，厥次《百格赖》章，复举伊斯兰教基本原则五项，言简意赅，意近而旨远；苟明其义，亦可以略识伊斯兰教之真谛矣，因加汉译，附以注释。"1941年由香港中国回教学会初版刊行。马达五译述《法淂哈》《古兰选读》，择译首章、最后若干短章以及第二章若干节，用阿拉伯语、汉语、英语三种文字对照，并附有拉丁文音译以供拼读，供日常宗教礼仪中诵读。

二是选文内容较多者。即民间普遍流传、版本极多的普及本，阿拉伯文名称为《孩提母·古拉尼》，其简称仅取第一个语汇，被汉译为"孩听""亥帖""赫厅"等等。或被泛称为18个"索来"，"索来"即章，但此选本实际不止18章。这是在我国流传了几百年的较定型的《古兰经选本》。我国所选《孩帖》，全国各地手抄、木刻、石印者不可胜数，家喻户晓，并在宗教礼仪中"圆经"时诵读。

19世纪中叶，马德新在门徒马安礼协助下，立志通译全经，相传已完成初稿20卷，但刊行问世者只有前5卷，名为《宝命真经直译》。直至1927年12月，即至少相隔50多年后，才由上海中国回教学会出资刊印出版。这是通译全经的第一次尝试，可惜传世部分仅占全经的六分之一。

全文通译的《古兰经》，直到20世纪20年代末才开始。最早问世的是1927年出版的李铁铮的《可兰经》。该译本据坂本健一的日译本并参以路德维尔的英译本转译而成。1928年，回族古董商哈少夫与上海地产巨头哈同商议后，由哈同出资并聘请中外学者在哈同花园内从事《古兰经》的翻译工作。由姬觉弥总其事，李虞辰阿訇起草，汉文学者樊抗甫和阿拉伯文学者薛子明阿訇互相参证并作文字修饰，1931年完成文言体《汉译古兰经》。该书系线装石刻本，全书计30卷114章，无注释，由哈少夫、岑春煊、郑源作序，爱俪园主人哈同作序题名。译本以阿拉伯文原本为主，以穆罕默德·阿里之英译本及坂本健一之日译本为参考，是中国最早的汉译文言体《古兰经》。

以上两个译本被认为是"教外人士"的作品，而不受穆斯林的欢迎。但它们的出现刺激并推动穆斯林学者从阿拉伯文原文直译。

从 1927 年到 1996 年约 70 年时间，包括港、台和海外，共有 14 个译文通译本出版，此外还有维吾尔文、哈萨克文全译本问世。

第二十章

也里可温教在元朝
的传播

前文已介绍"三夷教"在中国的传播，其中说到景教的传播和发展以及最后衰落的情况。景教是基督教的一个派别，在基督教传教史上，一般把唐代的景教看作是基督教第一次入华，具有基督教在中国传播的开端的意义。到了元代，则出现了基督教的第二次入华，这一次比唐代那一次更深入了，也更有影响了。

"也里可温"是元朝人对基督教徒和教士的通称，也有称之为"十字教"，称教堂为"十字寺"。"阿剌比语称上帝为阿罗，唐景教碑称无元真主阿罗坷……故吾确信也里可温者为蒙古人之音译阿剌比语，实即景教之阿罗坷也。"[①] 西方学者推测景教所说的"阿罗坷"即叙利亚文"Eloh"，或希伯来文"Elohim"的音译，其意为"上帝教"或"信奉上帝的人"。在元代，一方面，景教在元朝政府的宗教宽容政策下得到了复兴和再度发展；另一方面，罗马教廷与元王朝建立了直接的联系，并且在中国开展了传教活动。随着元王朝的覆灭，这些被称为"也里可温教"的天主教传教活动和景教的活动最后无疾而终，但在中国历史上留下了它们活动和影响的痕迹。

一　元帝国与罗马教廷的来往

1. 关于"长老约翰"的传说

在12世纪，欧洲各地广泛流传着有关"长老约翰"（Prester John）的传说。这个传说宣称，在东方有一个崇奉基督教的国王，在亚洲统治大片地区。他在波斯一带战胜了穆斯林，随后又转向圣地耶路撒冷，只是由于底格里斯河涨水未能通过，才终止前进。人们称他为"长老约翰王"。在西文东方天主教史上，长老约翰是"一位非常显赫的人物"。[②]

当时西方的基督教各国盼望东方有个强大的基督教国家，能配合西方进

---

① 陈垣：《陈垣学术论文集》第 1 集，中华书局 1980 年版，第 6 页。

② 方豪：《中国天主教史人物传》，宗教文化出版社 2007 年版，第 37 页。

攻伊斯兰国家，共同收复圣地。1145 年，叙利亚加伯拉地方主教奉亚美尼亚
国王之命，出使教皇尤金三世宫廷，乘机宣传远东有"长老约翰王"，还说他
是《圣经》中所载向耶稣圣婴朝拜的"三贤王"（Three Wise Men）的后裔。
他虔信景教，曾出征波斯、米底诸国，攻占爱克巴塔那（今伊朗的哈马丹），
准备进军耶路撒冷，因受阻于底格里斯河而归。

　　20 多年后的 1165 年，在欧洲忽然出现了一封约翰·普里斯特寄给拜占庭
帝国曼纽尔一世（Manuel I Comnenus）的信件，信中这位"统治三个印度"
的约翰王邀请曼纽尔一世拜望他，并允诺"当您意欲返回时，您可携带珠宝
满载而归"，"如果您确想知道我的权限范围的话，那么请您坚信，我，约翰
·普里斯特的统治至高无上，其美德超群，我十分富有，统治着天下的万物
生灵"。另外，信件还承诺："我将率领一支庞大的军队前来拜谒上帝的圣墓，
使我们的耶稣圣像生辉，以此来贬低或惩罚基督十字架的敌人，弘扬领主之
名。"但这封信没有注明地点和日期。

　　于是，"长老约翰"的传说更加盛行，欧洲盛传东方有个强大的"约翰长
老国"，"约翰王"这个"看不见的使徒"将来会帮助西方基督教国家战胜伊
斯兰国家。12 年后，教皇亚历山大三世发出了一封复信，敦劝"长老约翰
王"由异端的"景教"归化为天主教徒。但是此后就没有了下文。

　　在《马可·波罗游记》中也谈到了中国的基督徒和信仰基督教的统治者，
以及某一个所谓的"长老约翰"，即约翰牧师，他是信仰基督教的人民的"国
王"。不过马可·波罗说他并没有见过这些人。

　　关于"长老约翰"的传说最初出现于 12 世纪中期，大概与西辽帝国有
关。当时，契丹人打败了中亚地区的伊斯兰统治者，建立了一个新的地域辽
阔的非伊斯兰国家。这个消息被基督教界视为某个基督教约翰国王战胜了穆
斯林的行动。"在 13 世纪里，长老约翰国王的神话在欧洲天主教中广为流传。
在亚洲各国，凡是有利于基督教同时反对穆斯林的一切所作所为，哪怕是带
有某种不真实的渲染和夸大的消息，都归功于长老约翰国王的权威和影响。
事实是，由于蒙古人多次征服性的进军，中亚和西亚的一些强大的穆斯林国
家均被消灭。消灭这些国家的功绩归于'那个长老约翰本人，他的强大是举
世闻名的'（马可·波罗）。与此同时传入西欧的一些消息说，在蒙古汗中间
也有一些基督教徒，蒙古汗对这些基督教徒委以重任，他们确实对穆斯林毫

不留情。"①

这个传说很可能是指定居在中亚地区的聂斯脱里派基督徒。唐代后期景教被禁，退至中亚地区。辽代，景教又在中国北方重新抬头。蒙古兴起前后，分布在阿尔泰山附近的克烈部和内蒙古河套以北的汪古部信奉了景教。元朝建立以后，景教成为在全国各地流行的宗教之一。

据学者们研究，西方传说中的"长老约翰王""长老约翰国"指的就是12世纪的西辽、13世纪的克烈部、14世纪的汪古部。这些地区广为流行过聂斯脱里教，所以被西方认定是东方的强大的"长老约翰国"，这个"看不见的使徒"会帮助西方基督教徒战胜敌对教派。无论如何，"约翰长老的神话传说，以其力度、持续期和复杂性而独树一帜，与众不同。这是丝绸之路故事的中心大故事之一，也是诸多内容的一种汇集处"②。

当欧洲人最初听到关于"长老约翰"传说的时候，是颇受鼓舞和兴奋的。因为他们以为在东方有一个同样信奉基督教的民族，在代替他们打败穆斯林。英国学者韦尔斯认为，在当时，"长老约翰"是最令人兴奋的传说之一。"它大大地鼓舞了欧洲的冒险事业，使欧洲人认为在遥远的中国有一个与他们信仰同一宗教的人的社会，它自然会愿意欢迎并帮助他们的事业。"③

但是，当蒙古大军打开欧洲的大门，欧洲人受到直接威胁的时候，罗马教皇则想利用宗教的力量，阻止蒙古人进一步西进。

2. 罗马教廷与元帝国接触的努力

自从5世纪西罗马帝国灭亡以后，基督教会逐渐成为欧洲社会的支配力量，罗马教廷成为全欧洲的宗教中心和政治统治中心。从11世纪起，在近200年的时间里，罗马教廷先后发动了8次十字军东征，企图巩固和扩大基督教会的势力，与伊斯兰教势力对抗。在13世纪的时候，伊斯兰教是它仍然畏惧的唯一敌人。所以，当蒙古大军首次西征，兵进俄罗斯的时候，欧洲人竟

① ［苏］约·彼·马吉多维奇著，屠瑞、云海译：《世界探险史》，世界知识出版社1988年版，第78页。

② ［法］F. B. 于格、E. 于格著，耿昇译：《海市蜃楼中的帝国——丝绸之路上的人、神与神话》，喀什维吾尔文出版社2004年版，第190页。

③ ［英］赫·乔·韦尔斯著，吴文藻等译：《世界史纲——生物和人类的简明史》，人民出版社1982年版，第768页。

对蒙古人毫无所知。"我们不知道的部落来到了，没有人知道他们是什么人，他们是从哪里来的——也不知道他们的语言是什么，他们是什么种族，他们信仰的宗教是什么……"①

15 年后，蒙古人再次发动西征，征服了俄罗斯，并一度占领波兰、匈牙利，兵进奥地利，使欧洲人大为震动，引起了一种普遍的不安，教皇和各国君主也认识到局势的严重性，察觉到他们迫在眉睫的危险。

西欧最早关于蒙古威胁的消息，是由叙利亚的穆斯林亦思马因人（Ismā'îlîyah）得到的。亦思马因人在 1238 年向法兰西和英格兰国王建议，结成伊斯兰教与基督教的大同盟，以对付来自东方的可怕敌人。但欧洲人却以幸灾乐祸的态度看待这个建议。1240 年，有一位叫马太·巴黎（Mathew Paris）的人在其著作中对蒙古人作了比较详细的介绍，这是在 1246 年柏朗嘉宾前往蒙古之前欧洲人所知的关于蒙古人的最初情报。他说："人类的欢乐，尘世的幸福，不是永久没有哀伤的，因此在这一年，一支可憎的撒旦人，也就是无数的鞑靼人，从他们的群山环绕的家乡杀出来，穿过（高加索的）坚硬山岩，像魔鬼一样涌出地狱，因此他们被恰当地称作地狱的人（Tartari 或 Tartarians）。像蝗虫遍布地面，他们恐怖地毁坏了（欧洲的）东部地区，用烧杀把它变成荒凉。……他们闪电般来到基督徒的国境，烧杀掳掠，无比恐怖和可怕地攻打一切人。"②

1241 年，蒙古军队在里格尼茨大败西波联军，同时另一支蒙古军队进入匈牙利，侵入中欧和西欧的最后屏障被除掉。这时欧洲人如梦初醒，发觉真的要大难临头了。教皇格里高利九世（Pope Gregory Ⅸ）呼吁组织一支十字军抵御蒙古人，宣传要进行一次圣战。此时，神圣罗马帝国兼西西里王国皇帝腓特烈二世（Frederic Ⅱ）写信给英国亨利三世（Henry Ⅲ），因为英国人和阿拉伯人有长期的友好关系，对蒙古人及其战事有比较正确的认识，可能超过了同时代的任何人。"在这封信里他相当详尽地提到第一次蒙古人的入侵欧洲，库蛮和南俄的征服。然后他谈到第二次入侵，匈牙利的征服，国王贝拉

① 引自［英］道森编，吕浦译，周良霄注：《出使蒙古记》，中国社会科学出版社 1983 年版，第 6 页。
② 耿昇、何高济译：《柏朗嘉宾蒙古行纪 鲁布鲁克东行纪》，中华书局 1985 年版，第 188—189 页。

257

四世（Béla Ⅳ）在佩斯的败北，以及里格尼茨的更大惨败。他把波兰、波西米亚遭到蹂躏、奥地利遭到进攻的事告诉亨利王，特别谈到所有基督教诸侯为共同防御而采取联合行动的迫切需要，因教皇对他的打击是这件事变的困难。他的信结尾说，他信赖上帝，希望靠基督教国家的共同力量，鞑靼人最终将被赶回他们的地狱里去。"① 但是，教廷方面对腓特烈二世的这个意见并没有采纳，因为他们怀疑腓特烈二世与鞑靼人勾结，引狼入室，他为了反对教皇的目的捏造了"鞑靼祸害"的谎言。而当时教皇面临的最大问题就是腓特烈二世与之争权。

后来，由于蒙古大汗去世，蒙古军队停止了进攻的步伐并返回亚洲，欧洲人面临的威胁才暂时得以消除。但这时的欧洲人已经知道有一个强大的、危险的蒙古存在了。裕尔在评论这一时期西欧人的状况时写道："关于鞑靼人及其可怕的蹂躏的种种传言，使欧洲人惊恐万状，欧洲联军在列格尼茨的溃败使这种恐惧达到顶点。孱弱不堪、内讧不止的基督教世界似乎确已躺在蒙古蛮人的铁蹄下。教皇肯定宣布过十字军讨伐，并向各地致函呼吁，但是他与腓特烈二世的争斗致使任何联合均告无望，他们对匈牙利国王发出的最迫切的求救呼吁，充其量不过是报以口头声援。"②

1243 年，英诺森四世（Innocent Ⅵ）当选为新教皇，他鼓励组织军队，抗拒蒙古的入侵。同年，为了"找到一种对付鞑靼人、其他反宗教分子及迫害基督百姓者的补救办法"，他在里昂召开了一次特别会议。会议认为："鞑靼人是基督名字的死敌，基督徒仍然有遭到他们攻击的危险——因为没有把基督徒完全征服，如他们按照消灭基督教的愿望那样做，他们将肯定返回来，而在波兰、俄罗斯、匈牙利及其他国家所见到的恐怖，将重新出现。"因此，会议号召所有基督教教徒做好抵抗蒙古人的准备。因为"约翰长老"的传说，教皇英诺森四世向东方派出了使节团，试图缔结和约，窥探蒙古的军事实力，并且考察是否有可能使蒙古人改宗天主教，以避免蒙古人威胁西欧的危险。

---

① 耿昇、何高济译：《柏朗嘉宾蒙古行纪　鲁布鲁克东行纪》，中华书局 1985 年版，第 190 页。

② ［英］H. 裕尔撰，［法］H. 考迪埃修订，张绪山译：《东域纪程录丛》，云南人民出版社 2002 年版，第 121 页。

3. 柏朗嘉宾出使蒙古

1245 年 4 月 16 日，由教皇英诺森四世派遣意大利方济各会修士柏朗嘉宾出使东方，由里昂启程前往哈剌和林。

柏朗嘉宾（Jean de Plan Carpin）出身于意大利佩鲁贾地区的一个贵族家庭。他是圣方济各（Saint Francois d'Assise）的挚友，也是方济各会的创始人之一。从 1221 年起，他受圣方济各的派遣前往日耳曼，直到 1239 年之前，他基本在那里执行萨克森修道院院长和省教长的职务，期间有 3 年到西班牙任职。1245 年他奉教皇派遣出使蒙古时，已经是 65 岁的老人了。

柏朗嘉宾在途中与为他作通译的波兰人本尼迪克特（Benedict）会合，1246 年 4 月，他们到达伏尔加河畔的拔都的王庭。拔都决定立即送往哈剌和林。他们经过 3 个半月的长途跋涉，于 7 月 22 日抵达和林附近的蒙古皇家幕帐。8 月 24 日贵由汗举行大汗受位庆典，8 月底才接见柏朗嘉宾和本尼迪克特，接受教皇的信件。

罗马教皇英诺森四世写给蒙古汗王的信件，其主要内容是阐明基督教教义，规劝可汗皈依基督教，优待基督教徒，并直言蒙古屠杀之非，其内容如下：

> 天主仆役之仆役，主教英诺森谨致书于鞑靼国王及臣民曰：天主好生，创造人类动物，以及地上所有有机物质。以明神为例，故有生之物，莫不相亲相爱，安居乐定，永不相扰。余闻王等侵入基督教诸国以及他境，所过杀戮，千里为墟，血流盈壑。直至于今，王及部下凶狠之气，破坏毒手，未稍休止。
>
> 解除一切天然束缚，不论男女老幼，无有幸脱王之剑锋者。余代天主行教，闻王所为如此，不胜诧异。余本天主好生之德，欲合人类于一家，据敬天明神之理，特申劝告并警戒，请求王及部下止息此类暴行，尤不可虐待基督教徒。王所犯罪恶多而且重，必遭天主所谴，可毋庸疑。王须急宜忏悔，使天主满意。以前诸国所以为王克服者，乃天主所使，非王之兵力所能也。以后王及部下亟宜停止暴行，须知天主可畏也。骄横跋扈之人，固有时幸逃天主法网。然若怙恶不悛，始终不知迁善谦让，天主未有不严刑惩罚者也。余

今遣所爱兄弟约翰（即柏朗嘉宾之名）及同伴数人，携国书聘礼，往王之廷，诸人皆谨厚守礼，笃信宗教，通晓《圣经》。余希望王温颜接受，善待诸人，则不蛮身受王之惠矣。诸人代余所说者，愿王倾心信之。所言和平方法，尤宜深加采纳。更愿通告诸人，王究因何而扫灭他国，王以后意志如何，亦请示知。诸人往来，长途跋涉，愿王派使护送为便。归回时，亦请供给沿途所需，俾得来达余处也。约翰等僧，皆品行端正，深通《圣经》，能告王等以吾救世主之为人谦逊，故余遣之。若仅能为王奔走，代王布德，有利于王者，则余将不遣彼等，而另遣其他高僧或有权势之人矣。①

看来教皇是太天真单纯，或是对当时的蒙古人太缺乏了解，以为单凭他的一纸文书，几句规劝，就能阻挡蒙古大军的铁骑。贵由汗当即复书教皇，对教皇的责难——驳斥，并将蒙古人军事征服的成功归诸上帝的偏爱和相助。贵由汗复教皇信原用蒙古文写成，由镇海等人逐字逐句地翻译后，柏朗嘉宾即用拉丁文记录下来。为使罗马教廷在欧洲能够找到解读原信的人，又译成萨拉森文（波斯文），交给使者带回。贵由汗复信的拉丁译文早有传本，波斯文原件亦于1920年在梵蒂冈图书馆发现。原件用黑墨写在一张长1.1米、宽0.2米的由两片粘接而成的棉纸上，上有两处同一畏吾儿字蒙古文方印，印文为"长生天在上，贵由汗在地，圣旨所致处，众生须敬之"。贵由汗复教皇书信内容如下

长生天气力里，贵由大汗，全人类之君主圣旨：咨尔大教皇，尔及西方基督教人民，遣使携国书，远来与朕讲和。朕召见使者，听其言，阅其书，知尔等之意，确欲讲和。然既欲讲和，尔教皇、皇帝、国王及各城市之有权势者，皆须火速来此议和，听候朕之回答及朕之意旨。尔之来书，谓朕及臣民皆须受洗，改奉基督教。朕可简略告尔，朕实不解，为何必须如此也。尔之来书，又谓尔等见国兵杀人，尤以基督信徒匈牙利人、波兰人及摩拉维亚人等，甚为诧异云云。朕可简略告尔，尔所云者，朕实亦不解也。然朕若不言，尔或不明其故，兹特答尔如下：彼等不守上帝及成吉思汗之教训，

① 徐宗泽：《中国天主教传教史概论》，商务印书院2017年版；第94－95页。

相聚为不善，杀戮我国使，故上帝震怒，命灭彼国，而将彼人交入朕手也。若非上帝所使，人对于人，何能如是乎？尔等居住西方之人，自信以为独奉基督教，而轻视他人。然尔知上帝究将加恩于谁人乎？朕等亦敬事上帝。赖上帝之力，将自东徂西，征服全世界也。

朕等亦人，若非有上帝之力相助，何能成功耶？①

柏朗嘉宾带着贵由汗给教皇的复信，于当年 11 月 13 日踏上返程，1247 年秋回到教廷。

柏朗嘉宾奉使蒙古的任务，一方面是试图规劝蒙古人皈依基督教，与欧洲基督教国家结成联盟，以达到遏制蒙古人西进的目的。他的这个任务并没有完成。"虽然此行没有完成预期目标，但不可否认，这是一次了不起的探险之旅。柏朗嘉宾被认为是公元 900 年后，第一位东行到巴格达并成功走出亚洲的人迹罕至之地，最终安全返回欧洲的西方人。"② 另一方面，他还受教皇之命要了解蒙古人的情况，特别是了解蒙古人的军事实力和西征计划。这一部分使命完成得却颇为出色。柏朗嘉宾的这次出行是一次充满危险的旅程，因为他们对蒙古人一点也不了解，而且所听到的都是杀戮与残暴的传闻。但是使命在身，这个使命最重要的就是要给欧洲一个比较准确的关于蒙古人的信息。他写道：尽管可以预见这次出行会有许多危险或不测，"然而，为了能够根据教皇陛下的命令而实现上帝的意志，为了替基督徒效劳，我们至少要真正洞察这些民族的意图和计划，以将之揭示于基督徒们，为了不使前者的突然入侵会使后者像过去多次由于人类的罪孽而造成的那种处于措手不及的境地，以及为了使基督教诸民族不会遭到大规模的杀戮，我们就难以钟爱自身了"③。柏朗嘉宾"冒着生命危险，搜集了一批有关人种学和军事方面的第一手资料。作者着重研究了蒙古人的宗教信仰和崇拜活动"，"对于当地民族的瑕疵和美德，他都作了客观的评介"④。

出使归来后，柏朗嘉宾向教廷写了一份出使报告，重点介绍了蒙古人进

① 张星烺编：《中西交通史料汇编》第 1 册，中华书局 1977 年版，第 182 – 184 页。

② ［美］劳伦斯·贝尔格林著，周侠译：《马可·波罗传》，海南出版社 2010 年版，第 45 页。

③ 耿昇、何高济译：《柏朗嘉宾蒙古行纪　鲁布鲁克东行纪》，中华书局 1985 年版，第 23 页。

④ 耿昇、何高济译：《柏朗嘉宾蒙古行纪　鲁布鲁克东行纪》，中华书局 1985 年版，第 13 页

行的战争、征服的地区、武器装备、如何对付蒙古人的入侵及其风俗习惯等等。他的报告以自己的亲自观察为基础，并广泛利用了他在旅途中搜集的大量资料。柏朗嘉宾的报告书名为《蒙古史》，或称《柏朗嘉宾蒙古行纪》。因为柏朗嘉宾的出使比中世纪其他欧洲旅行家如鲁布鲁克、马可·波罗、鄂多立克等人东游的时间要早，所以柏朗嘉宾介绍的有关蒙古和中亚的许多情况是首次传入欧洲的，"是欧洲人根据亲身见闻所写的关于蒙古的第一部详细报告"①。其行纪中所记的资料至今仍是研究元史和中国北方地区历史的珍贵资料。法国东方学家韩百诗（Louis Hambis）评论说，柏朗嘉宾的这部"有关蒙古人的第一部拉丁文著作，于可靠性和明确程度方面在一段相当长的时间内一直是首屈一指和无可媲美的"②。英国学者克里斯托弗·道森（Christopher Dawson）则说它是中世纪最流行的百科全书式的著作之一，"写下了西方基督教世界和远东之间第一次接触的第一手绝对可信的记载"③。柏朗嘉宾的这份报告收入同时代的文森特（Vincent de Bauvais）的百科全书式名著《大鉴》第4部《史鉴》中，原书抄本有5种传世，16世纪以后有多种刊本和译本。

《柏朗嘉宾蒙古行纪》中有许多关于基督教的内容：在他赴使蒙古的途中，遇见了许多基督徒；蒙古兵进攻斡尔纳思城时，引水淹城，使居住在那里的许多基督徒和外族人丧生；蒙古人征服的地区名单中有景教徒、犹太人等；被成吉思汗征服的畏吾儿人，属于景教派的基督徒，等等。柏朗嘉宾还记载，贵由汗的大帐之前还设有基督教堂，身边有许多多年来一直和他生活在一起的基督徒，他们在宫中充任要职，并规劝而且有信心使贵由汗尊奉基督。

不过，对欧洲人来说，柏朗嘉宾的报告和他带回来的贵由汗的复信，并不是一个好消息，而是使人更感到威胁。

4. 鲁布鲁克出使蒙古

在教皇派遣柏朗嘉宾出使蒙古的同时或不久，还派出了另一支由多明我

---

① 白寿彝总主编：《中国通史》第8卷上册，上海人民出版社1997年版，第77页。

② 耿昇、何高济译：《柏朗嘉宾蒙古行纪 鲁布鲁克东行纪》，中华书局1985年版，第13页。

③ ［英］道森编，吕浦译，周良霄注：《出使蒙古记》，中国社会科学出版社1983年版，第1页。

会修士阿西林（Ascelin）率领的使团。他们奉命出使驻扎在小亚细亚边界的蒙古军队的营地，要求蒙古人停止反对基督教世界的战争。阿西林一行于1247年5月24日抵达位于里海之西的蒙古军统帅拜住的营地，递交教皇的信件。阿西林一行受到粗暴的接待，在被拘押两个月后，携带与柏朗嘉宾已经携回的内容相同的复信，于1248年夏回复教皇。当时有两位蒙古使者同阿西林一道前往教廷，这两位使者于1248年在意大利受到教皇英诺森四世的接见，并带回教皇给拜住的复信。

拜住的继承者宴只吉带（Aljigiday）是景教徒，对与西方基督徒建立关系的重要性有所认识，并开始采取一些相应的措施。这时法兰西国王路易九世率第七次十字军，进驻塞浦路斯。宴只吉带派其使者大卫（David）和马克（Mark）于1248年12月到达塞浦路斯，要求与法王协同作战，共同对付穆斯林。其实宴只吉带的使节并非蒙古大汗派遣，没有真正的权威性。但法王路易不了解这个情况，遂派出法国多明我会修士安德鲁（Andrew of Longjumeau）率领一个使团，随两位蒙古使节于1249年1月25日启程，往见蒙古大汗。安德鲁参加过阿西林的使团。他到达宴只吉带的营地，然后继续东行，往见蒙古大汗。不料此时值贵由汗去世，皇后斡兀立海迷失摄政。她把安德鲁一行的出使看作是臣服，并把他们的礼物作为贡品。她对法王复信词意傲慢，要求对方归顺和缴纳贡赋。和柏朗嘉宾一样，安德鲁也没有达到出使的目的，于1251年折返回国。

虽然法王对安德鲁的出使结果感到失望，但他获得了关于"鞑靼地区"内有大量基督徒的报告。另外他还从别处得知拔都之子撒儿塔是基督徒。于是，法王路易四世于1253年又派法国方济各会修士鲁布鲁克前往和林。

鲁布鲁克（William of Rubruk）是法国佛兰德斯鲁布鲁克村人，方济各会士。与柏朗嘉宾不同，他不是由教皇而是由法王路易四世派遣出使蒙古的。他一直随法王参加十字军，转战塞浦路斯、埃及和巴勒斯坦。鲁布鲁克是在柏朗嘉宾奉使8年之后启程的，因而他有机会做充分的准备。据说他在巴黎见过柏朗嘉宾，听他介绍出使蒙古的经历和见闻。他还从其他奉使回来的使节以及别的渠道获得许多有价值的情报。因而，当鲁布鲁克踏上东行之旅的时候，所具备的知识准备要比柏朗嘉宾等人充分得多。关于这次会见，《鲁布鲁克东行纪》的英译本前言中说："有种种理由推测威廉教友（指鲁布鲁克）

在巴黎遇到那两位返回的旅行家，听他们口述他们危险的旅行故事。他可能在那个时候已有意访问那遥远的地区，宣讲正教，把散居在蒙古帝国内的基督徒携归罗马教廷。约翰教友（柏朗嘉宾）已向他透露了这些人的存在。在后来的 4 年中，威廉教友伴随圣路易士，注定要扩大许多见闻，有助于坚定他访问蒙古人的意愿，提供他可贵的指导情报。"①

鲁布鲁克于当年 5 月 7 日从君士坦丁堡启程，历尽辛苦，12 月 27 日抵达和林。宪宗蒙哥汗接见了法国使者，并致以回复法王的国书。鲁布鲁克要求留在蒙古传教，遭到蒙哥婉言拒绝。1254 年 8 月 18 日，鲁布鲁克不得不离开和林折返回国。鲁布鲁克在其游记中多次声称，他出行的目的是为了传教，在蒙古人面前从不承认自己是使臣。但从其出行带国王信札，归国后即复书信给国王，及其与国王的密切关系来看，他无疑是带有某种特殊使命的使臣。他一再否认自己是使臣，恐怕别有原因。

鲁布鲁克自蒙古返回欧洲，抵达塞浦路斯时，得知法王路易四世已返回法国。当地的主教不允许他赶到法国去见路易四世，而是叫他把旅行经历写下来，另派人转交国王。于是鲁布鲁克以长信的形式记下了他的行程，此即流布后世的《鲁布鲁克东行纪》。不过他在报告的末尾要求到法国面见国王，大概获得了准许，所以后来鲁布鲁克还是回到法国。

当然，鲁布鲁克可能也有了解蒙古人情况和动向的使命。裕尔就说："他出使蒙古的目的既是为了传播宗教，也有侦测政治形势的性质。这位教士虽然携有法国国王的信件，但显然奉命掩饰其使者身份，而佯装以传播福音为游历之使命。"②

《鲁布鲁克东行纪》记录了他出使蒙古的见闻。关于基督教，游记多为有关聂斯脱里教的，天主教也涉及一些。鲁布鲁克在东行的路上，见到了许多蒙古帝国统治下的基督徒。在哈剌和林，他见到一座基督教堂，还见到了不少从欧洲掳来的妇女。在离蒙哥宫廷东端不远的地方还有一亚美尼亚僧侣的住宅，宅上立有十字架，宅内有装饰精美的祭坛和金缕刺绣的救世主像、圣

---

① 耿昇、何高济译：《柏朗嘉宾蒙古行纪　鲁布鲁克东行纪》，中华书局 1985 年版，第 195 页。

② ［英］H. 裕尔撰，［法］H. 考迪埃修订，张绪山译：《东域纪程录丛》，云南人民出版社 2002 年版，第 124 页。

母像、洗施者约翰像以及两个天使像等。鲁布鲁克还记载了由他本人亲自参加的一场在和林举行的基督教、伊斯兰教和佛教三教大论战，结果似乎是基督教略占上风。书中还记有蒙哥汗遣使往欧洲某国等事。

5. 马可·波罗父亲和叔父联络教廷的使命

罗马教廷和欧洲君主派遣使节至蒙古汗国，初步建立起欧洲教会与蒙古国的联系。蒙古大汗除热情礼遇外，也很想与西方建立联系。柏朗嘉宾出使蒙古时，贵由汗即派镇海等接待使臣，从中了解罗马教皇及欧洲各国情况。柏朗嘉宾回国时，贵由汗本想派使团同行，但遭到婉言谢绝，只得修书与罗马教皇联系。1248年，驻波斯统将野里知吉歹派使者携信札去拜见法国国王路易九世，信中言贵由汗将保护所有基督徒并帮助他们反对回教徒，收复耶路撒冷。但这次出使未得到蒙古大汗亲许。安德烈出使蒙古时，摄政的斡兀立海迷失皇后热情接待，并派使节随欧洲使团同去法兰西，但不知结果如何。鲁布鲁克拜见蒙哥汗时，蒙哥汗也想派使与其同去欧洲，但亦遭回绝。在《鲁布鲁克东行记》中，记有这样一件事：塞阿多鲁斯是个骗子，蒙哥汗受其蒙骗，竟派他带领一个蒙古使者手持金牌去见法国国王和主教。蒙哥汗虽被骗，但从中可见他急于同西方取得联系的迫切心情。

蒙古大汗急于同西方联络，其动机大概是出于军事目的。征服欧洲是蒙古统治者计划之内的事。如同西方派传教士出使蒙古汗廷带有政治、军事目的一样，蒙古统治者也想以通使的方式来刺探对方情报。蒙哥汗派蒙古人随塞阿多鲁斯出使前，对使者说：跟这家伙前去，认真观察道路、国土、城镇、人物和他们的兵力。西方使团以种种借口谢绝蒙古使者的出使，实际上也是出于防范心理。蒙古大汗大概也看透了西方传教士使者们的这种动机，故在礼遇的同时，又复以措辞严厉的信函。

此时，有许多民间商人来华贸易。在元上都中书省任职的王恽在其著作《中堂事记》中记载："中统二年五月七日，是日，发郎国遣人来献卉服诸物。其使自本土达上都，已逾三年。说其国在回纥极西徼，常昼不夜。野鼠出穴，乃是入夕。人死，众竭诚吁天，间有苏者。蝇蚋悉自木出。妇人颇妍美，男子例碧眼黄发。所经涂有二海，一则逾月，一则期月可度。其船艘大，可载五十百人。其所献盏罌，盖海鸟大卵分而为之，酌以凉醨即温，岂世所谓温凉盏者耶？上嘉其远来，回赐金帛甚渥。"这次出使不见欧洲史籍记载，来者盖为民间商人，因无旅行记录，故不为后人所知。但仍可窥见元时从欧洲来中国的民间商人情况，只是不见记载而已。

马可·波罗的父亲和叔父就是这一时期来华的商人。马可·波罗的父亲尼哥罗·波罗（Nicolo Polo）和他的叔父马菲奥·波罗（Matteo Polo ou Matteo）于1260年自备商船从君士坦丁堡启程，向尤新或黑海方向进发，驶达索耳得亚港，又从陆路行抵蒙古汗王别儿哥的王都，并献珠宝给别儿哥，别儿哥则以金银和其他礼品作为回赠。波罗兄弟在那里居住了一年。1262年，别儿哥与旭烈兀发生战争，因归途不安全，兄弟二人只好继续东行，至不花剌城并在那里逗留3年。二人在那里遇见了旭烈兀派去朝见忽必烈的使臣，使臣建议二人随其同行晋谒大汗，二人遂随其而行，大约在1265年夏到达上都。

波罗兄弟到达上都后，朝觐了忽必烈汗，并受到了他和蔼而亲切的接见。忽必烈还因他们是首次来元的拉丁人而特意为他们举行了盛大的宴会，以示隆重欢迎。忽必烈仔细地和他们交谈，详细地垂询了西方各地的风土人情、罗马教皇和其他基督教君主、王公的情况，以及他们的国土状况、治国之道、如何立法、如何指挥军事等等。他尤其关心教皇的起居和工作情况、教会的事业、宗教的崇拜和基督教的教义。波罗兄弟见多识广，且通蒙古语，对忽必烈的一切问题都回答得很得体，因而受其赏识。忽必烈准备派波罗兄弟二人充任骋问教皇的专使。经与众臣商议，决定请二人同另一使臣去罗马觐见教皇。临行前，忽必烈告之以使命：请求教皇派一百名熟悉基督教信仰的贤人，"来人皆精七艺，善辞藻，能答辩如流者；能使拜偶像及信异端之人，皆知基督教规为最善，余诸教均为虚言不经。设基督教能证明一切，则大汗及其臣民，均可改信基督教，为教堂侍仆"。忽必烈希望他们在返回复命的时候从耶稣基督圣陵的长明灯带回一点圣油。《马可·波罗游记》记载："大汗在和大臣议定以后，恳切地请波罗兄弟陪同科加达尔男爵出使罗马，觐见教皇。……大汗热忱地希望他们在返国复命的时候，从耶稣基督圣陵的长明灯上，带一点圣油回来，因为他自称敬重耶稣，并且把他看作真神。……大汗命令他的大臣，用鞑靼王的名义，修一封鞑靼文的御书，交付波罗兄弟代呈罗马教皇。"

波罗兄弟及另一使臣携带忽必烈写给罗马教皇的信函，手持令沿途关卡

放行并提供一切必需品的御赐金牌，前往西方。途中，使臣因病滞留，波罗
兄弟带着国书继续西行，于 1269 年 4 月抵达阿克拉。这时传来教皇克莱蒙特
四世去世的消息。他们向阿克拉城里的教廷专使透俄把塔（Legat du Pape）
报告忽必烈派他们回来的使命。透俄把塔听波罗兄弟陈述后大喜过望，认为
此事对圣教大有益处，指示兄弟二人回威尼斯等候。兄弟二人在威尼斯停留
数年，教皇却久未选定，他们急于复归大汗，便由威尼斯启程，带上马可·
波罗，觐见前专使透俄把塔，求其准许到耶路撒冷取圣墓长明灯里之油少许，
归见大汗复命。波罗兄弟到耶路撒冷取了灯油，见专使曰："举定教皇，遥遥
无期，吾辈必须归见大汗，因流滞久矣，故不能再待也。"二人得了专使的
信，离开阿扣城，归见大汗。到了拉耶斯城时，听说专使已被选为教皇，改
号格列高利十世（Gregorius X）。专使派人追至拉耶斯，以教皇名义，请兄弟
二人回来觐见教皇。

　　1271 年，波罗兄弟二人携带马可·波罗在阿克拉谒见新上任的教皇格列
高利十世，要求回中国复命。新教皇派遣了两位修道士携带致忽必烈汗的信
与波罗等人一同前往中国。这两位修道士是知识渊博的神学家、文学家和科
学家，一位是维琴察的尼古拉（Nicole des Vicence），一位是的黎玻里的威廉
（Guilaume de Triple）。这两位教士走到半路，因惧怕前途艰险而没有继续东
行，遂将教皇致大汗的信交给尼哥罗等代为传达。《马可·波罗游记》记载：
"他们在亚美尼亚得到消息说，巴比伦苏丹的邦多克达到里统帅大军入侵亚美
尼亚，大片的国土正在遭到他们的蹂躏，道路不靖，商旅裹足。两位教皇派
来的修士，听到这个消息时候，惶恐万状，担心再往前走会危及他们的生命，
因此决定放弃使命，不再前进，并且将教皇委托给他们的书信和礼品转托给
波罗兄弟。"父子叔侄 3 人用了 3 年半的时间，1275 年夏到达上都。

　　对于波罗兄弟代表忽必烈出使教廷的结果，赫德逊指出：

　　　　对于忽必烈邀请开展传教事业，教皇没有作出更恰当的反应，
　　这一点是常常为人严厉指责的。但是必须记住，惨痛的经验已使教
　　廷不敢相信鞑靼统治者对基督教的伪装热情，而且对于像忽必烈这
　　类序曲的根本动机也有怀疑。毫无疑问，他们明知所发出的希望受
　　到基督教教育的邀请事实上是很少可能的——虽然这些汗王肯定乐
　　于把最大可能的各类宗教教师搜罗到他们的官廷里，然后让他们互

相争辩——而更多是想要得到各种世俗用场的人才，即得到波罗一家来到后他们所实际享用的那种服务。……既然罗马了解他们的之一目的，教廷就当然迟迟不愿派去勇敢和有能力的人，给欧洲造成损失，而让中国皇帝用在世俗方面——派出的人必须勇敢才会尝试作此旅行，又必须有能力才适于在敌手面前坚持其信仰。①

波罗兄弟及马可·波罗向忽必烈汗复命，呈献教皇的书信和礼品以及耶稣基督圣陵的灯油。忽必烈汗盛赞波罗兄弟作为专使的忠诚和热心，并详细询问他们出使的经过以及和教皇交涉的始末。对于新来的马可·波罗，忽必烈汗亦很欢迎，并将其名字列入荣誉侍从的花名册上。

波罗兄弟及马可·波罗来中国的目的不是为了传教，而是为了经商。尽管如此，他们实际上仍充当了蒙古汗廷与罗马教廷之间的使节，使蒙古帝国与罗马教廷及欧洲各国有了进一步的联系。

6. 景教徒拉班·扫马的西行

虽然教廷和法国国王的几次遣使没有达到预期的目的，但是，从蒙古人这方面来说，由于从成吉思汗起就奉行宗教兼容的政策，所以聂斯脱里派重新活跃起来，并成为元代流行各地的宗教之一。蒙古汗廷及高级官吏中有不少景教徒和信奉基督教的人。蒙古人第三次西征、建立伊儿汗国后，几代伊儿汗把西方的基督教徒看作是他们反对伊斯兰教的天然盟友，并努力与之建立联系。所以，在鲁布鲁克出使之后，教廷和欧洲国家主要是与伊儿汗国交往。1274年，阿八哈汗遣使至里昂，出席了教皇在这里召开的宗教大会；1277年，他又派使者6人到英格兰。至元二十三年（1286），阿鲁浑汗派出了拉班·扫马（Rabban marSaumā）为首的使节团。这是蒙古派往西方的最重要的一个使节团。

拉班·扫马虽然取的是叙利亚名字，但却是出生在元朝大都的突厥人或维吾尔人。他的父亲是一位名叫昔班（His-pan）的景教徒，13世纪初来大都任景教都会巡视观察员。拉班·扫马30岁时入修院6年，后独居京郊山洞隐修，由大都景教总主教马·吉沃吉斯（Mar Giwargis）受洗。其弟子

---

① ［英］G. F. 赫德逊著，王遵仲、李申、张毅译，何兆武校：《欧洲与中国》，中华书局1995年版，第123页。

马可斯（Rabban Markos）亦为畏吾儿景教徒，就学于扫马，并受剪发礼而成修士。

大约在至元十二年（1275），拉班·扫马和马可斯决意去耶路撒冷朝圣，得到了忽必烈的批准。这一年，拉班·扫马52岁，出家修行已经27年了，是一位颇有声望的景教僧侣。也就是在这一年，年轻的马可·波罗跟随他的父亲和叔父抵达大都，向忽必烈复命。扫马二人随商队而行，经沙州、和田、喀什噶尔、呼罗珊，前往巴格达，准备拜见景教总主教马·登哈（Mar Denha）。马·登哈是景教界的首脑，此时正巡幸马拉加城。拉班·扫马与马可斯沿着里海南岸赶到马拉加。拜谒场面令人感动。

1280年，马·登哈在景教徒旭烈兀妃托古思敦的支持下，任命马可斯为驻中国的契丹主教，取名雅八哈拉，随即马可斯与拉班·扫马二人返回中国。途中得知马·登哈去世的消息，二人又返回参加丧礼。1281年，马可斯被推为马·登哈的继承人——东方教会大总管，统领东起中国，西至巴勒斯坦，南到锡兰，北到西伯利亚广大地区的教务。拉班·扫马被任为巡视总监。

至元二十一年（1284），伊儿汗阿鲁浑即位后，力图与罗马教廷及欧洲各国建立更为密切的关系，以联合攻夺耶路撒冷和叙利亚各地。至元二十四年（1287），阿鲁浑汗与总主教雅八哈拉三世（即马可斯）商量决定派遣扫马作为伊儿汗王和教会的使节，正式出使欧洲各国。拉班·扫马的随行人员中，也有两位意大利人，乌凯托（Ughetto）与阿芳斯的托马斯（Thomas of Anfossi），他们从中国返回欧洲，路过波斯，作为译员或联络人员加入使团。拉班·扫马一行携带阿鲁浑致西方教皇、君主的信件，从巴格达出发，沿古商路西北行至黑海，受到安德罗尼古斯二世（Antronicus Ⅱ）的款待。又在此乘船至意大利那颇利港，转陆路抵达罗马。当时，罗马教皇新逝，教廷主事官员知其来意后，告知需等新教皇选出后才能复命。于是，拉班·扫马继续西行至巴黎，向法国菲利普四世（Philip Ⅳ）呈交了阿鲁浑的信件和礼物。信是这样写的：

> 长生天气力里，皇帝福荫里，阿鲁浑汗，致书于法兰克王，贵国使臣巴什麻至，据云：伊勒汗出征埃及时，汝欲派兵接应。有志如是，深堪嘉尚。余虔信天气，将于豹儿年冬季末月杪出师。春季

第一月驻兵大马斯，汝如预定时地，践约兴师，大福荫护助里，耶路撒冷可克。余以之畀汝。否则会军之时地无定，吾人之行动不一，则无利益之可言矣。汝可遣派习各方语言之使臣，以法国出产稀罕可爱之礼物至。然非长生天气力里皇帝福荫里不可。吾使名蒙喀里尔，并以奉闻。[①]

菲利普四世答应派军队与阿鲁浑联合攻打耶路撒冷，并派使者将复信送给阿鲁浑。阿鲁浑致法王菲利普四世的信至今存于法国巴黎图书馆。拉班·扫马一行离巴黎去加斯科尼，见到了英王爱德华一世（Edward Ⅰ）。英王对阿鲁浑的联合欧洲军队夺取耶路撒冷一事非常赞赏，对拉班·扫马一行也以厚礼相赠。至元二十五年（1288），拉班·扫马返抵罗马，新教皇尼古拉四世（Nicholas Ⅳ）隆重地接待了他们，对阿鲁浑优礼基督教和准备攻打敌对宗教势力、夺取圣地耶路撒冷并扩大基督教领土之举动表示支持和感谢。扫马一行完成使命后回归伊儿汗国。

拉班·扫马出使欧洲，受到了罗马教廷和英、法等国君主的优渥礼遇和普遍欢迎，教皇和各国国王争相赠予贵重礼品。拉班·扫马回伊儿汗国后，也受到了阿鲁浑的嘉奖。拉班·扫马是一个生长在中国而长期服务于伊儿汗国的景教徒，他充当伊儿汗国的使者出使欧洲，向欧洲人介绍蒙古汗国的情况，为联络蒙古汗国和罗马教廷，起了很大的作用。拉班·扫马用波斯文记载了他的出使经历与见闻。到1887年，一个偶然的机会，居住在波斯西北的索罗门（Mr Salomon）从一位信奉景教的突厥青年那里发现了一部叙利亚文手稿，该手稿记录了拉班·扫马的生平与旅行。

二 天主教在中国的传教活动

1. 孟高维诺在中国的传教活动

1289年，教皇尼古拉四世派遣意大利人孟高维诺（John de monte Corvi-

---

① 宝贵贞、宋长宏：《蒙古民族基督宗教史》，宗教文化出版社2008年版，第343页。

no）出使中国。孟高维诺是意大利的方济各会士，在伊儿汗国都城大不里士主持教务，因而可能对东方和蒙古人的情况比较熟悉。

孟高维诺于1289年从罗马出发，携带教皇致伊儿汗阿鲁浑、大汗忽必烈及海都的信，启程东行，经亚美尼亚抵伊儿汗国都桃里寺。1291年，他与商人彼得（Peter）结伴继续东行。因当时忽必烈与海都正在交战，陆路不安全，遂走海路至印度，留居马八儿一年多。在此期间，他给西方教廷写过一封信。约在1293年，他从马八儿乘船来中国，在中国登陆的口岸极可能是扬州。1294年，他抵达大都，觐见元朝皇帝。孟高维诺抵大都时，忽必烈已经去世。元成宗接见了他，孟高维诺向成宗呈交了教皇的信件，并请求元帝准许其在中国传教。元成宗对孟高维诺以礼相待，并准许其在大都传教。商人彼得亦留在中国经商。从此，中国的基督教开始在聂斯脱里派之外，和罗马教廷取得了联系。

孟高维诺在中国的传教活动，可从他寄给罗马教廷的写于元大德八年（1305）的第二封信和大德九年（1306）的第三封信中得知一个大概。孟高维诺的这两件信函，成为中国天主教史上重要文献。

孟高维诺是罗马教皇派到中国开辟教区的第一任主教，在中国生活了30多年。孟高维诺被准许在中国传教后，首先在原信奉景教的蒙古贵族中进行劝化。他到中国的第一年，就劝化了汪古部高唐王阔里吉思皈依基督教。阔里吉思为汪古部驸马，辖长城以北及河套平原的广大地区。孟高维诺与他结识后，得到了他不少的赏赐和帮助。阔里吉思的部众亦随其改信天主教。阔里吉思生一子，亦受洗，圣名术安，即若望（约翰）的异译。后阔里吉思作战身亡，其弟术忽难又率部众重新信奉景教。

大都还有许多阿兰人，是蒙古西征时从高加索迁来的，以骁勇著称，多为蒙古统治者的侍卫亲军。孟高维诺与这些人以及他们的亲属有密切联系，孟高维诺为他们宣道布教，结果有许多阿兰人信奉了天主教。据后来的马黎诺里报告，阿兰人有3万之众，皆崇奉基督教。或出于诚心，或出于名义，孟高维诺还收养了150名幼童，使其信仰天主教。

孟高维诺自来中国后，即行传教之事，颇受欢迎，创设教堂两座，收纳教徒甚众。他所建第一座教堂是在元大德三年（1299），是大都的第一所天主教堂。配有一座三口钟的钟楼，这可能是北京最早的钟楼。第二座教堂建于元大德九年，当年圣方济各祭日竣工，这座教堂内有可容200人的礼拜堂，屋顶竖有红色的十字架，在城内是一个显目的标志。这座教堂可能是与他一起从印度迈拉布尔来的意大利商人彼得捐助下建成的。① 据徐苹芳考证，孟高维诺所建的第二座教堂位置可能在元皇城的正北门厚载红门外（今地安门以北）。② 孟高维诺修建的两座教堂均由孟高维诺任主持，而执行祭务者多为他培养起来的小天主教徒。除大都两所天主教堂外，受孟高维诺影响的阔里吉思还在其属地修有一座罗马教堂。此教堂修建于大德九年之前，由阔里吉思及其部众捐资兴建。这座教堂雄壮宏丽，不亚于王公贵族的宅院。堂内供奉着天主像、"三一妙身"及天主教皇像。阔里吉思为教堂题额为"罗马教堂"。这座教堂距大都有 20 日路程，孟高维诺因不能远离大汗而未能亲往视察。英国学者道森对孟高维诺的事迹评论说，孟高维诺是足以与柏朗嘉宾和鲁布鲁克"并列在一起而无愧色的。他是圣方济各会的一个真正的门徒，他的性格非常朴实，但是也具有英雄般的坚忍不拔的毅力和基督的使徒那样的精神，他孤独一人在中国的蒙古皇帝们的宫廷里传教达 12 年之久的故事，乃是传教史上最为突出的插曲之一"③。

孟高维诺的第二封信是大德九年在大都写的。在此之前，孟高维诺和罗马教廷、方济各会已失去了联系整整 12 年。英国学者道森说他一个人在中国宫廷传教达 12 年之久，即指此事。孟高维诺在这封信中回顾了他到中国以后开展传教活动的情况，他说蒙古大汗（元成宗）宽待基督徒，虽然他努力使大汗改宗而未成功。他受到景教徒的迫害，但最终排除诬陷，获得大汗信任。他在大都建了一座教堂，已为几千人施行了洗礼。他写道：

> （契丹）是鞑靼皇帝的王国，鞑靼皇帝被称为大汗。确实的，我递呈了教宗陛下的信件，劝告皇帝本人信奉我们的主耶稣基督的罗马天主教。但是，他对偶像教的迷信太深了。然而，他对基督教徒非常宽厚。我同他在一起，至今已有十二年了。

---

① 参见［法］勒内·格鲁塞著，蓝琪译，项英杰校：《草原帝国》，商务印书馆 1999 年版，第 399 页。

② 参见徐苹芳：《元大都也里可温十字寺考》，《中国考古学研究——夏鼐先生考古五十纪念论文集》，文物出版社 1986 年版，第 309—316 页。

③ ［英］道森编，吕浦译，周良霄注：《出使蒙古记》，中国社会科学出版社 1983 年版，第 260 页。

现在，我在此旅行之中，孤独一人，没有一位神父相助，已有十一年之久。直到一年多以前，才有科隆省的一位日耳曼人教友阿尔诺德（Arnold）来到我这里。我已在京城汗八里（Cambaliech）建筑了一座教堂。这是六年前竣工的。我又建筑了一座钟楼，在里面设置了三口钟。再者，根据我的计算，迄今为止，我在那里已为六千人施行了洗礼。如果没有上述的造谣中伤，我可能已为三万余人施行了洗礼，因为我是在不断地施行洗礼的。①

孟高维诺在信中还透露了他收养佐治王为信徒，并经他手建造第一座教堂之过程。孟高维诺希望罗马方面派助理辅佐他，并展示了中国领土之广大，以示传教之前景：

如果我即使只有二三位助手，或许皇帝大汗很可能已经受洗了。全欧恳求派若干教士前来，如果有任何人愿意前来的话。不过，前来的人须是渴望献身传教，树立榜样的人，而不是想获得声名的人。

据我见闻所及，我相信在土地之广、人口之众、财富之巨等方面，世界上没有一个国王或君主能与大汗陛下比拟的。②

罗马教廷收到孟高维诺来自大都的这封信，可以想象受到了极大的鼓舞，教皇克莱门五世遂于1307年特设汗八里总主教区，任命孟高维诺为总主教，授权他统辖契丹、蛮子（中国南部）各处主教、高僧，统理远东教务，有授主教和划分教区权，非重大事件，不需请示教皇，只需承认教皇为教会领袖，并从教皇领取总主教绶带，但绶带的传袭，须有教皇的认可。

同年7月，教皇派遣7名方济各会传教士前往中国，但只有格拉德（Gerardus）、佩里格林（Peregrinus de Castello）和安德鲁（Andreas de Perugia）3位副主教约在1308年抵达中国，协助孟高维诺在中国开展传教事业，其他4人在途经印度时病逝。1311年教皇再增派彼得（Peter）、哲罗姆（Jerome）和托玛斯（Thomas）3人赴中国传教。

---

① ［英］道森编，吕浦译，周良霄注：《出使蒙古记》，中国社会科学出版社1983年版，第262—263页。

② ［英］道森编，吕浦译，周良霄注：《出使蒙古记》，中国社会科学出版社1983年版，第264—265页。

　　孟高维诺的第三封信写于元大德九年（1306），主要说他在大都皇宫宫门前开始建一座新教堂。他还说到蒙古大汗对他的礼遇，他在大汗的宫里有一个座位，享有进入宫内的权利。

　　今年即耶稣纪元 1305 年，我已在大汗宫门前面开始建筑一座新教堂。这座教堂与宫门之间的距离仅有一掷石之远。卢卡隆戈（Lu-calongo）人彼得先生，是一位虔诚的基督徒，并且是一位大商人。我从帖兀力思启程东行以来，一路上他是我的旅伴。我所说的新教堂的地基，是他购置的。由于对天主的敬爱，并为慈悲的信念所鼓舞，他把这块地基捐赠给我。为了建筑一座天主教堂，在大汉帝国的全境，人们再也找不出比这更为适合的地址了。

　　我们的第一座教堂和新建的第二座教堂，都在城里（这个城市是很大的），两处相距约二英里半。我把男童分为两部分，让一部分男童在第一座教堂，另一部分男童在第二座教堂，由他们自行唱祷告词。但是，我每隔一个星期轮流到每座教堂去，作为教士举行弥撒，因为男童们还不是教士。

　　关于东方人的国土，特别是大汗的帝国，我可以断言，世界上没有比它更大的国家了。我在大汗宫里有一个座位，而且作为教宗陛下的使节，享有进入宫内的权利。大汗对我的尊敬，超过对其他的主教们，不管他们拥有什么称号。虽然大汗已听到过关于罗马教廷和拉丁国家的许多情况，然而他仍然非常渴望看到那些地方派来的使者。①

　　孟高维诺写这两封信的目的，主要是想请教廷再派一些传教士来华，协助他在中国开展传教活动。雷蒙·道森说："这些信件读起来引人入胜之外在于能够使人稍微了解到教会在这一遥远的前哨阵地的宗教生活情况。"②

　　1308 年，格拉德、佩里格林和安德鲁 3 位副主教抵达中国，协助孟高维

　　①　［英］道森编，吕浦译，周良霄注：《出使蒙古记》，中国社会科学出版社 1983 年版，第 267—268 页。

　　②　［英］雷蒙·道森著，常绍民、明毅译：《中国变色龙——对于欧洲中国文明观的分析》，中华书局 2006 年版，第 29 页。

诺在中国开展传教活动。约在 1313 年，泉州创设主教区，由格拉德任首任主教。格拉德死后，佩里格林被孟高维诺任命为泉州主教。在佩里格林任泉州主教期间，居住泉州的一个亚美尼亚富妇出资修建一座大教堂，孟高维诺将其指定为主教座堂。佩里格林说："这位贵妇以生活必需品供应我们，如果有其他人来到这里，她也可同样供应。在城外，我们有一块地皮，那里环境优美，有一片树林，我们准备在那里建筑若干修道室和一座礼拜堂。"① 1318年，佩里格林写信给本国教友，报告他在中国的传教情况。佩里格林首先介绍了孟高维诺在中国传教的业绩，他写道：

> 教友约翰到来以后，由于得到上帝的帮助，尽管聂斯托里派教徒加以阻挠，他已经在这里建筑了若干教堂。憎恨搞宗教分裂的聂斯托里派教徒的其他信仰基督教的民族也遵循了教友约翰的榜样，特别是亚美尼亚人，他们现在正在为他们自己建筑一座非常壮丽的教堂，并且打算把它捐献给教友约翰。因此，教友约翰经常同他们在一起，并且把拉丁教堂交给其他教友管理。同样的，另外还有称为阿兰人（其中有 3 万人伟大国王所雇佣）的好基督教徒，这些人带着他们的家属来到教友约翰那里。②

佩里格林还讲到了他们在中国传教的情况：

> 在不信仰宗教的人中间，我们能自由地讲道。……我们也通过两位译员，向居住在他们的各大城市中的偶像教徒们讲道。许多人聚拢来，感到非常惊奇，并且孜孜不倦地询问这些事情。这样的讲道现在已经开始进行，鉴于群众渴望听到我们讲道，并且奔跑到我们讲道的地方来，因此我们抱有很大的希望。确实，我们相信，只要我们掌握了他们的语言，上帝就将显示他的奇迹。③

---

① ［英］道森编，吕浦译，周良霄注：《出使蒙古记》，中国社会科学出版社 1983 年版，第272 页。

② ［英］道森编，吕浦译，周良霄注：《出使蒙古记》，中国社会科学出版社 1983 年版，第270 页。

③ ［英］道森编，吕浦译，周良霄注：《出使蒙古记》，中国社会科学出版社 1983 年版，第270 页。

与佩里格林同来的安德鲁在大都居住 5 年，也要求去泉州，得到元政府的批准。他乘驿南行，沿路皆极受欢迎。他在泉州附近的小林中建造教堂一座，修院一所，其中可容修士 22 人。佩里格林去世，安德鲁被孟高维诺任命为泉州主教，移居城内大教堂总理教务。安德鲁在泉州继续传教，直到最后死于泉州。20 世纪 30 年代，泉州陆续发现了大量基督徒的坟墓和墓碑，其中一块墓碑石上刻有拉丁文碑文，半可辨读，大意是"Andreas Peruginus 牧师长眠于此"。碑文末所刻年份可辨者为"M……XII"，应是 1332 年，即安德鲁去世之年。

安德鲁于泰定三年（1326）一月在泉州主教任上发出一信给教皇，信中报告了他们来华途中的艰难遭遇及在华的传教经历，其中特别提到在汗八里五年所享受到皇帝赐予的优厚的"阿拉发"（薪俸）待遇。安德鲁迁居泉州时，得到允许，将钦赐"阿拉发"移往泉州。他说，他将这份补助金大部分用之于建筑教堂。

1328 年，孟高维诺病逝于大都，享年 81 岁。出殡时，教徒及非教徒自愿参加送葬行列者人数极多，足见其在当时极负盛名和影响力。孟高维诺在华传教 30 年，对天主教在中国的传播起了很大的作用。沙百里写道：

> 孟高维诺结束了他的长途跋涉，在他终生虔诚地事奉的上帝身旁得以安息了。这位老翁在中国滞留了 30 多年，他在那里完成了一项异乎寻常的事业，与蒙古君主维持着良好关系，培养基督徒们阅读《圣经》和举行礼拜性祈祷，在中国的南方和中部的大商业中心设立主教区。他的葬礼很隆重，一大批基督徒和异教徒们聚集在一起，他们搜集他的碎衣片当做非常珍贵的遗物。①

但是，孟高维诺去世后，这种局面并没有继续下去。赫德逊指出："孟高维诺死后，传教的努力不是增加了，而是衰落下去；欧洲教会的混乱、旅途极其遥远而危险以及拉丁欧洲与北京之间的通信困难，都使得传教机构难以扩大或甚至难以保持其实力，而孟高维诺之后也没有一个继任者值得一提。中国又一次变得离欧洲更遥远了。"②

---

① [法]沙百里著，耿昇译：《中国基督徒史》，中国社会科学出版社 1998 年版，第 54 页。
② [英] G. F. 赫德逊著，王遵仲、李申、张毅译，何兆武校：《欧洲与中国》，中华书局1995 年版，第 128 页。

后来，教皇派巴黎大学神学教授尼古拉斯（Nicholas）任汗八里总主教，同行者有教士 20 人，平民 6 人。尼古拉斯及同行者抵达阿力麻里，受到察合台汗的欢迎。但从这以后，竟不知去向。另一说马黎诺里抵京时，尼古拉斯尚在途中，确未到京，其可能在后来抵京。《明史·拂菻传》说："命赍诏书还谕其王曰：'……朕为臣民推戴即皇帝位，定有天下之号曰大明，建元洪武，于今四年矣。凡四夷诸邦皆遣官告谕，惟尔拂菻隔越西海，未及报知。今遣尔国之民捏古伦赍诏往谕。朕虽未及古先哲王，俾万方怀德，然不可使天下知朕平定四海之意，故兹诏告。'已而复命使臣普剌等赍敕书、彩币招谕，其国乃遣使入贡。后不复至。"

2. 鄂多立克的东游与传教

柏朗嘉宾、鲁布鲁克的东行，带有直接的外交使命，他们的行记主要还是复命报告。孟高维诺、佩里格林是来中国传教的，他们的书信谈的主要是与传教有关的事情。鄂多立克（Odoric de Pordenone）也是来中国传教的，但他更是以一位旅行家著称于世。他和马可·波罗、伊本·白图泰、尼古拉·康蒂一起，被誉为"中世纪四大旅行家"。

鄂多立克也是意大利人，方济各会士。他早年一直过着清苦的托钵僧的生活。这种艰苦生活的磨练对他以后的长途旅行很有裨益。1318 年，他开始长达十几年的东游旅行。关于他的旅程，据研究者考证，大致为：从君士坦丁堡到特列比松，再到埃尔祖鲁姆、大不里士、孙丹尼牙；从孙丹尼牙可能经设拉子或库尔德斯坦的部分地区，抵巴格达；再行抵波斯湾，在忽里模子乘船赴印度西海岸的塔纳；他到西印度的时间大约是 1321 年，由此经今斯里兰卡，遍访南洋诸岛，经爪哇、加里曼丹、越南，于至治二年（1322）到达中国的广州。他由广州东行，至福建的泉州、福州，北上经三省交界的仙霞岭，至杭州和南京。再从扬州沿大运河北上，最后约在泰定二年（1325）到达大都。他在大都留居 3 年，于 1328 年启程回国。返程取道天德军（河套），经陕西、甘肃到达拉萨，然后经中亚、波斯，返回意大利。[1] 与柏朗嘉宾、鲁布鲁克等人不同的是，鄂多立克是从海路先到广州以及中国南方地区，然后

---

[1]　参见何高济译：《海屯行纪　鄂多立克东游录　沙哈鲁遣使中国记》，中华书局 1981 年版，第 27—28 页。

到达大都，再由西北陆路返回欧洲。实际上，他对中国与欧洲之间的海陆两路交通都有了切身的经历。这与马可·波罗相似，但行程相反，马可·波罗是从陆路进入蒙古和大都，然后从海路返回欧洲的。

鄂多立克在泉州遇见了主教安德鲁，看见了"吾人小级僧侣在该地有两所房屋（小教堂）"。在杭州，他寄居于方济各会教堂，并与灵隐寺僧侣论生死轮回问题。在扬州，他又见到了"吾人小级僧侣"在那里有所"房屋"（小教堂）。扬州出土了两块元代拉丁文基督徒墓碑，可见鄂多立克所说元代扬州有基督徒是可信的。到大都后，鄂多立克受泰定帝接见，他劝化许多人归信天主教。据他说，在大都宫廷中担任要职的蒙古人、萨拉森人及佛教徒，都有改奉基督教的。就连皇帝身边的御医，也有 8 名是基督徒。并说孟高维诺深得皇帝宠信，威望很高。鄂多立克看到孟高维诺年事已高，急需加派教士协助，即于 1328 年离开大都，准备回欧洲报告教皇这一情况。

鄂多立克回国后，到阿维尼翁谒见教皇，求教皇降福，准许其率领 50 位传教士东来传教。但因病未得实现。他后来寓居帕多瓦，将旅途见闻口述，由索拉纳的僧侣威廉（William of Solagna）笔录，即流布于世的《鄂多立克东游录》。此书一经问世，就受到人们的重视，以后陆续有拉丁文、意大利文、法文、德文等各种语言抄本达 76 种之多。

3. 马黎诺里在中国的传教活动

孟高维诺任主教期间，劝化一些外来的部族信仰天主教，包括从俄罗斯和西方来的军人，其中最重要的部族是从黑海高加索地区来大都的阿兰人。由于孟高维诺去世，尼古拉斯尚未到任，他们请求元顺帝遣使教廷，以通往来。阿兰官员也上书教皇，请求委派主教和传教士来中国。阿兰人的上书写道：

> 吾等恳求圣上遣一品德高尚、学识渊博和有聪明才智之使者东去慰吾国人身心，并请催其就道……因吾主（元顺帝）盼能开辟一条迅捷而完好之通道，以便圣上与吾主之间经常互派使节，建立友好。[1]

---

[1] 引自［英］阿·克·穆尔著，郝镇华译：《1550 年前的中国基督教史》，中华书局 1984 年版，第 283—284 页。

元顺帝至元二年（1336），元顺帝派在中国的欧洲人安德烈·弗兰克（Aadrew the Frank）和威廉（William of Nassio）及阿速人脱孩等人率领包括16人的使团，出使教廷，携元顺帝致教皇书信一封。信的内容除表示友好，要求教皇"告天祝寿"外，还将信奉基督教的阿兰人介绍给罗马教皇，并请帮助购买良马、珍宝等物。他在信中说：

> 仰尔教皇赐福于朕，每日祈祷时，不忘朕之名也。朕之侍人阿兰人，皆基督之孝子贤孙，朕今介绍之于教皇。朕使人归时仰尔教皇，为朕赐求西方良马及日没处之珍宝，不可空回也。大都阿速将领知枢密院事福定、同知枢密院事者燕不花、左阿速卫都指挥使香山等人也同时上书教皇，谓自教皇使者孟高维诺来此，深受教导，皆崇信正教，但孟高维诺已去世八年，大都遂无主教，他们"居世无教师，死者魂魄无抚慰""犹之群羊而无牧人，无教诲无抚慰也"，亟请教皇速派才高德隆之教士来任主教。①

中国使团于1338年抵达当时教皇驻地阿维尼翁。教皇本尼迪克特十二世（Benedict Ⅻ）隆重接待了元顺帝的使者，并安排他们游历欧洲各地。

教皇派遣由数十人组成庞大使团前来中国。使团中有4名方济各会士，约翰·马黎诺里（J. Marignolli）是其中之一。1338年12月，使团从阿维尼翁启程，至意大利那颇利港，会齐元朝来使，取道君士坦丁堡，渡过黑海，先到钦察汗国都城会见了钦察汗，又到察哈台汗国都城阿力麻里，从那里经哈密前往大都。当使团于至正二年（1342）七月到达大都时，元朝安排了盛大仪式接待。马黎诺里等向元顺帝呈上教皇的复信和西方骏马一匹。《元史·顺帝本纪》记载："是月，拂郎国贡异马，长一丈一尺三寸，高六尺四寸，身纯黑，后二蹄皆白。"曲项昂首，神俊超逸，被誉为"天马"。元顺帝大喜，命画工周朗作《天马图》，文臣揭傒斯作《天马赞》，在廷文人多应制写诗作序，时人叹为盛事，欧阳玄作《天马颂》《天马赋》、周伯琦作《天马行》、陆仁有作《天马歌》、秦约亦作《天马颂》以记其事。他们描写这些使者"黄须碧眼，服二色窄衣，言语不可通"。"拂朗国进天马"成为在朝廷轰动一时的大事。周伯琦《天马行应制作》诗序中说："至正二年岁壬午七月十有

---

① 苏鲁格：《蒙古族宗教史》，辽宁民族出版社2005年版，第277页。

八日，西域拂朗国遣使献马一匹，高八尺三寸，修如其数而加半，色漆黑，后二蹄白。曲项昂首，神俊超逸，视它西域马可称者皆在髃下。金辔重勒。驭者其国人，黄须碧眼，服二色窄衣。言语不可通，以意谕之。凡七度海洋，始达中国。是日天朗气清，相臣奏进，上御慈仁殿，临观称叹。遂命育于天闲，饲以肉粟洒湩。乃敕翰林学士承旨臣巙巙命工画者图之，而直学士臣揭傒斯赞之。盖有国以来未尝见也。"

这匹马颇受顺帝重视。权衡所作《庚申外史》记载："'脱脱好人，不宜久在外。'上遂额之。会佛郎国进天马，黑色五明，其项高如下钩，置之群马中，若橐驼之在羊队也。上因叹羡曰：'人中有脱脱，马中有佛郎国马，皆世间杰出者也。'"

马黎诺里是意大利人、方济各会士，他到大都后，即开展传教活动。元朝宫廷给他的待遇优厚。据其著述记载：汗八里都城内，小级僧人有教堂一所，靠近皇宫。堂内有总主教之寓所，各有警钟。教士衣食费用，皆由大汗供给，至为丰足。他在北京还常与犹太人及他派教人讨论宗教之正义，皆能辩胜也。又感化彼邦人士，使之崇奉基督教正宗。因之拯救灵魂于地狱苦境者，不少也。他在大都留住4年，至正六年（1346）回国，行前元顺帝设宴欢送，赏赐物品、三年费用和良马200匹。他们经杭州、宁波到达泉州。马黎诺里到泉州，见该处有3所天主教堂，比鄂多立克泰定元年（1324）见时多一所。他们由泉州起航，经印度、斯里兰卡、霍尔木兹、巴格达、耶路撒冷、塞浦路斯，于1353年抵阿维尼翁，进呈元顺帝致教皇克莱孟六世的国书。信中表示大汗尊重基督教，并要求教皇继续派传教士来中国传教。

1354年，马黎诺里受日耳曼皇帝查理四世之召至布拉格，负责改修波希米亚编年史，著《波希米亚史》3卷，其中最后一卷追忆其出使中国的见闻。这部著作完成后藏于布拉格图书馆，鲜为人知，直到1768年，教士多博纳（Gelasius Dobener）著《波西米亚史》，将其列入所编的著作中，才为世人所知。1820年，德国学者梅纳特（J. G. Meinert）将多博纳著作中的这一部分辑出，依原文重新整理，名为《马黎诺里游记》，刊于波希米亚科学学会会报。

马黎诺里借返国之机，到中国南方游历。《马黎诺里游记》对泉州作了这样的记载，他说刺桐城是一个令人神往的海港，也是一座令人惊奇的城市。方济各会士在该城有3座非常华丽的教堂。他所见到的教堂，一所由亚美尼亚妇人所建，另一所由方济各会泉州主教安德烈所建，还有一所教堂不知谁建。马黎诺里的这些记述对研究元代方济各会在泉州的历史，具有重要的参考价值。

马黎诺里返回欧洲时，已是元末。"孟高维诺去世后，天主教在中国的教会失去了精神领袖。此后公教会自顾不暇，蒙元帝国也日薄西山。1362 年，汉军攻入泉州，元代最后一位天主教主教、佛罗伦萨人詹姆斯（James of Florence）被杀。1369 年，元顺帝出逃漠北，天主教也随着元朝的灭亡而在中原销声匿迹。"①

但是此时，罗马教廷还是做了一些挽救中国传教区的努力。1362 年，教廷任命多马索（Thomasso）为北京总主教，但没有到任。此后，1370 年，教皇乌尔班五世委任方济各会士普拉托的威廉（William of Prato）为北京总主教，他似乎已经起身赴任，但此后就杳无音信。1371 年，佛朗西斯科（Francisco de Podio）伪宗教皇特使率领 12 名教士来华，但未及抵达中国，也毫无音信了。此后教廷的记录中还有 10 位北京大主教的记载，但他们是否到过中国都不得而知。直到 1426 年，教皇马丁五世任命加布阿（Giacomo da Capua）为北京总主教，也没有到任。基督教再度来华，则要等到一百多年后的利玛窦那个时代了。

三 景教在元朝的复兴

1. 景教在蒙古统治阶层的渗透与影响

景教在中国的传播始于唐代，流传 200 余年，会昌五年（845）武宗毁佛以后，在中原地区消失，杳无踪迹。景教的再次传入则是随着元朝的兴起而实现的。朱谦之说："跟着 12 世纪至 13 世纪中蒙古人入主中原，而随之入关，景教徒乃依旧卷土重来，他们渐渐变成了一个有势力的宗教。"②

---

① 孙尚扬、钟鸣旦：《1840 年前的中国基督教》，学苑出版社 2004 年版，第 91 页。

② 朱谦之：《中国景教——中国古代基督教研究》，东方出版社 1993 年版，第 175 页。

虽然唐朝以后景教在汉地已不再流行，但在西域地区却仍然盛行。宋太平兴国六年（981），王延德使高昌，他在那里见到所谓"波斯僧"，指的便是景教徒。据西方的记载，在11世纪初，我国西北部的突厥人已有很大一批人转奉了景教。以后景教一直在西域和西部蒙古地区盛行。13世纪蒙古强盛时，畏吾儿人已有很大一批人改宗景教。畏吾儿人文化比较发达，对蒙古诸部有较大影响。蒙古人恰好采用了他们的文字，他们成为蒙古人最好的记录者，几乎所有的景教徒都懂得他们的文字。蒙古汗廷的许多官员是畏吾儿徒，如贵由汗的"首席书记"镇海和"首席秘书"巴剌，以及后来出使欧洲的拉班·扫马等。

成吉思汗统一蒙古之前，蒙古诸部中有许多部落已信奉景教。分布于土拉河、鄂尔浑河流域和杭盖山东段地区的克烈部，克烈部以西至阿尔泰山一带的乃蛮部，色楞格河流域的蔑儿乞部，阴山以北的汪古部，早已接受了景教。特别是克烈部和汪古部受景教的影响尤深。

克烈部（又译怯烈、克烈亦惕、凯烈）是漠北最大、最强的一部。据拉施德《史集》记载，克烈人有自己尊贵的国王，虽分为许多部落，但全是国王的臣民，信奉耶稣。"耶稣的召唤达到他们处，他们就皈依了他的宗教。"①至迟在11世纪之初，克烈人就已经接受了聂斯脱里派基督教信仰。据叙利亚历史学家巴赫伯拉厄思记载，克烈部在1000年稍晚些时候皈依了该教。他们的一个国王迷失在草原里面，据说是因为圣瑟治显圣而得到拯救。所以他请马兽地方（在呼罗珊）的聂斯脱里大主教埃伯耶苏派遣一个教士替他举行洗礼。巴赫伯拉厄思引证了埃伯耶苏写给聂斯脱里（在巴格达）约翰六世的一封信，其日期为1009年。信内说，20万克烈人和他们的国王同时受洗。12世纪，他们多数已接受聂斯脱里教，并且取了基督教式的名字。

汪古部（又作雍古），分布在漠南、阴山地区，即史书中所称的白达达（白鞑靼），也早就接受了景教。《元史·雍古传》中有许多基督教式的名字，元代儒家学者马祖常及与其并称的赵世延，都属汪古部，均为景教世家。据黄溍《金华文集·马氏世谱》记载，马氏属汪古部，先祖和禄采思原是西域

---

① ［波斯］拉施特主编，余大钧、周建奇译：《史集》第1卷第1分册，商务印书馆2017年版，第211页。

的景教贵族。辽道宗咸雍年间始迁入内地，定居于甘肃临洮。曾祖帖穆尔越哥任金朝马步军指挥使，因而得名马氏。马氏世代是景教徒。据《元史》记载，赵世延其先祖为雍古族人，其祖名按竺迩，父名黑梓，分别是"Andreas""Ltosa"的音译，均为基督教式的名字，也为辽代迁居内地的景教世家。

20世纪30年代以来，原汪古部活动地区发现了大量基督教聂斯脱里派遗址。在内蒙古托克托、百灵庙一带先后发现了10多块与景教有关的墓石及石碑，包括1927年西北科学考察团黄文弼等发现的《王傅德风堂碑记》，[①] 1934年美国学者拉铁摩尔（Owen Lattimore），1935年日本人江上波夫，以及1937年马丁（Dedmond Martin）等发现的刻有十字架和叙利亚文的墓石。[②] 这些碑石应当是信奉景教的汪古部所遗留。此外，1929年，英国传教士司各特（P. M. Scott）在内蒙鄂尔多斯一带发现民间留存有大量的元押式青铜十字牌，后来英国人聂克逊（F. A. Nixon）搜集1000余枚，据对中国古代历史有相当研究的加拿大长老会传教士、齐鲁大学教授明义士（James Mellon Menzies）考证，这些可佩戴的青铜十字牌也是信奉景教的汪古部所遗留。[③]

从西方旅行家们的记载中也可以看出，蒙古诸部未统一前，克烈部、汪古部、乃蛮部，都信过基督教聂斯脱里派。因此，元定宗贵由登位时，亚美尼亚国王遣使赴和林朝贺，使者报说："当今大汗之祖未生时，基督教徒已流衍四方。"《鲁布鲁克东行纪》说："一个聂斯脱夏斯脱里人，他是一个强大的、统辖一支叫做乃蛮民族的君王和牧人。""乃蛮人是聂斯脱里基督教徒……（汪）是一座叫做哈剌和林的小城的主人，他手下的民族叫做克烈和蔑儿乞，他们是聂斯脱里基督徒。乃蛮人虽信萨满教，但据志费尼《世界征服者史》中说，聂斯脱里基督教派已传入其中。"[④]

成吉思汗统一蒙古诸部以后，蒙古汗廷周围有许多后妃、贵戚、将相、大臣等来自于上述信仰景教的地区，这些人也把其对基督教的信仰带到了蒙

---

① 参见容媛辑录：《西北科学考察团之工作及其重要发现》，《燕京学报》第8期。

② 参见罗香林：《唐元二代之景教》，中国学社1966年版，第42页。

③ 参见明义士：《汇印聂克逊先生所藏青铜十字序》，《齐大季刊》1934年第3—5期合刊。

④ 耿昇、何高济译：《柏朗嘉宾蒙古行纪　鲁布鲁克东行纪》，中华书局1985年版，第252—253页。

古汗廷周围。蒙古初期诸汗周围往往笼罩着很浓的基督教气氛。

成吉思汗家族与克烈部、汪古部联姻者甚多。术赤和拖雷二人的王妃来自克烈部。克烈部王罕的侄女（王罕之弟札阿绀孛之女）、睿宗庄圣皇后唆鲁禾帖尼，是蒙哥、忽必烈、旭烈兀、阿里不哥等人的生母，即别吉太后，她是一个十分虔诚的景教徒。唆鲁禾帖尼死后的丧葬仪式带有明显的基督教仪礼特点。《元史·顺帝本纪》记载：至元元年（1264）"三月，中书省臣言，甘肃甘州路十字寺奉安世祖皇帝母别吉太后于内，请定祭礼。从之"。《甘州志》卷二说："初世祖定甘州，太后与在军中。后没，世祖使于十字寺祀之。至是岁久，祀事不肃，故议定之。" 《元史·文宗本纪》记载：天历元年（1328）九月"命高昌僧作佛事于延春阁。又命也里可温千显懿庄圣皇后神御殿作佛事"。此中所谓佛事，应是基督教的弥撒祭。

窝阔台之妻、贵由生母脱列哥那，亦是克烈部人，为蔑儿乞部首领之妻。成吉思汗灭蔑儿乞后，将她赐给窝阔台为妻，她同样是一个景教徒。柏朗嘉宾出使贵由汗廷，最先拜见到的是皇太后，临别前又去参见她，她赐给了罗马教廷使者每人一件狐皮袄袍和一匹紫色布。

另外还有旭烈兀汗的元妃托古斯敦，为唆鲁禾帖尼之侄女，属克烈部人，也笃信景教，她被亚美尼亚编年史作者称为"第二个圣海伦娜"。

汪古部是助成吉思汗及其子孙入主中原贡献最大的一个部落。成吉思汗系的皇室一直和汪古部保持着联姻关系。汪古亲王聂古台娶成吉思汗子拖雷之女——玛葛，孛要合娶成吉思汗女阿剌海别乞。阿剌忽失之子孛要合共有3个儿子：长子君不花，娶贵由之女叶里迷失公主；次子爱不花娶忽必烈之女月烈公主；三子名珠尔不花。爱不花和月烈生子阔里吉斯即乔治，先后娶了忽必烈的两个孙女为妻。君不花又译准布哈，"准"或"君"是"Jean"（约翰）的对音；爱不花又译阿尔不花，"爱"或"阿尔"是"Al"的对音；"珠尔"是"jul"或"goe"的对音，而这些是基督教徒的常用名字。汪古部与成吉思汗系的联姻，必然会对成吉思汗系有宗教方面的影响。更何况，成吉思汗系与汪古部通婚者有许多又与信仰景教的克烈部有血缘关系。

除皇亲国戚外，蒙古汗廷的官员中亦有许多聂斯脱里教徒，尤以初期诸汗周围为最多。蒙古西征中，与中亚、波斯、西亚等地的景教徒有了接触。成吉思汗攻取撒马尔罕时，其子拖雷生病，城中一景教徒撒必用"舍里八"

医好其病，被封为答剌罕，充御位下舍里八赤。后来他的外孙马薛里吉思也被召入汗廷服役。蒙古军进攻西亚时，当地聂斯脱里教长老列边哈达来蒙古，向窝阔台陈言免杀基督徒，以使其归附，随即奉命回去招谕。窝阔台身边的重臣镇海是畏吾儿景教徒，元帅按竹迩是汪古部景教徒。

元定宗贵由为景教徒脱列哥那所生，贵由汗身边有许多重要官员是基督教徒，如哈达、爱薛、镇海、巴剌等。哈达为贵由汗的近臣，柏朗嘉宾称之为"整个帝国的检察官"，从贵由汗幼年起就作为"阿答毕"侍奉他。由于哈达是基督徒，贵由汗也受到了该教的熏陶和影响。贵由汗的御医爱薛博学于医药、星历等，也是一个景教徒。镇海和巴剌是畏吾儿景教徒，充任贵由汗的"首席书记""首席秘书"等重要职务。柏朗嘉宾出使蒙古贵由汗廷期间，负责接待工作的主要是镇海、巴剌和哈达这3位景教徒官员。据柏朗嘉宾记载，贵由汗身边有许多"一直和他生活在一起的基督教徒"，他们试图劝说贵由汗皈依基督教，"他宫中的一些基督教徒对我们说，他们确信他将会受皈依而成为一位基督教徒，他们已经发现了一种明显的征兆，即他把一些神职人员留在自己身旁，而且还向他们提供俸禄；在他的大帐幕之前一直设有一个基督教的小教堂，无论那里聚集有多少鞑靼人或其他人，但他们仍如同在其他基督教徒中一样在大庭广众之中唱圣歌，以希腊的方式敲钟报时。其他首领则从不这样做"[1]。

拔都之子撒里答，其周围亦有许多景教徒，甚至他本人就是景教徒。撒里答是成吉思汗太子术赤之孙，术赤太子的王妃出自于信奉景教的克烈部。撒里答信奉基督教，在当时的西方就广为盛传，甚至连罗马教皇和法国国王也知晓此事，这在一定程度上导致了鲁布鲁克的东行。法国国王派鲁布鲁克出使蒙古时，除了给蒙古皇帝写信之外，还给撒里答写了一封。在撒里答的斡耳朵，有许多景教徒，他身边有敲板唱圣诗的景教士。[2] 一名叫科埃克的景教徒在撒里答的斡耳朵担任重要职务。鲁布鲁克东行时，在这里受到了撒里答的礼遇，撒里答对他所携带的十字架、圣经、圣油表现出了浓厚的兴趣。

---

① 耿昇、何高济译：《柏朗嘉宾蒙古行纪　鲁布鲁克东行纪》，中华书局1985年版，第104页。

② 参见耿昇、何高济译：《柏朗嘉宾蒙古行纪　鲁布鲁克东行纪》，中华书局1985年版，第237页。

撒里答对经过他这里去见他父亲拔都的基督徒都很照顾。撒里答周围还有许多阿兰人（阿速人），他们是基督教徒，恪守基督教义，甚至不喝蒙古人的忽迷思。他们按照希腊的方式礼拜，但不是宗教分裂者，而是尊敬一切基督徒。《海屯行纪》记载，亚美尼亚国王海屯曾"进见拔都及其子、信仰基督教的撒里答，他受到他们的优礼相待"。撒里答信仰基督，但他不愿被称为基督徒。鲁布鲁克离开撒里答的斡耳朵时，撒里答的书记们对鲁布鲁克一行人说："你们不许说我们的主人是基督徒，他不是基督徒，而是蒙古人。"①

蒙哥汗廷周围亦有许多景教徒。蒙哥是景教徒唆鲁禾帖尼之子，西方当时也有传闻，说蒙哥汗信仰基督教，这种传闻显然是错的。但蒙哥汗廷确有许多官员为景教徒。宪宗时掌管文书、宣布号令及朝内外闻奏诸事的孛鲁欢是景教徒。他大概就是鲁布鲁克所说的那个蒙哥汗的"大书记"。鲁布鲁克在这里看见了许多景教徒，有的还充当了蒙哥与使团交谈的译员。鲁布鲁克还在蒙哥汗廷的附近看到了一座立有十字架、供有圣像的亚美尼亚僧侣住宅。蒙哥宫廷附近，亦建有景教堂，景教徒在此进行宗教仪式。在蒙哥的宴会上，有许多景教士穿着法衣为他祈祷好运。蒙哥宫廷所在地，还有许多从欧洲俘虏过来的基督教徒，另有一些行医者、工匠等，也是基督徒。蒙哥还有一位"基督妃子"，她敬奉十字架和圣像。至于蒙哥本人，他拨款帮助基督徒修复教堂，也对《圣经》表示过礼敬，甚至还行过斋戒礼。他虽不信仰基督教，但却能尊重、容纳周围的基督教徒。海屯朝见他时，蒙哥汗还颁给他一纸敕令，允许各地教堂拥有自治权。

至忽必烈朝，贵族中的景教徒亦很多。礼部尚书月合乃，是汪古部的景教徒。爱薛事元世祖后，任崇福司长官。后妃、皇戚中景教徒数量亦不少。

2. 景教在中国内地的传播

蒙古西征之后，原居于西北边陲地区多信奉景教的蒙古族克烈部、乃蛮部、畏兀儿部、蔑里乞及汪古部等随蒙古南下迁徙中土，景教随之在中原地区再次流传。元世祖至元十二年（1275）前后，大都、甘州、宁夏、天德、西安等地都有许多景教徒。元代景教徒分布较多的城市还有泉州、扬州、杭州、镇江、温州、昆明等地。勒内·格鲁塞指出：

---

① 何高济译：《海屯行纪》，中华书局1981年版，第14页。

　　无疑地，这些聂思托里安教徒自唐朝以来就默默地居住在原中国边境以外的这些地区，但是，他们并非一直局限在这些地区内。由于传教士后裔的征服，现在中国内地也向他们敞开了。人们甚至可以说，在唐朝灭亡后已经被逐出境的聂思托里安教，随着蒙古人又进入了中国。……尾随蒙古人，聂思托里安教甚至渗入长江下游地区。①

　　鲁布鲁克说："在契丹有十五个城镇中居住着聂斯脱里教徒。他们称作西安②的城市里有一个主教区。"③ 这些景教徒中，仍有不少蒙古官员和贵族，其中以马薛里吉思最有代表性。

　　景教教徒为举行宗教活动，还修建许多教堂。据西方旅行者的游记，贵由汗、蒙哥汗的宫廷附近均设有景教教堂。在早期蒙古帝国的统治中心哈剌和林，城内的居民分两部分，一部分是穆斯林商人和使臣的居住区以及市场的所在地，另一部分主要是汉人工匠的住地。城内除清真寺和佛教寺外，还有一所景教寺（礼拜堂），建在汗宫附近，蒙古入主中原以后，也在全国各地兴建了许多景教教堂，如大都、甘州、宁夏、天德、西安、泉州、扬州、温州、昆明、镇江等地，其中镇江就有8所之多。这些教堂多为马薛里吉思所建。《至顺镇江志》卷九"寺观类"中有一篇儒学教授梁相写的《大兴国寺记》："大兴国寺在夹道巷。至元十八年，本路副达鲁花赤薛里吉思建。儒学教授梁相记其略曰：薛迷思贤在中原西北十万余里，乃也里可温行教之地。愚问其所谓教者，云天地有十字寺十二，内一寺佛殿四柱，高四十尺，皆巨木。一柱悬虚尺余，祖师麻儿也里牙灵迹，千五百余岁，今马薛里吉思是其徒也。教以礼东方为主，与天竺寂灭之教不同。……公之大父可里吉思，父灭里，外祖撒必为大医。太祖皇帝初得其地，太子也可那延病，公外祖舍里八赤马里哈昔牙徒众，祈祷始愈。充御位舍里八赤，本处也里可温答剌罕。……虽登荣显，持教尤谨，常有志于推广教法，一夕，梦中天门开七重，二

　　① ［法］勒内·格鲁塞著，蓝琪译，项英杰校：《草原帝国》，商务印书馆1998年版，第385页。

　　② "西安"（Segin）在这里可能指大同，大同在金代是西京。山西在元代有很多景教徒。

　　③ 耿昇、何高济译：《柏朗嘉宾蒙古行纪　鲁布鲁克东行纪》，中华书局1985年版，第255页。

神人告云：汝当兴寺七所，赠以白物为记。觉而有感，遂休官务建寺。首于瓮铁门舍宅，建八世忽木头剌大兴国寺。此得西津竖土山，并建答石忽木剌云山寺，都打吾儿忽木剌聚明山寺。二寺之下，创为也里可温义阡。又于丹徒县开沙，建打雷忽木剌四渎安寺，登云门外黄山建的廉海牙忽木头兄高安寺。大兴国寺侧，又建马里结瓦里吉思忽木剌甘泉寺，杭州荐桥门，建样宜忽木剌大普兴寺。"

方豪认为，这篇《大兴国寺记》是"元代景教的重要文献"[①]。《大兴国寺记》的撰写者梁相是杭州人，大德二年至五年（1298—1301）任镇江儒学教授，这篇文章应该就是在这几年中写的。文中说到马薛里吉思在镇江建立了6座景教寺（包括丹徒县的2座）：大兴国寺、云山寺、聚明寺、四渎安寺、高安寺、甘泉寺，在杭州建立了一座景教寺大普兴寺。

文中提到的马薛里吉思是撒马尔罕人。撒马尔罕当时是景教盛行地区，东方教会大主教的驻地，1220年归降成吉思汗。祖师麻儿也里牙是撒马尔罕大主教，于1190年去世，世称"千五百余岁"。《大兴国寺记》里清楚说明马薛里吉思是景教徒。马薛里吉思家族世代习医，外祖撒必是撒马尔罕名医，善调制香果蜜丸舍里八。成吉思汗占撒马尔罕后，其幼子拖雷染病，撒必进药舍里八，景教徒为他祈祷，才告痊愈。撒必因此成为御医，取得"答剌罕"的身份，不仅免除人身隶属关系和赋税差役负担，而且可享有各种特权，实际升入统治阶级。1268年，忽必烈召马薛里吉思进宫，成为专职调制舍里八的医官。至元十四年（1277），他被封为宣命虎符怀远大将军，镇江府路总管府副达鲁花赤。马薛里吉思由医而官，以"忠君爱国"为名，开始建造教堂，"推广教法"。《大兴国寺记》有记载。

马薛里吉思于至元十五年（1278）正月至镇江，八月改授明威将军。至元十八年，在铁瓮门夹道巷"舍宅"建大兴国寺。再于竖土山建云山寺和聚明山寺（据《镇江志》另载，建于至元十六年）。马可·波罗游镇江时，见到其中的两座聂斯脱里派的基督教堂。《马可·波罗游记》中说："镇江府是蛮子城……该城有两所景教派基督教堂。此事发生于基督诞生后1278年，我将告诉你们这是怎么回事。确实，在1278年前，这里从未有过基督教寺，也

---

① 方豪：《中国天主教史人物传》，宗教文化出版社2007年版，第28页。

无人信仰基督教的上帝。马薛里吉思是景教派基督徒，他为大汗治理此城三年。他在职期间，命令建成这两所教堂。从那时起这里有了教堂。然在此之前，该城既无教堂，也无基督徒。"

马薛里吉思在杭州建有大普兴寺。马可波罗游杭州时，见到一座景寺，当即大普兴寺。《马可·波罗游记》记载："此城有大街一百六十条，每街有房屋一万，共计有房屋一百六十万所。壮丽宫室夹杂其中。城中仅有聂斯托利派基督教徒之礼拜堂一所。"此寺明代已废，部分被改为谢三太传祠。

马薛里吉思后来还建有丹徒的四渎安寺、黄山的高安寺、大兴国寺侧的甘泉寺，以及云山寺和聚明山寺下的也里可温公墓。马薛里吉思还从"佛国"（西方）请来最尊敬的主教（马里哈昔牙、河必思忽八）麻儿失理，传授教义，发放经典，主持仪式。这些活动得到忽必烈的支持。经丞相完泽奏闻，拨赐官田和民田，作为教会财产。在这种情势下，景教的发展可以想见。

大兴国寺、高安寺和四渎寺，明代万历年间尚存，《万历镇江志》中有记载。云山寺和聚明寺在元至大年间（1308—1311）被改为般若院。到了清代，马薛里吉思在镇江所建6寺均不见《康熙镇江志》记载，大概都已久废。

马薛里吉思建寺7座，据《大兴国寺记》认为，是"有志于推广教法"，为"忠君爱国"而建，他所建的第一座景教寺是"舍宅"兴建的，所有7座景教寺均系"休官"后而建。《元通制条格》卷二九记载，元贞元年（1295）七月二十三日，中书省奏："也里可温马昔思（里）乞思，江南自己气力里盖寺来。"可见，他兴建教寺，似乎是在尽力摆脱"官"字，而赵孟頫、潘昂霄等撰碑文时却说马薛里吉思是"倚势"建寺。事实上，已加入贵族行列的马薛里吉思，尽管出于"推广教法"之目的而休官建寺，但终究摆脱不了官势的影响。"完泽丞相谓公以好心建七寺奏闻，玺书护持，仍拨赐江南官田三十顷，又益置浙西民田三十四顷，为七寺常住。"（《大兴国寺记》）足见，马薛里吉思虽休官，但官威尚存，其兴教建寺得利其位是不言而喻的。

镇江元代还有两座景教寺，非马薛里吉思所建。一曰大光明寺，在丹阳馆南，元贞元年（1295）景教徒安马吉思所建；一为大法兴寺，建者不详。将这些教寺与马薛里吉思所建教寺合计起来，镇江一带就有景教寺8所。

元代扬州基督教教堂也很多。鄂多立克游扬州时见到"吾人小级僧侣在那里有所房屋，这里也有聂斯脱里派的教堂"。"吾人小级僧侣"的"房屋"，即指方济各会士的教堂，有两座。而景教教堂，《元典章》卷三六记载，延祐四年（1317），"有御位下彻彻都苦思丁起马四匹，前来扬州也里可温十字寺，降御香，赐与功德酒段等"。大都附近亦建有教堂。1931年在北京房山县三岔山十字寺发现元朝至正二十五年（1365）所立《敕赐十字寺碑记》及两块刻有十字架浮雕的石幢。其中的一块石幢的十字架浮雕的上面还刻有叙利亚文的"仰望他……投靠他……"等词句，这是古代基督徒领圣餐时要颂读的《旧约·诗篇》第三十四章中的句子。这两块石幢中的一块现藏南京博物院。在河北涿县附近，也发现两块刻有叙利亚文的十字碑。据考证，这是唐代（960）的十字寺，经辽代营建，元代（1365）又加以重新修缮。加拿大传教士明义士（James Mellon Menzies）长期在河南传教，他在河南发现过与元朝景教有关的4块石碑，他在《马可波罗时代在中国的基督教》一文中说："只就河南的北部说，我就晓得有四个大碑的存在：一、彰德府安阳县西关白龙庙的上清正一宫（1296—1302）；二、安阳县西乡善应村的储洋宫（1314）；三、浚县的天宁寺（1326）；四、和辉县的颐真宫（1325），都记载着保护教会的圣旨。"①

温州也有景教徒。《元典章》卷三三记载，元成宗大德八年（1304），江浙行省准中书省关于江南各路道教徒控告温州的也里可温的咨文："大德八年，江浙行省准中书省咨，礼部呈奉省判集贤院呈，江南诸路道教所呈，温州路有也里可温，创立掌教司衙门，招收民户，充本教户计，及行将法箓先生诱化，侵夺管领，及于祝圣处祈祷去处，必欲班列于先生之上，动致争竞，将先生人等殴打，深为不便，申乞转呈上司禁约事。"

文中"创立掌教司衙门"，可能指设置主教。文中提到景教徒"行将法箓先生诱化"，这是导致道教徒控告景教徒的原因之一，由此也可见景教在当时的温州有相当程度的发展。

泉州自唐朝起就是中国与外国贸易和文化交往的重要海港。在泉州挖掘出不少元朝各种宗教信徒的墓石，其中刻有叙利亚文铭词或与景教有关的文字的墓石也有不少。泉州的这些元代景教徒墓石，其中有些雕刻的十字架下面还刻有莲花纹，说明已受到佛教艺术的影响。

① 明义士：《马可波罗时代在中国的基督教》，《齐大季刊》1934年第3—5期合刊。

西京（大同）为景教总主教驻地，也应设有景教教堂。西北地区的甘州有 3 所景教教堂。甘州之"十字寺"在《元史》中有载，别吉太后死后即在此行祭礼。马可·波罗游历到甘州时见到了这里的教堂，并说"基督教徒……在该城建有三座华丽的大教堂"。《马可·波罗游记》还记载："哈刺善、哈寒府分别有聂斯脱里教堂三所和一所。"

3. 景教在元朝的"四大教区"

元代景教教堂在全国各处都有分布。1330 年，亚洲西部索尔坦尼亚总主教宣布当时中国北部的景教徒有 3 万人，并且说："他们相当富裕，建有很美观的教堂，陈设敬拜上帝和先知的十字架与肖像。"马可·波罗在其游记中也说："在中国各地，如蒙古、甘肃、山西、云南、河北之河间、福建之福州、浙江之杭州、江苏之常熟、扬州、镇江等处，皆有聂斯脱里派及其教堂。"

元代景教徒分布范围已遍及全国及周边地带。鲁布鲁克出使蒙古时，在中国北部游历，据他在游记中记载着在契丹有 15 个城镇中居住着景教徒，并在西安设立主教区。南方景教徒较多的地方，以镇江、杭州为多。据《至顺镇江志》卷三记载，当时镇江"侨寓"户共有 3845 户，其中蒙古 29 户，畏吾儿 14 户，回回 59 户，也里可温 23 户，还有唐古忒、契丹、女真、汉人分别为 3 户、21 户、25 户和 3671 户；口为 10555 人，其中蒙古 163 人，畏吾儿 93 人，回回 374 人，也里可温 106 人，唐古忒、契丹、女真、汉人分别为 35 人、116 人、261 人和 9407 人；躯（单身寓居他人家中者）有 2948 人，其中蒙古 429 人，畏吾儿 107 人，回回 310 人，也里可温 109 人，唐古忒、契丹、女真、汉人分别为 19 人、75 人、224 人和 1675 人。根据这些数字，可知也里可温人在元代侨寓者中户数、人数都很多，每 167 户人中就有一户是也里可温；每 63（口、躯合计）人中就有一人是也里可温人，其户数与人数仅次于汉人、蒙古人、女真人，而排在畏吾儿人、唐古忒人、契丹人之前。这些也里可温人中也可能含有一些天主教徒，但镇江是马薛里吉思任职之处，有其所建景教寺 6 所，所以，这些也里可温人中应主要是景教徒。镇江一处如此，其他诸地亦可想而知。

为了便于景教徒施行宗教仪礼及对其加强管理，元政府还分别在景教徒较集中的地方设有主教驻节堂（主教区）。元世祖至元十二年（1275）前后，大都、甘州、宁夏、天德、西安等地都设立了主教驻节堂。至顺年间，元政府还设立了契丹、汪古大主教区，西北地区还有唐兀大主教区等，以管理各地的景教徒。13 世纪中叶，景教各教区主教驻节表共列 25 处主教区，西至亚美尼亚和波斯湾，东至唐兀和汗八里，均属景教传教范围。其中在中国境内的主教区有 4 处，即第十一区的秦尼，第十九区的喀什噶尔，第二十三区的汗八里和第二十四区的唐古忒。

（1）秦尼，第十一区，主教座堂设在大同，汪古、克烈诸部都在其辖区之内，是景教盛行地区。大同是辽金时期的西京，至元二十五年（1288）改为大同路。《元史·世祖本记》记载，至元十三年（1276）六月，"敕西京僧、道、也里可温、答失蛮等，有家室者，与民一体输赋"。西京迤西，唐时其地为天德军，金元时期为汪古部牧地。马可·波罗记述说，该地统治者高唐王阔里吉思（乔治），是长老约翰王的曾孙，大部分居民信奉基督教。据孟高维诺说，阔里吉思原来信奉景教，听从孟高维诺的劝说而改宗天主教，并让其子领洗而取名术安（约翰）。阔里吉思率其封地臣民脱离景教，捐资建造一所宏伟教堂，亲赐题额为"罗马教堂"。但阔里吉思死后，其诸弟又率部众复归景教。足见该地景教势力之盛。

（2）喀什噶尔，第十九区，驻地在喀什噶尔。鲁布鲁克途经罗布泊以北的喀喇沙尔近郊地区，访问一个景教村，并进入教堂与教徒唱诵《祷告圣母》。他说景教徒在教堂里使用畏吾儿人的文字。马可·波罗证实，喀什噶尔的景教徒"按照自己的教规生活，在自己的教堂做礼拜"。叶尔羌的察合台亲王改信了景教，帮助当地的景教徒建造一座纪念施洗约翰的教堂。莎车、钦赤塔拉斯等地也有景教徒。

（3）汗八里，第二十三区，驻地在元大都。1275 年马可·波罗到中国时，大都就是景教大都主教马聂斯托利的驻地。元初汗八里著名景教徒、畏吾儿人拉班·扫马，其父是 13 世纪初来汗八里任景教教会巡回观察员的西班。拉班·扫马自幼从汗八里都主教马贵哇桂斯受洗，30 岁时入修道院隐修。在东北，元世祖时起兵反叛的宗王乃颜（成吉思汗幼弟斡赤斤后裔），是受过洗礼的景教徒。他的旗帜以十字架为标志，部众 10 万，当有不少信徒。前面提到的长江流域各地陆续兴建一批景教教寺，都属于第二十三区。

（4）唐古忒，第二十四区，统辖陕、甘、宁等西夏旧地，驻地在甘州。马可·波罗说，景教徒在该城建筑了 3 座宏伟壮丽的教堂。别吉太后死后就停枢在甘州的十字寺内。肃州、沙州、凉州、申州都有一些景教徒。

以上四个教区的设立，说明元代景教可能遍及全国。自汗八里往西，经山西、宁夏、陕西、甘肃，出新疆而通中亚；或沿运河南下，过长江流域至东南沿海，景教徒的活动尤为活跃。据《大元通制》记载，崇福司官员称："如今四海之大，也里可温犯的勾当多有，便有一百个官人，也管不得。"

四　也里可温教兴衰简论

1. 也里可温教传播过程中的宗教冲突

在元朝人看来，景教与天主教似乎没有什么大的区别，因而将它们统称为"也里可温教"或"十字教"。但是，在孟高维诺来到中国传教时，却受到了景教徒的抵制和攻击。

景教在蒙古许多部落中有着深厚的基础，在蒙古汗廷中也有较强的势力，而基督教的聂斯脱里派在罗马教廷看来却属于"异端"派别。所以，这两个基督教派别在中国乍一接触，就产生了矛盾。纵观整个元代，迫害景教、罗马天主教的事件极为少见，倒是这两个教派之间的冲突从未间断。孟高维诺曾"费尽苦心，欲使聂斯脱里派教徒改宗罗马教会，明告彼等，若不改宗，则彼等之灵魂，将不能拯救矣。缘此聂派叛教者，皆恨之切齿"。孟高维诺写道：

> 聂思脱里派徒——他们自称为基督教徒，但是它们的行为根本不像基督教徒的样子——在这些地区的势力发展得如此强大，因此他们不允许奉行另一种宗教仪式的任何基督教徒拥有任何举行礼拜的地方，即使是很小的礼拜堂；也不允许宣讲任何与他们不同的教义。由于从来没有任何使徒或使徒的门徒来过这些地方，因此上面提到的聂思脱里派教徒们既直接地又用行贿的办法指使别人对我进行极为残酷的迫害。[①]

---

① ［英］道森编，吕浦译，周良霄注：《出使蒙古记》，中国社会科学出版社1983年版，第262页。

若没有元朝皇帝的爱悯保护，孟高维诺及其传布的天主教，因受景教的打击和排挤，恐怕很难站稳脚跟。另外，阔里吉思及其部众原本信奉景教，孟高维诺来华后，率先规劝了他改信天主教。尽管阔里吉思在世时使部众归信天主教，但由于景教在汪古部有着深厚的基础，所以当他一死，其部众又马上重新信奉聂斯脱里教。

驻波斯孙丹尼亚城总主教约翰克拉（John de Cora）1330 年左右著的《大可汗国记》也提到孟高维诺在大都所遭遇的阻挠："总主教（指孟高维诺）费尽苦心，欲使聂派教徒服从罗马教会，明告彼等，若不服从，则彼等之灵魂，将不能拯救矣。缘此聂派叛教者，皆恨之切齿。……当总主教约翰·孟高维诺在城内，为小级僧人建筑教堂也，聂派教徒辄于夜间潜往毁之，或竭其能力加以各种妨碍。惟对总主教，或其所辖僧人，或其所洗教徒，以皇帝陛下爱悯保护之故，尚不敢公然加害。"

孟高维诺在传教过程中，受到景教的排挤和打击，两派冲突激烈。景教先于罗马天主教传入中国，其势力明显较大。景教对罗马天主教来华怀有妒意，故极力排斥，双方势同水火。但是，元朝也里可温教内部虽然教派纷争，却也获得很大发展，陈垣对此有所析论：

> 有元得国，不过百年耳。也里可温之流行，何以若此？盖元起溯漠，先据有中亚细亚诸地，皆昔日景教（聂斯托尔派）流行之地也。既而西侵欧洲，北抵俄罗斯，罗马教徒、希腊教徒之被掳及随节至和林者，不可以数计；而罗马教宗之使命，如柏朗嘉宾、隆如满、罗伯鲁诸教士，又先后至和林；斯时长城以北，及嘉峪关以西，万里纵横，已为基督教徒所遍布矣。燕京既下，北兵长驱直进，蒙古、色目，随便住居，于是塞外之基督教徒及传教士，遂随军旗弥漫内地。以故太宗初元（宋绍定间）诏旨，即以也里可温与僧道及诸色人等并提。及至孟哥未诺主教至北京，而罗马派之传播又盛。[①]

除了天主教与景教的冲突外，随着基督教在元代的传播和发展，也里可温教与其他诸教的矛盾也逐渐产生，有时甚至发生严重的冲突。《元典章》卷

---

① 陈垣：《元也里可温教考》，《中国现代学术经典·陈垣卷》，河北教育出版社 1996 年版，第 45 页。

三三记载："大德八年，江浙行省准中书省咨，礼部呈奉省判集贤院呈，江南诸路道教所呈……照得江南自前至今，止有僧道二教，各令管领，别无也里可温教门。近年以来，因随路有一等规避差役之人，投充本教户计，遂于各处再设衙门，又将道教法箓先生侵夺管领，实为不应，呈乞照验。得此，奉都堂钧旨，送礼部照拟。议得即日随朝庆贺班次，和尚、先生祝赞之后，方至也里可温人等。拟合依例照会外，据擅自招收户计，并挽管法箓先生事理，移咨本道行省，严加禁治，相应具呈照详。得此，都省咨请照验，依上禁治施行外，行移合属并僧道箓司，也里可温掌教司，依上施行。"

这里记载的实际上是也里可温教与道教之争。温州原本无也里可温教，只有佛、道二教。也里可温教传入后，其信徒创立掌教司衙门，招收民众，充其教户，甚至将道教的法箓先生诱化。在为元朝皇帝祝圣祈祷一事上，这里的也里可温教要破佛、道、也里可温之顺序而列于道教之上，甚至殴打了一些道教徒，因而引起了一场宗教纠纷，乃至状告于朝廷，最终朝廷按惯例解决了此事。

《至顺镇江志》还记载了也里可温与佛教之争。至大四年（1311），仁宗登基后，崇尚佛教，也里可温教受到了抑制。马薛里吉思在金山修建的云山寺和聚明寺被改为般若院下院。原寺上的十字架被下令折毁，寺殿屋壁被绘成佛菩萨天龙图像。皇帝玺书中令："也里可温子子孙孙勿争，争者坐罪以重论。"集贤学士赵孟頫、翰林学士潘昂霄曾奉敕撰碑文记其事。在他们所撰的碑文中，也里可温教被说成是"外道""彼教"；马薛里吉思的休官建寺，"连兴土木之役，秋毫无扰于民"，也被说成了倚势建寺。足见当时也里可温教与佛教矛盾。

《至元辨伪录》卷三记有这样一段元朝皇帝说的话："释道两路，各不相妨，只欲专擅自家，遏他门户，非通论也。今先生言道门最高，秀才言儒门第一，迭屑人奉'弥失诃'，言得升天，达失蛮叫空谢天赐与。细思根本，皆难与佛齐。""弥失诃"即也里可温教，"迭屑"即基督徒。从这段记载可以看出当时也里可温教与诸教之争的痕迹。

2. 元朝的宗教宽容政策

也里可温教在元朝的传播与发展，在很大程度上得益于元朝统治者的宗教宽容政策。

自成吉思汗以来，元朝统治者就对各种宗教采取"一视同仁，不分彼此"的政策，因俗而治，兼容抚纳，"教诸色人户各依本俗行事"（《元典章新集·刑部》）。

蒙古人本来信仰萨满教，是一种比较原始的宗教形态，且属于多神教，没有强烈的排他倾向。因此当他们与其他民族接触后，并不是强迫其他民族接受自己的宗教文化形态，而是对当地民族的宗教文化表示充分的礼遇，利用宗教领袖进行统治。成吉思汗借助穆斯林的支持战胜了西辽屈出律汗，1218 年他便"宣布信教自由"。"成吉思汗命其后裔切勿偏重任何宗教，应对各教之人待遇平等。成吉思汗认为奉祀之神道与夫崇拜之方法毫无关系。本人自信有一主宰，并崇拜太阳，而遵从珊蛮教之陋仪。"[1] 这一政策基本得到了元政权的贯彻执行。蒙哥汗把诸多宗教比作手之五指，认为"神赐给我们五根不同的手指，他也赐给我们不同的途径"。因此，在蒙古统治阶层中，有许多人信奉景教；还有的人或部落接受了伊斯兰教信仰。对包括基督教教寺在内的各种宗教教寺，蒙古统治者都下令加以保护。大汗的圣旨规定：

> 和尚根底寺，也立乔（也里可温）大师根底胡木剌（修道院），
> 先生根底观院，达失蛮根底密昔吉（礼拜寺），那的每引头儿拜天底
> 人，不得俗人骚扰，不拣甚么差发休交出者。破坏了的房舍，旧的
> 寺观修补者，我每名字里，交祝寿念经者。[2]

天主教教士安德鲁在 1326 年写给罗马教廷的信中说道：在此大帝国境内，天下各国人民，各种宗教，皆依其信仰，自由居住。盖彼等以为凡为宗教，皆可救护人民。

忽必烈公开表示，对于耶稣、摩西、穆罕默德、释迦牟尼等四大先知自己都很敬仰，目的是"恳求他们中间真正在天上的一个尊者给我帮助"。马可·波罗在《马可·波罗游记》记述忽必烈率蒙古贵族参加基督教徒的复活节庆祝活动时说："忽必烈汗知道复活节是我们主要的严肃节日之一，他命令所有的基督教徒到他那里去，带着他们的圣经……在把圣经连续的、富有仪式似的、在点着的香火上熏过以后，他虔诚地把它吻一下，接着指挥所有在

---

① ［瑞典］多桑著，冯秉钧译：《多桑蒙古史》上册，中华书局 1962 年版，第 81、158 页。
② 苏格鲁：《蒙古族宗教史》，辽宁民族出版社 2005 年版，第 282 页。

场的达官贵人也这样做一下。在每一个主要的基督教节日，他普遍都有这样的举动。例如复活节与圣诞节。而在撒拉逊人、犹太人和偶像崇拜者（指佛教等）的节日，他也遵守着同样的办法。有人问起他这样举动的动机，他说：'人类各个不同阶级所尊崇而礼拜的大先知有四个：基督教徒认为耶稣基督是他们的神道，撒拉逊人的神道是穆罕默德，犹太人的是摩西，而偶像崇拜者的是释迦牟尼，是所有偶像中最卓越的偶像。我对所有这四位都尊敬。'"

与元朝统治者对宗教宽容的同时，对中国传统思想和宗教给予了高度重视和尊重。在忽必烈时期，大力推行崇孔尊儒政策。中统二年（1261），忽必烈诏令全国，"宣圣庙，国家岁时致祭，诸儒月月释莫，宜令洒扫修洁"（《元史·世祖本纪》）。至元八年（1271），他在刘秉忠、王文统等人的策划下，忽必烈按照汉族统治者的样子"颁章服，举朝仪，给奉禄，定官制"（《元史·刘秉忠传》），甚至国号"大元"，也取自《易经》"元亨利贞""大哉乾元"之意。元仁宗时，恢复了中断多年的科举考试制度。

对于中国本土的道教，元朝统治者也采取支持保护的态度。全真教丘处机远赴雪山绝域拜见成吉思汗，成吉思汗令他"掌管天下的出家人"，蠲免全真门下道士的差役赋税。

元朝更以崇尚佛教而著名。当时人危素则说："盖佛之说行乎中国，而尊崇护卫，莫盛于本朝。"（《危太业文集》）成吉思汗攻打金朝时，临济僧人中观及其弟子海云受到了他的接见。成吉思汗非常推崇他们的学识与修养，尊之为大、小长老，并命令部下"好与衣粮养活着，教做头儿，多收拾那般人，在意告天。不拣阿谁休欺负，交达里罕行者"。成吉思汗以后几代君主，都保持优待汉族僧人的政策，"太祖则明诏首班。太宗则试经、造寺、雕补藏经。谷与（即贵由）则令僧扈从，恒诵佛经。蒙哥皇帝则供僧书经，高营宝塔"（《至元辨为录》）。忽必烈对佛教更是崇之弥甚，他不仅自己"万机之暇，自持数珠，课诵、施食"，把佛教当成精神寄托，而且他把推崇、优容汉地佛教与蒙古贵族"因俗而治""以少治多"的民族政策联系起来。他说："崇尚其教而敬礼之，日盛月益，大抵为社稷生灵计也。"（《国朝文类》）同时代的汉族士人程端礼指明了其底蕴："世祖皇帝以神武一区宇，治功底定，期与休息。因民俗向善求福，咸归佛氏"，所以要大力尊崇。元帝崇佛，基本保持了草原民族质朴无华，讲求实利的特色，主要是求佛保佑，降福免灾。因此热衷于修功德，作佛事。仅以做佛事一项言，至元三十年间共 102 次。到大德七年（1303）就达到 500 余次。

在元代，藏传佛教也得到推崇。即将入主中原的蒙古人致信萨迦派的领袖萨班，希望蒙藏结盟。萨班全然不顾年迈，毅然离开西藏，翻山越岭，走了两年多时间，抵达凉州。蒙古宪宗二年（1247），成吉思汗的孙子、蒙古大汗王子阔端在这里与萨班举行了历史性会晤，蒙藏结盟。会晤后，萨班致信西藏各派领袖，讲明西藏归顺中央的政治必要性与历史必然性。这封信，就是著名的《萨班致蕃人书》。蒙古中统元年（1260），忽必烈称蒙古大汗，册封萨班的侄子、萨迦派高僧八思巴为"国师"，赐玉印。不久，他又加封八思巴为"帝师""大宝法王"，统领全国的佛教事务。蒙古族随后逐渐全民信仰藏传佛教，藏传佛教同时也逐渐传入中国内地。

对待中国本土的宗教，元朝实行支持和保护的政策，并没有因为统治阶层和蒙古族的宗教信仰而对其他宗教打击或排除。不仅如此，对于外来的宗教，包括犹太教、景教和天主教，元朝也是保护和尊重的。正是在元朝这种政策的支持下，一度销声匿迹的景教再度复兴起来，天主教廷也派来传教士在中国开展传教活动。与此同时，随着大批阿拉伯人和其他西域人进入中国内地，穆斯林人口急剧增加，伊斯兰教获得了大发展。有元一代，对伊斯兰教实行扶植政策，使之社会地位大为提高，伊斯兰教成为和佛、道、基督教并列的大教之一。

元朝还设立了管理宗教的机构，如管理伊斯兰教的回回哈的司，管理也里可温教的崇福司，还有宣政院专掌佛教、集贤院专掌道教。元朝还对佛、道、伊斯兰教和也里可温教实行免除军役和赋税等。据《元史·世祖纪》记载，中统三年（1262）三月，"括木速蛮、畏吾儿、也里可温、答失蛮等户丁为兵"。至元四年（1267）二月，"诏遣官签平阳、太原人为军，除军站、僧、道、也里可温、答失蛮、儒人等户外"（《兵志》）。至元十四年（1277）"十一月，钦奉圣旨，节该成吉思皇帝、哈罕皇帝圣旨里：和尚、也里可温、先生（元人以称道士），不拣什么休著者，告天与俺每祝寿祈福者么道的有来。如今依著在先圣旨体例里，不拣甚么休著者，告天与俺每祝寿祈福者"（《元典章》）。至元二十九年（1292）七月，"也里乜里、沙沙尝签僧、道、儒、也里可温、答赤蛮为军，诏令止隶军籍"（《元史·世祖纪》）。至大二年，宣政院奏免儒、道、也里可温、答失蛮租税，其中的"答失蛮"即指伊斯兰教徒。至大四年（1311）四月，"钦奉圣旨，和尚、先生、也里可温、答失蛮，不教当差发。也里可温可免征或部分免征租税"（《元典章》）。

由于元朝统治者对各种宗教采取支持和扶植的态度，所以各派之间虽有争辩和论战，但并没有出现由政府干预宗教信仰的事件。各宗教在比较宽松的环境中各自得到了不同程度的发展。

元朝的宗教宽容政策是与他们的文化宽容精神一致的，或者说，对各种宗教的宽容和扶植，是其文化宽容精神的表现之一。世界眼光的扩大，使元朝具有极为广阔的文化视野和文化宽容。也里可温教在中国的传播，伊斯兰教的传播和发展，以及大批的来自世界各地的移民进入中国内地，并获得了中国居民的身份，还有对海外文化特别是阿拉伯文化的大规模接受和移植，都是这种文化宽容的表现。法国学者 F. B. 于格和 E. 于格写道：

> 同样也是文化的宽容性：游牧部族的人采用了其战败者们的风俗、习惯、艺术和文明。由于蒙古人，才有了一种独一无二的和无可争议的权力机构，并统治了丝绸之路的心脏地区本身。无论是亚历山大的征服，还是罗马式的和平，或者是于其大陆扩张鼎盛时期的阿拉伯帝国，都从未创造过如此有利于将中国与地中海世界，特别是与意大利直接联系起来的有利条件。①

蒙古统治者的诸教并蓄政策在也里可温教上有充分的体现。蒙古初期诸汗周围有许多基督徒，他们有的是后妃，有的是贵戚，有的是近臣，有的是侍卫、御医等。蒙古汗廷周围均设有基督教教堂，有时他们甚至亲自参加基督徒的活动。对待西方基督教来华使者，他们能给予热情礼遇。他们把基督教看作是人类的信仰之一，认为它与其他宗教是平等的。基督教能在有元一代兴盛发展，深深得利于元朝统治者宽容的宗教政策。

蒙古统治者对也里可温教的尊重与保护还体现在一些具体的政策上。除兵役、徭役、税赋等方面也里可温享有特权外，在经济上，有时还得到政府的资助。《元史·世祖本纪》记载：至元十九年（1282）四月，敕也里可温

---

① ［法］F. B. 于格、E. 于格著，耿昇译：《海市蜃楼中的帝国——丝绸之路上的人、神与神话》，喀什维吾尔文出版社 2004 年版，第 208 页。

依僧例给粮。马薛里吉思在镇江一带兴教建寺时，朝廷曾赐给他江南官田30顷，又益置浙西民田34顷。孟高维诺在大都传教时，也得到了朝廷的资助，甚至在宫中占有一席职位。这是他在元大都得以顺利传教的保障。[①] 泉州主教安德鲁在泰定三年（1326）写给罗马教廷的信中也特别提到了他们在中国传教的经济来源。

为管理也里可温教，元朝政府还设立了专门的机构——崇福司。崇福司建立时间为至元二十六年（1289），《元史·百官志》云其"秩（从）二品，掌领马儿哈昔、列班、也里可温十字寺祭享等事"。宣政院秩从一品，集贤院秩从二品，崇福司的级别与集贤院同。崇福司的下属机构为各地的掌教司所。至延祐二年（1315），全国有也里可温掌教司72所。这一年管理也里可温的中央专门机构由司升格为"院"，"省并天下也里可温掌教司七十二所，悉以其事归之"。延祐七年（1320），又恢复为司。据陈垣考证，元也里可温教在朝中可领官位。"教而领之以官，自北齐之昭元寺崇虚局始。""元制，礼部亦掌僧道，然有宣政院以专掌释教僧徒，秩从一品；有集贤院以兼掌玄门道教，秩从二品；而礼部之掌，遂有名无实。是可见元代对于僧、道之尊崇。顾也里可温之在元，亦为一种有力之宗教，特置崇福司，秩从二品，其阶级盖在宣政之下，而与集贤等也。"[②]

3. 关于也里可温教衰亡原因的讨论

也里可温教，包括复兴的景教和从欧洲传来的天主教，在元代都得到了一定的发展，并且形成了一定的规模，产生了一定程度的影响。但是，当元朝灭亡之时，也里可温教也就随之烟消云灭，不见踪迹了。在许多学者看来，元代也里可温教的出现与衰亡，就和唐朝的景教以及祆教、摩尼教一样，在中外文化交流史上昙花一现，成为匆匆过客，仅留下一些遗迹任人们凭吊。这是一个值得关注的现象，因此引起了许多学者们的注意和研究。

这种研究的前提，首先是认为也里可温教在中国的传播是失败的。孙尚扬、钟鸣旦在《1840年前的中国基督教》中认为唐元两代基督教的输入是失

---

① 参见陈垣：《元也里可温教考》，《中国现代学术经典·陈垣卷》，河北教育出版社1996年版，第16—22、24—27页。

② 陈垣：《元也里可温教考》，《中国现代学术经典·陈垣卷》，河北教育出版社1996年版，第25页。

败的。唐元两代基督教在中国的传播有这样几个特点：（1）真实面目之淹埋（景教）；（2）没有对中西文化、社会产生实质性的影响；（3）没能持续传播、发展。

因此，他们认为："如果以景教在唐朝、天主教在元朝的入华作为基督宗教在中国的第一、二期传播，那么，它无疑是失败的。正如美国的中国基督教史专家赖德烈（Kenneth Scott Latourette）在其《基督教在华传教史》中所说的那样：'据我们所知，中国如果过去未曾传入过景教，或孟高维诺等方济各会传教士也从未被罗马教会派遣，从欧洲经历那么漫长而艰难的旅程来中国，那么，中国人与中国文化也不会和今天有什么不同。'"①

所以，许多研究都集中在讨论其失败的原因上。概括地说，基本上有三个问题是人们着重提出的：

一是也里可温教内部的冲突和争斗，即前面提到过的景教与天主教之间的互相排斥与斗争。

二是受传教上层路线的影响。元代的也里可温教（包括景教和罗马天主教），遵行的仍然是上层路线，更严重的是它并未在中国本土社会扎根，而仅仅是植根于蒙古人和色目人之中。其终元之时的 4 万余信徒中很少有汉人。孙尚扬和钟鸣旦指出："唐元两代的基督宗教有一个引人瞩目的特点，即：它们传播是对象和皈化的信徒，要么是皇室成员和名公巨卿，要么是汉人之外的少数民族和外国人。""元代的基督教不仅没有向汉人渗透，甚至还因攀附蒙古人的政权而陷入了与汉民族的深刻矛盾之中。"② 因此，随着蒙古人、色目人被逐出中原，也里可温教便再也无立足之地。

三是与政治的关系过于密切，紧紧依附于元朝统治者。顾卫民说："景教在中国衰灭的根本原因，首先在于它与政治的关系过于密切，因此，其本身的命运也随着国家政策的改变和新旧政权的更迭而改变。"③

对于以上三点意见，是几乎所有的研究者的共识，并且为此都有充分的论证。对于这些意见，笔者也是基本上持赞成的态度。不过，在这里需要指

---

① 孙尚扬、钟鸣旦：《1840 年前的中国基督教》，学苑出版社 2004 年版，第 95 页。
② 孙尚扬、钟鸣旦：《1840 年前的中国基督教》，学苑出版社 2004 年版，第99—100页。
③ 顾卫民：《基督教与近代中国社会》，上海人民出版社 1996 年版，第 24 页。

出的是，所有这些意见都是从宗教传播史或基督教在华发展史的角度来谈的，其基本的立足点是研究为什么基督教在当时没有能够在中国成功立足，而是需要几百年后再由耶稣会士们传来。所论所说，颇有惋惜之情。但是，如果我们从文化交流的角度，从外国文化向中国的传播及其影响的角度来看，则就不能简单地认为其传播是失败的。如犹太教的情况一样，其实也里可温教传播的规模和影响要比犹太教大。就是说，在元朝这样文化多元化的开放时代，作为一种欧洲的宗教，作为一种欧洲文化传统的信仰，传播到了中国，并且在一部分人群中开展宗教信仰和礼仪活动，使这种文化传统在中华文化的大环境中得到了展示和宣传，并且也会获得中华传统文化某种程度的接触和了解。尽管也里可温教在中国的活动，对中国文化本身没有看到有明显的影响，没有像佛教或以后的天主教那样在中国文化中引起强烈的震动和反响。但是，接触总是有的，有接触就有对话，就有相互的了解和认识。至少，在当时社会多元文化的交响乐中，增加了一个外来变奏，而且是来自遥远欧洲的变奏。到我们谈论的这个时代为止，中国文化对西方的接触和了解，有西域的文化、印度的文化、阿拉伯的文化。对于更遥远的欧洲文化的直接接触，也里可温教的传来是第一次。这就很可贵了。

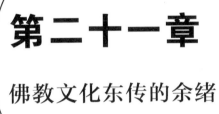

第二十一章

佛教文化东传的余绪

佛教作为一种外来宗教及其文化形态，经过印度和其他西域地方的僧人的来华传教，中国高僧负笈西行求法，以及大批中国佛教学者的辛勤努力，大批佛教经典被翻译成汉文，极大地丰富了中国的典籍文化宝库。与此同时，佛教作为一种宗教形态，也蓬勃地发展起来，并且深入到人们的日常生活中，成为中国文化的一个重要组成部分。至唐代，佛教已经完成了中国化的过程。这里所说的"中国化"有两层含义，一是指佛教本身采用中国式的表达方式，吸收了中华传统文化的因素，完成了自身的改造，具有了不同于印度原始佛教的形态；二是指中国文化传统已经接受了佛教这种新文化，并且将其纳入到自身文化的系统之中。自此以后，有关佛教的讨论，就不再是关于本土文化与外来文化关系的讨论，而是中国文化内部的一种宗教和文化的形态。那么，从文化传播的角度、从中外文化交流的角度来说，佛教在中国的传播及其影响的话题就也结束了。所以，在一般关于中国佛教史的研究中，都把唐及其以前作为重点。

但是，这并不是说，唐以后的佛教发展就没有文化交流的问题。宋朝仍然采取支持和鼓励佛教的政策，使佛教得到很大的发展。朝廷设立译经院，恢复了从唐代元和六年（811）以来久已中断的翻译事业。宋太宗还亲自撰写《新译三藏圣教序》。后来译经院里附带培养翻译人才，改名传法院。又为管理流通大藏经版而附设印经院。而大藏经的印制，则是宋代佛教最重要的事业。虽然这个时期在印度佛教已经处于衰落的阶段，但仍然有一些印度的僧人到中国来，继续从事译经活动。在各个宗教教派中，禅宗大为兴盛，并且对中国人的生活产生了广泛的影响。而理学对禅宗的接受与融合，则是中国思想史上的重要事件，对中国哲学的发展产生了重大影响。

不过，宋代的佛教，从文化交流的角度来看，只不过是前代佛教东传的余绪，不再有南北朝及唐代那样蓬勃发展、波澜壮阔的文化场景了。

一　中印僧人的你来我往

1. 宋代来华的印度僧人

佛教在中国的传播，首先得力于西域和印度的高僧一代一代到中国传法，也得力于中国的僧人远赴西域和印度求法取经，他们历尽艰辛，不远万里，你来我往，构筑了一座佛教东传的生命之桥。晚唐和五代的一个半世纪里，印度僧人来华较少。如《宋史》记载："周广顺三年，西天竺僧萨满多等十六族来贡名马。"到北宋早期，据《佛祖统纪》的记载，从太祖开宝五年（972）到仁宗皇祐五年（1053）的80余年时间里，来自印度和中亚诸国的僧人前后相继，可考者即有80余人。他们将带来的贝叶经（梵夹）、佛骨舍利、菩提树叶、金刚座（当年释迦牟尼在菩提伽耶坐禅成佛之座）印、念珠等进献朝廷，往往受赐紫衣、束帛等。据《大中祥符录》《景祐新修法宝录》所载译记来看，他们进献的贝叶经多是"中天竺梵本"，也有的是"西天竺梵本""西天竺书""中天竺语，龟兹国书"。这些贝叶经开始被放在宫中，宋太宗设立译经院之后，诏"尽以禁中所有梵夹付院"，并命译经僧翻译。

《宋史》记载："开宝后，天竺僧持梵夹来献者不绝。"开宝四年（971），"有曼殊室利者，乃其王子也，随中国僧至焉，太祖令馆于相国寺，善持律，为都人之所倾向，财施盈室。众僧颇嫉之，以其不解唐言，即伪为奏求还本国，许之。诏既下，曼殊室利始大惊恨，众僧谕以诏旨，不得已迟留数月而后去。自言诣南海附贾人船而归，终不知所适"。开宝五年（972）来华的印度僧人最多，如："西天竺沙门可智、法见、真理三人来朝。赐紫方袍。""西天竺沙门苏曷陀来，贡舍利、文殊花。赐紫服、金币。""六月，西天竺沙门弥罗等十四人来朝。并赐紫服。"

宋代早期来华的印度僧人最著名的是宋太祖开宝年间的印度高僧法天。关于法天的情况，《佛祖统纪》卷四三有些零散记载。法天是中天竺人，属刹帝利种姓，原为摩揭陀国那烂陀寺僧，宋太祖开宝六年（973）与其兄达理摩荜多携带佛经同至中国，在鄜州遇到河中府的通晓梵文的汉僧法进，在法进协助下译出《圣无量寿经》《七佛赞》等。鄜州知州王龟从奏荐入京，法天受到宋太祖的召见并赐紫衣。在译经院成立后，法天与天息灾、施护为主要"译经三藏"。兴国七年（982）七月译出《大乘圣吉祥持世陀罗尼经》，他受"传教大师"之号，并叙位朝散大夫、试鸿胪少卿、试鸿胪卿、朝奉大夫，又试光禄卿。法天死于咸平四年（1001）五月十八日，宋真宗赐谥"玄觉"。

另外还有从西域来的僧侣。如建隆二年（961）十一月"高昌国遣僧法渊献辟支佛牙、玉器"。《宋史》说："乾德三年五月，于阗僧善名、善法来朝，赐紫衣。"

宋太宗太平兴国年间，又有印度高僧天息灾、施护相继携带大批经籍来华。天息灾，又名法贤，北天竺迦湿弥罗国人，12 岁在本地密林寺学习声明学，后来对其从父兄施护说："古圣贤皆译梵从华而做佛事。"于是，相约来华，先至敦煌。在宋太宗太平兴国五年（980）与施护同时到达京城开封，受赐紫衣。宋太宗"崇尚释教"，有意翻译佛经，命天息灾与早到开封的法天查阅收藏在宫廷等地的梵文贝叶经（梵夹），以作准备。此后，天息灾一直从事译经事业，做出了重大贡献。

施护（Danapala），北天竺乌填曩国人。其事迹《佛祖统纪》卷四三有些零散记载："（北宋太宗太平兴国五年，980）二月北天竺迦湿弥罗国三藏天息灾、乌填曩国三藏施护来，召见赐紫衣，敕二师同阅梵夹，时上盛意翻译，乃诏中使郑守均于太平兴中寺西建译经院为三堂，中为译经，东序为润文，西序为证义。"施护与天息灾同来北宋首都汴京，正因为二师的到来而建译经院。施护受"传法大师"之号，并先后受朝散大夫、试鸿胪少卿、试鸿胪卿、朝奉大夫的官衔。在天息灾、法天相继去世之后，他成为第一译主。咸平五年（1002），宋真宗下诏嘉勉表彰他译经的功绩，"特授试光禄卿，依前传法大师充西天译经三藏、散官如故"。施护死后，宋真宗赐谥"明悟"。

2008 年，在南京大报恩寺遗址考古中发现了宋代长干寺地宫，并出土了截至目前已知最大的七宝阿育王塔。据考古报告称，地宫中出土的石函上有题为《金陵长干寺真身塔藏舍利石函记》的长篇铭文，记载了大中祥符四年（1001），金陵长干寺住持演化大师可政和滑州助教王文等人，得到宋真宗允许，修建九层宝塔之事。塔高二百尺，而塔内地宫中藏有"感应舍利十颗，并佛顶真骨，泊诸圣舍利，内用金棺，周以银椁，并七宝造成阿育王塔，以铁□□函安置"。此外，同时出土的丝绸发愿文上也有关于佛顶真骨的记载，例如一位叫思齐的僧人写道，正好演化大师阒藏"如来顶骨真身舍利资"，他为去世的父亲、弟弟等家人超升而参与此事。碑文的最后一行记载："舍舍利，施护、守正、重航、绍赟……"等僧尼共 9 人。施护位列众位"舍舍利"僧人之首，说明他捐献的舍利最为重要，因此认为此次发现的佛顶真骨为施护所献。

《宋史·外国传·天竺》还记载："太平兴国七年，益州僧光远至自天竺，以其王没徙曩表来上。上令天竺僧施护译云："近闻支那国内有大明王，至圣至明，威力自在。每惭薄幸，朝谒无由，遥望支那起居圣躬万福。光远来，蒙赐金刚吉祥无畏坐释迦圣像袈裟一事，已披挂供养。伏愿支那皇帝福慧圆满，寿命延长，常为引导一切有情生死海中，渡诸沉溺。今以释迦舍利附光远上进。"又译其国僧统表，词意亦与没徙曩同。"

《补续高僧传》卷一记载："法护，中天竺国人。景德改元，赍梵筴入京，赐紫衣、束帛，馆于传法院。时天息灾、法贤相继迁逝，虽译事不寝，而司南乏人，佥议非法护不可，遂被诏补其处，仍敕光梵大师惟净试光禄卿同预译经，参政赵安仁等润文。"由此可见，法护和惟净是天息灾、法贤逝后的主要译经师。法护于宋真宗景德元年（1004）来到宋都汴京，《佛祖统纪》卷四四记载："西天三藏法护来进佛舍利、贝叶梵经，赐紫衣束帛馆于译经院。"景德四年（1007）法护受赐"传梵大师"称号，宋仁宗天圣元年（1023）奉诏翻译注辇国使进贡的金叶天竺梵经，景祐二年（1035）与惟净合作撰《天竺字源》7卷。因为法护戒德高胜，于至和元年（1054）受赐六字师号"普明慈觉传梵大师"，嘉祐三年（1058）示寂，世寿96岁，追谥"演教大师"，又补"银青光禄大夫试光禄卿"。

北宋时期，中印间的海上交通是很发达的，而且来往也很多，最多的是商业往来，同时也有僧人和政府使者在活动。如《宋史·外国列传》记载，太平兴国"八年，僧法遇自天竺取经回，至三佛齐，遇天竺僧弥摩罗失黎语不多命，附表愿至中国译经，上优诏召之"。还记载："雍熙中，卫州僧辞瀚自西域还，与胡僧密坦罗奉北印度王及金刚坐王那烂陀书来。又有婆罗门僧永世与波斯外道阿里烟同至京师。"这里提到婆罗门僧永世介绍本国情况，还提到一位波斯外道阿里烟。"外道"或许是指景教徒。

赵汝适《诸蕃志》卷上说："雍熙间，有僧罗护哪航海而至，自言天竺国人。番商以其胡僧，竞持金缯珍宝以施，僧一不有，买隙地建佛刹于泉之城南，今宝林院是也。"这一记载告诉我们，在984—987年间，有印度僧人来华，受到人们的优待。他得到商人们的慷慨布施，有足够的财力在泉州建立寺院。泉州在北宋时期是一个巨大的商业港口，那里聚集了许多外国商人，其中自然少不了印度商人，那里还有印度来的僧人在建寺传播佛教。

《宋史·外国列传》还记载："至道二年八月，有天竺僧随舶至海岸。持帝钟、铃杵、铜铃各一，佛像一躯，贝叶梵书一夹，与之语，不能晓。"至道二年是 996 年，当时南天竺的使者和僧人来华一般都取水路。"天圣二年九月，西印度僧爱贤、智信护等来献梵经，各赐紫方袍、束帛。五年二月，僧法吉祥等五人以梵书来献，赐紫方袍。景祐三年正月，僧善称等九人贡梵经、佛骨及铜牙菩萨像，赐以束帛。"

据《佛祖统纪》卷四四记载，大中祥符八年（1015），"南海注辇国遣使来贡，进天竺梵经。其使言四十年以来，海无风涛，意中国有圣人出世"。注辇国即南印度的朱罗（梵文作 Cola），玄奘《大唐西域记》作珠利耶，本为一古国，宋初发展成南印度的一个强大国家。《宋史·外国列传》记大中祥符八年事甚详，且有其国王罗茶罗乍所上表文，从表文可知，南印度人得知宋朝消息，也是由海路商人传递的。《宋史·外国列传》还记载了南印度和北印度多次派使者来华的事件。使者们往往都带有"进贡"的礼物。这些礼物都是印度的特产，如珍珠、象牙、药物和香料等。

2. 宋代僧人的印度之旅

北宋前期，西域陆道尚未完全受阻，故仍有部分中国僧人取道西北前往印度，唯数量已不如唐代。北宋中期以后，华僧西行者渐稀，这一方面固与西域陆道所受之政治影响有关，另一方面则是由于佛教本身发展过程中出现的问题，即印度本土之佛教自 9 世纪后渐趋式微，而东来之佛教却已在中国安家落户，中土之佛教经、律、论业已大备。

据《宋史·外国列传》及《佛祖统纪》所载，乾德三年（965）至宝元二年（1039），共有 12 批（其中多为个人）中国僧人到印度去。如"乾德三年，沧州僧道圆自西域还，得佛舍利一水晶器、贝叶梵经四十夹来献。道圆晋天福中（或为天福十二年，947 年，时已入后汉）诣西域，在涂十二年，住五印度凡六年"。在印度的菩提伽耶曾发现 5 方汉文碑刻，均北宋中国僧人所立，或以为最早一方碑为道圆等所建，另外 3 方碑约为乾兴二年（1022）之物，最迟一方碑立于明道二年（1033）。

同前代不同，北宋时期往返于中国、印度之间的僧人，除礼拜圣迹和携带佛经、佛像、佛器外，往往还兼负一些官方外交使命，代国主传递国书，有些大的访问团甚至还由官方派遣或颁赐诏书以便通行。

乾德二年（964），宋太祖请继业法师等 300 人赴印度求取舍利及梵本经典，这是西行求法史上规模最大的一次。宋范成大《吴船录》一书记述自四川至临安之航行，当叙及峨眉山牛心寺时记载："此寺即继业三藏所作，业姓王氏，耀州人，隶东京天寿院。乾德二年，诏沙门三百人入天竺，求舍利及贝多叶书，业预遣中，至开宝九年始归寺。所藏涅盘经一函四十二卷，业于每卷后分记西域行程，虽不甚详，然道里大略可考，世所罕见，录于此以备国史之阙。"

继业的行程，是由阶州（今甘肃武都）出塞西行，途经灵武、西凉、甘肃、瓜州、沙州等地，进入伊吾、高昌、焉耆、于阗、疏勒、大石等诸国，越过雪山，到达印度。回国之前，还转往尼泊尔游历。继业在太平兴国元年（976）入京，那时宋太宗已经即位，他将所得的梵夹、舍利等物献给太宗，而后隐居在峨眉山，享年 84 岁。继业的旅行记存于《吴船录》上卷，该书全文只有 900 字，所记虽然简略，但也足以补充法显、玄奘、义净等人的游记所未提及之处，是佛门掌故的珍贵资料。继业之后，虽然还有人陆续西行，但西夏势力扩张，西行道阻。直到 12 世纪阿拉伯人入侵西北印度，求法的壮举就从此终止。

建隆三年（962），"沧州沙门道圆游五天竺，往返十八年。及还，偕于阗使者至京师，献贝叶梵经、佛舍利。诏见便殿，问西土风俗，赐紫方袍"。

《佛祖统纪》记载："（乾德）四年，诏秦、凉既通，可遣僧往西竺求法，时沙门行勤一百五十七人应诏。"《宋史·外国列传》"天竺国"条记载："乾德三年，沧州僧道圆自西域还……还经于阗，与其使偕至。太祖召问所历风俗山川道里，一一能记。四年，僧行勤等一百五十七人诣阙上言，愿至西域求佛书，许之。以其所历甘、沙、伊、肃等州，焉耆、龟兹、于阗、割禄等国，又历布路沙、加湿弥罗等国，并诏谕其国令人引导之。"

这里说的是道圆去西天取经并成功返回，这件事再一次激发了僧人们的求法热情，于是僧人们产生了自发的行动，经皇帝许可，才得以成行。这里提到的是宋朝派出一个 157 人组成的西行求法团去印度取经，应诏率团前往的是僧人行勤。行勤等人自阶州出塞西行，经敦煌一带，入伊吾、高昌、焉耆、于阗、疏勒等地。然后渡过雪山，到达印度。回国前还曾到过尼泊尔。行勤等人西行时，带有宋朝皇帝给大食国王的书信。

但是，如果按上述所记，继业和行勤之间之间隔两年，并且都是百人以上的大规模团体。所以，有人对此提出疑问。如陈佳荣认为："或谓《吴船录》的乾德二年遣三百人，和《宋僧史略》遣僧百人，均为误记。""唯继业三藏是否即随乾德四年僧行勤一行西游，亦不无疑问。"①

大平兴国三年（978），"开宝寺沙门继从等自西天还，献梵经、佛舍利塔、菩提树叶、孔雀尾拂。并赐紫方袍"。《宋史·外国列传》还记载，法遇赴天竺取经。太平兴国八年（983），法遇"将复往天竺，表乞给所经诸国敕书，遂赐三佛齐国王遐至、葛古罗国主司马佶芒、柯兰国主赞怛罗、西天王子谟驮仙书以遣之"。

二　佛经汉译事业（四）

1. 宋朝对译经事业的支持

汉译佛经事业在唐代达到了高潮，主要的佛经已经传译过来，而此时的印度佛教正处于衰退阶段，没有更多的新经典可以提供，所以说，在唐代大规模的汉译佛经事业就已经基本结束了。中国佛教学者的主要任务开始由翻译佛经转移到对佛教理论的专研、创建中国的佛学理论的阶段，所以在唐代出现了具有中国学术风格和气派的佛教宗派。先头的"六家七宗"，后来的"师说"以及唐代的八大宗派，是中国化佛教理论的发展阶段。但作为一项宏大的文化工程，译经事业到了宋代仍然在继续，并且也作出了很大的成绩，为中国佛教文化的宝库，为中国典籍的宝库，增添了许多新的内容。

南北朝时期，佛经汉译就成为一项国家的文化事业。到了宋代，宋廷效仿唐朝将佛经翻译作为国家的事业，在朝廷的直接管理和资助下进行。宋朝历代皇帝对佛教持支持的态度，对于佛经翻译事业也很热心。在唐元和六年（811）译经中断了170多年之后，再次在皇帝的名义下设立国家译场翻译佛经，从宋太宗太平兴国七年（982），中经真宗朝，至仁宗朝的景祐四年（1037）的半个世纪，是宋代译经最辉煌的时期，译出大小乘佛典243部574卷。此后直到徽宗政和三年（1113）之间，仍陆续有少量佛典译出。虽然宋

① 陈佳荣：《宋僧继业三藏等之访印》，南溟网。

代所译佛典仅接近唐代译经的四分之一，所译经典的影响力也不及南北朝和隋唐时期，但它是构成宋代佛教和社会文化的一个重要方面，对当时社会和后世佛教也有一定的影响。

佛教在经历了唐代的大发展后，到晚唐和五代时，佛教受到打击。五代后周显德二年（955），周世宗抑佛，再次给佛教重大打击，即中国历史上最后一次毁佛事件。这次抑佛事件使佛教经典、寺院被毁，佛教的发展传承受到严重影响。宋太祖在后周世宗手下为将时，目睹世宗禁毁佛教之举，其即位之初立即着手恢复佛教，在他的生日度童行 8000 人为僧。建隆二年（961），仿照当年唐太宗在战场旧地建立寺院为死亡将士祈祷的做法，南征的李重进在扬州行营建立建隆寺为战死将士追荐冥福。他优待来自印度、西域的僧人以及从印度求法取经归来的僧人，乾德四年（966）特派行勤等 157 人到印度求法。他还派太监到益州雕造大藏经版，是宋代雕印大藏经事业的开创者。宋太祖信奉、扶持佛教的态度和做法，基本为后世历朝皇帝继承。

宋太宗即位不久便下诏全国普度童子 17 万人，将开封的龙兴寺改名太平兴国寺。太平兴国五年（980），印度高僧天息灾、施护相继携带大批经籍来到东京，先前来华的法天也回到东京。在天息灾等人的建议下，宋朝皇帝于太平兴国七年（982）在太平兴国寺置译经院，请天息灾等入住此院译经。《续资治通鉴长编》记载："上（宋太宗）即位之五年，又有北天竺克什密尔僧天息灾、鄂等答国僧施护继至。法天闻天息灾等至，亦归京师。上素崇尚释教，即召见天息灾等，令阅乾德以来西域所献梵经，天息灾等皆晓华言，上遂有意翻译。"

太平兴国七年（982）六月译经院竣工，诏请天息灾、法天、施护三人入院翻译佛经，赐天息灾"明教大师"号，法天"传教大师"号，施护"显教大师"号。在译经院刚刚建成之际，天息灾通过光禄卿汤悦向皇帝提出"自古译经仪式"，立即被采纳实行。

宋太宗命天息灾等三人各自选择一部贝叶经翻译进上，诏梵学僧法进、常谨、清沼等担任笔受兼缀文，汤悦、兵部员外郎张洎为润文官，太监殿直刘素为监译。天息灾所译的第一部佛经是《圣佛母小字般若波罗蜜多经》1卷。太平兴国八年（983）在法天译出《大方广总持宝光明经》上进皇帝之际，天息灾上奏："窃见教法东流，历朝翻译宣传佛语，首在梵僧。其如天竺、中华，方域悬阻，或遇梵僧有阙，则虑翻译复停。臣等欲乞下两街僧司，选诸寺院童子五十人，就译经院，先令攻习梵字，后令精穷梵义，所责成就梵学，继续翻宣。""两街僧司"是"左右街僧录"，是全国僧官机构，最高的僧官是僧录，下面有副僧录、鉴义等。天息灾建议由僧官出面在各个寺院选择尚未受具足戒的童子 50 人，到译经院跟随译经僧学习梵文和佛典义理，学成之后参与译经，使译经事业得以继续。太宗皇帝准其奏。殿头高品（宫内太监官名）王文寿奉诏请左右街僧录从"京城出家童子"500 人中，选出惟净等 50 人，先引他们入宫晋见皇帝，然后送他们入住译经院学习梵文。由此诏改译经院为传法院。从佛教传入中国直到隋唐，汉僧要懂得梵语，都是师事来自印度或西域的僧人，或是亲自到印度求法学习。宋代由朝廷负责组织培养通晓梵文并能从事够译经的人才，可以说是中国译经史上的创举。

每逢皇帝生日由译经院进献新经，成为北宋历朝的惯例。太宗曾表示："朕方隆教法，用福邦家。"《续资治通鉴长编》卷二四记载，太宗在新经首次译成之日对大臣们说："佛徒之教有俾政治，达者自悟渊微，愚者妄生诬谤。朕于此道，微识宗旨。凡为君治人，即是修行之地。行一好事，天下获利，即释氏所谓利他者也。庶人无位，纵或修行自苦，不过独善一身。如梁武帝舍身为寺家奴，百官率钱收赎；又布发于地，令桑门践之，此真大惑，乃小乘偏见之甚，为后代笑。为君者抚育万类，皆如赤子，无偏无党，各得其所，其非修行之道乎？虽方外之说，亦有可观者，卿等试读之，盖存其教非溺于释氏也。"

他认为翻译佛经，兴隆佛教，有利于治国安民。他在雍熙三年（986）为天息灾等人译经所写《新译三藏圣教序》说："大矣哉，我佛之教也。化导群迷，阐扬宗性……"对佛教的善恶因果报应教义和大乘的性空解脱的教理表示赞赏。

宋太宗热心佛经翻译事业，对于推进宋代佛教的发展和佛经汉译起到很大作用。太宗本人也对佛经有所研究，好谈佛理，在首次译经院新经颁行不久，他就写了《莲花心轮回文偈颂》，此后还陆续写作了不少论佛赞法的诗文。

宋真宗也大力支持译经事业。咸平二年（999），真宗继太宗之后作《继圣教序》，认为佛教为"含灵之所依，历世之所尚，盖以辅五常之治，为众善之基"。佛教可以辅助儒家纲常名教，引人向善。他命赵安仁等人编录自太宗以来的译经目录为《大中祥符法宝录》，他还自注《四十二章经》《遗教经》，编入大藏经。宋仁宗仍继续大力支持翻译佛经。他在景祐三年（1036）为《景祐新修法宝录》写的序中说："欲使率土之内，含生之流，发归依之诚，究因报之本，易贪痴为平等，革暴戾为慈爱，愚者畏罪以远恶，上士希福而增善，化民厚俗，不可得而让也。"他著《三宝赞》赐给宰辅和传法院，后被收入大藏经。在他直接支持下，天台宗、禅宗迅速盛行于社会，他下诏将这两宗和法相宗的重要典籍收入大藏经。在宋仁宗之前各朝虽也命大臣担任译经的润文之职，但未必是宰相。天禧五年（1021），他听从译经僧法护、惟净的奏言，正式任命位至宰相的官员出任译经使兼润文官。这一做法一直延续到宋神宗元丰五年（1082）七月。

由于几代皇帝的大力提倡和支持，译经已经被纳入国家的文化事业，有充足的资金和人力保障，所以宋代的译经事业发展得很顺利。

北宋所译佛经的原本是来自印度、西域的僧人贡献的和中国僧人到印度求法带回来的梵文贝叶经。然而随着印度佛教的衰微，梵文经典的来源日渐涸竭，到宋仁宗时可供翻译的梵经所剩无多，译经已经难以为继了。宋仁宗天圣五年（1027）二月，法护、惟净上奏，在回顾宋朝自恢复译经，"迄于天圣，凡四十六载，所出教文五百一十六卷"，然而"近者五天竺所贡经叶，多是已备之文，鲜得新经翻译"，建议按照前朝先例停罢译经。润文官夏竦亦奏其事。仁宗不作回复。五月，法护、惟净又奏，再次提出没有梵本可译，停罢译经。对此，仁宗敕书不准，其中说："像教之布，有助于化源；译馆之兴，式宣于梵典……方隆法宝，无徇谦虚。"此后法护、惟净翻译《中观释论》18卷，天圣八年（1030）译完，又向仁宗上奏停止译经，理由是"复无经论宣演"。仁宗派内官传旨："俟有梵文至，即当翻传，无得请罢。"

宋仁宗庆历二、三年间，参政知事范仲淹、枢密副使富弼等人在宰相杜衍支持下推行"新政"，主要围绕改善吏治进行改革，并提出"厚农桑""减徭役"等主张。在这种形势下，惟净预料有人会提出"废译经"之议，便主动上书请求停止译经。仁宗不许，说："三圣（按：此指太祖、太宗、真宗）崇奉，朕乌敢废！"不久，御史中丞孔道辅果然奏乞罢译经，仁宗便把惟净的奏文让他看，将此议平息下来。

宋代所译佛经的数量，据《宋会要辑稿》记载，仁宗景祐三年（1036）

宰相兼译经使吕夷简与润文官宋绶奉诏编定《景祐新修法宝录》。仁宗在撰写的序文中说："自兴国壬午距今乙亥五十四载，其贡献并内出梵经无虑一千四百二十八夹，译成经论凡五百六十四卷……"

据现存《景祐新修法宝录》卷一，这个时期实际译出大小乘经、律、论和集传共为 243 部 574 卷。据元庆吉祥《至元法宝勘同总录》统计，宋代共译大小乘经、律、论及西方圣贤集传 285 部 741 卷。据此可以推算出在编定《景祐新修法宝录》之后，直到译经终止，译出的佛经有 42 部 167 卷。

印度佛教在 7 世纪以后进入大乘佛教的后期阶段，在原有的大小乘教派之外，新兴起的密教逐渐盛行。密教吸收了大乘般若中观唯识学派的思想，又吸收印度教以及民间宗教的信仰成分，以重视繁杂的祭祠、仪规、咒术和拥有浓厚的神秘主义色彩的教义为特色。8 世纪以来，印度先后遭到来自信奉伊斯兰教的阿拉伯国、属于突厥族系的阿富汗伽色尼、古尔王朝的侵袭，13 世纪初被原为古尔王朝的部将、出身奴隶的乌德－丁·艾巴克（Qutb-ud-din Aibak）所灭，以德里为都正式建立伊斯兰教的"奴隶王朝"。在这个过程中由于强行推行伊斯兰教，佛教遭受摧残，最后终于在印度本土消亡。这种情况不能不对宋代的佛教翻译产生直接影响。宋代所译经典虽有不少传统的大小乘佛典（包括重译者），但数量最多的是密教经典。在宋代的新译经典中虽有不少是过去没有译过的，但也有相当大一部分是已有经典的异译重译本。其中密教经典中新译的较多，有的即使是异译经，内容也有较大扩展。宋代译经的质量也不能和前代相比。特别是有关义理的论书，常因笔受者理解不透，写成艰涩难懂的译文，还时有文段错落等情形，因此，尽管译本里也有中观一类的要籍（如龙树、陈那、安慧、寂天等的著作），但对当时义学界似未发生多大影响。所以，从总量上看，宋代所译佛经的数量不少，但在中国佛教史和思想史、文化史上的影响，却达不到唐代那样的广泛和深远，学术界对于宋代的译经事业的评价也远不及对唐代那样高。汤用彤就认为，宋代所译佛经，"于思想上无巨大之影响"①。

2. 宋代的译经师与译经院体制

宋代参与译经的译家，总计前后（及其译经年代）可考的有 15 人，即：

---

① 汤用彤：《隋唐佛教史稿》，北京大学出版社 2010 年版，第 242 页。

法天、天息灾、施护、法护（中印人）、法护（北印人）、惟净、日称、慧询、绍德、智吉祥、金总持、天吉祥、相吉祥、律密、法称。

宋代担当译经的主要是来自印度的僧人，也有少量汉僧、西夏僧，如以上名单中的惟净、慧询、绍德是由传法院培养出来的中国僧人。译经僧须由皇帝钦定，一般授以"三藏""译经三藏"的头衔。宋代有此头衔的译经僧，按来华时间先后顺序有印度僧法天，中印度法护、天息灾、施护，北印度法护，较晚的有慈贤，汉僧有惟净、绍德，此外还有西夏僧日称、智吉祥、金总持等人。

天息灾是最早进入译经院的印度僧侣之一。据《天圣释教总录》的《总排新经入藏录》并参照1934年支那内学院补编《祥符录略出》，天息灾一生共译经88部143卷，其中大乘经60部97卷，以密教经典最多；小乘经17部31卷，小乘律1部1卷，西方圣贤集传（译自印度、西域的传记偈赞等）87部139卷。据《大中祥符法宝录》卷六记载，雍熙三年（986）"息灾改名法贤"。此后，其译笈冠以法贤之名。

稍早于天息灾来华的法天所译佛经，在《大中祥符法宝录》载为30部，《天圣释教总录》载为39部。

施护的译经数目在宋代译经僧中是最多的。施护的译笈，《大中祥符法宝录》记载有99部。

为了培养译经人才，大平兴国八年（983）朝廷选择50名儿童学习梵文，学成后任译笔受，其中成绩卓著的是惟净。惟净俗姓李，是南唐后主李煜之甥。大中祥符二年（1009），惟净受赐"朝散大夫光禄卿"，从此以后，专心译经。据《补续高僧传》卷一记载，惟净与赵安仁、杨亿合作，于大中祥符六年（1013）编撰《大中祥符法宝录》21卷；仁宗天圣三年（1025），与翰林学士夏竦合作撰《新译经音义》70卷；天圣五年（1027），惠方等合作编撰《天圣释教录》3卷；景祐二年（1035），与法护合作编撰《景祐天竺字源》7卷。惟净逝后追谥"明教大师"。

宋代的译经一开始就纳入到国家的文化事业之中，宋太宗太平兴国七年（982）译经院建成，召请天息灾等人入内居住译经，宋代的译经事业正式开始。

中国的译经在由朝廷主持成为国家事业之后，译场的规模越来越大，译经仪规和制度也自简至繁。关于宋以前的译经制度，可以参见《宋高僧传》卷三。宋在继承唐朝译经做法的基础上，制定了更加详备而且带有程式化的仪式和制度。译经院刚一成立，天息灾等人通过汤悦向皇帝上奏提出了所谓"自古译经仪式"和译场制度。据《宋会要辑稿·道释二》和《佛祖统纪》卷四三的记载：译经院应设立道场，在东堂面西置"圣坛"，开四门，各由一位"梵僧"主持，称念"秘密咒"七昼夜，又设供奉佛、菩萨、天神名位的木坛，众僧早晚两次举行法事，迎请佛菩萨，用净水鲜花供养，烧香礼拜，"请祈民佑，以殄魔障"。

宋代在译场参与译经的人员根据《宋高僧传》卷三和《佛祖统记》卷四三总结起来有：

（1）主持译经的最高僧称"第一译主"，简称"译主"，正坐面向外边，宣讲梵文。

（2）证梵义僧，坐在译主的左边，与译主评量梵文经典的意思。

（3）证梵文僧，坐在译主的右边，在听译主朗读梵本经典时，审核是否有误。

（4）书字梵学僧，对照梵本，用汉字将译主宣读的梵语加以音译。

（5）笔受梵学僧，将梵语译为汉语。

（6）缀文梵学僧，将译出的文字按汉文语法整理成文。

（7）证义僧，审核所译出的文字，不使有误。

（8）刊定梵学僧，将译文的重复、缺漏之处加以修订。

（9）润文官，由皇帝任命朝臣担任，在僧众的南边另设座位，对译经文字加以修饰润色。

此外还有负责日常对译经活动进行监督，并与皇帝、朝廷保持联络的"监护"，在宋代由身为太监的内官担任。译经僧每日必须沐浴，穿戴整洁，保持译场庄严肃静。译经的一切所需由朝廷供给。

译经成为由朝廷组织进行的重要国家事业之后，有时帝王、将相、达官贵人也参与翻译佛经，只是到宋朝从译经开始到译经终止逐渐形成一种润文官制度，早期只是任命朝廷官员担任润文，在宋真宗晚年开始任命身居"宰辅"的高官担任"译经使兼润文"（或称"译经润文使"）的官职，以此显示译经的崇高神圣的地位。

从宋太宗开始，每逢皇帝生日的时候必进新经祝寿。在皇帝生日的前两日，先将新经陈列于堂中，宰相、枢密院二府的官员前来观经，谓之"开堂"。

宋朝的译经是在朝廷的直接统辖下进行的。新经译出后，在皇帝生日和其他时间由担当监译（也称"监院""监使""监译中使"）的内官（如"殿直""殿头高品"之类）引导译经三藏到崇政殿向皇帝奉表进献新经，表中要介绍新经题目、内容提要，并以华丽文句赞颂皇帝的英武盛德，甚至将皇帝比之为佛、三皇五帝，称颂他们在以仁政治理国家的同时，又扶持佛教，教化民众，如"尊齐释梵，道迈羲农，多能彰天纵之才，十善运神明之化"；"德洽三灵，道同诸佛，克广唐虞之化，载崇释梵之宗"；"茂德隆于百王，绪业光于列圣，克勤克俭，允武允文，诞敷淳懿之皇猷，旁眷真空之妙道，恢崇象译，增足琅编"。皇帝接受新经后，对译经僧"赐茶、亲加抚慰"，并赐以缣帛等物品，有时授以官位、称号等，诏以新经"入藏颁行"。

宋代的译经院除了翻译大批佛经之外，还为中国佛教培养了一批自己的译师。在译经院成立不久，天息灾等人就考虑到将来万一缺乏翻译人才，会造成译事中断，于是，在太平兴国八年（983），上奏建议选拔童子50人进修梵学，以备译事后继有人。结果朝廷选得惟净等10人，送入译经院学习。由于译经院功能扩大，便随即更名为传法院。后来惟净、慧询、绍德等均学有所成而参与译事，其中惟净成就最大。在历代的译经事业中，也有中国人在译经中学习梵语的，但像这样有目的地专门培养还是第一次。

宋代佛教的一大特点是刊印大藏经，而译经院的创立和发展直接促进了大藏经的刊印和流通。据《佛祖统纪》卷四三记载，太平兴国八年（983），译经院更名传法院的同时，又在寺西侧建印经院，此后基本上是随译随印。就在这一年，于开宝四年（971）在益州开刻的大藏经雕刻成功，版片随即运往汴京的印经院（即太平兴国寺译经院处）。版片运到太平兴国寺后，当时新译各经也随即陆续刻版加入，一起刊印流通。后来还添刻新入藏的东土著作及《贞元录》各经，并全部进行了校勘。它的印本成为后来一切官私刻藏的共同准据。

宋译场还发展了佛教训诂学。佛教训诂学几乎是伴随佛典的翻译同步而来的。每一个时代的译经，译人在音译问题上都有差异，但将训诂学问题进行总结并结合外典研究著述成书，现在还存在的则主要为唐代和唐以后的著作了。天息灾等人为了正确地念诵陀罗尼和讽咏梵呗，特别注意华梵对译的正确性。这期间译出了不少陀罗尼咒和梵赞，陀罗尼如《圣观自在菩萨不空王秘密心陀罗尼经》《大乘圣吉祥持世陀罗尼经》《圣六字增寿大明陀罗尼经》《灭除五逆罪大陀罗尼经》等，梵赞如《佛一百八名赞》《圣观音自在菩萨梵赞》《三身梵赞》《八大灵塔梵赞》《圣多罗菩萨梵赞》等。正是有了这些华梵对译的经验，才有了后来法护、惟净、夏竦等人进一步总结，先后编撰成的训诂学著作《景祐天竺字源》7 卷和《新译经音义》70 卷。《景祐天竺字源》将悉昙的缀字法分类为 18 章，以梵汉两种文字并举而解其音义，即首先略解十二转声、三十四字母、五音及生字之意义，其次立四章以分别之，所出之梵字异于一般悉昙字，近于尼波罗梵夹之文体。根据此书，可以推知北宋时梵字佛典所用的字形。此种字形和古来的悉昙文字有不少差异，颇类似近代印度流行的天城字体。据说根据此种文字，可以修正有不少误脱的《悉昙字记》中之对译字。所有这些和旧译对照起来是有其特色的，这无疑就是我国佛教训诂学有所发展的标志。

3. 赞宁的译经理论："六例"

从南北朝时期开始，历代有人对译经事业进行总结，尤其是根据当时译经遇到的情况，总结出译经的经验和规则，为以后的译经事业提供指导。到了宋代，赞宁也提出了他对译经的看法。

关于赞宁的事迹，《佛祖历代通载》卷一八记载："姓高氏，其先渤海人，唐天祐中，生于吴兴之德清别墅。出家杭州之祥符，习南山律，著于毗尼，明人谓之律虎。"当时的名僧有"四虎"之称，契凝号称论虎，义从号称文虎，晤恩号称义虎，赞宁号称律虎。据《释氏稽古略》卷四记载，赞宁于太平兴国三年（978）随吴越王入朝，帝赐"通慧大师"称号，敕住左街天寿寺。

赞宁于大平兴国七年（982）奉敕编撰《宋高僧传》30 卷，因为编于左街天寿寺，所以又称为"天寿史"，其内容包括《续高僧传》以后由唐贞观年中至宋端拱元年（988）的高僧传记，其序称正传 533 人，附见 130 人。实际是正传 531 人，附见 125 人。分为 10 科：译经篇 32 人，附见 12 人；义解篇 72 人，附见 22 人；习禅篇 103 人，附见 29 人；明律 58 人，附见 10 人；护法 18 人，附见 1 人；感通 98 人，附见 23 人；遗身 22 人，附见 2 人；读诵 42 人，附见 8 人；兴福 50 人，附见 6 人；杂科 45 人，附见 12 人。其后序说："赞宁自至道二年奉叡恩，掌洛京教门事。事简心旷之日，遂得法照等行状，撰已易前来之阙如。寻恩治定其本，虽大义无相乖，有不可者以修之……时方彻简，咸平初，承诏入职东京右街僧录，寻迁左街。乃一日顾其本末及缮写，命弟子辈缄诸箧笥，俾将来君子知我者以僧传，罪我者以僧传。"赞宁于淳化元年（990）奉旨著《鹫岭圣贤录》100 卷，还著有《内典集》152 卷，《外学集》49 卷。

据欧阳修《归田录》记载，宋太宗到相国寺佛前烧香，问赞宁是否要拜佛，赞宁回答说："陛下只可烧香，不必下拜。因陛下是现在佛，无拜过去佛之必要。"太宗听后，非常高兴。从此以后，皇帝进寺庙，只烧香不拜佛，遂为定制。

淳化二年（991），赞宁奉诏担任史馆编修，至道二年（996）掌管洛阳佛教教务。咸平初年（998）任洛阳右街僧录，翌年又进左街，当年又著《大宋僧史略》3 卷，卷上有"佛诞生年代"等23 门，卷中有"道俗立制"等17门，卷下有"诞辰谈论"等19 门，共 59 门。书首有南宋僧人法道所作的序文，作于绍兴十四年（1144），题为《重开僧史略序》，其序称："宁师内外博通，真俗双究，观师所集《物类相感志》，至于微术小伎亦尽取之，盖欲学佛遍知一切法也，崇宁四年敕加命号，曰东京左街僧录、史馆编修、园明通慧大师，以旌其学行。师之所著，唯《大宋高僧传》三十卷与《僧史略》三卷，奉敕入藏颁行外，余多湮没。兵火之中得斯藏本，佛法事理、来历纪纲，舍此事而弗知也。"

赞宁逝于咸平四年（1001），世寿 82 岁。宋徽宗追谥为"园明大师"。

赞宁从未翻译过佛经，他的译经理论不同于鸠摩罗什、玄奘等人是亲身体验，而是客观研究佛经翻译史，从而得出结论，形成自己的观点主张。他在《宋高僧传》卷三，把宋以前的中国佛经翻译分为三个阶段：

（1）刚开始翻译佛经的东汉时期："初则梵客华僧，听言揣意，方圆共凿，金石难和。"中国僧人起辅助作用，华僧听其言，揣摩其义，很难吻合。

（2）三国、西晋、东晋等的渐盛时期："次则彼晓汉谈，我知梵说，十得八九，时有差违。"此时的译经，仍以印僧为主，他们逐渐通晓汉语，华僧懂梵文的人越来越多，能理解百分之八九十，偶尔会出现差错。

（3）东晋末年以及唐的鼎盛时期："后则猛、显亲往，奘、空两通。"智猛、法显等中国高僧亲自到印度等国寻求梵本佛经，像玄奘这样的中国僧和印僧既通梵文，又通汉语，所译佛经更准确了。

赞宁在总结前人译经理论的基础上提出"新意六例":"逖观道安也,论五失三不易;彦琮也,籍其八备明则也,撰翻经仪式,玄奘也,立五种不翻。此皆类左氏诸凡,同史家之变例。今立新意,成六例焉,谓译字译音为一例,胡语梵言为一例,重译直译为一例,粗言细语为一例,华言雅俗为一例,直语密语为一例。"

赞宁的"六例"内容如下:

第一例,关于译字译音问题。这一例讲的是佛经翻译的音译意译问题,这一例又分为四种情况:(1)译字不译音。如佛经中的咒语,字为汉字,即将梵文翻译为汉字,故称"译字"。音则为梵音,其音没变,故称"不译音"。(2)译音不译字。如佛胸前的卐字,为梵体,并没有译成汉字,故称"不译字"。其音则翻译为"万",故称"译音"。(3)音字俱译,即佛经中的纯汉语部分,这是汉译佛经的主体。(4)音字俱不译。

第二例,关于胡语梵言问题。这一例也有四种情况:(1)在东、西、南、北、中五印,都是纯梵文。(2)雪山之北是胡语,山之南是印度,已不是胡国,语言与胡不同。印度的语言现象很复杂,如羯霜那国的语言,有20多个字母,文字竖读。吐货罗语则有25个字母,文字横读。葱岭以南的迦毕试国,文字与吐货罗相同。梵文字母47个。梵文为雅语,梵文以外的方言都是俗语。(3)亦胡亦梵。在经文中既有梵文音译,又有胡语音译。(4)二非句。经文中既无梵文音译,又无胡语音译,是纯汉语,这是经文主体。

第三例,关于重译直译问题。也分为四种情况:(1)直译。系指由五印梵本佛经直接译为汉语的情况。(2)重译。首先将梵本佛经译为胡语,再由胡语译为汉语。如乌坡陀耶(Upadhyaya)疏勒称为"鹤社",于阗称为"和尚"。又如北天王的梵文是"Kubera",胡语是"Vaisramana"。(3)亦直亦重。经文中既有梵文,又有胡语。(4)二非句。胡人依据梵本直接译为汉语,并不夹杂胡语。

第四例,关于粗言细语问题,也分为四种情况:(1)是粗非细。即存在于五印度的方言俗语。(2)唯细非粗。即梵文雅语。(3)亦粗亦细。即梵文和俗语混合运用的"混合梵文"。(4)二非句。既非梵文,又非俗语。这种情况是不存在的。

第五例,关于华言雅俗问题,这一例是讲佛经汉语译文的雅俗问题,这一例也分为四种情况：（1）是雅非俗。如经文中的书面语言。（2）是俗非雅。如经文中的方言俗语。（3）亦雅亦俗。译文初稿，还没有经过学士润文，其间有雅语，也有俗语。（4）二非句。既不是雅语，也不是俗语。这种情况是不存在的。

第六例，关于直语、密语问题。赞宁对直语、密语的解释如下："涉俗为直，涉直为密。"用通俗易懂的语言，把经文的字面内容直接表达出来，这就是"直语"。把经文字面表达的隐密内容意译出来，这就是"密语"，这一例也有四种情况：（1）是直非密。某段经文只是字面内容，并无隐密含义。（2）是密非直。某段经文只是隐密含义，并非字面内容。（3）两亦句。既有字面内容，又有隐密含义。（4）二非句。既不是字面意思，又不是隐密含义，如经文中所举的比喻。

赞宁的译经理论，因为是从总结历史经验教训提出的，所以比道安的"五失本三不易"、彦琮的"八备"、玄奘的"五不翻"更系统、更全面、更合理。

4. 宋元的经录编纂

北宋继承东晋以来为佛经编撰目录的传统，也编修了几种佛经目录。这些经录除继承以往经录的体制外，还有所创新。北宋编修的经录有《大中祥符法宝录》《天圣释教总录》和《景祐新修法宝录》。

（1）《大中祥符法宝录》，简称《祥符录》，21 卷并总录 1 卷，由惟净等人编于宋真宗大中祥符四年至八年（1011—1015），署名"奉敕编修"的是当时的兵部侍郎、译经润文官赵安仁，翰林学士杨亿。《祥符录》记载北宋太宗、真宗两朝太平兴国七年到祥符四年（982—1011）30 年间翻译的大小乘经、律、论和西方圣贤集传 222 部 413 卷的目录、译者、内容提要和翻译缘起等，还载录包括宋太宗、真宗等人著作在内的"东土圣贤著撰"11 部 160 卷的目录。吕澂指出："这部目录的主要部分完全依照各次进经的年月编次，除列出经名、卷数、译人而外，还附载进经表文，这都依据当时译经院的实录，所以连带记载着有关译场的各事，如新献梵夹、校经、更动职事等等，其体裁和过去的各种经录完全不同。"①

① 吕澂：《中国佛学源流略讲》，中华书局 1979 年版，第 386 页。

（2）《天圣释教总录》，简称《天圣录》，分上中下 3 册。惟净和译场职事僧人等同编。《宋会要辑稿·道释二》记载："是年，惟净言：藏乘名录，类例尤多，今所流通，几有三录：僧智升撰，即《开元录》；圆照撰《贞元录》；圆照《续贞元录》。今请将皇朝经总成一录。诏惟净合三录，令续译经、律、论、西方东土圣贤传为之。凡六千一百九十七卷。"《天圣录》系当时全部入藏经典的目录，记载《开元录》各经，新编入藏的天台、慈恩两家著述，《贞元录》各经，《祥符录》各经，再附载其后新译各经，一共 602 帙 6197 卷。

（3）《景祐新修法宝录》，简称《景祐录》，21 卷。体裁和《祥符录》一样，所收译籍即紧接《祥符录》，从祥符四年到景祐三年（1011—1036）26 年间新译大小乘经、律、论和西方圣贤集传 21 部 161 卷的目录、译者、内容提要和翻译缘起等，另有包括宋太宗、真宗和仁宗等人著作在内的"东土圣贤著撰" 16 部 190 余卷的目录。译经使兼润文官、宰相吕夷简等"奉敕编修"，实际由惟净等人编纂。《景祐录》卷首载有宋仁宗的序，其中说："右仆射、门下侍郎、平章事吕夷简，吏部侍郎、参知政事宋绶领使润文，断自大中祥符四年以后，至景祐丙子（三年）。"

景祐以后翻译的佛经，元代《至元法宝勘同总录》有所收录。《至元法宝勘同总录》，简称《至元录》，10 卷，为元代庆吉祥等撰。

元至元年间，元世祖"见西僧经教与汉僧经教音韵不同，疑其有异，命两土名德对辩，一一无差。帝曰：'积年疑滞，今日决开'。"《至元法宝勘同总录》"叙录"说："大元世主……谕释教总统合台萨里，召西蕃板底答帝师拔合思八高弟叶辇国师、湛阳宜思、西天扮底答尾麻罗室利，汉土义学亢理二讲主庆吉祥、及畏兀儿斋牙答思，翰林院承旨旦压孙、安藏等……集于大都大兴教寺，各秉方言，精加辩质。自至元二十二年乙酉春至二十四年丁亥夏，顶踵三龄，诠雠乃毕。"于是"复诏讲师科题总目，号列群函，标次藏乘，互明时代，文咏五录（即指引用的唐代《开元释教录》《大唐贞元续开元释教录》、宋代的《大中祥符法宝录》《景祐新修法宝录》、元代的《弘法入藏录》），译综多家"，而成此书。此书的主要内容因系对勘汉文藏经和藏文藏经的异同，所以题名作"勘同总录"。

《至元法宝勘同总录》卷首列有庆吉祥为首的编修、执笔、校勘、校证、译语、证义、证明诸人的衔名，共 29 人。庆吉祥等 15 人系汉僧。全书分两部分，第一部分总叙，标示本书的缘起和大纲，又分 4 科：第一是"总标年代，括人法之弘纲"，简单地记录自东汉明帝永平十年（67）到元至元二十二年（1285）译出三藏的部数和卷数。第二是"别约岁时，分记录之殊异"，列载东汉到元五个阶段中译人和传译经典的数目。第三是"略明乘藏，显古录之梯航"，著录《开元录》《贞元录》《祥符录》《景祐录》《弘法录》等所记的经、律、论部卷数目。第四是"广列名题，彰今目之伦序"，标明本书的分类和部卷数目。第二部分是书的正文，文前有一段说明：从有翻译以来经、律、论等的卷目、年代、译人事迹等在《开元录》等著作中，已有记载，对于这一方面即不再详述，而只按类分载各经。

该书的分类是按契经（经）、调伏（律）、对法（论）三藏，每藏又分菩萨和声闻二乘，末尾有圣贤传记录。在菩萨契经藏中分显教大乘经和密教大乘经二类。显教大乘经中又分《般若》《宝积》《大集》《华严》《涅槃》诸大乘经 6 部；密教大乘经中又分秘密陀罗尼和仪轨二部。在菩萨对法藏中分大乘释经论和大乘集义论二类。圣贤传记也分梵本翻译集传和东土（指汉地）圣贤集传二类。这种分类法，大致是依据《开元释教录》。如关于菩萨契经藏以《般若》部居首，小乘契经藏以《阿含》居首，及圣贤传记所包括的内容等的说明都是照《开元录》原文移录。而把密教和显教分列，则是该书所独具。自唐宋以还，密部教典翻译日多，附列在显教经籍中已不易包容，同时，藏传佛教在元代极为朝廷所重视，把密教和显教并列，正反映出密教在当时佛教中的地位。也有可能，显密并列是受藏文藏经目类归类的影响。例如现存的古录登迦目录，在大乘经、小乘经而外，另列"秘密呾特罗"一大类。后来的藏文经录，一般也是分为经部和续部，因而为《至元录》所采用。

5. 大藏经：宏大的文化工程

佛教经典的翻译，对佛法的传播贡献至巨。这些译出的经典，经过历代的汇集、整编、刊刻，逐步成为大藏经。"大藏经"简称"藏经"，又称为"一切经"，就是指中国汉文佛教典籍的总集。其内容主要由经、律、论 3 部分组成，又称为"三藏经"，分别称为经藏、律藏和论藏。"经"是佛教为指导弟子修行所说的理论；"律"是佛教为信徒制定的日常生活所应遵守的规则；"论"是佛教弟子们为阐明经的理论的著述。其后又增加了有关经、律、论的注释和疏解等"藏外典籍",成为卷帙浩繁的四大部类。现在,在佛教的诞生地印度次大陆,佛教原典已荡然无存,佛教一些重要典籍却借助汉文译本保存了下来。这是中华文明对世界文化的一大贡献。

宋代以后,我国的雕版印刷技术有了很快的发展,宋代开始用于佛经的刻印,成为佛教史上一件开拓性的大事件。汤用彤指出:"宋初奖励佛法影响之最大者,为全藏一事。"[1] 吕澂也说:"综计宋代 300 余年间官私刻藏凡有 5 种版本,这也算是宋代佛教的特点。"[2]

刻印佛经起源于何时何地尚不清楚,现存最早的印刷佛经,是唐朝成通九年(868)四月十五日王玠为其双亲做功德而刻印的《金刚般若经》。从有关资料记载和实物发现来看,宋代以前,只有刻版印刷的单本经书和佛教僧人的注疏著作,还没有大规模刻印佛教经典总集性质的大藏经。宋代由政府主持的大藏经雕刻始于宋太祖时,其印刷由印经院负责。到北宋末年,民间刻印取代了官方刻印。由朝廷资助并派人主持刻印的藏经习称"官版",由地方官吏、富豪或寺院主持刻印的藏经习称"私版"。

藏经的刊刻,其卷帙之广,版片之多,由书写、校对以至雕刻,是要聚集多数佛弟子的体力、智慧、物力等众缘,历时数年乃至数十年而后才能圆满完成的。我国刻印藏经规模之浩大,影响之久远,在古代世界印刷史上是绝无仅有的事情,其意义已经远远超出了宗教的范围,对雕刻、造纸、印刷等手工艺的发展,对加强与周边地区和民族的思想文化沟通交流,都具有重要的推动意义。

宋代 300 余年间,官私刻印的大藏经有 5 部,分别是《开宝藏》《崇宁藏》《毗卢藏》《思溪藏》和《碛砂藏》。其中《开宝藏》最有影响。

(1)《开宝藏》,是由宋太祖提议雕印的官刻藏经,是我国第一部木刻本大藏经。开宝四年(971),宋太祖派遣内官张从信到益州(成都)雕造大藏经,至太平兴国八年(983)完工,历时 12 年。由于刻成于益州,也称"蜀版"。《开宝藏》所收入的典籍依据《开元录》,计有 5000 余卷,刻版保存于汴京太平兴国寺内的印经院,并在那里刊印,印刷好之后颁发给各大寺院。

---

① 汤用彤:《隋唐佛教史稿》,北京大学出版社 2010 年版,第 242 页。

② 吕澂:《中国佛学源流略讲》,中华书局 1979 年版,第 387 页。

新经陆续译出，不断补刻，另外还增刻了东土撰述和《贞元录》入藏经典，并予以校勘，最后达到6620余卷。《开宝藏》的印本为以后所有官私刻藏的样板，并印赠高丽、日本，高丽和日本均依汉文大藏经进行抄写刻印。《开宝藏》的问世，标志着印刷大藏经开始取代手写大藏经。

（2）《崇宁藏》，即福州私刻东禅等觉院版，元丰初（1078）由禅院住持冲真等募刻，崇宁二年（1103）基本刻成，到政和二年（1112）结束，共得564函5800余卷。南宋乾道、淳熙间又补刻十余函。

（3）《毗卢藏》，即福州私刻的开元寺版。在东禅版刻成的一年，由福州开元寺僧人本明、本悟、行崇等人发起劝募，当地信众蔡俊臣、陈询、陈靖、刘渐等人组织了刻经会，出资赞助，政和二年（1112）开雕，绍兴二十一年（1151）竣工，历时40年。此藏基本上依东禅版规模完成，共得595函1451部6132卷。南宋隆兴初曾补刻两函。

（4）《思溪藏》，即湖州思溪圆觉禅院版，通称"思溪版"。资金由致仕的密州观察使王永从一家所出，从北宋政和末年（1117）开雕，在南宋绍兴二年（1132）基本完成，内容依据福州版，而略去一般入藏的著述，共得548函5480卷。

（5）《碛砂藏》，即平江碛砂延圣禅寺版，此藏因受了思溪版的影响而发起，在南宋绍定二年（1229）由当地官吏赵安国独自出资刻成《大般若经》等大部经典作为首倡，端平元年（1234）仿思溪版编定目录，刻至咸淳八年（1272）以后，因战火逼近而中止，入元后才继续刻成。因此，它对原定目录的内容颇有更动，并补入元刻各书，共得591函6362卷。

大藏经数量过大，不易全部阅读，就有解题目录出现。天圣二年（1024），遵式撰《教藏随函目录》，叙述诸部著作大义，但早已佚亡，内容不详。崇宁三年（1104），惟白撰《大藏纲目指要录》（简称《大藏经指要录》《大藏纲目》《纲目指要》）8卷，依《开元录》入藏次第，逐函分列卷次，逐卷略录义例，钩玄提要，使阅者能了解宏纲。崇宁四年王古撰《大藏圣教法宝标目》（简称《大藏法宝标目》《法宝标目》）8卷。元大德十年（1306），管主八续补成10卷，内容分总标年代、别约岁时、略明藏乘、广列名题（即各经的解题，以一经或一会为主，加以解说）四部分。

三　佛教对宋代文化的影响

1. 禅宗与宋代诗词创作

有宋一代，士大夫文人习佛成风，佛教从诸多方面影响着宋代的学术思想和文学创作，即便是花间樽前侑酒佐欢的曲子词，也与佛禅有着不解的因缘，时时透露出佛禅气息。一些文人热衷于参禅、斗机锋，以禅入诗、以诗写禅更甚于唐代。

在宋代，禅宗发展到鼎盛时期，也是烂熟时期。禅宗义理已成为士大夫文人学养的一个重要组成部分，他们或奉佛参禅，或与名僧交往，或作禅诗，或谈机锋，佛教已渗入到文人生活的各个领域，成了他们自得其乐的精神食粮和公共交往不可或缺的文化时尚。欧阳修与祖印禅师、王安石与宝锋克文、黄庭坚与黄龙祖心等人的友谊交游，在禅宗史上留下一段段令人难忘的佳话。文士与禅僧的交往，一方面深刻地改变着禅宗的既有面貌，另一方面也使文学烙上了禅学的鲜明印记。司马光在《戏呈尧夫》诗中感叹道："近来朝野客，无坐不谈禅。"苏轼《书楞伽经后》说："近岁学者，各宗其师，务从简便，得一句一偈，自谓了证。至使妇人孺子，抵掌嬉笑，争谈禅悦。高者为名，下者为利，余波末流，无所不至。"《佛祖统记》卷四五载北宋张方平言："儒门淡泊，收拾不住，皆归释氏。"《宋诗纪事》卷五七引杨万里《赞功甫像》描绘南宋文人张镃的形象："香火斋祓，伊蒲文物，一何佛也！襟带诗书，步武璃琚，又何儒也！门有朱履，坐有桃李，一何佳公子也！冰茹雪食，凋碎月魄，又何穷诗客也！约斋子方内欤？方外欤？风流欤？穷愁欤？老夫不知，君其问诸白鸥。"

禅客、儒士、佳公子、诗人这种复合式的形象，在宋代文人中是颇有代表性的。在宋代士大夫文人身上，僧与俗、山林气与头巾气和谐统一，丝毫没有造作的痕迹。士大夫文人禅僧化，禅僧士大夫文人化，是宋代一个特征非常鲜明的文化现象。

在宋代士大夫文人中，苏轼一生与佛禅的渊源极深，从佛禅处获益也特别多。《五灯会元》卷一七把"内翰苏轼居士"列在临济宗南岳十三世"东林总长老法嗣"之内。苏轼自号东坡居士,诗词禅意很浓。他的《题西林壁》诗云:

> 横看成岭侧成峰,远近高低各不同。
> 不识庐山真面目,只缘身在此山中。

苏轼这首被广泛吟咏的诗十分明显地体现了禅宗"彻悟言外"的教义。苏轼的《和子由渑池怀旧》诗云:

> 人生到处知何似?应似飞鸿踏雪泥。
> 泥上偶然留指爪,鸿飞那复计东西。
> 老僧已死成新塔,坏壁无由见旧题。
> 往昔崎岖还知否?路长人困蹇驴嘶。

这首禅诗体现的是人生无常、虚空悲凉的心境。苏轼《轼以去岁春夏,侍立迩英,而秋冬之交,子由相继入侍,次韵绝句四首,各述所怀》其四云:

> 微生偶脱风波地,晚岁犹存铁石心。
> 定似香山老居士,世缘终浅道根深。

在自注中,东坡说他与白乐天"出处老少,大略相似,庶几复享此翁晚节闲适之乐焉"。可知他对白居易晚年"外服儒风,内宗梵行"的生活态度是认同的。

苏轼归心佛禅的真正目的,是要摄取佛禅思想的内在精神以充实、完善自己的思想境界,在人事纷扰的世间求得精神的超越和生活的闲适。特别是在贬谪时期,佛家超越的人生哲学成了他化解谪居苦闷的良方妙药。谪居黄州时,他"间一二日,辄往(安国寺)焚香默坐,深自省察,则物我相忘,身心皆空,求罪始所从生而不可得。一念清净,染污自落,表里翛然,无所附丽"。贬官海南后,他对佛禅思想的参究、接受日渐深入,"《楞严》在床头,妙偈时仰读"。这种自觉参悟佛禅的结果,使苏轼对人生持一种空静观,以超然旷达的态度看待一切穷通得失:"蜗角虚名,蝇头微利,算来着甚干忙。事皆前定,谁弱又谁强。且趁闲身未老,须放我、些子疏狂。"(《满庭芳》)"不独笑书生争底事,曹公黄祖俱飘忽。"(《满江红》)"登临不用怨斜晖,古往今来谁不老。"(《定风波》)"不用思量古今,俯仰昔人非。谁似东坡老，白首忘机。"（《八声甘州》）"底事区区，苦要为官去。尊酒不空田百亩，归来分得闲中趣。"（《蝶恋花》）"酒斟时，须满十分。浮名浮利，虚苦劳神。"（《行香子》）"神仙知在何处，富贵非吾志。但知临水登山啸咏，自引壶觞自醉。此生天命更何疑。且乘流，遇坎还止。"（《哨遍》）

东坡词中不仅有"贯通内典"者，有隐含禅趣者，如《定风波》，而且有直接谈论禅理者。元丰七年（1084），苏轼自黄州量移汝州，途经泗州，浴于雍熙塔下，戏作两首《如梦令》。在词中，苏轼借用"心净无垢"的禅理，抒发自己不受尘俗污染、超然物外、在人世佛国间自在游戏的感受：

> 水垢何曾相受，细看两俱无有。寄语揩背人，尽日劳君挥肘。轻手，轻手，居士本来无垢。　　自净方能净彼，我自汗流呀气。寄语澡浴人，且共肉身游戏。但洗，但洗，俯为人间一切。

苏轼在写给僧人道潜的诗中说："欲令诗语妙，无厌空且静。静故了群动，空故纳万境。阅世走人间，观身卧云岭。咸酸杂众好，中有至味永。诗法不相妨，此语当更请。"（《送参寥师》）诗人作诗与僧人参禅一样，须澄心净虑，空诸所有，在虚静的状态中谛视万般物象，了悟群生百态，这样才能涵养出良好的精神状态，才能有上乘的创作表现。宋代胡仔说东坡"语言高妙，如参禅悟道之人，吐露胸襟，无一毫窒碍"，明代俞彦说"子瞻词无一语着人间烟火，此自大罗天上一种"，清代刘熙载认为"东坡诗善于空诸所有，又善于无中生有，机栝实自禅悟中来"，都指出了东坡的文学创作与佛禅的关系。

宋代，以禅喻诗形成风气，诗僧和文人往往会以禅理来论述诗的创作和鉴赏诗作。例如：吴可《学诗》云："学诗浑似学参禅，竹榻蒲团不计年。直待自家都了得，等闲拈出便超然。"他强调作诗要经过长期修养，下大工夫，一旦"自家都了得"，即有了"了悟"，就可以信手拈来成为超然自如的好诗。

黄庭坚是禅宗黄龙派晦堂祖心禅师的入室弟子，与祖心禅师的两大弟子灵源惟清禅师、云岩悟新禅师相互参究，交谊甚深。他写过《观世音赞》《十六罗汉赞》《清凉国师赞》《铁罗汉颂》等60多篇颂赞文字，并时时运用佛理来排解生活的苦闷，甚至以禅悟来治病："百疴从中来，悟罢本非病。西风将小雨，凉入居士径。苦竹绕莲塘，自悦鱼鸟性。红妆倚翠盖，不点禅心静。"（《又答斌老病愈遣闷二首》其一）"治病之方，当深求禅悦，照破死生之根，则忧畏淫怒，无处安脚。病既无根，枝叶安能为害。"（《与胡少汲书》）他还将"忍"

"默"等佛家修炼方法贯穿到日常生活之中："百战百胜不如一忍，万言万当不如一默。无可简择眼界平，不藏秋毫心地直。我肱三折得此医，自觉两踵生光辉。蒲团日静鸟吟时，炉薰一炷试观之。"（《赠张叔和》）

黄庭坚晚年往往借小词来阐发佛理，棒喝他人。如《渔家傲》四首，是"戏效宝宁勇禅师"而作，用禅宗公案来发明心地。其二云：

> 三十年来无孔窍，几回得眼还迷照。一见桃花参学了，呈法要，无弦琴上单于调。　　摘叶寻枝虚半老，拈花特地重年少。今后水云人欲晓，非玄妙，灵云合破桃花笑。

"一见桃花参学了"，就是"世尊拈花，迦叶微笑"领悟禅机的方式。

王安石晚年罢相后，在江宁度过了10年退休生活。在这期间，与僧人交游、谈禅是其日常生活的一项重要内容。陆游《老学庵笔记》卷三说："元丰间，王荆公居半山，好观佛书。每以故金漆版书藏经名，遣人就蒋山寺取之。"佛学对王安石的影响表现在他的文学创作中。赵与峕《宾退录》卷五记载："王荆公一日访蒋山元禅师，谓元曰：'坐禅实不亏人。余数年欲作《胡笳十八拍》不成，夜间坐禅间已就。'元大笑。"他的许多诗歌僧气十足，如模拟唐代诗僧寒山、拾得的诗作《拟寒山拾得二十首》，就是近乎猜哑谜般的佛教歌诀。王安石《雨霖铃》词云：

> 孜孜矻矻，向无明里、强作窠窟。浮名浮利何济，堪留恋处，轮回仓猝。幸有明空妙觉，可弹指超出。缘底事、抛了全潮，认一浮沤作瀛渤。　　本源自性天真佛，只些些、妄想中埋伏。贪他眼花阳艳，谁信道、本来无物。一旦茫然，终被阎罗老子相屈。便纵有、千种机筹，怎免伊唐突。

浮名浮利，不堪留恋，只有归心佛教，才能不受物欲的羁绊，不受世间疾苦的纠缠。这是禅悟后的人生感慨。

佛学思想已深入士心，即便是一生排佛力甚的欧阳修，也与佛教颇有渊源。欧阳修与名僧契嵩、祖印禅师居讷交往比较密切，僧人慧觉、鉴聿、秘演、惟俨等也都曾得到过他的称赞。欧阳修晚年致仕，在颍州过着悠然闲适的生活，与佛徒之乐于山林隐居并无二致。南宋末年僧人志磐撰《佛祖统记》引僧祖秀所作《欧阳修传》说："欧阳永叔自致仕居颍上，日与沙门游，因自号六一居士，名其文曰《居士集》。息心危坐，屏却酒肴。临终数日，令往近寺借《华严经》，读至八卷，倏然而逝。"

叶梦得《避暑录话》卷上说："欧阳氏子孙奉释氏，尤严于他士大夫家。余在汝阴，尝访公（指欧阳修）之子棐于其家。入门闻歌呗钟磬声自堂而发。棐移时出，手犹持数珠，讽佛名，具谢：'今日适斋，与家人共为佛事方毕。'问之，云公无恙时，薛夫人已自尔，公不禁也。及公薨，遂率其家，无良贱，悉行之。汝阴有老书生，犹及从公游，为予言：'公晚闻富韩公得道于净慈本老，执礼甚恭，以为富公非苟下人者，因心动，时与法师住荐福寺。所谓颙华严者，本之高弟，公稍从问其说。颙使观《华严》，读未终而薨。'则知韩退之与大颠事真不诬。公虽为世教立言，要之其不可夺处，不唯少贬于老氏，虽佛亦不得不心与也。"

叶梦得与欧阳修之子欧阳棐有交往，《避暑录话》所记欧阳修晚年信佛之事当是可信的。

在欧阳修的文学作品中，不乏"往事无踪，聚散匆匆"（《采桑子》）"人生聚散如弦筈"（《玉楼春》）的人生感慨。金圣叹指出欧阳修作品中的佛学意境。《唱经堂批欧阳永叔词十二首》说："余尝言写景是填词家一半本事，然却必须写得又清真又灵幻乃妙，只是六一词，'帘影无风，花影频移动'九个字，看他何等清真，却何等灵幻！盖人徒知帘影无风是静，花影频移是动，而殊不知花影移动只是无情，正为极静；而'帘影无风'四字，却从女儿芳心中仔细看出，乃是极动也。呜呼，善填词者，必深于佛事者也。只一帘花影，皆细细分别不差，谁言慧业文人，不生天上哉！"

两宋之交的朱敦儒也是一个"禅客"，他修炼佛教之无心"忍"法，已近乎高僧入定的境界。其《西江月》词云：

> 穷后常如囚系，老来半似心风。饥蚊饿蚤不相容，一夜何曾做梦。　　被我不扇不捉，廓然总是虚空。寺钟官角任西东，别弄些儿骨董。

蚊叮蚤咬他竟不扇不捉，反觉心下一片虚空，这种定力忍功，实非常人所能及。佛家修炼的最后阶段是彻底"放下"，不存任何机心，成正等正觉，即佛典中所谓的"百尺竿头，更进一层""悬崖撒手""直下翻身"等。朱敦儒的《减字木兰花》词，就描写了自己对这种禅悦之最高境界的体悟。词云：

虚空无碍，你自痴迷不自在。撒手游行，到处笙歌拥路迎。

天然美满，不用些儿心计算。莫听先生，引入深山百丈坑。

芗林居士向子諲的《酒边词》说道："其中赠妓之作最多，其名如小桃、小兰、轻轻、贺全真、陈宋邻、赵总怜、王称心，不一而足，所谓承平王孙故态者耶。"但其中也多有参禅悟道之作，也能看到禅客风流。他的词很多是写给禅僧的，如《卜算子·雨意挟风回》是"中秋欲雨还晴"时，在"惠力寺江月亭用东坡先生韵示诸禅老"的，中有"何处一声钟，令我发深省"句，就如同禅家的当头棒喝。以后他用这首词的韵脚又写了三首《卜算子》，写的都是"枯木夜堂深，默坐时观省"的参禅体验。写给"赵正之及洪州李相公，兼示开元栖隐二老"的《虞美人》，是借过彭蠡湖遇大风巨浪，舟子惶恐而自己却了无忧愁来悟禅、悟人生的。词云：

　　银山堆里庐山对，舟子愁如醉。笑看五老了无忧，大觉胸中云梦，气横秋。　　若人到得归元处，空一齐销去。直须闻见泯然收，始知大江东注，不曾流。

《酒边词》中有不少是他参禅的心得，还有的将谈禅理与说禅心糅合起来。绍兴四年（1134）中秋，芗林居士"与二三禅子对月宝林山中"，戏作《点绛唇》九首，谈"一轮明月"般的禅心、"绿水池塘，笑看野鸭双飞过"的禅趣和"不挂一裘，世间万事如风过"的禅悟。之后，他还觉得兴犹未尽，又分别代"净众老""香岩荣老""栖隐昙老"等三禅僧各作词二首，痛快淋漓地大谈了一通佛理。

陈与义的词集为《无住词》。"无住"是慧能禅宗最重要的禅修要求之一，它与"无念""无相"共同构成了慧能顿悟说的基本内涵。陈与义曾说："嗟予晚闻道，学看《传灯录》。"闻道虽晚，但慧根不浅，悟解禅家精义的能力极强，"无住庵中新事，一枝唤起幽禅"，无住庵中一枝乍放的木犀花，也能唤起他幽幽的禅心。从寻常的自然景物中会悟禅机，是陈与义惯常的做法。他有一首《渔家傲·福建道中》，借道中所见所闻来阐述"无住"之旨，十分高妙。词云：

　　今日山头云欲举，青蛟素凤移时舞。行到石桥闻细雨，听还住，风吹却过溪西去。　　我欲寻诗宽久旅，桃花落尽春无所。渺渺篮舆穿翠楚，悠然处，高林忽送黄鹂语。

上片写词人行至石桥，驻足听雨，但雨却"不住"，"风吹却过溪西去"，这是以自然物象启悟"无住"之旨。下片写词人欲寻春觅诗，而春也"不住"，"桃花落尽春无所"。正当意兴阑珊之时，林中却又悠然飘来黄鹂的鸣声。一声唤起幽禅，原来万事万物都是"不住"的，人的意念、思想又怎能定住在某一事物上呢？人心是"无住"的。

南宋豪放词人如张元干、张孝祥、辛弃疾、刘克庄等的词作中，谈禅说理的内容也很多。

2. 从"变文"到"宝卷"

佛教对中国文学创作的影响前文介绍了"俗讲"与"变文"这种文学体裁。变文在北宋真宗时被皇家禁止流行，但是，在民间它却演变为以唱为主的"宝卷"，还有以唱为主的弹词（南方流传）、鼓词（北方流传）、诸宫调，以讲为主的讲史、小说的话本等。郑振铎在《中国俗文学史》中指出：

> 当"变文"在宋初被禁令所消灭时，供佛的庙宇再不能够讲唱故事了。……但和尚们也不甘示弱。大约在过了一些时候，和尚们讲唱故事的禁令较宽了吧（但在庙宇里还是不能开讲），于是和尚们也便出现于瓦子的讲唱场中了。这时有所谓"说经"的，有所谓"说诨经"的，有所谓"说参请"的，均是佛门子弟们为之。
>
> 这里所谓"谈经"等等，当然便是讲唱"变文"的变相，可惜宋代的这些作品，今均未见只字，无从引证，然后的"宝卷"，实即"变文"的嫡派子孙，也当即"谈经"等的别名。①

宋代城市中有"瓦子"（又称"瓦舍"），即一种大型的游艺、娱乐场所，也是货卖杂陈的商业区。京师汴梁及其他大城市中的瓦子规模很大，南宋初年孟元老《东京梦华录》卷三"东角楼街巷"中记载汴梁城内这一街区即有瓦子3处："街南桑家瓦子，近北则中瓦，次里瓦。其中大小勾栏五十余座。内中瓦子莲花棚、牡丹棚、里瓦子夜叉棚、象棚最大，可容数千人。"瓦子中的勾栏、棚即各种民间伎艺的演出场所。同书卷五"京瓦伎艺"记载瓦子中

---

① 郑振铎：《中国俗文学史》下册，上海书店 1984 年版，第 306—307 页。

演出的各种伎艺有小唱、般杂剧、傀儡、手伎、球杖踢弄、讲史、小说、小儿相扑、影戏、弄虫蚁、诸宫调、商谜、合生、说诨话、杂扮等。同时，"瓦中多有货药、卖卦、喝故衣、探搏、饮食、剃剪、纸画、令曲之类。终日居此，不觉抵暮"。可见这些瓦子是集吃喝玩乐为一体的民众消闲娱乐场所。据有关记载，汴梁城中这类瓦子有 8 处。南宋临安城内外也建有瓦子。据《西湖老人繁胜录》卷六记载，临安城内有瓦子 5 处，城外瓦子 20 座。瓦子中的演出伎艺更加丰富，出现异彩纷呈的局面，其中有作为"说话四家"的"说经"（或作"谈经"）的出现。人们在瓦子里吃喝玩乐流连忘返，故被视为"士庶放荡不羁之所，子弟流连破坏之门"。最早的记录见南宋端平二年（1235）灌园耐得翁所著《都城纪胜》"瓦舍众伎"："说经，谓演说佛书。说参请，谓宾主参禅悟道等事。"宋末元初周密《武林旧事》卷六"诸色伎艺人"中"弹唱因缘"记载："说经、诨经：长啸和尚、彭道（名法和）、陆妙慧（女流）、余信庵、周太辩（和尚）、陆妙静（女流）、达理（和尚）、啸庵、隐秀、混俗、许安杰、有缘（和尚）、借庵、保庵、戴悦庵、息庵、戴忻庵。弹唱因缘：童道、费道、蒋居安、陈端、李道、沈道、顾善友、甘道、俞道、徐康孙、张道。"

按照郑振铎的研究，宝卷与瓦子的讲经有密切关系。宝卷直接渊源于唐、五代的变文，大体与变文一样分为讲唱经文和演唱佛经故事两种。如《销释金刚科仪》演释鸠摩罗什译《金刚般若婆罗蜜经》，是俗讲讲经文的直接继承；《目连宝卷》唱述佛祖释迦牟尼十大弟子之一目连（目犍连）尊者地狱救母的传说，《西游慈悲宝卷》唱述唐代高僧玄奘取经故事，它们是弘扬佛法的俗讲说因缘的嫡派。

最早的宝卷受到唐、五代变文，宋代的说经，以及此后各代的鼓子词、诸宫调、散文、戏文、杂剧等形式的影响，并杂糅着摩尼教经典。明朱国祯《涌幢小品》卷三二"妖人物"条曾载成化中山西惇县王良和忻州封越利用秘密宗教起义，为官军所获，追其妖书图本榜示天下事，并录出书目 88 种，如《金锁洪阳大策》《玄娘圣母经》《弥勒颂》《镇国定世三阳历》等。这类"妖书"虽无宝卷字样，但是从书名来看，与宝卷实为一体。因红阳教也称洪阳教、弘阳教，最高崇拜对象是玄娘圣母，奉弥勒佛为掌教祖师，主要教义之一就是分宇宙的历史为青阳、红阳、白阳三个时期。直到明正德年间，红阳教经典才有用宝卷为名的，并有刊本行世。后来各教纷纷仿效。

宝卷的故事都较长，最短的也有五六千字，最长的达八九万字。它们的主要形式是韵白结合，有说有唱，不但能吸引广大的听众，同时还能起到一唱三叹的艺术效果。白话是念卷人为了叙述故事情节，交代事件发展，铺叙人物关系、时间地点而采用的一种表演手法，相当于戏曲中的"道白"，是"讲"或"说"的。而韵文则是为了寄寓善恶褒贬，推讲故事情节发展，抒发爱憎情绪，烘托渲染气氛的，是"吟"或"唱"的。韵文的主要形式是七字句和十字句。卷首一般都是定场诗，如"池塘水满今朝雨，雨落庭前昨夜风。今日不知明日事，人争闲事一场空"；然后即以白话"却说……"开头往下讲唱。结尾一般都是千篇一律的劝善诗，如"男为孝心女为贤良""事事都顺不哄人"等。人们认为抄卷是积功德，有文化的人都愿意抄。抄了自己保存，也可以赠送亲朋好友。不识字的人请人抄，靠它镇妖避邪。也有少数宝卷是木刻本、石印本。宝卷流传最基本的方式是"宣卷"。

今存《香山宝卷》，传为北宋普明禅师的作品。宋、金、元时期，诸宫调流行。例如：金代董解元的《西厢记宫调》，是中国文学史上的一部杰作，它直接影响了元代王实甫《西厢记》杂剧的产生。元代杂剧中，有很多佛教题材的故事。例如：《张生煮海》的故事骨架源于《生经·佛说堕珠着海中经》。

宝卷在明清两代大量产生，盛行于全国许多地方。万历、崇祯年间，是刊行宝卷的极盛时期，清康熙年间逐渐衰落，但没有中断，直到道光年间还在流传。这时期宝卷内容仍以讲述白莲教、红阳教等秘密宗教的教义为主，间或有袭取佛、道教经文和民间传说的。流行地区在华北各省，尤以河北为最普遍。清同治、光绪年间，宣卷由布道劝善发展为民间说唱曲艺，作为宣卷脚本的宝卷，内容以演唱故事为主，不少是从民间传说故事《白蛇传》《梁祝》《孟姜女》《董永》等和弹词《碧玉簪》《珍珠塔》《还金镯》《双珠凤》《双珠球》等编写而成。只有少数宝卷还有宗教气息，如《香山宝卷》《刘香女宝卷》《鱼篮宝卷》等。

3. 佛学对理学的影响

儒学发展到宋初，已经处于困境之中，面临着种种危机。这主要表现在儒学本身的僵化衰颓以及来自佛道之学的挑战。宋初许多儒家学者清醒地认识到这种状况，佛道的基本价值取向与思想观念是迥然不同的，佛道之学的盛行，构成了对儒家传统的君臣父子的伦常观念的巨大冲击，削弱了儒学的地位。为此，从北宋初到中期，儒家士人进行了复兴儒学的种种努力。宋初，柳开、王禹偁等士人继承韩愈的某些思想资料，抨击佛老，开启了北宋排斥佛道运动的先声。庆历前后，排斥佛道运动高涨，孙复、石介、欧阳修、李觏等儒家学者纷纷著文，从不同方面力排佛道之学，形成了一股反佛道的社会思潮。

在宋初诸儒复兴儒学活动的基础上，王安石的荆公新学、周敦颐的濂学、张载的关学、二程的洛学、邵雍的象数学以及三苏父子的苏氏蜀学在北宋中期先后兴起。他们反省儒学危机，突破了章句训诂之学的局限，注重从整体上探索、把握儒家经典的内涵，根据自己的主观体认来直接领悟并阐发儒家经典中蕴含的大义。与此同时，他们在探究佛道之学长处的基础上，立足儒家而又广搜博采，兼收并蓄，充分吸收利用佛道之学的理论思维成果。张立文指出："宋明学术新和合体是在化解上述三方面融突中转生，并凸显了其强大的生命智慧和活力。"①

佛学的发展为理学的兴起发挥了重要的影响。佛学在隋唐时期得到了空前的发展与繁荣，尤其是在心性义理方面更是达到了前所未有的高度，而此时的儒学，则是侧重于章句训诂，而疏漏于对心性问题的研究，故时人有所谓"儒门淡泊，收拾不住，皆归释氏"之叹。这种局面，唤醒了儒者"吾道自足"的民族文化的觉醒意识，加剧了儒者深沉的忧患意识。他们一面追本溯源，于先秦典籍《周易》《中庸》《论语》《孟子》等寻找和挖掘资源，一面"出入佛老"，吸收佛学的丰富资粮，从而不仅加深了其思辨的程度，而且也加重了其理论的深度。到南宋中期，儒学的发展进入了繁盛辉煌的新阶段，思想学术领域呈现出一片兴盛景象。朱熹更是集宋代理学之大成，建构了包括天理论、人性论、修养论、格物致知论在内的繁复细密的思想学术体系。以朱熹理学体系的形成为标志，宋代儒学的发展已经趋于完备，儒学复兴的目标终于完成。从南宋中期开始，朱熹理学地位不断上升，影响不断扩大，最终占据了思想学术界的主导地位，并上升成为官方意识形态，影响中国社会数百年之久。

理学被称为"新儒学"，这是因为理学家大量地汲取佛学思想，改造和发展了早期儒学，给陈旧的儒学带来了新的生命力。张立文指出：

---

① 张立文主编：《中国学术通史（宋元明卷）》，人民出版社 2004 年版，第 11 页。

理学儒学是在外来印度佛教学术文化和本土道教学术文化及其价值理想、学术形态转型的冲突下，把元典儒学作为滞留在伦理道德层次的心性之学，从形而上学本体层次给以论证和支撑，使传统儒学以心性为核心的伦理道德和价值理想建构在具有厚重理性力度的形上学的理、气、心、性本体之上，并通过理、气、心、性的"体用一源""理一分殊"的解释，以及其与生存世界、意义世界和可能世界的关系说明，使入教理、气、心、性之学获得形上性和整体性的阐发，传统儒学内在的逻辑结构、道德结构、价值结构、思维结构在与时偕行中不断创新，使人文理性得以发扬，儒学重新获得了新生命。①

宋代理学家不同程度地受到佛学的影响。全祖望说："两宋诸儒，门庭径路半出于佛老。"如周敦颐从学于润州鹤林寺寿涯禅师，游心禅学。周敦颐参禅于黄龙慧南禅师及晦堂祖心禅师，又曾拜谒过庐山归宗寺佛印了元禅师，还师事东林寺常聪禅师。周敦颐常自称"穷禅客"。他所作之诗文，也常提到与佛有关的事，如《题大颠壁》云："退之自谓如夫子，原道深排佛老非。不似大颠何似者，数书珍重寄寒衣。"是讲韩愈贬谪潮州时曾三函大颠禅师和袁州布施二衣之事。至于周敦颐《通书》中提出的"诚"与"敬"的概念，实与禅宗佛教诚笃敬信的主旨语异而实同。

从程颢、程颐开始，正式将"理"作为其哲学体系的基本概念，从而为程朱理学奠定了基础。二程斥佛学玄远疏阔，博大不着边际，"山河大地之说与我无关"。二程受佛教的影响是十分明显的。如程颢，《宋元学案》说："明道不废佛老书，与学者言，有时偶举示佛语。"据《二程全书》记载，程颢除研究儒家诸子学说外，还常研读佛教典籍，"坐如泥塑人"，并曾说："世事与我，了不相关！"故明代儒者说他看得禅书透。一日，程颢过建业钟山定林寺，闻伐鼓考钟，和谐典雅；见两序信众，绕向礼佛；威仪济济，肃然有序，不禁叹曰："三代礼乐，尽在此中矣！"《宋史·程颢传》记载，程颢"泛滥于诸家，出入于释老者几十年，返求诸《六经》而后得之。秦汉以来，未有臻斯理者"。《宋元学案》说："伊川（程颐）尝

① 张立文主编：《中国学术通史（宋元明卷）》，人民出版社2004年版，第11页。

日瞑目静坐，游定夫（游酢）、杨龟山（杨时）立侍不敢去；久之，乃顾曰：'日暮也，姑就舍。'二子退，则门外雪深尺余矣。"这就是历史上有名的"程门立雪"典故。引文中的游酢、杨时，与吕大临、谢良佐合称"程门四大弟子"，均受禅宗影响颇深。又据《二程语录》卷九记载，有人问程颐：庄周与佛相比如何？程颐答："（庄）周安得比他佛！佛说直有高妙处，庄周气象大都浅近。"

相传程氏兄弟赴宴，席间有歌妓陪酒。一向作风严谨的弟弟程颐愤然离席，拂袖而去。而哥哥程颢却谈笑风生，处之泰然。第二天，心中仍有不平的弟弟到哥哥书房责问，批评他昨日有失尊严。其兄答道：昨日座中有妓，而我心中无妓；今日书房无妓，而你心中有妓。一番话让其弟感觉自愧弗如。程颢所为，完全是禅门"不动心"和"放下即是"的思想风格，有浓浓的禅味。程颢有一首名诗，流传很广：

> 闲来无事不从容，睡觉东窗日已红。
>
> 万物静观皆自得，四时佳兴与人同。
>
> 道通天地有形外，思入风云变态中。
>
> 富贵不淫贫贱乐，男儿到此是豪雄。

这种境界，高度体现了中国式的浪漫主义与古典名教主义的结合，是士大夫禅风的典型体现。

理学的集大成者朱熹曾批评"程门高弟，尽入禅学"。朱熹尤其对佛教的心性之说甚为反感。他认为佛教把"心"与"性"混为一谈，视若一物，而且只"见得些心性影子，却不曾仔细见得真实心性"。在朱熹看来，心性都有实实在在的内容，"如言尽性，便是尽得此君臣父子三纲五常之道而无余，言养性，便是养得此道而不害，至微之理，至著之事，一以贯之，略无余欠，非虚语也"。朱熹认为，不能离开具体的人伦世事来奢谈心性。所以，朱熹在不排佛之时，又对禅宗的"不离世间觉"的思想很称赞。他自己也不能摆脱援禅入儒的思想影响，而其受禅学影响较他人更深。朱熹曾参学于"看话禅"的创始人径山宗杲及其徒谦开善等高僧。《宋元学案》记载："熹旧日无所不学，禅道文章……事事要学。"颜元评价他："谈禅有殊味……混儒于释，又援释入儒也。玩心于空寂更甚于陆子。"王阳明也自述，心学三变，其中一变是"诀佛老归儒学"。实际上，朱熹、王阳明都是继周程之后，汲佛学以会通儒学最得其妙者。有学者指出，朱熹在许多方面吸收了佛教的思想和方法，朱子之学在许多方面带有浓厚的佛教色彩。如：朱熹的"天命之性"与释氏特别是禅宗所言的佛性相近，是一种佛性化了的道德本体；朱熹所言的人物天地同一本性的天人合一思想，实质是佛教所谓"凡圣无二""众生即佛"的异说；朱熹所言"尽性知天"与禅宗所说的见性成佛，实是殊途而同归；朱熹所谓圣人只是教人"存天理，灭人欲"等说，更是佛家去妄证真的翻版。

宋代学者研读佛教经籍，了解佛教学术思想，为他们发展儒学吸收了思想资源。张立文指出："宋明理学家为了增长儒学日新而日日新的生生活力，激活化解佛道冲突效用力，只有知己知彼，才能百战不殆，于是他们均效法柳宗元'统合儒释'的方法，出入佛道，而后返求诸六经。"①

宋代学者也有许多排佛的言论。唐君毅在《略谈宋明儒学与佛学之关系》一文中统计，宋代理学家中只有杨慈湖、真德秀是不辟佛的，明初的儒者只有陈白沙、宋濂是不辟佛的。如张载、朱熹、王阳明都是极力排佛的。理学家排佛主要有以下原因：一是出于儒释门户之见，儒学以正统自居而贬斥佛学；二是儒学为入世之学，佛学为出世之学，儒学斥佛学空谈而不能经世致用；三是斥佛学为"异端之学""西方之教"，儒学以道统自居。但是，理学的"援佛"远远超过了"排佛"。

理学核心是阐述"性与天道"的学术思想。理学的最高范畴是"理"，在外它是化生万物的本体，在内是心统性情的道德之本。关于"理"的学说，可上溯到先秦诸子的著作。但程朱把"理"作为哲学思想中的本体论，这一发展，既有儒学自身演变的因素，也是受佛学影响的结果。华严宗提出了"四法界"的观点，作为其理论核心，对程朱理学影响较大。圭峰宗密曾批评儒家在穷理尽情方面不及佛家。禅宗六祖慧能大师曾说："梁武帝不识正理。"这里的"正理"，依慧能弟子永嘉玄觉的解释，乃真如佛性也。他们都把"理"作为最高的哲学范畴。程朱诸人在上述佛教思想的启发下，对"理"这一抽象概念进行了加工，使其成为他们哲学体系的核心。程朱理学的许多观点与佛性理论多有相通之处，理学所谓"天理""天命之性"，实乃佛性。

① 张立文主编：《中国学术通史（宋元明卷）》，人民出版社2004年版，第33页。

唐宋之际的"佛性论"所指的"佛性"是披上一层佛性外衣的人性、心性，程朱诸人所言之"天理""天命之性"则是一种天道化了的道德本体。宋明理学的"修心养性"与禅宗的"明心见性"，说法不同，实质无异。因此可以说宋明理学是心性之学。

程朱理学的产生，一方面标志着儒家思想发展到一个更严密完整的哲学体系的新阶段；另一方面也反映出宋代禅宗思想影响的进一步扩大，深深地渗入了程朱理学。

四 印度教在中国的传播

早在佛教出现之前一千年，印度就出现了古老的宗教婆罗门教。它崇拜的三尊主神是大梵天王婆罗摩、大自在天王湿婆和遍照天王毗湿奴。它在理论上的依据是称为吠陀的四部经典：即《梨俱吠陀》《耶柔吠陀》《沙摩吠陀》和《阿阇婆吠陀》。前700年婆罗门教开始衰落，到4世纪前后，在婆罗门教的基础上逐渐发展为印度教。印度教坚持把人划分为婆罗门、刹帝利、吠舍和首陀罗四个等级，坚持各等级之间不可越逾的森严的等级制度。印度教还大量地吸收佛教的一些教义，相信灵魂，相信生死轮回，相信业和因果报应。法显《佛国记》里有关于印度教徒的记载，如在达嚫国，"皆是邪见，不识佛法、沙门、婆罗门及诸异学"，即当地民众把"婆罗门及诸异学"混同于佛法和沙门。又如在耶婆提国，"其国外道，婆罗门兴盛，佛法不足言"。这说明当时佛教虽在印度还处于高涨期，但并没有能完全取代婆罗门教，后者仍有广泛的存在，很多地方与佛教错杂相处，甚至让"佛法不足言"，使一般外来者，尤其是外来的佛教徒，看得眼花缭乱。

印度教可能在唐代就传入中国。印度教在汉地建庙，据目前所见最早的记录是《唐大和上东征记》。该书记载："天宝九年广州有婆罗门寺三所，并梵僧居住，江中有婆罗门、波斯、昆仑等船，并载香药珍宝，积载如山。"表明当时广州已有印度教的寺庙。

宋元时期，泉州是中国东南沿海的一个重要对外贸易口岸。在来华的大批外国商人中，也有印度商人，他们把印度教带到泉州，建起了一些印度教庙宇。据《诸蕃志》记载："雍熙间，有僧罗护那航海而至，自言天竺国人……买隙地建佛刹于泉州之城南，今宝林院也。"同书又说："王命国师作法，有诵咒书符。"罗护那的活动很像印度教徒的活动，他所建立的寺院可能是印度教的寺庙。根据《清源金氏族谱》记载，元时印度教徒在此建立番僧佛寺，这个寺的遗址在今泉州南门内，并有很多出土文物可证。

在南门城蒲寿庚故宅遗址的东北隅，有一口池塘，泉州人叫它番佛寺池，在这里出土了一尊婆罗门教三大神祇之一的毗湿奴的石雕像。1959年在泉州城西北隅幼儿师范校舍建筑工地，掘获有关这类宗教的神庙建筑石刻一批，其形状及花纹图案与上述在市东南隅所发现的大略相同，可见元代建筑祭坛奉祀婆罗门教神祇的就不止一所。泉州开元寺大雄宝殿的后面，有一排石柱，上面镌刻湿婆、毗湿奴和猴王阿努曼的图像。在大雄宝殿前面的台阶上，镌刻着狮身人面的图案。

林伽崇拜是婆罗门教存在的一个重要标志。"林伽"一词源于梵文"Siva-Linga"，亦译为"希瓦楞"。其中"Siva"是指婆罗门教信奉的大自在天王湿婆，他最初的形象就是一具被称为林伽（Linga）的男性生殖器。他是创造之神，亦是毁灭之神。林伽等于是湿婆的雕像。崇拜林伽，就是崇拜湿婆。早期的林伽酷似真正的男性生殖器，后来演变为一根象征性的石柱。据印度考古发掘证明，在前200年至前300年印度人使用的各种钱币上，有湿婆像和作为其替身的林伽图案。泉州也有林伽和林伽崇拜，泉州人称之为石笋。泉州有一条河流还叫笋江。泉州石笋崇拜的出现，据《泉州府志·古迹》记载，大概在北宋大中祥符四年（1011）以前，石笋崇拜出现以后，当地人认为是秽物，引起官方的重视，府尹曾派人去破坏。《泉州宗教石刻》记载："大独石柱，龟山上，高3.15米，底座直径4米，六段白花岗石缀合而成。"这根石柱，其实就是一个林伽。《晋江县志》卷一五记载："石笋，在临漳门外山川坛西，石卓立二丈许，江在其下，故名笋江。"这个石笋，也是一个林伽。

在泉州出土了200多件印度教的文物，其中有大量石头制成的林伽像，还有其他神灵，如毗湿奴、湿婆、黑天、罗摩、吉祥天女的石刻雕像等。另外，还发现了史诗《摩诃婆罗多》《罗摩衍那》和《往世书》中神话故事的浮雕，以及用古泰米尔文写成的有关印度教的碑铭。

第二十二章

明至清前期的对外交往与文化交流

经过元朝中西交通大开的时代，中国与西方世界的交往大大地发展起来，中国人对外部世界的认识也得到提高。丰富的域外物产的输入，最新的科学技术成果广泛的传播，广泛的人员交流，大批阿拉伯和西域人的东进，为中华民族注入了新的族群成分，同时也将阿拉伯伊斯兰文化广泛地传播到中国。总之，在元代，中外文化交流呈现了极为广阔的图景，上演了波澜壮阔的文化大戏。明代元兴后，国际格局面临大动荡、大改组，国际秩序亟待重建，国内也面临着恢复和重建以汉文化主导的社会秩序的重要任务。明朝对内采取休养生息的政策，对外也放弃扩张战略。因此，明代前期，虽然有郑和下西洋的大规模对外交流活动，对外的经济贸易也很频繁，但总的来说，还是比较"内敛"的一个时期，是元代中外文化交流大高潮之后一个平缓的时期。明中期以后，随着西方大航海事业的开辟，中国与欧洲大规模的贸易交往迅速地、大规模地发展起来。与欧洲殖民主义者和各国东印度公司大规模东进的步伐相一致，紧接着的是天主教传教士陆续东来，在中国开展传播天主教和西方文化的活动，从而形成了西学东渐的第一次大高潮。

明清之际，即从明万历年间到清代的康乾盛世，大约将近二百年的时间，西方文化，主要是欧洲文化大规模地向中国传播，涉及物质、艺术、技术、思想和宗教各方面。可以说，这是近代以前外来文化在中国最大规模的一次传播，也是近代以前对中国文化和中国社会产生重大影响的一次文化传播。中国与现代意义上的"西方"的相识与相遇，正是从这个时代开始的。明清之际的西学东渐，不仅在当时就有一定的影响，而且为近代以来的更大规模的西学东渐和中国社会的变革做了比较充分的文化上和思想上的准备。

一 明至清前期的对外交往与海外贸易

1. 明朝的外交政策与对外交往

明朝建立以后，明太祖对内采取"休养安息"政策，对外实行"怀柔"的羁縻手段，对外关系和经济文化交流出现了新的态势。"明代建立以后，一反蒙元帝国时代一味追求武力扩张的姿态，海陆并举，遣使四出，建立邦交，形成了中国古代史上又一个对外交往极为繁荣时期。"① 万明指出：

> 蒙元帝国崩溃后，东亚国际秩序急需重构。在周边大环境处于蒙元帝国崩溃的震荡之中的时候，明代建国伊始，明太祖就开始了在西洋、东洋、西域三个地区的全方位外交，致力于一种"共享太平之福"的理念，重建一种合法性的国际秩序。与此同时，在和平邦交的基础上，再度激活了联结亚、非、欧之间的陆上和海上的通道。②

明朝立国之初，首先面临的是如何进一步扫除残元势力，肃清元朝近百年统治的影响，以取得海外诸国的承认。洪武二年（1369）正月，明太祖便遣使以即位诏谕日本、占城、爪哇、西洋诸国，二月又遣使占城、爪哇、日本等国，专程送还使节，并带去玺书赐予诸国王，特别强调说："朕主中国，天下方安，恐四夷未知，故遣使以报诸国。"（《明太祖实录》）同时还颁行《大统历》，使诸王"知正朔所在，必能奉若天道"。通过这些外交活动，明朝扩大了海外的影响，加强了与海外诸国的友好联系。

洪武四年（1371）九月，明太祖朱元璋在奉天门召集臣僚，郑重阐述了他所制定的对外政策总纲领："朕以诸蛮夷小国阻山越海，僻在一隅。彼不为中国患者，朕决不伐之。惟西北胡戎，世为中国患，不可不谨备之耳。"（《明太祖实录》）

洪武六年（1373）修成的《祖训录》记载："凡海外夷国，如安南、占城、高丽、暹罗、琉求、西洋、东洋及南蛮诸小国，限山隔海，僻在一隅，得其地不足以供给，得其民不足以使令，若其自不揣量来挠我边，则彼为不祥；彼既不为中国患，而我兴兵轻伐，亦不祥也。吾恐后世子孙倚中国富强，贪一时战功，无故兴兵，致伤人命，切记不可。但胡戎逼近中国西北，世为边患，必选将练兵，时谨备之。"

洪武二十八年（1395）《皇明祖训》刊布，进一步提出对周边国家实行的外交政策，宣布将朝鲜、日本等 15 个海外国家列为"不征之国"，告诫后世子孙不得恣意征讨。这 15 个国家是：朝鲜国、日本国、大琉球国、小琉球

---

① 万明：《明代中外关系史论稿》，中国社会科学出版社 2011 年版，第 5 页。

② 万明：《明代中外关系史论稿》，中国社会科学出版社 2011 年版，第 8 页。

国、安南国、真腊国、暹罗国、占城国、苏门答腊国、西洋国、爪哇国、溢亨国、白花国、三佛齐国、渤泥国。这 15 个国家，是当时与明朝建立了交往关系的国家，是明朝初年已知范围内周边"限山隔海"的国家。这些国家基本上都是明朝人认为的东洋范围，即今天的东北亚和东南亚地区的国家。对于朱元璋制定的外交政策，万明指出："洪武朝形成并奠定了以'不征'为特征的明代和平外交模式，这一模式形成具有特殊的意涵，意味着明代帝王明确摒弃了自古以来存在两千多年的天子至高无上的征伐之权，选择了和平外交，回避战争，表明中国古代对外关系理念与现实发生了重大转折，从而形成了明代外交有别于历朝历代的显著特征。"① "蒙元帝国崩溃后的东亚国际秩序，正是建立在明初外交'不征'的基础上的国与国之间的和平互动关系。"②

　　明成祖继承了这一外交政策。明成祖在位时期，虽有南侵安南，北征瓦剌之举，但其外交政策的核心仍是"锐意通四夷"。成祖即位之初，即对礼部诸臣表示："帝王居中，抚驭万国，当如天地之大，无不覆载。"（《明成祖实录》）他提出"抚驭万国"的政治原则，同时还指出："太祖高皇帝时，诸番国遣使来朝一皆遇之以诚，其以土物来市易者，悉听其便。或有不知避忌而误干宪条，皆宽宥之，以怀远人。今四海一家，正当广示无外，诸国有输诚来贡者，听尔其谕文，使明知朕意。"（《明成祖实录》）

　　所以，明成祖既是从"抚驭万国"的政治上考虑，也是为了适应发展海外贸易的需要，广泛派出使节遍访海外诸国，招徕他们入明朝贡，实行"宣德化人，柔远人"的外交政策。

　　明成祖朱棣即位当年，就开始了大范围的派遣外交使节活动。向东邻朝鲜派出了第一个使团，"遣使以即位诏谕朝鲜"；又"以即位遣使赍诏谕和林瓦剌等诸部酋长"；八月，派遣行人吕让、丘智出使安南；按察副使闻良辅、行人宁善出使爪哇、西洋、苏门答腊；给事中王哲、行人成务出使暹罗；行人蒋宾兴、王枢出使占城、真腊；行人边信、刘元出使琉球；翰林待诏王延

──────────

　　① 万明：《明代外交模式及其特征考论——兼论外交特征形成与北方游牧民族的关系》，《中国史研究》2010 年第 4 期。

　　② 万明：《明代中外关系史论稿》，中国社会科学出版社 2011 年版，第 12 页。

龄、行人崔彬使朝鲜，赐诸国王绒、绵、织金文绮、纱罗等。九月，遣中官马彬等出使爪哇、西洋、苏门答腊诸国，赐之文绮、纱罗；十月，遣中官尹庆等出使满剌加、柯枝诸国，赐其国王罗铂金帐幔、金织文绮、彩绢等。又向中亚的撒马尔罕等国派出了外交使团，通报自己即位的消息。在短短的4个月时间内，所派出的外交使团已遍及东亚、东南亚诸国和北邻、西邻诸部落酋长。

永乐二年至三年（1404—1405）又有6批使臣被派往安南、占城、婆罗、爪哇、朝鲜等10多个国家。这些使臣的主要任务是，前往告之新皇帝即位，将继续实行和平友好的政策，同时颁发赏赐，以示怀柔，赏赐的规格也比明太祖时期要高。

域外诸国也纷纷派遣使团予以回应，他的"遣使四出招徕"的政策取得了明显效果。

在永乐至宣德年间，为大力发展中国与海外诸国间的友好关系，以郑和下西洋为中心，明朝对外派遣使节之频繁，远远超过以往朝代。据统计，永乐年间对亚非诸国派遣使节共61次，宣德年间有17次。这些派往海外的使节，为推动明初外交方针政策的实现做出了很大的贡献，同时也对郑和下西洋的伟大事业起到了很好的配合作用。

明初频繁向海外国家派遣使节，随之而来的就是各国纷纷派遣使节来中国回访，中国在东南亚、南亚、西亚和非洲的影响达到了高峰，出现了"四夷归附，万国来朝"的空前盛况。据《明实录》记载，自洪武二年二月至正统十四年八月（1369—1449）的80年中，仅与郑和下西洋有关的亚非国家对明派遣使节，共达694次之多。其中在洪武时期的29年中，共来使183次，平均每年来使6次；在永乐时期的21年中，共来使318次，平均每年来使15次；洪熙元年来使10次；宣德时期的9年中来使79次，平均每年来使近9次；正统时期的14年中来使79次，平均每年6次。这个数字还是很不完全的，如果把日本、朝鲜等东亚国家和中亚地区向明朝的遣使活动计算在内，数字还会增加许多。不过，即使从这个不完全的数字中，也可以想见当年各国使者纷至沓来的空前盛况。在永乐年间，西洋共有30余国与中国建立了友好的朝贡关系。近到东南亚的占城、暹罗，远到非洲东海岸的木骨都束、麻林，都有使者前来。永乐二十一年（1423）郑和第六次下西洋归来，竟有16

国同时派遣多达 1200 余人的使节来中国访问。这年十一月，成祖至奉天门朝贺群臣，时各国使节一千数百人咸集阙下。文武群臣感此盛况，纷纷上表庆贺，成祖亦感慨地说："四夷顺则中国宁……四海万民家给人足，然后朕与卿等共享治平之福。"（《明成祖实录》）永乐十七年（1419），又有 19 国一起来朝，以至于形成了海外来使络绎不绝，"相望于道，充斥于廷"的景象。"从这一次次的往来之中，实际上形成了一种国际合作的贸易网络或体系。从一个整体的丝绸之路的视角出发，我们就会发现这一历史时期中外交往极为繁盛，为中外物质文化交流创造了良好的条件。"①

还有一些国家的国王亲自率领家眷和随臣到中国访问。永乐年间，先后有文莱、满剌加、苏禄、古麻剌朗 4 国的 7 位国王率团来访。如满剌加国王拜里迷苏剌为感谢明朝对他的支持，于 1411 年率王妃、王子以及 540 名随员的庞大队伍随同返航的郑和船队前来朝见永乐皇帝。后继的满剌加两代国王又分别在 1419、1424 和 1433 年三次携带家眷来华朝贡。由于旅途漫长，有三位来访的国王在途中病逝。如苏禄国王在返程时在德州病故，明成祖下令以王礼厚葬，并亲自撰写祭文，树碑墓。渤泥国王病逝后，也按其遗愿厚葬在南京。

永乐皇帝的外交活动，不仅在明朝，就是在整个中国古代历史上也是首屈一指的。永乐十八年（1420），有一首宫廷乐舞《殿前欢》，其中唱道："四夷率土归王命，都来仰大明。万邦千国皆归正，现帝庭，朝仁圣。天阶班列众公卿，齐声歌太平。"又有一首《太情歌》："万国来朝贡，仰贺圣明主，一统华夷。普天下八方四海，南北东西。托圣德，胜尧王，保护家国太平，天下都归一。将兵器销为农器，旌旗不动酒旗招，仰荷天地。"这种"远人归慕，万国来朝"的局面，正是永乐皇帝追求的外交目标。

明人敖英在《东谷赘言》卷上对明初的这种外交盛况记载道："我朝国势之尊，超迈前古。其驭北虏西番，无汉之和亲，无唐之结盟，无宋之纳岁币，亦无兄弟敌国之礼。其来朝贡，则以恩礼待之……呜呼盛哉。"

澳大利亚学者安东尼·瑞德（Anthony Reid）概括明代初期外交和对外贸易的情景时认为："明朝初年，中国与东南亚的互动空前密切，而 1400 年前

---

① 万明：《明代中外关系史论稿》，中国社会科学出版社 2011 年版，第 17 页。

后东南亚地区港口国家的迅速发展与此有着密不可分的关系。……由于这一时期中国对海外表现出前所未有的兴趣，中外使团漂洋过海，你来我往，络绎不绝。这其中既有外交目的，又有商业利益。尽管柬埔寨、占婆、文莱、爪哇、须文达剌（巴赛）以前也不定期地与中国互派使节，然而1368年后这种交往无疑是更加频繁了。"①

明初外交活动的活跃，朝贡贸易的繁荣，与海外交通的发达有很大关系。在宋元海外交通发展的基础上，明代前期的造船技术和航海技术有了进一步提高。庞大的郑和船队七下西洋，正是依赖于发达的造船与航海技术的大力支持，方能出南海、进印度洋，航行于广阔的海域，形成空前的航海壮举，书写下中外经济文化交流和中华文化海外传播史上的辉煌篇章。

2. "四夷馆"与《华夷译语》

中国史上各朝各代有着长期对外交涉的传统，在与来华朝贡的使者交涉的过程中以及往来书信的读写过程中，有必要培训精通外文和汉文的翻译人才，兼用于接待来华使者并负责安排其在华的伙食住宿等问题。

明代加强了对外语人才的养成教育。明洪武年间，在南京应天府的原南京公馆馆内设会同馆。永乐六年（1408）在北京顺天府重设会同馆。正统六年（1441）按照馆址位置分为南北二馆，南馆三所，北馆六所。而后该馆不断扩增，截至成化五年（1469）已有附属馆18处，包括朝鲜馆、日本馆、琉球馆、安南馆、真腊馆、暹罗馆、占城馆、爪哇馆、苏门答腊馆、满剌加馆、达达馆、回回馆、畏兀儿馆、西番馆、河西馆、缅甸馆和云南百夷馆。

永乐五年（1407）在北京顺天府首设四夷馆，专门负责笔译，隶属翰林院，选取国子监生培训。下分八馆：鞑靼馆、女直馆、西番馆、西天馆、回回馆、高昌馆、百夷馆、缅甸馆。正德六年（1511）增设八百馆，万历七年（1579）增设暹罗馆，共为四夷馆十馆。《明史·职官三》记载："提督四夷馆，少卿一人掌译书之事。自永乐五年，外国朝贡，特设蒙古、女真、西番、西天、回回、百夷、缅甸八馆，置译字生、通事、通译语言文字。正德中，增设八百馆。万历中，又增设暹罗馆。"

---

① ［澳］安东尼·瑞德著，孙来臣、李塔娜、吴小安译，孙来臣审校：《东南亚的贸易时代：1450—1680年》，商务印书馆2010年版，第256—257页。

法国汉学家伯希和、日本学者本田实信等人认为，四夷馆是"翻译处"或"翻译局"。"四夷馆是一所学习、研究亚洲诸民族语言文化的学校和研究所，其中的汉字"馆"的含义为学校，所以'四夷馆'是明代或清朝翰林院的'亚洲研究院'"。[①] 四夷馆是主管翻译事务，兼培养"习译"人才的"译学"机构。四夷馆置译字生，教习亚洲诸民族语言文字，是为了培养了解诸夷历史地理、夷情的翻译人才。其目的主要是要储备翻译人才，以备应急之用。

四夷馆设置之初，生徒均选自国子监。《明实录》记载："因四夷朝贡，言语文字不同，命礼部选国子监生蒋礼等三十八人，隶翰林院，习译书。人月给米一石；遇开科仍令就试。仍译所作文字，合格准出身。"后来，四夷馆各馆生源有了变化。《明史》记载："初设四夷馆隶翰林院，选国子监生习译。宣德元年兼选官民子弟，委官教肄，学士稽考程课。"自明弘治三年（1490）开始，生徒多从世业子弟中挑选。据《四译馆则》记载，嘉靖四十五年（1566）规定四夷馆及鞑靼馆生徒"每六年一次收考"。但事实上，生徒不是非常缺乏的不准收取，一般是每隔二三十年才选一次生徒。自永乐五年（1407）四夷馆设立之初，到崇祯三年（1630），200 多年间，共选生徒 10 次。生徒学制为九年，三年食粮，六年冠带，九年授职。

据《四译馆则》记载，四夷馆十馆译字生初习杂字，自嘉靖二十一年（1542）以后，以诰敕、来文、杂字一同肄习。这里，杂字是指四夷馆所编各馆"译语"，即汉语和诸蕃语言对译语汇。来文是指四夷朝贡"表文"。《华夷译语》是为各馆教习杂字（语汇）和来文而编撰的教科书。《明实录》记载："命翰林院侍讲火源洁等编类《华夷译语》。上以前元素无文字，发号施令，但借高昌之书制为蒙古字，以通天下之言。至是乃命火源洁与编修马沙亦黑等以华言译其语。凡天文、地理、人事、物类、服食、器物、靡不具载。复取《元秘史》参考，纽切其字，谐其声音。既成，诏刊行之。自是使臣往复朔漠，皆能通达其情。"这是明朝初次编撰《华夷译语》的情况。据《万历起居注》记载："万历七年正月十一日丁巳辅臣传令四夷馆官生写完《华夷

---

① 刘迎胜：《〈回回馆杂字〉与〈回回馆译语〉校释举例（"器用门"至"文史门"）》，《中亚学刊》第 5 辑，1996 年，第 253 页。

译语》共十册，进呈上留览。"

《华夷译语》有广、狭两义，广义的《华夷译语》是四夷馆编撰的诸蕃语言和汉语的对译辞书。与《至元译语》相同，也按天文、地理、人事、器物分门别类，对诸蕃语言词汇进行汉译，并列出汉字音译。狭义的《华夷译语》即单指洪武本《华夷译语》。

《华夷译语》又可分为 3 种不同版本，国内学者分别称为洪武本、永乐本、会同馆本。洪武本《华夷译语》是洪武十五年（1382）明太祖命火源洁等编撰的译语，洪武二十二年（1389）十月十五日附翰林学士刘三吾之序锓板刊行。只有蒙古译语一种，内容包括有蒙古语原文、汉字、汉字音译蒙古语。后来逐渐增改。永乐本《华夷译语》是永乐五年（1407）初设四夷馆之后，乃至到四译馆由各馆馆员编修的诸蕃语言和汉语的对译语汇，不同版本和抄本的内容不同。有诸蕃语言和汉语对译的《译语》和《杂字》部分。《译语》还有诸蕃语言和汉语互译的"来文"，即诸蕃来使向中国进贡的表文。会同本是明末茅瑞徵所辑的《华夷译语》，只有汉语和汉字音译诸蕃语言，没有诸蕃语言的原文。

四夷馆承担着翻译诸蕃文书的任务。《明史》记载："各国使人往来，有诰敕则验诰敕，有勘籍则验勘籍，毋令阑入。土官朝贡，亦验勘籍。其返，则以镂金敕谕行之，必与铜符相比。凡审言语，译文字，送迎馆伴，考稽四夷馆译字生、通事之能否，而禁饬其交通漏泄。凡朝廷赐赉之典，各省土物之贡，咸掌之。"诸蕃朝贡、往来使臣，须经严格审查方可入境。遇到语言文字的审查和翻译事务时，由四夷馆译字生来完成。译字官、译字生经常被派到边关，进行译审，验放入贡夷人。

清立国以后，顺治元年（1644），因忌"夷"字，而将四夷馆更名为"四译馆"，百夷馆更名"百译馆"。因女真语早已演变为满语，且朝廷上的满族人多通晓蒙古语，所以撤销鞑靼馆和女真馆，剩下西番、西天、回回、高昌、百译、缅甸、八百、暹罗八馆。乾隆十三年（1748）九月，乾隆皇帝在学习藏文的过程中审阅《西番译语》，下令合并会同馆、四译馆为会同四译馆，并按照收词量高且较全面的四译馆版《西番译语》，重新编纂各馆《译语》。会同四译馆下分西域馆、百译馆二馆，前者包括原西番、西天、回回、高昌四馆，后者包括原百译、缅甸、八百、暹罗四馆。乾隆十九年（1754），乾隆皇帝因苏禄苏丹国使者来华，增设苏禄馆。乾隆二十六年（1761），增南掌馆。苏禄、南掌二馆隶属百译馆。

20世纪30年代初，德国学者福克司（Walter Fuchs）发现故宫博物院里藏有一批有别于明代遗留下来的各种版本的《华夷译语》抄本，他将其称作为"新《华夷译语》"。这一批《华夷译语》抄本是包含了英语、法语、德语、意大利语、葡萄牙语和拉丁语6种西方语言和中文对译的词汇集。此6种词汇对译集分别为《英咭唎国译语》《弗喇安西雅语》《额哷马尼雅语》《伊达礼雅语》《播都噶礼雅语》和《拉氏诺语》。与其他5种西洋译语相比，《英咭唎国译语》的内容很多不易理解，错误又多，很有可能是中国人所编，其他5种则主要由当时在京的西方传教士所编。除了《英咭唎国译语》之外，其他五种西方译语集的首页开端处，还都题有"西洋馆"三字。福克司还推断，这批"新《华夷译语》"可能是乾隆十三年（1748）九月，皇帝为了纠正以往四译馆所编各种"外裔番字诸书"的"讹缺"之处、"以昭同文盛治"而下令编校的语言对译词典的系列成果。西洋馆则是在会同四译馆改立之后所正式设立的分支机构。

3. 明代的朝贡贸易

贸易历来是文化交流和文化传播的重要渠道和方式。除了交易和转运带来的有特定文化信息的物品之外，贸易活动本身扩大了人员往来，增进了相互交往、相互了解和相互交流。

明朝大力发展官方外交，鼓励海外诸国入明朝贡，以"朝贡贸易"作为海外贸易的唯一合法形式，把海外贸易置于官方的严格控制之下，实行最大限度的控制和垄断。"朝贡贸易和海禁政策是明朝对外政策的两大支柱。"①明成祖继位后，海禁与朝贡贸易相结合的外交政策得到进一步的发展。当时实行的朝贡贸易，实际上是明代对外采取与各国友好交往和通商贸易往来的政策，即在朝贡形式下的明代官方管理的对外贸易。在明初的国际交往频繁、空间日益扩大的背景下，国家之间的官方贸易有了相当大的发展。正因为明初将"朝贡贸易"作为海外贸易的唯一合法形式，导致学术界流

---

① ［日］田中健夫：《东亚国际交往关系格局的形成和发展》，中外关系史学会编：《中外关系史译丛》第2辑，上海译文出版社1985年版，第153页。

行一种观点，认为明初实行海禁而闭关锁国。"这种观点，对于明代中外关系的认识存在着严重的时间错位与概念混淆。需要说明的是：明初有海禁，不等于明初没有繁盛的海外贸易，更不等于明初就产生了近代以后才出现的闭关锁国状况。"①

> 朝贡贸易作为官方管理的海外贸易，包括民间私人合法贸易，而海禁所禁的是民间走私贸易，因此不能得出海禁即禁绝了民间海外贸易的结论。

> 海禁没有影响海外贸易的繁荣发展。海禁不能等同于闭关锁国。②

在对外贸易上，明初为了加强对海外贸易的控制和垄断，实行了一种招徕海外诸国入明朝贡贸易的制度，允许这些国家在朝贡的名义下随带货物，由官方给价收买，此即"朝贡贸易"。朝贡贸易按照"凡外夷贡者，我朝皆设市舶司以领之……许带方物，官设牙行与民贸易，谓之互市。是有贡舶即有互市，非入贡即不许其互市"的原则进行。同时勘合对朝贡年限、停船港口、进贡船数和随从人数以及贡品的种类等都作了严格的规定，加强了国家对朝贡贸易的有序管理。由市舶司统一收购使团附载货物，以垄断朝贡贸易的利润。

"朝贡贸易"主要表现在两个层面上：一是"正贡"物品的等价回赐，二是"附贡"物品的纯商品行为。如明代规定："四夷朝贡到京，有物则偿，有贡则赏。""正贡"体现的是臣下对天子的孝敬之心，不能用钱财衡量，所以明代"正贡""例不给价"；且"真正意义上的贡物，即向明廷呈献的所谓'正贡'，只占很小的比例，其余皆为各国国王、贡使甚至商人的附进物品，因随贡物一同运至，称为'附至番货''附进货物'或'附至货物'，其数量往往超过'正贡'的十倍乃至几十倍。因而，后者才是明代朝贡贸易的主要商品，正是大量'附至番货'进入中国，导致明代朝贡贸易的空前繁荣"。所谓"有物则偿"，就是指对"正贡"以外的"附进货物"，采取"关给钞锭，酬其价值"，即官方给价收买。后又有"抽分"之

① 万明：《明代中外关系史论稿》，中国社会科学出版社 2011 年版，第 16 页。
② 万明：《明代中外关系史论稿》，中国社会科学出版社 2011 年版，第 16 页。

规定，"明朝对朝贡国王室及使臣等附进货物的处理办法，经历了由给价收买到给价收买与抽分（征税）并举的转变"。[①] 明初外国遣使频繁，出现上述纷至沓来的空前盛况，多与朝贡贸易有关，多是在朝贡名义下来进行贸易活动的。

> 为数众多的来宾并不是以真正的使节资格到中国来的。他们来是为了赚钱，带来礼物并希望皇帝赏赐。为了不失伟大君主的尊严，这些赏赐远远超过他所收到的礼物的价值。他们把收到的钱用来购置中国商品，然后拿到他们本国出卖，获取大利。而且他们一登上中国的土地，他们的开支就都由公款报销。看来中国人想照顾这些使节，或者不如说这些商人，其惟一目的就是要控制邻国，因此他们向皇上进贡什么样的礼物倒似乎是无所谓的。……然而这些蛮夷从老远带来这样一些琐细的东西却使国家为他们路上的开支花费了一大笔钱。好像中国人重视的倒不是这些自称使节的低下地位，而是炫耀他们君主的伟大。[②]

朝贡贸易实质上是一种政治行为，是维持以中国为中心的天朝礼治秩序下国际关系的重要措施。以册封和朝贡为基本形式的中国与周边国家的关系，形成了"东亚的世界体系"。朝贡制度起于汉唐，到明代，朝贡制度发展到十分完备的程度，无论是在朝贡关系拓展的广泛性上，还是在朝贡事务组织管理的有效性上，以及在朝贡的礼节礼仪、朝贡的一般程序和具体内容等方面规定的缜密性上，都远超过前代。"根据中国人的政治理论，中国是一个居于世界中心的王国，肩负着通过一套朝贡关系为其属国带来秩序的责任。邻国及其民众应当承认中国皇帝为其宗主。作为从属地位的标志，来自这些国家的使团要经常为中国献上商品，并行磕头之礼。……作为回报，进贡的国家得到对其权威的确认以及奢华的礼物。由于中国政府在这些所谓的属国中常常缺少真正的影响力，所以这一体制经常具有某

---

① 李云泉：《万邦来朝：朝贡制度史论》，新华出版社 2014 年版，第 83 页。

② ［意大利］利玛窦、［法］金尼阁著，何高济等译：《利玛窦中国札记》，中华书局 1983 年版，第 413—414 页。

种虚构的性质。然而，它在整个东亚和中亚都是极其重要的，因为它把中国及其邻国的关系体制化，并促进了贸易和文化上的交流以及外交上的接触。"① 日本学者滨下武志也强调朝贡贸易的政治含义，他指出："朝贡，从世界史的角度来看，是作为对强大统治力表示忠诚的手段而被采用的。尤其在亚洲，在以中华理念而进行政治运作的中国，其政治理念是'礼'，作为笼罩在皇帝威光之下的一方，对其恩惠不断地表示感谢之心是必要的。因而，作为秩序、机构正在发挥机能的佐证，以及作为秩序意识的相互确认，朝贡都是不可或缺的。"②

《剑桥中国明代史（1368—1644 年）》指出："实际上，朝廷回赠给礼品、荣誉和饰物（明器），包括作为重赏的丝织龙袍。这些礼物等于是告诉外国的统治者，他们可以将自己视为这个家庭中的一员。"他们还指出："尽管在这种体制下，外国统治者的地位似乎被贬低了，但他们的确获得了具体利益。其一，他们确保得到他们所需要和渴求的中国商品。纺织物、谷物、工业及手工业品、茶，所有这一切都由商队运送到他们的土地上，或者通过中国边境沿线的特别指定的集市购得。其二，当亚洲腹地统治者得到中国皇帝册封时，他的特权也得到了支撑。其三，与第二点密切相关的是，如果他们的领土被认为对中国的利益是至关重要的，那么，当他们遭到外国攻击时，可以指望得到中国的支持。"③

在明代前期，朝贡贸易实际上已成为海外贸易的唯一合法形式。澳大利亚学者安东尼·瑞德指出："中国的朝贡制度对东南亚各国都有影响。所有的东南亚国家都承认中国比他们更大、更强。在 15 世纪都愿意用中文致信中国表示臣服。小国君主甚至亲自去中国朝贡并接受皇帝册封。与中国进行贸易的唯一合法安全的方式就是朝贡，而且无论是对君主还是对安排这些朝贡的

---

① ［美］杰里·本特利、赫伯特·齐格勒著，魏凤莲、张颖、伯广玉译：《新全球史——文明的传承与交流》，北京大学出版社 2007 年版，第 402 页。

② ［日］滨下武志：《朝贡和移民——中国的对外关系和日本》，《清史译丛》第 3 辑，中国人民大学出版社 2005 年版，第 11 页。

③ ［英］崔瑞德、［美］牟复礼编，杨品泉等译，杨品泉校订：《剑桥中国明代史（1368—1644 年）》下卷，中国社会科学出版社 2006 年版，第 196—197 页。

人来说都极为有利可图。……东亚各国与中国贸易全用中文，贸易只有成为君主之间正式关系的一部分时才算合法。"①朝贡贸易的实质是明朝以"赏赐"的方式向朝贡国家购买贡品。这些"贡品"一般由三个部分组成，即进贡方物、国王附进物和使节附进物。对于进贡方物，明朝给予相应的赏赐；对于附进物，明朝实行给价收买。明朝给予各朝贡国的赏赐主要有丝绸、棉布、瓷器、铁器、铜钱、麝香、书籍等，其中尤以丝绸、棉布数量最大。当时明朝的铜钱在海外诸国已得到普遍使用，日本、琉球、爪哇、三佛齐、南渤利，以至锡兰，均通用中国的铜钱。这种朝贡贸易在永乐时期达于鼎盛。

明成祖一方面加强海禁，另一方面又对海外朝贡国家开放，进而派遣郑和下西洋，招徕朝贡使者，为之扫清海道，从而形成"万国来朝""四夷威服"的盛大气势和"四方宾服，受朝命而入贡者殆三十国，幅员之广，远迈汉唐"的鼎盛局面。

4. 明朝海禁的时严时弛

明朝建立之初，为防御倭寇的侵扰以及其他原因，实行严厉的海禁，规定"片板不许下海"，遏制民间走私贸易。"'海禁'指的是明代为了当时海上安全考虑，重在防御元末已经出现的倭寇和其他海上不安定因素，禁止中国商民私自出海，严禁海上走私贸易。"②从明太祖开始，在以后的几代皇帝中都严厉实行。他们为了有效地实行海禁，除了三令五申"禁濒海民不得私出海"，"申禁人民无得擅出海与外国互市"外，还利用国家权力，制定了不少海禁律法，主要包括：（1）下令所有海船均改为不适深海使用的平头船，二桅以上的大船一概拆毁；（2）把几种主要的出口商品如䌷绢、丝绵、缎匹、铜钱、铁货等列为违禁货物；（3）不准私自买卖香料等进口货物；（4）禁止地方豪绅参与出海贸易。规定凡违禁者一律处以严厉处罚甚至充军或极刑。③

在明政府厉行海禁期间，凡是违禁出海的私人海外贸易船均属走私贸易之列。明政府虽然制定出不少海禁律法，禁断甚严，却不能完全切断这种私人贸易。侯家驹将当时的走私贸易分为四种形态："一是出远洋，直接赴东北

---

① ［澳］安东尼·瑞德著，孙来臣、李塔娜、吴小安译，孙来臣审校：《东南亚的贸易时代：1450—1680 年》，商务印书馆 2010 年版，第 256—257 页。

② 万明：《明代中外关系史论稿》，中国社会科学出版社 2011 年版，第 16 页。

③ 参见李金明：《明代海外贸易史》，中国社会科学出版社 1990 年版，第 87—88 页。

亚与东南亚各国从事长途贩运贸易的民间商人，经常是几十艘结队同行；二是沿海守御官军执法犯法，利用所辖海船到国外从事走私贸易；三是奉命出使外国的官员运载私货，或夹带商人至国外进行走私贸易（常为明廷所允许）；四是在沿海一带走私。"[1]

在明代前期，由于海外贸易利润巨大，就不断有人犯禁出海，从事海外走私贸易。"小民宁杀其身，而通番之念愈炽也"（《筹海图编·开互市》）。走私贸易船多不胜数，甚至出现"片板不许下海，艨艟巨舰反蔽江而来；寸货不许入番，子女玉帛恒满载而去"（《虔台倭纂·倭原》）的现象。明成化、弘治年间，东南沿海地区的民间走私贸易已经冲破朝贡贸易与海禁的藩篱，迅速发展起来。"成、弘之际，豪门巨室间有乘巨船贸易海外者。"广东市舶太监韦眷"纵党通番"，番禺知县高瑶"发其赃银巨万"。当时广东"有力者则私通番船"已是相当普遍的现象。福建漳州"饶心计与健有力者，往往就海波为阡陌，倚帆樯为耒耜。凡捕鱼纬萧之徒，咸奔走焉。盖富家出赀，贫人以佣，输中华之产，驰彼远国，易其物产以归，博利可十倍，故民乐之"（崇祯《海澄县志·风俗》）。嘉靖二十一年（1542），有福建漳州人陈贵等7人率领26艘船载运货物到琉球贸易，同时到达琉球的还有广东潮阳的海船21艘，仅这21艘船上的船工就有1300名之多。嘉靖二十三年（1544）十二月至嘉靖二十六年（1547）三月的两年多里，到日本从事走私贸易而因为大风漂到朝鲜，并被解送回国的福建人就达1000人以上。这些民间商人直接到日本、朝鲜、琉球及东南亚各国从事长途贩运贸易，历尽惊涛骇浪之险；或者在沿海一带走私港口与外国商船进行贸易。有些走私商人还武装起来，组织成走私集团，以对抗官军，成为所谓"海寇商人"。

明代后期，民间走私贸易越来越盛，海禁也时严时弛。晚明徐光启说："私通者，商也。官市不开，私市不止，自然之势也。又从而严禁之，则商转而为盗，盗而后得为商矣。"（《徐光启集·海防迂说》）正德年间，海禁出现了明显的废弛，这正是东南沿海商品经济开始遽速上升的时候，也恰逢"地理大发现"后欧洲殖民者接踵而来。至16世纪中期，明政府不得不重新考虑海外贸易政策。隆庆元年（1567），在福建巡抚都御史涂泽民的奏请下，明政

---

① 侯家驹：《中国经济史》下册，新星出版社2010年版，第732页。

府同意在福建漳州海澄月港开放海禁，准许私人出海贸易，从而使延续了两个世纪的海禁政策正式开始松动，促使明代后期私人海外贸易得以迅速地发展。御史周起元记述海澄月港开港时的情况说："我穆庙时除贩夷之律，于是五方之贾，熙熙水国，刳艅艎，分市东西路。其捆载珍奇，故异物不足述，而所贸金钱，岁无虑数十万。"月港成为进出口商品的主要集散地，"汪洋巨浸之区，商舶百货之所丛集……水犀火浣之珍，虎魄龙涎之异，香尘载道，玉屑盈衢"（《海澄县志》）。张燮在《东西洋考》中赞叹当时月港对外贸易的盛况："市舶之设，始于唐、宋，大率夷人入市中国，中国而商于夷，未有今日之伙者也。"丰厚的关税收入使月港得到了"公私并赖，其殆天子之南库也"的称誉。除月港外，广州香山澳（即澳门）也是明中后期的主要外贸港口。不过在海禁时期，香山澳主要是外国商船进出广州的外港，中国商船则难以问津。"开禁"后，"广属香山为海舶出入襟喉"。中国商船亦得以由广州、澳门直放南洋了。这样，一个是在福建漳州月港开海，允许中国商民出洋贸易；一个是在广州澳门开埠，允许外商入华经营海上贸易。这两种海外贸易的新模式意味着制度性的变迁。"前者标志着中国海商出洋贸易的合法化，从而孕育了海商集团迅速崛起；后者标志引进外商经营海上贸易，澳门作为中外贸易的窗口。"①

国外的研究者都注意到这一时期走私贸易或民间贸易的存在及其影响。"早期西方的观察家，如门多萨留下的印象是，福建商人在地方官员的默许下，从事着非法的对外贸易。但17世纪的学者——马特利夫（Matlief）首先认识到来自漳州的商人从事帝国境外的贸易，是得到官方许可的。"② 英国学者约翰·霍布森指出，明代朝廷关于海禁的政策并不真实，因为，第一，所有的朝贡体系某种程度上是一种变相的贸易体系；第二，中国很多私商通过各种方式避开官方的禁令进行贸易。"由于政府官员常常与走私者勾结在一起，政府的禁令显然无法切实执行。事实上，16世纪60年代走私贸易如此猖獗，以至于明朝政府最终做出让步，使走私的主要港口（月港）合法化"。第

① 万明：《明代青花瓷的展开：以时空为视点》，《历史研究》2012年第5期，第58页。

② ［美］唐纳德·拉奇、埃德温·范·克雷等：《欧洲形成中的亚洲》，转引自［英］约翰·霍布森著，孙建党译，于向东、王琛校：《西方文明的东方起源》，山东画报出版社2009年版，第59页。

三，并非所有的私人贸易都被禁止。在三个主要港口——澳门、福建漳州以及苏州，大部分私人贸易都得到官方认可，后来清朝时期是通过厦门、宁波和上海进行的。①

当时民间海外贸易的航海区域相当广泛，西至欧罗巴，东至日本，具体地点有"西洋则交趾、占城、暹罗、下港、加留吧、柬埔寨、大泥、旧港、麻六甲、亚奇、彭亨、柔佛、丁机宜、思吉港、文郎马神；东洋则吕宋、苏禄、猫里务、沙瑶、呐哔单、美济居、文莱、鸡笼、淡水"等地。另据明代航海文献《顺风相送》记载，当时的中国商船越过马六甲海峡，到过翠兰屿、傍加剌、锡兰山、古里、忽鲁谟斯、祖法儿、阿丹等地。当时往西洋的贸易点主要是集中在北大年、万丹和巴达维亚三个地方，往东洋的主要在菲律宾马尼拉。但16世纪时中国商船也达于北印度洋沿岸。另外，据西方人记载，1577年，在西班牙已经有了中国商人的行踪。1587年，英国海盗托马斯·卡文迪斯（Thomas Cavendish）在太平洋劫掠一艘大帆船，被俘的商人中有两名中国人。西班牙教士德·门多萨《中华大帝国史》中写道，对利润的渴求把中国商人带到了墨西哥。1585年，他们带着珍异的货物不但到了西班牙，而且又前往更遥远的国度。据此来看，在麦哲伦环球航行开辟太平洋航路后，中国海员或商人似乎不但已加入西班牙人从菲律宾至墨西哥的大帆船贸易，而且还曾由美洲横渡大西洋而抵达过欧洲。

明中期对海上活动弛禁的部分原因在于顾及沿海人民生产、生活的实际需要，如清初顾炎武在《天下郡国利病书》中所称："海民生理，半年生计在田，半年生计在海。故稻不收谓之田荒，鱼不收谓之海荒。"宁绍地区，"竞贾贩锥刀之利，人大半食于外"；温州地区，"以有海利为生不甚穷，以不通商贩不甚富"。东南地区经济尤其是江南商品流通和生产规模的扩大需要拓展海内外市场，促进农业、手工业的外向型转化，从而培育社会经济革新的或然性潜势。而东南沿海地区勃兴的市镇、繁荣的城市也存在着对国外商品的巨大消费需求和消费能力。杨国桢认为，东南沿海商品经济的特殊性在明中叶以来突出表现在涉及海洋的经济活动上，一是传统外销的茶、丝、瓷等产

---

① 参见［英］约翰·霍布森著，孙建党译，于向东、王琛校：《西方文明的东方起源》，山东画报出版社2009年版，第58—59页。

品及其加工品的专业化、扩大化生产。二是跨区域贸易源于厚利而涌向海外的扩张。① 这也是众多东南沿海地方官吏呼吁弛禁或开禁的深层缘由。

明代后期随着国内商品经济的发展，几种主要的手工业生产，如丝织业、陶瓷业、制糖业等均有了显著的发展，它们为私人海外贸易的发展提供了数量巨大的外销商品。当时输出的商品除大宗的生丝、瓷器、糖以外，还有各种丝织物、铜器、食品、日常生活用品以至于各种牲畜等。这些外销商品不仅在国际市场上具有很强的竞争能力，而且其数量也相当之大。荷兰驻台湾总督皮特·纳依茨（Pieter Nuyts）在 1629 年说："台湾的贸易量只是受到荷兰代理商所安排的资本额的限制"；"东印度公司的全部资本还不够在中国购买有用商品的1/6"；"每年要完成交付 75 万盾中国货物的协定不仅没有任何困难，而且还能轻易地交付两倍"。② 由于私人海外贸易的发展，出洋经商的人数骤然增多。在贸易最高峰的万历二十五年（1597），从督饷馆正式申请文引出洋的船只有 137 艘。崇祯朝兵部尚书梁廷栋等人上书陈述，每年春夏东南风起，那些"怀资贩洋"的海商以及充当"篙师、长年"的"入海求衣食者"，数以十余万计。此外，还有许多外国商船入口贸易。当时在广州，每年举行一次交易会，会期长达两三个月，到 1580 年则改为每年两度，从 1 月起，澳门的外国商人即开始为马尼拉、印度和欧洲购置商品；而 6 月则为日本购置商品，以便在西南和东北季候风到来时，分别把货物运出去。

明政府开放海禁，但仍"于通之之中，寓禁之之法"，对海外贸易商横加种种限制，对出洋商船制定了一系列繁苛细密的规定和约束，诸如限制引数、限制航线、不准越贩、不准压冬、编甲连坐等等，同时设置了对私人海外贸易的专门征税机构，制定了各种饷税的征收办法，规定凡出海贸易的商船必须缴纳引税、水饷、陆饷和加增饷，几近横征暴敛。在这样严密的限制下，私人海外贸易不可能有充分的发展。另外，西方殖民主义势力东渐，在我国沿海一带骚扰、掠夺，造成我国商船"内不敢出，外不敢归"。所以，至崇祯末年，一度颇具规模的私人海外贸易便走向衰落。

---

① 参见杨国桢：《瀛海方程：中国海洋发展理论和历史文化》，海洋出版社 2008 年版，第 88—89 页。

② 李金明：《明代海外贸易史》，中国社会科学出版社 1990 年版，第 132 页。

但是，明代后期的私人海外贸易，毕竟冲破海禁，发展到相当的高度，使我国历史上持续了1000多年的以官方垄断为主的海外贸易发生了根本性的变化，使我国海外贸易史进入了一个崭新的时期。晚明时期的海外贸易、海上经济活动给国家和地方都带来了新的生机。明代后期的私人海外贸易，"输中华之产，驰异域之邦"，不仅缓和了东南沿海地区人稠地稀的压力，增加了地方财富，也有利于朝廷的财政解困。明廷设馆向海商收税，其海商例则不同于市舶或贡舶制度。如万明所评价："在白银货币化的发展大趋势下，隆庆开海后，无论明廷实行船引制还是饷税制，都是征收货币税，完成了关税从贡舶贸易的实物抽分制到商舶贸易的征收货币制的转变，并逐步形成从设官建置到征税立则等一套管理制度，从而使中国古代海商贸易管理向近代海关及其关税过渡。"①

5. 清前期的对外贸易

清朝建立之后，随着国力强盛和对外关系的发展，积极发展对外官方贸易，即朝贡贸易。朝贡贸易到了清代，古代东亚的朝贡体制更多地表现在贸易性质上，因而有的学者认为清代的朝贡体制主要是官方的贸易关系。日本学者信夫清三郎对清代的朝贡次数做了一个统计：

清王朝朝贡制度所规定的各国朝贡的贡期是，朝鲜每年，琉球每隔一年，安南每3年，6年或4年，苏禄每5年，老挝和缅甸每10年，荷兰每8年（后改为5年）一次，西洋（葡萄牙等）不定期。但是，实际实行的贡期又是怎样呢？举例来说，琉球在1662年至1805年144年间为70次，1806年至1859年54年间为45次，也就是一进入19世纪就成了6年进贡5次这样一种比例。还有，暹罗在1662年至1776年115年间为11次，而1777年至1853年77年间则为38次，即平均2年一次，相当于制度所定次数（3年一次）的1.5倍。再说缅甸，到1787年，不过3次，而1788年至1853年66年间则为13次，即平均5年一次，相当于制度所定次数（10年一次）的2倍。分别看来是这种情况，再看对清朝朝贡的总数。1662年至1761年一个世纪间就是216次，但1762年到1861年一个世纪

---

① 万明：《商品、商人与秩序——晚明海上世界的重新解读》，《古代文明》2011年第3期。

间则是 255 次。总之，对清朝的朝贡，以 1800 年前后为起点，大约半个世纪间，次数显著增加了。①

上述这些统计数字说明，在清代，以朝贡贸易形式出现的官方贸易是十分频繁的。

清初也一度实行严格的禁海闭关政策，禁止走私贸易。清政府实行禁海，主要是为了防止沿海人民和台湾郑成功政权发生联系，目的在于镇压台湾的反清斗争。顺治十二年（1655），清政府正式全面推行海禁，规定"广东禁海，凡系漂洋私船，照旧严谨"。"海船除给有执照许令出洋外，若官民人等擅造两桅以上大船，将违禁货物出洋贩卖番国，并潜通海贼，同谋结聚，及为响导，劫掠良民。或造成大船，图利卖与番国，或将大船赁与出洋之人，分取番人货物者，皆交刑部分别治罪。"（《光绪大清会典事例》）后又宣布："今后凡有商民船只私自下海，将粮食货物等项与逆贼贸易者，不论官民，俱奏闻处斩，货物没官，本犯家产，尽给告发之人。"（《光绪大清会典事例》）

从顺治十二年（1655）到康熙十一年（1672）的 17 年中，清王朝先后五次颁布私人出海禁令。为了严格执行这一禁令，清王朝在顺治十七年（1660）、康熙元年（1662）和康熙十七年（1678）三次下令内迁沿海居民。由于实行严厉的禁海政策，使清初的海外贸易受到极大的限制。

康熙二十二年（1683），清军收复台湾，清政府遂着手开放海禁。康熙二十三年（1684）九月，康熙皇帝发布谕令，正式宣布"开禁"："令出洋贸易，以彰富庶之治，得旨开海贸易。""向令开海贸易，谓于闽、粤边海民生有益，若此二省民用充阜，财货流通，各省俱有裨益。且出海贸易，非贫民所能，富商大贾，懋迁有无，薄征其税，不致累民，可充闽、粤兵饷，以免腹里省分转输协济之劳，腹里省分钱粮有空，小民又获安养，故令开海贸易。"（《清圣祖实录》）次年，清廷"俱照明季旧例"，又"置江、浙、闽、粤四海关，江之云台山，浙之宁波，闽之厦门，粤之黄埔，并为市地，各设监督，司榷政"（《夷氛闻记》）。此即所谓"四口通商"时期。这是中国历史上正式建立海关的开始。至此，清初的海禁宣告结束，中国的海外贸易进入了一个开海设关管理的时期，

---

① ［日］信夫清三郎著，天津社会科学院日本问题研究所译：《日本外交史》上卷，商务印书馆 1980 年版，第 29—30 页。

一直延续到道光二十年（1840），长达 156 年。这 4 个口岸中，广州仍是洋船集中之地。由此经雍正至乾隆年间，沿海榷关又增至山海关、津海关、江海关、浙海关、闽海关、粤海关六大海关，专门管理航海贸易事务，其中粤海关最为重要，是清政府管理对外贸易的重要机构。

"开海"时期，清政府对出海贸易的商民及船只做出种种规定，规定出海贸易的商民必须要经申请、具保、核准，发给执照，才能凭照出入贸易，商民建造出海商船，必须要经海关监督及地方官核准。最初规定出海贸易的船只只限于单桅五百石以下，以后虽允许双桅船出海，但梁头不得超过 1 丈 8 尺，舵手人等不得超过 28 名。其次，对出口商品的禁止和限制。清政府对火炮、军器是绝对禁止出口的，制造火炮、军器的原料如硫磺、铜、铁等也禁止出口。而在"尺铁不许出洋"的禁令下，甚至铁锅也不许出口。另外，对粮食、丝绸、茶叶等的出口也有严格的规定。但是，对待外国商民来华贸易，政策则比较宽松。"开海"之后，海外商人虽需交纳同本国商人一样的货税、船钞，但清政府本着"怀柔远人"之意，对海外商人实行减免货税的待遇，对海外商人所征收的船钞的标准也远远低于本国商人的标准。由史料估算，西方商船所负担的船钞仅占贸易额的 0.75%，而本国商船所负担的船钞则占贸易额的 0.85%。

自康熙二十三年（1684）开海贸易后，"粤东之海，东起潮州，西尽廉，南尽琼崖。凡分三路，在在均有出海门户"（《粤海关·口岸一》）；福建、浙江、江苏沿海也是"江海风清，梯航云集，从未有如斯之盛者也"（《雍正浙江通志·榷税》）；山东、河北、辽宁的港口"轻舟"贩运也十分活跃。据统计，当时开放给中外商人进行贸易的大大小小的港口计有 100 多处。北方以天津口为盛，其次是山东的登州、辽东的牛庄等港口。由此可知，当时虽然政府规定是广州、泉州、宁波、松江四口通商，但实际上中国整个沿海的大小港口都是开放贸易的。

自开海以来，国内的对外贸易获得了很大的发展。到东洋、南洋贸贩的船只及人数日益增多。据康熙五十五年（1716）记载，皇帝说，他昔年南巡路过苏州，见到船队，问及海洋事情，被告知"每年造船出海贸易者多至千余"（《清圣祖实录》）。

但在实行开海政策 30 年后，康熙五十六年（1717），康熙皇帝重新下令

"禁海"，停止南洋贸易。"凡商船，照旧东洋贸易外，其南洋吕宋、噶罗吧等处不许商船前往贸易，于南澳等地方截住。所去之人留在外国，将知情同去之人枷号三月；该督行文外国，将留下之人令其解回立斩。"（《清圣祖实录》）不过，这次禁海的时间比较短暂，只有 10 年（1717—1727）时间，而且只是部分禁海，"内地商船，东洋（日本）行走犹可……至于外国商船，听其自来"（《康熙起居注·康熙五十五年》）。即使如此，也受到激烈反对。广东、福建的地方官员纷纷"请弛其禁"，认为"沿海居民萧索岑寂，穷困不聊之状，皆因海禁"，"开南洋有利而无害，外通货财，内消奸宄，百万生灵仰事俯畜之有资，各处钞关，且可多征税课，以足民者裕国，其利甚为不小"（《鹿洲初集·论南洋事宜书》）。雍正五年（1727），宣布废除南洋禁海令。

雍正时期继续了康熙时期的开海政策并加强了国家的管理，使海关的运作功能更加条理化、规范化。乾隆时期在海洋事务上较前紧缩，不仅对进出口贸易的商品、人员量额进一步限定管控，如茶叶、生丝、绸缎、米谷等被剥夺于私人贸易之外，而且对包括渔捞等近海生产也严加规定和监督。

虽然清初有过禁海的政策，但是，正如黄启臣所指出的："实际上，在清代前期的 196 年中，只有顺治十二年（1655）至康熙二十二年（1683）实行了比较严格的海禁，康熙五十六年（1717）至雍正五年（1727）实行了部分地区海禁，总计不过 39 年，其余 157 年的海外贸易基本上是开放的。即使在禁海期间，也没有完全断绝与外国的贸易往来。因此，不能笼统地说清代前期的海外贸易是实行一条闭关锁国政策，它实行的乃是开海设关、严格管理贸易的政策，海外贸易额比宋、明两朝是有发展的。"① 清朝自始对开海有着通盘的战略考虑，通过苛细的"海关征税之例"把出海贸易纳入国家财政管理的范畴，在制度、设施建设，政策、策略实施的各个方面、各个程式上做了周密、明确的规定，取得了预期的效果。

另外，即使在清初海禁时期，走私贸易也未曾停止过。郑成功占据台湾期间，实行"通洋裕国，以商养兵"的战略，积极从事海外航运贸易。据有关资料记载，从顺治四年（1647）至康熙元年（1662），在由郑成功控制东南沿海的 16 年中，每年约有 50 艘商船赴日贸易。郑成功的商船队在南洋地方

① 黄启臣：《清代前期海外贸易的发展》，《历史研究》1986 年第 4 期，第 151 页。

航海贸易的商船每年有一二十艘。此外，当时占据广州的平南王尚可喜、尚之信集团海上走私的规模也很大。有很多藩商依附这个集团，由尚可喜王府的参将沈上达主持海上走私活动。据李士桢《议覆粤东增豁税饷疏》报告："自康熙元年奉文禁海，外番船只不至，即有沈上达等勾结党棍，打造海船，私通外洋，一次可得利银四五万两，一年之中，十船往回，可得利银四五十万两，其获利甚大也。"① 沿海一带民间走私也十分活跃。康熙二十一年（1682）的一份文献记载，海禁虽严，仍然"访有不法奸徒，乘驾大船，潜往十字门海洋，与夷人私相交易。有由虎门东莞而偷运入省者，有由上调头、秋风口、朗头以抵新会等处，而偷运回栅下佛山者"（《抚粤政略》）。说明当时珠江口一带民间走私贸易禁而不止，十分活跃。

《刑部等衙门尚书觉罗雅布兰等残题本》载有康熙元年（1666）三月"王吉甫等违禁下海、私贩洋货案会审"的案例：王吉甫，31岁，绍兴府会稽人，伙同处州、杭州、湖州以及广东、四川等地的32名商贩"不思海货严禁，冀图置买嗜利"，于顺治十七年（1660）从福建走私"海货"，贩运到浙江，在台州被稽查到"洋货百担"。在刑讯中，提审官员申令："海逆未平，海禁森严，屡奉俞旨，片板不容下海。"提审官员还提到沿海各处各层布防，"严饬申禁，并拨官兵于海口要津昼夜堤防，不时盘诘，仍悬赏缉拿，务期奸宄绝迹，以靖内地在案"。王吉甫招供："自去年十一月初九日，有绫十匹，从绍兴起身到蒿坝。十二日到嵊县。十五日到天台。十六日到大石河头。十八日从山里小路到海游下船，带有绫十匹，每匹卖银三两。同船共三十二人……"其他案犯同伙的交代相近，提到昼伏夜出，挑选"山里小路"，"不敢上岸"；"要到杭州发卖"。海外交易的目的地是长期作为中日交流桥头堡的长崎：从"平阳下船过东洋"买卖。输往长崎的货物主要是"（湖）丝""绉纱""轻绸""绫""药材"等。在长崎卖得银两后，购买草药、海产干货、香料、皮革等日本产品。往返平阳—长崎之间的"船主王自成"没有到案。

从上述案例可以得知，清初朝廷实行森严的海禁政策，沿海各地政府严密布防稽查，而商贩为厚利所诱，铤而走险地进行走私活动。浙东商人与沿海闽、广甚至内地商人结合成走私集团，有着明确的合作规则和沿海及内地之间的走私路线，中国商船承担了远洋运输任务。

清政府开放海禁以后，中国与近邻地区如日本、朝鲜、南洋地区的贸易以及与西方国家的贸易有一定程度的发展，世界各个国家和地区的商人纷至沓来。东洋有日本、朝鲜；南洋有吕宋群岛、苏禄群岛、西里伯群岛、马六甲群岛、新加坡、婆罗洲、爪哇、苏门答腊、马来亚、暹罗、琉球、越南、柬埔寨、缅甸等国；欧洲有葡萄牙、西班牙、荷兰、英国、法国、丹麦、瑞典、普鲁士、意大利、俄国等国；美洲有美国、秘鲁、墨西哥等国；印度洋有印度等国，亚洲、欧洲、美洲的主要国家都来广东与中国发生了直接贸易的关系。特别是美国与中国发生直接贸易关系是从乾隆四十九年（1784）"中国皇后"号首航广州开始的。除了往返于日本、东南亚的商船外，欧美各国来中国贸易的商船数量也不断增加。根据有关资料统计，从康熙二十四年（1685）到乾隆二十二年（1757）的 72 年中，到中国贸易的欧美各国商船有312 艘，而且船的吨位也不小。例如康熙三十八年（1699）至六十一年（1722）到广州的英国货船，最小者为 140 吨，最大者达到 480 吨，一般者也达到 300 吨，多数为 410 吨。

在这一时期，海外贸易的规模和贸易总值远远超越前代，达到了新的高度。明代隆庆年间以后，海禁松弛，对外贸易获得较快发展。万历二十二年（1594）是明代全国海外贸易税饷收入最高的年份，共 29000 余两，按当时的税率为一两征税二分推算，这一年海外贸易商品总值约为 100 万两。而乾隆十年（1745）四港贸易总值达到 36571777 两，比明代的最高年份增加 35.5倍。就以粤海关一处的贸易而言，雍正七年（1729）的贸易值为 11105800两，比明代的最高年份也增长 10.1 倍。

当时，厦门作为远航贸易的主要港口，"服贾者以贩海为利薮，视汪洋巨浸如衽席"，除北上浙、江、鲁、冀、辽及对渡台湾外，"外至吕宋、苏禄、实力、噶喇吧，冬去夏回，一年一次，初则获利数倍至数十倍不等"，"舵水人等此为活者以万计"（《厦门志·风俗》）。广州及其周围如潮州、澄海等地的富商大贾，"挟奇赢兴贩四方者"，也是"重洋绝岛"万里无阻。18 世纪 30年代后，中国对东南亚的航业渐臻盛期，诸国均有厦门洋船的活动踪迹，其"出洋货物则漳之丝绸纱绢、永春窑之瓷器及各处所出雨伞、木履、布匹、纸札等物"（《厦门志·船政》）。这种厦门洋船，"大者可载万余石，小者亦数千石"。据学者估计，在航运盛期，每年从厦门出洋的帆船当在 100 艘至 200 艘之间。广东各口所拥有的南洋海船在最盛期也有 300 艘至 400 艘。此外，上海、宁波等口与暹罗、安南、菲律宾三处通商的帆船，也有四五十艘。据此粗略统计，在清代远洋盛期，活跃在东南亚水域的各类中国海船当有 500 艘左右，至少拥有近 20 万吨的运输能力。[①]

6. "一口通商"与"十三行"

乾隆二十年（1755），发生了英国人洪任辉（James Flint）驾船闯入宁波、定海和天津事件。清政府于乾隆二十二年（1757）十一月十日宣布：撤销宁波、泉州、松江三海关的贸易，仅允准番商"将来只许在广东收泊交易"，限定广州为唯一的对西洋贸易口岸，由粤海关管理。这种广州"一口通商"的体制，一直实行到 1840 年鸦片战争时止。

乾隆二十四年（1759）十二月，清廷颁布了两广总督李侍尧提出的《防范外夷规条》。这是清政府全面管制外商的第一个章程，共有 5 条，因此又称《防夷五事》。主要内容为：（1）禁止夷商在广州过冬；（2）夷人到广州，应令寓居洋行，由行商负责稽查管束；（3）禁止中国人借外夷资本及受雇于外夷；（4）割除外夷雇人传递信息之弊；（5）夷船进泊黄埔，酌拨营员弹压稽查。一口通商虽然主要是针对西方各国而言，南洋商船仍可到闽、浙、江海关贸易，中国商人也可以从四口出海贸易，《防夷五事》在实际中也难以切实执行。

实行"一口通商"后，广州成了全国唯一的通商口岸。外国商船进入广州贸易的规模逐年增加。据统计，乾隆二十三年（1758）至道光十八年（1838）到粤海关贸易的商船共 5107 艘，平均每年为 63.8 艘。其中，英国的商船最多，乾隆五十四年（1789）为 58 艘，占外国商船总数的 67%；道光六年（1826）为 85 艘，占外国商船总数的 82%；道光十三年（1833）为 107 艘，占外国商船总数的 80%。另据统计，乾隆五十七年（1792），中国对英、法、美、荷兰、西班牙、丹麦、瑞典等西方国家进口贸易总额为 12560177 两，其中出口总额为 5490524 两。通过广州出口的中国船舶也有一定的发展，仅新加坡一地，每年就有 90 余艘中国船只往来贸易。《海国见闻录》记载："葛喇巴盛甲诸岛，洋舶云集，中国大小西洋、白头乌鬼、无来由各番珍宝物

---

① 参见孙光圻：《中国古代航海史》，海洋出版社 1989 年版，第 603 页。

食，无所不有……中国人口浩盛，住此地何啻十余万。"①

垄断海外贸易的"广州贸易体制"是内陆国家经济统治的一部分，与传统的天朝—番邦"天下秩序"礼仪并不背离。乾隆皇帝在乾隆二十六年（1761）的一项谕旨中告诫两广总督："国家四海之大，何所不有，所以准通洋船者，特系怀柔远人之道。乃该夷来文内，有与天朝有益之语。该督等不但当行文笼统驳饬，并宜明切晓谕，使知来广贸易实为夷众有益起见，天朝并不藉此些微远物也。"（《清高宗实录》）

但是，当时所谓的"只许在广东收泊贸易"，主要是对欧美各国而言，特别是英国和荷兰等国。至于南洋地区的国家，仍许到闽、浙、江海关贸易。乾隆二十三年（1758）上谕："如系向来到厦番船，自可照例准其贸易。"故东南亚地区各国的商船，仍然不断到福建厦门等地进行贸易。例如乾隆四十六年（1781）、四十八年（1783）、五十一年（1786），嘉庆十二年（1807）、十四年（1809），西班牙的商人万利落、郎吗叮、郎安敦、郎万雷、郎棉一等，就从吕宋（菲律宾）运载大批燕窝、苏木、番银、槟榔、乌木、呀嘣、米、海参、鹿脯、牛皮、玳瑁、火艾棉等到厦门贸易，然后从厦门运回大量的中国棉布、瓷器、桂皮、石条、白纸、花砖、方砖、雨伞、纸、墨、石磨、麻线、土茶、冰糖、药材等到吕宋，使厦门对外贸易进入极盛时期。另一方面，中国商人也不受所谓"只许在广东收泊贸易"之限，可从四海关出海贸易。乾隆二十二年（1757）后，从福建、浙江、江苏沿海港口出海贸易的商船仍有不少。如乾隆二十九年（1764），准"浙、闽各商携带土丝及二蚕湖丝往柔佛诸国贸易"（《皇朝政典类纂》）。道光九年（1829），到新加坡贸易的中国商船共9艘，其中从广州去的1艘，潮州去的2艘，上海去的2艘，厦门去的4艘，共载货47000担。② 道光十年（1830）从广东的潮州、海康、惠州、徐闻、江门、海南，福建的厦门、青城，浙江的宁波，江苏的上海、苏州等地驶往日本、菲律宾群岛、苏禄群岛、西里伯群岛、马六甲群岛、婆罗洲、爪哇、苏门答腊、新加坡、马来亚半岛、暹罗、安南、柬埔寨等地贸易的中国船只达到222艘。

---

① 转引自邓端本：《广州港史（古代部分）》，海洋出版社1986年版，第190页。

② 参见姚贤镐：《中国近代对外贸易资料》第1册，中华书局1962年版，第68页。

按照清政府的规定，外国商人不得与中国商人发生任何直接的买卖关系，外商到中国贸易，必须通过行商开展商务活动。"行商"又称"洋商"，是当时专门从事对外贸易的"洋行"或"洋货行"商人，一般世代经营，具有同外国人打交道的经验。这些商人向政府领取专营对外贸易的特许执照，被授权承销外商带来的进口货物、代外商收购中国出口土货并代外商向海关报税，同时也充当向外商传达政府政令、管束外商在口岸的活动和行为、办理政府与外商间的各种交涉的角色。康熙五十九年（1720），广东行商成立"公行"，即后来所谓的"十三行"，进一步方便了清政府对外贸和外商的治理。清政府实行的"一口通商"，成就了广州口岸海外贸易史无前例的繁荣，广州十三行在中西经济文化交流中起到了独特的作用，使得广州在清中叶形成了开往世界各地港口的航线网络。在清朝对外贸易中，这种管理制度所带来的巨大效应也使得后人在海关管理方面获得了巨大的启示。

广州"十三行"的主要职能是：

（1）代纳关税。（《粤海关志·行商》）

（2）代购销货物。不过嘉庆二十二年（1817）后，已有多少变通，仅余少数货物如出口丝茶、入口生棉纺织品尚为公行行商操纵而已。其他商品各由外商船长与内地行栈私相交易。

（3）代办一切交涉。清政府的官员不能同外商直接会见，清政府的一切命令、文书均由行商向外商转达及监督执行。如"外国人想去澳门或者从澳门回到广州，必须通过行商请求当局发给护照"[1]。

（4）监督外商。行商要防止商馆的洋人在居住及外出时不遵守《管理夷商办法》，监视洋人游览时遵守规章中所列有关事项。

因此，外商与行商休戚相关，来往频繁。"他们一到广州，第一件事就是选择和安排（或重新安排）他们的保商，保商必是十三行中的一家。"[2] 外商投行后，就住在该行商设立的商馆之内，贸易亦在商馆内进行。进出口贸易的经营权，亦由行商操纵。

---

① 姚贤镐：《中国近代对外贸易史资料》第1册，中华书局1962年版，第193页。

② ［英］马士著，张汇文等译：《中华帝国对外关系史》第2卷，生活·读书·新知三联书店1952年版，第84页。

广州"十三行"是当时世界上最大的贸易集散地之一。广州十三行是一个庞大的对外贸易商业机构。作为拥有对外贸易特许权的官商，数量历年不等。自康熙五十九年至道光十九年（1720—1839）这 100 多年间，只有嘉庆十八（1813）及道光十七年（1837）两年洋行之数恰为 13 家，其他各年数量不等。所谓"十三行"只是一种习惯的说法。

广州十三行在清代对外贸易和外交领域具有很特殊的地位。梁嘉彬指出："十三行位于广州新城城外半公里处，面临珠江北岸，倚近怀远驿，概括十三行商馆区全部，为欧洲夷商船舶来华通市、由十三行华人行商验货纳税之所。于是故中外商贸、政治外交等皆以十三行为媒介。职是清代十三行质地为与历来商人殊异。"① 朱希祖在为梁嘉彬的著作所写的序言中也指出："十三行在中国近代史中，关系最巨。以政治而言，行商有秉命封仓停市约束外人之行政权，又常为政府官吏之代表，外人一切请求陈述，均须有彼辈转达，是又有惟一之外交权；以经济而言，行商为对外贸易之独占者，外人不得与中国其他商人直接贸易。"②

对应广州十三行，由行商租赁给外国商人办公居住的会馆被称为"十三夷馆"，整个建筑位于广州城外西南方的珠江岸边，其中又分为英、美、法、荷等馆。

明清之际的海外贸易，虽然几经实施与开放"海禁"的交替，但仍然有一定的发展，许多中外商人渡海泛舟，把丰饶的中华物产贩运到世界各地，把世界各地的商品贩运到中国。同时，传递着中外的文化信息。明清之际海外贸易的发展，对这一时期的中外文化交流起到了桥梁和纽带的作用。

二　郑和下西洋与文化交流

1. 郑和下西洋

宋元两代，中国与东南亚和南亚广大地区的各个国家的官方交往和民间

---

① 梁嘉彬：《广东十三行考》，台湾私立东海大学 1960 年版，第 238 页。
② 梁嘉彬：《广东十三行考》，台湾私立东海大学 1960 年版，"序言"。

交流比以前有所发展，海上丝路进一步开辟和延伸，商船往来不断，贸易活跃繁荣。而至明初，中国与东南亚和南亚地区的交往和文化交流、中华文化在东南亚和南亚地区的传播，出现了前所未有的高潮。而这个文化传播高潮的出现，则肇始于号称"明初盛事"的郑和下西洋。

关于明代"西洋"的地理概念，明末张燮在《东西洋考》中以文莱即"婆罗国"为划分东西洋的界线，其西为"西洋"，其东为"东洋"。《明史·外国列传》记载："婆罗，又名文莱，东洋尽处，西洋所自起也。"也就是说，以加里曼丹岛北部的文莱为界，东边的太平洋为"东洋"，西边的印度洋为"西洋"。"西洋"，也包含马六甲海峡以东的"南洋"地区。

明初郑和的下西洋，与张燮的划分有所不同。根据郑和本人所立的《天妃灵应之纪》碑对 7 次远航历程的总结，以及他的随员马欢、巩珍等人的著述所证，当时是以"苏门答剌国"（今苏门答腊岛萨马朗加）为"西洋总路头"。向达指出："明代以交趾、柬埔寨、暹罗以西今马来半岛、苏门答腊、爪哇、小巽他群岛，以至于印度、波斯、阿拉伯为西洋。"①

　　明代初期，"东洋"和"西洋"是从海上划分的。根据马欢《瀛涯胜览》记载，当时是以南渤里国为东、西洋的分界，它位于今天的印度尼西亚苏门答腊岛。在岛的西北有一个很小的帽山，帽山以西被认为是西洋，也就是说今天的印度洋才被称为西洋，当年它叫做"那没黎洋"。帽山以东则是东洋。②

按今天的航区概念来说，即以马六甲海峡西口为界，其西的广大北印度洋水域为"西洋"，其东的东南亚和东亚水域为"东洋"。③

郑和下西洋不是简单、孤立的事件，而是永乐时期文治武功的一个有机组成部分。永乐时期，成祖初设内阁、决定迁都北京、编纂《永乐大典》、屡伐元朝残余、遣使通西域和派遣郑和下西洋等一系列举措，是影响明代历史进程的重大事件。明朝是当时亚洲乃至世界强国，为了彰显其大国地位和稳定周边局势，成祖在继承洪武时期外交政策的基础上，遣使四出，"宣德化而

---

①　向达校注：《两种海道针经序言》，中华书局 1961 年版。

②　万明：《明代中外关系史论稿》，中国社会科学出版社 2011 年版，第 6 页。

③　参见孙光圻：《中国古代航海史》，海洋出版社 1989 年版，第 498 页。

柔远人"，以和平方式竭力构建明朝视野中的世界新秩序。

在郑和下西洋之前，已经有尹庆两次出使西洋。

尹庆第一次出使的时间是在明永乐元年（1403）十月，他携带明成祖的即位诏前往东南亚和南亚国家。他访问的国家包括满剌加、苏门答腊国、西洋古里、柯枝国。他的副使是闻良辅，随行人员有行人宁善等。他们一行于永乐三年（1405）九月回京。

尹庆下西洋拉开了郑和下西洋的大幕，为明初的航海事业与发展同东南亚国家的交往作出了贡献。后人为纪念尹庆，把南沙群岛北纬8度48—55分，东经112度12—53分范围的一个群礁命名为"尹庆群礁"，1947年和1983年公布名称。

明初，为什么会发动郑和下西洋这样规模庞大的航海事业呢？永乐七年（1409）三月，明成祖命郑和带给"海外诸番王及头目"的敕书中说："朕奉天命，君主天下，一体上帝之心施恩布德。凡覆载之内，日月所照、霜露所濡之处，其人民老少，皆欲使之遂其生业，不至失所。今特遣郑和赍敕，普谕朕意：尔等祗顺天道，恪遵朕言，循礼安分，毋得违越，不可欺寡，不可凌弱，庶几共享太平之福。若有撄诚来朝，咸锡皆赏。故此敕谕，悉使闻知。"（《郑和家谱·敕谕海外诸番条》）

这份文件大体上说明了作为这次大航海行动决策者永乐皇帝的基本想法，就是鼓励海外诸番纳入天朝礼制体系，在这个体系中，中国皇帝是"天下共主"，在这个大一统的国际格局中，以和平的手段，谋求实现中华帝国与海外诸国"共享太平之福"的对外总方针。而正史记载颇为不同，《明史稿·郑和传》说："当是时，帝（成祖）以兵戈取天下，心疑建文帝行遁海外，将踪之；且欲耀兵异域，示中国富强。"这里提出了两个理由：一是寻找建文帝的踪迹，二是向海外各国炫耀中国的强大。研究者们根据史料提出了一些看法，比如吴晗指出："到成祖即位后，国家财政已经到了没有办法的地步，不能不改变政策，掉转头来向南洋发展，从国际贸易的收入上来解救当前的难关。""使臣派出之目的在贸采琛异。"① 这就把郑和下西洋主要说成是为了经济目

---

① 吴晗：《明初的对外政策与郑和下西洋》，《郑和研究资料选编》，人民交通出版社1985年版，第75、77页。

的。还有一些说法，比如强调政治经济双重目的，比如说是针对帖木儿王朝、威慑倭寇以及文化上的教化，等等。①

郑和下西洋这样的壮举得以发动和实施，有着多方面的原因和多重性的目的。究其实质，郑和下西洋是明朝初期大力发展中国与海外诸国之间友好关系的产物。明初洪武至永乐年间，海内升平日久，国运昌隆，使明朝皇帝更倾心于追溯历代盛世中帝王的治绩，向往在海外树立威望，享有盛名。因此，明朝对海外诸国采取了以和平外交手段广为联络，建立以中国为主导的国际间和平相处局势的格局。这种格局也就是所谓与海外诸国"共享太平之福"，就是要建立起一种国际和平环境，既在各国之间消除欺寡凌弱的现象，又使中国免受外患的威胁，并发展中国与亚非各国之间在政治、经济、文化诸方面的友好关系。成祖即位之初，即派遣使臣诏谕南海诸国入贡。《明实录·郑和传》说："当成祖时锐意通四夷，奉使多用中贵，西洋则和、景弘，西域则李达，迤北则海童，而西番则率使侯显。"可见成祖实有意于经营四夷，欲效秦皇、汉武，遣使四出，"宣德化而柔远人"，以和平方式竭力构建明朝视野中的世界新秩序。永乐皇帝派遣郑和数下西洋，就是为了贯彻、实现这一外交方针。

宣德五年（1430），明宣宗在派遣郑和下西洋时也说："纪元宣德，咸与维新。尔诸番国远处海外，未有闻知，兹特遣太监郑和、王景弘等赍诏往谕，其各敬顺天道，抚辑人民，以共享太平之福。"（《明宣宗实录》）说明宣宗派遣郑和下西洋，是为告知海外诸国自己即帝位的消息，同时告知明朝对外的方针不会改变，即为了使中国与海外诸国的邦交有更进一步的发展。

郑和本人对于朝廷赋予自己的使命深为理解："皇明混一海宇，超三代而轶汉唐，际天极地，罔不臣妾。其西域之西，迤北之国，固远矣。而程途可计，若海外诸番，实为遐壤，皆捧琛执贽，重译来朝。皇上嘉其忠诚，命和等统率官校旗军数万人，乘巨舶百余艘，赍币往赍之，所以宣德化而柔远人也。"

就是说，下西洋是为了嘉奖海外诸国对中国的忠诚，使之能持续不断地与中国通好，使"宣德化而柔远人"的基本国策得以贯彻执行，以造成"万

① 参见孙远志、郑一钧：《东南亚考察论郑和》，北京大学出版社 2008 年版，第 41—42 页。

国来朝""四夷咸服"的盛况。

　　发展对外贸易，与海外诸国互通有无，也是郑和下西洋的目的之一。郑和船队在海外活动的近30年中，始终进行着广泛的贸易活动。因此，每次出航，都携带大量货物，或作为礼品赠送所到国家国王和头目，或与当地物产交换，进行官方贸易。通过赏赐和贸易，将深受国外欢迎的中国彩币、瓷器、名贵药物、铜器等传播于诸国，对各国有很大的吸引力。郑和下西洋时期，是明代的海外贸易最繁荣、最活跃的时期，不仅马六甲海峡以东的邻近各国，甚至整个印度洋地区的国家都纷纷通过官方途径和中国建立直接的贸易关系。

　　因此，郑和下西洋的旷世壮举，正是明朝初期为大力发展与海外诸国的外交关系，包括文化交流和贸易关系的一项重大举措，是古代中国致力于走向世界、建立以"天朝礼治秩序"为基本框架的国际关系格局的一次重要努力。当然，这样的重大举措和努力也并非是偶然出现的，它是中国向海外开放历史长过程的延续，特别是中国与东南亚、南亚广大地区交通往来历史过程的延续。而宋元以来造船和航海技术的发展以及宋元两代发展的中国与东南亚、南亚各国的海上交通，为郑和下西洋提供了历史的和技术的前提，明初国内生产的繁荣、经济的发展，为郑和大规模的航海活动提供了雄厚的物质基础。

　　郑和下西洋是规模庞大、影响广泛的国家外交活动。这场前无古人的远洋航海倾国家财力物力、调动全国的技术力量和军事力量，非在国家层面上进行不可。下西洋的动议是在永乐年间提出的，7次下西洋中，有6次是在永乐年间进行的，实际上正是永乐皇帝亲自决策和直接指挥了这场旷日持久的大航海事业。从《明成祖实录》中可以看出，从下西洋的动议、决策、人选，到船舶的制造、费用的支出等，无一不是在永乐皇帝的直接领导下进行和完成的。郑和船队每次远航的时间、任务的确定，以及重大事件的处理，也都是由永乐皇帝亲自决定的。我们对郑和下西洋的研究，就我读到的材料所及，很少有从朝廷的层面、从最高决策者永乐皇帝本人的层面，包括他的国内外政治、经济方略的考虑乃至他个人的理想和心理动机方面的考虑来进行研究的。而这个层面的研究，正有助于更深入地认识郑和下西洋这一旷世壮举的历史意义和文化意义。

　　因此，在多种历史动因和机缘的促成下，在15世纪初叶这个离世界大航海时代的到来并不太久的时候，明成祖决策，令庞大的中国船队驶出国门，活跃在东南亚、南亚乃至阿拉伯和非洲东岸的广大海域，向世界显示中国作为航海大国的强大实力。

而中国历史上这一次最伟大的海上航行，选择了郑和作为它的代表。

郑和的祖辈为云南昆阳州（今昆明市晋宁县）宝山乡和代村人，回族，姓马，世称哈只。郑和六世先祖赛典赤·赡思丁（Sayyid-Ajjal Shams al-Din O-mar）元初来自波斯东部布哈拉，是伊斯兰先知穆罕默德的圣裔。白寿彝考证说："'赛典赤'是 Sayyid-Ajjal 的音译，是对穆罕默德及其后裔的尊称，有'荣耀的贵族'之义。乌马儿是本名，赡思丁是号，意为'宗教的太阳'。"[1]赛典赤·赡思丁曾任云南行省平章，追封为咸阳王。马姓是汉化的阿拉伯语"Mahmud"音译。郑和初名三保，俗称马三宝，成祖赐姓郑之后，方名郑和。

明军在云南作战时，有掳当地儿童服役之风，郑和就是被掳去的儿童中的一个，当时他年约11岁。郑和后来被分发到燕王朱棣藩邸中服役，深得朱棣赏识和信任，选为自己的亲侍。因郑和有智略，知兵习战，在"靖难之役"中表现出色，建立卓越功勋，被成祖朱棣赐姓并升为内官监太监，官至四品，地位仅次于司礼监。宣德六年（1431），宣宗钦封郑和为三保太监。由于郑和才智过人，深得成祖的器重和信任，所以成祖初即位，就把奉使海外的重任付于郑和。郑和用了两年左右的时间，进行了几次小规模的航海活动，通过访问东西洋一些国家和地区，对沿途岛屿、山形、水势进行实地调查，取得第一手的航海资料，并比较深入地研究和了解各种航海图，掌握远洋航海必备的多方面的知识，为日后领导大规模的航海活动作了充分的准备。

郑和下西洋的船队是一支规模庞大的船队。一是人员庞大。郑和的船队每次远航，随行者在27000—28000人之间。二是船只庞大。郑和船队的每次远航，一般由63艘大、中号宝船组成船队主体，加上其他类型的船只，共"乘巨舶百余艘"，有的用于载货，有的用于运粮，有的用于作战，有的用于居住。分工细致，种类较多，是一支以宝船为中心、各舰密切配合的庞大的混合舰队。郑和船队完全是按照海上航行和军事组织编成的，在当时世界上堪称一支实力雄厚的海上机动编队。李约瑟指出，明代海军在历史上可能比

---

① 白寿彝：《中国伊斯兰史存稿》，宁夏人民出版社1983年版，第218页。

任何亚洲国家都出色，甚至同时代的任何欧洲国家，以至于所有欧洲国家联合起来，可以说都无法与明代海军匹敌。郑和船队的组织系统建制完整，分工细密而明确，能够保证船队各项工作正常运转，使整个船队的远洋航海活动成为一个庞大而科学的系统工程。

郑和下西洋，先后 7 次，历时近 30 年之久，其间又可分为前后两个时期。前期从永乐三年（1405）郑和第一次奉命出使，至第三次下西洋于永乐九年（1411）归国为止。在这一时期中，郑和使团的活动范围，不出东南亚和南亚，而主要往来于东南亚各国之间，主要为解决中国在东南亚和南亚所面临的一系列问题，树立起中国在东南亚和南亚各国中的威信，"重振已坠之国威"，进行广泛的外交活动。后期包括郑和下西洋的第四次到第七次的航行，从永乐十年（1412）到宣德八年（1433）间。后期航海的主要任务，是向南亚以西继续航行，到达波斯湾以远地方，通过开辟新的航路，让从来不通中国的海外远国，重译而来，"宾服"中国。在后期航海中，郑和船队经过南洋群岛，横渡印度洋，取道波斯湾，穿越红海，沿东非之滨南下，最远到达赤道以南的非洲东部沿岸诸国及马达加斯加岛一带，分航甚至远达西非沿岸。在第七次下西洋的回航途中，郑和逝世于古里。

七次下西洋，所航行的路线略有不同。在航海沿途，船队设立了四大交通中心站和航海贸易基地。这四大交通中心站分别是占城、苏门答剌、锡兰山别罗里和古里。占城和苏门答剌属于中南半岛、马来半岛范围，为郑和船队发展南海及南洋海上交通，与东南亚各国进行航海贸易的要冲之地。别罗里和古里属印度半岛及其附近范围，为郑和船队发展印度洋和阿拉伯海海上交通，与南亚、西亚和东非各国进行航海贸易的要冲之地。主航船队利用这四大交通中心站，遵循惯常的主航线，与亚非各国开展贸易活动。此外，还分成若干分航船队，从这四大交通中心站出发，形成四条主要的分航船队航线。①

郑和船队以上述四大交通中心站为海运的枢纽，在广大的海域内建立起

---

① 参见郑一钧：《郑和下西洋对 15 世纪初期世界文明发展的贡献》，王天有、徐凯、万明编：《郑和远航与世界文明——纪念郑和下西洋 600 周年论文集》，北京大学出版社 2005 年版，第 32—33 页。

纵横交错的海上交通网络，使船队的航行尽可能达到所能达到的地方。据梁启超依据《瀛涯胜览》和《星槎胜览》等相关文献考释，认为郑和船队到过40个国家：马来半岛以东有15国：占城、灵山、真腊、仑、宾童龙、暹罗、彭坑、东西笠、龙牙门、交烂山、假马里丁、麻逸冻、爪哇、重迦罗、吉里地闷。满剌加诸国凡四（仅列举三国）：有满剌加、亚鲁、九州岛山。苏门答剌诸国凡七：旧港、苏门答剌、南浡里、那孤儿、黎代、龙涎屿、翠蓝屿。印度诸国凡七：榜葛剌、柯枝、大葛兰、小葛兰、古里、锡兰、溜山洋。阿拉伯半岛诸国凡五：佐香儿、阿丹、忽鲁谟斯、天方、剌撒。阿非利加沿岸诸国凡三：木骨都束、不剌哇、竹步。

2. 郑和下西洋的成就

郑和下西洋客观上发展了中国与海外诸国的贸易关系，促进物质文化的交流。郑和船队每次出洋，携带大批货物，这些货物有明朝赠送各国国王、头目的礼品；有对各国进贡物品的回赐，即"朝贡贸易"所需的物资；还有下西洋官员在海外从事贸易活动所需货物。

郑和船队访问亚非各国，在与各国建立友好关系后，即与该国社会各阶层人民进行广泛的贸易活动。郑和船队携带大量的中国货物在远航途中进行着广泛的贸易活动。

中国的丝绸、瓷器、茶叶、金银器皿、铜钱、雨伞、烧珠、樟脑、麝香、水银等深受西洋各国的喜爱。西洋的香料、药材、宝石、琥珀及长颈鹿等珍稀动物、海棠等稀奇植物也被引入中国。

除了给当地统治阶层的赏赐外，郑和船队所携带的货物，都是按照市场的价格进行交易。郑和首次下西洋到达古里，船队带来瓷器和丝绸，古里国国王派掌管国家事务的大头目带领二头目、算手、中介人和明朝官员面对面议价，进行平等交易，击掌定价，书写两份合约，各收一份，此后无论货物价格升降，双方都信守合同无悔。古里国以六成金币"法南"和银币"答儿"支付货款，随后古里的富商带来宝石、珍珠、珊瑚等货物来议价，为期一到三个月。

郑和船队有时还直接与当地居民进行交易。《瀛涯胜览》"祖法儿国"条记载："中国宝船到彼，开读赏赐毕，其王差头目遍谕国人，皆将乳香、血竭、芦荟、没药、安息香、苏合油、木别子之类，来换易纻丝、磁器等物。"

此谓番王明谕国人与中国宝船交易货物。郑和船队抵达一国后，并不仅限于在国都或大码头、大市镇进行交易，而且派遣船只到各国内地的市集上去做买卖。《郑和航海图》所标地名极多，于偏僻处注明"有人家"字样。船队还允许随船官员、海员、兵弁携带一定的私人物品出海贸易，以鼓励参与这项出海时间长、危险性大的航海人员的积极性。第六次下西洋前夕，永乐十九年（1421），永乐皇帝在敕令中特别关照"其官军原关粮赏，买到麝香等物，仍照依人人数关给"，当时麝香在热带地区为俏货，货轻价高，供不应求。皇帝允许下洋"官军"携带"麝香等物"，贩之海外。船队返航时也允许兵弁、海员携带"番货"回国。

郑和船队还在沿途设立了三个贸易据点。在马来半岛一带，船队的贸易据点设在满刺加。满刺加即马六甲，它的西北端通印度洋的安达曼海，东南端连接南中国海，是连接沟通太平洋与印度洋的国际水道。满刺加在当时是东南亚各国的一个商业中心区，也是东西洋水陆交通的枢纽，为郑和船队往东南亚以西远航必经之地。由于明朝与满刺加国建立了友好的交往关系，所以郑和每次下西洋都途经满刺加国，并在此设立据点。中国宝船西行赐命"互市"及东回时，均以满刺加为停装货物及分聚之所。郑和船队以满刺加作为中转地，还建造了仓库。

船队在阿拉伯半岛一带地区，以忽鲁谟斯为其航海贸易的据点。忽鲁谟斯，即霍尔木兹，又译作和尔木斯，在今伊朗东南米纳布附近，临霍尔木兹海峡，废址在霍尔木兹岛北岸，扼波斯湾出口处，此地位处亚、欧、非三洲之中，为中世纪著名的国际贸易中心，又是海上交通的孔道，自印度洋进入波斯湾以至巴格达诸大城，此为必经之地。忽鲁谟斯是在有关郑和航海的史书文献中出现频率最高的地名之一，也是郑和下西洋的主要目的地之一。据《明史·外国列传》"忽鲁谟斯"条记载，因为郑和前三次出海后，西洋近国已航海入贡，"远者犹未宾服"，明成祖朱棣乃命郑和持玺书前往诸国。所谓远者，是指忽鲁谟斯。郑和第四次下西洋时，抵达忽鲁谟斯，在此建立了贸易据点，每次航行都把重点放在忽鲁谟斯，从那里派遣分航船队赴红海和东非。郑和第五、第七次下西洋时也到了忽鲁谟斯。以忽鲁谟斯为据点，便于购买和换易西亚诸国的宝石、琥珀、手工艺品等，同时与来自欧洲大陆的"旱番胡商"进行贸易。

位于满剌加、忽鲁谟斯中间的古里国，也是郑和船队开展对外贸易的重要据点。古里国是位于南亚次大陆西南部的一个古代王国，为马拉巴尔地区的一部分，其境在今印度西南部喀拉拉邦的科泽科德一带，为古代印度洋海上的交通要冲。郑和首次下西洋便到达古里，郑和船队带去瓷器和丝绸等中国商品，与古里国国王交易，郑和船队还把古里国作为淡水和食物补给地和西进基地。郑和第二次下西洋到达古里国，古里国国王接受明成祖朱棣诏封古里王的敕书和诰命银印，各头目接受升赏品级冠服，郑和还在古里立石碑亭纪念。以此为据点，郑和船队既可以与南亚诸国频繁进行贸易活动，又可以对加强船队在东西方的贸易，起到中间站的作用。

在漫长辽阔的海上丝绸之路上，有了满剌加、古里、忽鲁谟斯这三个主要的航海贸易据点，郑和又在占城等地设立规划贸易的大本营，以充分发挥船队从事海外贸易的潜力。这些地方也因此出现了繁荣的景象。

郑和船队在发展与亚非各国的贸易方面取得巨大成就。郑和下西洋打通了中国和东南亚以及西洋各国的海上贸易通道，不仅把中国和东南亚各国的政治交往推向了高峰，也为这一地区的繁荣铺平了道路。[①]

郑和在东南亚地区广泛开展的贸易活动，也促进了当地经济的开发和社会的发展。澳大利亚学者安东尼·瑞德（Anthony Reid）指出：

> 毫无疑问，郑和下西洋刺激了东南亚对中国市场的商品生产……通过南洋贸易而贩运到中国的主要产品胡椒和苏木数量空前，在 15 世纪首次成为大众消费品；在政府的仓库里，胡椒和苏木堆积如山、积压过剩，政府只好用其来支付成百上千官员和士兵的薪水。郑和下西洋也可能导致了印度胡椒树传到苏门答腊北部，从而导致了随后为中国市场而生产的东南亚胡椒产量的急剧增加。此外，它也可能导致了 1400 年前后马鲁古香料出口的增长。[②]

郑和下西洋，建立了当时世界上最为活跃的贸易圈之一——亚洲贸易圈。"15 世纪初年，伴随朝贡体系的建立，推动了朝贡贸易空前发展，通过郑和

---

① ［法］弗朗索瓦·德勃雷著，赵喜鹏译：《海外华人》，新华出版社 1982 年版，"序言"。

② ［澳］安东尼·瑞德著，孙来臣、李塔娜、吴小安译，孙来臣审校：《东南亚的贸易时代：1450—1680 年》第 2 卷，商务印书馆 2010 年版，第 13 页。

下西洋，亚洲贸易网络形成，在这一网络基础之上，亚洲区域贸易的整合得以实现，东西方的连接也由此完成。国家权力通过朝贡体系的建立，介入区域合作的整个历史进程，为各国间官方贸易奠定了有力的基础，这一亚洲历史上区域贸易合作的开端，深刻地影响了后世。下西洋结束以后，在海道大开的背景下，民间私人海上贸易蓬勃兴起，东西方贸易进入了一个崭新发展阶段。"①

在郑和下西洋的影响下，民间私人海外贸易迅速崛起。根据记载，宣德以后东南沿海地区的私人海外贸易就兴盛起来。远航船队刚刚返回，明宣宗即迫不及待地"命行在都察院严私通番国之禁"。到明朝成化、弘治年间，东南沿海地区民间私人海外贸易已经冲破朝贡贸易与海禁的藩篱，迅速地发展起来。"成、弘之际，豪门巨室间有乘巨船贸易海外者。"当时广东"有力者则私通番船"已成为相当普遍的现象。随着福建民间私人海外贸易发展，荒野海滨兴起的漳州月港，在成、弘之际已享有"小苏杭"的盛誉。漳州府户口在弘治时比较全省有了明显增长，这与民间私人海外贸易的活跃及新的贸易港口城镇的兴起有着密切联系。

郑和下西洋，成绩颇大，"互市通商"之事遂为兴起。如《明史稿·郑和传》记载："番人利中国货物，益互市通商，往来不绝。"其所获之珍宝亦甚多。如《明史·郑和传》云："所取无名宝物不可胜计。"《瀛涯胜览》书首纪行诗云："归到京华觐紫宸，龙墀献纳皆奇珍。"

郑和船队在所经各地进行贸易，收购当地物品，有乳香、血竭、芦荟、没药、安息香、苏合油、木别子，有宝石、珍珠、香货，等等。郑和船队的贸易形式主要有三种：（1）开读赏赐与方物贡献；（2）以货易货；（3）货币交易。马欢《瀛涯胜览》共记述了20国，其中19个国家有贸易物品的记录。

马欢的《瀛涯胜览》对各国的物产均有详细记录，这些物产大致可分为7大类：宝物类、香药类、果品类、粮食类、蔬菜类、动物类、织品类。②

交流的海外物产主要有70种产品。③

---

① 万明：《郑和下西洋与亚洲国际贸易网的建构》，《吉林大学社会科学学报》2004年第6期。

② 参见万明：《明代中外关系史论稿》，中国社会科学出版社2011年版，第248页。

③ 参见万明：《明代中外关系史论稿》，中国社会科学出版社2011年版，第252页。

向达写道:"我们读《星槎》《瀛涯》诸书,其中所述各国的方物,真是令人眼花缭乱,其中由郑和带回中国的有:薝卜花、五谷树和一种海棠。此外如西域画的水陆罗汉以及沉香雕的罗汉,都是艺术上的上品。郑和下西洋,以取宝为名,所取来的奇珍异宝,自然不止这两样。"① 向达说到的这几样,在文献上都有记载。周珲《金陵琐事》卷一"薝卜花"条记载:"白云寺,一名永宁寺,与牛首山相近,太监郑强葬地。坟旁多名花异卉;有薝卜花一从,乃三宝太监西洋取来者。"卷三"五谷树"条记载:"五谷树有二株,一在皇城内,一在报恩寺,不但结子如五谷,亦有似鳞蟹之形者。乃三宝太监西洋取来之物。"顾启元《客座赘语》卷一"花木"条记载:"静海寺海棠,云永乐中太监郑和等自西洋携至,建寺植于此,至今犹繁茂,乃西府海棠耳。"《古今图书集成·职方典》卷六六七"江宁府部"记载:"静海寺有水陆罗汉像,乃西域所画,太监郑和等携至。每夏间张挂,都人士女竞往观之。"

方豪据有关资料统计,得出郑和船队进口货物主要有下列诸种:五金类17种、香类29种、珍宝类23种、动物类21种、布类51种、用品类8种(金属品不在内)、药品类22种(香类不在内)、颜料类8种、食品类3种(番盐、糖霜、胡椒)、木料类3种。②

2001年,湖北省文物考古研究所在钟祥市长滩镇大洪村二组龙山坡上,发掘了明梁庄王朱瞻垍墓,共出土各类文物1403件(套),计入附件达5342件,有金、银、玉、瓷、陶、铜、铁、铅、锡、漆木、骨角器;按其功用,分为三类:实用器、丧葬器和法器。据专家介绍,梁庄王墓出土文物有两点值得注意:一是出土大量法器,这在以往明代墓葬考古中罕见。二是大量出土文物来自海外。粗略计算,所有随葬品使用大量金银珠宝,其中金16000克,银13000克,玉14000克,各种宝石700多颗。世界五大名宝中,除钻石外,其他名石在梁庄王墓都有发现,而且不乏精品。例如蓝宝石中有蓝色极优的品种,有金色的品种,有些大粒蓝宝石重量近200克拉。

梁庄王墓出土金器中有2件带铭文金锭,其中一件铭文为:

---

① 向达:《唐代长安与西域文明》,河北教育出版社2001年版,第537页。
② 参见方豪:《中西交通史》下卷,上海人民出版社2008年版,第441页。

> 随驾银作局销镕捌成色金伍拾两重
>
> 作头季鼎等
>
> 匠人黄关弟
>
> 永乐拾肆年捌月　日

另一件铭文为：

> 永乐十七年四月　日西洋等处买到

专家鉴定，这件金锭可以确信与郑和下西洋有直接关系。朱瞻坦生活在永乐、宣德及正统间，他去世后的随葬品有大量是来自海外的，反映了永宣时期郑和下西洋和朝贡贸易的盛况。郑和下西洋时期，明朝统治集团热衷于经营朝贡贸易，换来无数的海外珍异。

郑和七下西洋与东南亚、南亚乃至更远的国家开展外交活动，加强了官方联系，扩大了明朝的国际声威，传播先进的中华文明，加强中国与海外诸国之间的相互了解与交流，建立以中国为主导的国际和平环境。

> 成宣间（1402—1435），努力向南洋发展之结果，第一为经济上之收获，用瓷器、丝、茶诸货物到南洋博易，政府和人民两受其益。第二是政治上的成功，国威远播，南洋诸国王，稽首来庭，甘为臣属。第三是文化的传播，宝船送出，信使往来，使南洋诸国均染华风。第四是华侨移殖之增加及势力之发展，因航路之开辟及航海技术之进步，加以郑和一行使人在南洋之成功，使中国人在南洋之地位陡然提高，在各方面均得便利；因之渡海博易及留居之人数顿增，以其灵敏耐劳的手腕，渐得当地人之信仰。①

《剑桥中国明代史（1368—1644年）》同样认为：

> 郑和在不到20年的时间内跨越了半个地球，把明帝国的声威最大限度地远播到海外。在这个过程中，他进行了15世纪末欧洲的地理大发现的航行以前世界历史上规模最大的一系列海上探险。

---

① 吴晗：《明初的对外政策与郑和下西洋》，《郑和研究资料选编》，人民交通出版社1985年版，第84—85页。

在永乐年间，明朝在东南亚的影响达到了最高峰。这个区域是皇帝主要关注之处。郑和的探险性远航把最重要的东南亚诸国划入了明朝政治势力范围之内。①

郑和在历次奉使出航中，都认真贯彻明朝的和平外交方针，致力于发展与各国的友好关系，使明朝的国际威望大大提高，与海外诸国的官方关系更为密切，取得了重大的外交成就。由于郑和下西洋的影响，明永乐宣德年间与东南亚、南亚等地区的交通往来出现空前繁荣的盛况。许多国家纷纷向中国派遣使节，以通友好，包括那些位于"绝域"的远方国家，如祖法儿以下诸夷，出自对中国的敬慕，沿着郑和所开辟的航路，不远万里，纷纷来宾。有的国家是国王携妻带子与陪臣一同入朝。郑和每次返航时，都有海外诸国使者随船来华。第一次下西洋返国时，有苏门答剌、满剌加、古里等国的使者随行；第五次下西洋返国时，带回了17个国家和地区的使者；第六次下西洋返航时，出现了暹罗、苏门答剌等18国1200余名使臣同时来华的盛事。

郑和下西洋不仅在发展与海外诸国的官方联系方面取得了巨大成就，而且在向海外诸国传播中华文化、促进当地社会的文明开化和文化进步方面做了大量工作。从下西洋船队的派遣者明成祖，到船队的统帅郑和，乃至郑和的一般随行官员，都对向海外传播中华文化有着自觉的认识，并高度重视这项工作。成祖曾说："恒遣使宣教化于海外诸番国，导从礼义，变其夷习。"②郑和在亚非各国访问时，本着"王者无外，中天下而立，定四海之民，一视同仁"的精神，努力宣扬文教，"所至颁中华正朔，宣敷文化，俾天子生灵，旁达于无外"，以中国先进的文化和精神文明的成果，来影响海外国家的精神生活，提高其文化程度，接受中国的礼仪，改变其落后的习俗。

15世纪是人类走向海洋的时代，是人类的大航海时代。郑和的远洋航行，发生在15世纪初，是他拉开了整个大航海活动的序幕，他的航行比哥伦布发现美洲大陆早87年，比达·伽马早92年，比麦哲伦早114年。李约瑟在《中国科学技术史》中写道："当世界变革的'序幕'尚未揭开之前，即15

---

① ［英］崔瑞德、［美］牟复礼编，杨品泉等译，杨品泉校订：《剑桥中国明代史（1368—1644年）》上卷，中国社会科学出版社1992年版，第233、265页。

② 引自郑鹤声、郑一钧：《郑和下西洋资料汇编》中册下，齐鲁书社1983年版，第856页。

世纪上半叶，在地球的东方，在波涛万顷的中国海面，直到非洲东岸的海域，呈现出一幅中国人海上称雄的图景。这一光辉灿烂的景象，就是郑和下西洋。"

从 1405 年开始，在 28 年间，郑和率领中国大明王朝的 200 多艘船航行在世界海域上，航线从西太平洋穿越印度洋，直达西亚和非洲东岸，途经 30 多个国家和地区。郑和下西洋，其船舶技术之先进，航程之长，影响之巨，船只吨位之大，航海人员之众，组织配备之严密，航海技术之先进，在当时的世界上，都是罕见的。甚至在航海时间、船队规模以及航海技术诸方面，均是哥伦布等人的航海活动所望尘莫及的。郑和率领的这支船队，是 15 世纪规模最大的远洋船队。在郑和下西洋停止之后几十年的 15 世纪末和 16 世纪初几支最著名的西方远洋船队，无一能与郑和的船队相比拟。如 1492 年横渡大西洋到达美洲的哥伦布船队，只有 90 名水手、3 艘轻帆船；1497 年绕过好望角航达印度的达·伽马船队，有 160 人，4 艘小帆船；1519 年进行环球航行的麦哲伦船队，有 265 人，5 艘小帆船。据李约瑟估计，1420 年间中国明朝拥有的全部船舶，应不少于 3800 艘，超过当时欧洲船只的总和。著名史学家斯塔夫里阿诺斯（Leften Stavsos Stavrianos）指出，人们往往想当然地认为，只有西方人才能做出那些改变人类生活道路、开创世界历史新纪元的富有历史意义的发现。这种观点是完全没有道理的。若考虑到中东的穆斯林和东亚的中国人所具有的伟大的航海传统的话，这种观点尤其没有道理。他特别提到了郑和下西洋的伟大成就——当这支庞大的中国探险队跨洋过海到达非洲东海岸时，葡萄牙人还刚刚贴着非洲西海岸摸索航路。

从郑和的庞大的远洋船队可以看出，当时中国在航海上，无论是造船技术还是航海技术，都居于世界的领先水平。墨菲说："如此大力开拓航海技术和远洋探险在世界范围来说也是空前的。它的巨大规模和恢弘抱负，以及可能的商业雄心，是新帝国的自尊和活力的一种表现。"①

15 世纪，欧洲的航海事业也取得了巨大的进展：航海活动扩大，地图科学的发展，古典时代的知识重新被认识。15 世纪后期，葡萄牙、西班牙等国

---

① ［美］罗兹·墨菲著，黄磷译：《亚洲史》，海南出版社、三环出版社 2004 年版，第 289 页。

统治者对航海活动的支持，更促进了航海活动的开展。到了 15 世纪末，欧洲的大航海时代开始了。欧洲人的大航海活动取得的成就也是巨大的。约翰·霍布森具体指出了达·伽马的例子："不应忘记的是，达·伽马之所以能够成功航行到印度，是因为他有一个不知名的古吉拉特穆斯林领航员的引导。同样令人郁闷的是，所有使达·伽马的航行能够进行的航船以及航海技术和技巧，实际上都是由中国或者是伊斯兰中东国家发明的（当然经过了进一步改进）。这些技术都是经由伊斯兰世界桥梁而向全球传播，然后被欧洲人所吸收。"①

对于欧洲的大航海事业，梁启超认为郑和"与彼并时而兴"，是"全世界历史上所号称航海伟人"，他的航海比哥伦布等人都要早数十年。但"郑君之烈，随郑君之没以俱逝"。郑和远航与西方人开辟新航路的结局，有着截然不同的结果。郑和下西洋的航海活动虽然声势浩大，但明成祖和郑和死后不久，中国船队便绝迹于印度洋和阿拉伯海，中国的航海事业突然中断了，这使得中国与西洋各国业已建立起来的联系戛然而止。从此，中国人传统的海外贸易市场逐渐被欧洲人所占据，并最终退出了正在酝酿形成中的世界性市场。相反，哥伦布和达·伽马开辟新航路后，在西欧激起了远洋航海的热潮。东方的商品和航海贸易的利润加速了资本主义的原始积累。欧洲人对美洲的新开发，绕过非洲的航行，给新兴的资产阶级开辟了新的活动场所，从而揭开了资本原始积累的序幕。从这一点来看，哥伦布等人的航海活动，对西欧乃在世界历史的发展有着深远的影响。

3.《郑和航海图》

郑和下西洋留下了一份重要的文献，即《郑和航海图》。郑和下西洋期间进行了科学考察，绘制了 20 幅 40 面海图，即《郑和航海图》及其附图《过洋牵星图》。该图制作于郑和第六次下西洋之后，全体下洋官兵守备南京期间。其时正值明宣宗酝酿再下西洋之际，郑和使团是在继承前人航海经验的基础上，将郑和船队历次下西洋航程综合整理，绘制成整幅下西洋全图。巩珍在宣德九年（1434）所写的《西洋番国志·自序》中写道：下西洋前预先

---

① ［英］约翰·霍布森著，孙建党译，于向东、王琛校：《西方文明的东方起源》，山东画报出版社 2009 年版，第 19—20 页。

到福建、广东、浙江招募有出海经验的船员，"用作船师，乃以针经图式付与领执，专一料理"。

《郑和航海图》得以传世，是因为明代晚期茅元仪将其收录在他编纂的《武备志》中。茅元仪在序言中说："唐起于西，故玉关之外将万里；明起于东，故文皇帝航海之使，不知其几十万里。天实启之，不可强也。当是时臣为内竖，郑和亦不辱命焉。其图列道里国土，详而不诬，载以昭来世，志武功也。"

茅元仪是明末杰出的军事家和文学家。他编纂的兵学巨著《武备志》，是中国古代卷帙最多、门类最齐全的军事百科全书，受到中外学者的高度评价。

《郑和航海图》在《武备志》中叫做《自宝船厂开船，从龙江关出水直抵外国诸蕃图》。茅元仪没有说明航海图的来历，根据向达《整理郑和航海图序言》的考证，嘉靖二十六年（1557），胡宗宪为浙江巡抚，为着防御倭寇，请郑若曾等人搜集海防材料，编辑《筹海图编》。茅元仪的祖父茅坤在胡宗宪幕府里参加过《筹海图编》的编纂工作，见到一些与海防有关的材料；他又做过兵部的官，也可能见到兵部的档案。茅元仪秉承家学，《武备志》里的《郑和航海图》，如果不是出自兵部档案，就是从胡宗宪那里得来的，渊源有自。

《郑和航海图》原图呈一字形长卷，收入《武备志》时改为书本式，自右而左，有图20页，共40幅，最后附《过洋牵星图》2幅。海图中记载了530多个地名，其中外域地名有300个，最远的东非海岸有16个。标出了城市、岛屿、航海标志、滩、礁、山脉和航路等。其中明确标明南沙群岛（万生石塘屿）、西沙群岛（石塘）、中沙群岛（石星石塘），1947年民国政府内政部以郑和等命名南海诸岛礁，纪念这位伟大的航海家。

《郑和航海图》采用传统的绘画方法，是写景式海图，图中的地域大小、远近比例，只是相对而言的，有些地方的方位甚至有错。但只要了解其绘制方法，结合所记针路及所附的《过洋牵星图》，并以今图对照，便可发现该图在描绘亚非沿海各地形势，以及在认识海洋和掌握航海术等方面，在当时都达到了较高的科学水平。《郑和航海图》的图幅配置以航线为中心，图上的方位不是以上北下南绘制的，而是突出以航线为主，整个航线是从右向左连贯的，由于这些线原来的向位是不同的，因此图幅的方位亦随之而异。如南京至太仓航线，原是自西向东，而图上绘成从右至左，图幅方位就成为右西左东，上南下北；又如出长江口后沿大陆海岸的航线基本是由北向南，但图上的航线还是由右而左绘出，所以图幅方位又成为右北左南，上西下东。这样绘制的航海图，其图幅方位虽不统一，但却便于在航行中使用。

《郑和航海图》突出了与航行有关的要素，表现在该图的内容要素都是为了航海的需要，一是突出标明航行的针路（航向）和更数（航程）；二是为了定位导航的需要，将显著目标均画成对景图，以便于识别、定位；三是用文字说明转向点的位置和测深定位的水深数，以及注明牵星数据。这些都是保证安全航行的基本要素。《郑和航海图》是中国最早不依附于航路说明而能独立指导航海的地图，从航海学和地图学的角度来看，该图内容非常广泛，涉及大陆和岛屿岸线、浅滩、礁石、港口、江河口，沿海的城镇、山峰，陆地可作航标的宝塔、寺庙、桥梁，航线及其方位等。沿海各个地区的海洋形势，航向、航程、航道深度，该图都相当详细的描述与标注，此外还配置有天文导航专用的"过洋牵星图"。

《郑和航海图》属于针路图系统，该图最主要的内容为针路。郑和下西洋的地文航海技术，是以海洋科学知识和航海图为依据，运用了航海罗盘、计程仪、测深仪等航海仪器，按照海图、针路簿记载来保证船舶的航行路线。航行时确定航行的线路，叫作"针路"。针路一般包括针位与航程。"针位"是指罗盘上的磁针所指的方位，有了罗盘导航以后，在航海上就有了针位的问题。航程一般用"更"来计算，一更约合 60 里。《郑和航海图》以南京为起点，最远至非洲东岸的慢八撒。图中标明了航线所经亚非各国的方位，航道远近、深度，以及航行的方向牵星高度；对何处有礁石或浅滩也都一一注明。图中列举自太仓至忽鲁谟斯的针路共 56 线，由忽鲁谟斯回太仓的针路共 53 线。对于这些针路，大都附有针位和航程，根据针位和航程，即可知针路所经的一些地方的方位和相互之间的里程。船队往返针路全不相同，表明船队在远航中已灵活地采用多种针路，具有高超的航海技术和较高的海洋科学水平。

中国很早就可以通过观测日月星辰测定方位和船舶航行的位置。郑和船队已经把航海天文定位与导航罗盘的应用结合起来，提高了测定船位和航向的精确度，人们称"牵星术"。用"牵星板"观测定位的方法，通过测定天的高度，来判断船舶位置、方向、确定航线。这项技术代表了那个时代天文导航的世界先进水平。根据《郑和航海图》，郑和使用海道针经（24/48 方位指南针导航）结合过洋牵星术（天文导航），在当时是最先进的航海导航技术。郑和的船队，白天用指南针导航，夜间则用观看星斗和水罗盘定向的方法保持航向。由于对船上储存淡水、船的稳定性、抗沉性等问题都作了合理解决，故郑和的船队能够在"洪涛接天，巨浪如山"的险恶条件下，"云帆高张，昼夜星驰"，很少发生意外事故。白天以约定方式悬挂和挥舞各色旗带，组成相应旗语。夜晚以灯笼反映航行时情况，遇到能见度差的雾天下雨，配有铜锣、喇叭和螺号也用于通讯联系。《郑和航海图》中的 4 幅"过洋牵星图"是：

（1）丁得把昔到忽鲁谟斯过洋牵星图：从印度代奥格尔到忽鲁谟斯；用北辰星、织女星、灯笼骨星定位。

（2）锡兰山回苏门答剌过洋牵星图：用北辰星、织女星、华盖星、灯笼骨星定位。

（3）龙涎屿往锡兰过洋牵星图。

（4）忽鲁谟斯国回古里国过洋牵星图。

《郑和航海图》上的航区，主要由 4 部分组成：一是内河航区，起自南京龙江关（今南京下关），止于长江口；二是东南沿海区，止于福建厦门五虎门；三是近洋航区，止于东南亚诸国及印度半岛；四是远洋航区，止于非洲东海岸。该图所示的地域非常广阔，航线众多、漫长。在图中，郑和船队所经之地，均有命名，涉及的地区为今天的中国、越南、文莱、柬埔寨、泰国、印度尼西亚、马来西亚、新加坡、缅甸、斯里兰卡、印度、马尔代夫、也门、伊拉克、阿拉伯、索马里、坦桑尼亚、阿联酋、卡塔尔、巴林、科威特、塞舌尔、马达加斯加、科摩罗、莫桑比克等，约 500 个地名中，外国地名约 300 个，大大超过汪大渊《岛夷志略》一书所收的外国地名。如在这张航海图的非洲大陆东、南海岸，标注着 15 个地名。其原文自北至南分别为：葛儿得风、哈甫泥、木儿立哈必儿、黑儿、剌思那呵、抹儿干别、木骨都束、木鲁旺、不剌哇、慢八撒、起答儿、者即剌哈则剌、门肥赤、葛答干、麻林。15世纪以前，中国关于亚非两洲的地理图籍，以《郑和航海图》最为详尽。该图不仅是研究郑和下西洋和中西交通史的重要图籍，在世界地图学、地理学史和航海史上，也占有重要的地位。

《郑和航海图》是郑和航海实践的一份重要成果。《郑和航海图》是郑和船队根据航海实践和长期考察结果所绘制的，是我国现存年代最早的一份航海图。《郑和航海图》也是世界上现存最早的航海图集。以航海的实用性为特点，突出导航、定位所需的基本要素，具有较高的实用价值。该图集除指导当时和以后的古代航海具有重要意义，还对后人研究中国古代航海史和亚非航线的开辟，起到重要作用。

1885 年，英国学者乔治·菲立浦（George Philips）在所著论文《印度和锡兰的海港》中首次将《郑和航海图》复制，并考证了其中 100 多个地名。至此《郑和航海图》才引起学者的注意和研究。李约瑟在《中国科学技术史》中指出："关于中国航海图的精确性问题，米尔斯（Mills）和布莱格登（Blagdon）曾作了仔细的研究，他们二人都很熟悉整个马来半岛的海岸线，而他们对中国航海图的精确性作出了很高的评价。此外，马尔德（Mulder）最近还从领航员的角度研究了这些资料。在这些图上遇有海岛的地方，一般都绘有外线和内线，有时还为往程和返程分别画出了供选择的航线。""误差一般不超过 5°，这对于 1425 年的舵工来说，可以认为是极好的了。"

4．下西洋"三书"

郑和下西洋档案没有完整保留下来，郑和本身又没有著述，今人所见下西洋原始资料有 3 部基本文献，即马欢《瀛涯胜览》、费信《星槎胜览》、巩珍《西洋番国志》，即郑和下西洋史地"三书"，是当时跟随下西洋的人所著。下西洋"三书"虽在内容上详略有别、各具特点，然而却都明确记述了郑和船队"前往海外，开读颁赏，遍谕诸番""宣布纶音往夷域"的共同使命，同时还记载了万里远航中"浮针于水，指向行舟"的航程；大量记述了海外各国的地理位置、疆域范围、气候变化，以及矿产、林木、果蔬、禽兽、水产等自然资源。从而丰富了人们的地理概念和航海知识，扩大了国人对外部世界的认识。

马敬在为《瀛涯胜览》所写的序言中说："公以才干优裕，首膺斯选，三入海洋，遍历番国，金帛宝货略不私己，而独编次《瀛涯胜览》一帙以归。其载岛夷地之远近，国之沿革，疆界之所接，城郭之所置，与夫衣服之异，食用之殊，刑禁制度，风俗出产，莫不悉备。公之用心，盖欲使后之人，于千载之下，知国家道同天地，化及蛮夷，有若是之盛也。"

《瀛涯胜览》作者马欢，字宗道，号会稽山樵，浙江会稽（今绍兴）人。他通晓阿拉伯语，任通事（翻译官），随郑和于永乐十一年（1413）、永乐十九年（1421）和宣德六年（1431）三次下西洋。《瀛涯胜览》一书在马欢第一次跟随郑和下西洋时就开始动议写作，并广集材料。他将下西洋时亲身经历的20国的航路、气候、物产、工艺、交易、货币和土产动植物等状况记录下来，从永乐十四年（1416）开始著书，此后经过35年修改和整理，在景泰二年（1451）完成。《瀛涯胜览》的撰写与修订长达近40年之久。马欢在其自序中说："于是采摭各国人物之丑美，壤俗之异殊，与夫土产之别，疆域之制，编次成帙，名曰《瀛涯胜览》。俾属目者一顾之顷，诸番事实悉得其要，而尤见夫圣朝治化所及，实非非前代之可比。"

《瀛涯胜览》19篇，记载了占城、爪哇、旧港、暹罗、满剌加、哑鲁、苏门答剌、那孤儿、黎代、南浡里、锡兰山、小葛兰、柯枝、古里、溜山、祖法儿、阿丹、榜葛剌、忽鲁谟斯、天方20个国家和地区的情况。每一个国家都单独成篇，皆记录前去的航行路线。《瀛涯胜览》以简洁的文字对其位置、沿革、重要都会港口、山川地理形势、社会制度和政教刑法、人民生活状况、社会风俗和宗教信仰、生产状况、商业贸易以及气候、物产、动植物等做了翔实而生动的叙述。《瀛涯胜览》对一国家的民俗描写细致入微，被各国学者公认为重要的史料，被广泛引用。例如在《暹罗国》一章中关于青年男子切割阳物外皮，嵌入十几颗锡珠，富人则嵌空心金珠，内嵌细沙，行动有声。欧洲一些旅行家也记述过这个民俗，但不如马欢详细。《暹罗国》所录日常事务均由妇人主管之类的风习则可取作社会发展史研究的实证。

"《瀛涯胜览》的最大特点是'诸番事实悉得其要'，堪称一部下西洋的真实记录。"[1] 早在19世纪末，1895年英国学者菲力普斯（G. Phillips）开始对《瀛涯胜览》作了章节译注，介绍此书到西方世界。1929年，向达《关于三宝太监下西洋的几种资料》一文，对《瀛涯胜览》作了版本考证和详细介绍。1933年，荷兰学者戴闻达（J. J. L. Duyvendak）发表《马欢再考》。其后

---

① 万明：《明代中外关系史论稿》，中国社会科学出版社2011年版，第245—246页。

不久，法国学者伯希和发表《15 世纪初年中国人的伟大海上旅行》长文，1935 年冯承钧将其翻译出版，改名为《郑和下西洋考》。此后不久，冯承钧主要依据伯希和所见明刻《纪录汇编》本与清刻《胜朝遗事》本，参考向达提示的明抄本《国朝典故》若干异文，出版了《瀛涯胜览校注》。2005 年，万明出版了《明钞本〈瀛涯胜览〉校注》，2018 年进行增补修订，以《明钞本〈瀛涯胜览〉校注》，重版。

《星槎胜览》作者费信，字公晓，吴郡昆山（今江苏昆山）人。费信 14 岁时，代亡兄当兵，戍江苏太仓。家贫好学，常"偷时借书而习读"。22 岁时，"选往西洋，四次随从正使太临郑和等至诸海外，历览诸番人物风土所产"。费信先后参加了第三次（1409）、第四次（1413）、第五次（1416）、第七次（1431）的下西洋，是下西洋史地"三书"的作者中下西洋次数最多的一位。

费信每到一地，抓紧公务之余，"伏几濡毫，叙缀篇章，标其山川夷类物候风习，诸光怪奇诡事，以储采纳，题曰《星槎胜览》"。于明正统元年定稿。费信还说他"二十余年，历览风土人物之宜，采辑图写成帙"。这似乎说该书原配有绘画插图（包括地图海图）。但后来插图亡佚，没人见过。

《星槎胜览》分前后两集，前集所记占城国、宾童龙国、昆山、昆仑山、交栏山、四暹罗国、爪哇、旧港、满剌加国、九洲山、苏门答剌国、花面国、翠兰屿、锡兰山国、小唄喃国、柯枝国、古里国、忽鲁谟斯国、剌撒国、榜葛剌国，均为费信亲身游历过的国家和地区。后集所记真腊国、东西竺、淡洋、龙牙门、龙牙菩提、吉里地闷、彭坑、琉球国、三岛、麻逸国、假里马打国、重迦罗、渤泥国、苏禄国、大唄喃国、阿丹国、佐（祖）法儿国、竹步国、木骨都束国、溜洋（山）国、不剌哇国、天方国、阿鲁（群岛）国等国家和地区，均为采辑旧说传闻而成，其中有些内容采自元代汪大渊的《岛夷志略》。所记 40 余国对其位置、沿革、都会、港口、山川地理形势、社会制度及政教刑法、人民生活状况、社会风俗和宗教信仰、生产状况、商业贸易以及气候、物产、动植物等，做了扼要的叙述。

该书补充了《瀛涯胜览》所未收录的 20 多个亚非国家和地区，对于研究 15 世纪初亚非各国，特别是下西洋船队抵达访问的 3 个非洲国家（竹步、术骨都束、不剌哇）的基本情况，极有价值。书中对郑和船队访问各国的一些情况，也做了记述，是研究下西洋和中西交通史的重要史籍之一。

《星槎胜览》所记航程，可知郑和船队是以占城、满剌加、苏门答剌、古里为重要航站的，船队总是先到达这几个航站，再由这几个重要的中转站，分抵西洋各国的。

《星槎胜览》原本"文学芜俚""词多鄙芜"，后经周复俊"稍加删析，录一净本，六梅斋中"。删析本文字雅洁，分成4卷，被陆深父子收入《古今说海》，以后辗转采录，又见于《历代小史》《纪录汇编》《百名家书》等，流传甚广。1938年，冯承钧出版《星槎胜览校注》。《星槎胜览》近代有荷兰人罗克希尔（W. W. Rockhill）的英译本；英人米尔斯（J. V. G. Mills）英译，德国人普塔克（Roderich Ptak）注释的单行本《星槎胜览》。

《西洋番国志》作者巩珍。巩珍，号养素生，应天（今南京）人，兵士出身。宣德五年（1430）郑和最后一次下西洋，他为总制之幕（相当于秘书）随行往还3年，历20余国，凭通事转译，询悉各国事迹。向达认为巩珍所据的通事多半指马欢，大概他利用了马欢的记录。

《西洋番国志》1卷。他在《西洋番国志》中说道："凡所纪各国之事迹，或目及耳闻，或在处询访，汉言番语，悉凭通事转译而得，记录无遗。中有往古流俗，希诧变态，诡怪异端而或疑，或传译舛而未的者，莫能详究。"

《西洋番国志》全书20则，记述明郑和第七次下西洋的经过。书中记录了郑和船队经过的20个国家和地区：占城国、爪哇国、旧港国、暹罗国、满剌加国、苏门答剌国、哑鲁、南巫里、柯枝国、小葛兰、古里国、阿丹、榜葛剌、忽鲁谟斯国、天方等，对此行途中的山川形势、人物风俗、物产气候等，都一一作了客观而详尽的记录，所谓"人物妍媸不同，居止洁秽等别；气候常如春夏，秋霜冬雪皆无；土产风俗，各不相类"等等。此外，还收录了明永乐十八年（1420）、十九年（1421）及宣德五年（1430）的3通敕书。《西洋番国志》在条目篇章设置、顺序、国家地区的译名等方面与《瀛涯胜览》一样，在内容上也与《瀛涯胜览》基本类同。

巩珍在《西洋番国志自序》中记录了许多重要的航海知识，如说："惟观日月升坠，以辨西东，星斗高低，度量远近。皆斫木为盘，书刻干支之字，浮针于水，指向行舟。"这是记述当时船队用"牵星过洋"和水罗盘定向相结合的方法来确定航向。为了准确地判定航向和里程，船队还要选取有经验的船师担任"火长",多是选取福广浙一带"驾船民艄中有经惯下海者",其执掌"针经图式",以保"更数起止,计算无差"。巩珍还描述了下西洋宝船"体势巍然,巨无与敌,蓬帆锚舵,非二三百人莫能举动"的壮观景象;记载了船队每停泊一处,需及时"汲取淡水,水船载运,积贮仓储,以备用度。斯乃至极之务,不可暂弛"。凡此种种,描写细致,均为研究 15 世纪中国航海史的重要材料。

《西洋番国志》"叙事详枝,行文瞻雅",早在"宣德九年编次成集"。但长期未刊,未能流行。1960 年向达出版了《西洋番国志》的整理校注本。

方豪说,除了上述郑和下西洋"三书"外,"别有明人所作三书,年代相去不远,最有参考价值"①。方豪所说的这"三书",是指黄省曾《西洋朝贡典录》、罗懋登《三宝太监下西洋记》和茅元仪《武备志》卷二四〇之海图。

《西洋朝贡典录》3 卷,黄省曾撰,纂修于正德十五年(1520)六月二十九日,至清嘉庆十三年(1808)才刊印。黄省曾,字勉之,吴县(今江苏吴县)人。《西洋朝贡典录》是黄省曾根据《星槎胜览》《瀛涯胜览》和《碱位》等书编成的。该书所记郑和所至 23 个国家的道里、山川、风俗、物产、器用、语言、衣服等颇详。校正了《瀛涯胜览》《星槎胜览》中一些文字错讹和脱文,补充了《瀛涯胜览》《星槎胜览》中所无的各地土特产品和贡品,其中针路的记载更是其他书中所少见的资料。

《三宝太监西洋记》,又名《三宝开港西洋记》《三宝太监西洋记通俗演义》,简称《西洋记》。作者罗懋登,字澄之,明万历间陕西人,作有传奇《香山记》,并注释传奇多种。向达说:"《西洋记》中所根据的材料自是很多,现在考起来,马欢的《瀛涯胜览》,罗懋登一定是看见过的,所以卷十九第九十三回说三宝太监夜得一梦,到了次日侯显找到译者马欢来替郑和圆梦。可见著者之知道马欢。卷二十第一百回,开首就是一篇长诗,这就是《瀛涯胜览》原本卷首所附马欢'历纪行役'之诗。"②"这部小说在明代万历年间问世,不仅本身是郑和事迹流传的产物,同时,也对下西洋故事的传播起了

---

① 方豪:《中西交通史》下卷,上海人民出版社 2008 年版,第 428 页。

② 向达:《唐代长安与西域文明》,河北教育出版社 2001 年版,第 560 页。

重要作用。"①

方豪所说的第三部著作是《武备志》，其中收录了《郑和航海图》，具有特别重要的价值。或者可以说，正是因为《武备志》才使得《郑和航海图》得以保存和流传下来。

三 新航路的开辟与西方人的东进

1. 历史大变动中的西方世界

在中国的明清之际，当古老的东方帝国沉湎于它的盛世辉煌的时候，在欧亚大陆的另一端，西方世界正在经历着历史性的大变动。这场大变动，包括经济的、政治的、社会的、文化的结构性的演变，对整个人类文明的发展有着至关重大的意义。

西方这场大变动的实质在于，通过生产力的进步、科学技术的发展和经济飞跃，通过政治、经济、社会、文化等等全方位的变化，实现着传统社会向现代社会的全面过渡、传统文明向现代文明的全面过渡。

这场历史大变动在14、15世纪的时候已渐露端倪。"在14和15世纪，在地中海的某些城市已经稀疏地出现了资本主义的最初萌芽。"② 随着生产力的发展，近代资本主义生产关系在封建社会内部萌芽和发展起来。在纺织、冶金、采矿、造船等重要工业部门生产技术不断革新，社会劳动分工不断扩大，手工业和农业进一步分离，商品生产的增长和国内外市场的形成，都加速了封建生产方式的衰落和解体，给资本主义生产方式的产生和发展创造了条件。15世纪，印刷术、指南针、火药得到了普遍采用，航海事业出现了新的纪元。16世纪以后，西欧各国，特别是尼德兰和英国的资本主义关系得到了迅猛的发展，资本主义经济成分在国民经济中占有了重要地位。17世纪初，尼德兰的呢绒、造船、航海各业居欧洲各国的首位。英国的海外贸易、城市

① 万明：《明代中外关系史论稿》，中国社会科学出版社2011年版，第398页。
② 马克思：《资本论》第1卷，人民出版社1975年版，第784页。

工商业急剧地发展着，从16世纪开始的农村"圈地运动"加紧进行，促进了农业的资本主义化。

随着资本主义经济关系的发展，社会结构也发生了明显的变化，资产阶级作为一支独立的政治力量逐渐地成长起来。16世纪60年代，尼德兰发生了资产阶级革命，推翻西班牙贵族的统治，建立资产阶级的共和国。17世纪40年代，英国爆发了资产阶级革命，经过近半个世纪的曲折斗争，终于推翻了封建王朝，确立了资产阶级的政治统治。马克思指出，英国革命的意义在于"它并不是英国的革命"，而"是欧洲范围的革命"，是"资产阶级所有制对封建所有制的胜利"，它"宣告了欧洲新社会的政治制度"。[①] 英国建立的新型政治制度很快成为欧洲各国效法的对象。

在这一时期，近代自然科学也逐渐成长和发展起来。16世纪中叶哥白尼创立"日心说"，标志着西方近代科学的诞生。到17世纪，近代科学的各个部门，如力学、数学、物理学、化学、生理学和生物学等部门都开始形成并取得了许多重要成果。特别是力学和数学，是17世纪自然科学所取得的最大成就。航海事业的发展推动了天文学和天体力学的研究，手工工场在生产中也提出了许多力学问题，而机器的采用在实践上支持并刺激了近代力学的创立。伽利略发现了惯性定律、落体定律，提出了力学的相对性原理，奠定了经典力学的基础，开普勒提出了行星运动三定律，牛顿则进一步提出了力学运动的三大定律和万有引力定律，把天体力学和地球物理力学统一起来，完成了经典力学的科学体系。在力学发展的同时，数学也取得了辉煌的成果。耐普尔发明对数，笛卡尔创立解析几何，牛顿和莱布尼茨几乎同时制定微积分。当时人们已经能够准确地用数学形式描述机械运动的一般规律。

近代自然科学的发展为工业革命准备了条件。18世纪60年代从英国开始的工业革命，以蒸汽机的发明和普遍使用为标志，是一次重要的技术革命，它意味着人类对自然力认识的一个巨大进步，从而发展了机器生产，创造了空前巨大的生产力。恩格斯指出："分工，水力、特别是蒸气力的利用，机器的应用，这就是从十八世纪中叶起工业用来摇撼旧世界基础的三个伟大的杠

---

① 参见《马克思恩格斯选集》第1卷，人民出版社1972年版，第321页。

杆。"① 工业革命从英国开始，法国、美国、德国等国家也在 18 世纪末 20 世纪初先后开始了工业革命的进程，至 19 世纪 40 年代，前后历时七八十年的时间。工业革命极大地促进了社会生产力，使生产规模和生产方式发生了重大变化，使社会生产和经济水平获得了巨大的发展，同时也极大地推动了资本主义经济体系的发展，推动了资本主义社会制度和政治制度的成熟和完善，从而改变着整个社会生活的面貌。

在西方经历这场伟大社会变革的同时，思想文化领域也发生着深刻的变化。14 - 16 世纪初，西欧各国先后广泛兴起了文艺复兴运动。这是一场反对封建专制主义、反对基督教神学权威的思想文化运动。它培育了一大批宣传进步思想的先锋和文化巨匠，促进了欧洲文化、科学和哲学的繁荣，为近代西方文学艺术、自然科学和哲学的形成和发展开辟了道路。17 世纪以后，随着近代自然科学的发展，世界交往的扩大以及社会生活领域变革的扩大，人们的视野不断扩大，人们的世界图景也发生了重大变化。信仰主义无可奈何地衰落下去，理性主义成为一面时代的旗帜。到 18 世纪中期，以法国为中心展开的启蒙运动，对中世纪的意识形态基督教神学进行了彻底的打击和批判，并且全面地论证了近代资产阶级的社会理想和政治理想，成为政治变革的思想先导。与此同时，欧洲的文学、绘画、建筑、音乐等艺术形式以及日常生活领域都发生了重大的变化和发展。

总之，在 14 至 18 世纪的西方世界，经历着一场全面的、历史性的变革。这场变革的直接结果，就是创造了完全不同于中世纪传统文化的西方近代文化，创造了一种体现资本主义发展的物质文明和精神文明。西方文化的这一转折性变化，不仅对西方社会历史，而且也对整个人类历史产生巨大影响。近代文明虽然一开始是在欧洲萌发的，但资本主义所创造的不是一个地域的文明，而是一个世界性文明。正像马克思和恩格斯所指出的："资产阶级，由于一切生产工具的迅速改进，由于交通的极其便利，把一切民族甚至最野蛮的民族都卷到文明中来了。它的商品的低廉价格，是它用来摧毁一切万里长城，征服野蛮人最顽强的仇外心理的重炮。它迫使一切民族——如果它们不想灭亡的话——采用资产阶级的生产方式；它迫使它们在自己那里推行所谓

① 《马克思恩格斯选集》第 2 卷，人民出版社 1972 年版，第 300 页。

文明制度，即变成资产者。一句话，它按照自己的面貌为自己创造出一个世界。"①

西方近代文明影响着整个世界的文明历史进程。从发生学的角度说，西方近代文明产生于欧洲社会，因而起源于欧洲文化的历史传统，但是，这种影响整个世界历史进程的近代文明并不是欧洲传统文化的自动延续，而是各文化圈交融的过程，它是全人类共同创造的成就。其中也包括西传的中华文化参与了这个过程。由于当时欧洲社会文化处在大变动的时期，传统的文化体系已经被打破，失去了权威性的尊严和地位，新的近代文明正在成长之中，还没有达到成熟、完备的程度，因而整个社会文化结构呈现出一种全面开放的态势。在这种情况下，外来的异质文化容易传播进来并得以流传，整个社会充满了对新鲜事物的好奇心和容纳、吸收外来文化的活力机制。正因为广泛吸收和融合了外来文化、特别是东方文化的优秀成果，才有了西方近代文明的诞生。

> 现代科学的诞生经历了几个世纪的准备时期，在这个时期内全欧洲曾经吸收了阿拉伯的学术知识、印度的思想意识和中国的工业技术。

> 确实，现代科学在欧洲是从伽利略时代开始的，但是，对于科学本身，对于产生科学革命的科学基础，却是一切国家和一切人民都有所贡献的，而其中最突出的就是中国。②

社会大变动时期的人们最具有开放的精神，近代欧洲人向海外的扩张和殖民，不仅仅是掠夺了巨额的财富，而且还获得了丰饶的文化之果。

2. 大航海时代的来临

从15世纪中叶开始，西欧诸国掀起了开辟全球性海上新航路的探险热潮。1486年至1487年，葡萄牙航海家巴托罗缪·迪亚士（Bartholmeu Dias）率领的探险队航达好望角；1492年，在西班牙王室资助下意大利航海家哥伦布（Christopher Columbus）船队横渡大西洋，到达中美洲；1492年至1498

---

① 《马克思恩格斯选集》第1卷，人民出版社1972年版，第255页。

② ［英］李约瑟著，劳陇译：《四海之内：东方和西方的对话》，生活·读书·新知三联书店1987年版，第6、129页。

年，葡萄牙航海家瓦斯科·达·伽马（Vasco da Gama）远征队从里斯本出发，绕过非洲南端，抵达卡利卡特，首次打通了东印度航路；1519 年至 1521 年，葡萄牙航海家麦哲伦（Fernando de Magallanes）船队进行了人类历史上第一次环球航行。

自从《马可·波罗游记》在欧洲传播以后，中国和东方的财富，好像神话一样，使欧洲的贵族、商人和冒险家们醉心向往。这被说成是"远方契丹的诱惑"。但是，在这个时候，中西之间传统的贸易路线却受到了严重的阻碍。首先是 14 世纪中叶，帖木儿在中亚地区建立的帝国隔绝了中西交通，"从 15 世纪起，东方和西方之间比中世纪中的任何时期都更为隔绝了。"①其次，是发生在 1453 年的土耳其人攻陷君士坦丁堡，吞并了东罗马帝国的大部分领土，控制了红海、波斯湾和黑海通往地中海的交通线，向过境各国商人勒索大量捐税，垄断了欧洲同东方的贸易。最后，欧洲和东方在陆路的商贸往来，长期受制于埃及卡拉米商人和阿拉伯骆驼队商。陆上运输的迟缓、运费的昂贵和缺少安全的保证，也已越来越不能适应欧洲市场的需要了。

于是，欧洲人开始寻找通往东方的新途径，有了一系列寻找新航路的海上探险活动。"15 世纪时整个欧洲的商人和船员们都在推测去东方的新路。"②

在这个时代的海上探险活动中，葡萄牙人充当了先锋。葡萄牙位于欧洲的西南角，在 14 世纪和 15 世纪上半叶，葡萄牙的船队已经沿着非洲曲折的海岸走了相当远。当时他们形成了这样一个概念：也许再往前一些，海岸会向东转，到印度群岛和契丹的路就会通了。1428 年，葡萄牙航海家亨利（Henry the Narigator）的兄弟佩德罗亲王（Princ Pedro）在访问威尼斯之后带回一本《马可·波罗游记》和一张世界地图，"上面描绘了世界上所有地区，从而给亨利王子很大推动"。亨利王子建立了人类历史上第一所国立航海学校，他的麾下聚集了不同民族、不同种族的专家、学者。他们改进了中国的指南针，把只配备一幅四角风帆的传统欧洲海船，改造成配备两幅或三幅大三角帆的多桅快速帆船，葡萄牙人就是凭借这些 20 多米长、60 到 80 吨重的

---

① ［英］道森编，吕浦译，周良霄注：《出使蒙古记》，中国社会科学出版社 1983 年版，第 29—30 页。

② ［英］赫·乔·韦尔斯著，吴文藻译：《世界史纲》，人民出版社 1982 年版，第 839 页。

三角帆船，沿着非洲西海岸，一路向南。1487 年，葡萄牙航海家巴托罗缪·迪亚士沿非洲西岸南行到了非洲的最南端，他把它叫做"暴风角"；但当他回来汇报他的发现时，葡萄牙国王说，应该把它叫做"好望角"，预意他们现在有了到达印度的良好希望了。

1497 年，葡萄牙政府组建和装备了一支舰队，去探索由葡萄牙起绕过非洲前往印度的海上航道。这支舰队由航海家瓦斯科·达·伽马率领，航行绕过了好望角，之后在非洲的东岸摸索着航到了马林迪，在那里找到了一个阿拉伯领航员向导，通过印度洋到了印度。1498 年 5 月 28 日，达·伽马率领的葡萄牙舰队在印度卡利卡特城附近的一个停泊场抛下了锚。"从此以后，葡萄牙的船只就经常取道好望角驶向东方，回去的时候满载着香料、丝绸和珠宝等贵重货物。"① 他们还占据了锡兰、苏门答腊、爪哇和香料群岛。1517 年他们到了中国广州，1542 年他们进入日本。关于葡萄牙人发现通往印度航路的重大意义，可以说是在"一眨眼的功夫，葡萄牙人便从阿拉伯人手中夺去了印度洋的'海上霸权'"②。

> 对欧洲人来说，通往印度航线的发现不仅是葡萄牙历史上一个伟大的事件，而且也是世界贸易史上一个重大事件。从这个时刻开始直到苏伊士运河开凿之前（1869），欧洲与印度洋沿岸各国以及中国的主要商业贸易，都是通过地中海、穿过大西洋和绕过好望角来进行的。葡萄牙把"东航的钥匙"牢牢地掌握在自己手中，成了 16 世纪最强大的海上王国，它夺取了对南亚和东亚贸易的垄断权，并保持了 90 年之久，直到"这个无敌于天下的舰队"被打败为止（1588）。③

当葡萄牙人向东寻找一条绕过非洲到印度去的新的全程水路时，西班牙人则开始了向西的航行。由于地圆学说的广泛传播，当时的欧洲人已经

---

① ［美］海斯、穆恩、韦兰著，中央民族学院研究室译：《世界史》中册，生活·读书·新知三联书店 1975 年版，第 626 页。

② ［英］汤因比著，曹未风等译：《历史研究》下册，上海人民出版社 1986 年版，第202 页。

③ ［苏］约·彼·马吉多维奇著，屈瑞、云海译：《世界探险史》，世界知识出版社 1988 年版，第 232 页。

普遍接受了地球是圆的观念，并且相信海洋沿绕过欧洲和非洲向印度和中国伸展，但是并没有人想到还有美洲大陆横在中间。那么，渡过大西洋向西直驶，也许可以更容易更迅速地到达东方，正是这种想法鼓励着意大利航海家哥伦布创造了世界探险史上精彩的一章。哥伦布没有到达东方，却发现了美洲新大陆。1492 年 8 月 3 日，哥伦布在西班牙国王的支持下，率领 3 艘船和 88 名船员出发了。10 月 12 日，哥伦布经过漫漫的航行，终于登上了美洲巴哈马群岛中的一个岛屿。但是，他绝没有想到这里离印度和中国还十分遥远，他相信他发现了亚洲海岸边东印度群岛中的一个岛，他把当地的土著人称为"印第安人"（即"印度人"，Indians）。他们从此就一直被称为印第安人。

哥伦布发现"印度"①（实际上是发现了美洲）的消息大大地震动了整个西欧，它激起了许多人前去探险的愿望。

欧洲人渐渐地晓得了"美洲"不是"亚洲"，而是一个"新世界"这个惊人的事实。直到葡萄牙航海家麦哲伦的环球航行，才最后确定了这个事实。麦哲伦于 1519 年从西班牙向西南渡过大西洋，经过靠近南美洲南端的后来以他的名字命名的海峡，又穿过了宽阔的太平洋，抵达菲律宾群岛。"无论怎样来计算麦哲伦的航船从美洲到达第一批面积较大的海岛所真正行驶的航程，这个航程似乎都比当时的地图上标明的从新世界到日本的距离要长出许多倍。实际上，麦哲伦已经证实在美洲与亚洲之间存在着一片辽阔的水域，这个水域比大西洋的水域要宽阔得多。"② 麦哲伦在菲律宾群岛被土著人所杀，但他船队中的一艘胜利地绕过非洲，回到了欧洲。那是人类第一次环绕世界的航行，并且是整个历史中最伟大的航行之一。

美洲新大陆的发现和新航路的开辟，对世界历史的发展进程具有特别重大的影响。马克思和恩格斯在《共产党宣言》中指出：

> 美洲的发现、绕过非洲的航行，给新兴的资产阶级开辟了新的活动场所。东印度和中国的市场、美洲的殖民化、对殖民地的贸易、

---

① "印度"是欧洲中世纪对南亚和东亚地区的统一名称。

② ［苏］约·彼·马吉多维奇著，屈瑞、云海译：《世界探险史》，世界知识出版社 1988 年版，第 268 页。

交换手段和一般商品的增加，使商业、航海业和工业空前高涨，因而使正在崩溃的封建社会内部的革命因素迅速发展。①

发现新大陆和开辟新航路，是世界历史上最重大的事件之一。"地理大发现是人类历史上一场'空间的革命'，沟通东、西半球，联系新、旧大陆，古代有关大地球形的猜想得到了证实，中世纪狭小的世界观有了扩展，人类不仅发现了其赖以生存的地球，也更加认识了自己。""15—17世纪的欧洲海外扩张，首先意味着这场巨大的空间革命，同时意味着全球经济、政治及文化国际权力的中心已从伊斯兰世界移向基督教世界。"② 英国地理学家麦金德（Halford John Mackinder）更明确指出：地理大发现"主要的政治效果是把欧洲与亚洲的关系颠倒过来，因为在中世纪时，欧洲被关在南面不可逾越的沙漠、西边无边莫测的大洋，和北面、东面冰封或森林覆盖的荒原之间，而东面和东南面又经常受到骑马和骑骆驼民族的优势机动性的威胁。欧洲现在出现在世界上，它能到达的海域和沿海陆地增加了30倍以上，它的势力包围着至今一直在威胁它本身生存的欧亚陆上强国"③。从此，整个世界被连成了一片，人类文明超越了地域的限制。

"16世纪预告着中西文明必然要会面，历史正在为这件事的发生做准备。几次航海事业（包括中国的郑和等，欧洲的哥伦布、麦哲伦、伽玛等）无疑都为东西文明向碰撞点挪动起了推动作用。"④

3. 葡萄牙与中国的最初接触

新航路开辟之后，最先抵达中国的欧洲人是葡萄牙人。

葡萄牙人沿非洲海岸绕好望角而抵达印度，终于开辟了欧洲与亚洲之间的新交通线。葡萄牙人利用新航路与东方开展贸易。香料和东方各种物产，大宗流入欧洲。葡萄牙首都里斯本一时成为欧洲重要商港之一。葡萄牙人利用其坚甲利兵，摧败印度洋上阿拉伯人的商业势力，独霸东方海上。

---

① 《马克思恩格斯选集》第1卷，人民出版社1972年版，第252页。

② 杨允中：《近代世界文明演进中的反差与澳门特殊地位的形成》，澳门大学澳门研究中心：《澳门研究》第18期，澳门基金会2003年版，第41页。

③ ［英］哈·麦金德著，林尔蔚、陈江译：《历史的地理枢纽》，商务印书馆1985年版，第58页。

④ 陈乐民：《十六世纪葡萄牙通华系年》，辽宁教育出版社2000年版，第34页。

16 世纪，麻剌甲是南洋一繁盛的国际贸易中心。其时中国与麻剌甲的贸易联系也很频繁，常有中国商船来往其间。1511 年，葡萄牙出兵占领麻剌甲，开始了殖民统治。"葡萄牙人在攻占马六甲这个远东门户的同时，也打开了通往中国南海、进入中国的大门。"①

葡萄牙人攻占麻剌甲时，有 5 艘中国商船停泊港中。葡领印度总督达布奎克（Dalboquerque），即葡军占领麻剌甲的指挥者，留中国商船多住数日，并与中国船长交往，以了解有关中国的情况，预备日后与中国通商。达布奎克将在麻剌甲所见中国商人之种种情形写成报告，并拟就一份葡萄牙与中国通商的计划书，一并呈给葡萄牙国王。葡王乃决意派遣使者，前来中国要求通商。

葡萄牙商人最早来中国始于 1513 年。当时限中国惯例，不许外人入境，未能登陆，仅在屯门岛上交换商品。这些商人的行动属于私人性质，不是官方派遣的。1517 年，葡领麻剌甲总督选派国王的药剂师皮列资（Tome Pires）为官方使节，由安德拉德（Fernão Peres de Andrade）率领 8 艘武装舰船护送，于 1517 年 8 月 15 日抵达广州屯门港。此为葡政府正式通使中国之始。皮列资交涉不成，被投入狱中。皮列资著《东方志》，为当时欧洲人介绍中国的重要文献。

1518 年，安德拉德之弟西蒙·安德拉德（Simao d'Andarde）又率舰队驶往屯门港。西蒙·安德拉德擅自占据屯门岛，建筑棚寨，掠买人口，剽劫行旅，沿海乡村横遭其祸。1521 年 9 月，广东海道副使汪鋐奉命抗击，发生屯门之战，将占据屯门岛的葡萄牙人全部驱逐出境。不久，又发生新会的西草湾之战，葡人仍以失败告终。在 1521—1522 年，所有葡萄牙船只都被强行逐出广东海岸，同时颁发一道圣旨禁止一切与"番鬼"的贸易。

葡萄牙人自然不愿意轻易放弃与中国贸易这样大有可图的机会，他们转而到福建和浙江沿海，进行走私贸易。宁波附近的双屿港、大厦门湾南端的捂屿岛和月港等地，成为他们的临时驻地。以后又乘中国开放海禁之机，在广东海岸的上川岛和浪白澳等地进行走私和贸易活动。《万历广东通志》卷六九记载："夷船停舶，皆择海滨地之湾环者为澳。先年率无定居，若新宁则广

---

① 黄庆华:《中葡关系史》上册，黄山书社 2006 年版，第 68 页。

海、望峒，香山则浪白、濠镜澳、十字门，若东莞则虎头门、屯门、鸡栖。嘉靖三十二年，舶夷趋濠镜者托言舟触风涛缝裂，水湿贡物，愿暂借地晾晒，海道副使汪柏徇贿许之，时仅蓬垒数十间。后工商牟奸利者，始渐运砖瓦木石为屋，若聚落然。自是，诸澳俱废，濠镜独为舶薮矣。"《明熹宗实录》卷一一记载："天启元年六月，广东巡按王尊德以拆香山澳夷新筑青洲岛具状上闻：按澳夷所据地名濠镜，在广东香山县之南、虎跳门外海漘一隅也。先是，暹罗、东西洋、佛郎机诸国入贡者附省会而进，与土著贸迁，设市舶提举司税其货。至嘉靖十四年，指挥黄琼纳贿，请于上官许夷人侨寓蚝镜澳，岁输二万金，从此雕楹飞甍，栉比相望。"澳门文德泉主教在《中葡贸易中的瓷器》一文中说："1557 年在澳门建立据点以前，葡国人在许多中国港口建立了贸易站：宁波、泉州、浪白澳及上川。"①

特别是上川岛，自唐宋以来就是中外海上贸易往来的必经之路。到此时，一时间商贾云集，成为葡萄牙与中国贸易的大集市。据葡萄牙的有关文献，在 1552 年，"中国的上川岛成为葡萄牙与中国贸易的交汇点"②。利玛窦也指出："在澳门城兴建之前，上川岛是中国人与葡萄牙人的贸易地点。"③ 沙勿略去世之前不久，在 1552 年给满剌加的弗朗西斯科·佩雷斯神父的信中说："多亏我主的慈悲、怜悯，迪奥戈·佩雷拉的大船及所有乘客安全无恙地来到了上川港。在此我们遇到了许多其他商人的船只。上川港距广州 30 里格。许多商人从广州赶来此地与葡萄牙人交易。葡萄牙人不断与他们打交道，看看是否有人愿意带我去广州城。……大船离开上川港前往满剌加时，但愿我主上帝保佑将带去我们如何在广州受到接待的消息，因为从广州不断有船至此港。"④ 到 1553 年，葡萄牙人获得了在澳门停留的权利，从此以澳门为据点，展开了对中国的大规模贸易活动。

---

① 文德泉：《中葡贸易中的瓷器》，吴志良主编：《东西方文化交流国际学术研讨会论文选》，澳门基金会 1994 年版，第 207 页。

② ［葡］施白蒂著，小雨译：《澳门编年史》，澳门基金会 1995 年版，第 10 页。

③ ［意大利］利玛窦、［法］金尼阁著，何高济等译：《利玛窦中国札记》，中华书局 1983 年版，第 128 页。

④ 万明：《明代青花瓷西传的历程：以澳门贸易为中心》，《海交史研究》2010 年第 2 期，第 47 页。

关于葡萄牙人东来之影响，历史学家邓之诚指出："葡人即抵印度，复东进而据锡兰、摩鹿加、爪哇、麻六甲诸岛。东方航权，遂操诸其手。中西势力之消长，此其关键焉。"① 费正清则说："葡萄牙是个只有150万人口的小国，但它的冒险家却奏响了中国与欧洲关系的总乐调。"②

4. 澳门：中西文化的"交接处"

葡萄牙人在中国首先开辟了通商贸易关系，主要得益于他们取得了在澳门的居住特权，澳门成为了他们远东贸易的一个主要据点。在16—20世纪之间，澳门成为欧洲与中国之间的第一个、也是最长久的一个"交接处"。法国学者佩雷菲特（Alain Peyrefitte）指出："在这座中葡共管的城市里，远东和西欧的两种文化融在一起，它成为所有欧洲商货公司和传教士的'大本营'。在将近两个半世纪里，澳门一直作为衔接两个世界的缓冲地。"③ 直到鸦片战争前夕，澳门是当时中国境内唯一的东西文化交流的中心，它在东西方交通中的地位，"大致相当于丝绸之路上的敦煌"④。

从1513年葡萄牙人初到中国沿海，一直到1553年的这40年间，葡萄牙人在广东、浙江、福建等地进行贸易，大多是在官府巡船顾及不到的沿海偏僻港汊或岛屿上，与中国贩海私商在暗中进行的，属于中国政府明令禁止的走私贸易。随着海禁的逐渐松弛，越来越多的中国私商驾船出海贸易，来华通商的外国人也逐渐增多。其中，葡萄牙人因为路途遥远，而且必须等待季风到来时才能离开中国，所以，他们先后被允许在沿海附近的上川岛、浪白澳和壕镜澳（即澳门）等处搭寮越冬栖息，或与中国商民进行交易。嘉靖三十二年（1553），葡萄牙少校莱昂尼·德·苏珊（Leonel de Sousa）买通广东海道副使汪柏，得到通商允许，并诡称商船遭遇风暴，借口晾晒货物，得到准许入居澳门。嘉靖三十六年（1557）以后，葡萄牙人在澳门私自扩展土地，建筑炮台，设立官署，把澳门当成了他们的殖民地，但澳门实际上是明朝广

---

① 邓之诚：《中华二千年史》，中华书局1982年版，第91页。

② ［美］费正清、E.O.赖肖尔、A.M.克雷格著，黎鸣等译：《东亚文明：传统与变革》，天津人民出版社1992年版，第244页。

③ ［法］佩雷菲特著，王国卿等译：《停滞的帝国——两个世界的撞击》，生活·读书·新知三联书店1993年版，第52页。

④ 费成康：《重评澳门在东西方文化交流中的地位》，《学术月刊》1993年第8期。

东地方政府香山县属下一个特殊区域，明朝官员在澳门全面行使主权。当时的澳门是中国对外开放的窗口。

15 世纪末 16 世纪初，澳门已经由一个小渔村发展成为四方商船寄碇的港口和走私"通番"的据点。葡萄牙人之所以从上川岛转移到浪白澳，又从浪白澳聚集到澳门，原因在于澳门既适合泊船、越冬，又便于走私、贩私和接济。自葡萄牙人占据了澳门以后，来澳门居住的葡萄牙人不断增加，以至于"筑室千区"，"夷众万人"。嘉靖四十年（1561），澳门的居民只有 500 人，到万历八年（1580），则增至 2 万人。汤显祖在其名著《牡丹亭》中描写到葡国商人"不住田园不树桑，珗珂衣锦下云樯"，葡国少女"花面蛮姬十五强，蔷薇露水拂朝妆"。嘉靖四十四年（1565）到澳门游历的叶权说："今数千夷团聚一澳，雄然巨镇。"西班牙神父冈萨雷斯（Gregório González）在大约写于 1565 年的信中说："此处在 12 年的时间内，在称为 Macau 的一陆地顶端形成了一个巨大的村落。有 3 座教堂，一所济贫医院及一所仁慈堂。现在已成为拥有 5000 名基督徒的村落。"在澳门市政厅任书记官的雷戈（Diogo Caldeira Rego）在写于 1623 年的《澳门的建立与强大记事》中说："在这短短的几年里，本市在教会以外的方面发展也不小。无论从建筑物的规模或豪华来看，还是从居民人数来看，它到今天都算是东方最主要的城市之一。"[①] 1635 年，在果阿担任过档案馆馆长的安东尼奥·博卡罗（António Bocarro）在《东印度州各要塞、城市和居民点图册》中说：澳门"是东方最繁华的城市之一，与各地往来贸易兴隆，有大量各种财物和珍贵的物品"[②]。一份 1622 年的葡萄牙文文献记载了澳门最初几十年的发展情况，这份文献写道：

> 为了双方和好，各自得益，我从此处（澳门）的长者、故人及其他人那里仔细询问到过去和现在的事情。我得到的情况如下：首先，大约 104 年前，葡萄牙人开始与华人贸易。这在 1518 年左右，当时的正德皇帝是万历皇帝的曾祖父。起初的 47 年，部分时间在上

---

① 澳门《文化杂志》编：《16 和 17 世纪伊比利亚文学视野里的中国景观》，大象出版社 2003 年版，第 197 页。

② 澳门《文化杂志》编：《16 和 17 世纪伊比利亚文学视野里的中国景观》，大象出版社 2003 年版，第 218 页。

川，部分时间在其他港口，一直缴纳常规的船税。此后，在浪白滘交易。1555年，被获准前往参加广州的交易会贸易和纳税，时至今日，已经67年。1557年，中国国王的执法官迁往澳门港。65年来，给了他们地方（葡萄牙人）居住。从此，（葡萄牙人）每年两次前往广州缴纳船税和为印度与日本的贸易参加交易会并向（中国）国王缴纳本城每年的500两地租银。从那时起至今，我们一直缴租。104年来，葡萄牙人与华人交易，从未对国王做过坏事，也从未让人怀疑过他们的忠诚。众所周知，葡萄牙人居留澳门之后，也多次表示对（中国）国王及其官员的忠诚和效忠，因而中国官员不仅对他们赞赏有加，还给予他们优惠和自由，向他们提供日常生活必需品，住房以及本城贸易的各类货物。①

葡萄牙殖民者在澳门立足以后，即把澳门当成同印度和日本贸易的中转站，并由此建立起庞大的东方贸易网络。从明末到清嘉庆年间，澳门是东南亚的一个重要的国际贸易中心，是葡萄牙人从事亚洲至欧洲、亚洲至拉丁美洲的国际间贸易的中转站和通往世界各地的海运中心。杨允中指出："澳门是东西贸易牵引车，15世纪中至16世纪中澳门是远东国际商贸的一个中心，中日贸易、中欧贸易、中国南洋贸易的进出口物资汇聚这里，某种意识上扮演了当时中国对外开放的一个门户，并受到国际上的认同与重视。"②

澳门商人能够享有任何外商所不能享有的各种特权和豁免权。例如："一艘两百吨级的葡船经过第一次丈量后，缴付白银一千八百两作为泊税，以后每次抵港只需交此数的三分之一。而其他任何外国商船无论是第一次，还是以后每次都需缴纳白银五千四百两。对葡商在广州购买的所有商品，其征税额也要比其他外商所缴的低三分之一。"③ 由于这些特权，从1557年至1640年间，葡萄牙人几乎垄断了中国对日本的出口贸易，他们把从广州买到的便

---

① 吴志良：《澳门在中国近、现代化过程中的角色》，张西平、耿昇、武斌编：《明清之际中外文化交流史研究新进展》，外语教学与研究出版社2003年版，第67—68页。

② 杨允中：《近代世界文明演进中的反差与澳门特殊地位的形成》，澳门大学澳门研究中心：《澳门研究》第18期，澳门基金会2003年版，第48页。

③ 施存龙：《明清时期澳门港的特有地位及葡萄牙独占后的演变》，《中国水运史研究》1991年第13期。

宜丝货运到日本高价卖出，然后把日本的银条运到澳门购买生丝运往印度，从中攫取高额利润。他们在澳门还经营一种从澳门到菲律宾、日本的三角贸易，把中国生丝运到马尼拉换取西班牙银元，然后把银元带到中国购买更多的生丝，再运到日本售卖以获得更大的利润。应日本市场的需求，每年对日输出的中国生丝，其中五六成是葡商从澳门输出的。1578—1638 年的 60 年内，每年从澳门运往日本长崎的中国生丝，由 1500 担至 3000 担。至于从日本流入澳门的白银，据记载，仅 1636 年即达 235 万两。从 1580—1590 年的 10 年间，从澳门运往印度果阿的生丝，每年约为 3000 担。从 1574 年至 18 世纪末的 200 多年间，从澳门经马尼拉至墨西哥的商品中，中国丝织品和棉织品很快跃居首位，在墨西哥的进口总值中，中国丝绸等占了六成多。澳门很快发展成为远东的国际贸易中心，起到了连接中国与世界的重要作用。17 世纪上半叶在澳门居住过的传教士曾德昭这样记述当时澳门的贸易情况：

> （澳门）方圆足有 15 英里，客商云集，因此它的人口则比许多其他城市多。中国大部分最好的商品都由此处运往各地，因为它是中国最开放和自由的交易地点。且不说 6 个邻国的土著和异邦人运走的各种货物，仅葡萄牙人运往印度、日本和马尼拉的货物，每年约有 5300 箱各类丝绸，每箱装 100 匹生丝，如天鹅绒花缎和缎子、轻料如半花缎、彩色单层线缎，还有 250 块金子，及每块重 12 盎司的 2200 块金锭；有 7 皮切麝香，重量超过 35 亚洛瓦，每亚洛瓦重 25 磅，每 6 盎司合 1 磅。此外还有小珍珠、糖、瓷盘、中国木、大黄，及几种奇特的镀金器皿，还有其他不太重要的东西，即使长篇开列也不能尽举其名。①

当时在澳门开辟了几条国际贸易航线，主要有：

（1）广州—澳门—果阿—里斯本航线。这是澳门开辟的多条国家贸易航线中最重要的一条。

（2）广州—澳门—长崎航线。

（3）广州—澳门—马尼拉—阿卡普尔科航线。这是维持马尼拉大帆船贸

---

① ［葡］曾德昭著，何高济译，李申校：《大中国志》，上海古籍出版社 1998 年版，第 10—11 页。

易的主要航线之一。

（4）广州—澳门—东南亚航线，目的地有马六甲、望加锡、越南的东京等。

这些航线都是跨越万顷波涛的远程贸易航线。通过这些航线，澳门成为当时的全球海洋贸易体系的一个重要枢纽。以广州—澳门—果阿—里斯本航线为例，每年从事贸易的大帆船队"载有 200 到 600 和 800 吨货物的船只"，由里斯本起航，满载着"毛织品、红布、水晶、玻璃制品、英国时钟、佛兰德工业品、葡国酒"，前来东方，沿途在各个港口进行贸易交换活动。到达印度果阿后，再驶向马六甲，"大部分货物在那里交换香料、檀香木、暹罗的皮制品，随后由马六甲航向澳门"。由于当时的欧洲尚拿不出与中国相匹敌的货物，所以葡萄牙人自欧洲经印度和东南亚，沿途交换各地的土特产品，那是按照中国的需求购置的，以换取中国的丝绸等商品。到达澳门以后，葡萄牙商人到广州购买中国货物，在澳门装船。主要货物有生丝、细丝、绸缎、金、黄铜、麝香、水银、朱砂、糖、茯苓、黄铜手镯、金项链、樟脑、陶瓷、涂金床、墨砚盒、手工制被单、帷帐等。每年冬季，葡萄牙大帆船从澳门起航，乘东北季风驶向果阿，途经马六甲、暹罗西海岸、缅甸、锡兰等地。到达果阿后，由两条航线返回里斯本：一是向西航行，经印度的官留屿（今马尔代夫群岛的马累岛）、木骨都束（今索马里摩加迪沙），穿越莫桑比克海峡，绕过好望角，沿非洲海岸到达里斯本；二是沿着阿拉伯半岛，西航至东非海岸的葛得儿风（今索马里瓜得富伊角）、哈甫儿雨（一称哈甫尼，今索马里哈丰角），南下经不剌哇（今索马里布腊瓦）、麻林（今肯尼亚东海岸马迪林）、慢八萨（今肯尼亚蒙巴萨），然后与第一条航线汇合，绕过好望角，或到葡萄牙。这条穿越亚、非、欧三大洲的远洋航线全程 11890 海里。通过这几大航线及其相互延伸，以澳门为中心向海外辐射，国际贸易的大循环就形成了。在这几大航线中，中国经澳门运出了大量丝绸，海外经澳门运入大量白银到中国，因而是名副其实的"丝银之路"。

1629 年，荷兰驻台湾总督在给其国王的一份关于中国贸易的报告中说到澳门，指出：

> 在澳门的葡萄牙人同中国贸易已有 130 年历史了。他们……每年两次到广州（那边每年举行两次盛大的市集）去买货。他们的确

从这种通商中获得比马尼拉的商人或我们更多的利润；因为他们在中国住了很久，积累了丰富的知识和经验，这使他们所得到的货品质量比别人好，品种比别人多；他们有机会按照他们的特殊需要定制货品，规定出丝绸的宽度、长度、花样、重量，以适合日本、东印度和葡萄牙市场的需要。①

雷戈《澳门的建立与强大记事》还指出："和平环境及其商业活动一直有利于本市以外的人们，所有以前在日本航线担任过船长的人都承认，他们来的时候是穷人，只有一艘大黑船或者几只木船（有时还不是他们自己的）参加航行，但走的时候已成为商人，拥有成千上万克鲁扎多，因为从运送的许多很贵重的货物抽取百分之十的船租费。整个印度省，尤其是马六甲、科钦和果阿的海关，他们都承认走中国航线总能发财，现在他们更了解这一点。"②

葡萄牙人在澳门为据点的国际贸易，实际上是以中国大陆为依托的，中国的商品是澳门国际贸易的支点，主要是中国的丝和丝绸等产品，可以说澳门是作为中国商品输出世界的辐射地发展起来的。明万历六年（1578），明政府规定在广州定期举行贸易集市，葡萄牙人于是一年两次可到广州进行直接交易。这种贸易关系吸引了大量中国商民和工匠到澳门来，可谓"趋之若鹜"。万历年间，澳门还出现了由官方指定专营进出口货物的"三十六行"，它们主要是外商提供出口商品，并购入进口货物，既是卖主，又是买主，直接参与交换，起到海外贸易的中介作用。

乾隆二十五年（1760），清政府下令外国商人必须到澳门居留，澳门成为欧洲各国来华外商的居留地。在此以后，由于清政府的政策，澳门成为欧洲各国在华贸易机构设置地，乾隆二十六年（1761），首先是法国和荷兰的公司在澳门设立了办事处，接着是丹麦和瑞典，然后是英国。这样，就打破了葡萄牙人独占澳门特殊权益的局面，澳门成为欧洲各国进入中国的门户。"澳门虽自初即为葡国所承担，但为西洋各国来广州贸易者之根据地。所有原来商

---

① 《郑成功收复台湾史料选编》，福建人民出版社1962年版，第115页。

② 澳门《文化杂志》编：《16和17世纪伊比利亚文学视野里的中国景观》，大象出版社2003年版，第197—198页。

船，皆先至澳门请领港人及粮食备办人。由中国放洋回国者，亦皆先至澳门买船。每年在广州营商者，事毕皆回住澳门，次年复回广州……澳门不独为鸦片之战以前西国商人汇萃之地，而各国传教士亦皆聚集于此。故前期欧化输入之唯一门户也。"①

总之，正如法国学者若瑟·佛莱什（José Frèches）指出的，澳门"在一个欧亚两大陆之间关系尚不算太好的时代，变成欧洲人进入中国的桥头堡"②。杨允中指出："几百年来，澳门在中外经济文化交流上扮演了一个无可取代的重要角色。说它是东西方文化交流最成功的城市之一是不过分的。""澳门几百年来所扮演的角色亦是重要而独特的，具多种功能的，跨越时空界限的。它既是中国人观察世界的窗口，又是中国人走向世界、外国人进入中国的一个重要门户。"③

5. 接踵而来的各国东印度公司

葡萄牙人的海上扩张活动激起了欧洲各国的效仿。16 世纪一位叫瓦尔特·瑞雷（Walter Raleigh）的英国航海家在认真考察和研究了葡萄牙海外扩张活动后指出："谁能控制海洋，谁就能控制海上交通，就能控制海上贸易，就能获得世界财富，进而控制整个世界。"④ 16 世纪末 17 世纪初，继葡萄牙人东来之后，又有西班牙、荷兰、英国侵入东南亚海上诸国。1571 年，西班牙占领菲律宾群岛，1595 年荷兰人抵达爪哇，1598 年在爪哇建立殖民政府。至此，南洋群岛的国家已被葡、西、荷殖民势力所瓜分。葡萄牙在西，以印度半岛沿岸各地、苏门答腊岛和印度支那半岛为主；西班牙在东，以菲律宾群岛为主；荷兰在南，以爪哇岛为主。

西、荷两国亦想与中国建立通商关系。西班牙人抵达菲律宾之初，便急欲打开与中国的商贸联系。因为菲律宾土地贫瘠，人口稀少，不能满足西班

---

① 张星烺：《欧化东渐史》，商务印书馆 2000 年版，第 9 页。

② ［法］若瑟·佛莱什：《从法国汉学到国际汉学》，［法］戴仁编，耿昇译：《法国中国学的历史与现状》，上海辞书出版社 2010 年版，第 5 页。

③ 杨允中：《近代世界文明演进中的反差与澳门特殊地位的形成》，澳门大学澳门研究中心：《澳门研究》第 18 期，澳门基金会 2003 年版，第 47—48 页。

④ ［英］瓦尔特·瑞雷：《世界历史》，转引自黄庆华：《中葡关系史》上册，黄山书社 2006 年版，第 34—35 页。

牙殖民者的基本生活需要。一位抵达菲律宾的商船船长卡里翁（Juan Pablo Carrion）说："在这些岛上不可能有任何利益可想，除了有可能打开同中国或其他岛屿的贸易联系。"① 他们希望利用中国商船运载的生活用品，维持他们在菲律宾的殖民统治。因为早在 1521 年麦哲伦远航到菲律宾时，就已听说每年有 6 至 8 艘中国商船来到吕宋岛；西班牙殖民者刚到菲律宾时，也听说每年都有中国商船来到菲律宾，以生丝和金属制品换回黄金和珍珠。西班牙殖民者的头领利牙实备（Miguel Lopez de Legazpi）在 1569 年说："我们将获得同中国的贸易，从那里运来生丝、瓷器、安息香、麝香和其他物品。"② 但是，西班牙与中国的早期通商，主要是通过中国私商将货物贩运到马尼拉这种间接方式进行的。1575 年西班牙菲律宾总督曾派使者拉达等 4 人，抵达厦门、泉州、福州等地，欲在福建沿海找一据点与中国通商，为当地官员所拒绝。所以，西班牙的对华贸易，主要是依靠"中国—马尼拉—墨西哥"的大帆船贸易，再从墨西哥转运回西班牙，从而形成了横跨太平洋和大西洋两大洋的海上贸易线路。后来不再经过墨西哥，直接开展了"中国—马尼拉—西班牙"的"大三角"贸易。

荷兰人于 17 世纪初期来到东方。荷兰航海能力发达，海外贸易发展很快，被称为"海上车夫""世界承运商"，其商业窗口是阿姆斯特丹，17 世纪的阿姆斯特丹是世界的中心。笛卡尔说在那里可以找到所有的东西。还有人把它描述成为"世界珍品之都，宇宙交流之城"。荷兰的市民是现代商品经济制度的创造者，他们将银行、证券交易所、信用，以及有限责任公司有机地统一成一个相互贯通的金融和商业体系，这种先进的运作模式帮助荷兰把贸易触角伸得比葡萄牙和西班牙都要更长，由此带来了爆炸式的财富增长。1602 年 3 月 20 日，荷兰将各种私营贸易公司合并为一家国营公司——"荷兰东印度公司"，结束了远洋航行的无组织状态，国会通过特许状赋予该公司从好望角到麦哲伦海峡之间的贸易垄断权，还有开战或讲和、夺取外国船只、建立殖民地、修筑城堡和铸币等权力，这使这家公司成为一支独立的力量，"对亚洲的商业活动从此只有一项政策，一种意志和一个领导；东印度公司作

---

① 李金明：《明代海外贸易史》，中国社会科学出版社 1990 年版，第 189 页。

② 李金明：《明代海外贸易史》，中国社会科学出版社 1990 年版，第 189—190 页。

为一种真正的权威，从此一帆风顺地不断发展"①。到 17 世纪中叶，荷兰的全球商业霸权已经牢固地建立起来。此时，荷兰东印度公司已经拥有 15000 个分支机构，贸易额占到全世界总贸易额的一半。17 世纪中期，悬挂着荷兰三色旗的 16000 多艘商船游弋在世界的五大洋之上，大量的财富使得国家武装力量大为增强，荷兰已经成了一个让葡萄牙和西班牙都畏惧的海上强国。

当时欧洲各国对中国商品的需求量迅速增长，其中生丝为最大需求。1603 年 2 月 25 日，荷兰东印度公司船长希姆斯柯克（Jacob van Heemskerck）在柔佛港外劫掠了"圣·凯瑟琳娜"号葡萄牙船，其装载的船货中有中国生丝 1200 大捆，在荷兰值 225 万荷盾。8 月，在阿姆斯特丹公开售卖这些船货，很快被抢购一空。此后，阿姆斯特丹成为最重要丝市之一。同年 7 月底，麻韦郎（Wijbrand van Waerwijck）所率领的船队在澳门岛附近劫掠了一艘开往日本的葡萄牙船，在其船货中有生丝 2800 大捆，在阿姆斯特丹售卖得款 140 万荷盾。

这两次劫掠所获得的高额利润大大刺激了荷兰东印度公司的胃口，他们迫切想打开同中国的贸易，以取得赢利高昂的生丝等中国商品。1603 年，荷兰东印度公司打算派哈根（Steven van der Hagen）和艾特森（John van Aertsen）率一支由 12 艘船只组成的船队前往中国，并准备觐见中国皇帝，要求在中国得到自由贸易的权利。但后来因在北大年的荷兰商人认为不适宜而放弃了这个计划。翌年（1604），麻韦郎从北大年出发，到达澎湖岛，在那里同福建地方官员谈判贸易，但未获结果。荷兰东印度公司在无法取得同中国直接贸易的情况下，只好设法同邻近中国的国家建立关系，在一些中国商船经常到达的地方，如北大年、万丹、锦石和马鲁古等地同华商进行贸易。北大年是荷兰人获得丝绸和瓷器等货物的主要地方之一。

后来，荷兰人又几次欲打开中国贸易，均未果。1622 年，驻在巴达维亚的荷印总督彼得逊·昆（Jan Pieterszoon Coen）命令雷耶斯佐恩（Kornelis Rayerszoon）率领 15 艘船只和 800 名士兵进攻澳门，企图以武力打开中国的大门。他指示说："为了取得对华贸易，我们有必要借上帝的帮助占据澳门，

---

① ［法］费尔南·布罗代尔著，施康强、顾良译：《15 至 18 世纪的物质文明、经济和资本主义》第 3 卷，生活·读书·新知三联书店 1993 年版，第 231 页。

或者在最合适的地方，如广州或漳州建立一个堡垒，在那里保持一个驻地，以便在中国沿海不断地保存一支充足的船队。"① 他以为如此可以迫使中国政府同意他们进行直接贸易，但没想到遭到惨败。荷兰人在进攻澳门失败后，转而占据了澎湖岛。巴达维亚荷印总督彼得逊·昆认为，澎湖是一个最好的战略观察点，如果中国人不愿意同荷兰贸易，那么就在此取得的基地，并以此进攻所有的中国船只，尽可能封锁中国沿海。荷兰殖民者对澎湖岛的侵占和在沿海一带的骚扰，对明代后期私人海外贸易造成严重干扰和破坏。至天启四年（1624），福建巡抚南居益集中 150 艘战船、4000 名士兵，攻占澎湖岛，将荷兰殖民者赶走。但荷兰殖民者被迫撤离澎湖岛后，随即又占据了台湾。他们以台湾为基地，获得生丝、瓷器、糖等中国货物，并加强了与日本的贸易联系，荷兰殖民者占据台湾 38 年之久，直至 1662 年郑成功收复台湾。

清顺治十三年（1656），由德·侯叶尔（Pieter de Goyer）和凯塞尔（Jacob Keyzer）所率领的荷兰使团抵达北京，依照贡国例，请求互市。荷兰使团希望五年一贡，但清政府却准其"八年一次来朝，员役不过百人，止令二十人到京，所携货物在馆交易，不得于广东海上私自货卖"（《皇朝文献通考》）。使团成员纽霍夫（John Nieuhoff）将此次中国之行记录下来，出版后因其图文并茂而大受欢迎。1662 年以后，荷兰人被郑成功赶出台湾，与清政府的关系更为亲近。康熙元年（1662），荷兰水师提督博特（Balthasar Bott）率兵船 12 艘和士兵 1200 人，协助清军攻打郑成功，同时向清朝请求通商。清廷允许其两年一贡。但康熙五年（1666），清廷取消荷兰两年一贡。荷兰东印度公司又于 1667 年向中国派出使团，以博特率领荷兰水师有功为由，向中国请求自由贸易。这个使团由阿姆斯特丹大贵族彼得·范·侯尔恩（Pieter van Hoorn）所率领。对于这次荷使来访，《清实录》记载："何兰国噶喽吧王油烦马绥极，差陪臣进贡方物，宴赍如例。"稍后梁廷枬《海国四说·粤道贡国说》，详细记载了荷兰使臣带来呈给康熙皇帝的各种豪华和珍稀的礼物及清廷回赠给使团的赏赐。但清廷并没有满足他们的要求。

英国是后起的海上国家。但早在 16 世纪末，英国就想与中国建立联系。1565 年，让科比森（Authony Jencbynson）在一份给英国女王的备忘录中，指

---

① 李金明：《明代海外贸易史》，中国社会科学出版社 1990 年版，第 197—198 页。

出一条到中国最北边的道路。1573 年，威廉·布尔（William Bourne）出版了《论海上霸权》一书，指出从英国到中国可能有 5 条通道：取道好望角，为葡萄牙人所垄断；取道麦哲伦海峡，为西班牙人所专有；西北航道，则需要通过北美；东北航道，需通过俄罗斯；北极航道，需通过北极。1576—1578 年间，弗罗比舍（Frobisher）在商人洛克（Michael Lock）的帮助下，几次航行，试图找到通往中国和印度的道路，1578 年组成"俄国公司"，但没有取得成功。1583 年 2 月，伊丽莎白女王差遣约翰·纽伯雷（John Newberry）携带她给中国皇帝的信函，乘舟东行，信函中要求与中国建立联系，互通有无，但后无消息。1596 年，罗伯特·达德利（Sir Robert Duddley）携带同样的公函，带领两艘船舰东行，后来也没了消息。

1600 年英国成立东印度公司，取得对东方贸易的垄断权，即欲与中国通商。它在万丹和亚齐设立了商馆，使万丹成为中英贸易的一个中转站。这里每年至少有 3 到 6 艘载重 300 吨的中国帆船与荷兰人、英国人进行贸易。此后英国东印度公司每年派 1 到 3 艘船到亚洲，在南洋与中国商人进行贸易。他们不仅把中国商品运往欧洲，甚至在东方也用中国商品做交易。1620 年，英船"尤尼康"号在澳门附近被风浪所破，由中国人救起。直到 1636 年以前，英国人一直没有能与中国进行直接贸易。

1635 年，葡萄牙印度总督授予英国东印度公司在葡萄牙远东殖民地贸易的权利，同年租用英国船"伦敦"号到中国运货。这只商船抵达澳门后，船上的英国人不顾葡萄牙人的阻挠，径直上岸与中国人交易。从此英国商船开始了与中国的直接贸易。翌年，英国康汀恩商团派约翰·威德尔（John Weddell）率领舰队前往中国，直驶广州，为地方当局所拒。但英舰炮击虎门炮台，登岸焚烧官署，强行进入广州。中国地方当局"虑启边衅"，而英人目的亦只为通商贸易，于是双方作出让步，再加上广东总兵陈谦接受英人的贿赂，乃让他们进入广州贸易后退走。但此后英船来中国的并不多。康熙十年（1671），英国人在厦门设立商馆。康熙二十三年（1684），有两艘英国商船到达厦门，从厦门买了白丝、绸缎等物载回。同年在广州设立临时商馆。

康熙二十八年（1689）是中英贸易史上比较重要的一年，这年英国有两艘商船到达厦门，除了购买生丝、绸缎外，还购买大量白糖。同年还有一艘英国商船正式进入广州黄埔港。此后，英国商船来华日益增多，从崇德元年

（1636）算起，到康熙四十三年（1704）的60多年间，英国商船到广东的共有9次，到厦门的有36次，到舟山的5次，到宁波的1次，到福州的1次。康熙五十四年（1715），英国东印度公司在广州正式设立商馆，以后每年都有商船来华，最多的年份达到10艘。

随着葡萄牙、西班牙和荷兰海上霸权的衰落，英国则迅速扩展，并很快在东方贸易中居于主要的地位。布罗代尔指出：1760年前后，英国东印度公司跃居各国对华贸易的首位，"欧洲发生了国际机会的再分配，英国的领先地位迅速奠定。在亚洲，印度把整个远东的经济重心吸引过来……英国东印度公司战胜了荷兰东印度公司，因为后者于18世纪70年代在孟加拉和印度输了棋，也因为当中国逐渐敞开大门时，后者未能在广州的洋商中取得领袖地位。"① 以1751年为例，这一年进入黄埔港的英国商船是9艘，而荷兰只有4艘，法国2艘，丹麦和瑞典各1艘。在17世纪初英国东印度公司成立以后的70年间，英国对东方的出口增加了近12倍。它在中国海上对外贸易中的比重，在18世纪中期已占50%以上，到19世纪初期则进一步达到80%左右。英国东印度公司从中国出口贸易中，获得了巨额利润。从1775—1814年的40年间，英国东印度公司共获利2713.5万镑。

法国、丹麦、瑞典等国也有商船开来中国，不过它们的贸易始终不占重要地位。1643年路易十四登基时，法国尚未积极参与东方贸易。1660年，欧洲各国总共有两万多艘远洋船舶，其中荷兰有1600艘，而法国只有600艘。法王路易十三的宰相黎塞留（Armand Te an du Plessis de Richelieu）在其政治遗言中遗憾地表示法国当时蔑视航海和很少注意到荷兰人通过远洋船队大发横财。他说："我绝不介入在东印度和波斯可能从事的贸易之具体事项，因为法国人的性格如此急躁易怒，以至于他们在设想出某种意愿时立刻就想实现之，旅行由于是长时期的事而很难适应他们的性格。然而，当时从世界这一部分的许多地区运来了大批丝绸、波斯地毯、中国的许多珍贵古玩等珍异物和各种香料，大家可以将此作多种用途。这种交易是不应被忽略的。"②

---

① ［法］费尔南·布罗代尔著，施康强、顾良译：《15至18世纪的物质文明、经济和资本主义》第3卷，生活·读书·新知三联书店1993年版，第231页。

② ［法］安田朴著，耿昇译：《中国文化西传欧洲史》，商务印书馆2000年版，第242页。

法国于 1660 年组建了垄断中法贸易的"中国公司",并首次派商船来华,但因中途船遇风暴沉没而使公司倒闭。1601 年,法国商人马丹·德·维特利(Martin de Vitré)和彼拉尔·德·拉瓦尔(Pyrard de Laval)装备了"乌鸦"和"新月"号船,"以便用东方的特产丰富大众的生活"。1664 年,法国又组织东印度公司,先后在印度西部和印度东海岸建立商馆,积极开展对外贸易。中法贸易在 17 世纪末期正式开始。1698 年,法国国王路易十四派商船"安菲特利特"号首航中国。清政府以法船第一次来华,且船主为法王的使者,因此对于法船应纳关税予以豁免,表示优待,并允许法国人在广州设立商馆。1701 年,"安菲特利特"号又作第二次航行。两次从中国运去大量丝绸、瓷器、漆器,一时法国社会风行穿着丝绸,摆设瓷器和漆器。此后,法国不定期有船来广州。

四 全球贸易对中国的影响

1. 全球贸易体系中的中国与欧洲

近代西方社会的变革是从大航海时代开始的。新航路的发现的直接后果,是建立了世界性的贸易体系,建立了世界市场。海外贸易是资本主义原始积累的主要形式之一,是现代资本主义得以发展起来的最初的物质基础。正是在大规模的海外贸易中,欧洲各国为资本主义的发展积累了大量的货币财富。不仅如此,这种大规模的国际贸易,还把整个世界连成了一片,开始了最初的全球化进程。马克思、恩格斯指出:

> 资产阶级,由于开拓了世界市场,使一切国家的生产和消费都成为世界性的了。……过去那种地方的和民族的自给自足和闭关自守状态,被各民族的各方面的互相往来和各方面的互相依赖所代替了。物质的生产是如此,精神的生产也是如此。各民族的精神产品成了公共的财产。民族的片面性和局限性日益成为不可能,于是由许多种民族的和地方的文学形成了一种世界的文学。①

---

① 《马克思恩格斯选集》第 1 卷,人民出版社 1956 年版,第 254—255 页。

马克思、恩格斯的这一论述对于我们理解明清之际的中欧关系特别重要。这一段论述说明，一方面在这个时期形成了一个"世界市场"，由于这个世界市场的出现，打破各个地区和各个民族之间的封闭状态，"生产和消费都成为世界性的了"。另一方面，"精神的生产也是如此"，"各民族的精神产品成了公共的财产"，也就出现了世界性的"文学"或文化。这些论述实际上就说明了全球化进程的两大特点，一个是在物质生产和消费的领域，一个是在精神文化和文明领域的全球性交流和融合。在我们讨论的这一时期的中国和西方的关系中，前一个方面是通过欧洲国家的远东贸易来实现的，后一个方面主要是通过以耶稣会士为代表来华传教士们的活动来实现的。通过这两个方面，东方与西方，中国与欧洲，进行着全面的、大规模的和直接的交流和对话。

由地理大发现而引起的商人资本发展的大革命，从根本上改变了原先世界的贸易格局。一方面，它不仅开辟了大西洋航路，而且突破了历来相对独立而又平行发展四个航海地区的界限，将波罗的海、北海、地中海、印度洋和西太平洋等贸易区串联起来，形成了统一的世界市场。另一方面，从15世纪末至16世纪初，伴随地理大发现而发生的商业激变，为欧洲工农业生产带来了生机。从美洲掠夺的贵金属大量流入欧洲，持续了100多年的时间，造成银价下跌和物价上涨。西方学者把这历史时期物价、地租和工资等经济指数的激变以及由此引起的社会震荡称之为"价格革命"。在1551—1600年"价格革命"的高峰年代，欧洲的工业生产水平有限，陷于严重萧条之中，物价飞涨，各类商品极端匮乏。"价格革命"是资本原始积累的重要因素之一，它加速了西欧封建制度的解体和资本主义关系的发展。

与欧洲经济衰退的景象相反，在同一历史时期的明代，我国商品经济正处在蓬勃发展之中，当时只有中国才能为世界市场提供物美价廉的商品。于是欧洲国家掀起一股争夺中国商品的竞争热潮。中国精美的丝绸、瓷器以及各类工艺品不断涌入欧洲。所以，在这一时期的世界贸易体系，是以欧洲和中国为主要两极的贸易，而且是由欧洲各国主导的远东贸易为主要内容的。我们看到，从葡萄牙、西班牙开始，各国纷纷建立东印度公司，每年有大批的商船从欧洲远渡重洋，来到中国采购商品，并由此延伸到经过澳门的到日本长崎、经过马尼拉到墨西哥的商船航线以及东南亚、印度洋的航线。一时间，世界被卷入到这个贸易体系中，辐辏相随，络绎不绝。美国历史学家威廉·H·麦克尼尔（William H. McNeill）指出："在上亿的中国人中增加的新财富开始跨越海洋（很大一部分也沿着商队的路线）外流，并且给与市场有关的活动增添了新的活力和领域。数十艘、数百艘，也许数千艘航船开始在日本海、南中国海、印度尼西亚群岛和印度洋的各个港口之间穿梭航行。大多数航程较短，货物从最初生产者那里通过沿途许多货物集散地分装传输，才到达最终的消费者手里……商品流动的增加意味着更多的人员上下航船，或滞留在集市上，讨价还价。"① 约翰·霍布森指出："在16世纪上半叶，中国商人遍布具有商业战略地位的南中国海各个地区，从印度支那、马来亚、暹罗以及苏门答腊、帝汶岛到菲律宾的整个弧形岛屿圈。直到19世纪，他们都主导者这一贸易网络，而且，他们还向西、向东扩展贸易，并与中国福建联系起来。"②

在16—18世纪的全球贸易体系中，中国商品处于支配的地位，这首先是因为这个时代的中国在全球经济中的领先地位和巨大的生产能力。以法国为例，在18世纪时，农业和手工业与中国相比都处于相当的落后状态。当时的中国农业生产率远远高于法国，中国有"一人食力可养十人"③ 的记录。当时的法国财政大臣贝尔丹说过："在中国，耕地的投入与产出在1:15到1:20之间，而法国的一般耕地，这个比率只有1比4.5。"④ 而与英国相比，18世纪末随马戛尔尼使团来华的巴罗（John Barrow）估计，中国的粮食收获率远远高出英国，"麦子的收获率为15:1，而在欧洲居首位的英国为10:1"⑤。20世纪90年代，国际经合组织发展中心的首席经济学家安古斯·麦迪森（Angus Maddison），运用实际购买力的计算方法，对中国从汉代以来的GDP作了计算，得出以下结论：1700年，整个欧洲的GDP和中国的GDP差不多

① ［英］崔瑞德、［美］牟复礼编，杨品泉等译，杨品泉校订：《剑桥中国明代史（1368—1644年）》下卷，中国社会科学出版社2006年版，第354页。

② ［英］约翰·霍布森著，孙建党译，于向东、王琛校：《西方文明的东方起源》，山东画报出版社2009年版，第58—59页。

③ 萧一山：《清代通史》第2卷，商务印书馆1927年版，第522页。

④ 许明龙：《欧洲18世纪中国热》，外语教学与研究出版社2007年版，第5页。

⑤ 张芝联、成崇德：《中英通使二百周年学术讨论会论文集》，中国社会科学出版社1996年版，第188页。

相等，此后，从 1700 年到 1820 年，中国 4 倍于欧洲的经济增长。中国的 GDP 在世界 GDP 中所占的比重从 23.1% 提高到 32.4%，年增长率 0.85%；而整个欧洲的 GDP 在世界 GDP 中所占的比重仅从 23.3% 提高到 26.6%，年增长率 0.21%。因此，直到鸦片战争前不久，中国经济不仅在绝对规模上，而且在增长幅度上，都雄居世界各大经济地区之首。在他之前，美国政治学家保罗·肯尼迪（Paul Kennedy）就作过一个估计，他说乾隆十五年（1750）时，中国的工业产值是法国的 8.2 倍，是英国的 17.3 倍。在 1830 年的时候，中国的工业产值是英国的 3 倍，法国的 5.7 倍。一直到第二次鸦片战争，英国的工业产值才刚刚赶上中国，而法国仅为中国的 40%。

在 15 世纪晚期，中国仍然是全世界最强的经济大国。中国拥有也许超过 1 亿的人口，一个具有巨大生产能力的农业、广泛而复杂的国内贸易网络，及在每一个品种和每一个方面都要优于已知的欧亚大陆的其他地方。例如，15 世纪早期，一个欧洲外交使者在访问中亚政治和贸易中心撒马尔罕之后，描述他看到的这个货物，"是（进口到该城的货物）中最丰富、最精致的……因为契丹的手工艺人以其远远高于其他国家的最精湛的技巧而闻名于世"。①

德国经济学家 A.G. 弗兰克（Andre Gunder Frank）的《再回东方：亚洲时代的全球经济》一书也指出："在 1400—1800 年间的全球经济和它的地区与部门间劳动分工中，亚洲人——特别是中国人——一直处于优势。……直到 1800 年，亚洲的'世界市场'不仅存在已久，规模相当之大，而且富有活力和竞争能力，持续不断并以相当快的速度扩展了自己。"弗兰克说，在 18 世纪中期以前，西方只不过是在"亚洲经济列车上买了一个三等厢座位，然后包租了整整一个车厢，只是在 19 世纪才设法取代了亚洲在火车头的位置"②。

在这样大规模的国际贸易中，中国成为当时的"世界工厂"，源源不断地

---

① ［英］崔瑞德、［美］牟复礼编，杨品泉等译，杨品泉校订：《剑桥中国明代史（1368—1644 年）》下卷，中国社会科学出版社 2006 年版，第 367 页。

② ［德］贡德·弗兰克著，刘北成译：《白银资本：重视经济全球化中的东方》，中央编译出版社 2000 年版，第 69 页。

为"世界市场"，为遥远的欧洲各国生产着他们翘首以待的精美的物质产品。在整个江南之地，人们纷纷放弃了原来的粮食生产，转而种桑养蚕，纺丝织绸，种植茶叶，或者是建炉烧窑，制作瓷器；在苏州和景德镇，每天夜里灯火通明，数以百计的工场和数以万计的工人在赶制出口商品。南京是著名的丝织品产地，有丝织工人数万人。有关历史文献记载，"隆万以来，机杼之家沿相比业，巧变百出"（《湖州府志》）。在苏州，"郡城之东，皆习机业"（《嘉兴府志》）。在杭州，"机杼之声日夜不绝"（《长州县志》）。

谢和耐在《中国社会史》中，分析了18世纪中国的商品生产情况。他指出，中国社会在18世纪成功地尽最大可能运用了前工业时代的技术，农业、手工业和商业这三个领域实现了巧妙的结合。他说道，跃居中国所有生产之首位的纺织工业，供应着不断扩大的市场，从17世纪末开始，上海西南松江的棉纺业，便长期雇佣着20多万工人，此外还有来料加工的劳动。栽培茶树扩大到整个长江下游地区。由"山户"（茶农）收获的茶叶要在大茶庄中加工焙制，每家茶庄都雇佣数百名工人。景德镇瓷窑雇佣数万名瓷工，而位于长沙附近醴陵地区是个不太重要的制造中心，一直保持着瓷器生产的最高纪录。此外，还有福建的造纸和蔗糖生产、广东新会的麻布、安徽芜湖的钢铁、广东佛山的五金制品以及江苏南京的细棉布、苏州和浙江杭州的丝绸、浙江湖州的生丝等等，都具有很大的生产规模。① 谢和耐指出："中国18世纪经济发展的最典型特征之一，是商业潮流之规模和某些商会所控制的地域之辽阔。不仅是某些中原地区的省份，还包括蒙古、西域和东南亚，都被纳入了整个中国的商业网。"② 这就是说，这个庞大的商业网的触角延伸到整个中国社会，而在这个庞大的商业网中，往外伸展的出口就是那个时代对欧洲的贸易，通过这个出口，丰富的中国物产如涓涓溪流，源源不断地输入到欧洲人的日常生活中。

由于中国社会生产力水平高于同一时代的欧洲，所以中国的商品在世界市场上表现出强劲的竞争力。由于社会生产力的发达，劳动生产率高，商品的价格就相对低廉。物美价廉是中国商品的强大优势。早在16世纪来华的欧

① 参见［法］谢和耐著，耿昇译：《中国社会史》，中国藏学出版社2006年版，第420页。
② ［法］谢和耐著，耿昇译：《中国社会史》，中国藏学出版社2006年版，第421页。

洲人中，就对中国商品的价格低廉有深刻的印象。西班牙传教士拉达在他的中国行纪文中说，中国市场上的肉类、蔬菜、水果的价格是那么便宜，让人觉得几乎是"分文不取"一样。利玛窦也说到这种感受，他说："他们产品所要的价钱，大约是我们在西方所付同类产品的三分之一或四分之一。"① 中国商品的低廉价格在国际市场上显得十分突出，无论是在菲律宾，还是在美洲和欧洲的市场上，与欧洲和其他地区的商品相比，中国的商品具有明显的价格优势。欧洲的商人对中国商品趋之若鹜，无非是因为中国的商品品种多、质量好、价格低廉。这些优势是当时欧洲各国所不具备的。

从 16 世纪初开始的一直持续了 3 个多世纪的远东贸易，为西欧各国积累了大量的财富，为它们完成资本原始积累、开始现代工业化进程奠定了雄厚的物质基础。而作为这种贸易的另一端，主要是中国，之所以能够支撑着这样持久和大量的贸易，首先在于中国强大的社会生产力。中国为这个时期的全球贸易贡献了巨大的物质财富。瓷器、丝绸和茶叶这三大中国物产，以及其他珍贵的中国工艺品，是这一时期全球贸易体系中的突出内容。瓷器、丝绸和茶叶在这一时期欧洲生活方式和艺术风格的变化中扮演了重要的角色。所以，这种贸易具有明显的文化后果。18 世纪法国启蒙思想家孔多塞指出："商业活动给工业、给航海，并且由于一种的链索关系，也给所有的科学以及所有的艺术，都装上了新翅膀。"② 物质领域的交换和交流，进一步发展成为艺术的、思想的、文化的交流，中华民族创造的精神文化产品也走进了欧洲大陆，成为"公共的财产"，成为"世界的文化"。

> 东方不仅位于这一贸易网络的另一端，而且在欧洲自身贸易兴起的过程中扮演着重要的角色。因为欧洲贸易只是由于东方商品经过意大利传入欧洲才最终成为可能。其次各种东方的"资源组合"——思想、制度、技术的流动——主要是沿着全球经济的商业通道，从中东和中国传到意大利和欧洲的（尽管有些是在十字军东

---

① ［意大利］利玛窦、［法］金尼阁著，何高济等译：《利玛窦中国札记》，中华书局 1983 年版，第 14 页。

② ［法］孔多塞著，何兆武译：《人类精神进步史纲要》，生活·读书·新知三联书店 1998 年版，第 107 页。

征时期学到的）。然而，这并不是说，意大利对于欧洲的商业、金融和生产的命运不重要。事实上它非常重要，但这仅仅是因为意大利是东方"资源"（不仅仅是贸易）进入并重塑欧洲的重要渠道之一。①

德国史学家阿诺德·赫林（A. Hereen）也提到当时的东西贸易给欧洲社会生活带来的巨大影响，他指出："世界贸易体系影响越来越大……因此一个必然结果就是殖民地越来越重要，因为殖民地的产品，尤其是咖啡、糖、茶，在欧洲生活中越来越普及。这些商品的重要影响不仅在政治上，也表现在社会生活的结构上，影响不可估量。且不说贸易给整个国家带来的巨额资本与政府的高额税收，仅欧洲各首都的那些咖啡店，作为政治、商业、文化的交流中心或策源地，影响就非同小可。总之，没有这些产品，茶、咖啡、糖，西欧国家的文化与社会，就不是现在这个样子。"②

2. 白银源源不断流入中国

按照经济学家克拉维斯（L. B. Kravis）的"供给可能性理论"，贸易的商品结构主要取决于供给可能性。供给可能性包括国内绝对不能供给（生产）的商品要从外部进口，还包括想在国内生产，但成本极高的商品。限制供给可能性的主要因素有自然资源的缺乏、技术进步、产品差别等等。那么，在这一时期的中西贸易中，由于这种"供给可能性"的原因，中国输出商品的种类、数量、品质以及重要性远远超过了欧洲各国的商品，中国长期处于贸易出超地位。中国是当时世界上最大的经济体，其输出的产品门类齐全，品种繁多，而且畅销不衰，其中除了一定数量的农副产品和初级工业原料产品外，大部分是具有高度工艺水平的手工业产品，包括丝绸、棉、麻、毛纺织品，瓷器、陶器、铁、木器等日用品，以及火炮、火器等军需品。其中特别是丝绸、瓷器、茶叶畅销数个世纪，风行欧洲各国，号称中国的"三大贸易"。而欧洲各国输出到中国的商品，多为自然产品、农副产品和初级工业原料产品，并且其中大部分是从东南亚、印度等地转

---

① ［英］约翰·霍布森著，孙建党译，于向东、王琛校：《西方文明的东方起源》，山东画报出版社 2009 年版，第 106 页。

② 周宁：《鸦片帝国》，学苑出版社 2004 年版，第 23 页。

运过来的，直接来自欧洲的产品并不多。尽管欧洲在造船、钟表、玻璃以及呢绒生产等方面有优势，但在世界市场上有广大需求的产品方面，如纺织品、金属产品和农产品等方面，则远远落后于中国。"当时不仅邻近的国家要与中国保持朝贡贸易，或者以走私贸易作为补充，而且遥远的欧洲国家、美洲国家都卷入与中国的远程贸易之中，使以丝绸为主的中国商品遍及全世界，而作为支付手段的占全世界产量三分之一或四分之一的白银则源源不断地流入中国。"①

欧洲各国不得不在与中国的贸易中用白银作为支付手段。"16世纪国际市场交易的主要方式是以白银交换中国商品，这是新时期全球贸易的新特点之一。"②《剑桥中国明代史（1368—1644年）》指出，15世纪50年代到60年代，中欧的白银生产急剧增长。15世纪的最后几年，政府的造币厂遍及整个欧洲。"这些发展对于中国明代经济十分重要，原因有两个：第一，新开采的欧洲白银（和铜）有助于刺激和维持欧亚大陆西部的经济活动，再度容许欧洲和中东的上流社会满足他们对'东方奢饰品'的渴求。至迟到15世纪90年代，通过在地中海和中东贸易区购买胡椒粉、香料、丝绸、棉花，以及至少那些今天在伊斯坦布尔、德黑兰、巴格达、开罗发现的中国15世纪后期的瓷器，大量的欧洲白银再度流出。""第二，15世纪后期和16世纪早期欧洲白银产量的增加对中国经济的重要性在于，它有助于'航海大发现'能获得经费支持，而'航海大发现'导致了新大陆矿藏财富的发现。"③

法国学者布罗代尔指出："贵金属涉及全球，使我们登上交换的最高层。"④ 而马克思也在《资本论》中指出，当商品日益突破地方的限制，货币形式也就日益转到那些贵金属身上。中国当时发生的情况，恰好证明了这一点。马克思在《中国革命与欧洲革命》一文中更明确地说道："在1830年以前，当中国人在对外贸易上经常是出超的时候，白银是不断地从印度、不列

① 樊树志：《晚明史》，复旦大学出版社2003年版，第5页。

② 万明：《明代青花瓷的展开：以时空为视点》，《历史研究》2012年第5期，第58页。

③ ［英］崔瑞德、［美］牟复礼编，杨品泉等译，杨品泉校订：《剑桥中国明代史（1368—1644年）》下卷，中国社会科学出版社2006年版，第368—369页。

④ ［法］费尔南·布罗代尔著，施康强、顾良译：《15—18世纪的物质文明、经济和资本主义》第2卷，生活·读书·新知三联书店1993年版，第192页。

颠和美国向中国输出的。"[1]

美洲是白银的最大产地,美洲白银生产集中于两个地区,即上秘鲁(今玻利维亚)和新西班牙(今墨西哥)。从16世纪70年代到17世纪30年代,上秘鲁所产白银占西属美洲输出白银总量的65%。1581—1600年,仅是上秘鲁的波多士银矿每年就生产白银254吨,约占全世界产量的60%。18世纪初以后,新西班牙成为世界最大的白银产地。1803年,墨西哥所产白银占全美洲的67%。从18世纪以后,80%—90%的美洲白银由西班牙的"银船"运往欧洲。由于欧亚贸易的迅速扩大,从美洲输往欧洲的白银的大部分又转运到东方。根据沃德·巴雷特(Ward Barrett)估算,美洲白银产量迅速增长,16世纪总产量17000吨,17世纪总产量42000吨,18世纪总产量74000吨,在17世纪和18世纪中美洲生产的白银大约有70%输入欧洲,其中40%又转送到亚洲。但是弗林(Ddennis Flynn)和其他一些学者则指出,没有输入欧洲的白银的大部分并没有留在美洲,而是从太平洋运往亚洲。关于16世纪中期至17世纪中期的晚明时代,流入中国的白银数量,弗兰克根据前人研究成果综合如下:美洲生产的白银30000吨;日本生产的白银8000吨;两者合计38000吨;最终流入中国的白银7000或10000吨。因此在那一百年间中国通过"丝银贸易"获得了世界白银产量的1/4—1/3。[2]

墨西哥银币,大体上可分成两种,一种是西班牙统治时期铸造发行的,1536年第一次铸造发行,此后这种银币成为墨西哥传统的出口物。银币为圆形的,一面铸有不同时代西班牙国王的头像,另一面有太阳放光的图案,成色在93%以上,中国称其为"本洋"、"佛头"、"双柱"等等。另一种就是墨西哥独立后的第三年,即从1823年开始铸造图案为鹰踏仙人掌叼蛇的银币,成色为90%,中国称其为"鹰洋"。

最早与中国进行贸易的葡萄牙,最初多是实物交易,从1582年以后,便由实物转向白银,包括葡萄牙商船向中方交纳的税项,也以白银计。1619—1631年,澳门—马尼拉交易进入鼎盛时期,每年从马尼拉流入澳门的白银,价值135万比索。葡萄牙人除在其东方的"三角贸易"中,把大量日本白银

---

① 《马克思恩格斯全集》第9卷,人民出版社1961年版,第110页。

② 参见樊树志:《"全球化"视野下的晚明》,《复旦学报(社科版)》2003年第1期。

输入中国外,还每年将一定数量的本土白银,从里斯本运到澳门,用于购买

输入中国外,还每年将一定数量的本土白银,从里斯本运到澳门,用于购买中国货物。杰弗里·派克据有关档案论述说:"在 16 世纪 80 年代时,葡萄牙人每年大约要用船向远东运去 100 万西班牙杜卡特",约合 28750 千克,约为明制 770500 两。葡萄牙有档案直接证实这一说法。据档案记载,1601 年,有 3 艘葡萄牙船驶往澳门,其中一艘沉没于广东沿海,损失了 30 万葡萄牙银币。若以此计算,这 3 艘葡萄牙船所载白银总数为 90 万银币,约 27500 千克。这一海外档案记录数字,与万历时期中国人的记录相仿,如《粤剑篇》记载:"西洋古里,其国乃西洋诸善之会,三、四月间入中国市杂物,转市日本诸国以觅利。满载皆阿堵物也。余驻省时,见有三舟至,舟各赍白金三十万。"王裕巽通过对国内外史料的分析,认为从 1567 年到 1644 年这段时间从海外流入明朝的白银总数大约 3.03 亿两,具体数字为:从与西班牙贸易中大约得到8775 万两,从与日本贸易中得到 2 亿两,从与葡萄牙贸易中得到 4276 万两。

由于欧洲商品难以与价廉物美的中国货物竞争,西班牙人、葡萄牙人和后来跻身对华贸易的荷兰人、英国人不得不用白银购买中国商品。自阿卡普尔科返航马尼拉的大帆船运载的主要是用以购买中国货物的白银。西属美洲流往马尼拉的白银开始每年约 100 万比索,后来达 200 万—300 万比索,有时甚至超过 400 万比索。有些外国学者则估计美洲白银总产量的 1/3—1/2 流入了中国。① 此外,还有部分输入欧洲的美洲白银通过贸易转运澳门,然后流入中国内地。威廉·L·舒尔茨(W. L. Schurz)在《马尼拉大商帆》中记载,西班牙人多次抱怨"中国商人把从新西班牙运来的白银几乎全部运走了"。一位西班牙海军上将则惊叹道: "中国国王能用来自秘鲁的银条修建一座宫殿。"② 仅 1631 年,由菲律宾输入澳门的白银就达 1400 万两,大约相当于永乐元年至宣德九年(1403—1434)大明王朝 30 年鼎盛期内中国官银矿总产量的 2.1 倍,是万历年间明朝国库岁入的 3.8 倍。1593 年和 1595 年,西班牙国王三次颁发敕令,规定每年从墨西哥运抵菲律宾的白银以 50 万比索为限,企图遏止美洲白银流入中国。但这种违背经济规律的敕令成为一纸空文,甚至

---

① 参见沙丁、杨典求等:《中国和拉丁美洲关系简史》,河南人民出版社 1986 年版,第 70 页;〔英〕崔瑞德、〔美〕牟复礼编,杨品泉等译,杨品泉校订:《剑桥中国明代史(1368—1644 年)》,中国社会科学出版社 1992 年版,第 665 页。

② 何芳川:《澳门与葡萄牙大商帆》,北京大学出版社 1996 年版,第 68 页。

菲律宾殖民地总督本人也公然违反敕令，携带大量美洲白银进入菲律宾。

美洲白银流入中国数量之大，一度使欧洲贵金属输入量锐减。美国经济史学家汉密尔顿就指出，与1591—1600年间相比，1641—1650年间美洲黄金输入欧洲数量减少92%，白银减少61%，这一减少与中国—美洲贸易扩大有关。① 由于美洲白银通过菲律宾大量流入中国，17世纪上半期某些西班牙人竟建议放弃菲律宾殖民地。

日本是流入中国的海外白银的另一个主要来源地。日本不仅用白银购买中国货物，而且用白银交换中国钱币。17世纪末，日本的银产量占世界的1/4。日本白银流入中国，年代早于美洲白银，流入途径有民间走私贸易和葡萄牙人开展的转口贸易两途。嘉靖年间，正当中国白银需求日增之际，中日走私贸易已经使不少日本白银流入中国。与明廷和日本沿海各大名均有良好关系的葡萄牙人遂乘虚而入，利用中日两国给予的优惠待遇，在中日贸易中发挥了较大作用。嘉靖三十二年（1553）葡萄牙人入据澳门后就主动招引日本人赴广东进行贸易，最终建立了以澳门和长崎为轴心的葡日贸易网络。据全汉昇、李龙华估计，16世纪最后25年间，日本生产的白银半数外流，其中大部分为葡萄牙商人运走，每年数量达50万—60万两；到17世纪前30年，每年运出100多万两，有时高达200万—300万两。葡萄牙历史学家在17世纪初估计葡萄牙大商帆每年从日本输出的白银价值超过100万金币。② 据日本学者新井白石调查，仅庆长六年至正保四年（即明万历二十九年至清顺治四年，1601—1647）的47年间，日本白银输出总量即达7480余万两，大半输入中国。③ 据日本学者矢野和新井的估计，晚明日本流出的白银应在25000万西元以上，这些白银绝大多数通过各种途径流入中国，其中大部分应是用来支付丝绸货值。④ 日本白银外流中国数量之大，使日本政府为之不安。为减少白银外流，日本政府于1689、1715年两度颁布法令，限制中国赴日商船数量和贸易额。

---

① 参见［美］汉密尔顿：《美洲财富与西班牙的价格革命（1501—1650）》，转引自张铠：《晚明中国市场与世界市场》，《中国史研究》1988年第3期，第3—15页。

② 参见何芳川：《澳门与葡萄牙大商帆》，北京大学出版社1996年版，第55页。

③ 参见梁方仲：《梁方仲经济史论文集》，中华书局1989年版，第176页，

④ 参见庄国土：《16—18世纪白银流入中国数量估算》，《中国钱币》1995年第3期。

由葡萄牙人、荷兰人从欧洲，西班牙人从美洲带来的白银，加上日本流出的白银，构成晚明白银内流的主要源泉，总数可能在 35000 万西元以上。①

德国学者贡德·弗兰克在《白银资本：重视经济全球化中的东方》中认为，早在 18 世纪以前，甚至地理大发现之前，已经存在着作为一个整体的世界经济体系或"全球经济"，只不过当时在全球经济发展中居"中心"地位的是亚洲，特别是中国和印度。而欧洲则居于这个体系的边缘地位。他说："在 1800 年以前，欧洲肯定不是世界经济的中心。无论从经济分量看，还是从生产、技术和生产力看，或者从人均消费看，或者从比较'发达的''资本主义'机制的发展看，欧洲在结构上和功能上都谈不上称霸。16 世纪的葡萄牙、17 世纪的尼德兰或 18 世纪的英国在世界经济中根本没有霸权可言……在所有这些方面，亚洲的经济比欧洲'发达'得多"。他根据其他学者的研究成果强调指出，1500—1800 年"整个世界经济秩序当时名副其实地是以中国为中心的"。"'中国贸易'造成的经济和金融后果是，中国凭借着在丝绸、瓷器等方面无与匹敌的制造业和出口，与任何国家进行贸易都是顺差。因此，正如印度总是短缺白银，中国则是最重要的白银净进口国，用进口美洲白银来满足它的通货需求。美洲白银或者通过欧洲、西亚、印度、东南亚输入中国，或者用阿卡普尔科出发的马尼拉大帆船直接运往中国。"弗兰克把这种结构性贸易逆差戏称为"商业上的'纳贡'"。他说："因为外国人都不得不为了换取中国认为便宜的出口货物而倾其所有地支付给中国大量的珍贵白银，使白银每年源源不断地运往中国。这些支付并没有改变它们的基本职能，但在思想观念上被称作'纳贡'。外国人，包括欧洲人，为了与中国人做生意不得不向中国人支付白银，这也确实表现为商业上的'纳贡'。"②

约翰·霍布森认为，"世界上的白银被吸引到中国有四个原因。第一，到 15 世纪中叶时，贸易结算以白银为通货。第二，中国的经济实力导致了内部对白银的强大需求。第三，中国的出口大大超过进口。第四，中国白银的价格相对于黄金来说是世界上最高的（最高的金/银比率是 1：6，而欧洲是 1：

---

① 参见庄国土：《16—18 世纪白银流入中国数量估算》，《中国钱币》1995 年第 3 期。

② ［德］贡德·弗兰克著，刘北成译：《白银资本：重视经济全球化中的东方》，中央编译出版社 2000 版，第 27、166 页。

14）。亚当·斯密也承认：'中国比欧洲任何一个国家都富裕得多，贵金属的价格也比欧洲任何一个国家都高得多。'中国经济如此重要，它形成了一个吸引世界白银流入的无底洞。令人吃惊的是，到 17 世纪 40 年代，中国国库每年收入的白银约达 75 万千克。中国的富裕程度可以通过事实来估计，'即使上海一个穷布匹商也拥有约 5 吨白银资本，而最富裕的家庭则有几百吨白银资本。'"①

而到了 17 世纪中叶以后直到 18 世纪末，银元仍然是英国东印度公司输华的主要商品。如其他欧洲国家一样，英国人的银元也来自西班牙的美洲属地。银元通常被装箱输往中国，每箱一般装 4000 个银元。1637 年英船首航广州，就携带 62000 个西班牙银元。在 18 世纪初，中英贸易规模尚小，英人对华输出只相当于对印度输出的 1/12。1674 年，英国东印度公司及其官员在和印度的贸易中投资 430000 镑，其中实物部分为 110000 镑，白银 320000 镑，其投资的利益率为 100%。在 1708—1712 年间，英人每年对华出口商品值仅 5000 镑，而出口白银则高达 50000 镑。从 18 世纪初到 18 世纪中叶，白银占英国东印度公司对华输出货值的 90%。

1700—1753 年间，英属东印度公司共有 178 艘船前往中国贸易。其中的 65 艘船共载 7099068 两白银，或每船平均携带白银 109226 两。若以 109226 两作为 178 艘英船每船携银的平均数，则在 1700—1753 年，英船共运约 19440000 两白银到中国。

18 世纪中叶以后，英国东印度公司扩大对华的货物出口，主要是铅、锡和棉花，白银在总货值中的比例有所下降。然而，由于对华贸易、特别是茶叶贸易迅速增长，白银输华的绝对量仍持续增加。1758—1762 年，英国东印度公司每年对华输出货物值 174000 两，白银 219000 两。1760—1770 年，英国东印度公司对华输出总值中，白银约占 50%。1795—1799 年，这一比例下降到 13%。但由于每年对华输出总值高达 5373015 两，白银输出每年平均仍有 739994 两。

据庄国土估计，1700—1823 年，英国东印度公司共输出 53875032 两白银

① ［英］约翰·霍布森著，孙建党译，于向东、王琛校：《西方文明的东方起源》，山东画报出版社 2009 年版，第 59—60 页。

到中国。①

　　荷兰人在 18 世纪也输出大量白银到中国。从 18 世纪初到 19 世纪 30 年代，每年从荷兰运往巴城的白银多达 6800000—7900000 荷盾。1728—1794 年，荷兰商船可能携带 15541330 两白银前往中国。1720—1795 年，荷兰商船从欧洲运送 63442651 两白银到亚洲，其中 1/4 流入中国。同期购买的中国商品价值 33717549 两，近半中国商品的货值是以白银支付。其他欧洲对华贸易公司，如法国、丹麦、瑞典等公司对华贸易自始至终建立在输出白银的基础上。美国商船迟至 1784 年才到中国，但不久之后，他们已成为中国第二大茶叶买主和最大的白银供应者。在中美贸易初期，美商提供的大量洋参与皮毛在中国销路颇佳，其货值足以支付所购买的中国商品的货值。19 世纪初以后，美商的皮毛来源逐渐枯竭，其在广州的皮毛市场也受到英人的激烈竞争，白银成为美国支撑对华贸易的主要手段。美船在欧洲购买制成品销往拉丁美洲，换取白银后，绕南美合恩角前往广州购买茶叶、丝绸和瓷器。在 1805—1840 年间，美商共运送 61484400 两白银到广州，年均 1607899 两。

　　据庄国土估算，在 1700—1840 年间，从欧洲运往中国和美国人运往中国的白银数量约 17000 万两。②

　　"从新大陆和日本进口的白银对晚明中国经济产生了重要的影响。"③ 明朝初年使用的货币有钱和钞两种，钱为铜币"洪武通宝"等，钞为纸币"大明通行宝钞"。朱元璋建明后，即颁洪武通宝钱，钱式如大中通宝，亦为五等，命"各行省皆设宝泉局，与宝源局并铸"。洪武八年（1375），"始诏中书省造大明宝钞，令民间通行"，同时，"禁民间不得以金银物货交易，违者罪之"。明朝重建全国统一的钞法，实行以宝钞为主，钞钱并行的货币流通制度。洪武二十七年（1395）八月，因"钞法阻滞"，"诏禁用铜钱"，"令有司悉收其钱归官，依数换钞，不许更用铜钱行使。限半月内，凡军民商贾所有铜钱悉送赴官，敢有私自行使及埋藏弃毁者罪之"。自此，开始了明前期的纯纸币流通阶段。洪武以后，建文、永乐、洪熙、宣德四朝皆承其制，并增立

---

　　①　参见庄国土：《16—18 世纪白银流入中国数量估算》，《中国钱币》1995 年第 3 期。

　　②　参见庄国土：《16—18 世纪白银流入中国数量估算》，《中国钱币》1995 年第 3 期。

　　③　［英］崔瑞德、［美］牟复礼编，杨品泉等译，杨品泉校订：《剑桥中国明代史（1368—1644 年）》下卷，中国社会科学出版社 2006 年版，第 385 页。

"户口食盐"等制"以重钞法"。但在实行纯纸币流通制度期间,铜钱并未绝对废止。成祖永乐六年(1408),命铸永乐通宝钱;宣宗宣德八年(1433),命铸宣德通宝钱,并突破洪武时颁定的"禁金银铜钱不许出番"的法令,"遣内官赍往外番及西北买马收货"。铜钱自海陆两路"所出常数千万",亦常用于赏赐外国。铜钱不仅大量用于外贸,并许个别地区行用、支付,各有法度。

明中叶以后,白银大量地输入,逐渐成为主要货币。《东西洋考》中说到海关税收的情况:"加增饷者,东洋吕宋地无他产,夷人悉用银钱易货。故归船自白银外,无他携来,即有货亦无几。故商人回澳,征水陆二饷的外,每船更追银百五十两,谓之加征。"输入中国的外国银币,流通于中国的市场上,在东南沿海尤多。《天下郡国利病书》说:西班牙"钱用银铸造,字用番文,九六成色,漳人今多用之"。到了清代,这种情况仍然不减。《嘉庆东华录》记载:"洋银进口,民间以其使用简便,颇觉流通。每年夷船带来洋钱,或二三百万元,或四五百万元。亦有数十万元者不等。"梁绍壬《两般秋雨庵随笔》说,在广州,"边钱堆满十三行"。而且从粤北到粤东,洋钱流通各州府,"南、韶、连、肇多用番面,潮、雷、嘉、琼多用花边"。这里说的"番面"和"花边",就是墨西哥银元。另外,据中国的货币专家估计,从明朝末年开始到清朝中期的咸丰、同治年间,在中国流通的墨西哥银元达5亿—6亿元。随着白银货币化步伐的加快,白银渗透到社会的每一个角落,深入到人们的日常生活中。

在中国历史上,虽然早在汉武帝元狩四年(前119)就铸行了白金币,但白银一直未能摆脱辅币地位,甚或主要用于贮藏。铜币作为本位货币长达一千多年,原因在于中国金银矿藏相对贫乏。根据明清史籍所载银课收入数字计算,自明弘治十三年(1500)以来百余年间,中国白银年产量一直徘徊在10万两左右,清代前期为20万两左右,[1] 较之美洲、日本、欧洲,这只不过是个零头而已。而且我国银矿品位不高,开采往往得不偿失。《魏书·食货志》记载:长安骊山银矿"二石得银七两",恒州白登山银矿"八石得银七两",这是关于银矿品位的最早记载。据全汉昇统计,明代中国银矿含银量在0.003%—12.5%之间,一般在1%以下;而同期秘鲁波托西银矿含银量为

---

① 参见全汉昇:《中国经济史研究》,新亚出版社1991年版,第617—619页。

50%，新西班牙银矿含银量为 5%—25%。《明史·食货志·坑治》记载："嘉靖二十五年七月命采矿，自十月至三十六年，委员四十余，防兵千一百八十人，约费三万余金，得矿银二万八千五百，得不偿失。"梁方仲就此指出："中国向来是一个产银不多的国家。自近代与欧洲各国通商以来，银的供给，大部分依赖外国的来源；本国产量，殊不重要。"[1]

明代中叶以后，中国商品生产和交换取得了长足的进展，钱荒有增无减，对大宗交易所需的高价值交易媒介——白银需求增长则更快。商品经济发展与钱币短缺的矛盾日益尖锐，由此形成的通货紧缩效应严重阻碍着商品经济的发展。亚当·斯密说过：当社会财富增长时，对白银的需求有两个层面的动力，一是作为货币促进商品的流通，二是作为奢侈品的标志。在当时的中国，对白银的需求主要源于第一种动力，商品经济的发展使作为主要通货的铜钱越来越不能适应市场交易。海外白银源源流入中国，消除了国内银矿资源贫乏的制约，使这一矛盾最终得以化解。明代巨额对外贸易顺差消弭了困扰中国数百年之久的钱荒，从而间接推动了货币财政制度的确立。

万历九年（1581），张居正进行财政税收制度改革，在全国全面推行"一条鞭法"，一切赋税、徭役统一折银缴纳，标志着中国货币财政制度最终确立。尽管实行"一条鞭法"加大了对白银的需求，白银供给依然较为充裕。"一条鞭法"的全面推行，表明明朝中央政府正式承认了白银的本位货币地位。万历十五年（1587），户部奏："国家设立钱法，参酌古制，与银货并行，民甚便之。"（《明神宗宪录》）显示钱法调整合度，银钱并行之制已开始稳定运行。货币财政制度本身是在已相当发展的商品经济基础之上建立的，而一切税课、力役折银缴纳，直接扩大了白银货币的使用范围，同时大大削弱了农民对封建国家的人身依附关系，更多的农民得以摆脱土地的束缚去从事工商业，进一步促进了工商业的发展，也间接扩大了白银货币的使用范围。凡此种种，都使白银本位币的地位更加巩固。

白银为本位币、铜为辅币的货币体制确立后，历经明、清两朝和民国初期，直至 1934 年美国政府实施《购银法案》，提高银价，中国白银大量外流，国民政府被迫于 1935 年 11 月实行法币改革时方才废除。

---

[1]　梁方仲：《梁方仲经济史论文集》，中华书局 1989 年版，第 90 页。

3．输入中国的欧洲商品

晚明和清前期欧洲对中国的贸易，由于大航海时代的来临，出现了高速增长的态势。明中叶以后，是我国商品货币经济发展较快的时期。由于社会生产力的不断提高，在农业方面，商业性农业迅速发展，农副产品产量日益增多；在手工业方面，民营手工业的分工不断扩大，生产技术有新的突破，新技术和新工艺不断出现，新产品纷纷推出。许多手工业产品名列世界前茅。无论是丝织品、棉布、糖、瓷器、铁器，还是粮食、药材等产品，在国际市场上都具有很强的竞争力。而在 15 至 16 世纪中叶，欧美各国的货物很难在中国找到市场，所以"夷船"来时"所载货物无几，大半均属番银"。因而出现了从广州进口商品的欧洲商船，除了从南洋转口贸易的胡椒、苏木、象牙、檀香、沉香等货物外，携带大量的白银。也就是说，外国商人是携带大量银子来广州购买中国货物到各地去倾销。正如王临亨所说："西洋古里，其国乃西洋诸番之会，三四月间入中国市杂（集）物，转市日本诸国以觅利，满载皆阿堵物也。余驻省（广州）时，见有三舟至，舟各赍白金（银）三十万，投税司纳税，听其入城贸易。"（《粤剑编》）

不过，欧洲除了大量的白银输入外，也输入了许多的商品。商品种类、数量也很多，主要有香料、药材、鱼翅、紫檀、黑铅、棉花、沙藤、檀香、苏合香、乳香、西谷米、丁香、降香、胡椒、藤子、白藤、黄蜡、哔叽缎、哆罗呢、羽毛布、自鸣钟、小玻璃器皿、玻璃镜、哆罗绒、哔叽、银元、珊瑚、玛瑙、洋参等数十种。[①] 美国输入的商品有皮货、粗棉、铅、人参、水银、檀香水等。

从 18 世纪末以后，由于英国工业革命，英国纺织工业生产力空前提高，棉布、棉纱生产突增，棉布、棉纱输入中国骤然增加。至鸦片战争前夕，西欧国家输入中国的商品棉花占首位，年均输入棉花达 50 万担，价值 500 万元；棉布占第二位，每年进口 53 万匹，价值 138 万元；呢绒占第三位，每年输入价值 103 万元；棉纱棉线占第四位，每年进口价值为 62.5 万元。这个时期，欧美各国把鸦片输入中国，进行走私贸易。雍正七年

---

① 参见［英］格林堡著，康成译：《鸦片战争前中英通商史》，商务印书馆 1964 年版，第 71 页。

（1729）开始，葡萄牙人从印度的果阿和达曼贩运鸦片到澳门，大约每年为200箱。以后英、美等国为了扭转其对华贸易的逆差，把鸦片作为扩大中国市场的敲门砖。

在欧洲国家与中国的交往中，也有一些国家使臣向中国朝廷进献礼品，成为欧洲物产进入中国的另一个渠道。如康熙二年（1613），荷兰贡刀、剑、马。康熙九年（1670），意大利贡金刚石、珊瑚、丁香、金银花露、大玻璃镜。康熙二十三年（1694），俄罗斯入贡。康熙五十八年（1719），英吉利入贡。雍正五年（1727），葡萄牙贡方物。乾隆二十九年（1764），西洋贡铜人十人，能演《西厢记》。外国的贡品主要进入宫廷，同时通过商业渠道进来的欧洲商品，则在中国社会中流行起来。可以说，晚明至清前期，大量进口的外国商品，包括来自欧美的商品，已经进入到人们的日常生活。如在《红楼梦》中，作为一部描写上层贵族大家庭的作品，其中有不少关于进口物品的描写。藏云在《大观园源流辨》中，对贾府的"西洋制造品"进行了考证：

> 考明清之际，西洋文物输入中国，大概始于明万历中叶，盛于清康熙间，至乾隆中而绝。其中中外交通较繁的，以荷兰人与西班牙人（当时都称佛朗机人）为多。据清《一统志》（卷四二三之四）所载康熙九年佛朗机人入贡物有：天鹅绒、哆罗呢、象牙、花露、花幔、花毡、大玻璃镜、苏合油、金刚石等……雍正五年入贡的有：金珐琅盒，玻璃瓶贮各品药露，金丝缎……上品鼻烟，石巴依瓦油，圣多默巴尔撒木油，壁露巴尔撒木油，伯肋西理巴尔撒木油，各色衣香，巴斯第理，葡萄红露酒，白葡萄酒，各色珐琅料，织成各种远视画等。①

有人统计，《红楼梦》中描写的舶来的外域用品50余种，涉及陈设、服饰、饮食、器物、药品、动物等多方面。如把刘姥姥吓一跳的自鸣钟，刘姥姥醉游大观园时照的大镜子，晴雯病补孔雀裘中被贾母称作"雀金呢"使用俄罗斯国孔雀毛织就的氅衣，等等。玻璃大身镜子当时只是少数贵族拥有的物品。《红楼梦》还提到西洋葡萄酒、西药、眼镜、西洋自行船、西洋挂钟、

---

① 贺昌群：《贺昌群文集》第三卷，商务印书馆 2003 年版，第 35 页。

西洋钟表、鼻烟、波斯玩器、俄罗斯金呢裘、玫瑰露等，还有翡翠花洋绉裙、羽绉面白狐狸皮的鹤氅、哆罗呢、洋线、番丝雀金呢、玻璃炕屏、乌银洋鋬自斟壶、十锦珐琅杯、洋烟、西洋小银剪子、雪花洋糖等。

五　明至清前期对世界的认识

1.《大明混一图》与明初的海外知识

所谓接受外国文化，首先要对"外国文化"有所认知，有所了解，才能有进一步的消化和取舍。所以，在本书每一个历史单元，都介绍了这一时期中国人有关外部世界的记述、报告、报道、游记等文献。总的来说，中国人对外部世界的接触是不断扩大着的。中国与海外的交通也是在不断地发展着、延伸着的，因此，中国人对外部世界的认知和了解也是在不断地扩大的，也是在由想象的成分居多而逐渐变得具体、深入和比较符合实际。

但是，这种对于外部世界的认识并不是直线发展着的。在考察中外文化交流史的过程中，在考察中国人对外部世界认识的历史中，我常常发现这样一个现象，即中外交通和交流比较活跃的时期，对外部世界的了解就多一些，但当交往相对比较少的时候，又会对这种认识若明若暗了，而前代的认识和知识常常被忽略，等过了一定时期后，还要重新认识和重新发现。这种情况在明代前期表现得比较明显。元代中国和西方的交通畅达，陆路和海路交通都很便利，往来人员频繁，中国人对外部世界的了解就比较多。而明代前期的相对沉寂，又使人们对于外部世界不甚了了。比如元代陆续有传教士来中国活动，他们会给中国人介绍他们的国家和地理交通。但当二百多年后利玛窦等人来到中国时，还需要反复解释他们的"大西""泰西"之地。国外对中国的了解也是这样。方豪指出："元亡后，西方之不提及中国者几历 2 世纪，'东方奇闻'亦不复为人称述。中国位置，即在学者心目中，亦有不可思议之感。15 世纪末，竟有学者置中国于里海附近；又有人置于印度河与恒河之间。其对于中国观念之模糊，可想见矣。"①

所以，明代后期，中国人的世界知识面临着再一次的更新。利玛窦等传教士东来，再次为中国人带来了新的世界知识，在这一时期，中外贸易也有很大发展，这些使中国人对外部世界有了新的认识和了解。

在明清之际的中西文化交流高潮和大航海时代之前，成图于明洪武二十二年（1389）的《大明混一图》，是明初海外知识的一份重要资料。《大明混一图》为明代宫廷藏本，彩绘绢本，386 厘米×475 厘米，是一幅大挂图。其中中国版图部分纵比例尺为 1∶106 万，横比例尺为 1∶82 万，是中国目前已知尺寸最大、年代最久远、保存最完好的古代世界地图。

《大明混一图》以大明王朝的版图为中心，东起日本朝鲜，南至爪哇，西至非洲西海岸、西欧，北至蒙古，标记了明朝及临近地区的各级居民地、山形、河流及其相对位置，以及镇寨、堡驿、渠塘、堰井、湖泊、泽池、边地、岛屿等共计 1000 余处。明初十三布政使司及所属府州县治用粉红长方形内书写地名表示，其他各类聚集地均直接以地名定位，不设符号。蓝色方块内红字书"中都"（今安徽凤阳）、"皇都"（今江苏南京），指出了明初王朝的政治中心所在。山脉以工笔青绿山水法描绘，或峰或岭，各有其名。五岳（泰山、恒山、华山、衡山、嵩山）和五镇（霍山、沂山、吴山、无闾山、会稽山）精美醒目，在粉红长方形内注方位及名称。长白山、昆仑山、大小雪山涂以白色，意为终年积雪不消。全图水道纵横，除黄河外，均以灰绿曲线表示，注名者百余条。较大河流标明渊源。长江发源地标在四川松潘，入海口在江苏通州以东。所记鄱阳、洞庭各湖泊位置准确。黄河以粗黄曲线表示，发源于星宿湖，入山东境内分二支，故道由利津入海，新道则经江苏淮安入海。海洋以鳞状波纹线表示，海岸、岛屿的相对位置基本准确，礁石、沙洲分别注明。与现在最吻合的就是从渤海到海南岛的沿海地形，渤海湾、山东半岛的形状也非常接近，水系也很详细。长江的位置也差不多，长江支流水系标示得更详细，鄱阳湖、洞庭湖、太湖三大湖泊清晰可见。广东沿海似乎还显示了珠江口的位置，但雷州半岛、海南岛的位置偏西了。台湾岛、澎湖列岛及日本岛的差异较大。图中有简

---

① 方豪：《中西交通史》下卷，上海人民出版社 2008 年版，第 389 页。

要图说多处，主要说明特殊地区的自然状况、里程、民情风俗等。该图对于研究明代世界各国政区建制与自然地理、中国的边疆地理与对外关系等均有重要史料价值。

在《大明混一图》上，欧洲和非洲地区描绘得都很详细，绘制得也很规整，而且笔法流畅。非洲大陆位于这幅地图的左下方，其中河流的方位非常接近现在尼罗河和奥兰治河，突出部分的山地与德雷肯斯山脉的位置吻合。地图还显示在非洲大陆的中心有一个大湖，这可能是根据阿拉伯的传说绘制的。传说撒哈拉沙漠以南更远的地方有一个大湖，其面积远大于里海。地图上南部非洲的好望角，海陆线条精美，形制一目了然。

《大明混一图》的资料来源，大致应该来源于往返印度的海船商人，包括阿拉伯的航海家，绘制过程中可能参照过阿拉伯的一些地图资料。中国科学院研究员汪前进认为，《大明混一图》国内部分依据朱思本《舆地图》绘成，非洲、欧洲和东南亚部分依据李泽民《声教广被图》绘成，而印度等地可能是依据札鲁马丁的《地球仪》和彩色地图绘制。北部还可能参照其他地图资料。汪前进说，《大明混一图》的绘制未见文献记载，他将依据朱思本《舆地图》增补的罗洪先《广舆图》与《大明混一图》对照分析，发现它们之间有惊人的相似之处，说明有同源关系。在《大明混一图》的西南部和《广舆图》的《西南海夷图》上都绘有同一形状的非洲、非洲东岸的岛屿和地中海等，地名的用字、所标的位置也相同。但是因为朱思本的《舆地图》中没有绘制域外部分，所以再将这两图与比《大明混一图》要晚的《混一疆理历代国都之图》进行比较，可发现三者在非洲、地中海部分均相同，而且《大明混一图》和《混一疆理历代图都之图》的欧洲、中亚部分也相同。后者是根据《声教广被图》所绘，所以《大明混一图》在这些区域应是依据《声教广被图》绘成的。但是《大明混一图》还绘有印度，且形状突出，而《混一疆理历代国都之图》中则不明显，所以《大明混一图》的这一部分应该是参照了其他的地图。

2. 黄衷《海语》

黄衷的《海语》是明初介绍海外知识的重要文献。

黄衷，字子和，别号病叟，广东南海人。弘治进士，授南京户部主事，出为湖州知府，历福建转运使、广西参政、云南布政使、兵部侍郎。晚年致仕家居，向出入海洋的船舶询问了解海外各地的山川风土，著成《海语》，述海中荒忽奇谲情况，极为详细。

《海语》约成书于嘉靖十五年（1536）。该书中有大量海洋知识，包括番舶，海外的山川地形等。全书 3 卷：

卷上"风俗"，记述明代广州与暹罗、满剌加之间的交通往来，记载这两个国家的历史、地理、风俗、物产等。

卷中"物产"，包括象、海犀、海马、海驴、海狗、海鼠、海鸥、海鸡、海鹤、海鹦哥、海鲨、海龟、海鳇、海鲡、印鱼、河豚、海蜘蛛、猛火油、片脑、石蜜等。

卷下"畏途"和"物怪"，"畏途"讲述分水、万里石塘、万里长沙、铁板沙等沿海险要；"物怪"讲述海和尚、海神、鬼舶、飞头蛮、人鱼、蛇异、龙变、石妖等异域传奇。

《海语》中有关 16 世纪东南亚史地和中国南洋交通的资料非常丰富。《四库全书总目提要·地理类》说，《海语》每条下附有论断，"词致高简，时寓劝戒，亦颇有可观"。书中另附其族子学准的注释。此书与正史稍有出入。如《明史·满剌加传》记载"正德嘉靖年间，满剌加被佛郎机所灭"，而此书则称"佛郎机破其国，王退依陂堤里，佛郎机整众而去，王乃复"。此书成于嘉靖初，海商所传，见闻较近，比较真实，《四库全书总目提要》卷七一说："是尤可订史传之异，不仅博物之资矣。"后收在《宝颜堂秘笈》中。

3. 郑晓《皇明四夷考》

《皇明四夷考》2 卷，书成于嘉靖四十三年（1564），是介绍周边国家的著作。

《皇明四夷考》为郑晓所撰。郑晓，字窒甫，海盐武原镇人。嘉靖二年（1523）进士，授职方主事。喜披阅旧文牍，尽知天下扼塞和兵马虚实强弱。兵部尚书金献民嘱其撰《九边图志》，时人争相传抄。郑晓精通经学、术数及国家典故，甚孚时望，颇获时誉。因受权贵倾轧阻扼，不能施展抱负。落职还乡后，居百可园，园名取意于汪敬民"咬得菜根，百事可做"。《明史》说郑晓"通经术，习国家典故"，又说他"谙悉掌故，博洽多闻，兼资文武；所在著效，不愧名臣"。著作有《禹贡图说》《吾学编》《端简文集》等。《皇明四夷考》本是《吾学编》中的一部分。《吾学编》在清朝是一部禁书，所以

《皇明四夷考》也少有人说及。

郑晓用军事地理学的眼光来估量中国与外国的关系，对成祖之经营西洋很是不满，认为西洋与中国无什么关系。《皇明四夷考》所述以安南、朝鲜、兀良哈、女真、琉球、日本诸国为多，就是因为与中国的关系密切的缘故。至于西洋诸国，叙述颇为简略。书成于嘉靖时，嘉靖以前西洋诸国入贡中国，大概都有记载，可补黄省曾《西洋朝贡典录》之阙。

4. 严从简《殊域周咨录》

在明前期记述外国的著作中，《殊域周咨录》最为有名。《殊域周咨录》约成书于万历二年（1574），为严从简所撰。严从简，字仲可，号绍峰，浙江嘉兴人，嘉靖三十八年（1559）进士。初授行人，后转工科、刑科给事中。隆庆元年（1567）遭陷害谪婺源县丞，历扬州同知，免官还乡。

《殊域周咨录》记载明代关于邻近及有交往各国和地区以及边疆民族状况的著作。全书以明王朝为中心，分别记载其东、南、西、北四方海陆各国和地区的道里、山川、民族、风俗、物产等。所用资料取自明王朝历年颁发的敕书、各国间交往大事和相互来往使节所作的文字记录，以及行人司所藏文书档案等。

《殊域周咨录》共24卷，以厚今薄古的宗旨，着重叙述当时边疆各国和海外国家的人文、风土、地理以及和中国的来往，并将周边国家，按地理方位分为东夷、西戎、南蛮、北狄。东夷：朝鲜、日本、琉球。南蛮：安南、占城、真腊、暹罗、满剌加、爪哇、三佛齐、浡泥、琐里、苏门答腊、锡兰、苏禄、麻剌、忽鲁谟斯、佛郎机。西戎：吐蕃、拂菻、榜葛剌、默德那、天方、哈密、吐鲁番、赤斤蒙古、安定、阿端、曲先、罕东、火州、撒马儿罕、亦力把力、于阗、哈烈。北狄：鞑靼、兀良哈。东北夷：女直。

《殊域周咨录》是研究明代中外关系史和少数民族史的重要资料。书中叙事较为详细，遇有歧说则并列有关史料，不轻易排斥异说。又注明材料出处，给后人研究提供方便。此外，正文后面的按语和辑录的有关诗文亦很有价值。今通行本为1920年故宫博物院图书馆排印本。

5. 张燮《东西洋考》

明后期关于外部世界的著作，首先要说到张燮的《东西洋考》。张燮，字绍和，又字理阳，号汰沃，又号石户主人、海滨逸史、蜇逭老人，福建龙溪人。张燮出身于官宦世家，受家庭熏陶，自幼通五经、览史鉴，青年时便以文才名噪一时。他21岁中举，但他无意仕进，家居期间，潜心著述，侍奉父亲，并与当地名流蒋孟育等于漳州开元寺旁风雅堂组成伭云诗社往来唱和。张燮一生著述编纂的著作有15种共约700卷。其著作除著名的《东西洋考》外，还有《霏云集》《群玉集》和《闽中记》，在当时也很有影响。

明代，漳州手工业和海外贸易迅速发展，月港成为全国最大的外贸港口。据清乾隆《海澄县志》记载，明成弘间"闽人通番，皆自漳州月港出洋"。于是，漳州月港顿时"人烟辐辏""商贾咸聚""方珍之物，家贮户藏"，一跃成为"闽南一大都会""南方小苏杭"。张燮受海澄知县陶镕和漳州府司理萧基、督饷别驾王起宗委托，着手编写《东西洋考》，作为漳州与东、西洋各国贸易通商的指南。向达指出："这是一种半官性的官修书，据卷首王起宗的《序》，知道这部书的著作起始于前澄令陶镕，而完成于王起宗之手。书中所述不限明代，很带有一点历史的性质。所收材料，也很复杂，散见各种类书里面的六朝时代地理学家的著述，也偶然采入，东西洋诸国纪事中兼附考证。这确是一部很经意很重要的著作。"①

张燮编撰《东西洋考》，引用百余部书籍，其中包括《水经注》《宋史》《唐书》《元史》《岛夷志》《大明一统志》《瀛涯胜览》《真腊风土记》和多种海道针经等，还广泛地采录了政府的邸报、档案文件，参阅了许多前人和当代人的笔记及著作。为了编好这部书，张燮还亲莅月港码头采访舟师、船户、船主、水手、海商的生产生活、航海常识。张燮经过详细、严密的考订和编辑，并仿照宋赵汝适《诸蕃志》体例，在万历四十五年（1617）写成《东西洋考》。

《东西洋考》共12卷，记载东、西洋40个国家的沿革、事迹、形势、物产和贸易情况，以及国人长期在南海诸岛的航行活动、造船业和海船的组织等情况；还收录了秦汉以来中外关系的有关史料及宋、元、明三朝中外关系的有关文献。其中卷一至卷四是"西洋列国考"，以我国南海诸岛为分界线，将东、西两方向分为东、西洋，记述了交趾、占城、暹罗、下港、柬埔寨、大泥、旧港、麻六甲、哑齐、彭亨、柔佛、丁机宜、思吉港、文

① 向达：《唐代长安与西域文明》，河北教育出版社2001年版，第552—553页。

437

郎马神、迟闷共 15 国的地理、历史、气候、名胜、物产，基本上都在今越南、泰国、印度尼西亚、柬埔寨和马来西亚境内及其附近地区。卷五是"东洋列国考""外纪考"，记述吕宋、苏禄、猫里务、沙瑶、呐哔啴、美洛居、文莱等国的地理、历史、气候、名胜、物产。卷六"外纪考"，专门介绍与明朝没有正式通商关系的日本和"红毛番"（即荷兰）两国的国情。卷七"税饷考"，叙述朝廷征收税饷的情况，并明确记载各种饷税的征收和征收职官、公署等情况。卷八"税珰考"，记载明神宗时宦官高采利用职权在福建贪赃枉法、强取豪夺的罪恶行径和激变人民的史实。卷九"舟师考"，记载如二洋针路、祭祀、占验、水醒水忌、定日恶风、潮汐等有关海洋天文气象及海上航行知识。其中"西洋针路"和"东洋针路"是有关航海针经记录的总结。方豪认为关于"二洋针路"的记载是"其书最有价值部分"。① 卷十至十一为"文艺考"，收集宋、元、明三朝有关中外关系的众多文献。最后一卷为"逸事考"，摘抄秦汉以来史籍中有关中外关系的一些记载。

《东西洋考》是明代中外关系和东南亚各国历史、地理的重要文献，也是一部综述漳州与东、西洋各国贸易通商的指南。它对研究中外关系史、经济史、航海史、华侨史等都有很高的史料价值。

6. 樊守义西行欧洲与《身见录》

康熙四十四年（1705），因为天主教在华传教的"礼仪之争"，罗马教廷派多罗主教来华处理纠纷。康熙四十六年（1707），多罗在华发布南京教令，禁止中国天主教徒敬拜祖先。康熙皇帝下令驱逐多罗，遣送澳门关押。为向罗马教皇澄清中国"礼仪之争"的中国政府立场，康熙皇帝派耶稣会传教士艾若瑟和陆诺瑟为使者前往罗马，中国青年天主教徒樊守义随行。

樊守义在少年时就已追随艾若瑟，很早就加入了天主教。艾若瑟对他细心栽培，向他详细讲解天主教教义和相关知识，期望他成为一名出色的天主教徒和布道者。由于艾若瑟不识汉文，樊守义便担任了他的中文翻译，还帮他征引中国的古典文献。因此，樊守义不仅是艾若瑟的"徒弟"，还是他的助手。1702 年，艾若瑟应诏赴京，留居京师 5 年，得到康熙皇帝的信

---

① 方豪：《中西交通史》下卷，上海人民出版社 2008 年版，第 581 页。

任。樊守义也跟着一同进京效力。所以樊守义作为艾若瑟的随员出使罗马教廷并非偶然。

艾若瑟一行于1708年1月14日离开澳门往欧洲，"浩浩洋洋，洪无际涯，向西南而昼夜行焉"。经婆罗洲、马六甲、苏门答腊，入大洋，途经南美洲，1708年9月到达里斯本，抵达葡萄牙首都里斯本，获葡萄牙国王若昂五世（João V）召见。陆诺瑟在回到西班牙后病归故里。艾若瑟和樊守义在里斯本停留4个月后，于1709年1月再启程，经直布罗陀海峡，遇风停留在西班牙安达鲁西亚，停留后再启程前往意大利。2月下旬，抵达热那亚，取陆路经比萨、锡耶纳等地，抵达罗马，晋见罗马教皇克雷芒十一世（Clément XI）。艾若瑟和樊守义将康熙皇帝关于多罗来华、中国礼节问题和西洋教务问题的旨意，详细向教皇陈述。

在罗马期间，艾若瑟和樊守义受到克雷芒克十一世的接待，参观宫殿和图书馆。据樊守义写给广东巡抚的书信记载，艾若瑟到罗马觐见教皇时，所携带的书信没有清朝的印章，故而教皇怀疑书信的真实性。而艾若瑟与教皇在中国礼仪问题上立场的不同则更加重了教皇对书信的疑心。教皇怀疑书信是在华的耶稣会士为了维护自己的利益伪造的。于是，教皇命令艾若瑟待在欧洲，直到教廷收到盖有清朝印章的文书，他才可回华。

樊守义笃志好学，居意大利9年，受艾若瑟影响，他加入耶稣会，并且还在艾若瑟的推荐之下到罗马神学院学习。因为学业优秀，樊守义毕业后晋升为司铎。他还遍游意大利名城弗拉斯卡蒂、蒂沃利、那波利、卡普阿、博洛尼亚、摩德纳、帕尔马、帕维亚、米兰、福尔切利、都灵、皮埃蒙特等地。

康熙五十七年（1718），罗马教皇收到康熙皇帝硃笔文书，才相信艾若瑟使命的真实性。于是，教皇召见艾若瑟、樊守义，口谕："你们可以回国，我将另遣使臣前往，向中国皇帝逐条陈奏。"教皇警告艾若瑟，见到康熙皇帝时就说自己是因为身患重病才迟迟未归，对中国礼仪问题不要发表任何看法，他随后会派使者出使中国解决礼仪问题。樊守义随艾若瑟东还，途中经过葡萄牙，再次获得葡萄牙国王接见，并获赐黄金百两。归途中艾若瑟不幸在好望角前往印度舟中病故，樊守义扶其灵柩，继续东行，独自完成艾若瑟未竟的使命，6月13日抵达广州。康熙皇帝重视所遣使臣，命两广总督赵弘灿向粤海关及香山县探查。"守义抵华后，康熙皇帝欲知艾逊爵神甫消息，召守义赴京，垂询一切。"① 很多人向樊守义询问欧洲的风土情况。康熙六十年（1721）夏，樊守义遂将其亲身经历，写成这篇《身见录》。

《身见录》原稿未刊行，藏在罗马图书馆中，夹在《名理探》书内，共14页。200年后，才引起中国学者的关注。1936年，王重民在12月24日的《大公报》中发表《罗马访书记》一文，介绍了樊守义及其《身见录》的收藏处，并摘引了《身见录》的序言。在欧洲留学的阎宗临回国时将《身见录》原稿照片带回，作了校注，最早刊于1941年桂林《扫荡报》副刊《文史地》第52—53期。阎宗临将清康熙年间的樊守义与唐代法显相比，二人都是平阳县人，法显最早往佛国天竺取经，著有《佛国记》；樊守义则远渡重洋，出使天主教罗马教廷，著有《身见录》，具有特殊的历史意义。②

樊守义在自序中说，十多年旅行游记，为的是让王公大臣们了解西洋，介绍欧洲各国地理、宗教和文化到东方。方豪说，《身见录》是中国人所著"第一部欧洲游记"。③ 还有人称它可能是中国人最早用汉文写的关于南美洲和西欧的游记之一。

《身见录》虽篇幅不长，但内容丰富，所记载见闻涉及政治、经济、军事、文化等各方面情况。

当时巴达维亚是荷兰的殖民地，樊守义在《身见录》中介绍：巴达维亚是荷兰"商客集居之地。有洋船二百余艘停泊海口，兵马护守城门，昼夜不懈。其城内街市中界一河，道旁树木遍植河沿。凡大小西洋与夫中国种种货殖，靡不毕具"。

航行至美洲，樊守义停留于巴西东部的巴以亚（Bahia，今译巴伊亚，当时是葡萄牙人在西半球占领地的首府）。《身见录》记载："此地富厚，地气清爽，天时无寒。产巴尔撒木香、刀伤油、鼻烟、桂皮、白糖、长米粮、畜、牛、羊。"他记述巴西的坚船利炮、丰富物产和大量藏书，远非当时"天朝"君臣以为的"蛮夷之邦"。

在葡萄牙首都里斯本，樊守义停留了4个月，感叹其"壮丽可观，允称

---

① ［法］费赖之著，冯承钧译：《在华耶稣会士列传及书目》，中华书局1995年版，第681页。

② 参见阎宗临：《中西交通史》，广西师范大学出版社2007年版，第198页。

③ 方豪：《中国天主教史人物传》，宗教文化出版社2007年版，第502页。

富国，无物不备。地多泉穴，其房俱三四层不一，而公侯王府，更极崇美"。其中还有一些精彩场面的记录，比如葡萄牙国王的寿诞，樊守义还亲去祝贺，看到群臣只是向国王三鞠躬，然后走到跟前吻国王的手，或者应答一下或者退席，这比起中国皇宫的盛大排场要简单多了，而且百姓可以接近国王，不像中国皇帝那么威严敬惧。在西班牙，樊守义作过短暂停留，认为此地"人皆安分，不炫富贵，爱清雅，惟喜亭囿，大率如是"。

在意大利，樊守义居留的时间最长。《身见录》中介绍意大利的文字也最多，尤以罗马最为详细。他写道："罗玛府，乃古来总都，城围百里，教王居焉。余至此二日，见教王，承优待，命阅宫殿，内外房宇几万所，高大奇异，尤难拟议。多园囿，有大书库，库列大厨，无论其所藏经书之多，即书柜书箱，总难屈指。开辟迄今，天下万国史籍，无不全备。"他对罗马的管理制度印象深刻，认为"教王普理圣教事，下有七十二宰相及主教司铎，本国文武，共襄王事。朝外兵卒，日数更替，法虽有绞斩流，而犯者卒少"。他对罗马的众多教堂赞赏不已，认为当地教育发达，慈善机构较为完善，"城内多养济院，有兵役养济院、过客养济院、穷民养济院、孤子院，衣食俱备"。他还游历了那不勒斯、波罗尼亚、米兰、都灵等地。他称那不勒斯"都城土地，华美富厚，人性和乐。城外临海，各国船集"。"波罗尼亚大府，乃古时一都城，地极丰饶，人民富庶，公侯世家繁众，城池宫室极华，而府内人民聪俊好学。"米兰"土产极丰，人性和平，府内人民俱富饶，露台宫殿，尽美难言。公侯世家俱多造物主之圣堂，有百余所"。都灵"土产丰厚，人性坚强有勇，好交往，又好学"。

7. 谢清高《海录》

谢清高，广东嘉应人，18 岁时便出洋谋生。谢清高随外商海船遍历南洋群岛各地和世界各国，历经各种艰难险阻，但也增长了见识和人生经验。他学习外国语言，访问各岛屿城寨风土人情和物产。历 14 年后，因双目失明被解雇，他只好回到广东。后流落于澳门，靠口头翻译以自给。清嘉庆二十五年（1820），适同乡黄炳南与他相识，二人过从甚密。谢清高向他讲述自己的亲身经历及其见闻，并要求黄炳南代为笔录，以便传留后人。黄炳南感其诚，遂逐一记下，并取名《海录》，于同年底刊行问世。《海录》是鸦片战争前夕中国国内最先介绍世界概况的著作，谢清高被后来人誉为"中国的马可·波罗"，《海录》也被人们与《马可·波罗游记》相提并论。

谢清高是随外国商船漫游世界的，他在所到之处接触最多、感触最深的往往是当地有别于中国的风土人情，因而《海录》在这方面的资料相当丰富。

"宋卡国"条记其婚俗云："娶妻无限多寡，将婚男必少割其势，女必少割其阴。女年十一二即嫁，十三四便能生产。男多赘于女家，俗以生女为喜，以其可以赘婿养老也。若男赘于妇家，不获同居矣，其资财则男女各半。"

"明呀喇"（约当今孟加拉国）条记其葬俗云："有老死者，子孙亲戚送至水旁，聚而哭之，各以手抚其尸，而反掌自舐之，以示亲爱。遍则弃诸水，急趋而归，以先至家者为吉。"水葬习俗在中国一些地区也是有的，只是以谢清高的学识和经历而言，恐怕也是"新知"。不过，葬礼结束后，人们争先恐后跑回家，倒与中国习俗有较大区别。

"新当国"（今加里曼丹岛）条所记婚姻关系则明显地反映了海洋民族的特点："其男子若出海贸易，必尽载资财而行。妻妾子女在家，止少留粮食而已。船回则使人告其家，必其妻妾亲到船接引，然后回。否则以为妻妾弃之，即复张帆而去，终身不归矣。"在这里，婚姻的主动权似乎在女子。

"咭兰丹国"（今马来西亚吉兰丹附近）条记断案方式："有争讼者，不用呈状……王以片言决其曲直，无敢不遵者。或是非难辨，则令没水。没水者，令两造（当事双方）出外，见道路童子，各执一人至水旁，延番僧诵咒。以一竹竿令两童各执一端，同没水中。番僧在岸咒之，所执童先浮者则为曲，无敢复争。童子父母见习惯，亦不以为异也。"

"大西洋国"条详细记录了葡萄牙人的见面礼节："凡军民见王及官长，门外去帽，入门趋而进，手抚其足而噈之，然后垂手屈身拖腿，向后退步，立而言，不跪……亲戚男女相见，男则垂手屈身拖腿，女则两手撮其裙，屈足数四然后坐。女相见则相向立，各撮其裙，屈足，左右团转，然后坐。"

"大西洋国"（今葡萄牙）条记载有关忏悔事："妇女有犯奸淫及他罪而欲改过者，则进庙请僧忏悔。僧坐于小龛中，旁开一窗，妇女跪于窗下，向僧耳语，诉其实情。僧为说法，谓之解罪。僧若以其事告人众知之，则以僧为非，其罪绞。"

"英吉利国"（今英国）条把舞会称为"跳戏"："有吉庆，延客饮燕，则令女人年轻而貌美者盛服跳舞，歌乐以和之，婉转轻捷，谓之跳戏。富贵家女人无不幼而习之，以俗之所喜也。"

　　谢清高每到一地，都记录当地物产，而且往往比较详细。如"暹罗国"（今泰国）"土产金、银、铁、锡、鱼翅、海参、鳆鱼、瑇瑁、白糖、落花生、槟榔、胡椒、油蔻、砂仁、木兰、椰子、速香、沉香、降香、伽南香、象牙、犀角、孔雀、翡翠、象、熊、鹿、水鹿、山马"。谢清高还记录了暹罗国的酿酒法："欲酿酒者，则于（椰子）花茎长尽，花未及开时，用蕉叶裹其茎，勿令花开，再以绳密束之，砍茎末数寸，取瓦罐承之，其液滴于罐中，日出后则微酸，俱微有酒味，再酿之则成酒矣。"

　　"大吕宋国"（今西班牙）"土产金、银、铜、铁、哆啰绒、羽纱、哔叽、葡萄酒、琉璃、番碱、钟表。凡中国所用番银，俱吕宋所铸，各国皆用之"。

　　谢清高对西方国家的先进技术也较为关注，如"英吉利国"条较为详细地记录了伦敦的自来水系统："水极清甘，河谓之三花桥。桥有三桥，各为法轮，激水上行，以大锡管接注通流，藏于街巷道路之旁。人家用水俱无烦挑运，各以小铜管接于道旁锡管，藏于墙间。别用小法轮激之，使注于器。王则计户口而收其水税。"到了"咩喱干国"（今美国），记录那里的轮船说："其国出入多用火船，船内外多用轮轴，中置火盆，火盛冲轮，轮转拨水，无烦人力，而船自行。"当然，他对轮船的动力系统大概知之甚少，不过"火盛冲轮，轮转拨水"而已。

　　谢清高早年可能读过书，加上多年漫游各国，可能还有些语言天赋，因此，《海录》对各地语言也有所关注。如"新当国"条记："王自称曰亚孤，国人自称断孤……子称父曰伯伯，称母曰妮，弟称兄曰亚王，兄称弟曰亚勒。谓妇人曰补蓝攀，谓女子曰吧喇攀，谓夫曰沥居，谓妇曰米你……饭谓之挐叙，酒谓之阿沥，菜谓之洒油，米谓之勿辣，谷谓之把喱，豆谓之咖将。"

　　"大西洋国"条记："称王曰喱，王太子曰黎番爹，王子曰咇林西彼，王女曰咇林梭使，相国为干爹，将军为吗喇叽乍。"由于谢清高是广东嘉应州客家人，所以在记音时多用客家音。

　　谢清高对西方列强的强盛深有感触。"英吉利国"条说："急功尚利，以海舶商贾为生涯。海中有利之区，咸欲争之。贸易者遍海内，以明呀喇、曼哒啦萨、孟买为外府……养外国人为卒伍，故国虽小，而强兵十余万，海外诸国多惧之。"书中所列英吉利殖民地有：旧柔佛、新埠（在马来西亚），茫咕噜、旧港国（在印尼苏门答腊岛），明呀喇、曼达喇萨、孟买、苏辣（在印度）等，还记载了葡萄牙、荷兰等国的一些殖民地的简要情况。

《海录》还记录了南洋华人的一些情况。

《海录》一书对南洋各国及英国、葡萄牙、西班牙、美国等的记载较为详细，说明谢清高可能在这些地方待过较长时间，至于非洲、东欧、北欧等，谢清高或者没有亲身去过，或者虽然去过但停留的时间短，了解有限，所以记载也就相当简略。《海录》是鸦片战争前问世的一部影响很大的介绍海外世界的著作。谢清高虽然只是一个"小人物"，却在不经意间成为清代最早放眼世界、介绍世界的重要人物之一。

第二十三章

东南亚与中国的
贸易及文化交流

中国地处欧亚大陆的东端，在唐代，中国与外部世界的关系主要在西方。就文化交流方面来说，对外国文化的认识、了解与接受，即外国文化对中国文化发展实际所发生的影响是主要方面。这个西方文化是广义的，即中国以西的地域文化，包括西域文化、印度文化、阿拉伯文化以及近代以后的欧洲文化等。因此，从中国接受海外文化这个角度来说，中国与东亚、东南亚的交流不是本书的重点。历史上的东亚、东南亚，在与中国进行文化交流时，主要是接受者，即中国文化在东亚、东南亚的传播丰富和促进了它们的文化的发展。文化交流总是双向的，东亚、东南亚对中国文化并不是没有影响。大规模的贸易使东亚、东南亚的物产传播到中国，丰富了中国人的生活，在艺术领域、在佛教文化领域也有朝鲜、日本文化向中国倒流的现象。明清之际，中国学者与日本、朝鲜学者的交往切磋，诗文唱和，共同促进了学术事业的发展。东南亚作为中国与印度、阿拉伯乃至更远地区交通的中转站，输入中国的外国物产，有许多出产于或经过东南亚国家。明初郑和下西洋，进一步密切了中国与东南亚国家的交往，出现了外交、文化、贸易交流的大高潮。

一　中国与朝鲜半岛的交往与贸易

1. 唐朝与新罗的往来

（1）唐朝与新罗的交通和往来。中国与朝鲜半岛很早就建立了比较密切的关系，最早的朝鲜王朝就是在商周交替之际，由箕子率领的中国移民集团建立的。在汉武帝时，在朝鲜北部建立郡县，进行直接的统治。后来朝鲜半岛分为高句丽、百济和新罗三个国家，这三个国家与中国有密切的往来。新罗统一朝鲜半岛后，两国的关系更为密切，人员往来更为频繁，经济和文化交流更为繁盛，出现了中朝文化交流史上的一次高潮。

唐朝与新罗的交通十分便利通畅。据《新唐书·地理志》记载，贾耽叙述的唐与外国交通最重要的七条路线有两条与朝鲜有关。一条是陆路，即"营州入安东道"，从营州（今河北昌黎县）出发渡辽水，经"安东都护府"，继续往"东南至平壤城",可推知往南走到新罗首都庆州。另一条是海路,即"登州海行入高丽道",从山东半岛的登州出航,渡渤海,再由辽东南岸西行至乌骨江(今鸭绿江)口,此后,前往朝鲜半岛的港岸航路是:"乃南傍海壖,过乌牧岛(今身弥岛)、贝江口(今大同江口,可循江溯流至平壤)、椒岛,得新罗西北之长口镇(今长渊县长命镇),又过秦王石桥(今瓮津半岛外岛群中一岛,据说形如桥道者)、麻田岛(今开城西南方海中的乔桐岛)、古寺岛(今江华岛)、得物岛(今大阜岛),千里至鸭绿江唐恩浦口(此句似误,应为鸭绿江千里至唐恩浦口,唐恩浦口为今仁川以南的马山里附近海口,以今图估测,似在牙山湾内)。乃东南陆行,七百里至新罗王城(今庆州)"(《新唐书》)。这条沿岸航路,航程较长,但较为安全,当为惯常之主要航路。

另外还有两条海上航路。一条是从山东半岛的登州沿海起航,直接东航(或东北航),横越黄海,直达朝鲜半岛西海岸的江华湾或平壤西南的大同江口。唐代对高句丽的几次海上用兵,其舟师就走这条快速航线。另一条是从江浙沿海或长江口出发,先沿大陆海岸北上,行至山东半岛成山角附近,再或者东渡朝鲜半岛西海岸,或者北驶跨岛沿岸续航至朝鲜半岛。日本僧人圆仁《入唐求法巡礼行记》指出唐与新罗的海上通道共有四条。该书卷一说,"案旧例,自明州进发之船,为吹新罗境。又从扬子江进发之船,又新罗",从这两个地方出海的船经黑山岛可至今韩国全罗南道的灵岩。同书卷一又说:"登州牟平县唐阳陶村之南边,去县百六十里,去州三百里,从此东有新罗国。得好风两三日得到新罗",这是最为便捷的道路。此外,该书卷四还提到从楚州山阳县和海州也可入海达新罗。而由新罗至唐则可从新罗汉江口的长口镇或南阳湾的唐恩浦起航到山东半岛,也可从灵岩附近经黑山岛至唐定海县或明州。

由于交通的便利以及历史上两国友好往来的传统,唐朝与新罗的官方交往十分频繁密切。每次新罗王薨逝,必遣使来华告哀,唐朝皇帝则为之辍朝举哀,并遣使持节赍诏书往新罗吊慰,追赠故王官爵,赙赠锦彩等物。同时,新罗国新王登位,也必请加册命,唐朝皇帝则遣使持节赍诏书往新罗册立,加封新罗王官爵,册新王之母为太妃,妻为妃,并赐王以旌节,赐重臣以门戟,赐王、王妃、王太子、重臣以衣物。新罗对唐之册封十分重视,贞元十六年（800），新罗王金俊邕立，唐遣司封郎中兼御史中丞韦丹持节册命其为开府仪同三司、检校太尉、新罗王。当韦丹行至郓州时，金俊邕卒，于是唐召韦丹还。到了元和三年（808），新罗"遣使金力奇来朝。其年七月，力奇上言：'贞元十六年，奉诏册臣故主金俊邕为新罗王，母申氏为太妃，妻叔氏为王妃。册使韦丹至中路，知俊邕薨，其册却回在中书省。今臣还国，伏请授臣以归'"。（《旧唐书·东夷列传》）而唐朝也满足了他的要求，"令奉归国"。

贺正使或贡使来华时，唐皇帝一般宴见于内殿，授以官爵，赐予衣物。来使回国时一般都赍回唐皇帝嘉奖新罗王、盛赞两国友谊的诏书及赐予新罗王、王妃、重臣的礼物。

安史之乱时，唐玄宗避难成都，并失去帝位。新罗景德王遣使至成都。《三国史记·新罗本纪》记载：新罗景德王十五年（唐天宝十五年，756），"王闻玄宗在蜀，遣使入唐，沂江至成都，朝贡。玄宗御制御书五言十韵，赐王曰：'嘉新罗王岁修朝贡，克践礼乐名义，赐诗一首'"。《东国通鉴·新罗纪》记载："唐天宝十五年，遣使朝帝于蜀，帝亲制十韵诗，手札赐王曰：嘉新罗王岁礼朝贡，克践礼乐名义，赐诗一首。"唐玄宗《赐新罗王》诗写道：

> 四维分景纬，万象含中枢。
>
> 玉帛遍天下，梯杭归上都。
>
> 缅怀阻青陆，岁月勤黄图。
>
> 漫漫穷地际，苍苍连海隅。
>
> 兴言名义国，岂谓山河殊。
>
> 使去传风教，人来习典谟。
>
> 衣冠知奉礼，忠信识尊儒。
>
> 诚矣天其鉴，贤哉德不孤。
>
> 拥旄同作牧，厚贶比生刍。
>
> 益重青青志，风霜恒不渝。

《三国史记》在叙述这件事后说："帝幸蜀时，新罗能不远千里，朝聘行在所，故嘉其至诚，赐之以诗。其云益重青青志，风霜恒不渝者，岂古诗疾风知劲草，板荡识贞臣之意乎。"

据有关文献统计，669年至733年这65年间，新罗向唐朝贡11次，献方物 15 次，贺正 8 次，朝见、谢表、请文、献女、谢罪各 1 次，共 39 次；唐向新罗册封 2 次，诏谕 2 次，吊祭 2 次，求物、求做武器各 1 次，共 8 次。从 734 年到 903 年 170 年间，新罗向唐朝贡 21 次，献物 9 次，贺正 14 次，朝见 4 次，表谢 3 次，献女 1 次，告哀 1 次，贺平乱 1 次，共 54 次；唐向新罗册封 9 次，吊祭 4 次，诏谕 2 次，求援 1 次，共 16 次。如果把新罗统一前唐新两国的遣使往来加起来统计，有唐一代，新罗共向唐遣使 126 次，唐向新罗遣使 34 次，双方使节来往共 160 次，平均每两年多一点就有一次使节往来，新罗有时甚至一年就两三次向唐遣使。这与同时期日本派遣唐使相比较，新罗向唐遣使的次数更多，说明当时唐新两国之间的交往的频繁程度。

新罗所派的贺正使、朝贡使多为宗室大臣乃至王弟王子。遣唐使的大使、副使，多由新罗身份制度"骨品制"中的上层人士（真骨，六头品）担任。尤其值得注目的是，曾经出任遣唐使、后来登上王位者，竟有 6 名之多。他们是：金春秋，武烈王（第 29 代）；金法敏，文武王（第 30 代）；金良相，宣德王（第 37 代）；金俊邕，昭圣王（第 39 代）；金彦升，宪德王（第 41 代）；金谊靖（义正），宪安王（第 47 代）。除此之外，担任过遣唐使的官员，后来历任上大等、侍中、兵部令、都督等，由真骨独占之官职者，更是不可胜数。与此同时，遣唐使的人选被视作在新罗政界崭露头角的机遇，有此经历者往往对新罗政治产生直接的巨大影响。新罗的唐化政策、以此为媒介的中央集权，在真德王时代、景德王时代、哀庄王时代达到一个高峰，而在这个过程中，金春秋、金忠信（上大等）、金彦升（摄政）等遣唐使的经历者扮演着主角。遣唐使还由特定的人物、特定的家族世袭承担，例如金仁门出任 7 次，金良图出任 6 次，金庾信一族中的金三光、金钦纯、金岩先后入选遣唐使。

新罗所派的贺正使、朝贡使完成使命后，有的即时回国，有的就留唐作为质子（也称侍子），宿卫于唐。关于质子，史书上有很多记载。如《册府元龟》卷九九六外臣部纳质条载："开元二年二月壬寅，新罗王子金守忠来朝，留宿卫。"唐对新罗质子常予以厚赐，或给予高官厚禄，以安其心。如开元时留宿卫的金志蒲被授予太仆卿员外置同正员；元和时放宿卫新罗王子金献忠归国，加授试秘书监；开成时新罗质子金允夫官为试光禄卿赐紫金鱼袋等。质子在唐遣使至其本国时，常充当副使。《册府元龟》卷九九六记载，新罗质子金士信奏言云："臣本国朝天二百余载，常差质子，宿卫阙庭，每有天使临藩，即充副使，转通圣旨，下告国中。"《全唐诗》卷三八五部载张籍《送金少卿副使归新罗》诗，称赞新罗质子金少卿充副使归国的光彩。

新罗的遣唐使到达长安后，与唐朝的文人墨客进行过种种交流。同样，唐朝派往新罗的著名文人，也促进了文人之间的交流。比如，768年派往新罗册封惠恭王的归崇敬，册封新罗昭圣王的使节韦丹，册封新罗哀庄王的使节元季方，均是唐代著名的文人官吏。唐新两国之间频繁地遣使往来，不仅加强了两国的政治关系，而且促进了两国之间经济贸易关系的发展和文化的交流。

此外，新罗还派有大量的留学生和学问僧到中国，在当时的外国留学生和外国僧人中，数量最多。

（2）唐朝与新罗的经贸交流。唐与新罗之间的贸易往来相当频繁，规模也相当大，按其贸易的性质来说，唐新之间的贸易主要有两种形式：一种是随同外交使节而进行的国家贸易；另一种是在民间的商人之间进行的私人贸易。在一般情况下，官方贸易占有更重要的地位。

和历史上中国与其他国家交往的情况一样，唐新之间的遣使往来，也兼有官方贸易的任务。所谓"朝贡"，实质上是一种以"朝贡"为名义的易物贸易。新罗遣唐使将近一半属于"贺正使"。其时遣唐使携带的国书，存世的有崔致远撰写的《新罗贺正表》。除了国书之外，遣唐使的贡品还包括金银、牛黄、人参等珍宝，以及朝霞锦、木绵布、金银器皿、工艺品等加工品。对此，唐王朝予以极其隆重的接待，并向新罗国王和使臣赠送"赐物"。《新唐书·新罗传》记载，新罗兴光王遣使"数入朝，献果下马、朝霞绸、鱼牙绸、海豹皮"，"亦上异狗马、黄金、美髢诸物"。唐玄宗则"赐兴光瑞文锦、五色罗、紫绣纹袍、金银精器"。另外，唐朝使臣到达新罗时也要携带许多礼品赐赠，并接受新罗的回赠。

随着两国社会的发展和经济的繁荣，双方往来的主题更多地转移到了经济文化方面，礼品的交换逐渐演变成正常的官方贸易，交换的种类和数量也大大增加了。通过这种官方贸易的渠道，大量的新罗物产传播到中国。据《三国史记》和其他一些文献记载，新罗向唐朝输出的有朝霞绸、朝霞锦、鱼牙锦、鱼牙绸、三十升纻衫缎、龙稍、布等织物，金、银、铜等金属，金钗头、鹰金锁镞子、金花银针筒、金银佛像等工艺品，人参、牛黄、茯苓等药材，马、狗等牲畜，虎、海豹等的毛皮。在官方贸易中，除了奢侈品的交换，政府间也有一些对平民生活产生影响的物品交换。此外，在官方朝贡贸易的背后，大宗朝贡使团私下也在进行互市贸易活动。

中国的养蚕制丝技术传到朝鲜以后，在那里有了很大发展。据《三国史记》记载，新罗设有官营的朝霞房（专织朝霞绸）、染宫、红典、苏芳典、攒（扎）染典、漂典、锦典、绮（缟）典、机概典等丝绸生产专业工场，其生产的品种有朝霞绸、鱼牙绸、野草罗、乘天罗、小文绫、二色绫、纱、絁等。装饰手法有染撷、刺绣、金银泥、金银丝、孔雀羽等，染色色彩亦十分丰富。① 新罗时出产的丝绸产品已经流传到中国，有关文献记载，新罗向中国进贡的丝绸包括了绢、絁、帛、绫、缎、锦等等，品种丰富。在唐代宗时，允许流通的纺织品中有一种"高丽白锦"。五彩氍毹是新罗国的一项特产，其制度巧丽，冠绝一时，"每方寸之内，即有歌舞伎乐、列国山川之象"，当微风吹入室中时，可见氍毹上"蜂蝶动摇，燕雀飞舞，俯而视之，莫辨其真假"（《太平广记》）。最具特色的产品是"朝霞绸"，以颜色鲜红、艳如朝霞而得名。美国学者谢弗认为："'朝霞'是一组很常见的词组，它是指在来自下方的光线的照射下，白云所显示出的耀眼的淡红色的光彩。""正是因为这种创新绸具有朝霞般美丽的色彩，它才会被称为'朝霞'。"②

《杜阳杂编》记载新罗向唐朝进献的朝霞锦和万佛山等珍奇物品。

唐与新罗的民间私人贸易也很活跃，特别是9世纪中后期以后，新罗中央政权衰弱，与唐的官方贸易有所下降，民间贸易更加发展起来。唐朝考虑到中央的财政收入，于建中元年（780）下令禁止这类私人贸易。从代宗到宪宗时代，高句丽人李正己、李师道家族割据淄青镇，与新罗大做生意，"货市渤海名马，岁岁不绝"。山东半岛与新罗的民间贸易也相当发达。至开成间，淄青节度仍兼押两蕃使，此时唐的中央权力更加削弱，对久有传统的山东半岛与新罗的民间贸易恐也是力不从心，令不行而禁不止了。

---

① 参见赵丰：《古代中朝丝绸文化的交流》，《海交史研究》1997年第2期。

② ［美］谢弗著，吴玉贵译：《唐代的外来文明》，中国社会科学出版社1995年版，第439页。

新罗商人从事海上运输的很多。圆仁《入唐求法巡礼行记》记载，日本第十八次遣唐使抵达唐扬州海陵县白潮镇桑田乡东梁丰村之后，"虽经数日，未有州县慰劳"，多日之后才有地方官员前来探查，并向遣唐使解释说："从先导新罗国使而与本国一处，而今年朝贡使称新罗国使，而相劳疏略。今大使等先来镇家，既定本国与新罗异隔远邈，即县州承知，言上既毕。"显而易见，当时新罗船只频繁地在扬州沿海一带活动，才会导致当时的地方官员将日本遣唐使的船队，误以为是新罗人的船队。新罗船队在唐的活动范围远不止扬州一地，《入唐求法巡礼行记》记载："十八日未时，新罗译语金正南为定诸使归国之船，向楚州发去。"金正南此去一次性购买了9艘新罗海船。新罗海船的体型也十分巨大，依圆仁所述，金正南在扬州为日本遣唐使团购买的9艘新罗海船至少可以容纳370多人，且尚有足够空间装载数量可观的唐朝官方回赐物品，与日本使团民间贸易所得的大量私货，以及370多人渡海所需的粮食、淡水等生活必需品。可知在这一时期新罗海船在数量上已颇具规模，新罗海船还在技术上具有一定的优势。

在当时，新罗商船不仅往来于中国与新罗中间，还航至日本，活跃于日本的贸易市场，它连通东亚三国，建立了中国、新罗、日本之间的贸易航线，形成了三国之间的国际贸易。在唐代的中日贸易中，新罗商人也发挥了重要的中介作用。新罗与唐朝的经济联系和贸易往来十分频繁。新罗商人从唐朝贩得大量商品，除满足新罗国内市场的需求之外，还因地理条件之便及了解日本对唐货需求之行情，常将唐货运至日本九州大宰府销售。新罗商人作为中间商，起到中日贸易的桥梁作用。

有学者推测，新罗商人渡日最早可以追溯到8世纪。自9世纪起，他们建立了往来于中国东部沿海地区与日本九州岛的固定航线，分别在中日两国设立贸易据点，充当两国贸易的中介。新罗商人在中国设置的贸易据点，主要是在楚州以北，即现在的连云港及山东半岛沿海一带。他们在这里设立新罗坊，采购物品，组织货源，安排船只，并设置总管，负责新罗商人的组织和管理。为了便于贸易联系，他们还在新罗坊内设有专职翻译，直接为新罗商人与日本贸易进行业务交涉。日本朝廷为了满足日本国内市场对唐货的需求，对新罗商人的政策一再放宽，明令大宰府允许新罗商人进行贸易，"商贾之辈，飞帆来者，所赍之物，听任民间令得回易"。另外，新罗商船还承担了中日之间的客运和货运，在中日经济和文化交流中发挥了积极作用。

9世纪初新罗商人开始频繁渡日，揭开了唐日贸易的新篇章，形成了后来学者所称道的"东亚贸易圈"。"以新罗所处之地理位置，故新罗商舶之往来于中、日、新之间者，远甚于华籍商舶。此等新罗船，或来往经营贸易，或受雇运载。藤原常嗣为大使之第十八次遣唐使，其于回国之际，屏弃原乘之日本造使舶，而另雇新罗船九艘以归。此说明即在日本官方使节心目中，亦新罗船之坚固、安全胜于遣唐使舶也。"① 往来频繁、技术先进的新罗船队和谙熟海路、善于驾船的新罗水手，活跃于东亚海上，构成东亚三国海上交通的重要载体。当时参与这个"东亚贸易圈"的有新罗商人、唐商人、日本商人和渤海商人。不过，这个贸易网络是被张保皋的贸易商团所垄断的。唐会昌二年（842）张保皋商团被查封后，"东亚贸易圈"的贸易活动并没有中断，而是由活跃的中国明州商帮所取代。

唐朝为接待新罗的贸易官员和商人，特地在今山东、江苏沿海各州、县，设有多处"勾当新罗所"，所内设有通事，专事翻译。此外，还有许多新罗商人到山东、江苏沿海各地从事商业活动。当时这些地区有大批新罗商人居住，设有"新罗坊"和"新罗院"。

由于唐的对外开放政策及与新罗的友好关系，也由于交通的便利，有唐一代，众多的新罗学生、僧人、商人、农民、士兵纷纷来唐求学、求法、经商、务农、从军，其中有不少人定居于唐，终老唐土。他们广泛地分布在唐境，有人统计，这些新罗侨民至少活跃在唐的7个道的19个州、府，主要是在长安、河北道、河南道以及淮南道的沿海地区。山东半岛、江淮地区的傍海地带和运河两岸是新罗侨民的主要聚居地。同时唐朝与新罗海上交通的主要口岸，也是新罗人聚居的主要城市，如河南道登州的文登县、淮南道楚州的山阳县，即是新罗与唐朝民间贸易的集市。

圆仁在《入唐求法巡礼行记》中述及新罗人颇多。根据圆仁的记载，他所到过的地方，如扬州、楚州、密州（包括诸城）、海州（包括宿城村）、泗州（包括涟水）、登州（包括牟平、文登、赤山），还有距登州270千米的青

---

① 梁容若：《中日文化交流史论》，商务印书馆1985年版，第167页。

州等地方，也有新罗人居住。圆仁在唐期间，得到新罗人的许多帮助。如唐开成四年（839），正月"八日，新罗人王请来相看，是本国弘仁十年流出州国之唐人张觉济等同船之人也。问漂流之由，申云：为交易诸物，离此过海，忽遇恶风，南流三月，流出州国"。又如，同年四月五日，圆仁一行遇新罗船客 10 余人，在他们的帮助下，"到宿城村新罗人宅，暂憩息"。据船客们说："吾等从密州来，船里载炭，向楚州去。本是新罗人，人数十有余。"① 他们是在楚州与密州之间从事买卖木炭业的商人，用新罗船贩运木炭来回行驶。可见当时新罗商人不仅从事唐与新罗之间的海上贸易，而且也直接参与了唐的国内贸易。唐刘恂《岭表录异》记载，有一位新罗客搭海船从青州赴闽，途中"遭恶风飘五日夜，不知行几千里"，沿途经过 6 个奇怪的国度，新罗客居然知晓其中的狗国和流虬国的情况，甚至能半译流虬国语言。这位见多识广的新罗客，很可能就是一位来往于青州与闽越乃至东南亚之间，从事经营贩运的商人。

东南沿海的许多地方，有新罗商人的踪迹。除了上面提到的新罗坊、新罗院外，一些岛屿、渡口、山和村落的得名与新罗商人的活动有关。比如浙江临海县东南大约 15 千米有一小岛，有新罗商人"舣舟于此"，故名"新罗屿"，台州还有新罗山。这两处处于浙江沿海，新罗商人经常在此停船靠岸，装卸货物，使得这些地区成为中外商品的集散地，遂以"新罗"命名。浙江宁波象山县还有新罗岙、新罗岙村，也与当年新罗商人的活动有关。

唐新之间的民间贸易所经营的商品种类与官方贸易差不多，新罗商人运至唐朝的牛黄、人参、海豹皮、朝霞、金、银等物，占唐朝进口物产的首位，丰富了中国人民的生活。崔致远在《桂苑笔耕集》卷一○说："前件药物，采从日域，来涉天池。虽征三桠五叶之名，惭无异质，而过万水千山之险，贵有余香。""凡荷奖延之赐，合申献贺之仪。前件人参并琴等，形禀天成，韵含风雅，具体而既非假貌，全材而免有虚声。况皆采近仙峰，携来远地。"说明新罗特产海东人参和海东实心琴等名贵商品运销于扬州。缘此，淮南节度

① 白化文等：《入唐求法巡礼行记校注》，花山文艺出版社 1992 年版，第 95—96、137—138 页。

副使高骈得以海东人参三斤贡献于朝廷。

（3）"海上王"张保皋及其贸易集团。圆仁的《入唐求法巡礼行记》记有一位名叫张宝高的人。张宝高中国名为张保皋，新罗名弓福，其名其事不仅见于圆仁记载，在唐、日、新三国官撰正史中亦有记载。如《新唐书·新罗传》《续日本后记》《三国史记》《三国遗事》均有提及。唐代著名文学家杜牧亦为其撰传。他在新罗政府的默许和支持下，占据莞岛，从事唐、日、新三国之间的贸易活动，山东半岛及苏北一带之新罗院，往来于黄海之新罗船，一度都在其控制之下。

张保皋在 17 岁时和好友郑年结伴渡海来到赤山浦，不久辗转南下到扬州。他们浪迹扬州时，适逢镇海节度使李琦据润州造反。唐军扩募镇压反叛，张保皋和郑年被募编入了徐州武宁军中，先后参加了平定镇江李琦、淮西镇吴元济和淄青镇李师道的叛乱。因本领高强、英勇善战，累立军功，唐宪宗元和十四年（819），张保皋被擢升为武宁军小将，统率 1000 多名士兵。杜牧在《樊川文集·张保皋郑年传》中记载："新罗人张保皋、郑年者，自其国来徐州，为军中小将。保皋年三十，郑年少十岁，兄呼保皋，俱善斗战，骑而挥枪，其本国与徐州无有能敌者。"

张保皋在唐军转战十几年，所见"遍中国以新罗人为奴婢"，特别是李师道控制的山东一带，情况尤为严重。李师道是高句丽人李正己之孙，其祖父入唐后因平定安史之乱有功，官至淄青节度使，经过三代发展，形成与唐朝割据对立局面，独霸山东，并屡次进犯徐州。高句丽原为新罗世仇，故李师道在控制地区，把新罗人卖为奴婢。在新罗沿海一带，海盗活动猖獗，经常抢掠人口卖到唐朝为奴。这一现象，令张保皋愤然不平，决心回国荡平海盗，禁绝买卖人口现象。唐穆宗四年（824），张保皋辞掉武宁军小将之职并决定回国。

张保皋于唐文宗太和二年（828）回到新罗。张保皋回国后，奏请新罗兴德王："遍中国以新罗人为奴婢，愿得镇清海、新罗海路之要，使贼不得掠人西去。"兴德王准请，张保皋随即招募周围 1 万岛民组成一支军队，在清海镇成立了大本营，很快荡平了多股海盗势力。自"大和后，海上无鬻新罗人者"。张保皋在荡除海盗，确保了海上航路畅通后，利用控制新罗国西南海上的优势，凭借有利的地理位置和丰富的海上经验，发挥了自己对中国情况熟悉的特长，组建了庞大的船队，往返新罗与中、日三国之间，开始从事利润丰厚的海运和商业贸易。

张保皋的海上贸易日益兴盛，形成了以清海镇为大本营，以赤山（今荣成石岛镇）、登州（今山东蓬莱）、莱州（今山东莱州）、泗州（今安徽泗县）、楚州（今江苏淮安）、扬州（今江苏扬州）、明州（今浙江宁波）、泉州（今福建泉州）和日本九州为基点的海运商业贸易网络。张保皋的商团垄断了唐、新、日三国的海上贸易，是当时最大的国际贸易集团。

海盗的禁绝，海路的畅通，海运商贸的发展，使入唐经商、从业、求学、居留的新罗人迅速增多。因此，在中国各商贸中心和交通要道周围，逐渐形成了新罗村。据统计，当时仅在赤山一带就有 10 多个新罗村。张保皋除了进行直接贸易外，还经营造船业和出租船只、水手、艄公等。在中国山东、江苏北部海岸形成了一条船队服务线，为新罗和日本人提供海上服务贸易。当时阿拉伯商人东航喜乘中国船，而中国浙东地区采用新罗造船术，造出了当时最先进的水密隔舱多桅杆船。这样，造船术和航海术便随着出租的水手、工匠传到阿拉伯等地。而中国的长安、洛阳、扬州、广州也聚集了许多南海、中亚、西亚等地的商人，他们把稀缺的商品运到中国销售，这样张保皋的海上贸易网络就与中西海上贸易之路联系起来。

当时很多新罗人居住在赤山浦的一些村庄里，他们信仰佛教，张保皋征得唐政府的同意，在赤山浦建立禅院。因此山周围山石皆为红色，相传有赤山神保佑当地众生，又因建院时请来诵经的首批僧人属天台宗派，其所读诵的是《法华经》，故此院取名为"赤山法华院"。赤山法华院成了当时新罗人往返大唐的驿站和活动中心，是张保皋船队的大本营之一。张保皋在赤山拥有庄田，以供应该寺居住僧的生活费用。日本国僧圆仁法师一行入唐求法，先后 3 次客居赤山法华院共达 2 年零 9 个月。归国后，圆仁著《入唐求法巡礼行记》，对赤山法华院作了详细的描写，使赤山法华院名扬海内外。张保皋在莞岛象皇峰、济州岛河源洞等地也建了法华院，与山东半岛赤山法华院相对应，互为海运贸易的联络点。

后来，张保皋卷入了新罗王室王位继承纷争。因惧怕张保皋的势力，文圣王和新罗贵族们借"欲谋乱、据镇叛"的罪名，于 841 年派人趁张保皋一次醉酒后将其杀害。此即朝鲜历史有名的"弓福之乱"。

张保皋的事迹在中韩文化交流史上留下重大影响。《新唐书·东夷传·百济传》就给予张保皋很高的评价，说："先国家之忧，晋有祁奚，唐有汾阳、保皋，孰谓夷无人哉。"范文澜《中国通史》说：张保皋"无愧为新罗国的英雄"①。张保皋当年所建的赤山法华院毁于 845 年会昌毁佛。

（4）高丽乐在中国的传播。朝鲜半岛的音乐舞蹈在南北朝时就已经传入中国。古鲜族"其俗喜歌舞，国中邑落男女，每夜群聚歌戏"。据《三国遗事》记载，新罗"城中革屋，接角连墙，歌吹满路，昼夜不绝"。民间如此，宫廷亦是如此，所谓"新罗国……每月旦相贺，王设宴会，班赉群官，其日，拜明神主。八月十五日，设乐令官人射，赏以马布"。就连新罗向唐朝进贡的纺织品上也都绣有歌舞场面。

《唐会要·东夷二国乐》记载："《高丽、百济乐》，宋朝初得之。至后魏太武灭北燕，亦得之而未具。周武灭齐，威振海外，二国各献其乐。周人列于乐部，谓之国伎。隋文平陈，及《文康礼曲》，俱得之百济。"当时朝鲜半岛处于三国时期，文中的"高丽"实指高句丽，高句丽的乐舞传入中国，称为"高丽伎"。上述引文说《高丽乐》作为古代朝鲜的乐舞在十六国北燕时就已传入。577 年，北周灭北齐，高丽、百济曾派遣使者到长安献乐。其歌曲有《芝栖》，舞曲有《歌芝栖》。到隋朝时，隋设七部乐、九部乐，高丽乐就包含在其中。据《隋书·音乐志》记载，高丽乐有"弹筝、卧箜篌、竖箜篌、琵琶、五弦、笛、笙、箫、小筚篥、桃皮筚篥、腰鼓、齐鼓、担鼓、贝等十四种，为一部。工十八人"。唐朝九部乐、十部乐中，也有一部高丽乐。

天宝十三年（754）唐玄宗采取的一次乐曲大更名行动将《高丽乐》改名为《夷宾引》。李白《高句丽》诗题解曰："唐亦有高丽曲，李勣破高丽所进，后改《夷宾引》是也。"李白的诗写道：

> 金花折风帽，白马小迟回。
>
> 翩翩舞广袖，似鸟海东来。

十六国时期吉林集安高句丽古墓中的歌舞壁画，可作为我们了解高句丽舞大致舞姿的参照。壁画上有 7 位歌者、6 名舞人，领头的男舞者头饰鸟羽，

---

① 范文澜：《中国通史》第 3 册，人民出版社 1994 年版，第 353 页。

舞人右腿正举步前迈，双臂作鸟式后展，衣袖下垂。此舞姿即李白所咏"翩翩舞广袖，似鸟海东来"的形象。《旧唐书》和《新唐书》保存了前史未记载过的高丽乐工和舞者服饰的史料，还对演奏高丽乐的乐器编制有了更加明确的描述。

在分立时期，朝鲜三国各有自己的乐舞，即《高丽乐》《百济乐》与《新罗乐》，并且都流传到了中国。这一时期三国乐舞也是互相影响的，比如《新罗乐》中的玄琴，就是由高句丽宰相王山岳改制而成的，而被《新罗乐》所使用。新罗统一三国后，原来的《高丽乐》与《百济乐》都成了新罗乐舞的一部分，与《新罗乐》逐渐融合起来，构成了统一后的新罗乐舞。新罗的乐器有铜鼓、腰鼓、唐琵琶、洞箫、笙、箜篌等，这些大多是从中国传过去的。加上《高丽乐》和《百济乐》中的乐器，使得其乐器更加繁多而丰富了。新罗乐舞也同样流传到中国，不少新罗人在中国学习生活，带来了不少新罗乐舞。唐高宗时，长安一地就居住着不少的新罗乐工和舞人，新罗乐舞丰富了唐朝的乐舞表演的种类。唐宪宗元和年间，新罗还曾派遣乐工到长安献乐。

2. 宋朝与高丽的交通、贸易及文化交流

（1）宋朝与高丽的交通往来。高丽王朝自918年创立，至1392年被李氏朝鲜取而代之，共延续了4个半世纪。高丽时代是朝鲜历史上社会经济和文化发展的一个重要时期。从中朝文化交流史的角度来说，是全面地、大规模地引进、吸收和移植中华文化的时期。这一时期相当于中国的五代至明代初期。高丽王朝与中国的官方关系比较复杂，这期间既有与宋、元的关系，也有与先后存在于中国北方的辽朝和金朝的关系。高丽王朝必须随时调整与这些先后出现的或并存的中国王朝的交往关系。但是，从总体而论，高丽一代，与中国的交通往来始终是比较频繁、比较密切的。通达的交通、大宗的贸易、频繁的人员交流，为文化交流创造了有利的条件。

北宋与高丽的交往一直是很密切的。朝鲜半岛与中国的陆路交通，早就十分发达便利。至北宋时，两国交通以海路为主，航路畅通发达，"若海道，则河北、京东、淮南、两浙、广南、福建，皆可往"（《宣和奉使高丽图经》）。其中主要有南北两路：宋与高丽之间的海道北路，主干道是由山东半岛的登州出发，向东直航，横渡北部黄海，抵达朝鲜半岛西岸的瓮津。据

《宋史·高丽传》记载，淳化四年（993）二月，宋廷遣秘书丞直史馆陈靖、秘书丞刘式入使高丽，其航程即由登州八角海口登舟，"自芝冈岛顺风泛大海，再宿抵瓮津口登陆"（《宋史》），然后取陆路，经海州、阎州、白州，至高丽首都开城。北路航线的另一支道，是由密州板桥镇启程，出胶州湾，东渡黄海，直航朝鲜半岛西海岸。这两条北路航线的特点是航距短，仅一海之隔，顺风一宿即可抵达。元丰六年（1083），任赴高丽国信使之冯景奉诏，"案视近便海道"，"至登、密州，问知得两处海道可并发船至高丽，比明州实近便"（《续资治通鉴长编》）。

宋与高丽之间的海道南路，从明州、泉州、杭州、广州均可至高丽，但对高丽的主要贸易港口是明州和泉州。据《乾道四明图经》所称：明州"虽非都会，乃海道辐凑之地。故南则闽、广，东则倭人，北则高句丽，商舶往来，物货丰衍"。宁波至舟山海面一片"风帆海舶，夷商越贾，利原懋化，纷至沓来"（《延祐四明志》）。两宋时期，明州是长江以南的主要出发港，航行季节多在夏、秋，利用东南季风渡海。循南路航线赴高丽，从明州出发，往东北航行，抵达朝鲜黑山岛，再往北行，经朝鲜半岛西南海岸的众多岛屿，到达礼成江口。北宋宣和五年（1123），宋使给事中允迪、中书舍人傅墨卿出使高丽，徐兢随使而行。徐兢所撰《宣和奉使高丽图经》，详细记录了出使经历及所见所闻，是记载宋与高丽交流的重要史料。徐兢一行就是走南路海道。据他的记载，他们自明州出发，达定海招宝山出海，经沈家门，入白水洋（蓬莱山及其以北浙江近岸水域），过黄水洋（今浙苏淮河入海口附近水域），继而离岸东驶，横渡黑水洋（今江苏以东、山东半岛之南与东以及朝鲜半岛西岸之西的黄海水域），到五屿，达群山岛，然后沿朝鲜半岛西海岸北上，经紫燕岛、急水门、分岭等，"随潮至礼成港"，登陆进高丽首都开城。《宣和奉使高丽图经》卷三说："朝廷遣使，皆由明州定海放洋，绝海而北，舟行皆乘夏至后南风。"

朝鲜科学院历史研究所编著的《朝鲜通史》也介绍宋与高丽的这两条航线。①

---

① 朝鲜民主主义人民共和国科学院历史研究所著，吉林省延边朝鲜族自治州《朝鲜通史》翻译组译：《朝鲜通史》上卷第 2 分册，吉林人民出版社 1973 年版，第 394 页。

北宋前期与高丽的海上交通主要取北路航线，登州是两国使节、商人来往的主要港口。但是后来，辽国军事威胁加剧，北路航线发生危机。登州濒临辽境，是防辽的海疆要塞，从登州往返高丽，不但易受辽军掠袭，无法保证航行安全，而且有误本国水师军机。此外，有部分商人常"冒请往高丽国公凭，却发船入大辽国买卖"（《苏东坡全集》），给本国政府带来不利。对于高丽来说，也存在与北宋相似的问题。北宋熙宁七年（1074），高丽"遣其臣金良鉴来言，欲远契丹，乞改涂，由明州诣阙"（《宋史》）。北宋政府采纳这一建议，自此严禁舶商自海道往登州并取北路航线往返高丽。所以，自熙宁七年以后，宋与高丽的交通主要利用南路航线，明州成为两国航路宋朝最主要的港口。北宋规定，凡"非明州市舶司而发过日本、高丽者，以违制论"（《苏东坡全集》）。

明州人楼异在任随州知州向宋徽宗陛辞时，建言在宁波设来远局，建高丽使行馆，以供高丽使者每年来宋贸易之用。宋徽宗采纳了他的建议，便改命他任明州知州，以执行这一任务。楼异到明州后，于政和七年（1117）在月湖建高丽使行馆。高丽使行馆有两种功能：一是安顿高丽使者的食宿；二是储藏货物的栈房。高丽使行馆安置的货物有两种：一种是从高丽运来的朝贡货物，这些货物在三江口经过抽解，余下的大部分，由明州官府"博买""和买"，即由官府统购，其"价直酌蕃货轻重而差给之"（《宋史》），或付以铜钱，或以货易货，所易的货物，主要为丝织品、瓷器、茶叶、书画、乐器、雕塑品等等，这些货物，自然需安顿于高丽使行馆；还有贵重品，如宋廷需要的高丽药材、高丽漆器，这些贡品在行馆短暂安放后，即沿水路经杭州，溯运河而上，至开封后上贡皇帝，皇帝则予以赏赐，运回明州后，亦需安顿于行馆内。待风顺后，上述经朝贡贸易后的货物及货币，由高丽使者运回本国。到南宋时期，"凡中国之贾高丽与日本，诸蕃之至中国者，惟庆元（明州）得受而遣之"（《宝庆四明志》）。

除明州外，泉州也是南路对高丽贸易的重要港口。据《高丽史》记载，在北宋大中祥符八年（1015）至元祐五年（1090）的75年间，由泉州泛海而赴高丽的有19起。苏轼说，"福建一路多以海商为业"，"福建狡商专擅交通高丽，引惹牟利，如徐戬者众"，"泉州多有海舶入高丽往来买卖"（《乞会高丽僧以泉州归国状》）。不过，因泉州离高丽较远，主要是南洋港口，因此对高丽的航海地位逊于明州，其航线实际上只是明州航线的延长。

与之相应，高丽的礼成港也相当繁荣。13 世纪高丽文学家李奎报作诗颂礼成港："潮来复潮去，来船去舶首尾相连，朝发此楼底，未午棹入南蛮天。"可见当时之盛况。

交通的便利，为北宋与高丽的官方往来提供很大的便利。北宋建隆元年（960），北宋王朝建立，建隆三年（962）高丽第一个使节向北宋"献方物"。次年，宋太祖降制高丽国王，赐命王昭为开府仪同三司、检校太师、玄菟州都督、充大义军使、高丽国王。淳化四年（994）始受制于辽的高丽，在受辽之册封，奉其正朔的同时，仍不时向宋朝贡。大中祥符八年（1015），宋真宗"诏登州置馆于海次"，以待高丽使者。天圣八年（1030），高丽派出由 293 人组成的庞大使节团到北宋，"贡金器、银镂刀剑、鞍勒马、香油、人参、细布、铜器、硫黄、青鼠皮等物。明年二月辞归，赐予有差，遣使护送至登州。"（《宋史》）。其后，辽国对高丽朝贡宋朝大加诘难，并多次发兵进攻高丽。高丽因国小势弱，不得已臣属于辽，并在辽之重压下，于北宋天圣八年（1030）后中断了与宋之间的官方交往，达 40 多年之久。

神宗年间，北宋和高丽的关系再度活跃。神宗熙宁四年（1071），宋廷改变了对高丽"来不拒，去不追"的政策，主动遣人联络高丽，于是，两国出于各自的政治、经济、文化的需要，互遣聘使，恢复了官方联系。至熙宁四年三月，高丽使节复带"礼物"来宋朝。一直到 12 世纪 30 年代，两国使节往来极为频繁。据《宋史》和《高丽史》的记载统计，北宋使节赴高丽共 24 次，北宋与高丽的官方往来共 87 次。① 当时，宋廷对高丽贡使"供拟腆厚"，并在熙宁九年（1076），"命中贵人仿都亭西驿例治馆，待之寝厚，其使来者亦益多"（《宋史》）。同时，高丽对宋朝来使的待遇也极厚。由此，形成了北宋、高丽交往的高潮期，两国间的政治、经济、文化交流较前大增。

当时的使节往来兼有官方贸易的性质，高丽朝贡于宋，一方面是希望在经济上能"得厚利"，另一方面是为了吸收和引进宋朝的先进文化。《文献通考》卷三二五说："按高丽之臣事中朝也，盖欲慕华风，而利岁赐耳。"每次

---

① 参见杨昭全：《北宋与高丽的贸易往来和文化交流》，中国朝鲜史研究会编：《朝鲜历史研究论丛（一）》，延边大学出版社 1987 年版，第 111 页。

使团人数都很多，少则几十人，一般为一百多人，最多一次达293人。宋朝出于为抵制辽、金而与高丽结盟的考虑，对高丽的遣使活动非常重视，往往给予很高的礼遇。如《宋史》记载，熙宁三年，高丽遣"金悌等百十人来，诏待之如夏国使"，而"政和中升其使为国信，礼在夏国上"（《宋史》）。同样，高丽王朝对来访的宋使也优礼有加，待为上宾。徐兢记载他们一行乘船至礼成港时，中国特使"奉诏书于采舟，丽人以兵仗甲马、旗帜仪物共万计，列于岸次，观者如堵墙，采舟及岸"，"次日，遵陆路入于王城"（《宣和奉使高丽图经》），受到高丽举国上下的热烈欢迎。

交通的畅达，以及两国官方频繁的通聘往来，为北宋与高丽之间的文化交流，为高丽大规模引进和学习宋文化创造了便利条件。

北宋靖康二年（1127），金朝灭北宋，南宋王朝国势危弱，偏居江南一隅。因南宋经常遭到金的侵掠，而高丽又与金接壤，南宋朝怕高丽与金互通消息，疑虑重重，两国关系一度疏远。如南宋绍兴十六年（1146），高丽使者至明州，南宋朝廷"惧其为间"，担心高丽使者为金朝派来窥探南宋江浙海防虚实的细作，遂"亟遣之回"，不敢接待。绍兴三十二年，高丽又准备遣使赴南宋，南宋朝廷也因"惧有意外之虞"而不敢表示欢迎。到宋孝宗以后，南宋朝廷鉴于金势渐衰和宋金和议维持了较长时间的和平局面，始恢复与高丽政府的往来，互遣使臣。有时赴高丽的宋商也充当政府使者，沟通两国关系。南宋与高丽之间通过海道的联系并未完全中止。南宋开庆元年（高丽高宗四十六年，1259）四月，中国商人范彦华的船只从高丽返回，船上带回了3名被蒙古俘虏的南宋居民。范彦华是在被迫参加蒙古对高丽战争时逃出的，高丽政府将他们送回国，高丽的礼宾省还为此向南宋朝廷发出了正式的牒文。范彦华的商船是在上一年去高丽的。高丽元宗元年（南宋景定元年，1260）十月，"宋商陈文广等不堪大府寺、内侍院侵夺，道诉金仁俊曰：'不予直而取绫罗丝绢六千余匹，我等将垂橐而归。'仁俊等不能禁"（《高丽史》）。从"侵夺"的货物数量，可知这一年前来高丽的南宋商船装载的货物是相当可观的。

此后相当长一段时间，可能因为官方机构"侵夺"造成的不良影响，南宋商船不再到高丽。高丽元宗十一年（南宋咸淳六年，元至元七年，1270）十二月，元世祖忽必烈遣使责问，"南宋商船来"，高丽政府为何"私地发遣"？次年正月，高丽国王写信回答说："尝有宋商舶往返，距今十年，未曾见来"，但"年前有一舶到于我境"（《高丽史·元宗世家》）。以上所说，便是根据现有文献可以考知的 13 世纪中期高丽与南宋的几次海道交往。

当时的庆元（明州）为南宋与高丽交往的唯一港口，所行航路，为北宋后期以来传统南路。但无论是两国交往的密切程度还是交流的规模，都远远不及北宋时期了。

（2）宋朝与高丽的贸易。和以往中国与其他国家的交往关系一样，北宋与高丽之间的使节往来也兼有官方贸易的性质。高丽积极向北宋派遣使节，主要原因之一就是在朝贡的形式下与宋朝进行易物贸易。北宋朝廷对高丽的贡物，不仅给予免税的优待，而且一般都要"估价回答"，即将这些礼物由市舶司作价，然后回赠一定数量的物品。元丰二年（1079）以后，北宋不再估价，而是以"万缣"为定数。《宋史》卷四八七说："前此贡物至，辄下有司估直，偿以万缣，至是命勿复估，以万缣为定数。"可见交易数额之大。不过，宋朝在朝贡贸易中所得经济利益往往少于高丽，甚至成为负担，这与中国历代朝贡贸易的情况大体相同。所以宋朝一些官员对高丽朝贡颇有非议。苏轼上疏皇帝说："熙宁以来高丽人屡入朝贡，至元丰之末十六七年间，馆待赐予之费，不可胜数……朝廷无丝毫之益，而夷虏获不赀之利……自二圣嗣位，高丽数年不至，淮、浙、京东吏民，有息肩之喜……若朝廷待之稍重，则贪心复启，朝贡纷然，必为无穷之患。"（《苏东坡全集》）他还说："高丽入贡无丝发利，而有五害。"苏轼所言虽为激烈，但也反映了当时两国官方贸易的一些情况。

北宋与高丽两国政府都公开允许使节团的个人交易，并从各方面给予方便条件。据徐兢《宣和奉使高丽图经》卷三记载："高丽故事，每人使至，则聚为大市，罗列百货，丹漆缯帛，皆务华好。而金银器用，悉王府之物，及时铺陈。"可知高丽利用使节往来的机会开辟市场，"罗列百货"进行交易，甚至王室也参加了这种交易活动。

北宋与高丽之间不仅官方贸易持续不断，而且民间贸易也相当繁荣，有大批宋商去高丽经商。据《高丽史》统计，在大中祥符五年（1012）至绍熙三年（1192）的 181 年间，宋商到高丽活动共计 117 次，其中有具体记载能清楚人数的有 77 次，每次少则数名，多则 300 余名，合计共 4500 多人次。到了 12 世纪中叶，更是达到前所未有的高潮。

北宋与高丽民间贸易的繁荣，与两国政府的支持和鼓励是分不开的。北宋前期，曾一度禁止宋商去高丽从事贸易活动，但实际上仍有一些宋商不顾禁令，前往高丽经商贸易。元丰二年（1079），北宋仁宗实行联合高丽抗辽的政策，取消禁令，并鼓励商人经营对高丽的贸易，于是有大批宋商赴高丽。高丽政府对前来贸易的宋商也十分欢迎。高丽为接待外国使节和商人在首都开京设立"客馆"，其中名称"曰清州、曰忠州、曰四店、曰利宾。皆所以待中国之商旅"（《宣和奉使高丽图经》）。宋"贾人之至境，遣官迎劳"，每逢节日，高丽政府还宴请宋商。天禧三年（1019）重阳节，高丽国王显宗"以重阳节宴宋及耽罗、黑水诸国人于邸馆"。景祐元年（1034）十二月，高丽举行八关会时，"宋商客、东西蕃、耽罗国亦献方物。赐坐观礼。后以为常"（《高丽史·清宗世家》）。至和二年（1055）二月寒食日，高丽文宗飨宋商叶德宠等87人于娱宾馆，黄拯等105人于迎宾馆，黄助等48人于清河馆，一次就招待了240名宋商。高丽政府不仅对宋商热情欢迎款待，而且还允许宋商定居高丽，甚至委以官职。在南宋的建炎二年（1128）到咸淳六年（1270）期间，宋商东渡高丽的记事仅见载于《高丽史》的就有33次之多。

大批宋商到高丽，除了进行贸易，还从事其他一些方面的活动，甚至在两国的官方交往中也起到了一定的作用。据《高丽史》记载，熙宁元年（1068）七月，"宋人黄慎来见言：皇帝（宋神宗）召……罗拯曰：高丽古称君子之国，自祖宗之世输款甚勤，后阻绝久矣，今闻其国主贤王也，可遣人谕之"（《高丽史》）。咸淳六年，福建转运使罗拯"复遣黄慎"，到高丽继续交涉恢复国家交往问题。又如宋神宗时，因密州商人简平"三往高丽通国信"，授其"三班差使"头衔。至南宋时，也有往来宋商在两国的外交关系方面起到媒介作用。

高丽政府还鼓励本国商人积极开展海外贸易特别是对宋贸易，北宋时也有许多高丽商人渡海赴宋，从事贸易活动。11世纪后半期，高丽与宋之间的贸易空前繁荣。"高丽对宋朝的贸易，国家贸易占的比重不大，主要由私商进行。两国贸易最盛时，一次有数十名，甚至有时有数百名商人横渡黄海从事贸易。"[1]

---

[1]　朝鲜民主主义人民共和国科学院历史研究所著，吉林省延边朝鲜族自治州《朝鲜通史》翻译组译：《朝鲜通史》上卷第2分册，吉林人民出版社1973年版，第393页。

（3）"高丽纸""折叠扇"与高丽青瓷。高丽政府对宋商的欢迎态度和对与宋贸易的重视，主要原因在于经贸易渠道互相输入丰富多样的物产，丰富了两国人民的日常生活。宋朝向高丽输出的商品主要有：绫绢、锦罗、白绢、金银器、礼服、瓷器、玉器、马匹、鞍具、玳瑁、药材、茶、酒、书籍、乐器、蜡烛、钱币、孔雀、鹦鹉等，此外还有香药、沉香、犀角、象牙等南亚、西亚的特产。因为当时宋朝与这些地区之间的贸易活动非常频繁，大食、三佛齐等国的大批商人经常往来与广州、泉州、明州等地，运来了大量的特产商品。宋商则再把它们运到高丽出售，从事中转贸易。

高丽对宋输出的物品，最贵重的是供皇帝和皇室成员穿戴的丝绣品和饰物，如御衣、金腰带、黄麴衫、销金红罗夹复红便服。还有价值昂贵的金、银、铜器，以及数量极大的丝织品，此外还有松子、毛皮类、黄漆、硫磺、绫罗、苎布、麻布、马匹、鞍具、袍、褥、香油、文席、扇子、白纸、毛笔、墨等。从高丽输入的药物有人参、麝香、红花、茯苓、蜡枣肉、杏仁、细辛、山茱萸、白附子、芜荑、甘草、防风、牛膝、白术、远志、姜黄、香油等，其中野生药物占多数。扇子、笔、墨等文化用品在当时非常受欢迎。

南宋明州地方志《宝庆四明志》中记载了"舶货"（进口货物）的清单，是按产区分类的。其中由"高句丽"进口的货物，计有"细色"（贵重精细物品）6种：银子、人参、麝香、红花、茯苓、蜡。"粗色"（一般商品）34种，以药材最多，其次是手工业品和农产品等。

元代高丽出现了记载高丽商人在中国商贸活动的《老乞大谚解》和《朴通事谚解》两部书。从这两本书来看，高丽向元朝出口的货物，以马匹为最多。此外，便是毛施布和新罗参。《老乞大谚解》记载，高丽商人一行贩卖马匹，"这马上驮着的些少毛施布，一就待卖去"。商人们到达顺城门客店后，就到城里寻找"卖毛施布的高丽客人李舍"。《朴通事谚解》卷上记载，高丽商人带有"十个白毛施布，五个黄毛施布"。人参是高丽的特产，历来被中国人视为滋补佳品。宋、元两代，由海道输往中国南方的高丽商品中，人参在"细色"（贵重货物）之列。《老乞大谚解》卷中记载，高丽商人一行所带货物，除马匹、毛施布之外，便是人参。高丽的文具很精巧，特别是高丽纸当时在中国很受欢迎。《朴通事谚解》卷下记载，"高丽来的秀才"韩先生将"高丽笔、墨和二十张大纸"作为礼物送给来访的中国文人。

中国的造纸术很早就传到朝鲜半岛。在唐代，新罗所制的"鸡林纸"，就是献给中国唐朝的贡品。高丽时期，朝鲜纸经常向中国出口。徐兢《宣和奉使高丽图经》说：高丽"纸不全用楮，间以藤造，槌捣皆滑腻，高下数等"。高丽时期生产的纸的种类很多，包括白纸、白硾纸、黄纸、青纸、雅（鹅）青纸、青磁纸、翠纸、金粉纸、油纸等，质地都十分精良。1894年法国出版的《朝鲜书志学》一书中写道：

> 朝鲜书籍所用的纸不论哪个时代，都具有细腻结实特性。因此，即使用相当薄的纸所订的古书历经漫长岁月后仍无变质。这从在寺院或欧洲书库里所发现的高丽时代的书既无染上黄色、也没有蠹虫咬的痕迹之中便可知道。[①]

宋元丰三年（1080），高丽遣使向宋朝进贡，其中即有"大纸二千幅，墨四百挺"。北宋陈槱《负暄野录》卷下论纸品时曾提到："高丽纸类蜀中冷金，缜实而莹。""高丽岁贡蛮纸，书卷多用为衬。""高丽别有一种，以绵茧造成，色白如绫，坚韧如帛，用以书写，发墨可爱。此中国所无，亦奇品也。"（《长物志》）《纸墨笔砚笺》称："高丽纸以绵茧造成，色白如绫，坚韧如帛，用以书写，发墨可爱。"高丽纸多为粗条帘纹，纸纹距大又厚于白皮纸，因高丽纸质地坚实，宋人犹喜欢用这种纸作为书卷的衬纸。宋代文人之间还常以高丽纸相赠，视为贵重之物。如韩驹在《谢钱珣仲惠高丽墨》中就写"王卿赠我三韩纸，白若截脂光照几"的诗句。元代鲜于枢在《笺纸谱》中也提到"高丽蛮纸"。元至大二年（1309）至至元四年（1338）间，元朝三次向高丽派使团，购买印刷佛经用的"佛经纸"。到明朝初年，宋濂等人编纂《元史》，也选用高丽"翠纸"作书衣。[②]

高丽折扇形制奇特，工艺精巧。《东文选》卷一一崔诜《谢文相赠扇》说："扇剪黑、白二纸交织成纹，两面书画甚奇，形如松扇。谁为新桦扇？黑白大分明。不用齐纨制，浑将剡纸成。方圆二体具，书画一时呈。剪刻专偷巧，裁缝几费精。手中孤月满，席上好风生。忽被贤侯赐，尤为众客惊。却思三伏住，岂要九秋迎。谢相蒲增价，曹生竹有名。奉扬期不忝，藏袭永为

---

① 转引自朴真奭：《中朝经济文化交流史研究》，辽宁人民出版社1984年版，第119页。
② 参见张政烺等：《五千年来的中朝友好关系》，开明书店1951年版，第68页。

荣。感德徒为切，何当报以琼？"中国前往高丽的使臣，也提到过这种工艺品。徐兢《宣和奉使高丽图经·供张》说："白折扇，编竹为骨，而裁藤纸缏之。间用银铜钉饰，以竹数多者为贵。供给趋事之人，藏于怀袖之间，其用甚便。""松扇取松之柔条，细削成缕，槌压成线，而后织成。上有花文，不减穿藤之巧，惟王府所遗使者最工。"

高丽的纸扇在宋朝大受欢迎。文人学士赞赏高丽纸扇。张世南《游宦纪闻》卷六说："世南家尝藏高丽国使人状数幅，乃宣和六年九月，其国遣使金紫光禄大夫、检校司厘、知枢密院事上柱国李资德，副使太中大夫、尚书礼部侍郎柱国、赐紫金鱼袋金富辙至本朝谢恩进奉……私觌之物，则幞头纱三枚……松扇三合、折叠扇二只……白铜器五事而已。"所称的"折叠扇"，盖"排筠贴楮"，亦贯列竹条后粘上纸片的"高丽扇"。郭若虚《图画见闻志·高丽国》记载，高丽国"使人每至中国，或用折叠扇为私觌物。其扇用鸦青纸为之，上画本国豪贵，杂以妇人、鞍马，或临水为金砂滩，暨莲荷、花木、水禽之类，点缀精巧。又以银泥为云气、月色之状，极可爱，谓之倭扇，本出于倭国也。近岁尤秘惜典客者，盖稀得之"。华镇的《高丽扇》则赞咏高丽纸扇的巧夺天工：

> 排筠贴楮缀南金，舒卷乘时巧思深。
> 何必月团裁尺素？自多清爽涤烦襟。
> 挥来振鹭全开羽，叠去枡椆未展心。
> 利用已宜勤赏重，更堪精制出鸡林。

这种凭借使臣之手流入的"纸扇"，扇面上大多有精心制作的绘画，故而又被称作"画扇"。"画扇"之纤美，还可从时人的诗章中细细品味。黄庭坚《谢郑闳中惠高丽画扇二首》诗云：

> 会稽内史三韩扇，分送黄门画省中。
> 海外人烟来眼界，全胜博物注鱼虫。

> 苹汀游女能骑马，传道蛾眉画不如。
> 宝扇真成集阵隼，史臣今得杀青书。

中国仿制"折扇"，最早出现在北宋后期。邓椿《画继》卷一〇："又有用纸，而以琴光竹为柄，如市井中所制折迭扇者。但精致非中国可及，展之广尺三四，合之止两指许。所画多作士女乘车跨马、踏青拾翠之状，又有以金银屑饰地面，及作星汉、星月、人物，粗有形似，以其来远磨擦故也。其所染青绿奇甚，与中国不同，专以空青海绿为之。近年所作，尤为精巧"。所称的"市井中所制折迭扇者"，就是中国仿制的品种。中国仿制的品种中有扇面为白纸或白绢者，这样，与团扇一样，以利书师、画工题字作画，别有风情。逮至建炎以后，题字作画者中，既有得到陛召的宗室远裔赵伯驹，也有供奉宫廷的皇后亲妹杨娃。郑元祐《赵千里聚扇上写山、次伯雨韵》诗云：

> 宋诸王孙妙盘礴，万里江山归一握。
> 卷藏袖中舒在我，清风徐来縠衣薄。
> 文采于今沦落余，雕阑玉砌凄烟芜。
> 宝玉不随黄土化，门上空啼头白乌。

南宋，临安还开有折叠扇铺子，模仿制作高丽纸扇，确实比当时中国使用的纨扇、羽扇等方便。陆游《老学庵笔记》卷三云："宣和末，妇人鞋底尖以二色合成，名错到底。竹骨扇以木为柄旧矣，忽变为短柄，止插至扇半，名不彻头。"所称的"不彻头"，当是扇骨只及扇面少许的一种折叠扇。后来明朝的陆深《春雨堂随笔》也记述道："今世所用折叠扇亦名聚头扇，吾乡张东海先生以为贡于东，永乐间始盛行于中国。予见南宋以来诗词咏聚扇者颇多。予收得杨妹子所写绢扇面，折痕尚存。东坡谓高丽白松扇展之广尺余，合之止两指许，正今折扇。盖自北宋已有之。倭人亦制为泥金面、乌竹骨充贡。出自东夷，果然。"高江村《天禄识余》说："今之折叠扇，初名聚头扇，元时高丽始以充贡，明永乐间稍效为之，今则流传浸广，团扇废矣。至于挥洒翰墨，则始于成化间云。"

高丽的松烟墨也很受士大夫的欢迎。松烟墨是用松烟和胶捣捶制成的墨，早在唐朝就有进口。明陶宗仪《南村辍耕录》卷二九记载："唐高丽岁贡松烟墨，用多年老松烟和麋鹿胶造成。"明屠隆《考槃余事·朱万初墨》也说："余尝谓松烟墨深重而不姿媚，油烟墨姿媚而不深重。若以松脂为炬取烟，二者兼之矣。"白居易《送萧炼师步虚诗十首卷后以二绝继之》诗云："花纸瑶缄松墨后，把将天上其谁开。"沈括《梦溪笔谈·杂志一》也说："鄜延境内有石油……余疑其烟可用，试扫其煤以为墨，黑光如漆，松墨不及也。"宋朝墨工潘谷采用高丽的松烟，制成最佳的墨，驰名国内。

高丽青瓷也是在中国很受欢迎的商品。唐代后期，中国的制瓷技术大规模传入朝鲜，并在当地产生很大影响。正是在中国瓷器的直接影响下，朝鲜发展起自己的制瓷业。高丽瓷全力模仿中国汝窑的天青色釉，并逐渐从模仿过渡到本土化。高丽陶工是在中国陶工指导下，开始生产青瓷。这些中国陶工来自中国杭州的越窑，他们教给高丽陶工如何有效率地造窑，以及精准地控制窑火的技术。实际上，高丽青瓷窑炉为全盘移植越窑的龙窑结构，其装烧工艺、产品造型和花样纹饰等都受到越窑的影响。韩国学者金恩庆指出："高丽青瓷对中国窑业的借镜，不断从中国窑业吸收养分，在模仿、学习中酝酿出高丽青瓷独具特色的品类，发展出追求完美的一连串佳作。"① 清唐秉钧《文房肆考》中说到高丽瓷与中国瓷器的关系："《高丽窑》——出高丽国，与饶相似。色粉青者似龙泉，有细花者仿北定。上有白花朵者不甚值钱。"在12世纪初，可能是受到镶嵌漆器的启发，出现了镶嵌青瓷。镶嵌青瓷纹饰的题材，多受佛教影响，为野趣浓厚的野菊、云鹤、蒲柳水禽等。除纯青瓷、镶嵌青瓷外，还有堆花纹青瓷、画青瓷、辰砂青瓷、画金青瓷等。12世纪的青瓷铁绣花已经具有鲜明的高丽风格，装饰图案多是牡丹、菊花、花树、蔓草、杨柳等。这种装饰图样具有鲜明的民族特点，俗称"绘高丽"。"'绘高丽'是在宋瓷基础上发展而成，却有高丽的独特性。"② 到12世纪上半叶，"绘高丽"的造型和装饰已经变得极为规整精巧。徐兢《宣和奉使高丽图经》说："陶器色之青者，丽人谓之翡色。近年以来，制作工巧，色泽尤佳，酒尊之状如瓜，上有小盖，而为荷花伏鸭之形……"又说："狻猊出香，亦翡色也，上有蹲兽，下有仰莲以承之。诸器惟此最精绝。其余则越州古秘色，汝州新窑器，大概相类。"高丽青瓷大量输入宋朝，很受欢迎。南宋时期刊刻的太平老人撰《袖中锦》一书，在"天下第一"条中列举宋代各地以及与宋并世的契丹、西夏、高丽等国的著名特产，这里提到的"高丽秘色"，是仿照越窑青瓷的釉色烧制的青釉瓷器，南宋时与定窑白瓷同被评为"天下第一"。

---

① 金恩庆：《追求完美——宋代青瓷与高丽青瓷的异同》，台北《故宫文物月刊》2008年第4期，第119页。

② 陈进海：《世界陶瓷：人类不同文明和多元文化在交融中延异的土与火的艺术》第2卷，万卷出版公司2006年版，第398页。

（4）高丽佛教向宋朝的文化反馈。佛教文化交流是中国与朝鲜半岛文化交流的重要组成部分，汉传佛教持续传播到朝鲜半岛，吸引了大批朝鲜佛教僧侣入华进行求法请益活动，新罗时代留学僧活动达到了高潮。在高丽时期，仍然有大批佛教僧侣到中国来求经学法，进行佛教文化交流，同时也有大批汉译佛教经典传播到朝鲜半岛。如前所述，在这个时代，中国与高丽的文化交流，仍是以中华文化大规模向高丽输出为主，但随着高丽佛教的发展，高丽佛学开始流向宋朝，成为文化交流的另一道风景。

谛观是高丽初年入宋的僧人。根据宋修《大宋僧史略·僧统》赞宁的记载，谛观入宋的起因是吴越王钱俶遣使至高丽寻求散失的天台宗教籍。吴越国号称"东南佛国"，上至达官贵族、下至黎民百姓皆崇奉佛教，钱俶更是对天台宗推崇备至，致力于天台宗的研究与发扬。但经会昌法难与社会动乱之后，中国很多天台宗教籍已散失不全，残篇断简，难窥全貌，传经者仅凭半珠不全的经疏，质证无凭。被尊称为"天台宗第十五祖"的义寂大师千方百计搜罗遗帙，闻日本和高丽的天台宗教籍十分完整，通过天台宗名僧德韶向吴越王钱俶说："自唐末丧乱，教籍散毁，中国法藏，多流入于海东。"建议钱俶遣使日本、高丽寻求天台宗教籍。四明僧人子麟于后唐清泰二年（935）往高丽、百济求取天台宗教籍，受到高丽国王的热情接待，并遣使李仁日送子麟还吴越。嗣后，钱俶在义寂的要求下，于宋建隆元年（960）遣使致书以50种珍宝向高丽求取天台宗教籍。因为新罗与中国在天台宗方面保持了密切的交往，先后有玄光等数十位僧侣入华学习天台宗教观，其中很多僧侣不仅将天台宗教籍带回了新罗，而且还在本土乃至去日本宣扬天台宗思想。另据赞宁《宋高僧传》"嘱人泛舟于日本国，购获仅足"与《传灯录》"今新罗国，其本甚备……王遣使，及赍师之书，往彼国缮写备足而回"所载，新罗国保存有非常完备的天台宗教籍，因而是备足而回。

高丽光宗十一年（960），光宗派遣高僧谛观回访，送《智论疏》《仁王疏》《华严骨目》《五百门》等。光宗嘱咐谛观说，上述《智论疏》等诸种章疏，"禁不令传"，"于中国求师问难，若不能回答则夺教文以回"。《佛祖统纪》卷一〇记载："于是吴越王遣使致书，以五十种宝往高丽求之。其国令谛观来奉教乘，而《智论疏》《仁王疏》《华严骨目》《五百门》等，禁不令传。"所以，谛观是以"国使"的身份，有奉送经籍和请益求法的双重任务。

谛观在高丽时很可能已是一位造诣甚深、颇有地位的天台宗僧人，对天台宗的思想有着比较全面的了解。谛观将天台宗教籍送到吴越京城杭州，使"一宗教文，复还中国"。当时虽是宋初，但吴越国尚存，国王命将教籍交天台山螺溪传法院义寂收藏研读。谛观随即拜访了天台山高僧义寂禅师，并"一见心服遂礼为师"，并将所带来的全部天台宗教籍"悉付于师，教门中兴，实基于此"。此后谛观在天台山与义寂研习天台宗经典，在天台山螺溪十年间著成《天台四教仪》，"此书盛传诸方，大为初学发蒙之助云"，被称之为"台籍之关钥"。谛观此行，为天台宗的复兴作出了很大贡献。

在谛观之后，有高丽僧人义通来到天台山研习天台宗。义通于高丽定宗二年，入华求法。先在天台云居德韶国师门下习法，忽有契悟；后谒螺溪义寂大师，学习天台宗教义，于是留下受业，居螺溪20年，体悟天台佛学，名闻遐迩。《佛祖统纪》卷八说义寂有"传法弟子百余人"，"义通实为高第"。可见义通是义寂的上首弟子。义通想将天台教法传回高丽，遂于乾德年间准备返回。他途经四明，准备在这里乘船回国。四明郡守钱惟治（吴越王钱俶之子）诚意恳留，说：论佛法"利生，何必鸡林乎？"义通大为感动，说："既与此有缘，与汝相合，何必辞却？"遂决定留下来，漕使顾承徽舍宅为传教院。太平兴国七年（982）四月，宋太宗赐"宝云禅院"之额，传教院遂改名为"宝云寺"，义通也被尊为"宝云义通""宝云通公""宝云尊者"。义通在宝云寺"敷扬教观，几二十年"，名声"振誉中国"，受其度者不可计数，门下有知礼、遵式等人。义通著有《观经疏记》《光明玄赞释》《光明句备急疏》等书，被尊为中国天台宗十六祖。义通作为一位外籍僧人，游学中国，而成为中国天台宗一代宗师，可谓声名显赫。从义通开始，天台宗中心从天台山转移至四明。明代高僧传灯在《天台山方外志》中感叹道："台教正统，智者而下迄螺溪凡十二世，皆弘道兹山。自宝云传教四明法智中兴之后，是道广被海内，而四明、三吴尤为繁衍。台山者始渐浸微，亦犹佛教盛传震旦，而西域是后晦不明。"天台宗僧人宗晓，收集义通有关文献资料共20多篇，编成《宝云振祖集》一卷，集于《四明教行录》第七卷内。

在高丽入宋僧中，最著名的是义天。义天是高丽文宗的第四子，俗名王煦。北宋元丰八年（1085），义天渡海至杭州。宋廷知义天来求法，非常重视，特为其制定迎接之礼仪，并派官员一路陪伴进京，由主客员外郎苏注廷奉诏前来引导入京,秋七月抵京师启圣寺,中书舍人范百禄为馆伴。数日后宋哲宗在垂拱殿接见义天,礼遇备至。义天入宋求法,给宋朝、高丽佛籍带来一个大流通、大交流的机会。据明李䮝《慧因高丽寺志》记载,义天携来宋境的佛籍有:云华所造《华严搜玄记》《孔目章》《无姓摄论疏》《起信论议记》,贤首所造《华严探玄记》《起信别记》《法界无差别论疏》《十二门论疏》《三宝诸章门》,清凉所造《正(贞)元新译华严经疏》,圭峰所造《华严纶贯》,皆教宗玄要。由于义天的努力,使得至唐朝、五代已经失传的那些汉译佛教经典再次传回中国。

义天在华期间,曾到杭州参见慧因寺晋水净源法师,与之结下深厚友谊。义天回国后的次年,"其兄国王与其母命以青纸金书晋义熙、唐证圣、正(贞)元中所译《华严经》三本凡一百七十卷,附海舟舍人源师(即净源法师)所住慧因教院"。据宋人《涧泉日记》言,所赠《华严经》共50部。杭州慧因寺为此建华严阁以藏之,慧因寺也因此被称之为"高丽寺"。有人评论,义天在慧因寺的访学活动,在宋朝与高丽的佛教文化交流史上是一个重要事件。高丽宣宗六年(1089),慧因教院的行者彦显到高丽,讣告净源法师入寂,并带去法师的真影及舍利。义天特派其弟子寿介等往杭州祭奠,并带来黄金宝塔二座,表示对宋帝及太皇太后康宁的祈愿。

义天回国后,一面弘传佛法,一面从事佛典刊印事业。高丽宣宗七年,义天在宣宗的支持下,在兴王寺设教藏都监,从宋、辽、日本等地购进佛典,并从国内收集元晓、义湘、大贤、圆测、谛观等人的著作,逐一进行注释、校对、补遗和整理,刊正舛谬,交由设在兴王寺之教藏院刊刻流通。义天刊印的佛籍,通过赠送、商贾的贩运传入中国。义天在给宋僧元照的信中说:"此间只有新行《随原往生集》二十卷。又有《大无量寿》《小弥陀》《十六观》《称赞净土》等经新旧章疏一十余家,续当附上。"《随原往生集》为辽僧非浊的著作。辽朝法律,将书籍流入宋境者罪至死,故辽人著述传入宋境者极少,但通过义天的汇编、刊印、传播,使辽僧的佛学著述为宋朝佛教界所了解和传抄,如辽朝高僧鲜演所撰集的《大方广佛华严经谈玄决择》,据日本《续藏》本第二卷末题记有"高丽国大兴王寺寿昌二年丙子岁奉宣雕造,大宋国崇吴古寺宣和五年癸卯岁释安仁传写"的字样,证明此书甚为宋僧所重视。

此外，也有一些高丽佛教法器传入宋朝，如高丽"僧衣磨衲者，为禅师、法师衲，甚精好"，为僧俗所珍重。由于高丽法器广受宋人的欢迎，宋哲宗就曾赐法通大师善本"高丽磨衲衣"。

（5）中国典籍从高丽向宋朝的倒流。除了佛教典籍由高丽向中国倒流之外，其他一些中国典籍也从高丽输回中国。

汉籍向朝鲜半岛传播，是中华文化向朝鲜半岛传播的一个重要内容。早在中国与朝鲜半岛交通之初，就开始有汉籍向其流布，自唐朝时达到高潮。印刷术发明并传播到高丽后，高丽开始有了自己的刊书事业，自行印制了大批流布到他们那里的汉籍。高丽政府和民间藏书、印书风气很盛，新雕之书版本讲究，校对严格，内容较全，错字较少，所用高丽纸色白如绫，坚韧如帛，质地很好，所印墨色均匀，装订结实，有不少被视为"好本"，向来得到中国和日本等国学者的好评。高丽的这些书籍有些是中国早已散佚的古书或异本，很有学术价值。宋张端义在《贵耳集》卷上说："宣和间，有奉使高丽者，其国异书甚富，自先秦以后，晋、唐、隋、梁之书皆有之，不知几千家几千集，盖不经兵火。今中秘所藏，未必如此旁搜而博蓄也。"中国自己的书籍或散佚、或存本讹误，便可以从高丽求得所缺或善本，所以也有汉籍从高丽流回中国的情况。早在959年，高丽就遣使后周，赠送《别序孝经》1卷、《越王孝经新义》8卷、《皇灵孝经》1卷、《孝经雌雄图》1卷。

《高丽史》卷一〇所载，高丽宣宗八年（宋哲宗元祐六年，1091），高丽使臣李资义等自宋回国，向国王宣宗说："帝（宋哲宗）闻我国书籍多好本，命馆伴书所求书目录授之，乃曰：'虽有卷第不足者，亦须传写附来。'"《高丽史·宣宗世家》记载了这个所求书目。宋哲宗向高丽所求之书目计128种4980余卷，其中绝大部分属于中国撰述，内容包括儒学典籍、中国史书、诗赋、文论、医学、音乐、兵书、地理、风俗等等。当时宋朝要求"虽有卷第不足者，亦须传写附来"。有学者将此128种书与《宋史·艺文志》相对勘，发现其中90种书未见载，其中史书最多，包括很多中国残缺不全或失传已久的史书。

宋哲宗元祐七年（1092），高丽使节出使中国，按照这个书单进献书籍。其中有《黄帝针经》等医书及其他书籍，高丽方面要求换取中国书籍。《宋史·哲宗本纪》记载：元祐八年（1093）正月庚子，"诏颁高丽所献《黄帝针经》于天下。辛亥，礼部尚书苏轼言，高丽使讫买历代史及《册府元龟》等书，宜却其请。不许。省臣许之。轼又疏陈五害，极论其不可。有旨：书籍曾经买者听"。苏轼不同意高丽用《黄帝针经》等书换取《册府元龟》及"历代史"（《资治通鉴》），他为此写有《论高丽买书利害札子三首》。苏轼说："除可令（高丽）收买名件外，其《册府元龟》、历代史本部未敢便令收买，伏讫朝廷详酌指挥。"又说："今来高丽使所欲买历代史册、《册府元龟》及敕式，讫并不许收买。"哲宗批示说："看详都省本为《册府元龟》及《北史》，一概令买。"

北宋末年江少虞著《宋朝事实类苑》"藏书之府"条也记载："哲宗时，臣僚言：'窃见高丽献到书，内有《黄帝针经》九卷。据《素问序》称，《汉书·艺文志》：《黄帝内经》十八卷。《素问》与此书各九卷，乃合本数。此书久经兵火，亡失几尽，偶存于东夷。今此来献，篇帙俱存，不可不宣布海内，使学者诵习。伏望朝廷详酌，下尚书工部，雕刻印板，送国子监依例摹印施行。所贵济众之功，溥及天下。'有旨：'令秘书省选奏通晓医书者三两员校对，及令本省详定讫，依所申施行。'"

宋廷对这些异本图书十分重视，有关人员立即誊写存档，或校对刊印。宋哲宗诏令选择两三名文医兼通之士校勘《黄帝针经》，不久刊行。南宋绍兴二十五年（1155），史崧"校正家藏旧本《灵枢》九卷，共八十一篇，增修《音释》，附于卷末，勒为二十四卷"。史称"史崧本"。史崧所说"家藏旧本《灵枢》九卷"，即高丽所献《黄帝针经》。"史崧本"就是以高丽藏本为底本，简加校正，增修《音释》而成。章太炎在《论〈素问〉〈灵枢〉》一文指出："林亿校《素问》云：《灵枢》今不全。《宋史·哲宗本纪》：元祐八年，诏颁高丽所献《黄帝针经》于天下，则是时始有全帙也。今本乃绍兴中史崧所进，自言家藏旧本，盖即林亿所见残帙，而以高丽所献补完尔。"史崧校正的《灵枢经》，后人未再改动，成为元、明、清续刻的蓝本。

另外，宋朝官员或有关专业人员往使高丽返国时，也把在高丽的一些书籍带回来。如高丽文宗时，宋医官马世安带回《东观汉记》。金富轼所撰《三国史记》等书籍也先后传入中国。

（6）《宣和奉使高丽图经》：宋人对高丽的了解。宋廷派往高丽的使节归来，一般写有记叙高丽政治、经济、文化、制度以及风俗民情的专著或纪录性的游记。宋晁公武《郡斋读书志》、陈振孙《直斋书录解题》、尤袤《遂初堂书目》、陈骙《中兴馆阁书目》等记录当时关于出使高丽的书籍，据统计有22种，卷数可考的15种145卷。22种中，《西上杂咏》（1卷）、《奉使语录》（金富轼撰）为高丽人所撰，其余均为宋人所撰。不过，这些书大部分已经散佚，只有徐兢的《宣和奉使高丽图经》40卷的文字部分得以完整保存下来。

《宣和奉使高丽图经》是我国第一部专门记载高丽王朝的历史地理著作，它在历史地理学史上，占有很重要的地位。同时，它还是研究北宋高丽关系史、高丽史和海上交通史等的重要著作。

徐兢，字明叔，号自信居士。自幼颖异不群，能书善画，18岁入太学，后以父荫补官，摄事雍丘、原武二县，累官至朝散大夫，赐三品服。北宋宣和五年（1123），宋徽宗应高丽人"愿得能书者至国中"的请求，以给事中路允迪为正使，以中书舍人傅墨卿为副使，以徐兢为国信所提辖人船礼物官，一行包括船夫200多人出使高丽。他们在高丽国都开城逗留一个多月，受到高丽朝廷的热情款待。

《宣和奉使高丽图经》是一部奉使实地见闻录，但也参稽了许多前人的著述。徐兢细心观察高丽的山川形势、民情风俗、典章制度、接待仪礼、往来通道等，一路留心记载。宣和六年（1124），徐兢将其进献给朝廷，宋徽宗阅览该作后，很受感动，大加赞赏，并将他提升为大宗正丞事，兼掌书学，后升尚书刑部员外郎。

徐兢说，《宣和奉使高丽图经》是要把高丽的"建国立政之体，风俗事物之宜"，记述成书。所谓"图经"，指的是记述山川、地形、物产、风俗的地方志书。全书40卷，分为28门，以实地见闻，全面记述了王氏高丽时期的政治、经济、军事、山川、人物、礼仪、宗教、物产、习俗等。徐兢还以亲身经历，详细记载了航海路线及日程，以及船队的组织、航舶装备、航海技术和航海路线等。

徐兢善画，其"物图其形"，把奉使所见图录下来。由于徐兢作画能"濡毫漱墨，成于须臾"（《宣和奉使高丽图经》），因而这些配图，可能大部分就是当时的写生画或默记画。

徐兢撰成《宣和奉使高丽图经》后，受诏上之御府，自家藏一副本，生前并未付梓。《宣和奉使高丽图经》成书后仅二年便遭"靖康之变"，金人灭北宋，御府中的《宣和奉使高丽图经》毁于兵火。徐兢家藏副本在靖康丁未年（1127）春，借给同里人徐周宾，因战乱也丢失了。其后十年，徐兢之兄徐林在江西任转运副使，徐兢去探亲时，听说有位"北医上官生"得到这本书，赶紧访求，"其无恙者，特海道二卷耳"。重新访得的《宣和奉使高丽图经》完整无缺部分，只有"海道"中两卷。其他部分，丢失的是图，而不是文字。也就是说，文字部分全部幸存下来。徐兢的侄子徐蒇在是书的跋语中说："仲父尝为蒇言：'世传予书，往往图亡而经存。余追画之，无难也。'然不果就。"徐兢在世时，《宣和奉使高丽图经》已有经无图，但《宣和奉使高丽图经》已手抄辗转流传。文字易抄写，图难以模画，所以徐兢才说"世传予书，往往图亡而经存"。乾道三年（1167），徐蒇将《宣和奉使高丽图经》仅存的文字部分于江阴江郡斋付梓，是为"乾道本"。此后南宋乾道间又有江阴郡斋本。南宋藏书家周辉在所撰《清波杂志》卷七中说："宣和奉使高丽，诏路允迪、傅墨卿为使介，其属徐兢，仿元丰中王云所撰《鸡林志》，为《高丽图经》。考稽详备，物图其形，事为其说，盖徐素善丹青也。宣和末，先人在历阳，虽得见其图，但能抄其文，略其绘画。乾道间刊于江阴郡斋者，即家间所传之本。图亡而经存，盖兵火后徐氏亦失元本。"

3. 元朝与高丽的交往及贸易

（1）元朝对高丽的控制与交往。在元朝建立之前，高丽就成为蒙古国的附属国，并建立起正式的朝贡关系。蒙古太祖十一年（1216），契丹首领金山、六哥等率领9万人反蒙自立，在蒙古大军的追击下，窜入高丽，并攻占了高丽国的江东城。十三年，蒙古大军以追击契丹军的名义进入高丽，与高丽军联合攻打江东城。江东城的契丹守军投降，高丽遂与蒙古结盟，由于高丽国"道远，难于往来，每岁可遣使十人入贡"（《元史》）。蒙古国与高丽的朝贡关系初步确立，相约"两国永为兄弟"。高丽国国王每年向蒙古国纳贡以谢其"救援"。

蒙古国在与高丽之间的朝贡关系确立以后，不断派遣使臣索要贡物，不仅数额巨大、品种繁多，而且使臣态度蛮横强硬，并时常以战争相威胁。蒙古太祖十四年，蒙古以歼灭契丹军为理由，向高丽索要贡物。"九月，皇太弟、国王及元帅合臣、副元帅札剌等各以书遣宣差大使庆都忽思等十人趣其入贡，寻以方物进。十五年九月，大头领官堪古苦、首古钦等复以皇太弟、国王书趣之，仍进方物。"（《元史》）十六年一年间，高丽向蒙古国进贡 1 万领獭皮、3000 匹细䌷、2000 匹细苎、1 万斤绵子、1000 丁龙团墨、200 管笔、10 万张纸等。十七年十月，"诏遣着古欤等十二人至其国，察其纳款之实"。（《元史》）十八年八月，"宣差山术等十二人复以皇太弟、国王书趣其贡献"（《元史》）。

由于蒙古每年派大批使者到高丽，傲慢骄横，屡屡向高丽无厌地勒索财物，激起高丽人的强烈不满。太祖二十年，蒙古使者在回国途中被高丽人杀死。太宗三年（1231），蒙古大汗窝阔台在攻打金国的同时，派大将撒礼塔率重兵向高丽"兴师问罪"，侵占高丽北部诸州，逼近高丽王京。高丽国王被迫"议和"，撒礼塔遂在高丽都城开京及北部州县设置达鲁花赤（即地方官员）72 员，直接控制高丽。翌年，高丽迁都至江华岛，并派人去北境杀死北部诸州的蒙古达鲁花赤。蒙军再次入侵高丽，高丽军民奋起抗击，杀死蒙军统帅撒礼塔，迫使蒙军退出高丽。太宗七年，蒙军又侵入高丽，复占北部诸州；太宗十三年，高丽国国王高宗求和，遣王族绰到蒙古上都和林充当质子。其后，在定宗二年（1247）至宪宗九年（1259）间，蒙古又以"岁贡不入"为名，连续 4 次侵略高丽。至宪宗九年，高丽国国王高宗再次求和，遣世子王禥入蒙古京都为质，并将都城由江华岛迁回开京，表示臣服，每岁纳贡。翌年，高宗去世，蒙古大汗忽必烈遣王倎回国继位，为高丽元宗。从此，高丽完全置于元朝的直接控制之下。忽必烈考虑到征南宋与日本的需要，也改变了以往对高丽的高压政策。但元朝与高丽朝贡关系比以往任何朝代都更具君臣主从关系，而朝贡的礼仪性则降于次要地位。

元朝为了加强对高丽的控制，多次在高丽设置各种用以监视高丽政府的机构，派遣众多官员，包括在地方州县和都城派驻官员。后来，元朝攻打日本时，又在高丽设征东行省，以调动高丽的人力物力用于对日战争。这些官员有的长期在高丽居住，甚至终生不归。自元世祖始，元朝为笼络控制高丽，强迫高丽国国王之世子入元为质。高丽元宗为了王位的稳定并保持高丽的相对独立，请求与元朝联姻，元世祖答允了他的请求，将王室之女配与质子的高丽世子。当高丽国国王去世时，作为人质的世子则回国继位，嫁于世子的元王室之女随回高丽，即为王妃。如高丽忠烈王后齐国大长公主忽都鲁揭里迷失便是元世祖忽必烈之女。此后，元朝皇帝或皇室成员之女嫁与高丽国国王便成为一种例制，共有 8 名元皇室之女嫁与高丽国国王。蒙古公主成为元朝的代理人，在高丽拥有高于国王的权力。元朝皇帝是高丽国国王的岳父，高丽国国王成为元朝的驸马。高丽国国王与蒙古公主所生之子又被立为世子，日后再成为国王。这种极为亲近的姻亲关系，有利于元朝对高丽的控制，但对高丽王室来讲，也借助姻亲关系而提高了政权的稳固性。高丽国国王实际是拥有双重身份的国王，既是元朝的地方官，又是高丽国的国王。这种特殊的身份反映了高丽国作为元帝国的附属国兼驸马国的地位。

由于高丽王朝与元朝之间的这种特殊"联姻"关系，13 世纪后半期至 14 世纪，高丽与元的官方往来十分频繁，国王和王妃亲朝的事情经常发生。每次亲朝，不仅带领大批人马，而且携带大宗贡品。元至元二十一年（高丽忠烈王十一年，1284）夏四月，"王及公主、世子如元，扈从臣僚一千二百余人，赏银六百三十余斤，纻布二千四百四十余匹，楮币一千八百余锭"（《高丽史》）。忠烈王在位 34 年间，前后 14 次来往于元大都，有时随行人员竟达 1200 人之多。忠烈王死后，忠宣王即位。忠宣王是忽都鲁揭里迷失公主所生，亦即是忽必烈的外孙，同时他又娶元皇室之女也速真为妃。他虽为高丽国国王，却长期住在元大都。在此期间，不仅高丽王室成员与元朝往来频繁，以各种名义来往于元朝的高丽使节团也不胜枚举，许多高丽贵族也派子弟入元学习。从蒙古太祖十九年（1219）至元朝灭亡（1368），蒙古国与元朝派遣使臣前往高丽的次数是 277 次。其中，蒙古国时期 33 次，元朝建立以后世祖朝 82 次、成宗朝 26 次、武宗朝 17 次、仁宗朝 17 次、英宗朝 5 次、泰宗朝 6 次、文宗朝 6 次、宁宗朝 1 次、惠宗朝 84 次。而高丽从蒙古太宗四年（1232）至元朝灭亡，共遣使赴元 479 次，其中，高丽高宗时期 39 次，元宗时期 56 次，忠烈王时期 207 次，忠宣王时期 21 次，忠肃王时期 63 次，忠肃王（后）时期 6 次，忠惠王（后）时期 9 次，忠穆王时期 16 次，忠定王时期 5 次，恭愍王时期 57 次。根据上面的统计数字，在蒙古国及元朝 120 余年的统治时间里，与高丽的双方往来共 756 次，应居元朝与藩属国往来次数之首。

元与高丽的交通也十分方便。主要有海陆两路，以海路为主。海路仍以庆元（明州）为主要港口，泉州也是南方对高丽的港口之一。此外，元时北方对高丽的港口有山东半岛的密州、登州和华北地区的直沽（今天津塘沽）。陆路从今辽宁即可进入高丽。

（2）元朝与高丽的贸易。有元一代，因高丽朝廷置于元朝的控制之下，两国交往十分密切，贸易和经济交流也有较大的发展，两国商人往来不断。元、高丽官方以"朝贡"和"回赐"的方式互相赠送、交换大量物资，元廷继承了中国历代王朝"厚往薄来"的原则，回赐多超过贡物所值。双方派遣的贡聘使节常常私自带一些物品进行交易。元政府对此种行为司空见惯，一般也不深究，准许高丽来使个人贸易。但高丽政府若发现赴元使臣夹带人众和获私利隐匿过多，则予治罪。元朝与高丽互派使节数百次，每次都携带大量物品，除了作为贡品和回赐外，还有相当的数量用来进行贸易。

元朝与高丽在两国陆路交界地区设立榷场互市贸易。《高丽史·高宗世家》记载，高丽高宗十一年（蒙古太祖十九年，1224），蒙古同意在两国边界"各置榷场，依前买卖"。元朝有专门的官吏负责管理市场，收取税利。《元史·高丽传》记载，元世祖中统二年（1261）十月，帝遣阿的迷失、焦天翼持诏，谕以开榷场事，三年正月罢互市。《元史·世祖本纪》记载，中统二年（1261）七月癸亥，"巴思答尔乞于高丽鸭绿江西立互市，从之"；中统三年（1262）正月庚午，"罢高丽互市"。于边境地的榷场，在元世祖时已不存在，但元朝、高丽官方在其他场所的互市活动并未停止。《高丽史》记载，高丽元宗十二年（1271）凤州经略司以绢 12350 匹，来市农牛；忠烈王四年（1278）五月，遣前大将军尹秀，市马于北京；忠烈王十三年（1287）三月，遣将军张舜龙等，令求买公主真珠衣；忠烈王二十年（1295），高丽政府遣人"航海往益都府，以麻布一万四千匹，市楮币"。

这一时期的民间贸易也很活跃，在高丽流行的汉语教科书《朴通事谚解》记载：两个高丽商人在元大都相见时，一个说是从"旱路里来"，另一个说"我从船上来了"。这说明高丽商人从海、陆两路来元贸易。

但这一时期的民间贸易与前代有很大的不同，表现在南方地区对高丽贸易的衰退和北部地区对高丽贸易的兴起。但在北部地区，有"大都商人"赴高丽经营贸易，也有高丽商人在大都相会。在直沽、山东等地的贸易港，也能见到高丽商人活动的身影。高丽官方的贸易也集中在北部地区。在元代对高丽的贸易中出现以北方为主的局面，主要原因是此时对高丽的北路通道得到了恢复和发展。中国与高丽的传统通道有三条，一为陆道，即燕山辽东道，二为海路北道，即由山东的登、密两州直达朝鲜半岛；三为海路南道，即由明州放洋，至高丽西南海岸。宋代出于国家安全考虑，禁止与辽接境的陆道及海路北道通行，直至南宋，两国间唯海路南道得以通航。入元以后，北路两条通道被禁止的理由已不复存在，从大都经松辽平原有陆上驿路直达高丽。而由登、密两州出航高丽，也"比明州实近便"。与此同时，元代南北大运河与海运的全线打通，使得南方的物资可以很容易地运到北方，所谓"一日粮船到直沽，吴罂越布满街衢"，在北方也可以很容易地买到南方的商品。此外，在元灭南宋之前，元政府一度限制宋丽之间的往来。这种限制多少会影响到元统一后南方各港与高丽的民间贸易。① 2005 年在蓬莱水城附近发掘出土的古船，其中有两艘从船舶形制和制造工艺特征上看都被确认为高丽古船。"蓬莱第三号古船"是迄今为止发现的最大的高丽古船，制造使用应为元末明初。

元朝和高丽之间通过海道进行的贸易活动是相当频繁的。元人朱晞颜作《鲸背诗》："高丽辽阳各问津，半洋分路可伤神。风帆相别东西去，君向潇湘我向秦。"根据《高丽史》记载，高丽忠烈王四年（1278）十月，"宋商人马晔献方物，赐宴内廷"。所谓"宋商人"是高丽方面对来自中国南部（南宋统治区）商人的习惯称呼。这时中国南部沿海地区均已归元朝统治，"宋商"实际是元商。高丽国国王赐宴内廷，说明这起来自中国南方的商人是公开的、合法的，也是得到元政府同意的。这说明元政府对于民间商人与朝鲜半岛的海道贸易，采取支持的态度。《高丽史》还记载，高丽忠烈王十四年（元至元二十五年，1288）七月戊申，"宋商人顾恺、陆清等来献土物"。同年八月，"以圣节宴于大殿，宋人作戏"。"宋商"指的是来自中国南方的商人，这是沿袭旧称。至于在宴会上，"作戏"的"宋人"，应即是上一个月来到高丽的"宋商人"。高丽忠烈王二十七年（元大德五年，1301）八月戊子，"江南商客享王于寿康宫"。所谓"江南商客"也正是来自中国南方的商人。高丽忠烈王三十年（元大德八年，1304）七月己卯，"江南僧绍琼来，遣承旨安于器迎于郊。琼自号铁山"。这位来自中国江南的僧人是"泛海而至"的，显然搭乘的是这一年前来高丽的中国江南的商船。这几条记载是关于中国南方商人的，

① 参见江静：《元代中日通商考略》，王勇主编：《中日关系史料与研究》第 1 辑，北京图书馆出版社 2002 年版。

此外还有经过海道前来高丽的中国北方的商人。高丽忠惠王后二年（元至正元年，1341）秋七月丙子，大都商人来，言："海贼三十余艘，着青黄衣，鸣铎击鼓，袭海杀掠人物。"这些来自大都的商人讲述了他们的海上见闻，说明他们肯定是从海道来的。

《高丽史》还记载了高丽方面经过海道到中国进行的贸易活动。如高丽忠烈王四年（元至元十五年，1278）五月，高丽国"遣前大将军尹秀，市马于北京"。高丽忠烈王二十一年（元元贞元年，1295）四月，"又遣中郎将宋瑛等航海往益都府，以麻布一万四千匹市楮币"。当时高丽世子在大都求婚于元皇室，用麻布换取元朝纸钞，就是供世子婚礼之用。高丽忠肃王元年（元延祐元年，1314）六月，命官员们考阅新购书籍，"初，成均提举司遣博士柳衍、学谕俞迪于江南购书籍，未达而船败，衍等赤身登岸。判典校寺事洪瀹以太子府参军在南京，遗衍宝钞一百五十锭，使购得经籍一万八百卷而还"。高丽忠惠王后三年（元至元二年，1342）三月，高丽"遣南宫信，赍布二万匹及金银钞，市于幽燕"。

元末，江浙一带为张士诚、方国珍等割据，明州等港口亦在他们的控制之下。张士诚、方国珍等人也很重视发展对高丽的贸易，不断派人向高丽国国王赠送礼物，要求继续保持彼此间的贸易关系。张士诚属下官员在致高丽国国王的信中说："倘商贾往来，以通兴贩，亦惠民之一事也。"① 张士诚对于发展与高丽的联系表现了极大的兴趣，高丽恭愍王七年七月，他派遣使者与高丽通好。随后，恭愍王八年（1359）四月、七月，九年（1360）三月，十年（1361）七月（两批），十一年（1362）七月，十二年（1363）四月，十三年（1364）四月、七月，十四年（1365）四月，张士诚相继遣使向高丽国国王献礼物，前后共 11 次。高丽政府也采取积极态度。此外，张士诚的部属遣使与高丽联系见于记载有 6 次。总计起来，从恭愍王七年到十四年（至正十八年到至正二十五年，1358—1365），8 年之内，张士诚及其部属先后遣使到高丽，有 17 次之多，高丽亦数次遣使回访，双方经过海道的联系，不能不说是相当密切的。张士诚与高丽的往来，主要目的是为了推进双方的贸易。

与张士诚同时，占有浙东的方国珍，也对发展与高丽的关系表现出很大

---

① 杨昭全、孙玉梅：《朝鲜华侨史》，中国华侨出版公司 1991 年版，第 67 页。

的兴趣。高丽恭愍王七年（1358）"五月庚子，台州方国珍遣人来献方物"。比张士诚首次遣使还早两个月。此后，八年（1359）八月，十三年（1364）六月，十四年（1365）八月、十月相继遣使到高丽，总计 5 次。方国珍控制下的有庆元（今浙江宁波）、温州两个重要港口，他与高丽的往来显然也是为了发展贸易。

因此，元朝末年尽管处于动乱之中，但是高丽与中国江浙地区之间，仍有频繁的海上交通；而在双方"通好"的政治交往背后，真正起作用的是相互需要的贸易关系。

元朝与高丽之间官私贸易，促进了双方的物质文化的交流。大批中国商品如瓷器、书籍、丝绸等运销高丽，高丽的产品也大量运销中国。元代庆元的地方志《至正四明续志》有一份"舶货"的清单，所载"舶货"中来自高丽的有高丽铜器、高丽青器、茯苓、红花、人参、麝香、松子、松花、新罗漆、黄蜡、螺头、合蕈、杏仁、榛子等。马匹也是向元出口的商品。除高丽马作为贡品外，商人还把马匹销往中国。

此外，高丽的纺织品特别是苎麻织品深为中国人民所喜爱，在元代文献中常见提及。高丽国国王回赠丁文彬的礼物中便有白苎布和黑麻布。见于《宝庆四明志》的来自高丽的纺织品有"大布、小布、毛丝布、绸"，但这四种布均不见于《至正四明续志》，很可能是改用了其他名称。例如，《至正四明续志》的"舶货"中有一种"生布"，很可能就来自高丽。前面说过高丽国王派人泛海到山东出售麻布一万余匹，这一事实充分说明纺织品是高丽向中国出口的重要物品之一。高丽商贩带入元的苎布，主要是用苎麻织成的布叫作毳丝布（毛施布），亦称苎麻布、木丝布、漂白布等，经久耐用，在中国很流行。元代杂剧中就常常提到"洗白复生高丽毛施布"。毛施布柔韧耐洗，故曰"洗白复生"，常用来形容高丽的苎布。《老乞大谚解》说高丽商人在大都客店刚安顿下来，就有几个买毛施布的客人来交易，说："俺买呵，买一两个自穿的不是，一发买将去要觅些利钱。"元商买毛施布既可直接卖布料也可制成衣裳出售，宽的布料在裁剪后还有余剩，布头儿也"容易卖"。可见毛施布是元人熟知和喜爱的商品，元商转贩也有钱赚。高丽商人从中国山东、福建、浙江采购大批生丝运回国内，由高丽工匠加工，织成精美的织品，并销售到中国。

（3）忠宣王在大都的"万卷堂"。高丽忠肃王元年（元延祐元年，1314），忠宣王在元大都设置了万卷堂，让元朝与高丽的优秀文人才子在此交流，切磋学艺，在他的努力下，万卷堂成为是学问和文化交流的中心，并成为高丽与元朝政治和文化密切联系的重要场所。

高丽忠宣王名王璋，是高丽第26任君主。忠烈王的长子，母亲为蒙古忽都鲁揭里迷失公主。高丽忠烈王四年（1278），王璋被定为忠烈王世子后的第一年，他就被带到元大都，在中国生活多年，广交名流，以广文识，以增教益，与许多文人学士和艺术家结下了深厚的友谊。忠烈王三十四年（1308），忠烈王去世，王璋回国即位。但他不爱处理高丽国事，而是迷恋元大都生活，尽可能地在北京逗留最长的时间。忠宣王五年（1313），忠宣王内禅给忠肃王，自己在大都设万卷堂，与元朝文人艺术家广泛交游，使万卷堂成为中华文化向高丽传播的一个重要渠道，也是高丽文化向中国反馈的一个场所。

万卷堂构筑于元仁宗延祐元年（1314），是王璋逊位后交游汉地文士的依托之地，万卷堂中藏有大量书画、经籍，王璋平日除"闭户焚香，竟日危坐"外，便在万卷堂中与士大夫赏玩书画，商研新儒学。当时能够出入万卷堂的有程钜夫、赵孟頫、虞集、萧㬎斗、元明善、张养浩等人。忠宣王对赵孟頫特别宠遇，从赵孟頫那里学到了不少书画技巧。为与上述名士相往还，王璋又陆续从国内召调卓有文名之士。

延祐元年（1314），召时"副令内府"李齐贤前往大都；延祐三年（1316），以选部散郎职召朴仁干入侍；延祐四年，又召朴元桂以艺文春秋馆检阅的身份"执笔在侧"，等等。同时他还积极动议元仁宗重开科举取士，并鼓励高丽士子至大都应举。陈旅在《送李中父使征东行省序》中对这种风尚评论说："高丽在我朝如古封建国，得自官人，其秀民皆用所设科任于其国。……今高丽得自官人，而其秀民往往已用所设科仕其国矣。故复不远数千里来试京师者，盖以得于其国不若得诸朝廷者之为荣。故虽得末第冗官，亦甚荣于其国。"这正是王璋所希望看到的国内文风昌盛、以比圣朝的局面。

在忠宣王从高丽学者中选拔到大都与元朝文人交往的人物中，李齐贤最为突出。李齐贤的父亲李瑱是一位很有名望的诗人，曾发起和组织文学团体"后耆老会"。李齐贤在家庭的熏陶和影响下，少年时代就阅读了很多中国文学作品和史籍，包括《史记》《左传》《朱子纲目》等。《高丽史》称赞他

"自幼巍然如成人，为文已有作者气"。李齐贤15岁科举及第，后被选入艺文春秋馆供职。元延祐二年（1315），28岁的李齐贤应忠宣王之召而赴元，至正元年（1341）回国，在元生活了26年，其间他常住万卷堂。"时姚燧、阎复、元明善、赵孟頫等咸游王门，齐贤相从，学益进，燧等称叹不置。"李齐贤与这些中国学者交往甚密，诗文奉和，结下了深厚的友谊。李齐贤与元朝友人将文学交游作为诗歌创作内容的一部分，为两国文学的互相交流作出了贡献。元文人张养浩曾写诗"三韩文物盛当年，刮目青云又此贤"，称赞李齐贤的才学。延祐六年（1319），李齐贤随忠宣王下江南，经镇江、苏州而至杭州，结识了书画家吴寿山和汤炳龙。吴寿山为李齐贤画像，汤炳龙则为画像作题赞。这首题赞首先称道高丽的礼乐兴隆，与中国同文同轨，亲如一家，接着从名望、体貌、品格、学问、政事等方面称赞李齐贤的儒雅风流，赞扬他来中国作为和平使者的作用："于学则充，于道则隆，于文则丰。存心以忠，临政以公，辅国以功。"著名山水画家朱德润也与李齐贤交谊甚厚，赠给他一幅《燕山晓雪图》。

李齐贤在中国期间，数次离大都到河北、河南、山西、陕西、甘肃、四川、江苏、浙江等地游历，并去吐蕃探望被元英宗流放的忠宣王。他游历了大半个中国，行程之远，游历地区之多，为历代来华的朝鲜人士中所罕见。他在中国的游历，"往返万余里，山河之壮，风俗之异，古圣贤之遗迹，凡所谓闳博绝特之观，既已包括而无余"（《益斋乱稿》）。在游历期间，李齐贤每到一处留有题咏，创作了许多歌咏中国名胜古迹和山川自然景色的诗词。游历四川时写的《蜀道》《登峨眉山》，写于旅途的《黄河》《汾河》，写于江浙的《多景楼雪后》《金山寺》等，是其中的名篇佳作，"所至题咏，脍炙人口"。李齐贤十分推崇李白、杜甫、苏轼，他的诗词也颇受中国诗人词家的影响。他评论苏轼是"金门非荣，瘴海何惧，野服黄冠，长啸千古"。他在参观"三苏堂"后写的《眉州》诗中说："三苏郁郁应时出，一门秀气森开张。渥洼独步老骐骥，丹穴双飞雏凤凰。联翩共入金门下，四海不敢言文章。迩来悠悠二百载，名与日月争辉光。"对"三苏"给予高度评价。

李齐贤官至侍中，称"鸡林君"，诗书画三绝。李齐贤的诗文大多收入《益斋集》，这是一部朝鲜汉文学的重要作品集，也是中朝文学交流的珍品。李齐贤回国后历任高等官职，促进程朱理学在高丽的广泛传播，他的诗文也对朝鲜后世有重要影响。李朝末诗人金泽荣称赞李齐贤的诗文："工妙清俊，万象俱备，为朝鲜三千年之第一大家。"

4. 明清与朝鲜的交往和贸易

（1）明清与朝鲜的交通往来。李氏朝鲜与中国明清两朝始终保持着密切的友好关系和频繁的交通往来。洪武二十五年（1392），李成桂发动宫廷政变，废除高丽幼主，自立为王，建立李氏朝鲜政权。李朝建立之后，便与明朝建立了藩属关系，"事大至诚"，以"藩邦"自居，谨修"臣节"，同时又很坚决地维护国家主权和民族独立，使两国关系始终处于友好状态。

李成桂开国之初，就显示其对明朝亲附的态度，不久即以"权知国事"的名义，派使臣韩尚质以"和宁"（李成桂出生地）"朝鲜"请国号于明朝。朱元璋以为"东夷之号，惟朝鲜之称美，且其来远，可以本其名而祖之"（《明太祖实录》），乃赐其国号为朝鲜，是为朝鲜王朝。请求中国皇帝赐予国号，在朝鲜半岛历史上也仅此一次。朱元璋对发展与朝鲜的关系十分重视，将朝鲜列为"不征"国之首。

明代的中朝朝贡制度不仅内容完善，而且影响深远，体现在政治、经济、文化等诸多方面。明朝初年，中朝两国的朝贡关系即得以确立，与明朝的其他藩属国不同，明朝与李朝的官方使节往来十分频繁。在明代前期，李朝每3年派遣一次纳贡使节，后来增加到每年3次，明朝也常遣使赴朝。此外两国还经常有一些临时性使节往来。在一些特别的年头，两国的使节往来更是繁忙。朝鲜使者"岁辄四五至焉"，明朝政府每次都"待以加礼"，"他国不敢望也"。例如：明隆庆元年（1567）正月，嘉靖皇帝逝世；二月，朝鲜遣汉城判尹郑宗荣进香大行皇帝，刑曹参判宋赞陈慰新皇；三月，朝鲜遣右议政权辙、知中枢府事郑惟吉贺登极；四月，朝鲜遣金知中枢府事李英贤如京师贺尊言益；五月，朝鲜遣金知中枢府事洪春年如京师，贺册立皇后。六月，朝鲜国王明宗逝世，朝鲜即"遣陪臣告讣于天朝，且请承袭，翌年春，（明隆庆）皇帝遣太监姚臣、李庆赏封（城河君李日公）为朝鲜国王，钦赐诰命、冕服"（《宣祖昭敬大王实录一》）。可见在这一年之中，两国官方往来之频繁。明人严从简记载，朝鲜"每岁凡万寿圣节、正旦、皇太子千秋节，皆遣使奉表朝贺、贡方物，其他庆慰、谢恩等使，率无常期，或前者未还而后者已至……天朝亦厚礼之，异于他蕃"（《殊域周咨录》）。

明朝与李氏朝鲜的关系是在朝贡体制下的双边关系。"朝鲜往往被当做中国的朝贡国的典范。与中国的朝贡关系对于朝鲜的政治制度及较高程度文化大发展的重要意义，怎么说也不会过分。从 7 世纪初朝鲜的新罗国与唐王朝联盟之时起，朝鲜就擅长于按照他们的需要来吸收和改造中国的典章制度。"①

至清代时，这种频繁往来的通使仍如前朝，清朝和李朝以多种名义互派使节团。在清入关前的崇德二年（1637），清与朝鲜签订《丁丑约条》，建立宗藩关系。《丁丑约条》规定了朝鲜向清朝贡献朝觐之规仪："其万寿节及中宫千秋、皇太子千秋、冬至、元旦及庆吊等事，俱行贡献之礼，并遣大臣及内官奉表，其所进往来之表及朕降诏敕，或有事遣使传谕，尔与使臣相见之礼及尔陪臣谒见并迎送、馈使之礼，毋违明国旧例。"（《清太宗实录》）一年五节，即万寿、中宫千秋、皇太子千秋、冬至、元旦，朝鲜须例行遣贺节使贡献。但崇德朝，中宫千秋、皇太子千秋两节之进贺使并未派行。顺治初年，清帝令"其元旦、冬至、万寿庆贺礼物，念道途遥远，俱着于庆贺元旦时一并附进"。万寿、冬至、元旦三大节进贺使合并而为节使（也简称冬至使），而岁币年贡也由节使携带在元旦前贡献，因此节使的全称应为"进贺冬至、正朝、万寿三大节兼岁币使"。这是规模最大朝鲜使团，人数经常超过 300人，并携带有大批进贡物品和贸易物资。朝鲜节使使团通常在十月月末从汉城出发，至义州集结物资人马，处理人员变更、使命兼行、文书改撰等事宜。十一月月底渡鸭绿江，十二月下旬到达北京，进呈表文、岁币、贡物等，进行觐见、宴会等各种礼仪，得到礼部的允许后在会同馆开市，将其货物与清朝商民进行交易。此外，皇历赍咨官使行也是在固定的时间、以较固定的规模发往北京。以上两种是固定使行。不固定使行又称"别使行"，执行"庆吊等事"之使命，主要有谢恩、进贺、陈奏奏请、陈慰进香、问安等事由。最初，朝鲜派往清廷的都是"单使"，执行单一使命：谢恩使奉表谢恩，进贺使奉表进贺，冬至使贺冬至，圣节使贺寿节。由于使行叠次，双方都麻烦，于是有了同时执行几项使命的使者，又称"兼使"。事实上朝鲜派往清朝的大多数都是"兼使"。这些使行都需向清廷呈送表文和贡品。使命不同，贡品也不

---

① ［英］崔瑞德、［美］牟复礼编，杨品泉等译，杨品泉校订：《剑桥中国明代史（1368—1644 年）》下卷，中国社会科学出版社 2006 年版，第 245 页。

尽相同。清廷则给以回赐，包括朝鲜王室、使团官员、属员。

朝鲜使节将出使清朝视为燕京（北京）之行，所以又称"燕行使"。朝鲜使团在清朝的待遇比明朝还高，明朝规定使团在京驻留期限只有 40 天，而清朝无时间限制，一般在 60 天左右。中国对朝鲜国内的国王继位、立储、封后、吊祭、赐谥等重大事务也同样关心，常派使者前去致贺、慰问。频繁的使者往来，密切了两国关系。据统计，在 1637—1850 年的 213 年间，李朝以各种名义向清朝派遣了 615 次使节团，平均每年 2.84 次；同一时期（1636—1850），清朝向李朝共派遣使节团 160 次，平均每年 0.74 次。① 与中国的频繁的使节往来，对李朝的文化和社会发展产生很大的影响。正如美国学者赖肖尔所说的："通过这些使节，中国影响的浪潮不断波及李朝，从而进一步加强了业已确立的汉式政治和文化模式。"②

这些频繁往来的使节团，不仅担负着外交使命，密切了两国的政治关系，而且还加强了两国的文化交流。双方派遣的使臣，多是博学多才的文人儒臣，他们与彼国文人学士广为交游，切磋学问，结下了深厚的友谊，在中朝文化交流中起到了重要的桥梁作用。

朝鲜的燕行使可与日本的遣唐使相比，但比日本遣唐使的规模要大得多，出使的次数也多得多，而且持续的时间长达 500 多年。日本学者夫马进指出：

> 这些使节不仅在履行其使命的政治和外交方面发挥作用，而且给朝鲜的经济、社会，以至文化和思想方面带来难以估计的巨大影响。例如，仅就朝鲜的文化和思想方面来看，朱子学的开花结果、被称为北学或实学的学术流派的诞生与发展、基督教的传播和受到迫害，无论是哪一个论题，离开了燕行使就根本无法论及。③

清代燕行使团所行路线多利用陆路，沿线所经过的主要城市依次是平壤、义州、鸭绿江、凤凰城、连山关、辽东、沈阳、辽宁、沙河、山海关、通州、

---

① 参见朴真奭：《中朝经济文化交流史研究》，辽宁人民出版社 1984 年版，第 97 页。

② ［美］费正清、E.O. 赖肖尔、A.M. 克雷格著，黎鸣等译：《东亚文明：传统与变革》，天津人民出版社 1992 年版，第 303 页。

③ ［日］夫马进著，伍跃译：《朝鲜燕行使与朝鲜通信使——使节视野中的中国·日本》，上海古籍出版社 2010 年版，第 3 页。

北京。总路程在 1500 千米，途中需 50—60 天。这样，整个旅程、包括在北京的日子约需 5 个月。他们在北京的驻留时间一般在 60 天左右。朝鲜使团人员以私人身份与中国官员、学者甚至西方传教士进行接触，游览书肆以及名胜古迹。

（2）明清与朝鲜的贸易。和历史上的中朝关系一样，李朝与明清两朝的使节往来，还兼有官方贸易的性质。这一时期两国间的民间贸易远不及宋元时期发达，因而官方贸易显得尤为重要。官方朝贡贸易包含两种层次的贸易活动：

一是朝贡和回赐。朝鲜国王对明廷或清廷的"朝贡"，包括定期的"年贡"和不定期的"贡物"和"礼品"，明廷或清廷对朝鲜王室的"回赐"也有例行的和"特赏""特赐"的区别。这种层次的贸易活动是在双方宫廷范围内进行的，朝贡和回赐是在封建礼法制度下的特殊形式，必须遵循严格的礼法制度的程式，其政治含义远大于经济利益价值。

二是使团贸易，即由朝鲜使团官员和商人进行的经济贸易活动。其中最重要的使团经贸活动是"八包"贸易，朝鲜使团携带"八包"货品，进入北京后在会同馆等处开市，直接与清朝市民和商人进行买卖交换。朝鲜使团的经济贸易活动还包括"栅门后市""沈阳八包贸易"等，前者在使团进出凤凰城栅门时交易，后者由朝鲜官方组织商队随使团进入后，在辽东牛庄、沈阳等地交易，单独先期返回朝鲜。"八包"贸易是明清时期朝鲜使团的主要贸易形式。

据朝鲜史籍记载："国初（指李朝初期），赴京人员带银货，以为盘费、贸易之资。至宣德年间以金银非国产奏请免贡。自是赴京买卖，禁赍银货，代以人参，人各十斤。……至崇祯初每人许赍八十斤，此所谓八包也。其后又许带银子，参每斤折银二十五两，八十斤共银二千两，为一人八包。""八包者，旧时官给正官人，人参几斤，谓之八包。"① 由此可知"八包"是为了解决使团成员的路费和贸易资金而允许携带的特殊商品，所有朝鲜朝贡使团携带"八包"用以与中国商民交易。按照朝鲜向明朝朝贡时之旧规，朝鲜王廷发给使团官员们"八包"作为盘缠费用。明代朝鲜"八包"以人参或其他

---

① 朴趾源撰：《热河日记》，北京图书馆出版社 1996 年版，第 17 页。

土产货物的实物形式发放，明令不得携带白银。清代明而起后，由于清廷禁止人参自由买卖，朝鲜王廷将人参"八包"改为银两"八包"，"以银包立法"，且"今不官给，令自备银"。朝鲜对使团携带和使用银两都有严格的限制，这就是"八包"定额制度和用银制度。

由于李朝使团的规模一般都很大，因此每一批使团所携银子数量相当可观，乾隆初年，朝鲜每个赴清使团包括"皇历及无时赍咨官"，均携带大量白银，"动逾十万"，于是"一岁渡江之银，几至五六十万"。1787年，李朝使节团携银83250两用于"八包"贸易。除白银外，朝鲜规定也可以用土产货物代充包银，多为烟草、皮革、纸张、布匹、海产品、药材、手工艺品等。

朝鲜"八包"以银以货作为充包之物并无一定之规，在银货缺乏的情况下，只能是有什么拿什么来充数，清廷并不特别规定朝鲜向清国输入货物品种，只要是土产并有"印文开送"就可以携带交易，并全部予以免税。如咸丰七年（1857），朝鲜使团携带"红铜四千余斤"，清廷"援附载方物至京贸易之例，听其在会同、四驿馆交易"（《钦定大清会典事例》）。即使查到印文开送以外的货物，清廷也常宽大处理。如康熙初年，朝鲜冬至使团"陪从下人应山等所带貂皮一百张，印文内并未开载。请敕议罪。得旨：应山、春金免议罪，交易货物听其随便携带，至日报部于会同馆交易，该王咨文著停止"（《清圣祖实录》）。

"使行贸易"一般在李朝使节团的北京住所会同馆进行，故称"会同馆开市"。会同馆开市始于明代，是使团贸易最重要的交易场所："旧例，夷使除贡物外，携有番货或欲易中国什物，俱礼部主客司出给告示，许令出馆买卖三日。"（《殊域周咨录》）清朝的会同馆开市是由清朝官方组织的："顺治初年定，凡外国贡使来京，颁赏后，在会同馆开市，或三日，或五日，惟朝鲜、琉球不拘期限。由部移文户部，先拨库使收买，咨覆到部，方出示差官监视，令公平交易。"（《钦定大清会典事例》）只有清廷组织的"行户人等"才能"将货物入馆交易"，而其他"会同馆内外四乡军民人等"不得与使团进行"私相交易"。但由于朝鲜人得到了自由出入会同馆（或其他馆舍）的特殊待遇，因此他们实际上可以深入到琉璃厂等地与普通商民进行交易。

官办的会同馆开市之外，朝鲜使团贸易实际上在赴京途中与各地商民均有交易，甚至规模更大，特别是在辽东之牛庄、中后所、沈阳、凤凰城等地。

对此，清廷也没有明确的限制。直至清末之前，只要不违禁购买清廷"禁物"，朝鲜使团人员可以携带任意数量的私人物品和货物与任何人进行交易。这一情况直到光绪九年（1883）才得以改变，是年签订的《奉天与朝鲜边民交易章程》中对朝鲜朝贡使臣的行李物品等始有规定，同时对属于朝贡贸易可以免税的货物数量也进行规定，对朝鲜商民携带红参进行交易的，也规定了税则。这以后，除朝贡节使外的其他朝鲜使行不再享受免税的待遇。

明代朝鲜使臣与辽东贸易非常活跃。大致可以分为两种类型：自由贸易和征索贸易。自由贸易是指朝鲜使臣自愿与买卖方进行交易，较少受到外力干扰，交易在相对等价范围内进行。明代朝鲜使臣与辽东百姓、商贾进行的贸易多数属于自由贸易，交易的双方各取所需，一般是朝鲜使臣用朝鲜的麻布、参、砚、扇换取辽东的书籍、真丝、彩缎、弓角等物。征索贸易是指朝鲜使臣违背主观愿望与买卖方进行交易，受到外力干扰较大，交易违背了等价交换原则。朝鲜使臣与辽东地方官员进行的贸易，多数属于征索贸易，征索贸易的特征是辽东地方官强行贸易朝鲜使臣携带物品。一般辽东地方官送银几两，要求换取朝鲜土物特产，朝鲜使臣尽力满足辽东地方官所贸买的物品，辽东地方官的银子原封不动送还。在朝鲜使臣《燕行录》中屡屡见到辽东地方官强行索买朝鲜使臣携带物品的记载，朝鲜使臣把这种贸易看成"勒贸"或"征索贸易"。朝鲜使臣带往明朝的土物特产有参、油芚、刀子、扇子、白绵纸、笔墨、白米、弓等物。其中参、白米等物品质很高，油芚、刀子、扇子、弓等物做工也都很精细，优良的品质、良好的工艺使朝鲜的土物特产深受辽东民众喜爱，甚至辽东地方官员对朝鲜的土物特产也情有独钟。同过往辽东朝鲜使臣直接交换，是获得朝鲜土物特产最直接、最便捷的途径。辽东地方官纷纷同朝鲜使臣贸易物品。广宁中军高宽追送银二两，要买弓四张、大油纸四轴罄，朝鲜使臣以两张弓应付，银子原封不动送还。布政司参议翟绣裳差人送与朝鲜使臣蓝色缎子一匹欲换贸朝鲜绵纸、油纸等物，朝鲜使臣将铜碗子、绵纸、油纸等物送与布政司参议翟绣裳，缎子送回。

许多私商逐渐参与到"使行贸易"中来，18世纪以后，私商贸易逐渐占了优势。1746年，李朝使节团赴北京，购买大约10万两银币的各种物品，其中由国家购买的"公货"占4万两，由民间商人购买的"私货"占6万两。到19世纪，私人贸易在两国贸易中的优势进一步得到加强，民间商人在"使行贸易"的作用进一步扩大。当时李朝与清朝之间的"使行贸易"每年约进行四五次，而在这其中民间商人的投资总额可达到 50 万—60 万两。

除了朝贡贸易外，还有一种以物易物的官方贸易称为"和买"。明政府确定战马和耕牛的需求数量和价格后，皇帝派遣使者通知朝鲜，其后朝鲜将这些物品运往辽东，明政府付款交割。洪武年间"和买"就已经出现。洪武二十年（1387）后，高丽和以后的朝鲜与明朝的"和买"才渐渐走上正轨。到建文帝时期，两国交换战马不到 2 万匹。永乐一朝则进入高潮，每次"和买"战马都在 1 万匹以上，有时甚至达到了五六万匹。然而，如此巨大的数量，让明朝没有资金（布绢）一次性付清。直到宣德二年（1427）五月，永乐十九年（1421）、永乐二十一年买的 2 万匹马所应付的大布 4 万匹、大绢 6 万匹才在户部的提醒下如数补齐。

两国还在边境地区设有互市贸易。边境互市贸易始于 16 世纪中叶，由于朝鲜方面的请求，明朝始允许两国民众在边境地区进行定期的集市贸易，即当日集散的互市。《李朝宣宗实录》记载："中江开市，虽出于我国之请，而行之累年，彼此之民，均蒙其利。"① 边境互市贸易在鸭绿江和图们江的边境城市进行，前者有"中江开市"，后者有"会宁开市"和"庆源开市"，李朝把后者合称为"北关开市"。互市贸易是两国朝廷所承认的，这其中有两国之间的官方贸易，同时民间贸易也占重要地位。由于这种互市贸易的发展，促进了两国人民的往来和经济文化联系。如朝鲜古籍记载："按闻之北路人曰：边禁之异昔，不独法久而弛也。鄙域训春（今珲春）人间年来往于庆源开市，故数百年之间，言语稍可相通，颜情渐至习熟，故庆源之民饿岁多渡江潜采马房，于斡东八地，或逢彼空之行猎者，则必好言相慰，或念其饥而馈之。又或有潜往至瑟海（今挥春东边海岸地区）煮盐所，则留之以馈。故无斗诘生嗔之事，官不闻知，虽或闻知无以的执证左，置之不知之中。"②

（3）朝鲜向明朝的朝贡清单。《殊域周咨录》记载朝鲜的物产，有金银铁石灯盏、水晶盐、纻布、白捶纸、狼尾笔、满花席、折扇、黄漆、果下马、长尾鸡、蜂蜜、貂、獐、鹿皮、海豹皮、八蛸鱼、蛎房、龟脚、竹蛤、海藻、

① 杨昭全、孙玉梅：《朝鲜华侨史》，中国华侨出版公司 1991 年版，第 76 页。
② 高永一：《朝鲜族历史研究》，辽宁人民出版社 1982 年版，第 56 页。

昆布、粳、黍、麻、麦、松、人参、茯苓、硫黄、白附子、榛子、梨、栗、核桃、橘、梅、竹、茶、牡丹。其贡金银器皿、各色纻布、细花席、人参、豹皮、黄毛笔、白绵纸、种马。这个记载大概也是朝鲜与中国贸易中出口的商品。

朝鲜每年都向明朝或清朝进贡，特别是每年正朝、节日、千秋，朝鲜都要进献方物。进献的贡品也有一定的规定。如《大明会典》卷一〇五公布了朝鲜贡品的清单，朝鲜向明朝进献的贡品有：金银器皿、螺钿梳函、白绵䌷、各色纻布、龙文帘席、各色细花席、豹皮、獭皮、黄毛笔、白绵纸、人参等。还规定3年呈送50匹种马。这份清单没有提到的，朝鲜向明朝进献的有定期要求的特别贡品，如牛、超过定额的马、棉布、制作武器的原材料、茶、胡椒、谷物以及奴隶、舞女等。"官方清单上列举的是朝鲜货物，其质量优于中国的同类货物……在北京的市场上，朝鲜的人参及纸价格尤为昂贵。"①

永乐年间，朝鲜礼部议定，每逢节日，要向明朝皇帝进献"黄纻布十匹，白纻布、麻布各二十匹，纻麻兼织布十匹，满花席、黄花席、彩花席各十张，帘席二张，人参五十斤，豹皮十张，獭皮二十张"。宣德年间又增"加马四十匹，纳二十匹，麻布五十匹，满花席、黄花席、彩花席各十张，人参二十斤，豹皮六张，獭皮十张，黄毛笔二十支"（《世宗庄宪大王实录》）。永乐年间，朝鲜礼部议定向明朝皇帝进献的千秋礼物是"白纻布、麻布各十六匹，满花席、黄花席、彩花席各十张，人参二十斤，豹皮六张，獭皮十张，黄毛笔二十支"（《世宗庄宪大王实录》）。宣德年间又增"加马十匹，纳十匹，白纻布四匹，麻布四十四匹，满花席、彩花席各五张，人参二十斤"（《世宗庄宪大王实录》）。此外，每次进献，皇后另备一份。

除此之外，朝鲜每隔四年还要向明王朝进献种马一次，每次50匹。朝鲜政府为保证进献的种马合格，要求各道在进献前两年就要把进献马选好，精心喂养，保证进献的种马高大而体壮。

宣德年间，朝鲜向明朝进贡的贡品发生了一些变化：一是以土物代替金银。最初，朝鲜每年要向明朝纳贡黄金150两、白银700两，这对朝鲜来说

---

① ［英］崔瑞德、［美］牟复礼编，杨品泉等译，杨品泉校订：《剑桥中国明代史（1368—1644年）》下卷，中国社会科学出版社2006年版，第254页。

是一个很重的负担。宣德四年（1406）十一月，朝鲜以金银非其国所产为由奏请免贡金银。宣德皇帝认为"朝鲜事大至诚，且远人之情，不可不听。朕以敕许免，毋庸固执"，并答复朝鲜说："金银并非本国所产，自今贡献，但以土物效诚。"（《世宗庄宪大王实录》）因此宣德年间，朝鲜在正朝、节日、千秋向明朝贡纳物品的数量较永乐朝有所增加。二是从要求进献鹰类，到停止进鹰。宣德三年（1428），明朝赴朝鲜使节向朝鲜传谕："若有佳鹰亦可进。"（《世宗庄宪大王实录》）但是宣德七年（1432）十一月，朝鲜国王李裪遣使臣向明廷进贡腌松菌和鹰。宣德皇帝见后对礼部说："朝鲜贡献频数已非朕所欲。今献松菌和鹰。菌，食物也，鹰，何所用。珍禽异兽古人所戒。可谕其使，自今所贡，但服食器用之物。若鹰犬之类，更勿进献。"（《明宣宗实录》）三是自宣德元年（1426）开始，明朝要求朝鲜，每年都要向明廷进献朝鲜少女。例如宣德元年，朝鲜向明廷进献少女 5 名，执馔婢 6 名。宣德二年（1427），朝鲜向明廷进献少女 7 人，执馔婢 10 人，女使 16 人，火者10 人。

5. 明清与朝鲜的文化交流

（1）朝鲜汉文诗在中国的流传。纪昀曾指出："其同文之国，纳贽献琛，得簪笔彤墀，庚飏无藻者，惟朝鲜、琉球、安南，而篇什华赡，上邀睿赏，惟朝鲜为多；其诗文集传入中原者，亦朝鲜为最多。"（《耳溪诗集序》）

朝鲜从 5 世纪以来直到李氏王朝末叶，正式的文书记载大都用汉文书写。因此，朝鲜文人对汉语有很高的驾驭能力。这种文字上的相通使得中朝文学可以通过许多途径进行广泛交流。

早在唐代，《乐府诗集》中就记载了朝鲜古诗《公无渡河》。中国人编辑朝鲜汉诗的第一个例子是宋人收集编纂的《小华集》。比较著名的还是万历年间赴朝的文人吴明济搜罗朝鲜新罗以来百余位诗人的作品，编成《朝鲜诗选》。明钱谦益《列朝诗集》中的朝鲜部分主要得之于这本诗选。此外，朱彝尊《明诗综》、沈德潜《明诗别裁集》及褚人获《坚瓠集》都收录了不少朝鲜汉诗。这都说明朝鲜汉诗在中国有着久远而比较广泛的影响。

朝鲜儒臣李廷龟 4 次出使明朝，结识了许多明朝文士。他们相互酬唱，结下了真挚的友谊。明万历三十二年（1604），李廷龟以奏请使身份第二次出使明朝，与序班邓汝舟交游唱和。明朝文士作为使臣出使朝鲜时，也与朝鲜文士结下了友谊。有的朝鲜文士又作为使臣出使明朝，得以与老朋友再次相聚，从而使他们之间的友谊得到深化。熊化出使朝鲜时，李廷龟担任馆伴，二人初次相遇，便一见倾心，诗文相酬，相互推重。明万历四十四年（1616）李廷龟出使明朝，此时熊化刚刚担任都御使，两人得以再次会面，欣喜之情溢于言表。熊化"迎接月沙，极其敬礼，请月沙坐北壁，自坐南壁。……月沙以佩刀赠之，曰：'此乃吕虔刀也。'熊公爱而佩之，所赠者怀素亲笔千字文一轴、苏东坡亲笔书一副"（李廷龟《月沙集》）。二人自然延续了他们之间的诗文唱和，李廷龟赠熊化诗三首，熊化即回赠两首，李廷龟又酬唱两首。这使李廷龟的学生崔有海感叹说："华人开心见诚，以文字结义者，未有如月沙、熊公之交际云。"泰昌元年（1620），李廷龟因"曾在先朝善为辩诬"，被任命为辩诬陈奏使，第四次出使明朝。苏州人陈昌言和保定举人王孙蕃闻李廷龟之名，便到玉河馆拜访李廷龟，双方多有酬唱。陈昌言作《奉呈大元辅老先生月沙台下》诗赠给李廷龟，李廷龟以《次陈相公韵》回赠。王孙蕃以《奉呈月沙李先生》诗赠给李廷龟，李廷龟以《次王相公韵兼示陈相公》回赠。双方的唱和诗感情深挚，表达了两国文人的相互推许。

许筠与丘坦的交谊也具有典型性。许筠和丘坦的初次见面是在明万历三十年（1602）。这年，明朝因册封皇太子派遣顾天峻、崔廷健出使朝鲜，丘坦担任这次使行的从事官。朝鲜方面，李好闵担任远接使，许筠则是从事官。许筠与丘坦相识后便成为挚友，丘坦在朝鲜期间与许筠有过频繁的交流。明万历四十二年（1614），许筠作为千秋使被派往明朝，当时丘坦担任辽东游击。老朋友再次相见分外高兴，丘坦邀请许筠做客，盛情款待。许筠和丘坦都是不拘小节的人，遇见故交是十分难得的事情，所以他们也就不拘于礼法而微服相见了。明万历四十三年（1615），许筠作为冬至兼陈奏副使出使明朝。许筠很想在这次使行中再次见到丘坦，但丘坦因事去了辽阳，二人不得相见。许筠回国渡过界河鸭绿江时，回想起上次和丘坦见面、赋诗相赠的情景，而这次却不能相见，不禁伤感不已。这次出使，许筠写下了《乙丙朝天录》，其中有《读李氏焚书》诗3首，记述了他和丘坦的交往，赞颂了丘坦的高尚品格。

明天启六年（1626），金尚宪以万寿节进贺兼陈奏使的身份出使明朝。在登州，金尚宪结识了久居辽东因避乱来到登州的吴晴川，二人诗文唱酬，结下了深厚的友谊。金尚宪作有《次吴晴川绝句二首》《吴晴川携酒来访,招伶人侑觞,晴川酒酣闻歌,泣下沾襟,即席口占以赠》《次吴晴川大斌韵三首》《吴晴川恳求除字韵次赠二首》《发登州留别吴晴川》等多首诗歌。双方的交往相知相契,倾盖论交可谓跃然纸上。在济南,金尚宪与张延登相识,诗文唱酬、相交甚厚。金尚宪回国后,把自己在明朝的观光诗文送给张延登。张延登阅后,非常钦佩,并给金尚宪的诗文作了序。

朝鲜著名的儒学学者李珥出使明朝时,在北京与一位叫张芝的太医往来唱和,李珥作了题为《次张太医芝韵》的诗云:

> 金阙迎阳霁色鲜,九天钟动会群仙。
> 魂飞故国云鸿外,身沐皇恩雨露边。
> 宾席每惭烦问译,骚坛何幸遇忘年。
> 珠玑一吐通肝肺,说着离愁却黯然。

从诗中看,李珥与张太医是在官方宴会上相识的,而且是李珥主动发问的,他们讨论的问题是诗歌。张太医先有诗作赠与李珥,李珥和其诗。李珥当时仅三十出头,所以他的这位"忘年交"张太医的年龄应在 50 岁左右。

朝鲜使臣在明朝,与之进行唱和的明朝人员遍布各个阶层。以文会友、品鉴文学,成为朝鲜使臣在明朝的一项重要活动内容。

清代中朝文学交流高潮迭起。清代朝鲜诗人多以使节的身份出使中国。他们交际的范围从朝廷士大夫、著名学者到下层一般文人。而且相互交流的途径比前代广泛深入。中朝诗人多"以书会友",纷纷订交于琉璃厂书店,作序刊行之风日盛,朝鲜诗人的作品引起中国学者普遍注意,两国诗人常结社聚会、谈燕酬唱并以诗结缘、互赠著作。

朝鲜著名诗人洪良浩,字汉师,有《耳溪散稿》,乾隆间曾两充贡使。其《与友论诗书》中说:"仆尝游中国,见华人诗话言,高丽人好作律绝,不识古诗,使我颜辟。"所以,他的诗"颇多古诗,七言排纂流转,能见其笔力"。徐世昌《晚晴簃诗汇》收洪良浩诗达 11 首。其中《入关杂咏》为七言咏史诗,情调慷慨激昂、忧愤深广。诗中"从古明王勤远虑,不如高拱享生平"一句,讽刺唐明皇的好大喜功,颇具劝谏之意。《望夫石歌》为一歌行体长篇叙事诗,它以千古流传的孟姜女故事为题材,诗句长短交错、迭宕有力,感情哀婉深切,颇有唐代诗人的风格。

嘉庆年间的陶澍与来北京的朝鲜诗人有很密切的交往。徐世昌《晚晴簃诗汇》收录朝鲜诗人与陶澍唱和诗近20首。其中具有代表性的朝鲜诗人有权永佐（字晶山）、韩致应（字敷山）、洪羲锡（字骆皋）。权晶山和洪骆皋于嘉庆戊寅年（1818）奉使入京。他们与陶澍相遇于琉璃厂，遂与订交，互相酬唱，并以"题印心石屋"之作征朝鲜国中士大夫题咏，辑录为《谈瀛前后录》。陶澍为诗集作了序；在序文中详细交代了他与洪骆皋、权晶山两人相识的缘由及"谈瀛诗册"成书经过。"印心石屋"是陶澍在北京的诗室，也是他与朝鲜诗人聚会谈燕之所。陶澍《谈瀛后录序》说："其时随使来者多诣余斋请谒。继而无时不来，求诗求书者踵相接也。且有未来而致书赆诗以相歆者。甚至国中结社，取东坡语名为拟陶诗屋。"这种活跃气氛是前所未有的。陶澍还为韩敷山、权晶山诗集作了序。在这些序文中，他一方面回顾了乾隆以来中朝文学交流的历史，指出"中外一家雍容酬答，允为熙朝盛事，非前古所有"。另一方面赞赏朝鲜诗人的文学成就。陶澍称韩敷山诗为"诗格冲容，吐属渊雅"。他尤为推崇权晶山之诗，"大抵晶山之诗洒脱磊落，时有壮思，无委琐龌龊之态"。

光绪年间，形成了以黄鹿泉及其龙喜诗社为中心的中朝诗人群落。黄鹿泉，字膺，湖南长沙人，生平不可考。光绪十九年（1893）黄曾组织"龙喜诗社"，自己为社主。龙喜诗社主要成员是当时寓居北京的湘人，社址在京师宣武门街东善化馆。该社取名由来："五代汉乾祐间在长沙县东置县曰龙喜，宋元符元年改善化，元、明至国朝因之。社称龙喜从其朔也。"据《晚晴簃诗汇》引徐世昌诗话说：癸巳（1893）李乾夏（字仁崖）偕李暐（字盛斋）、沈远翼（字友松）奉使朝正，崔性学（字砚农）从行。黄鹿泉设龙喜社邀使者燕集，迭相唱和，次为《龙喜社海东寻诗集》。这是一部中朝诗人唱和诗集。同集者除朝鲜李乾夏、李暐、沈远翼、崔性学4人外，还有中国诗人黄鹿泉、徐世昌、顾璜等，共19人。光绪十四年（1888）到十九年（1893）这5年间，先后有不少朝鲜诗人如曹寅承与黄鹿泉及其龙喜诗社成员往来酬唱。诗人之间相与谈燕酬唱，留下了许多优美诗篇。

直至清末民初，中朝诗人间的友好交往仍继续着。这个时期以金泽荣为代表，他也是朝鲜最后一位汉诗诗人。金泽荣，字子霖，号沧江，在国内官至中枢院书记官，晚年见国朝日趋衰落，离国入华，寄身于通州张謇，在中国出版了《韶护堂集》《丽韩十家文钞》。金泽荣与严复交往密切，有诗文赠答。严复感其故国悲思，遂以诗相勉云："萍水论交地，艰难得此才。异同空李杜，词赋近邹枚。归国梅花笑，倾山瀑布来。中原自神圣，回首有余哀。"金泽荣《追和严几道赠别诗》则云："一代真才惟汝在，古来知己与神通。春云万里沧溟路，怊怅那堪独向东。"金泽荣近体诗成就较高，风格平易朴实，感情比较哀婉深切。金泽荣同时也是诗论家，其《韶护堂集·杂言》是诗论。

除了在北京有中朝两国文人的诗文交流外，在其他城市也有类似的交流活动。据朴趾源记载，他抵达盛京之后，"入一收卖古董铺子，铺名艺粟斋。有秀才五人，伴居开铺，皆年少美姿容，约更来斋中夜话……又入一铺，皆远地士人新开锦缎铺，铺名歌商楼，共有六人，衣帽鲜华，动止视瞻俱是端吉。又约同会艺粟夜话"（朴趾源《热河日记》）。这些儒商来自中国的各个地方，在经商的同时也不忘读书，因而也能够与朝鲜学者如朴趾源等人惺惺相惜，有共同的语言。他们对坐饮酒、朗颂诗文、抵足而眠，然后又一起赏鉴古玩、写字画画，结下了深厚的友谊。经过两个晚上的彻夜长谈后，朴趾源对这些儒商的学问、为人、思乡以及对官场和商场看法都有了一定的认识。

（2）《皇华集》及其向中国的传播。中朝两国自古以来都有在使节往来中重视文学交流的传统。明清与朝鲜李朝的文学交流，很重要的一种途径也是使节之间的文学交流。

明朝与李朝使节往来也日益频繁。中朝两国在选使相聘时都注意选择有才学的官员，使出使官员不辱没本国的威严，而尤其注重诗歌酬唱方面的人才。明朝多次向李朝派遣过各种外交使节，几乎所有来自翰林院、六科乃至行人司的使臣，都是从全国性的考试中脱颖而出的获胜者，在长期的学习中获得了良好的文辞修养和文字书写能力，并在日常生活中参与诗文写作和彼此唱和之中。如成化十二年（1476）使朝正使祁顺，尝与陈献章、彭绍、杨一清、司马垔、周孟中、丘霁、萧显、何文缙、陈绮、王臣、罗善等彼此寄诗唱和；又在任江西参政期间"会即随事唱酬，篇章交错；别亦驰缄往复，如元白之为。期间又得诗共二百余首"（《明别集丛刊》），此事虽稍后于祁顺出使朝鲜，时间上略有参差，犹可窥见当时文臣群体交往的局面。又如景泰元年（1450）正使倪谦与茶陵派领袖李东阳"为同年，交最深"，李东阳为其文集作序，将倪谦视为继宋濂、杨士奇、刘定之之后的又一文坛巨擘。而就倪谦个人文才而言，《四库全书总目提要》称"体近三杨而未染其末流之失，虽不及李东阳笼罩一时，而有质有文，亦彬然自成一家矣"。

倪谦《辽海编》所辑录的当时朝官为其写的送别诗中，可见明朝廷在选择使臣时是提出了较高的要求的。如内阁中书王谦诗云："惟君藻思能专对，东璧文星愈有光。"翰林侍讲刘定之诗云："伊谁堪承命，择隽玉堂里。"翰林待诏邹循诗云："朝鲜自古遵文教，好采风谣入圣裁。"翰林编修陈鉴诗云："煌煌使节需良材，咨询乃命词林客。"这些诗句都强调了明朝对出使朝鲜使臣提出的要求，即要从翰林院中选拔藻思专对的词臣，以便采风，并能增强中国的威望，推行中国的圣化之教。

这些使臣到朝鲜后，朝鲜方面也往往遴选著名的文臣雅士与使臣左右相伴。按照朝鲜礼仪接洽制度的规定，朝鲜朝廷在得知使臣从北京出发的消息之后，即遣远接使于义州、宣慰使于五处迎送宴慰。当使臣渡过鸭绿江与远接使会面，两国开始正式的使事接洽。对于朝鲜方面而言，使臣的到来除了具体的政治任务之外，尤是朝鲜展现自身礼仪和文化在"外夷"序列中优势地位的时机。故而，朝鲜国王有意地安排"能文之士"接洽陪宴。所谓的"能文之士"，主要是指朝鲜弘文馆、艺文馆、成均馆、春秋馆和承文院等机构的高级文职官员。按照朝鲜《经国大典》的记述，弘文馆、艺文馆、成均馆、春秋馆和承文院均为正三品衙门，且均与文辞工作有关。这些朝鲜高级文职官员与明朝的使臣一样，具有良好的汉字书写能力以及丰富的汉文化知识，他们构成了同使臣唱和的另一方。

正统十四年（1449）土木堡之变后，代宗登基，派遣翰林院侍讲倪谦、刑科给事中司马恂出使朝鲜，颁即位诏书。倪谦是正统四年（1439）进士，多年在翰林院供职，以礼部尚书致仕途。代宗景泰元年（1450）正月，倪谦、司马恂一行从辽东启程，到鸭绿江，倪谦沿途共写了42首诗；渡过鸭绿江，他又将沿途所记，写出34首诗。倪谦在朝鲜宣读完明朝皇帝的诏书之后，例行的工作多数属于与朝鲜文人的诗文唱和之事。他与当时朝鲜名士申叔舟、成三问、郑麟趾等人关系密切，在各种宴席和郊游接访中相互作诗文唱和。有一次，他同朝鲜友人游览汉江楼时，被同行的朝鲜文人索诗，一会儿工夫，他就写好3首，每首写出，众人就聚首争观，佩服不止。在这些相互酬酢期间，倪谦撰写了古体诗、近体诗有35首，以及《雪霁登楼赋》《存养斋铭》

《汉江游记》3 篇；副使司马恂有诗作 11 首。朝鲜方面郑麟趾有 6 首，成三问 6 首，申叔舟 6 首及《次韵雪霁登楼赋》一篇。

倪谦一行回国时，朝鲜国王命文臣赋诗送别，共得 27 首，编撰成集《朝鲜咏别》，让申叔舟、成三问分别做序跋。回国后，倪谦撰写了《朝鲜纪事》一书，向国人介绍沿途所见所闻和与李朝国王、诸大臣之间密切交往的过程及其朝鲜的礼仪、制度及风俗等。倪谦还把出使朝鲜期间所写的诗文和朝鲜文人的赠诗等以及《朝鲜纪事》编成《辽海编》4 卷，于成化五年（1469）刊行，传播此文化盛会，使朝鲜文风借以扬名于中国。

以倪谦这次来访为契机，朝鲜开启了两国官员外交酬唱的《皇华集》编纂传统。自此以后，两国的文学外交日趋活跃。如陈鉴、张宁、金湜、祁顺、董越、徐穆、唐皋、龚用卿、华察、许国、韩世能、黄宏宪、朱之蕃、刘鸿训等人的出使，都在朝鲜掀起了相当规模的士大夫酬唱活动。另一方面，朝鲜君臣对明朝文学使臣的来访，也是翘首以待。如朝鲜官员崔恒为张宁《奉使录》所写的序说："我国虽僻在海表，然秉礼惟旧，世蒙眷待，每颁明诏，必择朝中之贤且才者遣之。儒雅之士，前后相望。"

从倪谦出使开始，即明景泰元年（朝鲜世宗三十二年，1450）到崇祯六年（朝鲜仁祖十一年，1633）的 184 年间，明朝以文人出使朝鲜，共计 24 次。明使归国，朝鲜国王会命接待使臣官员将彼此唱和的诗文编纂刻印。取《诗经·小雅·皇皇者华》王者慰劳使臣之意，命名为《皇华集》。惯例是每出使一次，即结集一集。但其中明武宗正德元年（朝鲜中宗元年，1506）徐穆出使那次，仅留有数篇诗文，遂并入 14 年前（1492）艾璞出使所结集的《壬子皇华集》中。所以，《皇华集》共有 23 集。倪谦出使后结集的《庚午皇华集》因为年代最早，所以排在第一集。每辑《皇华集》分为序和正文两个部分。序言由朝鲜文人撰写，主要介绍明朝使臣的职务、为人、出使时间、出使任务以及他们在朝鲜的活动，表达对明朝使臣的怀念，并交代刊印《皇华集》的缘由。正文包括明朝使臣出使朝鲜时的作品及其与朝鲜文人的唱和之作。《皇华集》刊行后，作为朝鲜国的一种官方礼品赠送给使臣或明朝其他官员。其余则在朝鲜流传，很受朝野重视。

《皇华集》唱和的规模之大、涉及人员之广、时间跨度之长，使其成为古代中国与朝鲜文学交流史上的典范。

（3）《辽海编》：倪谦的朝鲜行纪。倪谦出使回国后，著《朝鲜纪事》，连同朝鲜纪行诗、与朝鲜文人的唱和诗文编为《辽海编》。

《辽海编》序文记载了刻梓的缘起，即其子倪岳恐其父稿子散佚，而亲自整理为四卷，意欲刊印，而卢雍也感叹倪谦"克尽使职，为国之华"，应使其流传后世，因而捐自己的俸禄，为《辽海编》的刊印提供资费。

《辽海编》目录列诗 283 首，辞赋 4 首，记 2 首，铭 1 首，序跋 5 首，纪事 1 卷。共分为 4 卷：卷一是从明朝京城到朝鲜王京的沿途所见所闻；卷二是与朝鲜馆伴郑麟趾、申叔舟、成三问等人的唱和之作，另有《朝鲜唱和翰墨稿跋》等诗文；卷三是《朝鲜纪事》，记载从辽阳出发到朝鲜王京沿途的见闻，朝鲜的接待以及倪谦一行在朝鲜的主要活动，包括游览、诗文等交流活动；卷四是中朝赠言，即倪谦、司马恂同僚的赠别诗 25 首，辽阳赠言诗 3 首，朝鲜咏别诗 27 首；另有前后序文一篇，《汉阳咏别诗跋》一篇。

《朝鲜纪事》以叙述的方式记载了从辽阳到朝鲜王京的沿途行程，朝鲜国王派遣朝臣迎接倪谦一行的情形和礼节，同时，也勾勒出倪谦在朝鲜所进行的诗文创作活动的日程。而卷一倪谦所作的纪行性质的诗歌，从辽阳到朝鲜王京的那段行程，则是以诗歌的形式记载沿途的所见所闻。一些纪行诗是记载从明朝京城到辽阳的沿途所见所闻。这些纪行之作常常是在诗题中明确行程，在行文中描绘路途所见，其中虽然不乏行程的艰辛，但诗中常常流露出不畏艰难险阻的豪迈之情。

诗中还有描写朝鲜列仪仗、杂戏迎接明朝使臣的热闹场面。打鼓扬旗的红袄士兵、诵伽楞的番僧、臂上有皂鹰的胡猎，凡此种种也体现了朝鲜的风土人情。

倪谦与朝鲜馆伴的唱和之作中，也常常述说对馆伴的印象和评价，以及双方建立的友谊和即将离别的忧愁。如《留别成谨甫》诗云：

> 海上相逢即故知，燕闲谈笑每移时。
> 同心好结金兰契，共吟偏怜玉树姿。
> 敢谓扬雄多识字，雅闻子羽善修辞。
> 不堪别袂临江渚，勒马东风怨别离。

这首诗是倪谦即将回国时，赠给成三问、申叔舟的。诗中写他对他们的印象和评价以及彼此建立的深厚友谊，抒发一种离别的愁情。

《辽海编》较为全面地收入了朝鲜著名文臣郑麟趾、申叔舟、成三问等人与倪谦的唱和之作，同时还收入了朝鲜其他官员的赠别诗 20 多首，在更广泛的层面上反映出当时朝鲜诗歌的创作水平。

《辽海编》所收入的纪行诗作和《朝鲜纪事》记载的从辽阳到朝鲜王京的行程，同时也反映了当时的地理环境、风土人情；而集中所收的另外一部分诗文，尤其是一些游览之作，对朝鲜当时的风物进行了极为详尽的描述。

除《辽海编》外，明朝派往朝鲜的使臣留下的纪行诗文，成为中国人了解朝鲜的重复文本，比如天顺年间出使朝鲜的张宁，留下了《奉使录》；成化年间出使朝鲜的祈顺，留下了《游汉汇记》；嘉靖年间出使朝鲜的华察、副使薛廷宠，留下了《游汉江记》《游平壤记》等等。

（4）清代文人与朝鲜文人的交谊。朝鲜使臣一般具有较高的文化修养，在历年的燕行使团中，有许多文人学者加入，他们在中国期间，与中国学者有着广泛的接触，使两国学术文化的交流也日益频繁。

入华的朝鲜使团成员与中国文人学士交往十分广泛，既有赴试的举子，也有名儒硕宦，从朝廷士大夫、著名学者到下层一般文人。这样广泛的接触交往，促进了两国的学术交流和文化交流。

乾隆年间在中朝文人交流中起重要作用的首推纪昀。纪昀身为礼部尚书、《四库全书》总纂，在清代学术界赫赫有名。但他谦虚不浮，为人诚笃，与朝鲜文人们建立了深厚的友谊。他与许多朝鲜文人有着密切交往，除了为他们写的诗作序之外，还常和他们赋诗赠答，离别后仍书信不断。正如他在《怀朴齐家》诗中所说："偶然相见即相亲，别后忽忽又几春。倒屣常迎天下士，吟诗最忆海东人。"纪昀对朴齐家和洪良浩的诗评价很高。他称赞洪诗："近体有中唐遗响，五言吐词天拔秀削，七言古体纵横似东坡，而平易近人足资劝诫。无才人之妍媚之态，又民生国计念念不忘，亦无名士放诞风流之气。"（《耳溪诗集序》）

许多到北京的朝鲜文人慕名拜访纪昀。《蓟山纪程》卷三记述了作者二访纪晓岚不遇事。其中叙纪宅"从崇文门出，曲转而过五里许至其门，门小仅容一人"。虽然是事先约好了的会晤，却只有管家数人劝茶虚座为主客之礼，说是纪昀刚被皇帝召去。虽然这不是纪昀架子大，但也表明了他的特殊地位。徐浩修《燕行纪》卷三记载了他在圆明园与纪昀的会晤交谈。交谈中，他向纪昀询问了其校正《明史》《大清一统志》的情况。纪昀还告诉徐浩修，他家在"正阳门外琉璃厂后会同胡同"。柳得恭《燕台再游录》记录了他到北京的次日去拜访纪昀。在10余年前，他们已见过面，此次相逢，交谈十分热烈。纪昀向柳得恭介绍了当时的学术风气及李调元、孙星衍等中国学者的情况。柳得恭还拜访了李鼎元等人，并作了广泛和深入的接触。他对当时中国学术宋学与汉学对峙以致"程朱之书不讲似已久矣"的局面颇有感慨，对纪昀在其中所起的作用也不无微词。此外，朴思浩《心田稿·留馆杂录》中也记载了他与纪昀会晤的情景。

阮元是清代学界领袖，汉学考据大师。他培养了大批门人学者，刊刻了大量流芳千古的经典，如《十三经注疏》《学海堂经解》《经籍纂诂》等。阮元不仅博学淹通，而且在当时的政界也身居要职。《清史稿》称他为"身历乾嘉文物鼎盛之时，主持风会数十年，海内学者奉为山斗焉"。阮元在北京为官期间，有较多的机会与朝鲜学者交往。韩国学者朴齐家、金正喜、李尚迪三代学人，都深受阮元的影响。

阮元与朝鲜学者的交往始于乾隆五十五年（1790）。前此一年，朝鲜著名诗人赵秀三随朝鲜冬至使团来到北京。乾隆五十五年是乾隆皇帝80大寿，朝鲜国王派进贺使祝寿。因时任吏部尚书的刘墉之诗文、书法在朝鲜影响甚大，故赵氏专门拜访了刘墉。这一拜访，引发了来华的朝鲜学者与一批中国著名学者的交往，而这批中国著名学者中就有刘墉门生、当时已经崭露头角的青年学者阮元。在此次使团中，朝鲜奎章阁检书官朴齐家和柳得恭二人作为副使的随员检书，与正使黄仁点、副使徐浩修、书状官李伯亨一同到达北京，他们与阮元、纪昀、翁方纲、刘镮之等中国学者都有交游。

柳得恭是朝鲜王朝历史学家，与朴齐家、李德懋、李书九合称为"汉学四家"。他在《刘阮二太史》一文中，记载了他当时与阮元等人会晤的情景："余在馆中，二人同车而来，徘徊庭际，无人酬接，怊怅欲返。余请至炕上与语，皆名士也。云：'去岁供以庶吉士，在间壁与使臣相识。去岁人胡无一人来者乎？'余曰：'未必再来。'阮伯元著有《车制考纪》，大宗伯（指纪昀）亟称其考据精详。余举而言之，则伯元色喜，请见余诗集。余辞以熊翰林处有一本，惜无见在者。伯元曰：'往彼当索观。'"柳得恭在《滦阳录》《燕台再游录》详细记载了他1790年、1801年出使北京的旅途经过和交结中国文人学者的情况。其《燕台再游录》所列交游姓名中，仅"燕中缙绅举人孝廉布衣"有41人。柳得恭当时在中国不仅交游甚广而且很有诗名，他的著作被清人辗转抄录刊印。其《燕台再游录》记载："雨部（李调元）诗话四卷……记近事特详，李懋官《清脾录》及余旧著《歌商楼稿》亦收入。中州人遇东士辄举吾辈姓名盖以此也。"

朴齐家是朝鲜"诗文四大家"之一。他先后4次作为朝鲜使臣前往北京，同清朝诗人进行广泛的文学交流，其中与大诗人、大书画家张问陶（号船山）交游甚密。乾隆六十年（1795）正月，朴齐家向张船山求诗并将诗作携之归国，张船山和诗云：

> 性灵偶向诗中写，名字宁防海外传。
>
> 从此不妨焚剩草，郁陵岛上有遗篇。

朴齐家把清诗介绍到朝鲜，把朝鲜诗介绍到中国，在中朝文学交流史上作出了重要贡献。

（5）琉璃厂：两国文人的汇聚之地。清代朝鲜诗人学者与北京琉璃厂有着不解之缘，这里也是他们"以书会友"之地。早在康熙年间，琉璃厂已形成著名的文化街。乾隆年间就更加繁盛，"图书充栋，宝玩填街"，有大小书店30多家。乾隆皇帝为修《四库全书》，调集全国不少文人到北京，琉璃厂成为文人际会之地。清代学者王士祯、"扬州八怪"之一的罗聘等都曾寓居琉璃厂。"盖北京诸肆在在皆然，而此厂所储多书籍、碑版、鼎彝、古铜与器玩之稍雅者，故名最著。且其坐贾者，间有南州秀才应第求官者，故游于市者，往往有知名之士云。"（金景善《琉璃厂记》）

历年朝鲜使团中的学者们，都要到前门的琉璃厂书店购书。这里也是他们"以书会友"之地。在书店里，朝鲜使团的学者们有机会结识中国文人学士，乃至成为莫逆之交。

乾隆四十一年（1776）李德懋到达北京，第三天他便走访了琉璃厂12家书店，记下130多种预购书目。嘉庆六年（1801），柳得恭出使北京时，在琉璃厂书店结识了中国著名语言文字家和版本学家陈鳣。据王章涛《阮元评传》记载：嘉庆六七年间，柳得恭在北京琉璃厂书肆结识了陈鳣，并从陈处了解到戴震、段玉裁、王念孙等中国著名学者的一些情况。当柳、陈二人谈及阮元正在浙江担任巡抚，并负责指挥剿灭海盗时，柳得恭说他早在10年前就认识阮元，并拜读过阮元所著的《考工记车制图解》。听了陈鳣的介绍后，柳得恭称颂阮元乃文武全才。陈鳣告诉柳氏，阮元是他的师座，他还藏有阮元石刻小像，作了一篇赞，当写出奉示。柳得恭在他的《燕台再游录》中，记有与陈鳣学术交流的对话：

> 问余曰：尊处列学官者，用宋儒抑用汉儒？
>
> 余曰：尊奉朱夫子传注章句，研经者又不可不参看古注疏问。
>
> 有为六书之学否？大或有之。
>
> 仲鱼（陈鳣字）曰：通此学方可读经。
>
> 余曰：非但读经，韩文公曰凡为文宜略识字。
>
> 仲鱼曰：此所谓名不正言不顺。

可见当时中国学术界汉宋之争的现状及汉宋兼采的趋向，影响着朝鲜学术界。陈鳣又将新著《论语古训》10 卷赠给柳得恭，并告诉他是书征引为世间罕见之珍本，及朝鲜、日本诸刻本。嘉庆六年（1801），柳得恭第二次来中国时，陈鳣赠诗云：

> 东方君子国，职贡入京师。
>
> 不贵文皮美，惟称使者诗。
>
> 客愁三月暮，交恨十年迟。
>
> 此去应回首，关山月落时。

柳得恭和诗曰：

> 斯世嚣然古，其人何以师。
>
> 形声穷解字，字义守笺诗。
>
> 居恨之溟远，谈忘无景迟。
>
> 相看俱老矣，宁有再来时？

聚瀛堂书店也是柳得恭常去读书的地方。其《燕台再游录》记载了那里优雅的环境。柳得恭还在琉璃厂另一家书店观音阁与"扬州八怪"之一罗聘相识，相交日厚，并有诗画唱和。当时罗聘郁郁不得志。柳得恭《滦阳录》记载了罗聘身心交困的境遇。从他们临别赠答中充分表达了患难与共、惜别之情。罗聘诗云：

才逢欲别意迟迟，后会他生或有期。

残月晓风容易散，柳耆卿对不多时。

柳得恭和诗云：

榆关黄叶若为情，秋风秋雨信马行。

记取当年肠断处，罗昭谏别柳耆卿。

不幸，此别竟然成了诀别。当柳得恭嘉庆六年（1801）再次来京时，罗聘已于两年前溘然长逝了。

与此同时，在琉璃厂书肆，陈鳣又结识了朴齐家。朴齐家四充朝鲜国使来北京。两人因语言不通，操笔对话，十分投机。日后，陈鳣偕同年友钱既勤，朴齐家携同僚柳得恭再会于书肆，赏奇析义，舐墨濡笔，顷刻间挥洒数纸。随后就《逸周书》《管子》《说文解字》诸书探讨，惜日中，依依不舍而去。越数日又相见，朴齐家以东纸、折扇、野笠、药丸赠陈鳣，陈鳣赋诗四首致谢，并赠予楹联、碑帖及力作《论语古训》。有顷，朴齐家出示《贞蕤稿略》，列首对策，发明古学，贯通六艺群书。陈鳣读后，有莫测其崇深的感觉。

金正中在琉璃厂中闲逛之时，见到聚好斋的主人陈嘉贤和其友胡宝书，都是儒生，于是共作笔谈。经过一番长谈，金正中不由得感叹："屠贩之间得此风人韵士甚幸，况中州文宪在二位身上，岂与昔时悲歌士比乎。"金正中得知胡宝书乃是南宋经学家胡安国的后裔，而朝鲜人在当时仍然认为清朝是蛮夷之邦，清朝入主中原就代表了中华文化的覆灭，因而南宋大学者的后裔身上无疑便承袭了中华文化的精髓，所谓"中州文宪"之所在也。这也使朝鲜使臣更愿意在市集中寻找可以交流的士人，而不是只在清政府中与官员们交往。

清人《梦厂杂著》中记载了虞药林与朝鲜使臣李命圭在琉璃厂相识与交往的情况。"又逾年，使臣李命圭，号耦山，亦晤药林于书肆。询涵斋近况，则进秩兰台矣。将归之前一日，耦山留赠彩笺、清心丸数事；又出其著《陶情集》索题。冲容和雅，似合乎开元、天宝之风格。所谓'取法乎上，得乎中'者。""相传朝鲜为有殷箕子之后，故其国崇学校，明礼义，弦歌雅化，犹有存焉。药林故工书，因作楹句赠之曰：'快睹彩毫传丽句，偶怀旧雨得新知.'又属其携赠涵斋曰:'望月三秋梦,挥毫万里情.'余时在座,亦口占七律赠之:'衔命梯航觐紫宸,风流文采羡词臣.圣朝柔远宣恩渥,荒服输诚入贡频.旧雨新知皆系念,彩笺灵药总宜珍.小明莫向归程赋,计日帆收鸭绿津.'"(俞蛟《梦厂杂著》)诗歌中的"旧雨新知"表明中国和朝鲜两国的文人有着长期的交往,而且通过每年到中国来朝贡的朝鲜使团能够一直维系下来,这样的友情是真诚的也是深远的.

二　中国与日本的交往及贸易

1. 唐朝与日本的往来及贸易

(1)以遣唐使为中心的唐日往来。早在秦始皇时徐福便东渡日本,说明那时中国与日本之间已经有海上交通。早期的海船由渤海湾出航,而后沿着朝鲜半岛西岸近海南下,渐次而至日本。这条航线虽然途程迂远,但是沿途岛屿众多,物资补充较为便利,且易于辨认方向,可以提供较为优越的续航条件。到了唐朝初年,这条航线仍然是人们前往日本的主要选择。

唐朝通往日本的航线,主要是黄海道与东海道两条航线。唐朝初年主要借助高句丽、百济充当唐朝与日本交往的媒介,经由黄海的道路遂成为日本与唐朝交往的最重要的海上通道。新罗灭百济、高丽之后,日本与新罗的关系恶化,通过黄海的航线被新罗梗阻,唐朝与日本的海上交通不得不另寻新的航道。同时,日本南方诸岛这时大多归属了日本,具备了经由南方诸岛通航唐朝的条件,由于这条航线需绕行日本南方诸岛,在9世纪时,又开辟了由长江入海口附近举帆向东直航,到达日本平户岛或五岛列岛一带,再到达大津浦的航线,这就是东海航线。东海航线大大缩短了唐朝与日本交通的距离。东海航线主要是指从淮河与长江口附近沿海地区直航日本的航线。取道东海道的海船多从唐楚州、扬州、苏州、明州等地沿海港口出发,向东直航,到达日本奄美大岛附近,转而北航吐葛喇列岛,经屋久岛、种子岛,继续北行经平户岛,进而东抵大津浦。

中国与日本的关系,在唐代是以日本派遣遣唐使为中心的,日本第一次正式派出遣唐使是在 630 年（唐太宗贞观四年，日本舒明天皇二年），从这时起一直延续到 894 年（唐昭宗乾宁元年，日本宇多天皇宽平六年）停止派遣，前后历日本 26 代天皇，达 264 年之久。在这期间，日本朝廷共派遣遣唐使 19 次。不过其中因故中止的有 3 次，实际入唐的共计 16 次。这其中有一次仅抵百济，有两次系为送回唐之来使而任命的"送唐客大使"，另有一次为入唐日使久客未归，特派使团前往迎接的"迎入唐大使"。这几次都负有特殊任务，驻留期间较短，与一般遣唐使性质不同。所以名副其实的遣唐使共计有 12 次。遣唐使是中日文化交流史上最灿烂的一章，也是世界文化史的辉煌壮举，其规模之大，次数之多，历时之久，冒险犯难、艰苦牺牲之巨，都为世所罕见。

遣唐使的往返航路在不同的时期也有所变化。主要有三条航路：北路，循筑紫、对马、百济（后经新罗）横渡黄海，在山东半岛的登州、莱州登陆，再由陆路循青州、曹州、汴州（开封）、洛阳而达长安。南岛路，从筑紫的博多起航，沿九州的西岸南下，从萨摩循种子岛、屋久岛、奄美大岛前进，在此附近横渡东中国海，指向长江下游，多在明州（宁波）登陆，然后经由扬州，通过大运河至汴州，西进而达长安。南路，从博多出航，抵平户或值嘉岛（五岛列岛）暂泊，等待顺风，横渡东中国海，指向长江口岸或杭州湾附近，在楚州（淮安府）、扬州、明州等地登陆。①

初期的遣唐使多走北路，因为北路是沿朝鲜半岛西南海岸北上，经辽东半岛渡黄海至山东半岛，基本上是沿遣隋使开辟的路线航行，相对来说还比较安全。7 世纪中叶以后便改走南岛路。南岛路航线虽短，但所经海面变幻莫测，所遇风险远远超于北路。"但是经由南岛和走北路一样，需要颇多航海时日，而且还必须冒横渡东中国海的危险。于是似乎考虑到，既然同样冒险，不如从筑紫直接横渡东中国海。"② 后来，又新开辟了一条航路即南路，先从筑紫的博多出发，到达值嘉岛，在那里一旦遇到顺风，就直接横渡东中国海。此航线虽最短，但所遇风险也最大。不过，遣唐使的航海技术也日益提高，

---

① 参见池步洲：《日本遣唐使简史》，上海社会科学院出版社 1983 年版，第 14、20 页。

② ［日］木宫泰彦著，胡锡年译：《日中文化交流史》，商务印书馆 1950 年版，第 84、95 页。

沿南路，只要顺风，用不了 10 天时间就可抵达中国海岸。因此，南路航线长期为后代日本人所沿用。日本文献《安祥寺惠远传》记载，唐会昌二年（842），海商李处人的唐舶载日本学问僧由日本值嘉岛（即平户岛）出发，经 6 天抵达浙江温州。又据《安祥寺惠远传续后记》记载，唐大中元年（847）六月，海商张之信的唐舶自明州望海镇起航，仅用 3 天时间即到达日本的值嘉岛，为当时南道最快的航船。这是中日间最为便捷的航线，日本遣唐使在后期也多利用这条航线。

（2）遣唐使的贸易活动。遣唐使也担负着两国物质文化交流的任务。他们来中国时，也要携带大量日本产品，一方面是作为献给唐朝的礼物，遣唐使来的时候要给唐朝贡献方物，而且数量还很大，这是中日物质文化交流的一种形式。另一方面他们也从事一些个人的贸易活动，例如以所携带的货物交换中国的物产等。

遣唐使在赴唐时，要携带食粮、油盐、干菜、医药以及航海用器，这是途中必备的物品，不能作为商品交换。还要带大批贡品，这是日本朝廷对唐朝廷的贡物，也是主要的贸易商品。因为在一般情况下，唐朝廷会对贡物给予"回赐"，即赴贡值。《延喜式·大藏省》载有贡献"大唐皇"的礼单："银大五百两、水织絁、美浓絁各二百匹、细絁、黄絁各三百匹、黄丝五百屯、细屯棉一千屯。别送彩帛二百匹、叠绵二百帖、屯棉二百屯、绔布三十端、望陁布一百端、木绵一百帖、出火水精十颗、玛瑙十颗、出火铁十具、海石榴油六斗、甘葛汁六斗、金漆四斗。"这是赠送给大唐天子的礼品清单，可能还不是贡品的全部。

此外，遣唐使团的每个成员所携带的物品，合计起来其数量是相当大的。据《延喜式》所载统计：大使（1 人）：絁 60 匹、绵 150 屯、布 150 端。副使（1—2 人）：絁 40 匹、绵 100 屯、布 100 端。判官（2—4 人）：絁 10 匹、绵 60 屯、布 40 端。录事（2—4 人）：絁 6 匹、绵 40 屯、布 20 端。知乘船事、译语、请益生、主神、医师、阴阳师（每种不止一人）：絁 5 匹、绵 40 屯、布 16 端。史生、射手、船师、音声长、新罗译语、奄美译语、卜部、留学生和学问僧的傔从（青年家臣）：絁 4 匹、绵 20 屯、布 13 端。杂使、音声生、玉生、锻生、铸生、细工生、船匠、柂师（每种不止一人）：絁 3 匹、绵 15 屯、布 8 端。傔人（仆人）、挟抄（不止一人）：絁 2 匹、绵 12 屯、布 4

端。留学生、学问僧（不止一人）：絁 40 匹、绵 100 屯、布 80 端。还学僧：絁 20 匹、绵 60 屯、布 40 端。水手长（不止一人）：絁 1 匹、绵 4 屯、布 2 端。水手（每船约 120 人）：绵 4 屯、布 2 端。

除此之外，日本朝廷对大使以下主要成员还有特赐：大使：彩帛 117 匹、赀布 20 端。副使：彩帛 78 匹、赀布 10 端。判官：彩帛 15 匹、赀布 6 端。录事：彩帛 10 匹、赀布 4 端。知乘船事、译语：彩帛 5 匹、赀布 2 端。学问僧、还学僧：彩帛 10 匹。①

以上遣唐使及其随行人员所携带的这些物资，主要是用来在中国进行交换和贸易的。这样，遣唐使团在一定意义上也就成了贸易使团，将日本的商品贩运到中国。

（3）晚唐时期的中日贸易。日本派遣唐使来华，兼有官方贸易的使命。除官方贸易外，唐代中日民间贸易也有所发展。后来，中日之间的官方往来减少，而民间的经济文化交流却趋于频繁。晚唐时期，官方往来间隔时间越来越长，与此同时，在民间，唐人和新罗人的船只则不断地往返于唐日之间，特别是 9 世纪中期日本中止遣唐使派遣后，民间贸易更为活跃，民间商船往来于两国之间，成为晚唐时期中日交流的主要纽带。这就是说，停派遣唐使并不意味着中日两国关系的中断，而是改变了形式。日本学者森克己甚至认为，日本废止遣唐使是唐商舶频繁渡日的重要因素。或者说，日本停派遣唐使后，进入了以民间商船东渡为主要交流方式的中日交流时期。这一时期长达 222 年（894—1116）。如果从可查到的唐商渡日的最早时间 841 年开始算，则长达 275 年。

晚唐时期从事中日民间贸易的，主要是中国商船，间或也有日本船只，但造船者和驾船者是中国商人。据史料记载，自 841 年至 903 年的 62 年间，中国商船往返于中日 30 余次。仅可查姓名的中国商人有：李邻德、李处人、钦良晖、秀英觉、陈太信、李延孝、张支信、金文习、任仲元、詹景全、张言、崔及、杨清、崔铎、张蒙、柏志贞、王纳、周汾、梨怀、景球等 20 余人。在这些人中，如张支信、李邻德、李延孝、李处人、詹景全、钦良辉等

---

① 参见张声振、郭洪茂：《中日关系史》第 1 卷，社会科学文献出版社 2006 年版，第 150—151 页。

人多次往返于中日之间，是晚唐时期经营对日贸易的大商人。日本学者木宫泰彦《中日交通史》记载，唐朝商人李邻德、李延孝、张支信、李处人、崔铎等人，自建海舶，以船主身份往来于日本和浙江的明州、温州和台州之间。同时，由于造船技术大大提高，又掌握了季风、信风以及洋流规律，唐商船队不必再走绕道朝鲜半岛的北路航线，而是直接走南路航线，从江浙沿海的楚州、扬州、明州、越州、温州等地起航，循东偏北方向横越东海，直趋日本肥前松浦郡的值嘉岛，不仅减少了海难的发生，而且缩短了航行时间。唐会昌二年（842）八月二十四日，唐商人李处人的贸易船从日本值嘉岛那留浦返航归国，"得正东风六个日夜"，便抵达温州乐城县，日僧惠运同船入唐。

　　圆仁的《入唐求法巡礼行记》中有许多关于中日之间民间贸易的记载。开成四年（839）正月八日一名叫王请的新罗人，去开元寺拜访圆仁。圆仁解释说，此人正是日本弘仁天皇十年（819）与唐商张觉济等同船漂流到日本出羽国的。张觉济兄弟"为交易诸物，离此过海"，因遇恶风，漂流到出羽国，这也许是较早到达日本的中国民间商船。其后，抱着贸易目的航日的商船逐渐增多，《入唐求法巡礼行记》多次载有唐人李邻德、张支（友）信、江长，新罗人张公靖、金子白、钦良晖、金珍等名字。

　　证之史料，唐代中日之间的民间商舶，越往后往来越多。如日本仁明天皇嘉祥二年（849）唐商舶（53人）至太宰府（《续日本后记》）。清和天皇贞观年间，往来尤其频繁。如日本贞观四年（862）七月，李延孝等43人抵日（《三代实录》）。同年九月，张支（友）信等送真如法亲王入唐至明州并于翌年四月返回日本（《头陀亲王入唐略记》）。五年（863），詹景全由日本赴唐，替圆珍带信给长安兴善寺三藏智慧轮，翌年又返回。六年（864）秋八月，太宰府因唐通事张支（友）信，渡海未还，暂留唐僧法惠以为通事，说明张支信又一次入唐去了（《国史纪事本末》）。七年（865），日"僧宗睿还，唐人李延孝从来"（《扶桑略记》）。八年，唐商张言等41人至太宰府（《三代实录》）。因为这一时期唐商赴日的太多，致使朝廷在贞观八年四月"遣责丰前、长门等国司曰：关司出入，理用过所，而今唐人入京，任意经过，是国司不慎督察，关司不责过所之所致也。自今以后，若有惊忽，必处严科"（《三代实录》"贞观八年四月十七日辛卯"条）。以后几年，稍见减少。但在日本贞观十六年（874）和十八年（876）又先后有唐商崔岌等36人及杨清等

31 人抵日。

晚唐时期的中国商人一般是单船行商，每船人数多者为 63 人，少则 40 余人，载重量可达 10 数吨。参与对日贸易的，除了唐商人之外，还有新罗商人和渤海商人，形成了一个颇具规模的"东亚国际贸易圈"。新罗和渤海商人以及部分日本商人，和唐商一样，航行在中国、朝鲜和日本诸航线。

2. 宋元与日本的交往及贸易

（1）蓬勃发展的宋日贸易。在唐代，日本连续派遣十几次遣唐使，并陆续有留学生和学问僧到唐朝留学，两国之间的贸易往来不断，中华文化大规模地传播到日本，对日本文化的发展产生了深刻的影响。到了晚唐时期，日本停派了遣唐使，但民间商船往来依然没有间断。到了五代时期，中日两国的联系主要依靠往返于两国之间的贸易商船。实际上，这一时期的商船来往仍然十分频繁的。据日本学者木宫泰彦统计，在这五十几年中，有文献可考的，就有 15 次商船往来。实际情况可能更多。

这些来往商船都是中国的商船，没有一艘日本船，这是因为当时的日本政府对外采取消极的态度，几乎处于锁国状态，而中国方面则对中日贸易采取积极的态度。五代后梁建国后一年，即日本延喜九年（909）闰八月，后梁商船驶进博多港，日本朝廷令大宰府检点货物呈送货单；十一月，大宰府官员押送货物及中国商人献给天皇的孔雀到达京都。延喜十九年（919），中国商人包置求驾船到日本，时任"交易唐物使"的藏人所出纳、内藏大属当麻有业，将包置求赠给的孔雀献给日本朝廷，并将与中国商人交易的货物亲呈天皇御览。延喜二十年（920），日本朝廷为加强与中国商人的贸易，令大宰府藏人所招聘懂得汉语的人任通事（翻译），同年还有中国商人在通事的陪同下赴平安城活动。

五代时期与日本进行贸易活动最多的是吴越商人。吴越政权地处江浙一带，经济文化相当发达，吴越的杭州、越州和苏州在唐代时便是中日船舶的出入之地，造船业也十分发达。吴越与日本的海上交通十分活跃。据日本史书有明文记载的资料统计，从承平五年（935）至天德三年（959）的 25 年间，有 9 艘吴越商船往返日本进行贸易。吴越商船赴日航线，仍如晚唐商船惯行之南路，即由明州或扬州港载满货物起航，横渡东海，经值嘉岛，驶抵九州的博多港。吴越商船抵日后，大都在博多滞留一两个月，等候日本朝廷派员前来大宰府验收货物。与晚唐时期民间赴日商船相比，吴越的造船水平和续航能力都有所提高，商船规模较大，载重量也有所增加，反映出吴越对日贸易量较之晚唐有所提高。

宋代与日本的海上交通更方便了。日本京都东福寺塔头栗棘庵珍藏着一幅南宋的拓印《舆地图》，该图显示中国居中，大陆的东面标着"东海"，日本位于长江口的正东方海上，与大陆之间标有"大洋路"三个字。在日本的正北方标着"高丽"，长江口与高丽间的海面，标着"海道舟舡路"。这幅南宋《舆地图》告诉我们，从宋代开始有了双桅海船与罗盘针后，开拓了横渡东海直航日本与高丽的两条新航路。航路名称，前者强调"大洋"，后者强调"海道"，显示出与过去沿循岛屿航海的传统航路有了本质上的区别。大洋路的针路就是《筹海图编》上称之为"间道"的太仓使往日本针路。从江苏太仓开航，经吴淞过宝山、南汇出海后，南下到舟山群岛双屿港南方洋面，取"九山"方向，然后向东过洋二十七更（约3昼夜）可到达日本港口，若从乌沙门开洋起算则需7日方可到达日本。

北宋时期的中日交往，也以民间贸易商船的往来为主要纽带。北宋王朝建立不久，便有意扩大对外贸易，对日关系采取积极态度，但日本这时仍实行锁国政策，反应冷淡。在此期间，宋日贸易却十分活跃，中国商船频频东渡，掀起了民间对日贸易的又一次高潮。北宋商船，乘风破浪，扬帆远航，年年岁岁，从未间断。据日本史料统计，在978—1116年间，北宋入日商船70次左右，而失之记载的亦可能不在少数。日本政府对于中国商船的来航用"年纪制"的方法加以限制，但是"为了追求贸易而来的宋商们，也有不少的人是不等到规定的年限就来日本的。这时，他们就借口是由于'敬慕当今之德化''感圣化''慕王化''慕皇化'等来日本的。日本方面认为，贸易有赖于天皇的恩惠，结果因此而允许他们进入日本，并加以安顿。实质上，年纪制似已形同虚设"①。

和五代时期的情况一样，宋代往来于中日两国之间的商船也是中国的，而没有日本船舶。北宋商船大都从江浙一带出发，特别是明州，一直是宋日

---

① 王晓秋、［日］大庭脩主编：《中日文化交流史大系1·历史卷》，浙江人民出版社1996年版，第140页。

贸易的主要集散地。商船横渡东中国海，到达肥前的值嘉岛，然后到达大宰府的所在地博多。但也有些商船驶进日本海，到达越前（今福井县）的敦贺，宋日贸易遂又增加了一个新的港口。敦贺在本州岛的西海岸，与京都距离较近，比从九州至京都的陆上运输要方便得多。福建也有比较固定的开往日本的航线，曾任福州太守的蔡襄，在其所著的《荔枝谱》中记道："舟行新罗、日本、琉球、大食之属。"（《蔡忠惠公法书》）熙宁五年（1072），日僧成寻乘中国商舶来华，在《参天台五台山记》中写道："当时船头有三人，一为南雄人，一为福州人，一为泉州人。"徽宗崇宁元年至四年（1102—1105），泉州商客李充两次到日本从事贸易。他第二次到日本大宰府时，呈上本国的公凭，请求贸易。这份公凭，至今还保存在日本的古代典籍中，为《朝野群载》一书所辑录。这份公凭不仅登记了全体船员的姓名、所有货物的名称及船上的其他器具，还记载了有关舶船出海的各项具体规定，为我们了解当时中日之间的海船组织、市舶制度及进出口货物提供了第一手资料。

在北宋的商人中，有不少人数次往来于日宋之间，如朱仁聪、周文德、周文裔、陈文佑、孙忠、李充等人。日僧成寻入宋时，帮他多方奔走的宋人陈一郎和通事陈咏，到过日本5次，据说精通日语。这些宋商不仅在中日两国之间架起经济贸易的桥梁，而且在一定程度上促进了两国政府之间的官方接触，为两国关系的发展和文化交流作出了贡献。

到了南宋时期，中日两国的经济和文化交流比前代有了很大的发展。

12世纪中叶，代表武士力量的大贵族平清盛迅速崛起，执掌了日本朝政大权。平清盛一改以前执行的锁国政策，大力开展对宋贸易交往。为了便利商船往来，他下令修筑大轮田泊（兵库港），疏通濑户内海航道。高仓天皇嘉应二年（1170），平清盛请白河法皇亲临摄津福原别墅，接见宋商，扩大对宋贸易交往的声势。承安二年（1172），他力排公卿大臣们的种种非议，以白河法皇和他本人的名义，委托宋商向宋廷赠送答礼。平清盛还废除了禁止国人出海贸易之令，从此日船入宋"舳舻相衔"，与宋船相望于途。12世纪末，源氏取平氏而代之，建立了镰仓幕府，开启了武家专政的历史。在对外关系上，镰仓幕府仍继续执行与宋贸易的政策，促进了两国经济贸易和文化交流的繁荣。

在这样的背景下，南宋和日本的贸易空前高涨。现虽无可靠资料统计南宋时究竟有多少艘中国商船赴日，但可以通过史籍记载推测其数量相当可观。自五代以来，经营中日两国贸易者多为中国商船，所运货物也多以中国货物运销日本为主。而至南宋时期，日本商船赴宋贸易者日益增多，改变了过去单独由中国商船承担中日贸易的现象。《开庆四明续志》记载："倭人冒鲸波之险，舳舻相衔，以其物来售。"赵汝适《诸蕃志》"倭国"条记载，该国"多产杉木、罗木，长至十四五丈，径四尺余，土人解为枋板，以巨舰运至吾泉贸易"。宋朝政府对待来华的日本商人，可谓是体恤存抚，优待有加。例如，减少对日商舶货的抽分，"高丽、日本纲首、杂事十九分抽一分，余船客十五分抽一分"，远低于南海舶船"不分纲首、杂事、艄工、铁客，例以一十分抽一分"（《宝庆四明志》）的标准。自宝祐六年（1258）开始，"念倭人之流离于海上者多阻饥"，明州市舶务又每天提供给日商钱一贯五百文，每人米二升，"候次年归国日止"（《开庆四明志》）。由于航海技术等方面的原因，日本商船常发生船毁人亡的海难事件。据《宋史·外国列传》"日本"条记载，南宋淳熙三年（1176）、淳熙十年、绍熙四年（1193）、庆元六年（1200）、嘉泰二年（1202），一些日本商船漂流到中国东南沿海，南宋朝廷为此下诏，赈给常平仓钱米，以此安抚日商。日本商船因南宋的优惠政策，赴南宋贸易者越来越多。后来，镰仓幕府害怕西南各地方势力增长，影响幕府的统一局面，遂于建长六年（1254），决定控制赴宋商船的数量。《吾妻镜》记载："议定唐船事，批示规定员额即日施行。凡驶宋船的五艘为限，此外不得建造，应速令毁弃。"由此可知，至少在1254年以前，赴宋商船每年已超过5艘。在日本博多，有宋商的居留地，史书记载为"宋人百堂"。到12世纪中叶，宋人居留地已经具有了相当的规模。在宁波天一阁有3块博多华侨刻石，内容是乾道三年（1167），3名居住在日本太宰府博多的宋商，在对日贸易港明州舍钱修路，以求佛门功德，并祈祷父母冥福。

（2）元朝与日本的民间贸易。元代的中日关系首先引人注意的是元朝入侵日本的两次战争，即"文永之役"和"弘安之役"。

元世祖忽必烈继汗位不久，便欲征服日本。至元五年（日本文永五年，1268），元朝使节携国书抵日本，要求日本仿效"大蒙古国"的"东藩"高丽，与蒙古"通问结好"，成为"一家"，否则难免"用兵"。日本幕府拒绝了元朝的要求，并做好备战准备。元朝后来又派来使节，先后通牒五次，但每次被日方拒绝。至元十一年（日本永文十一年），蒙、汉及高丽联军900艘大小战船、2万余兵，从高丽合浦（今马山）出发，远征日本。在博多湾沿岸，两方军队展开了激战，日本守军死伤惨重。然而，其夜博多湾忽起台风，元军数百战船覆没，官兵死伤惨重，只得仓促撤军。此为元军第一次远征日本，史称"文永之役"。这以后，元廷又两度遣使赴日，然而两队使节皆惨遭幕府杀害。忽必烈决定再次远征日本，并特立征东行省专任其事。至元十八年（日本弘安四年），蒙、汉、高丽组成的东路军与南宋降兵组成的江南军共4万多人，各种战船900余艘，分别从高丽合浦和庆元出发，向日本九州进发。已有防备的镰仓幕府早已在博多修筑了防御工事，并组织了有效的抵抗，同时，又遇大风暴，元军战船与军卒损失过半，元军被迫撤回。此次战争，史称"弘安之役"。

元军两次远征日本失败后，元日关系在政治、外交方面呈现出敌对与紧张的局面。为了缓和这一关系，元朝政府改变策略，以种种优惠条件诱使日商来元通商贸易，欲以通商为手段，达到"通好"的政治目的。在日本方面，镰仓幕府坚持不与元朝"通好"，政治上和军事上将元朝视为敌对国，但它坚持"政商分离"的原则，广开通商之门，以适应日本市场的需求趋势，允许日商对元贸易。由于这两方面的积极态度，元日贸易得以顺利发展，经济文化交流仍然十分繁盛。

至元十四年（1277），有日商持金来换铜钱，元朝予以准许。次年，令沿海官司与日本人进行贸易。至元十六年，日本大商船4艘载商人、水手2000余人至庆元，经查明是经商的，即许其交易而还。据日本史料记载，从1277年至1364年的87年间，日本商船赴元贸易有43起，此外还有许多年份不明或失载者。大德八年（1304），元朝"置千户所戍定海，以防岁至倭船"（《元史》），也可见日本商船来元贸易的频率。

庆元（明州）在元代重新成为对日贸易的最大港口，在这里设有市舶司掌管对外贸易。日本商船多在这里上岸，经检查、抽分之后，登岸贸易。当时庆元十分繁荣，"贾区市墟，陈列分错，咿哑争齐，踏歌转舞"。此外，日本商船也到福州进行贸易，元中叶以后还逐渐增多。交易的船舶，中国输出的商品主要有瓷器、香药、经卷、书籍、绘画、什器、绫罗绸缎以及铜钱等；从日本输入的商品有黄金、刀剑、木材、扇子、螺钿、铜以及其他工艺品。

在《至正四明续志》卷五"市舶货物"条中可以看出，倭金、倭银、倭枋板枠、倭条、倭橹、倭铁、硫黄、乌木、苏木等是从日本输入浙江的贸易品。

元日贸易的特点是它的单向性，即只有日船入元，没有元船赴日，这和北宋时期的宋日贸易正好相反。在元代中日经济交流史上，以日商为主经营中日贸易，其规模之大，数量之多，是任何时期无法比拟的。唐宋时期，主导中日贸易的始终是中国的商人，直到南宋后期，才有日本商船来华。而到元代，日本商人成为中日贸易的主角，中国商人则退出了这个领域。出现这种情况的原因，首先是因为元代中西交通大开，海上和陆上的丝绸之路都很畅通，与西方的交往和商业关系大大发展，中国对外贸易的重点转向南洋和西方，而日本、高丽则不那么重要。中国沿海商人把眼光盯向西方市场。日本的情况恰恰相反，在11世纪后半期，高丽与日本的贸易往来一度很活跃，有许多日本商人受博多豪商和九州各地庄园主的派遣赴高丽从事贸易活动。中国的货物通过与高丽的间接贸易也有大量流入日本。但后来，由于高丽政局混乱，日本海盗对高丽沿海地区的骚扰日益频繁，直接影响了日本与高丽贸易的正常开展。高丽臣服元朝后，与日本的通商活动一度遭到元廷的干涉，特别是文永、弘安两役发生后，高丽在南部沿海诸岛设防甚严，专防日本海船，极大地影响了高丽与日本的贸易往来。由于与高丽的贸易受阻，中国成了日本唯一的海外市场。而在此时，日本上层社会对中国商品的需求达到了不可或缺的地步，这种需求为中国商品在日本提供了广阔的市场。因此，尽管大海阻隔，海路艰辛，络绎不绝的日本商人则承担起将中国商品大规模输往日本的任务，满足日本上层社会日益增长的需求。

元代后期是日本各个时代中商船开往中国最盛的时期。这些商船大部分是日本西部冒险商人的私人船舶，但也有在幕府保护之下为了完成一定任务而派遣的官方商船。正中二年（1325）为了筹措建造建长寺所需经费，在幕府的主持下派出一艘赴元商船，规定该船回国后交付一部分贸易所得，以为建寺之资。此后，为了建造关东大佛（镰仓大佛）、住吉神社等，也有同样之举。于是，这种为寺庙神社集资而特派的商船被称为"造营料唐船"。应历四年（1341），为了营造天龙寺，在将军足利尊氏之弟足利直义的主持下，决定造天龙寺船一艘，还依据该寺的推荐任命至本为纲司（船长），议定次年秋渡元贸易，回国后不论生意好坏，均需向天龙寺交纳现钱5000贯。以后同类船只无论是否出自天龙寺，都习惯称之为"天龙寺船"。天龙寺贸易实质上是一种半官方性的贸易。

1976 年，在韩国全罗道新安郡发现了一艘古代沉船残骸，韩、日两国学者研究结果表明，这是一艘 14 世纪 20—30 年代由庆元开往日本的日本商船。沉船里发现的大量被判定为货物标签的木简，木简上标有日本的寺名和人名，以及"足""奉加钱""纲司"等汉字的日本用法。沉船中还发现了大量的遗留品，其中有贸易品，也有船上人员的日用品。就贸易品而言，大部分产自中国，也有一些确认为日本和高丽的制品。从日用品来看，有中国制的锅、勺等炊事用具；有日本制的雕有花纹的漆碗、漆盏、古濑户瓶等餐饮用具和象棋子、木屐等；有高丽制的铜箸、铜匙、铜制投壶和高丽镜。沉船中发现了 41 枚标有"东福寺公用"或"东福寺公物"的木简。此外，尚有 5 枚木简明确记有"钓寂庵"的字样。钓寂庵当时乃博多承天寺的塔头，而承天寺又是东福寺的末寺。这说明新安沉船与东福寺有密切的关系，部分日本学者认为，这是京都东福寺为筹集重建寺院的资金而派遣的贸易船。

（3）"和纸""倭扇"与日本刀。宋代商船运至日本的贸易品种类比前代有所增多。宋向日本输出的商品主要为传统的丝绵、绫罗、香料、药品、茶碗、文具等。其中有些香料如熏陆香、何梨勒、石金青等产于北非红海及印度等地，系中国的转口贸易品。另外，宋商多有向大宰府及日本朝廷献孔雀、羊、鹅、鹦鹉等禽兽和香药者，当为日本稀有之物。宋商售完所带的货物，又购进日货运回宋朝出售。据《宋会要辑稿》记载，从日本输入中国的货物有：药珠、水银、鹿茸、茯苓、硫黄、麝香、沉香、丁香、檀香、山西香、龙涎香、降真香、茴香、没药、胡椒、槟榔、香脂、生香、鹿香、黄熟香、鸡骨香、藿香、鞋面香、乌里香、断白香、包袋香、水盘香、红豆、筚拨、筚澄茄、良姜、益智子、蓬莪术、缩砂仁、海桐皮、桂皮、大腹皮、丁香皮、桂花、姜黄、黄芦、木鳖子、茱萸、香柿、磕藤子等。其中以硫黄进口最多。

绍兴十五年（1145）十一月，一艘日本商船漂泊到平阳，船上尽是硫黄和布。据成寻《参天台五台山记》记载，宁波商人陈咏也从日本私运硫黄入境。元丰七年（1084），明州知州马瑊请旨招吴中商人去日本，一次购买硫黄50 万斤。

《宝庆四明志》卷六所记录的从日本输入中国的商品有"细色：金子、砂金、珠子、药珠、水银、鹿茸、茯苓；粗色：硫黄、螺头、合覃、松板、杉板、罗板"。此外还有工艺品。日本工艺品别具特色，工艺水平很高。如金银蔚绘、螺钿器皿、水晶、日本玉、木念珠、真珠、屏风、日本扇、日本刀等，很受宋人的喜爱。宋治平年间，宋商在博多湾以 70 贯或 60 匹绢买一颗"阿久也玉"，就是日本的尾张蚌珠，回国后可卖 5 万贯。螺钿器皿也深受欢迎，被誉称"物象百态，颇极工巧"。

从曹魏时起，日本生产的丝绸就不断流入中国。史书记载的倭锦、倭缎，是对日本丝绸的泛称。到宋代，日本细绢已经是"薄致可爱"，而其所贡美浓絁、水织絁等动辄数百匹，可见生产技术和规模都达到了一定的水平，有了相当大的发展。

古代中国发明的纸和造纸术传到了日本后，日本人以独特的原料和制作方法产生了具有日本文化特色的纸张——和纸。日本古都奈良佛教盛行，平安京设立了官方造纸工场，于是日本的纸在关西地区得以迅速发展。日本早期历史文献《古事记》《日本书纪》《延喜式》等，记载了纸传入日本的经过、专司造纸的衙署、楮树的移植、纸张的制造，以及纸的书写、包装、衣着、屏风制作和裱糊墙壁房屋等用途。飞鸟和奈良两朝颁布律令，对中央所属图书寮下造纸机构有明文规定。710 年，日本律令规定设立专门机构以事造纸。《延喜式·职员令》记载，日本宫廷的行政建制，在图书寮下设"头一人，掌经籍、图书，修撰国史。装潢功程给纸、墨事。……装潢手四人，掌装潢经籍"。其中包括加工各种色纸。平安时代日本造纸生产有了进一步发展。在伊势、尾张、三河等 40 余地已能造出榖纸、裴纸（雁皮）、麻纸、檀纸。806—810 年间，在京都设立了官办的"纸屋院"，即造纸作坊，专供朝廷用纸。《源氏物语》中说，当时日本还造出了蜡染纸、青折纸、紫纸、赤纸、胡桃色纸、交纸等加工纸。日本早期造纸原料主要是麻类，其次是楮皮和其他木本韧皮纤维原料，造纸方法和设备与隋唐时期一样。

日本生产的和纸在唐代就已传入中国，并受到中国文人的赞誉和好评。美国学者谢弗认为日本制作的"松皮纸"，是唐代大量使用的外国纸之一。①

---

① 参见［美］谢弗著，吴玉贵译：《唐代的外来文明》，中国社会科学出版社 1995 年版，第 592 页。

唐李濬《松窗杂录》记载，开元二年（714），唐玄宗访宁王李宪宅，玄宗以八分隶书字写在日本国纸上。诗人陆龟蒙也有诗说："倭僧留海纸，山匠制云床。"据研究此纸为筑紫产的裴纸（雁皮）。《新唐书·日本传》记载，德宗建中元年（780），"日本使者真人兴能献百物……兴能善书，其纸似茧而泽"，大概指的是日本产的楮皮纸。到宋代，日本的和纸仍大量向中国出口。宋罗濬《宝庆四明志》中说道："日本即倭国，地极东，近日所出，俗善造五色牋，中国所不逮也。"明方以智《通雅》卷二二中提到日本国出松皮纸，明宋应星《天工开物》中称"日本有造纸不用帘者"。

高丽的折扇在中国很受欢迎。其实高丽折扇的源头就在日本。高丽折扇"出于倭国"，又袭用"倭扇"之名。郭熙《图画见闻志》记载："谓之倭扇，本出于倭国也。近岁尤秘惜，典客者盖稀得之。"《宣和奉使高丽图经·供张》记载："画折扇，金银涂饰，复绘其国山林、人马、女子之形。丽人不能之，云是日本所作，观其所馈衣物，信然。""杉扇不甚工，惟以日本白杉木劈削如纸，贯以采组，相比如羽，亦可招风。"

日本折扇的历史比朝鲜折扇更为久远。《续日本纪·淳仁天皇》记载："天平宝字六年八月，御史大夫文室真人净三，以年老力衰，优诏特听宫中持扇、策杖。"扇面用纸制作的"蝙蝠扇"，传说始于曾经发起第一次"三韩征伐"的神功皇后，因见到蝙蝠的双翼受到启发，这就是后世日本军队"常备"作战器具之一的"倭扇"。"大抵一尺二寸，片面纸金色以朱画日轮，片面纸朱色以金画月轮。其竹骨八枚或十六枚，有纽，长可六寸，随家传有小异。"（《古事类苑·服饰部二十六》）

日本的折扇从材质可以分为桧扇与蝙蝠扇两种。桧扇的起源一般认为在平安时代，《国史大辞典》认为桧扇是"9世纪前后日本发明的"。松村明编的《大辞林》亦说："桧扇为日本在平安前期所独创。"但在平城京遗址中发掘出数柄桧扇，从年代可考的伴出品类推，确定为747年前后的遗物，从而使桧扇的历史上溯到了奈良时代（710—794）。桧扇由桧木、杉木等条形薄片叠合串结而成，一般使用5—8块木片，若将木片增至3倍即称"三重扇"，增至5倍即称"五重扇"。木片越多代表身份越高贵。木片首端用金属物缀结，尾端以丝线、皮绳等串系，撒开时呈半规形，合拢时形似条木。在日本历史上，桧扇是公卿朝服的必备之品，《芳抄》说："公卿宿老之人，束带之时，无论夏冬皆持桧扇，直衣之时犹执之。"由于桧扇成为仪礼佩饰，逐渐失去了驱暑招风的实用功能，因而被称为"冬扇"。桧扇的种类很多，以华丽的缤丝编缀的桧扇，往往是男女求爱的信物；而在庄重的场合，天皇和皇太子执苏芳染的赤桧扇，公卿百寮则用白桧扇；还有一种薰香桧扇，据说只限于德高望重的长老使用。

与桧扇的威仪功能相对，蝙蝠扇别名"夏扇"，是一种轻巧实用的招凉之具，亦是传承至今的折扇的祖型。蝙蝠扇以竹片、木片、鲸须、铁片等为骨，单面糊以纸张、绫罗等，故又有"纸扇"之称。平安时代的蝙蝠扇，扇骨仅为数根，到了镰仓时代增至 10 根，室町时代为 12 根，扇骨由疏而密，装饰也愈趋精巧豪华。

早期传入中国的日本扇，多以鸦青纸做扇面，不仅扇体构造，甚至连扇面颜色也与蝙蝠近似。在中国文献中，标注"倭扇"读音的"黄旗""枉其""倭机"等，是日语"おふぎ"的音译。中国人很早就注意到日本扇卷舒自如的特点，为其取了一些颇为形象的名称，如"折扇""折叠扇""折子扇""聚扇""聚头扇""撒扇"等等。

日本折扇大约在宋代传入中国。《宋史·外国列传》"日本"条记载，日僧奝然于北宋太平兴国八年（983）携徒 6 人入宋，宋雍熙三年（986），他搭乘宋人郑仁德的商舶回国。两年后，他遣弟子嘉因、祁乾等人，向宋太宗上表称谢，并献宝物多种，礼单包括"金银莳绘扇筥一合，纳绘扇二十枚，蝙蝠扇二枚"。谢表署"永延二年岁次戊子二月八日"，据此推断日本折扇始传中国不晚于北宋端拱元年（988）。

日本折扇也通过商船输入中国，有商人在店铺里出售。江少虞《宋事实类苑·日本扇》说："熙宁末，余游相国寺，见卖日本国扇者。琴漆柄，以鸦青纸，如饼揲为旋风扇，淡粉画平远山水，薄傅以五彩。近岸为寒芦衰蓼，鸥鹭伫立，景物如八九月间。舣小舟，渔人披蓑钓其上，天末隐隐有微云飞鸟之状。意思深远，笔势精妙，中国之善画者或不能也。索价绝高，余时苦贫，无以置之，每以为恨。其后再访都市，不复有矣。"由于数量很少，价格昂贵，时人每以"珍藏"视之。邓椿《画继》卷一〇说："倭扇以松板两指许，砌叠亦如折叠扇者。其柄以铜鹰钱环子黄丝绦，甚精妙。板上罨画山川人物、松竹花草，亦可喜。竹山尉王公轩惠恭后家，尝作明州舶官，得两柄。"

南宋时，日本折扇输入量大为增加。周密在《癸辛杂识·倭人居处》记载："其聚扇，用倭纸为之，以雕木为骨，作金银花草为饰，或作不肖之画于其上。"也有文士以此为题吟咏，如苏轼有《杨主簿日本扇》一诗：

> 扇从日本来，风非日本风。
> 风非扇中出，问风本何从？
> 风亦不自知，当复问大空。
> 空若是风穴，既自与物同。
> 同物岂空性，是物非风宗。
> 但执日本扇，风来自无穷。

韩弈《题三韩扇上画竹》云：

> 几迭湘缣上，檀栾影欲浮。
> 清风吟自卷，不怨箧中秋。

宋代日本剑刀通过民间贸易源源不断地流入中国，在中国享有"宝刀"之誉。日本制刀技术的源头在中国，尤其唐代的唐刀传入日本，使日本的制刀技术得到了极大的飞跃。到了宋代后，日本刀在技术上已经极为出名。从文献记载和保存至今的实物来看，日本刀一般刀身修长，刃薄如纸，锐利无比，挥动起来十分称手，却有穿坚断韧之效。日本刀尺度和分量有利于格杀技术的发挥。与唐宋以来形制驳杂、刀体厚重的中国短兵器相比较，日本刀无论外观上和实用价值上，确实要高明得多。

正由于此，日本剑刀成为日本对中国贸易的主要出口品之一。据《宋史·外国列传》"日本"条记载，宋太宗雍熙二年（985），曾经入宋求法的日本名僧奝然为报答宋朝对他的礼遇，遣弟子喜因奉表来谢。在喜因赠献宋室的方物中，就有日本制作的"铁刀"。日本刀不仅锻造精良，而且装饰也极考究，所以"好事"者不惜重价购求，竞相佩带以炫耀利器。日本《宇治拾遗物语》说："以太刀十腰（把）为质，则可自唐人（指宋代中国人）借来六七千匹之物。"足见当时的日本刀确实价格昂贵。

到明代，仍有大量日本刀进口。日本刀的制作臻于极精，传播日远，声誉日隆。据说一把日本刀在日本仅值 800 至 1000 文，而明朝给价高达 5000

文。所以日本将大批刀输入中国各地，赚取巨大利润。据统计，宣德八年（1433），日本入贡刀3052把；景泰四年（1453）增至9900把；成化二十年（1481）又增至38610把。据统计，明朝时输入的日本刀达20万把之多，广为流传。

明代洪武年间，国家兵器制作机构开始仿制日本剑刀。据清修《续文献通考·兵器》记载，洪武十三年（1380）设置"军器局"，所制作的各类刀中就有"倭滚刀"。明武宗正德年间，佞臣江彬用事，曾命"兵仗局"制作"倭腰刀万二千把，长柄倭滚刀二千把"。嘉靖年间，倭寇侵扰正烈，经过俞大猷、戚继光等抗倭名将的积极推行，日本式的长刀、腰刀成为中国军队的主要装备之一，后来又被引进到北方边防军队中。

制作精美的日本刀也成了中国人雅俗共赏的把玩之物。嘉靖年间主持东南抗倭战争的名将胡宗宪藏有一把"软倭刀"，"长七尺，出鞘地上卷之，诘屈如盘蛇，舒之则劲自若"。这是日本刀中的无上精品，屈大均在澳门多有所见，住在澳门的"澳夷"也非常喜欢这种伸屈自如的软剑。明清之际江南名妓柳如是的案头也有一柄倭刀。

中国文人对日本刀剑的题咏之作，早已有之，宋代欧阳修有《日本刀歌》、梅尧臣有《钱君倚学士日本刀》、唐顺之有《日本刀歌》，到明末清初达到高峰。广东著名诗人陈恭尹、梁佩兰、王邦畿等人有《日本刀歌》传世；清初诗人李锴、周茂源、马维翰等也有同名诗作。

（4）日僧奝然向宋太宗讲述的日本。宋代中日民间贸易发达，日本僧侣也多有跟随商船到中国来巡礼求法。宋朝初年，日本最早来中国的僧侣是奝然。奝然出身望族藤原世家，幼时入东大寺为僧。他很早就有入宋巡礼朝圣的愿望。永观元年（983）八月，奝然率弟子成算、嘉因等人，搭乘宋商陈仁爽、徐仁满等回国的船赴宋。抵宋后，于龙兴寺（台州开元寺）求学天台宗；上天台山国清寺巡礼；在新昌县参拜百尺弥勒石像；途经苏杭，入扬州，在泗州普光寺拜谒僧伽和尚圣迹。后获准入京，十二月到达汴京，进谒宋太宗。奝然向宫廷献上许多礼品，包括日本铜器10余件、自己编的书籍《王年代纪》1卷、日本制度典籍《职员令》1卷以及中国佚书《孝经郑氏注》。宋太宗还向他询问日本国情。奝然向太宗详细地介绍了日本的天皇制度，历代入华求法的名僧，详述了日本的地理、物产、风俗等情况。据杨亿记载，宋朝编修国史、实录时，有关日本的资料就是来源于奝然的介绍。《宋史·外国列传》"日本"条详细记载此事，并用1000多字详细记录了奝然介绍的日本知识。

这大概是中国正史中对日本历史和天皇世系最早的全面记载。奝然告诉宋太宗，日本国中有《五经》书及佛经。还特别提到《白居易集》70卷，都来自中国。奝然还介绍了日本的物产、风土、人情，"土宜五谷而少麦，交易用铜钱"，"畜有水牛、驴、羊"，"产丝蚕，多织绢，薄致可爱"，"四时寒暑，大类中国"，"东奥州产黄金，西别岛（应为对马岛）出白银，以为贡赋"。奝然所谈的日本国体制度使宋太宗听了印象很深。他介绍日本"国王以王为姓，传袭至今六十四世，文武僚吏皆世官"。宋太宗不禁大为感慨，对宰相说："日本只是岛夷，但世祚遐久，它的臣下也能继袭不绝，这正是上古之道也！"而我们中国虽以中华自居，然而自唐末战乱，国内分裂割据，"大臣世袭也很难嗣续"。他表示今后要"日夜励精图治，以建无穷之业"。

奝然献给宋太宗的《王年代记》是他参考日本史籍并在官署作了调查研究后编写的，记录了日本六十四世天皇的名字、事迹和平安时代五畿七道三岛六十五州的地理情况，对中国人深入了解日本很有价值。后来杨仁撰《太宗实录》时，就引用了奝然的《王年代记》。《太宗实录》今已失传，但是元末丞相脱脱等当时正是参考了这部书来编写《宋史·外国列传》"日本"条。另外《职员令》是701年《大宝令》中的一篇制度典籍，其中有关于日本政府二官八省以及中央和地方文武百官的职掌和员额的规定。

（5）日本佛教向中国的文化倒流。中国自唐末五代的动乱以后，典籍失散情况相当严重，所以日本入宋僧往往携带日本保存的中国佚书来中国补足残缺。奝然向宋太宗进献了用金缕红罗缥水晶轴做成的卷子本《郑氏注孝经》1卷和《越王孝经新义第十五》1卷。《郑氏注孝经》是东汉大儒郑玄写的孝经注释，《越王孝经新义》则是唐太宗之子越王李贞所撰。这两部书当时在中国已经失传，在日本也成了珍本。

太宗对奝然"存抚甚厚，赐紫衣，馆于太平兴国寺"，并敕号"法济大师"，准巡礼京中大小寺院。奝然复求诣巡礼五台山，获赐准，所行各处受到宋朝无微不至的优待。

奝然留宋4年，于雍熙三年（宽和二年，986）回国。奝然回国后不久，又于永延二年（988）二月遣弟子嘉因搭乘宋商的返航船赴宋，这是为了在五台山举行文殊菩萨的供养法会，兼求新译经本，同时也对留宋时所受的特殊待遇和照顾向宋廷表示感谢。

宋初，吴越王钱俶派人分别去高丽、日本求取天台宗佛教经典。据日本《皇朝类苑》卷七八记载："自吴越王处越海带来一信，谈及天台智者教五百卷中缺失多卷，据闻日本存书完整无缺，钱俶遂令客商出金五百两购求该抄本，以献国王。"于是，"去珠复还"，为北宋天台宗的中兴奠定了基础。吴越王钱俶为仿效印度阿育王塔的故事，造"宝箧印塔"8400座，中藏佛经分送各国。日本天庆年间，日本比叡山延历寺僧日延（肥前国人）来天台求法，归国时带去一座"宝箧印塔"。后来，日本僧人道喜特为此撰写《宝箧印塔记》。

宋至道二年（996），杭州奉先寺僧人源清以自己的著作《法华珠示指》《龙女成佛义》《十六观经记》《佛国庄严论》《心印铭》5部7卷赠日本比叡山延历寺，而求宋人所缺的智者大师《仁王般若经疏》《弥勒成佛经疏》《小弥陀经疏并决疑》《金光明经玄义》、荆溪之《华严骨目》等书，天台座主觉庆乃写所求经疏赠之。

日僧源信是天台宗僧侣，师从延历寺良源，13岁得度。及长，在比叡山横川隐居，专心著述。日本宽和元年（宋雍熙二年，985）完成《往生要集》一书的著述。源信一直盼望能将这一著作送给北宋高僧，倾听对自己主张的意见。宽和三年（宋雍熙四年），源信云游博多，邂逅宋商朱仁聪和同船的杭州水心寺僧齐隐，便托他们将《往生要集》带往宋朝，同时托送的书籍，还有延历寺高僧先师良源的《观音赞》、儒学者庆保胤的《十六相赞》《日本往生传》等。源信还写有一信，附赠宋朝天台宗的高僧。

后来《往生要集》传到宋婺州云黄山七佛道场住持行讪和尚和天台山国清寺僧人手里，引起一定的反响。两年后的淳化元年（990），宋商周文德抵日本，带来行讪和尚就《往生要集》给源信写的信，其中说："领得大师制作《往生要集》一部三卷，披阅先羡义味衍广"，"恨无羽翼，乏以浮怀，但望日边，遥相瞻羡"，并附诗一首。《日本纪略》"九月二十一日条"记载："大宋云黄山僧行进（讪）送经教于天台源信"。其中的"经教"，似是行讪和尚读了《往生要集》的心得和意见。正因为行讪的"经教"，所以日本正历三年（宋淳化三年，992），源信又将自己的《因明论疏四相违略注释》一书托宋商杨仁绍带给行迪和尚，请其转交因明学发源地长安慈恩寺，请弘道大师的门人赐教。

宋咸平四年（1001），源信又将《因明义断纂要注解》1 卷托人带入宋朝，托杭州水心寺齐隐，送呈慈恩寺弘道大师的门人，请其释疑。

宋咸平六年（1003），又有日僧寂照（964—1034）率弟子元灯、念救、觉因、明莲等 7 人入宋。寂照入宋京城晋谒宋真宗，进献无量寿佛像、水晶念珠等礼品，还带来中国佛教佚书《大乘止观》《方等三昧行法》等。真宗向寂照询问一些有关日本的情况，寂照"不晓华语，然识文字，缮写甚妙，凡问答并以笔札"。

真宗见其笔法十分精妙，颇得王右军真传，甚为欢喜，赐紫衣和"圆通大师"号。当寂照率弟子参拜五台山时，真宗敕令所经县、道供给资粮。时有苏州三司使丁谓见到寂照后，以苏州园林之美为由，极力挽留，并建吴门寺让其居住。据《杨文公谈苑》记载，在苏州，寂照"持戒律精至，通内外学，三吴道俗以归向"，为当地人所敬重。寂照留住吴门寺 30 年，受敕任苏州僧录司，终生未归日本。

寂照持中国天台宗第三祖南岳慧思的名著《大乘止观》2 卷以赠天台山僧众。天台山高僧遵式作《南岳止观序》以纪此事："咸平三（'三'应为'六'）祀，日本国圆通大师寂照，锡赉扶桑，杯泛诸夏。既登郧岭，解箧出卷。天台沙门遵式，首而得之……斯文也，始自西传，犹月之生；今复东返，犹日之升。素景圆辉，经环回于我土也。"

寂照在日本时随源信学天台宗，随仁海学密教，其后游巡各地。入宋临行前，源信将关于天台宗的疑问 27 条交给他，请天台山传教沙门智礼解答。寂照踏上宋土后，便寻访智礼。智礼看到源信归纳的 27 个问题后，颇有感触地说"东域之内有深解之人乎"，提笔一一答释。后来寂照托便船将智礼的答释送回日本。

熙宁五年（1072），日僧成寻入华。成寻（1011—1081）是京都岩仓大云寺高僧，并一直兼任关白藤原赖通的护持僧，长期活动在日本上层社会。日本延久四年（宋熙宁五年，1072）成寻率弟子赖缘、快宗、圣秀、惟观、心贤、善久、长明一行 8 人踏上了入宋巡礼圣迹的旅途。成寻随身携带有天台宗真言经书 600 卷。据说成寻本想把这些经书带往长安青龙寺，校正寺中经藏《真言经仪轨》的讹谬，但在觐见宋神宗时，就把它们献给了神宗。据日本学者研究，这 600 卷经书中，日本汉籍占了相当大的比重，如《善财知识抄》《南岳七代记》《奝然日记》《往生要集》《源信僧都行状》等。

3. 明清与日本的交往和贸易

（1）遣明使：明代中日关系。明太祖朱元璋建国之初，便力图建立和发展与日本的关系。洪武元年（1368）十一月，明太祖遣使赴高丽、日本、安南、占城诸国，告谕明已建立，令其奉明正朔。当时，日本正处于南北朝分裂时期，南朝征西将军怀良亲王占据九州。明使不知日本南北朝对峙内情，误以怀良为其国君，呈与国书。而怀良亦不知明已代元之事，见国书中有"尔四夷君长酋帅等遐迩未闻，故兹诏示"等词句，以为仍是元朝威胁，便断然拒绝接待明使。第二年三月，明太祖又遣杨载等 7 人赴日。怀良杀使者 5 人，将杨载、吴文华二人拘留 3 个月后放还。洪武三年（1370）三月，明太祖又遣莱州同知赵秩等持国书赴日，怀良见赵秩时说，当年蒙古遣赵良弼来聘而继以兵袭，今来使亦姓赵，当是蒙古之裔，将故伎重演，因欲加害。赵秩泰然自若地对答说："我大明天子神圣文武，非蒙古比，我亦非蒙古使者后，能兵，兵我。"这时怀良才释然，以礼相待。

由于赵秩来日，怀良大致了解明朝的情况，便派僧人祖来等 9 人出使明朝。祖来一行于洪武四年（1371）抵达南京，上表称臣，贡马及方物，还送还被倭寇劫掠的明朝人 70 余名。当时，防止倭寇是明朝的主要政策之一。明太祖很想了解日本的情况，召见当时住在南京天界寺的日本留学僧椿庭海寿，探询日本国情。祖来一行到来时受到明太祖接见，想必也曾向他询问有关日本的情况。由此得知怀良并非日本国王，京都还有个持明天皇（北朝的天皇）。洪武五年（1372），明太祖以僧人仲猷祖阐、无逸克勤为使，以在明日僧椿庭海寿、权中一巽为通事，组成 8 人使团并送祖来东归。仲猷祖阐一行至博多时，被占据九州的今川氏阻留，翌年幕府将军足利义满遣使将他们迎入京都。足利义满表示待政局稍安即与明通交。仲猷祖阐一行在京都逗留两个月，广交僧俗各界。祖阐讲佛法，令日本廷臣惊服，请其住持天龙寺，被祖阐婉拒。他们归国时，日本南北两朝皆遣使至南京，明太祖受幕府将军表文及贡物而却南朝之礼。此后，据明朝史书记载，多有日本使者来明，不过很可能是民间商人而冒称官方使臣的。到洪武十三年（1380），因出现所谓胡惟庸、林贤勾结日本怀良亲王谋反事件，[①] 明太祖遂下令与日本断绝往来，但把日本列入十五"不征之国"之列。

1392 年，幕府将军足利义满促成了南北朝的统一。1401 年，有筑紫商人肥富从明朝回国，以两国交往有利劝说足利义满。而足利义满方完成了南北朝统一的大业，幕府要着手新的建设，正苦于财源枯竭，所以欣然采纳了这一建议。遂派肥富和近侍僧人祖阿为正副使臣持国书贡礼赴明，拜见明惠帝，并送还被倭寇掠留的明人数名。足利义满上书明朝皇帝说：

> 日本国开辟以来，无不通聘问于上邦。某幸秉国钧，海内无虞。特遵往古之规法，而使肥富相、副祖阿通好，献方物：金千两、马十四、薄样千帖、扇百本、屏风三双、铠一领、铜丸一领、剑十腰、刀一柄、砚笔一合、同拼文台一个。搜寻海岛漂寄者几许人还之焉。[②]

翌年，明惠帝遣僧道彝天伦、一庵一如为使访日兼送日使，抵兵库时，足利义满特赶来参观明船，并令清扫道路，加派警卫，迎明使至京都。之后举行隆重的会见仪式，日本接受明惠帝的诏书。

明惠帝的诏书指称足利义满为"日本国王"。至明成祖时，仍称足利义满为"日本国王"，并将刻有"日本国王"的金印赐给足利义满，而足利义满在给中国皇帝的国书中也以此自称。

1403 年，足利义满又派遣明使，以坚中圭密为正使，辅以梵云、明空二僧，一行 300 余人赴南京。根据日本使臣的要求，两国签订了《永乐贸易条

---

① 据《明史·外国列传》"日本"条和《胡惟庸传》记载，当时明朝左丞相胡惟庸暗怀篡国企图，和宁波卫指挥林贤勾结，假奉林贤有罪，贬往日本，令他和日本君臣沟通。然后又奏请复他职位，遣使召还，暗中致书日本国王借兵。林贤回国，日本国王派如瑶率兵 400 余名，诈称入贡，献巨烛，内藏火药刀剑。但如瑶到达时，胡惟庸阴谋已经败露，计不能施。数年后，明太祖始知林贤和日本参与阴谋，诛死林贤一族，并和日本断交。不过，关于此次事件的真实性，中日学者说法不一。一般日本学者多相信此事属实，而中国学者如吴晗却认为此事纯属捏造，见吴晗：《胡惟庸党案考》，《吴晗文集》，天津人民出版社 1988 年版。《明史》中的"日本国王"，系指怀良亲王。

② 汪向荣：《〈明史·日本传〉笺证》，巴蜀书社 1988 年版，第 194 页。

约》，允许"日本十年一贡，人止二百，船止二艘，不得携军器，违者以寇论。乃赐二舟为入贡用"（《明史·外国列传·日本》）。从此开始了两国之间的勘合贸易。为了方便日本来贡，明成祖还赏赐给日本两艘船只，专为入贡用。永乐四年（1406）正月，明成祖又命俞士吉以礼部侍郎衔出使日本，册封日本富士山为"寿安镇国之山"，立碑勒石铭诗，永修睦邻友好。在明成祖在位的 20 余年间，只有日本、满剌加等少数几个国家享有封山的待遇。日本方面对此十分感激，当年六月就遣使来谢，以后则频频来贡，即开展勘合贸易。

勘合贸易是朝贡贸易的一种，负责押送勘合贸易船的日本官方代表，明人通常称之为"日本朝贡使"，研究者称之为"勘合贸易使"，也有人称之为"遣明使"。"遣明使"的范围似乎更广泛一些，包括实行勘合贸易之前来明的日本使节。自 1401 年始派至 1551 年废止前后 150 年间，日本总共派出 19 次遣明使，与从前日本朝廷任命的遣唐使次数恰好相等。遣明使可以说是遣唐使的继续和发展，是日本派往中国的和平友好使者，为巩固和发展中日的交往，扩大和加强两国经济文化交流作出了卓越的贡献。不过，遣唐使虽也兼有来华贸易的任务，但更重要的是外交和学习任务，而遣明使后来渐以贸易为主要任务。由于造船和航海技术水平的差异，遣唐使遇难者很多，遣明使则往来自如，没有发生海难事件。此外，就使团规模和往来密度而言，遣明使也远远胜过遣唐使。

遣明使团由正使、副使、纲司、居座、土官、从僧、通事、总船头等组成。正、副使由幕府将军任命，当时以名僧居多。通事多为日籍汉人。另有"客人众"（被招徕参加朝贡贸易的客商）"从商"（"客人众"招请的商人）等民间人员，每船 30 至 50 人，加上船员，每船人数约为百人，大船则可乘 180 至 200 人。使团全员（包括客商）多在 300 人以上。景泰四年（1453）入明的第十一次遣明使全员多达 1200 人。《大明会典》卷一〇五记载日本使团的贡品有：马、盔、铠、剑、腰刀、枪、涂金装彩屏风、洒金厨子、洒金文台、洒金手箱、描金粉金匣、描金笔匣、抹金提铜铫、洒金木铫、角盥、贴金扇、玛瑙、水精、数珠、硫黄、苏木、牛皮等。

遣明使到中国后便受到热情款待。明朝在宁波设市舶提举司，负责日本朝贡等事宜。遣明使船至宁波后，地方官员率彩船鸣鼓角相迎。提举司逐级上报明政府，等候批准进京人员及时间。进京人员初定为 300 至 350 人，弘治年间因发生使团人员持刀杀人事件，被限定在 50 人。礼部批准进京的回复到达后，进京人员按照规定立即进京。进贡方物中的马匹、金银器皿、珍宝之类的贵重品，装车运送至京。苏木、胡椒、硫黄、铜等大宗货物，造册呈报后，运送至南京库内。此外，一部分附载物品也随车运至北京贸易，其余留在宁波等地贸易。通常由宁波府官、千户、百户、市舶司通事等组成护送团一路护送。从四明驿乘船，自钱塘江入杭州，经运河北上。沿途由各驿站供应粮、菜、役夫、车、船、驴、马等脚力和工具。需四五十日方能抵达北京。到北京后，遣明使在奉天殿朝见皇帝，上表进贡，皇帝劳问并赐宴，礼仪略如唐朝之待日本遣唐使。遣明使离京后，沿途亦可进行交易活动。

日本贡使进京，沿途往返的车、船、食宿均由官府供给。日本贡使在《允澎入唐记》中也记载：当他们在宁波将解缆启程回国时，还由"市舶司给海上三十日大米，人各六斗"。当时允澎一行入贡人员多达千余名，供给的粮食总量估计应在 600 石以上。

以遣明使和勘合贸易为主要形式的明朝与日本的关系，因足利义持时期的一度中断而分为前后两期。前期从 1401—1419 年，共 19 年。这一阶段日本遣明使来华 8 次，其中 6 次为勘合贸易船，使船总数在 40 艘以上，由幕府统一组织派遣。《永乐贸易条约》规定日本十年一贡，船限二艘，但在实际上无论人、船之数还是间隔时间之限均未执行。其间明朝也 9 次遣使赴日。这一时期中日两国政府之间迎来送往，使聘不断，关系相当融洽。

中日勘合贸易断绝后，双方政府都有不便。对日本而言，获利的是组织倭寇进行劫掠的各大武士，幕府本身却失去了与明朝贸易获取厚利的机会。对明朝而言，无法有效地抑制倭寇的侵扰。因此，双方都在试探着改变这一状况。宣德初年，明宣宗率先作出了改善中日关系的举措，单方面取消了永乐初期中日双方作出的关于限制日本纳贡使团的协定，并建议增加每 10 年来华贸易的船只和人数，但日本足利义持及其支持者从中阻挠，双方未能达成协议。而足利义持的继承者足利义教则对恢复中日勘合贸易关系表现出了很大的兴趣。宣德七年（1432）二月，明宣宗派宦官柴山携带一份给义教的诏书去琉球，建议恢复关系和批准增加的贸易量。诏书是通过琉球国王的斡旋而转到日本的。足利义教对诏书的内容感到欣慰，遂改变了足利义持时期断绝中日贸易的外交政策，于当年九月派具有中国血统的天龙寺僧人龙室道渊，带领一个纳贡使团于次年（宣德八年，1433）六月抵达北京，勘合船由幕府船、大名船、寺社船等 5 艘组成，同时随带马匹、甲胄、刀剑及其土产等贡品。明宣宗在给予日本使团丰厚的回赏后，回派了一个使团护送日本使团回国。明使携有给足利义教的国书，并送去"本"字勘合 100 道及"日"字勘合底簿一册。在此基础上，中日双方于宣德八年（1433）订立了《宣德条约》，其中规定，日本每 10 年来中国朝贡一次，每次人数不得超过 300 人，船只不得超过 3 艘，刀剑不超过 3000 把。同时，明政府重申日本应制止倭寇，严禁倭寇船在中国沿海侵扰。

《宣德条约》签订后，中日两国的朝贡贸易再开，是为第二期勘合贸易。由于日本从中获利甚厚，因此并未严格执行《宣德条约》，而是不断地增加人、船数量，仅宣德八年（1433）和宣德九年（1434）两次入贡，就有共 10 艘船来华。日本勘合贸易船所载除少数贡品外，绝大多数是商品，来到明朝后，贡品换来了明廷丰厚的回赏，商品则与地方交易，也获得了厚利。第二期勘合贸易由宣德七年（1432）算起，至明嘉靖二十六年（1547）废止，共历时 115 年。这期间日本派勘合贸易船共 11 次，明遣使日本 1 次。与第一期勘合贸易相比，第二期勘合贸易的规模更大，人数更多。在此期间，日本共派出 50 艘勘合贸易船，平均每次近 5 艘。而享德二年（1453）第三次勘合贸易时，所派船只竟达 9 艘，乘员达千余人。另外，这期间的勘合贸易船已不再由幕府垄断，在全部 50 艘船中，幕府船只有 7 艘，其余则是大名船和寺社船。因而这期间的勘合贸易仅形式上保存朝贡名义，实质上已经以官私贸易为主。

（2）"勘合"主导的中日贸易。"勘合贸易"是明朝的官方对外贸易制度。所谓"勘合"，即是官方所持的贸易护照。它始于洪武十六年（1383），明太祖为防止假冒使者入贡，则命礼部颁发勘合文册，赐给暹罗、占城、真腊诸国，规定凡至中国使者，必验勘合相同，否则以假冒逮之。据《明会典》记载，当时获得勘合的有暹罗、日本、占城、爪哇、满剌加、真腊、苏禄国东王、西王、峒王、柯枝、渤泥、锡兰山、古里、苏门答剌、古麻剌 15 国。对于日本，明朝所发的"勘合"，是将"日本"两字拆开，制成"日"字勘合 100 道和"本"字勘合 100 道，并制底簿 4 册。其中"日"字勘合 100 道及"日""本"两字底簿各一册由明朝礼部存档,将"本"字底簿一册交由福建布政司保管;另以"本"字勘合100道及"日"字底簿一册发给日本。日本贸易船每船需带勘合一道,驶抵宁波港后,由福建布政司派人核对勘合。勘合上需填写贡使及船员姓名、船只数、货物数量。因为明初倭寇严重时,"九州海滨以贼为业者,五船十船,号日本使而入大明,剽掠沿海郡县。是以不持日本书(指国书)及勘合者,则坚防不入。此彼方(指明朝)防贼,此方(日本)禁贼之计也"(《善邻国宝》"文明二年龙集庚寅腊月二十三"条)。经过勘合检验后,日船方可入港,再由福建布政司派人专程护送日使觐京,复由礼部重新与底簿对照勘合,方完成手续。由明朝派往日本的船只,亦每逢朝廷改元时,即将新勘合和底簿送到日本,把未用完的旧勘合和底簿收回。终明之世,共颁赐给日本的勘合有永乐、宣德、景泰、成化、弘治、正德6种。洪武初,市舶提举司设于太仓黄渡,不久废去。后又复设于宁波、泉州、广州。对日贸易,概以宁波为专通日本的贸易港。故日本遣明船赴明,必先至宁波登岸。

以朝贡形式进行的勘合贸易对日方非常有利,甚至成为他们国家重要的财政收入来源,日本学者臼井信义在《足利义满》一书中写道:"义满鼎盛期的北山时代最重要的财政收入来源,实际就是和明王朝的贸易。"明政府对此种贸易不只减免关税,部分贸易品是以足利将军向明帝贡献方物、明帝回赠"颁赐物"的方式进行交易的,贡品"例不给价",但须由明廷厚赐回礼,以示旌表之意。一般说来,回赠品的价值大大超过贡献方物的价值。绝大部分贸易品交易采取明政府给价和自由交易方式。所谓"进献之物""照数价",一般由明政府收购。"附搭品"是朝贡形式下中日通商的主要贸易品,在舶货中占据主体,其货大部分由官府收购,"俱给价,不堪者令自贸易"。所谓"令自贸易"的物品,是进献品、附搭品由官方收购后的剩余货物。剩余货品允许日使日商在市舶司所在地和京师会同馆"与民交易",但这种交易须在官方严格控制下进行。在北京期间,一应礼节过去后,日使便在礼部商谈贡物给价和贸易问题。议价交涉,有时需要经过几次反复才能定下来。贡物给价确定后,就开始进行附载物的贸易和购买货物。贸易完毕即行起程,按原路返回宁波。日本贸易使团在北京购买货物,有时是很多的。如东洋允澎贸易使团进京时,使用75辆车装运货物和附载商品。离京时装运回赠礼品和购买的货物，不算驴、马驮子，仅车已达 120 辆。在回宁波的路上，还可随时进行交易。东洋允澎一行在苏州至杭州路上收袁太监 3 万贯，在杭州收阮太监 3 万贯，从杭州至宁波时又收价款 3 万贯。

会同馆是明政府接待外国进贡使、贸易使进京朝见皇帝的食宿地方，外国使团不得任意出入和去市场自由贸易。会同馆内设有交易场所和交易规定，外国商人必须按规定在会同馆内交易。

日本对明的贸易利益很大，如刀每把在日本值 800 至 1000 文，明政府给价平均 2000 文，获利 1 倍以上。1404 年至 1547 年间，日本派出勘合船队共 17 次，仅在 1432 年至 1547 年间的 11 次勘合贸易中，输出刀 20 万把，换回铜钱 40 万贯。输入品中仅生丝一种可获 4.5 倍至 20 倍之利。中日贸易最初由幕府经营，后来转归守护大名，15 世纪 60 年代后，为大内氏及与之结合的博多商人、细川氏及与之结合的讶市商人所掌握。至 16 世纪 30 年代又完全为大内氏所垄断。

勘合贸易是两国之间的官方贸易，除此之外，民间贸易也一直没有中断。明代史籍中一再出现无国书、无勘合的日本"贡船"未准进港的记载，应该说即为日本民间商船。但因两国间存在官方贸易，因此民间贸易难以大规模发展。明嘉靖二十六年（1547）勘合贸易停止后，中日民间贸易遂取而代之，迅速发展起来。

中日勘合贸易终止后，中国东南沿海一带全面遭到倭寇的骚扰，这就是历史上的"嘉靖倭患"。自此之后，明朝即严海禁，调兵将，在东南沿海掀起一场剿灭倭寇的大规模战争。至嘉靖末年，倭患基本平定后，明朝考虑改变原先实行的海禁政策，批准福建巡抚涂泽民的奏请，于隆庆元年（1567）在福建漳州海澄月港部分开放海禁，准许私人申请文引，缴纳饷税，扬帆到海外贸易，而对日本的贸易却仍然实行严禁。但是，此时的中日贸易走向已发生了变化，即不像原先那样，有众多的日本商人来到中国沿海从事走私贸易，而反过来是大量的中国商人涌向日本贸易。出现这种变化的原因，与当时中日两国的贸易政策演变有着密切的联系。在中国方面，既已准许私人贸易船出洋贸易，要再像开禁前那样禁止往日本贸易已不大可能，因往日本贸易的赢利远远高过往东南亚各地贸易的收益，故海外贸易商为利所诱，往往以申请去西洋或东洋的吕宋地区为名，待商船出海后再转向驶往日本。有些漳泉商人甚至以近海或到台湾地区贸易为掩护，申请船引，秘密前往日本。当时的同安名士洪朝选就描述过这种情况："漳人假以贩易西洋为名，而贪图回易于东之厚利近便，给引西洋者不之西而之东，及其回也，有倭银之不可带回者，则往澎湖以煎销，或遂沉其船，而用小船以回家。"（洪朝选《代本县回劳军门咨访事宜》）而此时的日本商船则转往澳门和东南亚一带进行贸易。所以，从这时开始，中日之间的民间贸易又转为以中国商船为主。

嘉靖中期以后，明商船赴日贸易逐渐增多。仅据日本史料记载，日本天文十年（明嘉靖二十年，1541）七月，即明朝宣布停止勘合贸易的那一年，有明商船载货及 280 余人至肥后神宫寺；天文十二年（明嘉靖二十三年，1543）八月，5 艘明商船赴日贸易；天文十五年（明嘉靖二十五年，1546），一艘明商船抵达佐伯之浦港。日本天正三年（明万历三年，1575），一艘大型明商船停泊于四杵之浦港，所载商品有麝香、绫、罗、锦绣、沉香木、猩猩皮、名人书画及 4 只虎、1 头象和孔雀、鹦鹉等珍奇禽兽，在日本引起轰动。明朝末年，海禁松动，明商船赴日贸易出现高潮。如日本长庆十六年（明万历三十九年，1611），据长崎奉行长谷川藤广到江户报告，这年开到长崎的外国船只共有 80 余艘，其中有不少是明商船；日本庆长十七年（明万历四十年，1612）七月二十五日，仅这一天入长崎港的明商船便达 26 艘之多。日本庆长十八年（明万历四十一年，1613）六月五日，有漳州商船 6 艘开到长崎，二十六日又有两艘，载糖开到长崎；日本庆长二十年（明万历四十三年，1615）三月六日，又有漳州商船载运大量的砂糖开到纪伊的浦津。据日本学者岩生成一的统计，在 1611—1644 年间，除个别年分外，每年都有数十艘中国商船前往日本。

另一方面，德川家康始终没有放弃恢复对明朝贸易的努力。他"或者通过明朝商人，或者以琉球王、朝鲜为中介，频繁地对明朝进行活动"。1606年，萨摩的岛津义久曾致书琉球王尚宁说："中华与日本不通商船者，三十余年于今矣。我将军（德川家康）忧之之余，欲使家久与贵国相谈，而年年来商舶于贵国，而大明与日本商贾，通货财之有无。"（《岛津义久书状呈琉球国王书》）德川家康还命本多正纯和长谷川藤广分别写信，托到日本贸易的应天府商人周性如带给福建总督陈子贞。本多正纯在信中说，德川家康素有与明朝和平通好之意，请于明年福建商船开来长崎时，秉承明帝的旨意，送来勘合，果能如此，则在秋季信风起后，必派使船一艘赴明。长谷川藤广在信中亦说，如明朝发给勘合，自己当亲任专使前往明朝，重修两国旧好，年年往返船只，互相交易。但明朝并无予以答复。尽管如此，德川家康仍一再鼓励明朝商人到日本贸易，给予他们各种优惠和安全保护。据说在1610年底，德川家康曾邀请一位犯禁到日本贸易的明朝商人到他的静冈城堡，给了他一张准许自由进入日本的朱印状，答应保护其航行安全及在日本的贸易活动。这种朱印状是颁发给日本本国商人作为到国外贸易的特许状，写明商船到达的目的地，并盖有朱色关防。它一般仅发给日本船主，德川家康将之送给中国商人，显然是鼓励他们到日本贸易。

1639年日本实施"锁国政策"，禁止外商来日，仅许中国人及荷兰人航抵长崎港从事贸易，因此这年到日贸易的明商船急遽增多，达93艘，1641年则达到97艘。此时到达日本的明商船已不能像以前那样可以在长崎、平户、五岛、大村等肥前各地和萨摩、博多或纪伊等地停泊，而被限制在长崎港停泊。

明嘉靖二十六年（1547），中日间进行了最后一次勘合贸易后，中日官方贸易完全被禁。明嘉靖三十六年（1557），澳门成为葡萄牙人的贸易据点之后，澳门葡萄牙人从广州购买货物贩运到日本长崎，开始了澳门—长崎贸易。葡萄牙人借助澳门开展对日贸易，从某种意义上说，是延续了明朝禁海期间的中日贸易。

元以后中日之间的海上贸易是以日本商船来中国贸易为主。明代后期禁止日本人到中国来贸易后，日商乃以走私的形式进入澳门，以澳门为中介，发展对华贸易。1592年，丰臣秀吉给京都、堺港、长崎商人发放朱印状，鼓励日本商人到东南亚和澳门开展贸易。持有这个朱印状贸易的船被称为"朱印船"。1592年丰臣秀吉批准到东南亚各地贸易的朱印船有9艘，即由长崎出航的末次平藏2艘、船木弥平次1艘、荒木宗右卫门1艘、系屋随右卫门1艘；由堺港出航的伊豫屋某1艘；由京都出航的茶屋四郎次郎1艘、角仓与一1艘、伏见屋某1艘。这些船分别航行到吕宋、澳门、安南、东京、占城、柬埔寨、六坤和大泥等地。1600年德川家康通过关原战争确立在日本的统治地位后，也极力鼓励发展这种"朱印船"制度，在1607年至少有23艘日本船在从事海外贸易，博多商人最后成为这种贸易的主要拥有者，但朱印船也有属于各大名、政府官员、在日本的外国侨民，甚至宫廷女子所有或承包。这些朱印船最常去的地方是印度支那，在那里他们可以买到由中国商船载运出去的生丝和丝织品。据统计，他们在这些地方购买的中国生丝有时高达14万—20万斤，占日本正常年份进口生丝总量的50%—70%。

在葡萄牙人进入澳门后，就把澳门作为他们进行国际贸易的基地和中转站，以澳门为中心开辟了三条航线，其中就有澳门到长崎的航线。葡萄牙商船一般在每年广州春季"交易会"期间，购到日本市场所需的中国商品，初夏乘西南季风北上长崎。交易完毕，大约在秋天顺着东北季风返回。运往日本的货物主要有丝绸、陶瓷、药材、铅、硝石等。16至17世纪的澳门—长崎贸易是葡萄牙在东方航线中获利最丰的贸易线路。就贸易商品的种类及其运送路线而言，澳门—长崎贸易是传统中日贸易的延续和新兴中外贸易的发展。

（3）清前期对日贸易的发展。在江户时代，德川幕府实行"锁国"政策，严禁日本船和日本人出国，同时禁止除中国和荷兰以外的其他外国商船来日本贸易，规定中国和荷兰的商船只能在长崎港贸易。清初实行"海禁"，严格限制中国人出海贸易，所以赴日的中国商船并不多。康熙五年（1666）有35艘，康熙九年（1670）36艘，康熙十五年（1676）29艘，康熙十六年（1677）24艘，康熙十七年（1678）26艘。康熙二十三年（1684）清政府颁布"展海令"，放宽了商船出海和对外贸易的限制，开启了清代海外贸易的新时代。

开海令对当时的中日贸易影响极大，赴日贸易商船数量激增。康熙二十四年（1685），康熙皇帝听说对日贸易有利，便命福州和厦门的官员，派官船13艘，装载台湾产的砂糖，并命福州武官江君开和厦门文官梁文寿等搭船监督，开往日本。这一年开往日本的清朝船达85艘之多。此后赴日商船贸易逐年增多，康熙二十五年（1686）为102艘，康熙二十六年（1687）竟达115艘。江浙、福建等沿海各省商船纷纷涌向日本，使贸易呈现自由状态。康熙二十七年（1688）是整个中日贸易期间来日商船最多的一年，据统计，这一年有193艘，乘船来到长崎的中国人多达9128人。[①] 这一年的入港船，按起航地统计，其数字分别为：福州船25艘、厦门船28艘、南京船23艘、广东

---

① 参见［日］大庭脩：《江户时代日中秘话》，中华书局1997年版，第18—19页。

船 17 艘、泉州船 7 艘、潮州船 6 艘、广南船 5 艘、普陀山船 5 艘、台湾船 4 艘、高州船 4 艘、咬𠺕吧船 4 艘、海南船 3 艘、沙埋船 2 艘、麻六甲船 2 艘、暹罗船 2 艘、温州船 1 艘、安海船 1 艘、漳州船 1 艘、安南船 1 艘。

江户时代中日贸易高潮大抵在 1685 年（清康熙二十四年，日贞享二年）至 1714 年（清康熙五十三年，日宝永四年）之间的 30 年内，清船赴日者每年在 50 至 80 艘之间。据统计，1674 年到 1728 年驶入长崎的中国商船的数量，在这 55 年间有不少于 3060 艘商船到达日本。此后则逐渐减少，到幕末年间每年大体在 10 艘左右。和明代的勘合贸易不同，江户时代只有清船赴日，而无日商船赴清。

当时航日的中国船只多由南京、宁波、温州、厦门、漳州、广州等口岸起航，经舟山群岛，横渡东海，直驶长崎。日本方面将来日的商船按起航地分为 3 大类：第一类是口船，来自江苏、浙江两省。其中来自上海及长江口的船称南京船，来自宁波的称宁波船。第二类是中奥船，指起航于福建省、广东省的商船，有福州船、泉州船、厦门船、漳州船、台湾船、沙坦船（以上系福建省）、安海船、潮州船、广东船、高州船、海南船（以上系广东省）。第三类是奥船，来自越南、马来半岛、爪哇、泰国等东南亚地区，名称有东京、安南、广南、占城、柬埔寨、暹罗、六昆、宋居胜、太泥、麻六甲、咬𠺕吧、万丹等。

日本对中国贸易多方限制，整个德川时代日中贸易只限长崎一港。德川幕府初期，对于清朝船的贸易额和进港船数，并无任何限制。由于清朝船赴日贸易大增，日本没有相应出口货物，不得不以金银支付，致使日本金、银的外流量巨大。于是，幕府对每年进港的中国商船数、贸易额、贸易品以及中国商人的活动都逐渐实行严格的限制。1685 年幕府制定《贞享令》，放弃了明末以来的自由贸易政策，把日中贸易额定为每年白银 6000 贯①（荷兰为 3000 贯），支付手段也由金银改为以铜为主。1715 年，幕府颁布《正德新令》，实行信牌（即发放贸易执照）贸易，每年只准 30 艘中国商船进长崎港，贸易总额仍限定白银 6000 贯。后因铜也日减，幕府开始附带出口海参、鲍鱼、鱼翅、海带等海产品及黄铜、镀金、描金等器物及名瓷"伊万里烧"，这

---

① 贯是日本重量与货币单位，约合 100 两。

些商品在中国备受欢迎。到 1791 年甚至减少到每年 10 艘船、贸易额 2740 贯。幕府派长崎奉行所的官员对中国商船出入长崎港进行严密监视和检查，若发现违反规定航线、无故在港耽搁，或搭乘天主教徒与日本人、走私或夹带违禁物品（如输入与天主教有关书籍，输出金银、武器、钱币等），都要取消信牌，永远不准再来日本贸易。中国商人到长崎后必须在指定的"唐馆"内居住，活动受到种种限制。由于幕府的锁国政策，造成种种人为的隔离因素，中日贸易的发展受到一定限制。

江户时代中日贸易持续时间长，而且交易品也种类繁多，包括了中国绝大部分省份的产品。中国北部及西南各地的商人，也多以当地的特产搭乘广东船和南京船运来日本。

（4）输入中国的日本商品。明清中日之间的官方贸易和民间贸易往来不断，使大量的中华物产传入日本。输往日本的货品，大致有生丝、布、药材、砂糖、瓷器、书籍、字画、铜器、漆器、金缕、府香、铜钱、白金、花银、锦、纻、纱、绢等。

日本运往中国的货物主要为刀剑、硫黄、铜、扇、苏方木、屏风、漆器工艺品、砚等。《殊域周咨录》记载，日本"其产金（东奥洲）、银（西别岛）、琥珀、水晶（青红白）、硫黄、水银、铜、铁、丹土、白珠、青玉、冬青木、多罗木、杉木、水牛、驴、羊、黑雉、细绢花布、砚、螺钿、扇、漆（以漆制器，甚工致）、刀（其锋甚利，有价十两者）。其贡马、盔铠、剑、腰力、枪、涂金装彩屏风、洒金厨子、洒金文台、洒金手箱、描金粉金匣、描金笔匣、抹金提铜铫、洒金木铫、角盥、贴金扇、玛瑙、水精、数珠、硫黄、苏木、牛皮。"薛俊《日本考略》记载日本的贡物："马、盔、铠、剑、枪、腰刀、玛瑙、硫黄、苏木、牛皮、贴金扇、洒金橱子、洒金文台、描金粉金匣、洒金手箱、涂金妆彩屏风、描金笔匣、彩金提铜铫、洒金木铫、角盥、水精数珠。"

另外，《敬止录·贡市考》引《皇明永乐志》所载明代宁波港进口"日本国"的物品，有 248 种之多。当然，这些物品并非全部由日本所产。

这份载于《皇明永乐志》的日本国在宁波港口进口的货物清单，反映的是明代初期中日贸易的情况。宁波自古以来就是对日交通的主要港口，所以这份清单基本上反映了日本对华输出商品的情况。万明对这份清单做了研究，认为明初日本物品值得注意的有这样几点：

一是宝石矿物类，包括金、银、铁、硫黄、朱砂、珠宝、石青等，其中有以往南宋时传统的进口商品，也包括了新出现的品种，如石青等。

二是出现在日本物品中的大量香药类，明显不是日本国的产品，大多数是来自南洋的物产。

三是马匹是日本物品进口的新品种。

四是大量的兵器类物品相当突出，兵器从大到小，种类齐全，成为日本与中国交流的主要物品。

五是布绢类中有"高丽布""高丽粗布"等，特别引人瞩目。另外，日本生产的纺织产品也已成为与中国交流的物品。

六是工艺品种类繁多，远超过以往，成为日本物品的重要特征。

七是日用杂品类的品种也很多，大到家具，小到磨刀石，应有尽有，值得注意。

综合以上各点，万明认为，与宋元时期相比，"日本进口物品发生了巨大变化，明初种类有了相当大的增加，其中最多的是工艺品的增多，反映了日本生产力的提高和中日交流物品的提升。进一步分析，来自日本国的物品中，有不少是产自南海、西洋一带的香料，也同时出现了高丽织造品，日本一国包罗了广大范围的海外物品……印证了当时一个区域活跃的海上贸易圈已经形成"①。

4. 明人对日本的认知和研究

（1）宋濂的《赋日东曲》。明初，宋濂的文集已经在日本翻刻，其文章在禅林间亦广为流传。五山禅僧天隐龙泽在《天隐和尚文集》中提到"大明诗人，余平生所阅者宋濂文粹"。鉴于此，许多来明的日本文人专程或受人之托，请宋濂为之题跋或撰写碑铭。据称："日本使奉敕求文，献百金，却之。上问故，对曰：'天朝近臣受小彝金，非所以崇国体。'上然之。"（《明书》）

宋濂有关与日本入明僧唱和的诗文作品，最重要的是《赋日东曲》，代表着中国士大夫文人对日本的美好想象。据陈小法研究，明太祖在召见绝海中

---

① 万明：《明代中外关系史论稿》，中国社会科学出版社 2011 年版，第 225 页。

津时，宋濂在座，赠绝海中津的诗就是《赋日东曲》十首。[①] 横川景三《补庵京华别集》记载："皇朝太祖高皇帝，特敕吾使者，召见便殿，顾问海东熊野三山之事迹，忝赐御制一篇。又宋林学士宋景濂，《赋日东曲》十首以赠焉。就中振吾国王万世一姓之美，鸣传教、弘法显密二师入唐求法之美，东人到今荣之。"明太祖召见绝海中津在洪武九年（1376）正月，可知《赋日东曲》应是宋濂的早期作品。

（2）薛俊的《日本考略》。明代中日两国交往和贸易很频繁，许多日本的产品，如刀、折扇、和纸等大量输入中国，在文人士大夫中很受欢迎，甚至形成了收藏、把玩日本器物的所谓"日本趣味"。同时，倭寇侵扰沿海地区，万历年间又发生了日本侵犯朝鲜、明朝出兵救援的大事件。这些都促使明人认真研究日本国情，出现了多种有关日本的著作，有薛俊的《日本考略》、郑若曾的《筹海图编》和《日本图纂》、侯继高的《日本风土记》、李言恭和郝杰的《日本考》、郑舜功的《日本一鉴》、宋应昌的《经略复国要编》等。

嘉靖年间薛俊的《日本考略》是中国历史上第一部研究日本的专著。史料中关于薛俊的记载很少，仅知薛俊是一个博学多才、德行兼备，关心时事，忧国忧民的人。[②]

嘉靖初年，日本的勘合贸易权由幕府落入细川、大内两家之手。大内氏获胜后，于嘉靖二年（1523）派宗设为正使率商团到宁波港，但细川氏商船带着已经过期的"弘治勘合"也到达了宁波港，率领细川氏商船的瑞佐事先通过雇佣的明人副使宋素卿买通了市舶司太监赖恩，得以先行进港验货。宴会时瑞佐坐在宗设的上座。宗设非常不满，怒杀细川氏正使瑞佐，焚烧嘉宾堂，冲入市舶司，攻击明军，追宋素卿至绍兴城下，沿途劫掠而去，浙中大震，史称"宁波争贡之役"。这一事件使嘉靖皇帝认为"祸起于市舶"，便撤销了宁波市舶司，断绝了对日贸易。"宁波争贡事件"给中日关系和贸易造成了很大影响。为避免此类事件再次发生，定海知县郑余庆命令薛俊撰写《日本考略》，"以便御边将士之忠于谋"。

---

① 参见陈小法：《明代中日文化交流史研究》，商务印书馆 2011 年版，第 47 页。

② 参见汪向荣：《中日关系史文献论考》，岳麓书社 1985 年版，第 2 页。

《日本考略》虽然内容叙述十分简略，但是所涉范围十分广泛。全书共17略，即：沿革略、疆域略、州郡略、属国略、山川略、土产略、世纪略、户口略、制度略、风俗略、朝贡略、贡物略、寇边略、文词略、寄语略、评议略、防御略。

从正史中看，中国人最早把日本视为蛮夷，归入四夷之一。中日两国一直维持通交友好的关系。而明代之后发生了巨大的变化，尤其随着倭寇侵扰的加剧，中国人对日本人的认识也发生了很大的变化。尤其在宁波"争贡事件"之后，薛俊对日本人有了新的认识。他写道："狼子野心，剽掠其本性也。"又说："又其性多狡诈狠贪，往往窥伺得间则肆为寇掠，故边海复以倭寇目之，苦其来而防之密也。"在薛俊眼中，日本形象已经变得极其丑恶，不仅残忍、凶悍，而且狡诈、狠贪。特别是目睹"宁波争贡事件"给百姓造成的巨大灾难，薛俊把日本人的形象和对倭寇的认识完全连在了一起。

薛俊对日本的语言也有一些新的认识，他说："然言者心之声，得其言或可以察其心之诚与伪。"要想真正地认识日本，首先要懂他们的语言，所以"故特寄其常所接谈字，仿佛音响而分系之，似以资？将士之听闻，亦防御之一端也。然无义礼，观者不必自为之释"。所谓寄语即用汉字来记录日语词汇的发音，"寄"即译也，"西北曰译，东南曰寄"。薛俊在书中记载了日本的词汇15类359语。薛俊开创寄语，成为《日本考略》最大的特点。汪向荣说："《日本考略》有一个特点，即其十七略中有"寄语略"一栏，不仅是过去述及日本记载中所无，而且也替后来开辟了一个模式。几乎明代研究日本的书刊中，都设有寄语一栏，这应归功于《考略》。"①

嘉靖年间伴随着倭寇侵扰的严重性，薛俊对中日之间的朝贡问题也提出了自己的看法。在他看来，中国以上国的名义赐以厚利，只是显示上国的威名而已，根本不在乎朝贡物品的多少，更不在乎在这种贸易中是盈利还是亏损，只是图一纸虚名而已，中国对其施以仁义，而日本却"挟虚名以窥厚利"，使"吾民之命，悬于锋镝"。正是这种朝贡贸易给倭寇的侵袭带来可乘之机，从而给百姓带来巨大的灾难。

（3）郑若曾的《筹海图编》。郑若曾，字伯鲁，号开阳，苏州府昆山

---

① 汪向荣：《中日关系史文献论考》，岳麓书社 1985 年版，第 232 页。

（今江苏昆山）人，青年时师从昆山大儒魏校。郑若曾又先后师事湛若水和王守仁。嘉靖十四年（1535），郑若曾 33 岁考取秀才，后被推荐入国子监就读，成为贡生。仕途失利后即归居乡里，潜心钻研学问。对天文、地理、地图、军事和政治等问题有所研究。

嘉靖中期，东南沿海地区频遭倭寇侵扰。当地官员往往与郑若曾讨论海防事宜，嘉靖三十二年（1553）他答松江知府方公廉"松江府海防议"，三十三年（1554）答任环"弭盗事宜"，三十四年（1555）条上周观所"禁革事宜"、答曹子忠中丞"申饬海防事宜"，体现了他对海防的关注和设想。他还绘制了一些沿海地图，由苏州府刊行。朝廷派胡宗宪任剿倭总指挥，嘉靖三十四年左右，郑若曾征聘入军中为幕僚，辅佐平倭事宜。郑若曾出定海关考察海防形势，编写《筹海图编》，为海防海战筹划方略。

《筹海图编》是我国第一部海防专著。历史上讲究西北边防和陆战的兵书不少，海防海战问题只是由于倭寇之乱才受到人们的重视。由于海防、海战是新情况新问题，所以尽管当时戚继光著《纪效新书》、唐顺之著《武编》等，但对海防海战仍注意不够。郑若曾认为，制器之法、制药之方，虽见于《武经总要》，却多不适合御倭；《纪效新书》所载似切合御倭，可惜不多；兵家器械虽多，但《武经总要》所载器械只利于山战陆战，利于海战者不多。《筹海图编》记载了翔实的倭寇史料，并第一次提出了完整的中国近代海防思想。《筹海图编》的嘉靖四十一年（1562）本是现存最早的版本。

《筹海图编》首次提出了比较全面的防倭剿倭的战略，反映了郑若曾和明朝一部分朝臣的海防思想。它认为，防倭备倭的根本方略是安民和备战。安民就是要委派良吏推行善政，使沿海居民安居乐业，民安才是巩固海防的根本保证。备战就是要加强海防建设，全歼来犯的倭寇。郑若曾主张陆海应相互策应，从水、陆两路夹击来犯倭寇；各守备部队要互相协力，会同捕剿；军民须相互为援，实行联防；城防内外应遥相呼应，攻守结合；应建立海中岛屿、海岸要塞、岸内城镇相结合的多层次的海防体系。这样才能达到"御寇远洋"，"击贼近洋"，歼敌于将登而未登岸之时的防海目的。他反对拘守海港而不敢出洋御敌作战，强调"防海之制，谓之海防，则必宜防之于海"。他制定了海中战法以攻船为上，其次则靠火器的作战方案，进而订立了 50 条海防策略。

《筹海图编》认为，要巩固海防就要建立一支有战斗力的海防守备部队。统领这支部队的将帅，需从"行武惯历战阵者"中选拔，在民间豪杰中选拔，在练兵中选拔；士兵要经过选练，练兵首先要练心，使人心齐一；其次要训练御敌保国的真本领，反对华而不实的花架子。另外，训练正规军应与训练乡勇同时进行，并做到寓兵于农。

《筹海图编》针对御倭作战的特点，要求将士重视沿海地形和气候对作战的影响，注意研究季风、春汛、秋汛与倭寇活动的关系，让将士懂得"不抉图籍不可以知扼塞，不审形势不可以施方略"的道理。为此，书中比较详细地列出了沿海的重要岛屿、港湾、要塞、军事要地，并绘图示意，多达110幅，不仅可供当时人们查考，而且也是研究明代地图的重要图籍，在中国地图学史上也占有重要地位。

《筹海图编》十分重视改善海防的武器装备，极其敏锐地注意入犯之敌使用的新型武器装备。它记述了进犯广东的葡萄牙舰船所使用的发射火药与佛郎机舰炮，对佛郎机舰炮的形制构造与优越性，记述十分详细。对鸟铳的传入和仿制的情况，记述比较完备。对大型铜发贡（即铜火炮）的威力，有比较细微的描述。《筹海图编》对西方新型火绳枪炮制造和使用信息的搜集，为明朝军工部门对它们的仿制和改制，提供了重要的资料。综观同时期的兵书，可知它所搜集的新型火器的信息量最大。与此同时，书中还记载了当时为备倭而建造的各型战船，绘制了17种船的图形，详细分析了它们的构造特点和战斗性能，生动地反映了当时战船建造的概况。

当时人们对日本的了解不多，坊间印行的《日本考略》舛伪难辨，为了知己知彼，郑若曾从奉化人手中购得南呑倭商秘图，拿这书去访问使臣、降倭、通事、火长等，编成《日本图纂》，绘制日本国图和入寇图，介绍日本历史、地理、语言及与中国关系史、倭船、倭刀、寇术等，认为倭寇所长在刀法，而日本尚武好杀更是中国所不及的，指出朝廷应征募习武之民。《四库全书总目提要》评论此书说："若曾有《郑开阳杂著》，已著录。此书乃其在胡宗宪幕府所作。以坊行《日本考略》一书舛讹难据，因从奉化人购得南呑倭商秘图，持以询诸使臣、降倭、通事、火长之属，汇订成编。前为图三幅，附以论说。后载州郡、土贡、道路、形势、语言、什器、寇术，而仪制、诗表别为附录。视若曾《万里海防编》内所载较为详密。其《针经图说》，止载入贡故道，而间道便利皆隐而不言。盖恐海滨奸宄得通倭之路，有深意存焉。"

对通往日本的海道，郑若曾绘制撰写了《使倭针径图说》。他记载的"太仓使往日本针路"和"福建使往日本针路"，不仅附有中国至日本航线沿途各岛海岸、岛屿平面图，还画出了可用于导航的茶山、小硫球山、钓鱼山、赤屿、硫黄山等27座山的山形，而且为防范沿海人通倭，他只载入贡故道，而间道便利皆隐而不言。

三　中国与南亚、东南亚的交往及贸易

1. 中国与越南的交往和贸易

（1）中国历朝与越南的政治关系。从秦汉时代在越南地区设郡置县，直至唐代，越南地区在中原王朝的直接统治之下。从唐末经五代至北宋初年，中原政局动荡不安，对周边地区鞭长莫及，越南地方势力乘机而起，自立国家，开始摆脱长达千余年的中国直接统治。中经"十二使君"的角逐纷争，到968年，丁部领削平"十二使君"，统一越南，登位称帝，建国号为"大瞿越"，定都华闾。他建筑城池和宫室，制定朝仪，设置百官，初具立国规模。从此，中越关系发生了根本性的变化，结束了千余年的郡县时代或"北属"时代，越南开始成为我国周围的邻邦之一。

越南独立后，与中原的关系仍然十分密切，其间或有边衅和战争，亦有册封与朝贡。双方的贸易活动频繁持久，文化交流广泛深入，中国的学术思想、文学艺术和科学技术，源源不断地传播于越南。另外，宋、元、明、清各朝交替之际，先后有大量中国人南下避乱。他们为保存宗邦故国的文化，往往挟典章文物而俱至，从而成为中华文化向越南传播的一个重要渠道。另一方面，越南历代王朝也积极主动地学习和吸收中华文化，移植和推广中国的政治制度、法律制度和文教制度，发展了一种无论在文化内涵或表现形式上既属于中华文化圈，又具有越南特色的古代文化，推动了民族文化的发展和社会进步。因此，可以说，从10世纪到19世纪越南历史上的"自主"时代，一直都在中华文化的强大影响之下。而且，越南古代文化所具有的中华文化色彩，较之古代朝鲜、日本都更为浓厚。因此，越南一直在文化传统上属于东亚世界和中华文化圈的重要成员，而与东南亚其他国家有着明显的区别。

有宋一代，宋朝廷与安南的几代王朝都有很密切的关系，双方使节往来不断，宋对安南各朝遣使册封，安南各朝也都遵朝贡之礼，频繁遣使纳贡。据统计，终宋之世，安南丁、前黎、李、陈诸朝向宋朝遣使朝贡总计在50次以上。当时两地的交通也很方便，水陆两路都很通畅。北宋时，安南都贡使取道荆湖路，由桂林、永州（零陵）、衡阳、长沙、岳州、武昌、信阳、许州（隶昌府），抵达汴京。南宋时取道江南路，抵达临安行在。

元代，安南的统治王朝是陈朝。陈朝凡175年（1225—1400），初与中国南宋保持密切的交通往来。13世纪50年代以后，元朝则先后三次发动侵略安南的战争，在第二与第三次战争之间，以及第三次战争后，陈氏王朝仍自认为是元朝的藩属，称臣纳贡，但始终不肯"入朝"。忽必烈死后，继位的元成宗改变了对安南的征战政策，采取友好睦邻的态度。而陈朝也自居藩属，承认元朝是宗主国。其间虽陈朝也时有制造边衅骚扰，但直至元末，两国关系总体上来说还是比较密切的。

明朝建立后，即于洪武元年（1368）十二月遣使颁诏于安南。安南的统治王朝是陈朝洪武二年（1369）六月，陈朝国王陈日煃遣其少中大夫同时敏、正大夫段悌、黎安世来朝贡方物，因请封爵。"诏遣翰林侍读学士张以宁、典簿牛谅往使其国，封日煃为安南国王，赐以驼纽涂金银印。"（《明太祖实录》）自此以后，直至永乐初年，明朝同陈朝不断有使节往还，陈朝向明朝派遣使臣请封、朝贡、谢恩、告哀等，明朝则向陈朝遣使颁宣诏书、祭吊或册封安南国王，双方保持着密切的政治关系。

1400年，权臣黎季犛篡夺陈朝政权，自立为帝。永乐四年（1406），明成祖以此为由，派大军讨伐安南，并于翌年占据安南之地，然后分其地为17府，派遣官吏进行直接统治。在明朝统治期间，在当地大力推行中国政治法律制度和文教制度，要求安南人"按中国礼俗拜祭……各府、州、县设立文庙和百神、社稷、山川、风云等神坛，四时行祭礼。……明朝官吏令在各府、州、县开设学校，并访求儒医、阴阳、僧道有技能者，即委以官职，使其教授此技艺。明朝皇帝又遣官把五经、四书、《性理大全》等书送至安南，颁发给各州县之人学习，并派僧道司①的僧人、道士前来传布佛教、道教"②。同时，在兵制、户籍制度、赋税制度、官制以及交通、科举等方面一应按中原制度执行。明朝在安南的直接统治时间虽然短暂，只不过持续了20年，却在传播中华文化方面做了大量的工作。

黎朝建立以后，"置百官，设学校，以经义、诗赋二科取士，彬彬有中华风焉"（《明史·外国列传》），向明朝"常贡不绝"。两国之间的政治、经济关系得到了恢复与发展。从16世纪前期开始，安南国内形成南北朝对峙的纷争局面，但直到明亡时，名义上仍是安南统一王朝的黎朝，仍与明朝保持密切的朝贡关系。据统计，整个明代，明朝派使安南的有30多次，而安南使节到明朝的达100多次。

清朝代替明朝以后，原来与明朝保持宗藩关系的黎朝则与清朝建立了相同的政治关系。当时的安南，虽然名义上是在黎朝的统治之下，但实际政权却由南北两个对立的封建集团所控制，北方是郑氏，南方是阮氏。为郑氏控制的黎朝，作为统一安南国家的象征，与清朝保持着密切的封建宗藩关系。清顺治十八年（1661），黎朝便遣使入清，"奉表投诚"，纳贡求封。康熙五年（1666），黎朝又遣使缴送明朝的敕命一道、金印一颗。康熙皇帝封黎氏国王为安南国王。自此以后，两国互通使节成为常例。

18世纪后期，安南国内爆发西山起义，黎朝被阮文惠推翻，乾隆皇帝册封阮文惠为安南国王，正式承认西山阮氏政权。在西山阮氏统治时期，安南与清朝的政治联系比黎朝更为密切，在北京和升龙（今河内），两国往来使臣不断，联系频繁。但西山阮氏政权并没有维持多久，原先割据南方的阮氏东山再起，推翻西山政权，并于1802年建立阮朝。

阮朝建立后，立即按照惯例向清朝派出使臣，要求得到册封，"且请改国号为南越"。清朝不同意用"南越"而提出用"越南"作为国号，册封阮福映为越南国王，两国的封建宗藩关系又继续了下来，而"越南"这个名称也沿用至今。

---

① 明朝中央政府设有僧纲司和道祈司，以管理佛教和道教事务。
② ［越］陈重金著，戴可来译：《越南通史》，商务印书馆1992年版，第144—145页。

（2）中国历朝与林邑、占城的交往。中国自秦汉至唐在今越南地区设郡置县，所达地区仅在今越南北部和中部。越南自立后的历代王朝，从丁朝、前黎朝、李朝、陈朝至后黎朝，所辖地区也是在北部和中部。今越南南部地区另有一占婆国，中国史籍称为林邑、环王和占城。历史上越南与占婆进行过多次战争，胜多败少，逐步向南扩展疆土。直到 1692 年阮朝全部占领占婆之地，占婆遂亡。

历史上占婆属于印度文化圈的范围，在语言文字、宗教信仰、生活习俗等各方面受到印度文化的强大影响。所以，越南人实际上是生活在文化的边界线上。或者也可以说，中华文化向南的传播，以越南和占婆为一交界线。在越南一侧，则属于中华文化圈的范围；在占婆以及再往南的东南亚地区，则是进入了印度文化圈，中华文化在那里的传播，在传播的广泛性、发挥影响作用的程度和性质都有所不同。不过，就占婆而论，由于北方越南人的南侵，"数入其都，渐以中国文化移植"[①]，而至并入越南版图，成为越南国家的一部分之后，其故地则与全国其他地方一样进入到中华文化圈之内。

中国历史典籍中有许多关于林邑、环王或占城的记载。实际上，今天所了解的古代占婆的历史，多是以中国史籍为依据。中国历代王朝与林邑、环王或占城的交往，中华文化在历史上对林邑、环王或占城的传播和影响，是中越关系史和文化交流史的一部分。

林邑建国后，其统治集团不断向北扩张，侵扰交州之地。当其被中国王朝击败后，便开始向中国纳贡称臣。从晋代起，便有了林邑与中国王朝交往的记载。《晋书·林邑传》说：林邑"自孙权以来，不朝中国。至武帝太康中，始来贡献"。整个晋代，有关林邑遣使入华的记载不绝于书。

中国南北朝时期，林邑曾于 421 年遣使刘宋朝。但不久，即从 424 年开始不断侵略日南、九德诸郡。刘宋朝曾于 431 年、446 年大举反攻，先后围困和攻破其都城区粟城。其后林邑王向刘宋朝称臣朝贡，接受刘宋朝的封号。南齐时，林邑又不断地攻掠日南、九德、九真三郡，至 491 年，又才表示臣服。自此至陈亡，林邑与南朝一直保持着友好与藩属的关系。

隋高祖平陈后，林邑国便成为隋朝南邻，林邑即遣使入贡。

---

① ［法］马伯乐著，冯秉钧译：《占婆史》，商务印书馆 1933 年版，第 17 页。

有唐一代，林邑国不断派使者至长安，双方邦交处于友好状态。

宋代，称占婆为占城。宋朝与占城之间始终保持着密切的关系。300 多年间，两国使节往来不断。和对待其他藩属国一样，宋朝对占城的朝贡也多有回赐，并对占城国王册封。而占城国也十分重视对宋关系，奉为"上国"。元朝初，曾派兵发动对占城的战争。13 世纪末以后，元朝对交趾采取睦邻友好态度，与占城也保持友好的往来和经济文化交流。明朝建立后，即于洪武二年（1369）遣使占城颁历法。明代，占城与明朝始终保持着藩属、朝贡关系，双方有着密切的友好往来。当时安南屡次侵犯占城，进而并吞其国，明朝则总是多方进行调解，颁发诏谕，希望占城、安南两国之间"息兵修好，毋相侵扰"。

总之，自占婆（林邑、占城）立国，直至为安南并吞为止，始终与中国历代王朝保持着比较密切的关系，两国的使臣往来不断，经济和文化交流也很频繁。

（3）中越两国的经济贸易往来。越南立国后，除了在政治上与中国王朝保持密切的交往之外，还在经济上保持频繁的贸易往来。

越南与中国的贸易主要有两种形式：一是官方贸易，一是民间贸易。与朝鲜、日本以及其他国家一样，越南历代王朝以及林邑或占城派往中国的朝贡使臣，除了担负政治外交使命外，还担负官方贸易的任务。"朝贡"是当时与中国进行官方贸易的一种形式。所以，越南历代王朝和林邑或占城连年不断向中国派遣朝贡使，往往是从经济贸易的角度考虑得更多一些。

宋代时越南对华的官方朝贡贸易称为"大纲"，在两国接壤的地方富商大贾的"移牒"所进行的博易场贸易即民间贸易称为"小纲"。当时广东钦州是两国使节出入地，也是两国的贸易中心。

除钦州外，邕州右江永平寨与交趾仅一涧之隔，也是一贸易集散地。宋代海上交通发达，特别是南宋偏安江左，更重视海道贸易，交趾和占城均通过海道与宋有贸易往来。日本学者山本达郎曾在当年港口云屯（今越南广宁省锦普）发现许多宋代铜钱和瓷片，说明宋代商船曾到达云屯。

宋代中越贸易十分发达，从越南方面来说，国内的经济生活在许多方面依赖于中越贸易。丰饶的中华物产通过官方和民间贸易渠道，源源不断地输入越南，丰富了那里的人民生活。云屯是越南陈朝和黎朝时的对外贸易重要港口，《大越史记全书》记载："云屯其俗以商贩为生业，饮食衣服，皆仰北客，放服用习北俗。"

　　元朝与越南时战时和，战端既息，则使臣商贾又有往来，官方和民间贸易持续不断。不过，元朝与越南的贸易远不如宋朝兴盛。明朝与越南的贸易有了进一步的发展。双方使节除携带贡品和回赐品外，大都携带商品进行贸易，对两国的经济交流和贸易往来都有很大的促进作用。占城以出产象牙、笺香、沉香、速香、黄蜡、乌楠木、白藤、吉贝、花布、丝绫布、孔雀、犀角、红鹦鹉等。宋元时代与占城的贸易中，这些物品都输入中国。明朝与占城的海上贸易也有发展。郑和下西洋出海，首先抵达的是占城港口。随郑和下西洋的马欢在《瀛涯胜览》中说，在占城，"中国青磁盘碗等品，纻丝、绫绢、烧珠等物，甚爱之，则将淡金换易"。

　　清代中越两国的商业交往，分为陆路和海路。陆路从广西龙州出平而关或水口关，到越南高平镇的牧马进行贸易。乾隆初年，清朝又开放了宁明州的由村隘，商人们从此出口，可抵达越南谅山镇。同时，越南也在谅山的花山市设立贸易点，方便从平而关出口的中国商人。在云南边境，清政府准许人们从开化府的马白关出国进行贸易。海路贸易主要从广东、福建的海港出航，当时越南南北的重要港口，几乎都有中国商船的踪迹。由于海路比陆路方便，因此海路的贸易额远比陆路的大。中越两国贸易中，陆路贸易主要是边界小量贸易，以日用品为主，海上贸易是大宗贸易。中国出口物以布匹、绸缎、纸张、瓦器、铁锅、颜料、烟、茶、药材等为主，进口的有大米、胡椒、香料、海产品等。

　　（4）蔗糖和荔枝。在内地与越南的长期交往中，产于越南或产于东南亚的一些植物也从越南传入内地。

　　甘蔗是温带和热带农作物，是制造蔗糖的原料，且可提炼乙醇作为能源替代品。甘蔗原产地可能是新几内亚或印度，后来传播到南洋群岛。大约在周宣王时传入中国南方。《齐民要术》卷一〇"五谷、果蓏、菜茹非中国物产者"中第二十一种为"甘蔗"。先秦时代的"柘"就是甘蔗，到了汉代才出现"蔗"字，"柘"和"蔗"的读音可能来自梵文 sakara。司马相如《子虚赋》为"诸蔗"，刘向《杖铭》为"都蔗"。甘蔗传到中国之后，经过长期栽培，品种繁多。陶弘景《名医别录》说："蔗出江东为胜，庐陵亦有好者。广东一种数年生者。"《本草纲目》记载："蔗出江东为胜，庐陵亦有好者。广州一种，数年生皆大如竹，长丈余，取汁为沙糖，甚益人。又有荻蔗，节疏而细，亦可啖也。"

越南很早就从甘蔗提炼蔗糖。《汉书·南中八郡志》就已经说到交趾地区生产蔗糖。《越南历史》说："我国人民已懂得榨蔗熬糖，制出了砂糖和冰糖。交趾的蔗糖成为向吴朝进贡的一种贵重贡品。"① 三国时期，交趾地区出产的蔗糖输入内地，《三国志·吴志》记载：吴主孙亮曾使黄门取交州所献"甘蔗饧"食用。所谓甘蔗饧，也就是蔗糖。"甘蔗饧"的形态是一种特意为之的黏稠状，其软柔的特性更能适应人们的食用。

产自交趾的水果龙眼、荔枝在汉代大量输入中国。南越王尉佗向汉高祖进贡荔枝。刘歆《西京杂记》记载："南越王赵佗献高帝鲛鱼、荔枝。帝报以葡萄锦四匹。"这是中国荔枝进贡最原始的记录。

荔枝朝贡，自汉代起，历代不绝。东汉和帝时桂阳郡临武令唐羌上书天子，称交趾七郡贡送龙眼和荔枝劳苦人民，请求罢除，和帝同意废止。

两汉时，产于南方的龙眼和荔枝果实通过驿传系统运送至京师，成为宫廷珍品，并用以赏赐外国。此后之三国魏晋，荔枝、龙眼等水果都是朝廷的贡品。

原产于越南的其他一些植物也陆续传入中原。《南方草木状》记载："南越交趾植物，有四裔最为奇，周秦以前无称焉。自汉武帝开拓封疆，搜来珍异，取其尤者充贡。"实际上《南方草木状》所记载的，都是生长在我国广东、广西等地以及越南的植物。全书分三卷，上卷草类 29 种，中卷木类 28 种，下卷果类 17 种和竹类 6 种，共 80 种。是我国现存最早的植物志。其中有一些明确标明来自越南地区。

（5）占城稻的引进与推广。早在新石器时代，小麦及其种植技术从西亚传到了中国，中国开始种植小麦，实现"五谷丰登"。汉代及其以后，陆续有许多西域和印度、南海的水果、蔬菜、花草等植物传入中国，丰富了中国人的食物结构。到了宋代，在引进植物方面，特别值得提出的是占城稻的输入，占城稻的输入对于宋代的农业乃至整个经济的发展意义十分重大，有的学者

甚至认为，因为占城稻的引进而引起了我国的"第二次农业革命"。

水稻是中国原产的物种，中国长江流域下游是亚洲稻作农业的发源地。水稻及其种植技术传播到各地后，各地根据自己的水土即地理环境不同，相继演化出繁多的新品种。占城人培养出一种良种稻，称为"占城稻"。《五代会要》"占城国"条称其"粒食稻米"。《岭外代答·安南国》讲到"占禾"："盖其境土多占禾，故以大禾为元日之犒"。《诸蕃志》卷上"占城国"条说："民间耕种率用两牛，五谷无麦，有稿、粟、麻、豆，不产茶，亦不识酝酿之法，止饮椰子酒。"稿即篙稻，就是说占城五谷，以稻为首。占城稻又称早禾或占禾，属于早籼稻，占城稻的特点一是"耐旱"，二是适应性强，三是生长期短，自种至收100天左右就可以收获，因而称为"百日黄"。《岭外代答·惰农》条说："其耕也仅取破块不复深易，乃就田点种，更不移秧。既种之后，旱不求水，涝不疏决，既无粪壤，又不耕耘，一任于天。"占城稻耐旱、耐涝的特性可能就是在这种特定的自然环境和粗放的耕作方式中形成的。

占城稻虽以占城为名，但在安南、占城、真腊等国普遍种植。占城稻北宋初年首先传入我国福建地区。王祯《农书》中说："今闽中有得占城稻种，高仰处皆宜种之，谓之早占。其米粒大而且甘，为早稻种甚佳。"占城稻包括多个品种，有"无芒而粒细，有六十日可获者，有百日可获者，皆曰占城稻"。徐光启《农政全书》记述，北宋真宗祥符年间，"闽人始得种于占城国，高仰处皆可种"。

中国种稻有着极为悠久的历史，但是中国的水稻品种耐旱性较差，稍遇旱灾水稻就失收。1011年，江淮、两浙地区遇旱少水，由于此前福建已大面积引种占城稻，宋真宗遣使到福建取占城稻，多达3万斛，分别在长江、淮河以及两浙地区推广，并命转运使张贴榜文："稻比中国者，穗长而无芒，粒差小，不择地而生。"

占城稻引进中国后，经过品种改良，创造出许多适应本地气候、土壤条件的新的占城稻良种。南宋时，各地的占城稻亚种已经为数繁多，既有粕稻和糯稻，又有早稻、中稻和晚稻。金州糯（又称金钗糯、交秋糯），是从占城稻种培育出来的一种早熟的袖糯，浙西嘉兴府、湖州、平江府、临安府，浙东绍兴府，江东徽州等地都已普遍栽种。浙东绍兴府的早稻品种中有早占城（又名金成、六十日子），中稻品种中有白蝉暴、红牌暴、八十日、泰州红、黄岩硬秆白、软秆白，早熟晚稻品种中有红占城，迟熟晚稻品种中有寒占城。绍兴府的早占雄稻在浙西嘉兴府，平江府、临安府、镇江府、浙东台州等地都有种植。绍兴府的白脾暴、红脾暴两个品种，在台州也有种植，是"次早"成熟的稻种。各地许多占城稻良种的培育，对逐步推行一年两熟制或两年三熟制起了重要的作用。

北宋初期引进占城稻后，逐步推广，到南宋时成为南方地区普遍种植的粮食作物。占城稻的引进和推广对于中国的稻作农业发展起到了很大的促进作用，使得太湖流域的苏州、湖州成为重要粮仓，民间流传着"苏湖熟，天下足"的谚语。由于占城稻是一种对土壤条件要求不高的耐旱农作物，这就使南方丘陵山地获得了更好的利用，大大促进了南方山区的开发。福建山区多营造梯田来种植占城稻，"垦山陇为田，层起如阶梯"。由于占城稻抗旱能力强，能适度涵保水分的梯田已经能够满足占城稻生长的水分需要，因此占城稻较适合于山区梯田的种植。可以说，梯田的开发与占城稻的引进有着密切的关系。正是随着占城稻的推广种植，促进了南宋南方山区土地开发，也促进了南宋农业的生产。

占城稻的推广种植，大大促进了南宋粮食供给量的增长。"占米"产量的激增，使之成为吉、虔、南康等州、军主要出粜和入税的粮类。

占城稻传入的一个世纪内，对粮食生产和人口增长发生了显著的作用。何炳棣认为：占城稻早熟而且耐旱，而这些正是传统中国水稻品种的不足。因此占城稻引进后，导致了稻作向供水较紧的高田地区扩展，并引起农民致力于培育早熟品种。早熟品种的进一步发展，又大大保证了一年二熟制的成功，从而成为过去一千年间中国土地利用和粮食生产的第一次长期的革命。他还指出：南宋时期的苏南、浙江、福建和江西，是占城稻传播的主要地区；在这些地区，占城稻对粮食生产和人口的影响已经明显。[1] 何炳棣将占城稻的引进称为中国农业生产史上第一次革命。

艾兹赫德指出："唐朝时期，主要的食物是小米或小麦，大米仅是补充。现在，大米是主要的食物，由于真宗皇帝极力推广占城的快熟稻，大米的产量成倍增加，人均消费的谷类食品增多了，种类也增加了，所有的中国人都

---

① 参见何炳棣：《中国历史上的早熟稻》，《农业考古》1990 年第 1 期。

是一日三餐，蛋白质的摄入量也提高了。中国北方的农业从来没有能够提供这么多的食物。"① 占城稻的广泛种植以及一年二作制的普及，也被许多学者视为宋代江南农业技术进步的最重要的因素之一。

2. 明清与泰国的交往

1350 年，泰国崛起了阿瑜陀耶王朝。1378 年，素可泰国并入阿瑜陀耶王朝。新建的阿瑜陀耶王朝是个强大的国家，它控制了湄公河中下游和马来半岛相当大的一部分。阿瑜陀耶王朝与中国保持着密切的友好关系。"在明朝代替元朝以后……暹罗王室……经常派出使节到明朝首都南京去，小心周到地和中国建立友好关系。"② 明洪武三年（1370），明朝遣吕宗俊为使臣访问泰国，开始了明朝与阿瑜陀耶王朝的正式交往。吕宗俊一行在阿瑜陀耶城受到了热情款待，暹王选数名官员为贡使，带 6 头大象和其他贡品，与返国的吕宗俊一行一起来华，行程一年有余，于 1372 年抵达南京。明朝向阿瑜陀耶王朝遣使颁诏、赐印、赠礼，阿瑜陀耶王朝则也频繁向中国派遣使臣，几乎每两年就有一次。

永乐六年（1408）郑和第二次下西洋时，到达泰国海湾，将丝绸、瓷器、铁器等礼品赠予阿瑜陀耶王朝的王公大臣，另将大批货物在当地进行贸易。

自宣德年间以来，暹罗与中国维系着非常亲密的关系，明朝不时派出访问的专使。据统计，有明一代，明朝遣使泰国 19 次，而泰国遣使入华则有 112 次之多，是为两国官方交往最频繁的时代。

与此同时，民间的联系也日趋密切，双边的贸易兴旺不衰。明正德、嘉靖年间，漳州、泉州、潮州等地商人至南洋，多在满剌加、大泥、暹罗等处经商。17 世纪末，暹罗的对外贸易一度完全操控于中国人之手。

清朝前期，泰国经历了吞武里王朝和曼古王朝。吞武里王朝为华人郑昭所建。郑昭原名郑信，他的父亲郑达于清雍正初年随私下在中国到暹罗间从事贩运贸易的木帆船南渡到暹罗谋生，后经商致富，更名郑镛，并得到了国王赐予的"坤拍"爵位。他娶了一位暹罗姑娘，生下了郑信。郑镛去世后，

---

① ［英］S. A. M. 艾兹赫德著，姜智芹译：《世界历史中的中国》，上海人民出版社 2009 年版，第 127 页。

② ［英］D. G. E. 霍尔著，中山大学东南亚历史研究所译：《东南亚史》上册，商务印书馆 1982 年版，第 225 页。

郑信被财政大臣昭披耶却克里收为养子。郑信和其他贵族子弟一样接受暹罗的传统教育,掌握了泰文、中文、越文和梵文。13 岁他被任命为御前侍卫,后被派到达府任职,很快便封爵为"披耶",晋升为达城的军政长官。因此,人们习惯地称他为"披耶达信"。1765 年年底,强邻缅甸分兵两路入侵暹罗,很快便打到首都阿瑜陀耶城边。郑信闻讯率部驰往勤王救援。京城陷落后,郑信带领仅剩下的由 500 名泰人和华人组成的军队,重新组织力量反攻,不到半年便光复首都,自立为王,统一全国,建都于吞武里,史称吞武里王朝,郑信也因此被称为"拍昭恭吞武里"。

郑信当上暹罗国王后便遣使到中国告捷。1768 年,郑信委托中国广东船商陈美生呈书清政府,希望中暹两国继续友好亲善,并请求清朝像过去册封阿瑜陀耶王一样也册封他为暹罗王。1771 年 8 月,他命人解送一批缅甸俘虏进献北京。他送还了从缅甸人手中解救出来的中国被俘士兵,数次送中国商民回国。清朝官方的文件自乾隆三十七年(1772)起就将郑信称为"郑昭",正式承认他为暹罗国王。乾隆四十年(1775),乾隆皇帝打破不准军火物资出洋的规定,同意卖给暹罗 50 担硫磺和 500 口铁锅。翌年,又卖给硫黄 100 担。1777 年 7 月,郑昭派 3 名使节航海到达广东。1781 年 7 月,一个包括王子銮利陀提奈毗罗和诗人摩诃努婆在内的暹罗使团乘坐 11 艘满载象牙等贡品的大船抵达广东,在广东官员的护送下,次年正月使团到达北京,受到了乾隆皇帝的隆重款待。

明末清初,有不少闽粤商人往返于中暹两国进行贸易,他们中的一些人便留居在暹罗。吞武里王朝期间,出现了中国东南沿海居民大量移居暹罗的浪潮。特别是郑昭祖籍广东潮州地区的移民所占比例最大,他们被称为"皇族华人"。在吞武里对岸的曼谷,当时形成了一个华人聚居区,并发展成一个繁华的商业区。

郑昭后来为部将丕耶却克里所杀。丕耶却克里将都城迁往曼谷,建立了绵延至今的曼谷王朝,丕耶却克里称拉马一世(Rama Ⅰ)。中泰两国之间的官方友好关系和民间贸易一直持续到 19 世纪中叶。有清一代,泰国共向中国遣使 44 次,其中曼谷王朝拉马一世在位 27 年间派出 22 次使团来中国,拉马二世(Rama Ⅱ)在位 16 年间则向中国派遣使团 13 次。从 18 世纪后半期开始,双方贸易的规模更加扩大,中国每年开往泰国的商船达 50 多艘。据史籍记载，1830年，暹罗有89艘大小帆船来到中国上海、苏州、宁波经商；1832年，中国有80艘帆船到曼谷贸易，可见双边贸易规模之盛。中国运往暹罗的，有生丝、铜器、岩盐、锡箔以及各项杂品，从暹罗运来中国的货物，有大米、食糖、苏木、槟榔、铜砂、象牙、兽角等。

3. 满剌加：海上丝绸之路的桥头堡

在明朝与东南亚国家的交往中，满剌加具有突出的重要性。满剌加以马六甲海峡为中心，地跨马来半岛和苏门答腊岛，是15—16世纪东西方海上贸易的中心。

满剌加原是一个海盗出没和渔民居住的小渔村。约1400年，被满者伯夷和暹罗藩属北大年驱逐的旧港王子拜里迷苏剌率追随者到这里定居，满剌加作为港口开始发展，当时满剌加附属于暹罗。满剌加首次见于中国史籍记载是在永乐元年（1403），当时永乐皇帝派遣中官尹庆出使满剌加。永乐三年（1405），满剌加酋长拜里迷苏剌遣使随尹庆来朝贡，并上表表达"愿内附，为属郡"的愿望明成祖封其为满剌加国王，满剌加遂开始摆脱暹罗的控制而独立。然而"暹罗强暴，发兵夺其所受朝廷印诰。国人惊骇，不能安生"。有鉴于此，永乐七年（1409）郑和第三次下西洋，奉成祖诏敕，赐予拜里迷苏剌银印、冠带、袍服，建碑封城，以提高满剌加的国际地位。同时还给予军事援助。郑和又在满剌加屯驻大军，建立航海贸易基地，"中国宝船到彼，则立排栅如城垣，设四门更鼓楼，夜则提铃巡警。内又立重栅，如小城，盖造库藏仓廒，一应钱粮顿在其内。去各国船只回到此处取齐，打整番货，装载船内，等候南风正顺，于五月中旬开洋回还"（《瀛涯胜览》）。明朝的军事存在为满剌加的安全提供了强有力的保证。实际上，"满剌加的兴起与郑和下西洋密不可分"[1]。

明朝的支持有效地阻遏了暹罗的侵扰，维护了满剌加的独立，为满剌加的发展提供了必要条件。到15世纪下半期，满剌加在盘陀诃罗冬霹雳的统治下达到了全盛。1456年在海战中打败暹罗，使盛产黄金的彭亨成为属国；侵略马来亚北部并征服了苏门答腊海峡一侧的重要贸易地区。

满剌加与明朝建立起紧密的宗藩关系，成为明朝的忠实朝贡国。永乐九

① 万明：《明代中外关系史论稿》，中国社会科学出版社2011年版，第339页。

年（1411），满剌加国王拜里迷苏剌率其妃、子及陪臣 540 余人来朝，受到明成祖的盛大款待。使团还未入京，永乐皇帝就派遣中官海涛、礼部郎中黄裳等往宴劳之。满剌加国王奉表入见，并献方物。上御奉天门宴劳之，别宴王妃及陪臣等。满剌加国王在京停留的 3 个月中，永乐皇帝多次赐宴和赏赐，礼遇甚优。

永乐十七年（1419），亦思罕答儿沙继位，亦率妻、子来朝。后西里麻哈剌者继位，又分别于永乐二十二年（1424）和宣德八年（1433）亲自来明朝贡，均得到盛情款待和优厚赏赐。西里麻哈剌者第二次访华时，携其弟剌殿把剌、头目文旦等 228 人，于宣德八年十月至南京。宣德九年（1434）四月才入京朝见。西里麻哈剌者在中国逗留了一年半，到宣德十年（1435）四月才由明政府敕广东都司、布政司驾八大橹船送还国。

满剌加国王如此频繁地亲自入华朝贡，这在海外国家中是绝无仅有。满剌加它扼守东西方海上交通的要道，战略地位重要，在东南亚朝贡体系中处于中心的位置。明朝也对与满剌加的关系十分重视。郑和船队大多航经满剌加。《明太宗实录》中确切记载的有 4 次：永乐六年九月癸酉条、永乐十年十一月丙申条、永乐十四年十二月丁卯条和永乐十九年正月癸己条。加上《明宣宗实录》记载宣德五年六月戊寅的一次，共为 5 次。此外，回程时与满剌加使臣同归的，估计也途经满剌加。

满剌加"位于马六甲海峡，是两个贸易世界——印度洋国家和远东国家——的方位标，因为它位于印度洋和远东海上通道的交汇点上"①，具有发展成为东西方贸易港的优越地理条件。在明朝的扶持和保护下，满剌加从此迅速兴起，吸引了来自东西方各国的商人，一跃成为东南亚最重要的国际贸易中心。正是在这一时期，"满剌加成为世界商人云集的城市，当时世界上各种商品的交易中心。贸易物品本身具有文明的重要内涵，交易从世界各地航来的海船停靠在满剌加海港一带实现，这一重要的东西方贸易中心连接了亚洲、非洲和欧洲。通过贸易活动，不同文明间的对话和交流同时进行着"②。

---

① ［葡］雅依梅·科尔特桑著，邓兰珍译：《葡萄牙的发现》，中国对外翻译出版公司 1996 年版，第 1178—1179 页。

② 万明：《明代中外关系史论稿》，中国社会科学出版社 2011 年版，第 345 页。

1502 年 9 月在里斯本绘制的第一次标明赤道线和热带回归线的一张地图上，有关满剌加的说明如下："这个城市所有的物产，如丁香、芦荟、檀香、安息香、大黄、象牙、名贵宝石、珍珠、麝香、细瓷及其他各种货物，绝大部分从外面进来，从唐土运来。"① 16 世纪初到过满剌加的葡萄牙人巴博沙（Duarto Barbosa）赞叹道："这个马六甲城是最富的商埠，有最多的批发商，舰船之多，贸易之盛，甲于全球。"② 英国学家霍尔指出："人们曾经描述马六甲，它不是普通意义上的商业城市，而是在贸易季节中中国和远东的产品与西亚和欧洲的产品进行交换的一个大集市。"③

15 世纪以后，葡萄牙人率先航海来到东方。1508 年，葡萄牙国王曼努埃尔一世（Manuel I）派遣塞奎拉（Diogo Lopes de Sequeira）率 5 艘战舰前往远东探险。塞奎拉于第二年 9 月 11 日抵达满剌加，这是葡萄牙人第一次进入中国的朝贡国际体系范围。1511 年 7 月，葡萄牙驻印度总督亚伯奎（Afonso de Albuquerque）率领一支由 15 艘战船和 1600 名士兵组成的舰队到达满剌加，要求在满剌加城内拨出地皮给他建造炮台。他的要求没有得到满剌加苏丹的答复。于是亚伯奎发起了进攻。8 月，葡萄牙人经过激烈的战斗攻陷了满剌加。

葡萄牙人占领满剌加是东南亚国际关系中的一件大事，对东南亚的历史及与中国关系的发展都产生了深远的影响，为葡萄牙人打开了进入东南亚的大门。"葡国人攻占满剌加之后，破坏了中国对该地区所期望之平衡，并威胁到中国在该地区数世纪以来无可争论之主宰地位。"④ 吴晗指出："从成宣时代积极经营南洋，南洋已成为中国之一部，无论在政治方面、经济方面、文化方面，均为中国之附庸。南洋之开拓与开化，完全属于中国人之努力。假如政府能继续经营，等不到欧洲人的东来，南洋诸国已成为中国之领地，合

---

① 《澳门：从地图绘制看东西方交汇》，纪念葡萄牙发现事业澳门地区委员会，第 29 页。

② ［英］理查德·温斯泰德著，姚梓良译：《马来亚史（修订增补本）》上册，商务印书馆 1974 年版，第 109 页。

③ ［英］D. G. E. 霍尔著，中山大学东南亚历史研究所译：《东南亚史》上册，商务印书馆 1982 年版，第 267 页。

④ 彭慕治：《中葡关系之双向探讨》，吴志良主编：《东西方文化交流》，澳门基金会 1994 年版，第 151 页。

为一大帝国。或许世界史要从此变一样子。可是政府放弃了这一责任，并且不愿继承前人的伟绩，退婴自守，听其自然。"①

葡萄牙人控制了满剌加这一交通要津后，往远东的航道也畅通了。从此，满剌加成为葡萄牙人以及后来其他欧洲国家殖民者和传教士进入东方的桥头堡。正是从葡萄牙人占领满剌加开始，西方势力的冲击与随之而来的西方学术思想的传播，对中国历史造成了深远影响。"我国自明季以还，海航大通，欧美文明，骤然东来，国际问题因之丛生，所有活动，几无不与世界各国发生关系者。"②

4. 中国与菲律宾的交往与贸易

（1）明代前期与菲律宾的交往。元代史籍中未见有关中菲政治交往的记载。而至明初，随着中国国力的增强，中国对南洋的影响也与日俱增，与菲律宾的官方往来更为密切。明洪武五年（1372）正月，吕宋遣使来贡；明廷也在永乐三年（1405）十月遣使赍诏，抚谕其国。同年九月，合猫里遣人以方物来贡，赐文绮、袭衣。冯嘉施兰于永乐四年（1406）八月派土酋嘉马银等来朝；永乐六年（1408）七月，该国头目玳瑁、里欲各率其属来朝，贡方物，永乐皇帝赐二人钞各百锭，文绮六表里，余赐赉有差；永乐八年（1410），又与吕宋等国入供。郑和第三次下西洋时（1409），到过菲律宾的三岛国和苏禄国。

明初，中国与菲律宾的苏禄、古麻剌朗两国关系最为密切。永乐皇帝对苏禄国国王等礼之颇隆，如封为国王，赐印诰、袭衣、冠带及鞍马、仪仗器物；对随行人员亦赐冠带、金织文绮、袭衣有差。三王留北京27日，然后辞归，成祖又各赐玉带一条、黄金百两、白银二千两、罗锦文绮二百匹、帛三百匹、钱三千贯以及金绣蟒龙衣、麒麟衣各一袭，并遣官护送。使团至德州，东王"卒于馆"，永乐皇帝闻讣，即遣礼部郎中陈士启祭以文，赐谥恭定，又命有司营葬，为文树碑墓道。又命留妻妾傔从10人守墓，令3年丧毕返国，遣使赍敕谕其长子都马含，册封为苏禄国东王。其后，苏禄国还多次派遣王

① 吴晗：《明初的对外政策与郑和下西洋》，《郑和研究资料选编》，人民交通出版社1985年版，第89页。

② 郑鹤声：《近世中西史日对照表》，中华书局1981年版，"自序"第4页。

叔、陪臣、头目等来华访问；明廷也于洪熙元年（1425）遣千户汪海等 90
人、宣德二年（1427）遣千户赵清等 41 人，先后两次出使苏禄等国。

永乐十五年（1417），明朝遣太监张谦赍敕往谕菲律宾明达瑙的古麻剌朗
国国王斡剌义亦敦奔，并赐之绒锦、纻丝、纱罗。永乐十八年（1420）十月，
斡剌义亦敦奔率妻子、陪臣，随张谦来访，上表贡方物，受到礼遇。永乐帝
以其旧号赐封，授予印诰、冠带、仪仗、鞍马、文绮、纱罗、金织袭衣，赐
王妃冠服，陪臣等亦各有赏赐。第二年，斡剌义亦敦奔在归国途中，病逝于
福建。明廷遣礼部主事杨善谕祭，赐谥康靖，命有司治坟茔，以王礼葬于闽
县，以后每岁一祭；其守墓陪臣及其子孙等，世食官粮。又命其子剌苾嗣王
位，率众归国，仍赐之钞币。永乐二十二年（1424）十月，剌苾遣头目叭谛
吉三等奉金叶表笺来朝，贡方物。

明朝时已有不少中国人移居菲律宾群岛。有研究者认为，苏禄三王访华
即可能是受到当地华人的影响和推动。一个此前还未同中国有过直接交往的
国家，竟在一开始就由其最高当权人物率领庞大的访问队伍，来到他们还比
较陌生的中国，进贡方物，请求并接受封赐，如果对中国当时的典章制度没
有详细的了解，没有既熟悉苏禄情况，又熟悉中国情况，且为苏禄王室极其
信任的人的筹措和帮助，这次通好是难以成行的。这种人只能是前此就已居
留在苏禄的中国流寓者。① 另外，在苏禄还有关于"本头公"的传说。"本头
公"京名白丕显，可能是随郑和宝船到苏禄的，传说他开辟苏禄埠、"感化"
当地人，似乎起过不小的作用，在当地人中享有很高的声望。1380 年（明洪
武十三年），阿拉伯法官麦东氏乘中国海舶到苏禄岛传播伊斯兰教，与他同往
的有一些中国的伊斯兰传教士，其中一名叫 Mohadum Amin-Allah（又名 Sayyid
An-Nikab）的回族领袖，后来成为苏禄的法官，他处事公正，很得民心。② 16
世纪中叶西班牙人来到吕宋岛时，也在那里遇到中国人。当时的一位西班牙
人写道：这些华人"男女都富有朝气，肤色浅淡。……由于中国所发生的某
种事件，这些华人逃出他们的国家，生活在土人之中。他们都把妻室带在身
边。……到这里以后，他们都已成为基督教徒。他们都是一些既非常谦逊，

---

① 参见黄滋生、何思兵：《菲律宾华侨史》，广东高等教育出版社 1987 年版，第 16 页。

② 参见刘芝田：《菲律宾民族的渊源》，香港 1970 年版，第 142—143 页。

又非常朴实的人，穿棉布长袍和丝绸衣服。同西班牙人一样，他们穿宽大的裤子、宽袖衣服和长筒袜子。他们又是非常机敏和爱清洁的人。……男男女女都留着长长的头发，但都很好地梳理和束结在头上"。①

虽然明初禁止民间从事海外贸易，但民间贸易以走私的形式冲破官方的垄断和封锁，继续进行着。据早期到菲律宾的西班牙人记载，除了那些历来同中国有贸易往来的地方，在我国史籍未见提及的宿务、霍蒙汉、里马沙瓦等岛屿，也可见到中国商品。1521 年，麦哲伦在霍蒙汉岛见到中国的丝织品，在里马沙瓦见到中国的陶罐，在宿务见到中国制造的描花漆碗和丝头巾。他的同伴也在一些地方看到中国的瓷盘、铜锣，用金线和丝织成的织物。他们还这样记述了南部群岛土人所使用的铜钱：中间有一个方洞，一面铸有四个中国文字，表示中国皇帝的年号。在宿务岛，他们了解到此岛与中国有直接贸易关系。在明达瑙获悉，中国每年有 6 或 8 艘帆船到吕宋从事贸易。1570 年，一队西班牙船队到吕宋岛进行"勘查"访问，在不到一个月的时间里，他们先是在明多罗岛的巴托河面发现两艘华船，又获悉不远处的明多罗城还停有 3 艘华船；月底他们到达马尼拉时，又看到海湾里停泊着 4 艘中国商船。② 在 16 世纪末担任过西班牙驻菲律宾代理总督的安东尼奥·德·莫尔加（Antonio de Morga）曾经描述了中国商人和菲律宾村民的早期贸易情况。③

在中国古代的文献中也有类似的记载，例如明代张燮的《东西洋考》"苏禄"条记载："舟至彼中，将货尽数取去，夷人携入彼国深处售之。或别贩旁国，归乃以夷货偿我。彼国值岁多珠时，商人得一巨珠携归，可享利数十倍。若夷人探珠获少，则所偿数亦倍萧索，顾逢年何如耳。夷人虑我舟之不往也；每返棹，辄留数人为质，以冀后日之重来。"《东西洋考》"猫里务"条亦记载："小国见华人舟，蹙然以喜，不敢凌厉相加，故市法最平。"

---

① ［英］布赖尔和罗伯特森：《菲律宾群岛》，转引自黄滋生、何思兵：《菲律宾华侨史》，广东高等教育出版社 1987 年版，第 18 页。

② ［英］布赖尔和罗伯特森：《菲律宾群岛》，引自黄滋生、何思兵：《菲律宾华侨史》，广东高等教育出版社 1987 年版，第 8 页。

③ 参见［西］莫尔加：《菲律宾群岛的成就》，转引自［菲律宾］欧·马·阿利普：《华人在马尼拉》，中外关系史学会编：《中外关系史译丛》第 1 辑，上海译文出版社 1984 年版，第 96—97 页。

（2）马尼拉：连接中国与美洲的桥梁。1565 年，西班牙人黎牙实比（Lopez de Legaspi）带领远征队到达菲律宾。1570 年，西班牙人再度来到马尼拉，建立了一个贸易港。当时马尼拉受到摩洛人的统治，摩洛人也从事海上贸易，控制了东南亚海岛地区的许多贸易港口。西班牙指挥官请求摩洛王索利曼给他一块大不过牛皮的地。"时佛朗机强与吕宋互市，久之见其国弱可取，乃奉厚贿遗王，乞地如牛皮大，建屋以居。王不虞其诈，而许之。其人乃裂牛皮，联属至数千丈，围吕宋地，乞如约。王大骇，然业已许诺，无可奈何，遂听之。"《明史》对此事亦有记载。不久后，西班牙人暗杀了索利曼，将其余的摩洛人赶出马尼拉，在这里建立了自己的殖民地。西班牙人在菲律宾建立殖民地后不久，就发展起来从中国到马尼拉再到南美洲的"大帆船贸易"，成为横跨太平洋的一条贸易大通道。正是通过大帆船贸易，正是通过马尼拉，中国的物产源源不断地运往美洲，而美洲的白银也源源不断地输入中国。马尼拉成了连接中国与美洲的一座桥梁。

在此之前，中国已与菲律宾群岛有着悠久的贸易关系和友好往来。在西班牙人到达之前，已有约 300 个华人在马尼拉从事丝织品、瓷器的买卖。西班牙在菲律宾建立殖民统治之后，立即与侨居当地的中国商人发生贸易往来，并着手寻找与中国建立直接贸易的门路。长期居住的华人从事务农、打鱼、搬运、缝纫等生计，他们被西班牙人称为"Sangley"（有学者认为是闽南语"生意"的谐音），没有他们，马尼拉城就无法运行。西班牙驻菲律宾首任总督在给国王的信中说："中国人和日本人每年都到吕宋和民都洛岛进行贸易。他们带来丝绸、毛织品、铜铃、瓷器、香料、铁、锡、各色棉服和其他小物品。"[1] 特别是葡萄牙人的对华贸易使西班牙人羡慕不已。在西班牙人看来，这是"前所未见的规模最为宏大、获利最丰的贸易"[2]。

1571 年，西班牙人营救过在民都洛外海沉没的一艘中国帆船上的水手，并把他们送到安全地点。这些水手回到中国后，宣扬了西班牙人的好处。1572 年，一些得救中国人驾驶一艘满载货物的船来到马尼拉，他们带来了生丝、瓷器等中国商品。1573 年，他们再度来临，"驶来的第一艘中国货船被派

---

① 张铠：《中国与西班牙关系史》，大象出版社 2003 年版，第 70 页。

② 张铠：《中国与西班牙关系史》，大象出版社 2003 年版，第 70 页。

出横渡太平洋前往阿卡普尔科"①。中国货船上载满各式商品。

1574 年出版的一份文献说："华商运来的货物，有些是杂碎的零星日用品，其中有菲律宾摩尔人常用的大陶瓮，此外尚有粗瓷、铜铁杂器。另有精细瓷器以及丝织品，乃以供应官员者。"他们还"带来各种货样，俾便探知售价，例如水银、火药、肉桂、丁香、糖、铁、锡、铜、生丝、丝织品、面粉等货品，都是别国商人未曾用过，而且也未运售过的。他们更运来耶稣受难像，以及模仿西式精巧的座椅……中国商人晓得带什么货物在菲岛做买卖"，"他们将再会运来各种精美的东西，那是西班牙人所爱慕的"。②

1574 年有 6 艘、1575 年有 12 艘中国商船到达马尼拉，就此打下了墨西哥大帆船贸易的坚实基础。

西班牙历史学家朱尼加（Padre Zuniga）指出："在 1572 年初，这些被西班牙人从民都洛海难中营救出来的中国人，带着大量的珍贵商品来到这里，随来的还有不少中国人，由此建立了一种赢利贸易的基础。"③

马尼拉的西班牙殖民当局积极鼓励中国商船到马尼拉贸易。当时正值明政府在福建海澄月港部分开禁后不久，私人海外贸易船纷纷涌向马尼拉。月港是对菲律宾贸易的主要港口，另外也有部分船只从广州驶往马尼拉。每年 12 月至次年 1 月，当西北季风起时，中国的船队便满载丝货和其他贵重物品，从月港或广州出发，经过 15 到 20 天，便可抵达马尼拉。当中国船队驶入马尼拉湾时，西班牙哨兵便点燃篝火，通知马尼拉当局中国船队到达的消息。船队靠岸后，港务人员登船检查。中国船队所载货物一经完税和转卖出手后，立即被转装到待航的马尼拉大帆船上。

据记载，西班牙人于 1570 年最初到达马尼拉时，有华人商船 4 艘来航，有华商 40 人携眷来侨居。第二年有 3 艘华舶来马尼拉港和 5 艘至近邻诸岛贸易，马尼拉华人人数增至 150 人。此后来自中国的商船与日俱增。据日本学者箭内健次的估计，在 16 世纪 80 年代，每年平均 20 艘；90 年代增至每年平均 30 余艘；至 17 世纪初年，达到每年平均四五十艘之多。另据有关资料显

① ［英］崔瑞德、［美］牟复礼编，杨品泉等译，杨品泉校订：《剑桥中国明代史（1368—1644 年)》下卷，中国社会科学出版社 2006 年版，第 330 页。
② ［西］菲律乔治：《西班牙与漳州初期通商》，《南洋问题资料论丛》1957 年第 4 期。
③ 李金明：《明代海外贸易史》，中国社会科学出版社 1990 年版，第 190 页。

示，从万历二十七年（1599）到崇祯十六年（1643），中国商船占每年到菲律宾贸易的商船总数的66.2%—100%。马尼拉海关在17世纪上半叶对进港船舶所征收的进口关税中，中国商船每年平均占全部进口关税的80%，最高年份（1641—1642）甚至达到92.06%。到达马尼拉的中国商船至清代仍然络绎不绝。

大量的中国商品汇聚到菲律宾，使马尼拉发展成为西太平洋中的一个重要的物资聚集地，每年有葡萄牙、荷兰、英国的商人把印度、印尼甚至波斯的商品拿到这里与中国商品交换，还有许多日本商人到马尼拉来采购中国丝绸等货物。由此，马尼拉发展成为一个繁荣的国际贸易大港，有"东方威尼斯""东方明珠"之誉。与此同时，也有一些中国人到马尼拉定居和从事商业活动。1582年，在马尼拉城内出现了华人聚居区，称为"涧内"（Paran，菲律宾语意为"市场"）。万历年间福建巡抚徐学聚在《取回吕宋囚商疏》中说："吕宋本一荒岛，魑魅龙蛇之区，徒以我海邦小民，行货转贩，外通各洋，市贸诸夷，十数年来，至成大会，亦由我压冬之民教其耕艺，治其城舍，遂为奥区，甲诸海国。"当时马尼拉主教萨拉萨尔（Domingo de Salazar）说："这个城市如果没有中国人确实不能存在，因为他们经营着所有的贸易、商业和工业"。①

马尼拉是中国与美洲之间海上丝绸之路的中转站，"马尼拉大帆船"严格说来是运输中国货的大帆船。美国历史学家苏威廉·L·舒尔茨指出："中国往往是大帆船贸易货物的主要来源，就新西班牙（墨西哥及其附近广大地区）的人民来说，大帆船就是中国船，马尼拉就是中国与墨西哥之间的转运站，作为大帆船贸易的最重要商品的中国丝货，都以它为集散地而横渡太平洋。在墨西哥的西班牙人，当无拘无束地谈论菲律宾的时候，有如谈及中华帝国的一个省那样。"② 英国学者小约翰·威尔斯（John E. Wills）指出："从经济上看，马尼拉是17世纪下述两大重要经济活动的交汇点：一个是西属美洲银矿出产的白银的大量流入，另一个是华人的门类齐全的制造业和富有活力的商业企业。无论是在哪一年，都会有一两艘西班牙大帆船，从阿卡普尔科穿

① 郑云：《海丝申遗话月港》，厦门大学出版社2015年版，第191页。
② 沈卫红：《金钉：寻找中国人的美国记忆》，广东人民出版社2017年版，第5页。

越大洋，把'新世界'产出的白银运到马尼拉，以购买中国丝绸、中国和印度的棉织品，以及'新世界'需求量甚大的其他精美消费品。"① 这样，从中国到马尼拉再到墨西哥，就在太平洋海域建构了一个全球的贸易网络，形成了早期太平洋海域的固定交通航线。这个时代太平洋的全球经济、全球贸易，实际上是以中国的商品为中心的，中国实际上参与了并且主导了这个全球化过程。

从中国港口前往马尼拉的商船，有少数来自澳门。这些来自澳门的船只不是中国船，而是葡萄牙船。有鉴于中菲贸易利润巨大，葡萄牙人也在广州收购中国货物运往马尼拉，或者为中国货主把货物运销马尼拉，称为"澳门—马尼拉"贸易。澳门输往马尼拉的商品以生丝、丝织为大宗。葡萄牙人企图在马尼拉市场上垄断中国货物的贸易，甚至派出商船横渡大洋，试图建立澳门与阿卡普尔科之间的直接贸易航线，都因遭到西班牙人的坚决反对而未能如愿。另外，在明末清初郑成功家族经营台湾期间，也大力发展对马尼拉的贸易。1644—1681 年间，共有 91 艘中国商船开进马尼拉，其中有 40 艘直接来自台湾。

5. 明清与缅甸的交往和贸易

14 世纪后半期，缅甸族的蒲甘王朝灭亡，掸族建立阿瓦王朝。1394 年，明朝在阿瓦设缅中宣慰司，与阿瓦王朝关系密切，往来频繁。此外，缅甸境内还有一些割据地方的土司，也力图与明朝建立关系，明朝则视其为藩属，册封为宣抚司或宣慰司，即所谓"三宣六慰"②，关系也很密切。后来，明朝在京专设缅甸邸，又向各宣慰司派出经历、都事各一员。《明太宗实录》卷三一说，因"土官不识中国文字，遇有奏报，不谙礼体，命吏部各置首领官，择能书而练于字事者往任之"。

明代中缅之间的贸易也有很大发展。中缅边境的永昌（今云南保山）自古是我国通往缅甸和东南亚、南亚地区各国的门户，是"中缅印道"即"西南丝绸之路"的重要关口。至明代，"中缅印道"仍然畅通，我国西南盛产的

---

① ［英］小约翰·威尔斯著，赵辉译，王月瑞校：《1688 年的全球史》，海南出版社 2004 年版，第 51 页。

② 明朝于 1404 年在云南布政司下设 3 个宣抚司和 6 个宣慰司，史称"三宣六慰"。"三宣"即干崖、陇川、南甸三宣抚司；"六慰"即木邦、孟养、麓川、老挝、缅甸、八百六宣慰司。

丝绸大量经永昌外销。缅甸作家貌叫温说：“从 15 世纪开始，中国商人就循着从永昌至勃固的商道，把中国的丝绸和其他货物源源运抵勃固。”① 缅甸古代诗人吴西为称赞永昌的丝绸而写的一首诗中，描述永昌产的丝，经过染色加工，织成漂亮的“白底金线翠色边”的三色丝绸，质地精良，绚烂夺目，只有达官贵人才能享受。它是如此迷人，以至于人们为之倾倒。英国历史学家哈威（G. E. Harvey）认为，1541 年缅王莽瑞体攻陷下缅甸沿海商业城市马都八时，“掠获殊多……计有大宗金银宝物、胡椒、檀木、沉香、樟脑、丝绸与花边，满藏于仓库中”，② 当时在那里的商人来自世界上的许多国家。当时中国丝绸不仅输往缅甸，而且经缅甸从海路销往世界各地。英国学者司各特（V. C. Scott）指出：“从云南到八莫的这条国际通道上，有从中国来的庞大的驮运商队数千骡马、数百劳工和商人，从中国运来大量丝绸。在八莫有座供中国商人休息和文化活动的关帝庙，还有许多仓库，堆满运来的丝绸和待运回去的棉花。”③

除了经永昌的陆路外，中缅海上贸易也很繁荣。明人朱孟震《西南夷风土记》记述了缅甸沿海港口城市。④

由于中缅贸易的大规模发展，大批中国商人经海陆两途赴缅贸易，多有旅居不归者。明代中缅两国玉石珠宝贸易盛极一时。中国商人在缅甸政府的许可下，纳税开采，每年去缅北开采的工人多至千余人，产量多时年达数千担，在缅甸经营玉石珠宝的商店多至百余家。旧都阿摩罗补罗城遗址的一个中国古庙中，还刻有 5000 个中国玉石商的名字。

清乾隆时，发动两次征缅战争。但即使在战争期间，民间贸易往来也并未完全停止。战争历三年，边境“尚有市肆”。乾隆五十五年（1790），两国恢复通商。这时缅甸的统治者，正是著名的雍籍牙王朝。在整个雍籍牙王朝

① 陈炎：《中缅文化交流两千年》，周一良主编：《中外文化交流史》，河南人民出版社 1987 年版，第 24 页。

② ［缅甸］波巴信著，陈炎译：《缅甸史》，商务印书馆 1965 年版，第 199 页。

③ ［英］司各特：《锦绣东方——旅缅生活记录》，转引自陈炎：《中缅文化交流两千年》，周一良主编：《中外文化交流史》，河南人民出版社 1987 年版，第 24 页。

④ 参见朱孟震：《西南夷风土记》，转引自陈炎：《中缅文化交流两千年》，周一良主编：《中外文化交流史》，河南人民出版社 1987 年版，第 24—25 页。

期间，中缅两国的贸易关系获得了进一步的发展。据《清史稿》记载："乾隆五十二年，孟云遣大头目率从役百余人赍金叶表文、金塔及驯象八、宝石、金箔、檀香、大呢、象牙、漆盒诸物，绒毡、洋布四种"，要求通好，乾隆皇帝也回赠缅王孟云佛像、文绮、珍玩器皿。这是两国战后邦交的开始。两年后（1789），缅王孟云又遣使"贺高宗八旬万寿，乞赐封，又请开关禁以通商旅，帝皆从之，封为缅甸国王，赐敕书印信，及御制诗章、珍珠手串，遣道员、参将赍往其新都蛮得列，定十年一贡，自是西南无缅患"。据《缅甸史》记载，在1789年缅甸遣使祝寿请封后，清朝曾派出千余人的庞大使团，带去册封"缅甸国王"的重3缅斤的纯金大印。使团还伴送3位公主与缅王联姻，缅王授予封号，赐东班城为其采邑。后第三公主生子，授"达都叫"封号，赐达耶瓦底城为采邑。此外，清朝还分别于1787、1795、1796、1822年遣使至缅。而缅甸自1789年定"十年一贡"后，一直向清朝遣使不断。即使缅甸于1824年被英国侵占，也未中断对中国的遣使朝贡。缅甸最后一次遣使入清是在光绪元年（1875），这时缅甸的半壁河山已沦为英国殖民地，但仍遣使带着5只大象和一批贵重礼品来贡。

中缅官方往来密切，促进了双方贸易的繁荣。除了官方的朝贡贸易外，民间贸易也十分活跃。中缅商队在原有的商道以外，又沿着阿瓦河用大船满载丝线、纸张、茶叶、果品以及各项什货，从云南境内运到缅甸京城，回程则载运棉花、食盐、羽毛和黑漆。黑漆运回中国，掺和香料加工以后，便成为驰名的商品——中国油漆。中国的文献中说，缅甸"仰给内地者，钢铁、锣、锅、绸缎、毡、布、磁器、烟、茶等物，至黄丝、针、线之类，需用尤亟。彼处所产珀玉、棉花、牙角、盐鱼，为内地商民所取资"[1]。缅甸南部和福建、广东等地海上贸易也有了进一步的发展，广东的广字号红头船、福建的金字号青头船活跃在中缅航线上。清代中缅贸易的规模很大，华人商队"牛400头，马2000匹，又结队自滇南下，有如往日……"[2]进行贸易的商品种类和数量也大大超过前代。

---

① 孙玉琴、赵崔莉：《中国对外开放史》第1卷，对外经济贸易大学出版社2012年版，第294页。

② ［缅甸］波巴信著，陈严译：《缅甸史》，商务印书馆1965年版，第453页。

19 世纪初年，中缅陆路贸易又有进一步的扩大。中国输往缅甸的商品，如雄黄等不仅销于缅甸，而且由仰光出口，远销西亚和欧洲。在缅甸对中国的出口中，棉花和玉石已成为大宗商品。19 世纪 20 年代中期，由陆路运至中国的棉花，年达 1400 万磅，不仅供应云南，而且远销贵州、四川。由于棉花贸易的大量增加，19 世纪 30 年代的八莫，已经有了中国商人的棉花仓库，经常有 500 名左右中国商人住在这个棉花贸易中心。至于玉石贸易，在它的极盛时期，居住缅甸的云南玉商达百余家，开采玉石的工人多以千计，每年玉石产量达数千石。

6. 明清与柬埔寨、老挝的交往和贸易

在中国文献中，明清以前的柬埔寨称真腊，明清的文献中，开始用"柬埔寨"的名称指称该国。张燮在《东西洋考》中记述明初中柬的官方往来。另据《明史》记载，明太祖时共派了 4 次使团到柬埔寨，永乐皇帝时则派出 3 次，而在 1371—1403 年间，明朝共接待了 10 个真腊使团。

1587 年，真腊国沦于暹罗统治下的属国，中柬两国的官方往来自此中断。但是，两国人民之间的友好往来、经济联系和文化交流仍很活跃。每年冬春季节，中国商船利用东北信风从广东、福建、浙江开往柬埔寨进行贸易，夏秋季节则利用西南信风回航。运往柬埔寨的货品有金银、烧珠、绫罗杂缯、瓷器、糖果等，深受柬埔寨人民喜爱。《东西洋考》记载中国商船到达柬埔寨后受到盛情接待，两国商人互相信任、公平交易的情况。明末中柬两国民间贸易不断扩大，出口货物数量逐年增长。迄至清代，我国沿海"浙粤闽商人往彼互市，近则兼市丝筋"。

元朝已与老挝建立官方联系，在老挝设"军民总管府"，以示羁縻。《元史·顺帝本纪》记载：至元四年（1338）八月，"老告（即老挝）土官八那遣侄那赛赍象马来朝，为立老告军民总管府"。14 世纪中期，老挝建立统一的澜沧王国。澜沧王国与明朝关系十分密切。据统计，从明建文元年（1400）到万历四十一年（1613）的 213 年中，澜沧王国遣使入明共 34 次，明朝向澜沧派遣使节共 9 次，并在澜沧设"军民宣慰使司"。18 世纪初，澜沧王国分裂为琅勃拉邦"澜沧王国"、万象"澜沧王国"、川扩王国和占巴塞王国等几个小国。其中琅勃拉邦"澜沧王国"与中国清朝一直保持官方往来，从清雍正七年（1729）开始，共遣使入清 21 次，清朝向琅勃拉邦"澜沧王国"派遣

过官方使节。

和其他许多国家的情况一样，老挝向中国历代王朝遣使朝贡，也兼有官方贸易的性质。如明代两国使节往来频繁，明朝对老挝使节朝贡的回赠品种类繁多，包括钞币、彩币、绒棉、金织文绮、罗、纻丝、袭衣、彩缎表里、绢等等。清朝对老挝朝贡的回赠品种类大大增加。与明朝相比，清朝赠给老挝的丝织品增加了 6 倍，送给来使的丝织品增加了 1 倍。其他有瓷器、玻琉器皿、人参、银等，其价值也远远超过明代。中国历代朝廷给老挝的回赠品大致可分为纺织品、生活用品、服装用品、文化用品、工艺用品 5 大类，都为老挝人所喜爱。与此同时，两国边民之间的贸易也很活跃。中国商人定期组成马帮商队，深入老挝内地进行贸易。商队有时多至百余人，拥有马、牛两三百头。携带的货物有中国的铜锡器、绒草、蚕丝、绸缎、铜钱、瓷器、盐及其他日常用品。老挝边民也常来中国进行贸易活动。

明永乐年间，中国人已开始移民老挝。明末清初，老挝华人人数逐渐增加，估计当时有 3000 多人。18 世纪以后，华人经济已在老挝占有很重要的地位。

7. 明清输入的东南亚物产

历史上，东南亚地区一直与中国有比较密切的商贸往来，中国的许多外来物产，包括植物、香料、药物等，来自这一地区。明清与东南亚地区的贸易往来比前代大为发展，往来的贸易数量大为增加，货物的种类也比以前更多。在大量中国物产输出的同时，也有许多东南亚的物产输入中国。澳大利亚学者安东尼·瑞德指出："在 17 世纪以前，中国无疑是东南亚产品最重要的市场。"[①]

据明人申时行《万历明会典》所记，明代前期从东南亚各国进口的商品，有 160 多种，大致可分为 7 大类，即香料类、珍禽异兽类、奇珍类、药材类、军事用品类、手工业原料、手工业制品类。

永乐宣德年间的郑和下西洋活动，在很大的程度上促进了中国与南洋、西洋各国的贸易。王世贞《弇山堂别集·成祖功德》称："各国贡物，自金、

---

① ［澳］安东尼·瑞德著，孙来臣、李塔娜、吴小安译，孙来臣审校：《东南亚的贸易时代：1450—1680 年》第 2 卷，商务印书馆 2010 年版，第 11 页。

银、犀、象、香药、珊瑚、玳瑁、鹤顶、龟筒诸器皿外，鸟则有孔雀、火鸡、红白鹦鹉、倒挂、驼鸟，兽则有麒麟、白鹿、白象、红猴、黑熊、黑猿、白麂、福禄、马哈剌、六足龟、白獭，而中国亦自两进骀虞，人则有金衣银衣人、黑小厮，香则各色龙脑、奇南、苏合油，布则兜罗锦、红撒哈剌、八者蓝凯木、黑芜蔓番纱、红绞节智、杜花头、乍莲花、织人象之类。珍珠、宝石、奇怪之物，充牣天府。"

《礼部志稿》卷三五也记载了来自东南亚各国的"贡物"："暹罗，贡物：象，象牙，犀角，孔雀尾，翠毛，龟筒，六足龟，宝石，珊瑚，金戒指，片脑，米脑，糠脑，脑油，腊柴，檀香，速香，安息香，黄熟香，降真香，罗斛香，乳香，树香，木香，乌香，丁香，蔷薇水。""爪哇，贡物：火鸡，鹦鹉，孔雀，孔雀尾，翠毛，鹤顶，犀角，象牙，玳瑁，龟筒，宝石，珍珠，蔷薇露，奇南香，檀香，麻藤香，速香，降香，木香，乳香，黄熟香，安息香，乌香，龙脑，丁皮，没药，肉荳蔻，白豆蔻。""百花，贡物：白鹿，红猴，龟筒，玳瑁。""三佛齐国，贡物：火鸡，五色鹦鹉，孔雀，龟筒，黑熊，白獭，诸香，米脑子。""浡泥，贡物：五色鹦鹉，倒挂鸟，孔雀，鹤顶，犀角，熊皮，生玳瑁，龟筒，宝石，珍珠，金戒指，金绦环，金银八宝器，梅花龙脑，米脑，糠脑，降香，沈速香，檀香，丁香，肉豆蔻。"

至清代，中国与东南亚各国的贸易更为发展。中国与南洋诸国商船来往贸易，在海禁期间，清政府准其在一定时期内来中国进行朝贡贸易。开海贸易后，来往商船更多。即使在南洋海禁时期，来往互市的商船也没有绝迹。

清代前期东南亚各国输入中国的商品种类繁多，数量也十分可观。据《大清会典事例》卷五一○、《皇朝文献通考》卷三二等文献所载，从康熙六十一年（1722）至道光二十年（1840），由暹罗、越南、菲律宾、缅甸、新加坡等国运到广州贸易的有米、石、象牙、沉香、速香、布、槟榔、砂仁、苏木、铅、锡、珀、玉、棉花、牙鱼、盐、燕窝、玳瑁、沙藤、打火石、水牛皮、鱼翅、海参、欧洲羽缎、毛织品、粗哔叽、印花布、竹布、海菜、胡椒、槟榔膏、鹿茸、鱼肚、鸦片等。其中以米为最大宗，如康熙六十一年（1722）"于福建、广东、宁波三处，各运米十万石来此贸易"。乾隆十一年（1746）九月，"有暹罗商人方永利一船，载米六千五百石余。又蔡文浩一船，自报载米七千石"来华贸易。

第二十四章

拜占庭和非洲与中国
的交往及文化交流

在中国与外部世界的联系中，由于非洲地处遥远，双方的联系不多。但在很早的时候，中国人已经对非洲的亚历山大里亚有了一点了解。到了唐朝，则与非洲一些地方建立了直接的贸易联系。拜占庭和非洲都与中国相距遥远，中间又隔着印度和波斯—阿拉伯两大文明，所以，在古代西方文化东传的过程中，来自拜占庭和非洲的信息不多。拜占庭文化的东传，大多是经过波斯或阿拉伯间接进行的。但是，这并不是说，拜占庭和非洲与中国毫无交通联系，实际上双方一直有建立直接交通往来的努力，并且相互传递着文化信息。在这个过程中，一些拜占庭和非洲的文化因素，至少是一些文化信息传播到中国来。入宋以后，由于阿拉伯势力进入东非和北非地区，而中国与阿拉伯来往非常频繁，所以也与非洲有了比较多的来往。不过，在中国的文献中，有关的贸易往往记在阿拉伯贸易的名下，实际上许多阿拉伯商人贩运到中国的商品，尤其是香料，有许多是来自非洲地区。到了明初，由于郑和下西洋的活动，中国与非洲的交往和文化交流则进入到一个高潮，出现了频繁往来的情景，中国人也获得了更多的关于非洲及其文化的知识。

一　拜占庭与中国的文化交流

1. 拜占庭与中国的交通往来

拜占庭帝国即东罗马帝国。330 年，罗马帝国皇帝君士坦丁（Constantine I the Great）在巴尔干半岛东部的拜占庭地方建立罗马帝国的新都，此即君士坦丁堡，并赐予其"新罗马"的称号。4 世纪末，罗马帝国分裂为东西两个帝国。

拜占庭帝国不仅据有原本属于古罗马帝国的领土，而且还进一步囊括了中东和希腊地区，据有地中海周围的欧洲、亚洲和非洲的大片区域。在以拜占庭为中心的帝国东部，融会古希腊文化、东正教文化、罗马政治观念以及东方（如波斯）文化因素，逐渐在政治制度和文化上表现出自成一格的独特性，形成了一个不同于古希腊和古罗马的新型帝国，学者称之为"拜占庭帝国"。对当时东部帝国的统治者和民众而言，这个东部帝国仍然是正统的罗马帝国，因其承续着帝国的光辉和使命，故其君主自称为"罗马皇帝"，民众自称为"罗马人"，而新都"君士坦丁堡"被称作"新罗马"。罗马帝国与外族交往以"Rum"自称。

在历史上，拜占庭是一个十分强大的帝国，具备完善的行政管理制度和非常先进的科学技术。直到 1453 年奥斯曼土耳其帝国攻陷君士坦丁堡，在长达 1000 多年的时间里，拜占庭帝国是欧洲和地中海世界的政治、经济、文化和宗教中心，对西欧、东欧、西亚各国产生过巨大的影响。

拜占庭帝国是古希腊罗马文明的最大继承者。在拜占庭帝国，上流社会接受教育是大家接受的通例，古希腊的教育传统被拜占庭帝国很好地继承下来。[1] 这份遗产使它"在西欧蛮族最猖獗的时代，维持了一个文明的背景……从古典时代经过拜占庭遗留下来的知识，即令在衰落的时候，也如火炬一样照耀于欧洲的黑暗中，照亮了走向西方学术复兴的道路。"[2]

拜占庭促进了全球贸易的发展。拜占庭帝国的复兴，上流社会特别是教会阶层对奢华生活的追求，使帝国在地中海东部的贸易活动重新活跃起来。拥有近百万人口的君士坦丁堡，以其独特的商业地理位置，成为当时欧洲最富庶、人口最稠密的大都市。它位于东西交通的要冲，具有地理上的优越地位，控制了通向东方的商路，距离美索不达米亚、埃及、希腊以及那时世界上所有较繁荣和文明的地区都不算远[3]。它"不仅是黑海沿岸和爱琴海岛屿的市场，而且利凡特是它的属地；叙利亚和埃及缴纳贡赋；它的商业利益远布到中国和印度"[4]。君士坦丁堡东与波斯、印度、中国，西与西欧，北与北欧都保持着贸易关系，全部的地中海贸易都与它密切相关。马克思曾说，君士坦丁堡是"东西之间的一道金桥"[5]。

---

① 参见张绪山：《拜占庭作家科斯马斯中国闻纪释证》，《中国学术》2002 年第 1 期。

② ［英］W. C. 丹皮尔著，李珩译：《科学史及其与哲学和宗教的关系》，商务印书馆 2009 年版，第 130 页。

③ 参见 ［英］韦尔斯著，吴文藻等译：《世界史纲——生物和人类的简明史》，人民出版社 1982 年版，第 560 页。

④ ［英］汤普逊著，耿淡如译：《中世纪经济社会史》上册，商务印书馆 1984 年版，第 197—198 页。

⑤ 《马克思恩格斯全集》第 9 卷，人民出版社 1961 年版，第 236 页。

中国与拜占庭帝国的交往始于汉代东晋和南北朝时期的史料对拜占庭的记载名称多样，有拂菻、蒲林、普岚等不同称呼。这是不同的东方古代语言对东罗马帝国名称"Rum"的不同译音。

拜占庭与中国最初以突厥为媒介而间接地有所联系。6世纪后半期，突厥人据西域时，与波斯交恶，遂欲与拜占庭建立联系。567年，有一粟特商人摩尼亚赫（Maniach）行抵拜占庭都城，呈突厥可汗书，外附许多缯帛，略述交好之意。翌年初，帝国东罗马皇帝查士丁尼二世（Justin Ⅱ）遣使臣齐马尔科斯出使至西突厥室点密可汗的驻所。571年，突厥使二次至拜占庭，要求查士丁尼二世废除以前东罗马与波斯的和约，引起了此后拜占庭与波斯之间20年的战争。576年，又有拜占庭使臣瓦伦丁（Valentin）至突厥。可见拜占庭与突厥之间，有着比较密切的通使关系。齐马尔科斯和瓦伦丁有旅行记残片留存，其中包括对中国的比较确切的描述。"总之，公元7世纪初，君士坦丁堡与长安已经真正地接近了，促成这种沟通的关键是丝绸之路上的突厥汗国与粟特胡商。"①

南北朝时中国人已知西方有拂菻国，即拜占庭，并知此拂菻国亦即汉代所说的大秦，即罗马。隋朝裴矩《西域图记》记通西域的三道，说北道"度北流河水，至拂菻国，达于西海"。裴矩所说北道，亦可称为"拂菻道"。拂菻道的开辟是6世纪中叶突厥汗国兴起的产物。其时正为西突厥与拜占庭互通，裴矩记通拂菻之道，必闻之于往来之西域商胡。此道也是拜占庭使臣齐马尔科斯奉使西突厥之道。齐马尔科斯在出使报告中记载了这条道路的情况。②

齐马尔科斯这里记载的是6世纪中叶"拂菻道"的情况，其艰难险阻自不待言。到了7世纪中叶以后，随着可萨汗国的兴起，拂菻道上的商旅往来持续不辍并且活跃起来。

虽然中国与拜占庭早有交通，长期有粟特商人居间做丝绸贸易，但是两国并没有直接的往来。《旧唐书·西戎传》记载："隋炀帝常将通拂菻，竟不

① 林英：《唐代拂菻丛说》，中华书局2006年版，第25页。
② 参见［英］裕尔著，张诸山译：《东域纪程录丛》，云南人民出版社2002年版，第177—178页。

能致。"

当时的国际形势是，复兴的拜占庭帝国还没有达到鼎盛时期罗马帝国的雄厚国力，而 3 世纪初兴起的波斯萨珊王朝却比此前的安息王朝更为强大，因此，在传统的丝绸之路贸易上，拜占庭帝国无法打破萨珊王朝的绝对垄断地位。对东方奢侈品的需求迫使拜占庭帝国更加重视红海水道的作用，不过它无力像鼎盛期的罗马帝国一样，独立开辟通达印度乃至中国南部的道路。4、5 世纪拜占庭钱币大量出现在印度南部和锡兰，主要是居间商人如波斯人、阿比西尼亚人、阿拉伯人（主要是阿克苏姆人），尤其是波斯人活动的结果。但拜占庭商人，尤其是红海北部水域埃及地区的拜占庭商人，并未放弃直接前往东方经营的努力。

到了唐代，这种情况有了改变。唐时拂菻国遣使入唐，其中史籍可稽考者，从 643 年首次通使到 742 年最后一次使节抵唐，百年间共有 7 次。中国史籍对这 7 次的记载分别是：（1）贞观十七年（643），拂菻王波多力遣使献赤玻璃、绿金精等物。（2）乾封二年（667），遣使献底也伽。（3）大足元年（701），复遣使来朝。（4）景云二年（711）十二月，拂菻国献方物。（5）开元七年（719）正月，其主遣吐火罗大首领献狮子、羚羊各二。（6）开元七年（719），又遣大德僧来献贡。（7）天宝元年（742）五月，拂菻国王遣大德僧来朝。

关于拜占庭第一次遣使入唐，《旧唐书·西戎传》记载："贞观十七年拂菻王波多力遣使献赤玻璃、绿金精等物。太宗降玺书答慰，赐以绫绮焉。"使节带给唐朝廷的礼物是"赤玻璃、绿金精等物"。绿金精为何物，不能确知。有学者认为这次使节贡献给唐朝廷的"赤玻璃"可能是仿造的假红宝石。据研究者考证，初次遣使入唐的拂菻王波多力，并非拜占庭皇帝，而是教皇狄奥多罗斯（Papas Theodorus）。当时的拜占庭，国势渐衰，所属叙利亚、巴勒斯坦和美索不达米亚等地，已在 7 世纪 30 年代相继陷入阿拉伯人之手。拜占庭皇帝借教皇名义遣使入唐求援，借以越过阿拉伯人的封锁。唐太宗对拜占庭使臣待以厚礼，但对他们的请求则爱莫能助。《旧唐书》记载这次遣使之后提到："自大食强盛，渐陵诸国，乃遣大将军摩栧伐其都，因约为和好，请每岁输之金帛，遂臣属大食焉。"这显然是拜占庭使节带来的新消息。

乾封二年（667），拂菻王又"遣使献底也伽"。8 世纪初，拜占庭又多次遣使与唐朝联络。如大足元年和景云二年，拜占庭使者连续两次到长安。而在唐开元七年（719）一年中，竟有两次遣使"来献"。

唐人地理著述中也时见关于拜占庭的记载。7世纪后期以后，大食人攻占了叙利亚等地，但是新罗僧慧超在他的行记中，仍然将叙利亚地区称作"小拂临"，而将拜占庭保有的领土即君士坦丁堡、小亚细亚等地称作"大拂临"。

2. "拂菻僧"入华问题

拜占庭最后一次遣使入唐是在天宝元年（742），"拂菻国王遣大德僧来朝"。张星烺说"大德僧"今人多译作"总主教"。开元七年的两次来使有一次与大德僧有关。在后6次遣使中，有3次（719年两次，742年一次）与"大德僧"有关，其他3次（667年、701年和711年）未明言，难以判定。学者在早期研究这一问题的时候，都把拂菻僧与景教联系起来。有学者认为，贞观十七年（643）向唐王朝派遣使者的拂菻王波多力是罗马帝国五大教会中的叙利亚教会宗主教的名号，"波多力"并非人名，而是"Patriarch"（阿拉伯语Bathric）的译写，但是，唐代史籍中记载的波多力实际上是驻锡波斯的景教会宗主教。他认为，540年之后，安条克陷入萨珊波斯之手，许多叙利亚基督徒在波斯定居，波斯的景教会宗主教或许会将这个尊号占为己有，因为他的流亡身份终归不是长久之计，对于波斯景教徒以及景教中国信徒而言，他就是一切基督徒的宗主教。正是景教会宗主教向中国派遣了第一个基督教传教士。夏德的观点一直影响着以后关于拂菻使者身份的探讨。如白鸟库吉和赫德逊虽然不完全同意夏德的观点，但认为开元七年和天宝元年由拂菻王派遣的大德僧属于景教传教士。岑仲勉、阎宗临则同意夏德对拂菻王波多力的论证，认为其实际上是景教会大主教。夏德的论证意味着贞观十七年首次来朝的拂菻使者很可能由某个基督教团体派出，而开元七年与天宝元年的拂菻使者则被称为大德僧，9世纪初段成式在《酉阳杂俎》中更明确提到了一位名"弯"的拂菻国僧，这一切显示拂菻来使浓厚的宗教色彩。

当然也有研究者认为，这些拂菻僧不可能是景教徒，而是另一个基督教派别迈尔凯特派。[①] 迈尔凯特派是不同于聂斯托利派即景教的另一个基督教派别。616年萨珊波斯占领叙利亚和埃及之前，迈尔凯特派依靠拜占庭帝国军队

① 参见林英：《唐代拂菻丛说》，中华书局2006年版，第51页。

的支持，在埃及和叙利亚的城市中占了上风。616 年，叙利亚被萨珊波斯占领，630 年之后又迅速成为阿拉伯占领区，从此，迈尔凯特派失去了拜占庭的军事保护，成为被新的统治者怀疑和打击的对象。从 6 世纪末到 8 世纪，叙利亚的迈尔凯特派不断被迫向东方迁移，最后迁徙到中亚地区的石国，并在这里得到发展。迈尔凯特派客观上促成了拜占庭正统的基督教派别进入中亚。由此可见，阿拉伯帝国取代波斯帝国之后，西亚和中亚的基督教流派开始呈现出以景教为主，同时更为多样化的格局。拂菻僧没能像景教会那样在中国勒石为碑，将传教事迹昭示后人，说明这一基督教派别在唐代的活动还不能同景教会相比。

林英研究拂菻时还注意到《酉阳杂俎》作者段成式与一位叫"弯"的拂菻僧有交往。段成式在《酉阳杂俎·广动植之三·木篇》中记载了 19 种域外奇木，包括波斯皂荚、盘砮穑树、娑罗、赤白桫、松桢、酒杯藤、菩提树、龙脑香树、安息香树、无石子、阿魏、婆那娑树、齐暾树、阿勃参等。其中有 15 种或出产于拂菻，或有源于拂菻语言的专门称呼。文中还提到了拂菻国僧弯，正是这位来自拂菻的僧人向段成式介绍了这些植物的知识。僧弯很可能在中国生活多年，不仅精通希腊和阿拉伯的药物学，而且熟悉中国植物。夏德和劳费尔指出，《酉阳杂俎·广动植之三·木篇》中提到的拂菻语属于某种阿拉米克语，并非希腊语。僧弯描述的植物产地有三：来自波斯；来自印度；来自拂菻。如果植物产自拂菻，例如阿勃参，其后文字描述的则是该植物在拂菻的特殊用法。如果植物产于印度或波斯，接下来就是拂菻语的称呼，只是泛泛谈到在西域的用法。这说明拂菻是叙述的重点，恰好呼应了拂菻国僧弯的身份。此外，波斯在僧弯的记载中也占据重要的位置，许多植物来自波斯或者有波斯语的称呼，显然，僧弯熟悉希腊和波斯的药物，而且拥有印度药物的知识。

3. 拜占庭文化传播的见证：金币

除了官方的联系外，唐朝和拜占庭之间的民间贸易也一直不断，有大批中国丝织品被输往拜占庭。《通典·边防典·大秦》说该国"又常利得中国缣素，解以为胡绫、绀纹，数与安息诸胡，交市于海中"，可见这时拜占庭购买中国丝织品数量之多。

唐朝和拜占庭之间的贸易往来，往往要以波斯人、犹太人（亦称拉达尼人，al-Rādhānīyah）和突厥人为中介。实际上，拜占庭与西突厥通交，主要目的即是打破波斯人对国际丝绸贸易的垄断。在吐鲁番地区发现了5至6世纪拜占庭金币，证实了该地区与拜占庭的历史联系。夏鼐认为，西域所用金钱即拜占庭金币，银钱则为波斯萨珊朝银币。[①]

拜占庭金币及其仿制品属于中国境内发现的最重要的东罗马遗物。考古工作者在各地发现的拜占庭金币，为拜占庭货币文化在丝绸之路上发挥重要作用提供了实物证据。最早在中国发现的罗马金币为1897年俄国人古德弗雷（Godfrey）在新疆和田古城废墟上发现的东罗马金币。1915年，斯坦因在阿斯塔那的3处墓葬中，发现了3枚与拜占庭查士丁尼一世金币约略为同一时期的金币仿制品。这些金币发现于墓葬中死者的口中。据说古代希腊有把钱币放在死者两唇间的习俗，而此种习俗并不为远东人所知。另外，1914年，在新疆和田地区也发现了4至6世纪拜占庭金币4枚。1966—1969年，考古学家在吐鲁番阿斯塔那—哈拉和卓的墓葬中，又发现拜占庭金币及仿拜占庭金币。从这些出土的遗物可以得知6至7世纪吐鲁番地区与拜占庭的货币文化关系，这无疑是当时活跃的丝路贸易的反映。

根据张绪山的统计，自19世纪末至20世纪末的1个世纪内，中国境内发掘拜占庭金币30起，计42枚。[②]

据分析，发现的42枚金币中，不可辨认者8枚，仿制品12枚，拜占庭金币真品22枚。在中国境内发现的这些拜占庭金币，地点毫无例外地集中于丝绸之路沿线，即新疆、甘肃、宁夏、内蒙古、陕西、河北和河南等。拜占庭金币与波斯银币的发现不仅在大范围上相同，即均为华北地区，而且在发现地点上亦多有相合之处，可知其传播路线和媒介大致相同。

中国所出的拜占庭金币可分为三种类型："其一，在君士坦丁堡冲压的真正的拜占庭金币（又称索里得，Solidus）。制作精美，铭文清楚完整。重量为4.4—4.54克。其二，仿制的索里得，图案比较清晰，可以判定出其仿制的原型。其三，钱形金片或金饰片，单面打压，本身很薄，重量在2克以下，只

---

① 参见夏鼐：《咸阳底张湾隋墓出土的东罗马金币》，《考古学报》1959年第3期。

② 参见张绪山：《我国境内发现的拜占庭金币及其相关问题》，《西学研究》创刊号，商务印书馆2002年。

有正面图案，而且图案比较模糊，大部分铭文变形得难以辨认，很难判定它的原型或年代，也很难判定它是否有钱币的功能。"①

从铸币的年代上看，4 至 7 世纪中叶的金币表现出很大的连续性，即：君士坦丁二世时期 1 枚、君士坦斯时期 1 枚、狄奥多西二世时期 1 枚、列奥一世时期 3 枚、阿那斯塔修斯一世时期 5 枚、查士丁一世时期 5 枚、查士丁尼时期 4 枚（其中仿制品 3 枚）、查士丁尼二世时期 2 枚、毛利斯时期 1 枚（仿制品）、福卡斯时期 2 枚、希拉克略一世时期 2 枚（其中仿制品 1 枚）。7 世纪中叶以后的金币只有君士坦丁五世时期所铸的一枚，与其他金币在时间上没有连续性。这种情况说明，随着 7 世纪中叶伊斯兰阿拉伯势力的兴起，及其对拜占庭帝国地中海东岸和北非领土的占领，对波斯萨珊朝的征服，拜占庭帝国通过丝绸之路与中国的经济联系被切断了。

不过，在当时的东西方贸易中，罗马的金币并不是作为一种支付手段，而是被视作一种商品。当时中国与罗马的贸易主要还是通过印度间接进行的，而印度那时候还处在物物交换的时代。所以，"不应该把这些数目巨大的钱币认为是用于购买香料或丝绸的货币，而应视同其他进口的物品，印度人并没有意识到货币的用途"。②

前 1 世纪以前，罗马金币仍不属于正规货币，后来由于军费大增，恺撒、安东尼、屋大维等人开始发行金币"奥勒斯"。296 年，戴克里先进行了币制改革，发行"索里得"金币。随后，君士坦丁大帝将"索里得"改为"重量较轻的索里得"后，罗马金币的形制就没有再发生大的变化——一般都是正面为戴盔穿甲的皇帝像，头部稍为侧向一边，手执标枪和盾牌，背面为胜利女神像。阿那斯塔修斯于 498 年实行币制改革，形成独具特色的拜占庭铸币。这种金币的正面，一般是穿文服的皇帝正面像，皇帝手中执一球体，球上立一十字架，背面是天使或是立有十字架的坛，后来则有耶稣或圣母像。

在中国山西发现过 14 年至 275 年的罗马钱币，说明在东汉至魏晋时期罗马金币就已流入中国。1976 年河北赞皇南邢郭村东魏李希宗墓，出土了 3 枚

---

① 参见林英：《唐代拂菻丛说》，中华书局 2006 年版，第 57 页。

② ［法］让－诺埃尔·罗伯特著，马军、宋敏生译：《从罗马到中国——凯撒大帝时代的丝绸之路》，广西师范大学出版社 2005 年版，第 205 页。

狄奥多西二世金币，2 枚查士丁金币。1978 年，在一座东魏时期的公主墓中，发现了 2 枚东罗马时期的金币。根据古墓铭文记载，这里埋葬的是东魏时期的一位茹茹族公主，她死于 550 年。两枚金币中，一枚为阿那斯塔修斯一世所铸，直径 1.6 厘米，重 2.7 克。金币正面图案为阿那斯塔修斯一世头戴羽毛装饰的皇冠，身着戎装甲胄和披风的正面胸像，胸像两侧有拉丁字铭文，全文为"DN. ANASTASIVS. PP. AVG"。金币的背面图案为维多利亚女神站像，背面币文为"VICTORIA. AVCCC"。另一枚金币直径 1.8 厘米，重 3.2 克，为查士丁尼一世时期所铸。金币的正面图案为查士丁尼一世戴盔佩甲胸像。环币书写的拉丁文为"DN. IVSTINVS. PP. AVG"，背面为女神安淑莎的站像，两侧币文为拉丁文"VICTORIA. AVCCC"和"B"。2012 年，洛阳的一座古墓出土了一枚拜占庭帝国时期的阿那斯塔修斯一世金币，其铸造时间为 491 年至 518 年。这座墓葬的时间应为北魏孝昌年间至北魏末年。2008 年，在青海省都兰县香日德镇一座北朝吐谷浑人的墓葬中，发现了一枚东罗马金币。这枚金币直径 14.5 毫米，重 2.3 克，属拜占庭王朝狄奥多西二世时的金币"索里得"。

中国还出土了许多东罗马拜占庭帝国的金币和仿制品，这些金币的年代从 5 世纪至 8 世纪不等，其中相当数量的金币是在北朝时流入中国的。根据出土的情况判断，这些金币或被用作流通，或被用作金器装饰，或被用于祭祀。

在唐代遗址中，罗马金币及其仿制品也屡被发现。1969 年，西安何家村唐代窖藏中出土了东罗马希拉克略金币 1 枚。西安土门村唐墓出土了阿拉伯仿拜占庭希拉克略金币，西安东郊唐陈感意墓出土了东罗马阿那斯塔修斯一世金币的仿制品。西安西郊曹家堡唐墓也出土了拜占庭金币仿制品。1979 年，陕西咸阳唐贺若氏（卒于武德四年）墓出土了东罗马查士丁尼二世金币 1 枚。1981 年，洛阳龙门唐安菩夫妇墓出土了东罗马金币 1 枚，为东罗马福卡斯所铸。西安西郊曹家堡唐墓也出土了拜占庭金币仿制品。1981 年，在唐史道德墓（卒于仪凤三年）发现东罗马金币的仿制品。1985 年，在唐史索岩墓（卒于麟德元年）中又发现了拜占庭金币仿制品。1986 年，在唐史诃耽墓（卒于咸亨元年）中也发现了仿制的拜占庭金币。

在拜占庭金币仿制品中，宁夏固原南郊粟特胡人墓葬出土的金币最引人注目，这座古墓一次出土了 4 枚东罗马金币，墓主是北周战功显赫的柱国大将军、大司空田弘。出土的金币直径不到 2 厘米，重 3 克以上，金币两面均有图案和拉丁文字。固原南郊隋唐粟特人墓中出土的东罗马帝国金币的仿制品被放置于死者的口中和头部，这种死者口含或手握金币的葬俗，应与古希腊神话有关。

此外，伯 3432 号敦煌文书《龙兴寺卿赵石老脚下依蕃籍所附佛像供养具并经目录等数点检历》著录有"拂临样"银盏，伯 2613 号文书《唐咸通十四年正月四日沙州某寺交割常住物点检历》中也有"弗临银盏"，也表明了拜占庭或拜占庭式银器对唐代银器的影响。

吐鲁番出土文书有一个奇特的现象，就是一些文书条列了人们为死者准备的名义上的陪葬财物，人们将文书葬于墓穴中，祈望死者携带这些物品到了冥间可以通行无阻。具列的内容虽然并不是真的陪葬物品，但是它却可以反映当时人们的经济生活的内容。这类文书通常被称为"随葬衣物疏"。据研究，在 5 世纪的随葬衣物疏中，冥财的内容只开具"铜钱"若干文，或笼统地称"黄金千两"或"黄金千斤"，在 6 世纪中叶至 7 世纪中叶的 100 年中，冥财的内容就变成了"金钱"若干文（枚）或"金银钱"若干文（枚），金钱不仅作为冥财，而且在高昌地区的社会生活中，还被作为寄送信件的信物使用。这些迹象表明，在 6 世纪中叶以后的一个世纪中，拜占庭金币可能已经成了高昌地区流行的国际标准通货。《隋书·食货志》记载，北周时期"河西诸郡或用西域金银之钱"之"金银之钱"，可能包括拜占庭金币、印度金币及其他西域金币，但拜占庭金币具有标准货币性质，它的重要性在其他西域流通金币之上。传统文献的记载恰好可与吐鲁番出土文书中反映的高昌使用拜占庭金币的情况相印证。

4. 希腊罗马医学在中国的传播

唐代外来医术中，最令人称道的是眼科医术。此外，来自拜占庭的古代希腊医学传统在中国也有传播。

据《经行记》记载，杜环在游历中亚时，特别注意到大秦的眼医，称："大秦善医眼及痢。或未病先见，或开脑出虫。"这里说的"大秦"，就是指"拂菻"。杜环所记的是他在被阿拉伯人征服的拜占庭帝国领土上旅行时的见闻。拜占庭医术盛行于地中海东岸地区，"开脑"治盲术是尤能给人以深刻印象的医术之一。

这种"开脑"术实即穿颅术。拜占庭帝国的穿颅治盲术来源于希腊古代医学。出生于爱琴海科斯岛的希腊著名医生希波克拉底（Hippocrates）在西方世界被誉为"医神"，早在前5世纪他就在著作《论视觉》中记载了眼睛失明的治疗方法："当眼睛毫无显著病症便失明时，应切开颅骨，将脑软组织分开，穿过颅骨使产生的液体全部流出。这是一种治疗方法。以这种方法治疗，病人便可治愈。"杜环所记载的大秦善医"开脑取虫，以愈目眚"，指的就是这种长期流行于地中海东部的医疗方法。这种失明可能是由于一个脓包或良性肿瘤压在脑部所造成，所谓的"虫"是出于想象而加上去的字眼。

穿颅治病之术在中国可以追溯到很久远的时代。《三国志·魏书》记载，三国时代神医华佗为曹操实施这种医疗术，"太祖苦头风，每发，心乱目眩，佗针鬲，随手而差"。针鬲，即以针刺横隔膜的穴位，这是以穿颅术医治头痛的方法。但穿颅治盲（目眚）在唐代以前尚没有记载。大概是景教徒将穿颅治盲这种希腊医学传入中国。

盛唐时期已有实施这类医疗术的例子。《新唐书》也指出，拂菻国"有善医，能开脑出虫，以愈目眚"。唐高宗晚年长期患头痛，"目不能视"，久治不愈。侍医秦鸣鹤称，以针刺头出血，即可痊愈。于是"刺百会及脑户出血"，高宗当时复明。《新唐书》《旧唐书》《太平广记》均有记载这件事。据认为，秦鸣鹤所施医术，与大秦之术相类。从秦鸣鹤的名字来看，按照唐代以国为姓的通例，他可能就是大秦国人。

李约瑟很注意这一记载。他认为，"这是中国书籍有意识地重视早期西方医药科学的惟一事例"。他还指出，早在希波克拉底时代，就有用穿颅术治疗某些盲病的明确记载。"西方的这种医学和外科手术也许是经由印度传入中国的。"①

唐文宗太和四年（830），李德裕任成都尹，求南诏所俘工匠，得成都"医眼大秦僧一人"，此人应即兼职医事的大秦景教徒。此后，中国文献中仍有关于穿颅术的记载。五代王仁裕撰《玉堂闲话》卷二称："高骈镇维扬之

---

① ［英］李约瑟著，袁翰青译：《中国科学技术史》第1卷，科学出版社和上海古籍出版社1990年版，第221页。

岁，有术士……曰：'某无他术，唯善医大风。'……置患者于室中，饮以乳香酒数升，则懵然无知。以利刀开其脑缝，挑出虫可盈掬，长仅二寸。然以膏药封其疮，别与药服之，而更节其饮食动息之候。旬余，疮尽愈，才一月眉须已生，肌肉光净，如不患者。骈礼术士为上客。"

有研究者认为，大风即麻风，麻风患者病源并不在脑，亦无虫可挑，故病名或为叙述假借，其所用乳香酒显系麻醉药，亦有阿拉伯医药之特点，而手术法正与新旧《唐书》"开脑出虫"相合。

唐时，来自希腊罗马的药物也传入中原内地。《旧唐书·西戎传》记载："贞观十七年，拂菻王波多力遣使献赤玻璃、绿金精等物。太宗降玺书答慰，赐以绫绮……乾封二年，遣使献底也伽。"

在从拜占庭传入中国的药物中，底也伽最值得注意。夏德解释说，"底也伽"是一种众草合成之药，是上古及中古时期著名的含有罂粟成分的万能解毒药。李约瑟指出："底也伽是古代和中古代早期西方药物学的重大研究课题之一。原先，它是科洛丰的尼肯特（Nicander of Colophon）所用的解毒药，自然是用来医治各种动物毒所引起的病症。可是本都国王米特拉达梯（Mithridates）想要制作一种万能的解毒药，因而开始把各种各样包括所有效用不明的药材拿来配方制药，克里特岛的安特洛马克（Andromachus of Crete），甚至盖伦，都使用过这类药。后来各种东西都加了进去，如胆汁、没药、鸦片和大麻等。据《本草纲目》说，这种药首载于 7 世纪的《唐本草》中。它来自西方各国。"[1]

"底也伽"一词是希腊文 θηριακα（英文作 theriaka）的译音。它是一种解毒药剂，由希腊人发明，专用于医治毒兽虫蛇咬伤引起的中毒症。盖伦著有《论底也伽》，故西方又称之为"盖伦丸"。据罗马博物学家普林尼记载，这种药剂由 600 种不同原料混合而成，但其主要成分是鸦片。明代来华耶稣会士意大利人艾儒略在《职方外纪》"如德亚国"（即巴勒斯坦）条称："土人制一药甚良，名的里亚加（即底也伽），能治百病，尤解诸毒。有试之者，先觅一毒蛇咬伤，毒发肿胀，乃以药少许咽之，无弗愈者，各国甚异之。"可

---

① ［英］李约瑟著，袁翰青译：《中国科学技术史》第 1 卷，科学出版社和上海古籍出版社 1990 年版，第 223 页。

知底也伽来自原为拜占庭帝国领土的西亚。

拂菻国将底也伽作为贡品向唐朝进献，中国史籍和医书对底也伽也多有记载。朝鲜《医方类聚》引《五藏论》："底野迦善除万病。"《五藏论》见于《隋书·经籍志》，说明这种药物至少在隋代已进入中国。唐显庆年间苏恭修订《唐本草》说："底野迦，味辛，苦，平，无毒，主百病中恶，客忤邪气，心腹积聚，出西域。"文下注云："彼人云用诸胆作之，状似久坏丸药，赤黑色，胡人时将至此，甚珍重之，试用有效。"在传入药物的同时，胡人也将这种药物的验方传到了唐朝。孙思邈的《千金方》等医学著作中对底也伽也有所记载。

二　可萨人在中西交通中的作用

1. 丝绸之路北道上的可萨

在唐朝击败了西突厥之后，突厥人的一支西迁至里海和黑海之间，建可萨王国，也叫"哈扎尔汗国"，可汗名号为"答剌罕"。苏联东方学家巴托尔德（Bartold）认为可萨人为西突厥的一支，或者，也许更准确些，是西匈奴的一支。7世纪前半期东罗马帝国史家西摩喀塔（Theophylactus Simocatta）在其《史记》一书中记载："可萨人也来自瓦和库尼，他们从突厥人那里逃出，在抵达欧洲时与追随阿瓦尔可汗者联合起来了。"这段史料说明，可萨是从突厥的统治地区西迁到拜占庭帝国边境的，是瓦和库尼人中的一支。这里的瓦和库尼人，冯承钧认为是唐代史籍中多次提到的浑部。《新唐书·回鹘传》指出，浑和回鹘等同列入铁勒15种之中，居地是"皆散处碛北"。贞观二十年（646）唐朝还以浑部为皋兰州，隶属燕然督护府。而《旧唐书·回鹘传》说："回鹘渐盛，杀凉州都督王君𣶈，断安西诸国入长安路。玄宗命郭知运等讨逐，退保乌德健山，南去西城一千七百里，西城即汉之高阙塞也，西城北去碛石口三百里，有十一都督，本九姓部落。……六曰葛萨……"这个居住于碛口附近的葛萨部，冯承钧认为是可萨。可见，可萨在西迁之前可能居住在碛口附近的突厥故地，8世纪初列入回鹘九姓中的可萨可能是留在家乡没有西迁的余部。

652年，率领可萨人的阿史那家族被高加索各地的突厥部落推举为突厥帝国的继承者，威震欧亚大草原的可萨王国就此诞生。可萨王国在7世纪中期到10世纪中期处于全盛时期，其版图东抵花剌子模，西起于基辅，南达克里米亚与高加索，成为南北与东西向商道的交汇处，成为当时的重要商业中心。10世纪初，阿拉伯地理学家伊本·法基赫（Ibn Al-Fakih）这样描述他所认识的世界："大地状似一只鸟，分为头、两翅、胸、尾等五部分，其头部乃中国……其右翅乃印度……其左翅乃（黑海的）可萨人突厥……其胸部是麦加、汉志、叙利亚、伊拉克和埃及。"[1] 在这里把可萨与中国、印度等文明古国相提并论，可见当时可萨的疆域之大。

1030年，可萨汗国在拜占庭帝国与基辅罗斯的攻击下亡国，他们的故地被钦察人占领。当可萨汗国被基辅罗斯和拜占庭帝国瓜分后，一部分可萨人改信了伊斯兰教成为中亚—伏尔加河的突厥语穆斯林，另一部分没有改变信仰的可萨突厥人在俄罗斯人历次驱逐犹太人的浪潮中不断向中欧迁移，成为阿什肯纳兹犹太人，也有3个部落被派遣到潘诺尼亚，还有极少数融入克里米亚鞑靼人与卡尔梅克人。亚洲人后来把类似于可萨人那样生活的人也称为可萨人，在15世纪80年代，格鲁吉亚还有自称可萨人的突厥语游牧民，"哥萨克"与"哈萨克"也源于此词。在车臣语中，"可萨"一词可解为"美丽谷地"。

2. 中国与拜占庭的中介：可萨汗国

可萨汗国的崛起得力于其沟通东西交通的地理位置。《宗教百科全书》这样论述高加索地区，"高加索地区正好是北方的游牧世界和南方的古老农耕世界的分界线，同时它又是西方的希腊文明和东方的波斯文明的分界线，这里拥有高度成熟的城市文明，几种主要的国际性宗教：犹太教、摩尼教、祆教、基督教都在此地得到深入的传播"。

750年前后，阿拉伯人已完全控制红海、波斯湾和横跨大陆的亚洲商路，他们就从对拜占庭的贸易中榨取捐税，迫使希腊商人付出高价。所以，拜占

---

① ［法］费琅编，耿昇、穆根来译：《阿拉伯波斯突厥人东方文献辑注》，中华书局1989年版，第72页。

庭帝国努力使经过中亚而不受阿拉伯人控制的北方商路开放，后来逐渐采用了另一条更北的北方商路，这条路线始自印度和中国，沿阿姆河顺流而下，到咸海，绕里海北岸，过乌拉尔河口的萨拉坎谷，达伏尔加河河口的伊铁尔，从那里上至萨来，下行顿河到亚速夫海的罗斯托夫。这条路不受阿拉伯人的控制，能避免山区部落的抢劫，并且几乎是水路。随着越来越多的商队来往于这条北方路线，拜占庭、阿拉伯和犹太商人们成群结队地到可萨的都城伊蒂尔和沙克尔收购北方来的毛皮，可萨首都伊蒂尔成为繁荣的国际商业城市，商业税收成为可萨汗国最重要的财政收入。根据史料记载，这里的著名商品包括来自斯拉夫地区的皮货、鱼胶，波斯的手工艺品碟子、剑、铝等等。法国学者布尔努瓦指出："可萨突厥几乎完全是一个贸易之邦。""在伊蒂尔东部滨海地区，来自各民族的商人们在那里洽谈生意，如波斯的穆斯林教徒和犹太人、希腊的基督教徒和犹太人，他们分别经由里海和黑海而达那里，随身携带有东方的香料、乳香和丝绸，而且还有大量的银钱。"①

可萨汗国不仅是东西贸易的重要中转地，又是南北贸易的要冲。北欧人、斯拉夫人和阿拉伯人统治下的美索不达米亚地区的贸易通过伏尔加河上的航线完成。19 世纪以来考古学家已经在这条南北航线的附近发现了数以万计的 8 至 11 世纪的阿拉伯钱币。据《世界地志》记载，"伊蒂尔城分两部分，居西者国君及其战士，居东者伊斯兰教徒及偶像教徒"。

裴矩在《西域图记》中记载了通西域的北道即"拂菻道"，可萨正是从敦煌到拂菻（拜占庭）的北道上的重要中转站。早在 6 世纪，拜占庭史学家美南德（Menande）就提到过这条路线，前文提到的拜占庭帝国派往突厥可汗室点密处的使节齐马尔科斯就是经由这条路线返回拜占庭的。不过，那时，这条道路还没有成为交通频繁的商路。7 至 9 世纪，中国的隋唐时期，北道开始繁荣起来。1973—1974 年，考古学家在北高加索地区西部库班河上游挖掘的两处古墓群中，发现了多种来源的丝绸。其中中国产品分别占 23.9% 和 9.4%，还发现了汉文文书和以唐人骑马图为内容的绢画，断代为 8 至 9 世纪，反映出在这一时期高加索地区与中国有规模的商品交流。

北道也出现在伊本·胡尔达兹比赫的《道里邦国志》中。他提到被称为

---

① ［法］布尔努瓦著，耿昇译：《丝绸之路》，山东画报出版社 2001 年版，第 202 页。

拉唐人的犹太商人，从海路或陆路到达中国，其中一条陆路是经过可萨汗国的，"从拜占庭腹地穿过斯拉夫人地区而达可萨人的首府，又渡里海而至巴里黑，他们从那里通过河中地区继续其旅程而达回鹘人，从那里至中国"。苏联东方学家巴托尔德认为，胡尔达兹比赫利用了旅行过这条路的塔蒙（Tamĭm b Bahr al-MutawwaˋI）的著作。塔蒙旅行的时间是 760 年至 800 年之间，这也恰好是可萨可汗信奉犹太教的时期。

可萨人与拜占庭保持着密切的关系。626 年拜占庭皇帝希拉克略向可萨可汗借兵，可萨可汗曾借 4 万兵给拜占庭皇帝与波斯交战，希拉克略用这支支持军将萨珊波斯的阿塞拜疆省夷为平地。拜占庭人与可萨人之间的这一联盟又因多次的王室联姻而加强。拜占庭皇帝查士丁尼二世在流亡期间逃到可萨避难，与可汗的一位姊妹结婚，她就是后来的塞俄多拉皇后。君士坦丁五世于 732 年娶可萨可汗的女儿为妻，即伊拉尼皇后。他们的儿子利奥四世皇帝，以其诨名可萨人利奥（Khazar Leo）而为人所知。

在中国与拜占庭的关系上，可萨突厥人充当了居间的角色。中国与拜占庭的丝绸贸易，相当一部分是通过可萨突厥人来进行的。另外，根据伊本·胡尔达兹比赫的记载，部分犹太商人经由可萨汗国前往中国。

可萨人可能与唐朝也有来往。花剌子模地处里海东岸，是萨珊波斯辖下的自治城邦。它同可萨汗国有密切交往，苏联东方学家巴托尔德指出，"他们的主要活动是面向西方和西南方的，面向伏尔加河流域的，是当时这里居住的不里阿尔人和可萨人"。在唐代史料中，花剌子模被称为"火寻"。《新唐书·西域传》记载："火寻，或曰货利习弥，曰过利，居乌浒水之阳，东南六百里距戊地，西南与波斯接，西北抵突厥曷萨，乃康居小王奥鞬城故地，其君治急多飓遮城，诸胡惟其国有车牛，商贾乘以行诸国，天宝十载君稍施芬遣使者朝，献黑盐，宝应时复入朝。"根据蔡鸿生的分析统计，从天宝十年到十四年，火寻 3 次入贡。苏联学者托尔斯托夫考证，在 751 年前不久，花剌子模可能和可萨联合起来，建立了阿弗里帝国，其疆域自克里米亚，外亚速海而达花剌子模。苏联学者托尔斯托夫的说法有考古发现可印证。一枚 751 年左右的花剌子模钱币上镌刻有 "MR'MLK 'pr'-rxzm" 字样，其译为"应予祝福的可萨人的国王"。如果其译法成立，那么，天宝十年遣使向中国朝贡的火寻国君稍施芬就是这位"应予祝福的可萨人的国王"。天宝年间 3 次入贡的可能是花剌子模同可萨的政治联合体。

在平定安史之乱时，可萨人可能参加了由西域诸胡组成的柘羯军，和回鹘军一起进入中国的中心地区。戎昱《苦哉行》在描写回鹘军攻占洛阳的情景时写道："今秋官军至，岂意遭戈鋋？匈奴为先锋，长鼻黄发拳。"据张星烺分析，此"长鼻黄发拳"者，显为不同于回鹘的人种。他认为，此"长鼻黄发"最可能为居住在黑海和里海北岸的斯拉夫人。[①] 犹太人为闪族，白肤，鼻高直，头发卷曲，为棕色或棕黄色，颇符合"长鼻黄发"的体貌特征。如果以艾萨克马尔干为中心的柘羯军包括了远在可萨汗国以北的斯拉夫人，那其中也有可能有居住在可萨境内的犹太人。这就是说，在安史之乱之后，有犹太人到过中国。

三　唐朝与非洲的文化交流

1. 两大文明的最初接触

中国与非洲相距遥远，在古代的交通条件下，双方的文化接触和交流是相当困难的。虽然早在人类文明的曙光时期，黄河流域和尼罗河流域，分别孕育了灿烂的古代中华文化和古代埃及文化，但这两大文明处在相互隔绝的状态，彼此难以沟通和获得对方的文化信息。古代中华文化和古代埃及文化是各自独立成长起来的，并且对世界历史产生重要的影响。

古埃及人很早就在尼罗河流域建立了统一的国家，创造了相当发达的古代文明。到前4世纪下半叶，马其顿亚历山大大帝征服埃及，并于前331年建亚历山大里亚城。亚历山大去世后，亚历山大的部将托勒密（Ptolemy）割据埃及和周边地区，建立了托勒密王朝。前30年，托勒密王朝为罗马人所灭，埃及归入罗马帝国的版图之内。埃及位于欧亚非三洲的交界处，印度洋航道是古代世界最重要的航道。在托勒密王朝和罗马人统治时期，亚历山大里亚发展成为地中海地区的商业和文化中心，成为古代的一个世界性城市，

---

① 参见张星烺:《中西交通史料汇编》第3册，中华书局2003年版，第1587页。

极盛时有居民 50 万。各地商贾云集，有希腊人、波斯人、犹太人、阿拉伯人和非洲人等。地理学家斯特拉波说亚历山大里亚城"有良好的海港，又有河流便于运输内陆的货物，并将所有货物集中到那个地方，成为世界最大的市场"①。每年从这里驶往印度洋的商船达 100 多艘，东西方贸易以埃及亚历山大里亚为枢纽，日趋繁荣。正是在这个时期，中国与非洲有了最初的文化接触。

根据考古资料和神话传说，早在前 10 世纪左右，中国和埃及就已有间接的贸易往来。那个时候，亚述商人通过中亚和西亚的游牧部落和古王国，将中国的软玉和丝绸等产品传入埃及。1993 年，奥地利科学家在研究一具埃及第二十一王朝时期的女性木乃伊时，发现她的头发中有蚕丝的纤维，说明埃及人此时已使用丝织品。

研究者认为，《史记·大宛列传》是中国最早记载非洲的文献资料。在中国史籍中，亚历山大里亚城有不同的译名。《史记》《魏书》《北史》作黎轩，《汉书》《魏略》作犁靬，《后汉书》《晋书》作犁鞬，大致皆读 li-kan，是 Alexandria 的节译。

张骞出使西域，向汉武帝报告西域的情况，汉武帝很重视，"初置酒泉郡以通西北国，因益发使抵安息、奄蔡、犁靬"。这是中国第一次遣使至埃及。但由于路途遥远，这次派往犁靬的使节可能没有到达目的地，因为这次遣使的结果在中外文献中没有记载。97 年甘英出使大秦（罗马），至条枝而折返，当时甘英的直接目的地就是亚历山大里亚。可见当时中国人已对埃及和亚历山大里亚略知一二。另一方面，埃及人也在这时获得了关于中国的粗略信息。前文提到的《爱脱利亚海周航记》，其作者便是生活在埃及的希腊人；还提到 2 世纪希腊地理学家托勒密在其《地理学》一书中对中国的记载。托勒密本人出生在埃及，一生在亚历山大里亚度过的，因此也可以把他看做是埃及人。

古代中国是以丝货闻名于包括埃及在内的地中海世界的。古代埃及人对中国的了解也大都与丝绸有关。早期中国和非洲虽无直接的交往，但可以肯定已通过西亚诸国而与北非有经常的间接贸易关系。中国的丝绸早就通过这一贸易关系输入欧洲和北非。罗马人统治埃及后，十分重视与中国的丝绸贸

---

① 彭顺生：《世界旅游发展史》，中国旅游出版社 2006 年版，第 37 页。

易，越来越多的中国丝绸运抵埃及，再从亚历山大里亚转运到希腊、罗马和地中海各个地区。

正是在这样的条件下，中国和埃及之间可能开始了人员的直接交往。在2世纪末3世纪初，可能已有中国人从安息西界的安谷分别从水陆两道到过埃及。鱼豢根据3世纪初的材料写成的《魏略》记载："从安息界安谷城乘船，直截海西，遇风利二月到，风迟或一岁，无风或三岁。其国在海西，故俗谓之海西。有河出其国，西又有大海，海西有迟散城。从国下直北至乌丹城，西南又渡一河，乘船一日乃过。西南又渡一河，一日乃过，凡有大都三。却从安谷城陆道，直北行之海北，复直西行之海西，复直南行经之乌迟散城，渡一河，乘船一日乃过，周回绕海。凡当渡大海六日，乃到其国。"

鱼豢所记的安谷城的位置，沈福伟认为是在两河出海处的瓦尔卡，行程的终点"迟散城"，是亚历山大里亚的希腊语译名，"乌丹"是乌姆塔夫湾中的贝仑尼塞港，"乌迟散城"是安提阿克的外港亚历山大勒塔。《魏略》除了有对安息的安谷到埃及亚历山大里亚路程的记述外，还对埃及及其以东的红海、以西的地中海作了准确的定位，对埃及境内的尼罗河与亚历山大里亚有了比较正确的认识，同时对埃及的经济、商业、交通以及当时统治埃及的罗马帝国的政治制度有所介绍。从这些介绍中可以看出当时中国与埃及的交往已有一定的频率。沈福伟指出：

> 从安提阿克到亚历山大里亚，不论是陆路还是海路，一定在2世纪时有中国人实地走过了。中国的商队通过幼发拉底河上游去安提阿克。中国的丝、铁、玉、麝香、漆器在幼发拉底河沿岸柴格马附近的巴达尼每年9月的集市上，享有盛名……这种贸易正是中国和埃及以及地中海世界的商业链锁中的一个环节。①

另外，苏丹和埃塞俄比亚等东北非国家，也通过印度与中国存在着间接的贸易关系。当时印度和罗马的海上贸易十分繁荣，使得那些到达南印度东岸黄支或歌营的中国商船也参加了红海贸易，越过印度进入亚丁湾。3世纪中叶万震的《南州异物志》记述了歌营西南有个加陈国，即指古代居住在埃塞俄比亚和苏丹的库施民族。库施国家中最大的港口阿杜利，在现在的马萨瓦

---

① 沈福伟：《中国与非洲——中非关系二千年》，中华书局1990年版，第44页。

港附近，从 1 世纪起就是阿克苏姆王国兴旺发达的对外贸易中心。阿克苏姆是东北非的一个文明古国，同埃及、印度有着活跃的贸易关系。3 世纪时，阿克苏姆的军队征服了也门地区，控制了亚丁至埃及的红海航道，成为印度洋地区一个占有重要地理位置的国家，阿杜利也成为亚历山大里亚至印度的贸易中转站，一方面与罗马、希腊和埃及商人保持联系，另一方面又同印度、波斯、锡兰等地进行贸易。3 世纪上半叶中国商船通过南印度抵达阿杜利，成为中国和埃塞俄比亚、苏丹经济文化交流的开端。中国商船往返于广州、交州和阿杜利之间，促进了中国和罗马海上贸易的繁荣，同时也使中华文化很早就影响到从红海到地中海的广大东北非地区。

总之，中国与非洲的古代文明在公元初年开始就有了间接的或直接的接触。然而，由于当时的交通条件，这种接触、交流和发生影响的程度与范围都是很有限的。不过，初始的接触毕竟在相距遥远的两块古老大陆之间互通了某些文化信息，引起双方进一步了解和交流的更大兴趣与需求，从而为中非之间较大规模的文化交流奠定了基础。

2. 早期输入中国的非洲物产

早期中国与非洲的交往，主要是商业上的往来。中国输往非洲的主要商品是丝绸，那是在非洲很受欢迎的大宗商品。同时，也有许多非洲的物产运输到中国，丰富了中国人的物质生活。

前文述及罗马输入中国的物产时，罗马向中国出口的珠宝、织物、香药和玻璃，大部分来自埃及和非洲，亚历山大里亚是这项包罗整个古代世界的商业的起点。

沈福伟在《中国与非洲——中非关系二千年》一书中详细分析了非洲输入到中国的货物。他列举了几大类：

（1）珠宝。罗马出口的珠宝大都是埃及和地中海、红海之滨的出产，包括珍珠、宝石和半宝石，有玛瑙、符采玉、琥珀、璆琳、琅玕、水精、玫瑰、碧五色玉，以及明月珠、夜光珠、真白珠。

（2）织物。小亚细亚的萨迪斯、帕加曼、费利基亚和埃及亚历山大里亚都用金线织绣毛织品和丝织品，运到中国的有金缕罽、金缕绣。《魏略》提到罗马出产的各种麻、棉织物，共计 8 种，还提到毛纺织品，其中有一些是在埃及出产的。

（3）香药。出口到中国的香药大部分出产于亚丁湾两岸的阿拉伯香岸和索马里北部，苏丹和北非各地。2 世纪时运到中国的香木香草共有 12 种，有的充作香木，有的当做香料，有的用作药物，或者是制成香脂香膏。这 12 种包括：微木（乌纹木）、苏合（苏合香）、狄提（芦荟）、迷迷（迷迭香）、兜纳（没药）、白附子、熏陆（乳香）、郁金、芸胶（安息香、阿拉伯胶）、薰草（柔毛薰衣草）、熏木（紫檀木）。这些是阿拉伯香岸和非洲之角的产品，其中索马里主产龙涎、木香、苏合香油、没药和乳香等。

从西域输入中国的香药，其中有许多是非洲出产的，比如就有索马里生产的 10 种香药输往中国。

此外，索马里出产的玳瑁、大象牙、犀角等也都输往中国。而"从阿杜利运往中国的非洲土产中，有达拉克明月珠、红海珊瑚、上等棉布温色布、乌纹木、厄立特里亚没药，还有象牙、犀角、玳瑁和麒麟"[1]。

早期输入中国的非洲货物，最引人注意的是火浣布。3 世纪时中国人已经知道火浣布出在大秦，以亚历山大里亚（埃及）为基地，一再向魏和东晋的皇帝献出这种奇异的纺织品。当时安南将军、广州牧滕侯手下的文士殷巨专门写了一篇《奇布赋》讲述此事。宋代的著作更说火浣布出在埃及。

另外，原产于非洲的许多植物也通过间接的渠道陆续输入到中国，丰富了中国人的蔬菜、水果和其他药用植物、观赏植物。

3. 唐朝与非洲国家的直接交往

中国与非洲建立直接的贸易关系始于唐代，此后历经宋、元、明各朝，直到 16 世纪葡萄牙人入侵东非为止，一直没有间断。

7 世纪中叶以后，阿拉伯人建立了庞大的帝国，埃及等北非一带成为阿拉伯帝国的一部分，西非和东非沿海地区也受到伊斯兰文明的强烈影响，东非沿海先后建立了摩加迪沙、马林迪、基尔瓦、蒙巴萨、桑给巴尔等一些商业城邦。阿拉伯帝国的崛起，促进了非洲广大地区的文明发展，同时也为中非经济文化交流创造了条件。

中国与阿拉伯以及整个伊斯兰世界有着广泛的经济文化交流。怛逻斯战役后被俘的唐军士兵流落到阿拉伯各地，其中也有人可能漂泊到属于阿

①　沈福伟：《中国与非洲——中非关系二千年》，中华书局 1990 年版，第 131 页。

拉伯帝国版图的北非地区。例如杜环到过埃及、苏丹和埃塞俄比亚。他在《经行记》中自述去过摩邻国，由耶路撒冷启程，要越过沙漠，走 2000 里才可到达。据沈福伟研究，此摩邻国为埃塞俄比亚的阿克苏姆王国。阿克苏姆人崇奉海神"摩邻"，摩邻国便因奉摩邻海神而得名。① 杜环还在书中记述了他到埃及的情况。可以说杜环是第一个有确切记载的到过东北非的中国人。

与此同时，唐代中国与阿拉伯贸易十分频繁，大批阿拉伯商人前来中国经商，其中也有不少埃及甚至马格里布的商人。非洲一些国家还与中国建立直接的正式联系。当时抵达中国的非洲人不仅有商人、海员和旅行家，还有国家正式派遣的使者。

据中国史籍记载，唐贞观二年（628），有黑人国殊奈派使者到长安。《唐会要》说："殊奈国，昆仑人也。在林邑南，去交趾海外三月余日。习俗文字与婆罗门同。绝远，未尝朝中国。贞观二年十月，使至朝贡。"古代中国人将南海和印度洋附近棕黑色人种泛称为"昆仑人"。据研究者考证，这个殊奈国当是索马里南部地区的黑人国。殊奈使者从索马里南部海港启程，经历 6000 海里的长途航行，来到广州，再被迎接到长安。

《唐会要》卷九九还记载贞观十年（636）有甘棠国使者入唐："甘棠在大海之南，昆仑人也。贞观十年，与朱俱婆朝贡同日至。太宗谓群臣曰：'南荒西域，自远而至，其故何哉？'房玄龄曰：'当中国乂安，帝德遐被也。'太宗曰：'诚如公言。向使中国不安，何缘而至？朕何以堪之？'"据考，这个甘棠国即今之东非奔巴岛或桑给巴尔岛。这是当时中国所知最西的一个昆仑国家。

《册府元龟》记载："景龙三年三月，昆仑国遣使贡方物。"不知所指何国。但无论如何，上述史料所揭示的，正是唐代时，非洲国家直接向中国派遣使节，此后双方的海上往来便越来越频繁了。当时中国帆船定期出没于印度沿海和波斯湾、阿拉伯海岸，甚至远至东非的坦噶尼喀和桑给巴尔。贾耽记中国帆船的印度洋航线，提到一个三兰国，实际即指坦噶尼喀和莫桑比克的黑人聚居地。

---

① 参见沈福伟：《中国与非洲——中非关系二千年》，中华书局 1990 年版，第 227—228 页。

从 724 年到 818 年间，苏门答腊的室利佛逝和爪哇的诃陵使者 3 次把东非的班图黑人带到中国来，当做歌舞能手献给中国皇帝。从 5、6 世纪以来，马来人便成批地使用木船或木筏沿着印度洋的边缘地区经过阿拉伯半岛涌向东非各地，向南一直到达了马达加斯加岛。而中国与马来人早有传统联系，所以南洋地区也是中国与非洲交流往来的一个通道。

4.《经行记》和《酉阳杂俎》对非洲的记载

在古代中国，非洲是人们已知的最远的西方。在唐代之前，中国人已经通过各种途径对非洲有了一定的认识和了解。贾耽在《广州通海夷道》中，明确记述了由非洲东海岸向西北通往波斯湾的航线和通往非洲的航程。

杜佑在《通典》中记述唐代大秦国的情况时，附录了杜环《经行记》中有关大秦的记载，并记录了女国与摩邻两个国家。《新唐书·拂菻传》中有关于"摩邻国"的记载。杜环是历史上第一个有确切记载的到达非洲的中国人，他对于这个自然、人文都颇为奇特的摩邻国作了详尽的记载。杜环《经行记》中着意描述他从耶路撒冷启程，经过埃及、努比亚到埃塞俄比亚的阿克苏姆王国的见闻。阿克苏姆人崇敬三大神即天神、地神和海神摩邻，杜环因海神之名称其为摩邻国。在进入非洲后，杜环亲眼见到埃及、努比亚和埃塞俄比亚等地区流行大秦法（基督教），埃及和努比亚沿海的阿拉伯人信大食法（伊斯兰教），在尼罗河以东的苏丹境内从事转口贸易的牧民贝贾人崇奉寻导法（原始拜物教）。杜环的《经行记》写道："又云：摩邻国在秋萨罗国西南，度大碛，二千里至其国。其人黑，其俗犷。少米麦，无草木。马食干鱼，人餐鹘莽。"

杜环所记的关于"摩邻"的内容尤其受到学界的高度重视。夏德在《大秦国全录》中，以"食鱼民族"为搜索主线在今埃及红海省会乌尔代盖市一带进行了勘同："诸国陆行所经"之"诸国"，"也许可以推断位于红海西岸，远至古代传说食鱼的民族特罗格卢底或伊底育菲支"。张星烺认为："秋萨罗即'Castilia'（卡斯提利亚）译音，西班牙（中部）之古国名也。摩邻，即'Maghrib el Aksa'首一字之译音。此三字为阿拉伯文，其义犹今人所称之'泰西'，盖其地为奉回教者最西之地也。又简称'麻格力伯'（马格里布），宋代称木兰皮，即今摩洛哥。""《新唐书》所记可与《通典》互相参证，盖秋萨罗亦古罗马之一部也。其为今西班牙，毫无疑义。《新唐书》与《通典》似取材于杜环《经行记》，原文或即以秋萨罗为拂菻之一部，故欧阳修等修书时，不称在秋萨罗西南，而曰在拂菻南也。拂菻之指罗马帝国全境，不仅东罗马一隅，此方亦可为诸证据中之一端也。老勃萨之名，不见杜佑记载，或为其所删也。根据白洛克尔曼（C. Brockelmann）《回教古今史》附图，阿拉伯人称摩洛哥以东之地方，自西经二度至东经五度，皆为'Tlemssen'。西经二度、北纬三十五度，有城亦同名。今代地图有译作特林森者，实则此字读音应作脱勒姆森（特累姆森）。老勃萨为其之讹音，可无庸疑。磨邻与之并列，皆在拂菻西南，可知两地必相邻。读音与事实，皆相符矣。"①

还有学者通过对相关叙述进行考察后指出，符合"拂菻西南度大碛二千里"而后至、"马食干鱼""其人黑"等条件的地区，应是位于今撒哈拉沙漠迤南、有着宽阔内陆三角洲的尼日尔河上、中游地区。在中世纪时，"加纳、马里、桑海"等相继在当地建立灿烂文明，"摩邻"正是当地曼迪人对王国"马里"的泛称。"摩邻"的三"法"："大秦"指的是早期受到罗马文化影响的柏柏尔人；"大食"指的是近期入侵的阿拉伯人；"寻寻"指的是曼丁哥、索宁凯、桑海等土著黑色人种，而"寻寻"正是"桑海"一词变形后的译写。

摩邻具体指哪个国家，学术界分歧尚多。但是综合杜环记载的方位、肤色、风俗、物产等各方面的情况来看，摩邻是当时非洲大陆的某个古代国家则是没有疑问的。杜环最后返航的地方是埃塞俄比亚的马萨瓦港，他从那里回到波斯湾后，当年便搭船返回广州。

除了贾耽、杜环的著作之外，唐代文献对非洲最详尽的记载当属段成式的《酉阳杂俎》。

段成式出生在世代官宦之家，是一位博学的学者。他不仅家庭皮藏丰富，而且在任秘书省校书郎期间，广泛阅读了朝廷官方收藏的图书，"秘阁书籍，披阅皆遍"，特殊的家庭环境和生活经历使他接触了大量常人无从见到的奇篇秘籍，并在此基础上撰写了以"奇诡谲怪"著称的《酉阳杂俎》。

段成式在《酉阳杂俎》中记载的非洲国家主要有孝亿国（埃及南部）、

---

① 张星烺：《中西交通史料汇编》第 2 册，中华书局 2003 年版，第 567—568 页。

仍建国（北非突尼斯沿海古城）、悉怛国（不详）、怛干国（撒哈拉沙漠中的沙岛）、勿斯离国（埃及）等国，其中以拨拔力的记载最称完备："拨拔力国，在西南海中，不食五谷，食肉而已。常针牛畜脉，取血和乳生食。无衣服，唯腰下用羊皮掩之。其妇人洁白端正，国人自掠卖与外国商人，其价数倍。土地唯有象牙及阿末香，波斯商人欲入此国，围集数千，人赍绁布，没老幼共刺血立誓，乃市其物。自古不属外国，战用象排、野牛角为槊，衣甲弓矢之器。步兵二十万，大食频讨袭之。"

一般认为，"西南海"就是东非沿海之亚丁湾，而拨拔力就是见于《诸蕃志》记载的"弼琶罗"，相当于现代索马里的柏培拉港。但也有人持异议，指出弼琶罗与拨拔力对音相近，但在风俗、物产等方面差异显著，不应同属一地，认为从段成式记载的生活习俗和服饰而言，应该是指在今东非肯尼亚和坦桑尼亚一带游牧的马赛族人。无论以哪一说为准，可以肯定的是最晚至9世纪上半叶，唐朝人已经对东非沿海某地的风俗、物产及其与大食的关系有了比较详细的了解。

段成式对非洲诸国的记录远远超出了前代的记录。《酉阳杂俎》有关东非沿海地区的记载，很可能来源于他亲自对来唐的客使或商人的查访。以卷一一《广知》为例，本卷总共记载了44事，涉及的调查对象有僧那照、道士郭采真、王山人、山人张盈、李洪山人、秀才顾非熊、僧广升等7人。可知在奇篇秘籍之外，博采异闻是《酉阳杂俎》的一大特色。

《酉阳杂俎》有关外国的记载，更是以调查得来者居多。如在卷一八《广动植之三》"阿魏"条下记载，阿魏出自北天竺与波斯国，并在两国对阿魏称谓及阿魏的性状后称："拂菻国僧弯所说同。摩伽陀国僧提婆言，取其汁如米豆屑，合成阿魏。"他在拨拔力国的记载中特别提及波斯商人在那里交易的情景，则有关拨拔力的记载可能就是来源于对波斯商贾的调查。

除了以上诸国外，见于唐代载籍的非洲国家还有甘棠、殊奈等国。甘棠国在贞观十年（636）向唐朝入贡，据载，甘棠在"大海南"，今人认为应在"非洲东海岸"。殊奈国在"林邑南，去交趾海行三月余日"，被目为"绝远"之地，殊奈国自古未通中国，在贞观二年（628）十月，首次遣使入唐朝。

四 宋朝与非洲的交通和贸易

唐代中国与非洲建立起来的贸易关系，到宋代时有了进一步的扩大和发展。

宋王朝，特别是南宋王朝，十分重视发展海上贸易，与东亚的日本、高丽，东南亚和南亚地区，印度洋、波斯湾和阿拉伯半岛，都有通航，商船往来不绝于途。同时，中国的大帆船还驶往埃及和东非海岸，与非洲建立起经常性贸易关系。

埃及地处国际交通中心的位置。10世纪至13世纪在埃及先后兴起的法蒂玛和阿尤布两个王朝，十分重视贸易的发展。法蒂玛王朝从工商业和贸易中获得巨大的收入，物质财富丰足，国力强盛。据记载，宋大中祥符元年（1008），有一位名叫蒲含沙（Abū-I-Hasan）的埃及船长从杜米亚特港起航赴华。杜米亚特是埃及的重要港口城市，是地中海和印度洋贸易中的主要进出港之一，其繁华日益胜过亚历山大里亚。这位埃及船长到达中国、觐见皇帝后，被允许随宋真宗到泰山朝献，参加盛典。宋真宗还通过他转赠埃及法蒂玛王朝哈里发银饰绳床、水罐、器械、旗帜、鞍勒马等。此后，埃及法蒂玛王朝多次遣使中国，互通贸易。

宋大中祥符四年（1011），宋朝皇帝祀汾阴后土祠，埃及派归德将军陀婆离随带大批礼品朝贺。宋真宗对随同的埃及使者给予最高级别的接待，请使者陪位，又赐冠带服物。天禧元年（1017），宋朝批准"大食国蕃客麻思利等回示物色，免缘路税减半"。"麻思利"（又译为"勿斯里"），是宋代中国文献对阿拉伯语 Maghreb（马格里布）的译名，指埃及以西的地方。上述决定即宋朝对埃及商人给予从京师到港口沿途经商减税的优待。天禧二年（1018），大食国遣使蒲麻勿陀婆离（Abū-I-Muhammad）、副使蒲加心（Abū-I-Qāsim）来华。熙宁六年（1073），档册上记载："大食国陀婆离国遣使蒲麻勿等"到中国，随带真珠、玻璃、乳香、象牙等大批礼品。"陀婆离"是当时对杜米亚特的译称。

《诸蕃志》中，详细地记载勿斯里（埃及）、遏根陀（亚历山大港）、陀盘地（杜姆亚特港）和憩野城（开罗）等地的情况。这些情况可能是作者从到达泉州的埃及商人那里听来的。他还记述遏根陀国有一座高达 100 米的大塔，这就是古代亚历山大港的法鲁斯岛灯塔。憩野是勿斯里的都城，商业非常繁盛，意大利商人到这里来购买东方货物，其中最吸引人的是宋朝的货物，主要有丝织品、瓷器、金银、铜钱等。

在今苏丹的埃得哈布港，是古代北非与东方贸易的重要港口。11 世纪中叶到 14 世纪中叶是最繁荣的时期。从印度溯红海开往埃及的船只，都在埃得哈布港停泊。12 世纪后半叶著名旅行家伊本·裘巴尔（Ibn Jubayr）说："从印度和也门来的船只频繁出入，这里是世界上最繁华的城市之一。"① 据一位也门的犹太商人的记录，由印度运进埃得哈布港的商品中，中国陶瓷占第一位，其他还有胡椒、草药、绢丝、珍珠、铁等。埃得哈布港遗址沿海岸分布，延续约 2 千米，到处散布着中国陶瓷碎片，包括唐末、宋、元和明初的越窑青瓷、龙泉窑青瓷、白瓷、青白瓷、青花瓷以及黑褐釉瓷等等。这些遗迹说明当时与中国的贸易是很繁盛的。

宋代中国与东非沿岸各地也建立起经常性贸易和外交关系。这时东非社会由于和伊斯兰世界以及印度尼西亚海上联系的广泛开展，正在经历着巨大的变革。7 世纪末到 10 世纪，大批阿拉伯人迁移到东非，他们在这里建立很多居民点，逐渐发展为城市。东非地区伊斯兰化，商业也迅速发展和繁荣起来。著名的僧祇帝国就在此时兴起，《诸蕃志》中出现的"层拔"，《宋史》中的"层檀"，当指僧祇帝国，即今之桑给巴尔。僧祇帝国的居民以大食人居多，史载："其人民皆大食种落，尊大食教度。"这里的大食居民自古以来以出海经营作为营生，他们甚至不远万里，来到宋朝进贡、贸易。在这一时期，中国海外贸易商也加入了伊斯兰商人的队伍，成为东非象牙、香药外销的重要客商，中国瓷器向东非的出口也成倍地增长。从 11 世纪下半叶起，中国帆船的印度洋货运线，在航程上超过了伊斯兰商人经营的东方贸易线。到 12 世纪后半期和 13 世纪上半期，东非这个市场完全纳入了中国的印度洋贸易网。

① ［日］三上次男著，李锡经、高喜美译，蔡伯英校：《陶瓷之路》，文物出版社 1984 年版，第 19 页。

中国商船可能在宋代就直接到达非洲。据国外有关文献记载，在宋代王安石时期，中国同东非的贸易已达到前所未有的水平。还有文献说："中国人每遇到国外骚乱，或者由于印度局势动荡，战乱不止，影响商业往来，便转到桑奈建（桑给巴尔）及其所属岛屿进行贸易。由于他们买卖公平，举止温和，态度适中，很快和当地居民发生了密切关系。该岛（翁古贾）人丁兴旺，外来者也多能安居乐业。"[1] 据皮尔斯（F. B. Pearce）《桑给巴尔》一书记载，现在有可靠的证据证明，约在 1270 年，确有一支中国船队访问过阿察尼亚（东非）海岸。所以，在宋代，中国与东非沿岸各地的贸易空前活跃，进入频繁、持续和繁荣发展的时期。

> 波斯、印度、印度尼西亚和中国冲击着漫长的非洲东海岸绵延
> 数世纪之久。它们都在那里留下了许多痕迹。印度洋贸易对非洲东
> 部和东南部所发生的影响，相当于越过撒哈拉的贸易对于苏丹甚至
> 非洲的整个西部和中部所发生的影响。它使古代这些居于遥远的平
> 原和山中的居民和外界的文明联系起来。这有助于发展他们铁器时
> 代的社会和提高他们的文明。[2]

东非地区也有一些国家向中国派遣使节。熙宁四年（1071），有层檀国使者层伽尼从海上到达广州，对宋朝进行访问。元丰四年（1081），层檀再次派层伽尼来到广州，在广州停留一年多，于元丰六年（1083）正月抵达开封，受到宋廷的隆重接待，使者赠送本国特产，宋神宗回赠银二千两。此层檀国，即是索马里北部、位于亚丁湾南岸的港口城市泽拉，当时是埃塞俄比亚的属国。

宋朝人称索马里古国为中理（今索马里沿岸）和弼琶啰（今索马里柏培拉港）。宋代，索马里的对华贸易港，北方有泽拉，南方有摩加迪沙。泽拉在北宋时期是中索贸易的主要港口，后来，摩加迪沙在印度洋国际贸易上充当了极其活跃的角色，在对华贸易上也超过了泽拉。《宋会要》记载，大中祥符四年（1011），有三麻兰国船长聚兰到宋京开封，同行的还有蒲婆众国麻勾和

---

① 马文宽、孟凡人：《中国古瓷在非洲的发现》，紫禁城出版社 1987 年版，第 108 页。

② ［英］巴兹尔·戴维逊著，屠尔康、葛佶译：《古老非洲的再发现》，生活·读书·新知三联书店 1973 年版，第 221—222 页。

勒等人。"三麻兰"即索马里，"蒲婆众"即摩加迪沙。索马里境内有很多地点发现中国古瓷，"从这些高原遗址发现的中国陶瓷，和阿拉伯半岛南岸的阿布扬城遗址的 13 至 15 世纪的中国陶瓷是完全一样的"①。索马里领土内非洲东端的瓜达富伊角（非洲之角）上的索科特拉岛，从前被称为地斯克雷达岛，自罗马时代以来是印度、希腊和阿拉伯商人之间进行大规模贸易的中转地。那里商人云集，他们带进了地中海地区、非洲和印度、中国的货物，进行交易。

英国学者施沃茨（E. H. L. Schworz）指出，从索马里的基西马尤到桑给巴尔的整个海岸，散布着中国古瓷。② 肯尼亚位于这一漫长的海岸线的中段，沿岸多有良港，海外交通比较发达。中世纪以后，由于中国瓷器大量的输入，当地人则将其称为"中国拉姆"，意思是从拉姆运来的中国瓷器。曾任杰萨斯堡博物馆馆长的柯克曼（J. Kirkman）指出："从 14 世纪到 19 世纪中叶，肯尼亚从中国进口陶瓷的数量等于或往往超过了所有从其他国家进口的陶瓷的总和。"③

总之，"在整个宋代，中国和非洲各国曾经通过建交、贸易、通航等多种方式建立直接的交往，也通过阿拉伯人、印度人和苏门答腊人等的中介，彼此进行过更加广泛的接触"④。这些交往和接触，增进了中国与非洲的相互了解，扩大了双方的物质文化交流。

五　元朝与非洲的直接交往

1. 元朝与非洲的交通往来

元朝建立以后，大力发展海外交通，中国的商船也直达非洲，使中国与非洲的交往比之前代有更多的发展。元代造船和航海技术的发展，远航能力

---

① ［日］三上次男著，李锡经、高喜美译，蔡伯英校：《陶瓷之路》，文物出版社 1984 年版，第 29 页。

② 参见［英］施沃茨：《中国与非洲的接触》，转引自马文宽、孟凡人：《中国古瓷在非洲的发现》，紫禁城出版社 1987 年版，第 10 页。

③ 马文宽、孟凡人：《中国古瓷在非洲的发现》，紫禁城出版社 1987 年版，第 10 页。

④ 沈福伟：《中国与非洲——中非关系二千年》，中华书局 1990 年版，第 301 页。

超过宋代，为中国与非洲海上交通的发展创造了条件。元代中国与非洲的海上交通主要有 3 条航线。

（1）至北非的航线。中国船只经印度至亚丁后，将货物改装到小船上，进入红海航行 7 天后到达埃及的埃得哈布港。汪大渊到埃及可能走的就是这条航线。《马可·波罗游记》对印度—亚丁—亚历山大港之间的贸易做过详细记载，他说：载有香料和药材的船舶从印度抵达亚丁后，把货物从大船搬到小船上，渡红海至埃得哈布港，再卸下货物装在骆驼背上，运往内地，约 30 天后再用小船沿尼罗河运到开罗，从这里沿着一条叫做加利奇恩的运河，最后抵达亚历山大港。马可·波罗称这是航程最短的路线。

（2）至东非沿岸的航线。这是一条经马尔代夫群岛至东非的航线。《岛夷志略》记载：北溜"地势居下，千屿万道。舶往西洋，过僧伽刺傍，潮流迅下，更值风逆，辄漂此国。候次年夏东南风，舶仍上溜之北"。

（3）至马达加斯加岛的航线。据马可·波罗记载，这条航线分两路：一是从索科特拉岛向南方及西南方航行 1600 千米而到达。马可·波罗在离开中国回国途中，走的就是这条航线；二是从印度的马拉巴海岸至马达加斯加，航期为 20—25 天。

当蒙古人在东方崛起的时候，埃及也发生了改朝换代。1250 年，埃及的阿尤布王朝被推翻，建立了马木鲁克王朝。1260 年，埃及马木鲁克王朝苏丹巴拜尔斯击败了蒙古西征军后，埃及更成为整个伊斯兰世界的政治、经济、文化中心。在中世纪摩洛哥大旅行家伊本·白图泰笔下，亚历山大的"港口是巨大的，是世界上所罕见的，只有印度的俱兰和古里港、土耳其人管辖的苏达克港和中国的刺桐（即泉州）港堪与相提并论"。而开罗则"是当地的京都。法老的首都，地区辽阔，物产丰富，房屋相连，大有容纳不下之势。开罗一直在走着红运，所以能统治万民，管理阿拉伯人和外邦人"。阿拉伯人在西亚、北非一带创造的高度发展的伊斯兰封建文明，使其在同中华文明交往时能够达到高层次的文化交流。

马木鲁克王朝建立不久，便通过伊儿汗国和意大利城邦，与遥远的中国建立了贸易联系。当时中国的出口货物有很大一部分要经过印度洋运到亚丁湾，再转销到利凡特、杜米亚特、亚历山大里亚、贝贾亚和丹吉尔等非洲港口。中国苏州、杭州的丝绸、瓷器、铁条、麝香、红色烧珠从亚丁湾转销到地中海东岸和尼罗河三角洲。

马木鲁克王朝也注意争取与中国元朝建立直接的联系。1259 年，马木鲁克王朝向中国派遣使者，于元中统二年（1262）抵达元朝上都，受到忽必烈的热情接待。元代文献称其为"发郎使者"。"发郎"即指马木鲁克王朝。元王辉《中堂事记》中记载"发郎使者"事："发郎国遣人来献卉服诸物。其使自本土达上都已逾三年。说其国在回纥极西徼，常昼不夜。""上嘉其远来，回赐金帛甚渥。"

元世祖忽必烈对埃及遣使十分重视，也开始考虑与马木鲁克王朝建立直接关系。元至元十九年（1282），元朝派阿耽出使埃及，抵达开罗。当时马木鲁克王朝的苏丹盖拉温（al-malik al-mansūr saif al-dīn Abū-l-ma'ālī al-Alfī al-Sālihī al-Najmī Qalā'īn），是一位杰出有为的君主。元朝使者阿耽可能与盖拉温讨论了双方进一步发展陆上和海道的贸易往来问题。拥有雄厚海上航运力量的中国商人，得到政府以高利贷发放资金的"斡脱"穆斯林，以及聚集了巨额资金的埃及卡拉米商人，亟愿通过马拉巴和也门，改善双方的商业待遇，力求在丝绸和香料贸易上有更大的发展。盖拉温在 1288 年颁发航海护照给侨居也门、印度、马来半岛和中国的埃及客商，鼓励他们招徕外商前往埃及。1305 年，元朝再次遣使赴埃及，调节伊儿汗国和马木鲁克王朝的争端。当时的历史学家和地理学家、任哈马长官的阿布·菲达（abu-al-Fidā）在《人类史纲》中记述，中国使节到达开罗后，向马木鲁克王朝苏丹纳赛尔（al-Mamlūk Nāsiribn-Qalāwūn）馈赠大批礼物，其中有 700 匹织有苏丹尊号的花锦。使者经历的路程，从大都算起，约有 1 万千米。

1322 年，马木鲁克王朝属地希贾兹也派使节到中国。此使节入华，增加了元朝对印度洋和地中海贸易的了解，间接促成了元朝在 1323 年重新开放海外贸易的决定。

这一时期中国和埃及之间贸易繁荣，人员往来也很频繁，有一些马木鲁克商人还侨居中国。1345 年，伊本·白图泰在杭州逗留期间，游历伊斯兰教徒居住处，访问过埃及富商奥托曼（Otman Bin Affan）的寓所，该区因奥托曼的名声而被命名为"阿尔奥托曼尼亚"，即"奥托曼区"。当时埃及人侨居中国，多数集中在杭州和泉州。

元朝与北非和东非其他国家也有密切交往关系。例如埃塞俄比亚是最早与元朝通使的非洲国家之一。在阿耽出使埃及之后一年，即至元二十年（1283），就有古答奴国"因商人阿畏等来言，自愿孝顺"（《元史》）。古答奴商人闻讯前往中国，表示希望通商。"古答奴"即冈达拉，在阿姆哈拉以西。埃塞俄比亚新兴所罗门王朝原先便是阿姆哈拉以西的基督教世家。至元二十八年（1291），元朝派特使到俱蓝、马八儿和于马都 3 国。出使马八儿和于马都的是礼部侍郎别铁木儿、亦列失金和陕西脱西，出使俱蓝的是礼部尚书铁里、侍郎阿老瓦丁和不剌。其中于马都国，便是埃塞俄比亚。到致和元年（1328），还有埃塞俄比亚遣使入华的记载。与此同时，元朝与埃塞俄比亚之间的海上交通和贸易十分活跃，东非其他国家也有与中国的间接贸易关系。如马达加斯加岛与外界的贸易很发达，马可·波罗说："世界各处，有许多商船开往这个岛来，装载各种货物，包括各种花样的锦缎和丝绸，卖给本岛商人或者换取货物回去。他们获得巨额利润。"①

至元十九年（1282），元朝使者杨庭璧到东非，抵达肯尼亚的那旺和索马里的摩加迪沙。至元二十二年（1285），摩加迪沙使者入华。他们可能是乘中国商船，直航苏门答腊，和苏门答腊使团一起在泉州登陆，再北上大都，受到忽必烈接见。第二年，即至元二十三年（1286），印度、斯里兰卡、苏门答腊、马来半岛和东非十国使者同时来华。《元史》卷一四记有马八儿、须门那、僧乃急里、南无力、马兰丹、那旺、丁呵儿、来来、急阑亦带、苏木都剌十国。其中有远到斯瓦希里海岸的马兰丹（马林迪）和那旺（帕特岛）。大德四年（1300），有蘸八（桑给巴尔）和爪哇、暹罗等国使臣抵大都。翌年，又有马来忽（马尔代夫）等海岛也派使者到中国。他们取道马尔代夫群岛这一条由中国帆船经营的新航线，分别从亚丁或摩加迪沙横渡印度洋。中国帆船也随使者远航非洲，当时元朝使者足迹已至北非和东非，远到大西洋滨和肯尼亚南部的蒙巴萨，和中国有直接的贸易和外交关系。②

2.《岛夷志略》对非洲的记述

元代旅行家汪大渊周游各地，其中也到过非洲。他在麦加朝圣后，过红

---

① ［意］马可波罗口述，鲁思梯谦笔录；陈开俊等译：《马可波罗游记》，福建人民出版社1981 年版，第 238 页。

② 参见沈福伟：《中国与非洲——中非关系二千年》，中华书局 1990 年版，第 383 页。

海北上埃及，从埃及到了挞吉那，即今天的摩洛哥丹吉尔港，后来又去了东非的肯尼亚和坦桑尼亚的沿海地区。

沈福伟认为，汪大渊是"中国历史上足迹最广的伟大的海上旅行家"①。汪大渊在麦加朝圣后，由红海北上埃及，从吉大港渡海，最近的登陆地点是上埃及（阿思里）的艾特伯港，此后顺尼罗河而下到达埃及首都开罗（马鲁涧），再至杜米亚特（特番利），泛舟地中海，游历伊本·白图泰的故乡丹吉尔（挞吉那），然后东返红海，出曼德海峡，在索马里北部的纳卡塔（哩伽塔）稍停之后，再绕过瓜达富伊角南航。汪大渊在东非沿海首先访问了摩加迪沙（班达里），接连造访了肯尼亚的马林迪（层摇罗）、格迪（千里马）、姆纳拉尼（曼陀郎）、基林迪尼（加里那），最后到达坦桑尼亚南部的基尔瓦·基西瓦尼（加将门里）和松戈·姆纳拉（麻那里）小岛②。沈福伟说："汪大渊却是直到他生活的那个时代，周游非洲的第一个中国人。"③

汪大渊在《岛夷志略》中对所到之地都有记述。他先渡红海到达上埃及的阿思里，《岛夷志略》记载："极西南达国里之地，无山林之限，风起则飞沙扑面，人不敢行。居人编竹以蔽之。气候热，半年之间多不见雨，掘井而饮，深至二三百丈，味甘而美。其地防原，宜种麦，或潮水至原下，则其地上润，麦苗自秀。俗恶。男女编发，以牛毛为绳，接发捎至齐膝为奇。以鸟羽为衣。捣麦做饼为食。民不善煮海为盐。地产大绵布、小布匹。贸易之货，用银、铁器、青烧珠之属。"

他接着到了开罗，记述了当时的埃及马木鲁克王朝的情况，他称之为"马鲁涧"，他在《岛夷志略》中写道："国与遏迤沙喃之后山接壤，民乐业而富。周回广一万八千余里。西洋国悉臣属焉。有酋长，元临漳人，陈其姓也。幼能读书，长练兵事。国初，领兵镇甘州，遂入此国，讨境不复返。兹地产马，故多马军，动侵番国以兵凡若干万。岁以正月三日，则建高坛以受兵贺，所至之地，即成聚落一所。民间互易，而卒无扰攘之患。盖以刑法之

① 沈福伟：《中国与非洲——中非关系二千年》，中华书局1990年版，第390页。

② 参见沈福伟：《中国与非洲——中非关系二千年》，中华书局1990年版，第391-392页。

③ 沈福伟：《中国与非洲——中非关系二千年》，中华书局1990年版，第392页。

重如此。观其威逼诸番，严行赏罚，亦酋豪中之表表者乎。"汪大渊赞扬马木鲁克王朝是一个幅员广大的国家，地中海和红海各国都受它控制。商业贸易发达，居民生活富裕。

他在结束了北非的访问之后，来到了东非，他首先记载的是索马里的纳卡塔，他译作"哩伽塔"："哩伽塔，国居辽西之界，乃国王海之滨。田瘠，宜种黍。民叠板石为居，掘地丈有余深，以藏种子，虽三载亦不朽也。气候秋热而夏凉。俗尚朴。男女瘦长，其形古怪，发长二寸而不见长。穿布桶衣，系皂布捎。煮海为盐，酿黍为酒，以牛乳为食。地产青琅玕、珊瑚树，其树或长一丈有余，或七八尺许，围一尺有余。秋冬民间皆用船采取，以横木系破网及纱线于其上，仍以索缚木两头，人于船上牵以拖之，则其树槎牙，挂挽而上。贸易之货，用金、银、五色鞋、巫仑布之属。"

他记载肯尼亚的马林迪："层摇罗，国居大食之西南，崖无林，地多淳。田瘠，谷少，故多种薯以代粮食。每货贩于其地者，若有谷米与之交易，其利甚溥。气候不齐。俗古直。男女挽发，穿无缝短裙。民事网罟，取禽兽为食。煮海为盐，酿蔗浆为酒。有酋长。地产红檀、紫蔗、象齿、龙涎、生金、鸭觜胆矾。贸易之货，用牙箱、花银、五色鞋之属。"

汪大渊最后到达昆仑古国首都基尔瓦·基西瓦尼，将其称之为"加将门里"："加将门里去加里二千余里，乔木成林，修竹高节。其地堰潴，田肥美，一岁三收谷。通商贩于他国。气候常热。俗薄。男女挽髻，穿长衫。丛杂回人居之，其土商每兴贩黑囡往朋加剌，互用银钱之多寡，随其大小高下而议价。民煮海为盐，酿（蔗）浆为酒。有酋长。地产象牙、兜罗绵、花布。贸易之货，用苏杭五色鞋、南北丝、土绸绢、巫仑布之属。"

汪大渊对北非和东非的记述，证实了元代中国与非洲贸易之发达，中国商品在非洲很受欢迎。沈福伟指出："汪大渊以他亲身的航海实践写下的《道夷志略》，是一部足以和他同时代的欧洲旅行家马可·波罗和非洲游历家伊本·白图泰留下的游记并列的伟大著作。他在非洲东部海岸的航行，给以后中国航海家探索印度洋南部地区起到了开导的作用。"[1]

---

① 沈福伟：《中国与非洲——中非关系二千年》，中华书局 1990 年版，第 405 页。

六 以郑和船队为中心的明初中非关系

明朝的中非关系，由于郑和下西洋，开展定期的官方贸易，而出现了新的高潮。郑和率领的船队，向西所到的地方，以波斯湾的霍尔木兹、红海的吉达和印度洋西岸的摩加迪沙、基尔瓦为目的港，航线遍布南海和印度洋东西两部。"郑和的宝船队，从第三次出航开始，便对东非各国给以极大的关注，从此以后，连续对东非海岸进行了五次访问。"①

第一次（总第三次），1409年12月—1411年6月。郑和船队初访摩加迪沙、朱巴和布腊瓦。

第二次（总第四次），1413年12月—1415年7月。郑和船队开赴吉达，并到过埃及的港口。在东非，再度访问摩加迪沙、布腊瓦，并向南到基尔瓦、莫桑比克港和索法拉港。

第三次（总第五次），1417年12月—1419年7月。郑和奉命伴送科泽科特、马尔代夫、摩加迪沙、布腊瓦、基尔瓦等国使节回国，抵达基尔瓦。

第四次（总第六次），1421年2月—1422年8月。郑和船队护送科泽科特等16国使团回国。其中一支分遣队到达摩加迪沙和布腊瓦。

第五次（总第七次），1431年12月—1433年7月。船队访问了摩加迪沙、布腊瓦和朱巴。

郑和船队在非洲沿岸各国广泛进行了文化交流和贸易活动。在木骨都束，为换取当地特产乳香、龙涎香等，用的是"金、银、色段、檀香、米谷、磁器、色绢之属"。在卜剌哇，"货用金银、段绢、米、豆、磁器之属"。郑和船队通过物物交换，或用金银购买，为国家采办了大量的非洲特产，"充舶而归"，"取无名宝物，不可胜计"。在郑和下西洋期间，明朝与非洲的贸易中，中国输出的是丝绸、瓷器、铜钱、金币、铁器等手工业品；进口的则是象牙、犀角、乳香、龙涎香、没药、斑马、长颈鹿、骆驼、鸵鸟等珍禽异兽和农矿初级产品。费信

---

① 沈福伟：《中国与非洲——中非关系二千年》，中华书局1990年版，第454页。

《星槎胜览》中提到船队用各种中国特产在当地交换。在竹步国，"货用土㻁、段绢、金银、磁器、胡椒、米谷之属"。在木骨都束，"货用金银、色段、檀香、米谷、磁器、色绢之属"。在卜剌哇，"货用金银、段绢、米豆、磁器之属"。

由于郑和船队数次远航至非洲，所以，15 世纪上半叶中国和非洲各国的友好往来达到高潮。明永乐十三年（1415），麻林国，即印度洋西岸的基尔瓦苏丹国遣使入明，明成祖赠送大批钞币和永乐通宝铜钱。同年底另有一次基尔瓦使者至明，进献长颈鹿。基尔瓦使者返国时，明朝预先派官员在福建迎候，设宴送行。次年，基尔瓦、摩加迪沙、布腊瓦等一起再派使者到中国。使团返国时，明朝赠送许多文绮袭衣，派郑和率领船队携带国书和大批锦绮纱罗彩绢，赏赐各国。永乐十九年（1421），摩加迪沙、布腊瓦等又派出使节，远涉重洋来到中国。郑和随即奉命给他们及其他南亚、西亚国家使团送行，组成第六次下西洋船队。永乐二十一年（1423），摩加迪沙、布腊瓦又和亚丁、马尔代夫等 16 国派使节远航中国，以 1200 人的庞大使团抵达北京，成祖派太子设宴款待，回赠丰厚的礼品，慰劳各国使者。这一时期，中国与非洲的国家交往十分频繁，双边贸易也特别活跃。据《明史》记载，永乐年间与中国通使的国家有 7 个。另外，《明史》还记有未详所在约 10 国。据考，这 10 国中有 6 个在非洲。①

郑和下西洋停办以后，中国的海上贸易日渐衰落。但这并不是说中国帆船已退出印度洋。中国帆船在印度洋的运输和贸易，大部分依靠私人经营。15 世纪下半叶起，中国和非洲各地的经济联系改为间接的方式得以持续下去，双方货物的交换大抵通过亚丁、科泽科特进行。16 世纪中叶以后，除了埃及通过亚丁、吉达继续运进一定数量的中国货外，中国和非洲的贸易，被葡萄牙、荷兰、法国和英国的商船包办了。

与此同时，在郑和随行人员所撰写的《瀛涯胜览》《星槎胜览》《西洋番国志》中，对船队所访问过的东非城邦的位置、气候、土壤、居民、生产、土特产品、风俗习惯、货币及贸易情况，都有生动的描述记载，提供了关于非洲地理、社会、文化、政治等方面较为准确的资料。

---

① 参见沈福伟：《中国与非洲——中非关系二千年》，中华书局 1990 年版，第 482—483 页。

七　输入中国的非洲物产与植物

1. 输入中国的非洲物产

在宋代以前通过间接贸易的方式，经由阿拉伯、波斯商人，将许多非洲物产贩运到中国。在古代，许多贸易并没有严格地标明原产地，所以经常把贩运商人的家乡作为此类物品的产地。因此，虽然沈福伟在《中国与非洲——中非关系二千年》中开列了宋代非洲输入的物产，但其实这个清单不仅是宋代的，也可以看作是非洲与中国贸易中的传统商品。按照沈福伟的统计，宋代输入中国的非洲物产主要有：

（1）香药类：乳香、龙涎香、苏合香、芦荟、血竭、没药、木香、安息香、乌香、白胶香、御碌香、红花。

（2）犀牙、珠宝等：象牙、犀角、玳瑁、琥珀、珊瑚、真珠、椰枣、乌文木、棉布、火浣布、明矾、翡翠、琉璃。

2. 非洲植物在中国的传播和栽培

物产、植物和动物的交流是中外文化交流的重要组成部分，甚至是首先的和基础的部分。与在其他地区的情况一样，中国在与非洲的长期交往中，也有许多非洲的物产、动物和植物通过贸易和国家交往的渠道传入中国。在介绍西域的奇珍异兽传入中国中，就有一些来自非洲的动物，如狮子、长颈鹿等。传入中国的非洲植物品种很多，它们被引进到中国后，经过多年的栽培，丰富了中国的植物品种，有一些成为重要的粮食、蔬菜和药材，丰富了中国人的物质生活。沈福伟《中国与非洲——中非关系二千年》中详细地胪列了来自非洲的各种植物。

（1）蜀黍。亦称高粱，是非洲原生植物。非洲人食用蜀黍可能很早，加拿大考古学家马卡德（Julio Mercader）在莫桑比克的一个洞穴中进行了挖掘，在具有 4.2 万年到 10.5 万年历史的洞穴沉积层中发现了各种各样的石器。马卡德在美国《科学》杂志发表报告说，他们大约在 80% 的石器上发现了大量的淀粉痕迹。这些淀粉来自于非洲酒椰子、香蕉、豌豆、柑橘和非洲马铃薯，但是有80%的淀粉来自于甜高粱。这一发现表明，生活在莫桑比克的早期人类经常会把包括甜高粱在内的淀粉植物带回他们的洞穴。显然，原始人从洞穴外收集大量的高粱作物，然后在洞穴中用石器处理外壳后食用它们。这是迄今为止人类食用高粱的最早发现。

在前3000年，苏丹和埃塞俄比亚就已经开始栽培蜀黍。大约在前1500年，蜀黍随雅利安民族的迁徙传入印度。中国的蜀黍可能是从印度传入的，传入的时间很早。1955年在江苏北部出土一些碳化的蜀黍茎、根和叶，属于晚商或早周时期，在前1000年左右。在河北、洛阳和辽宁等地也有发现，时间约为前400年到初年。《周礼·考工记》所称"染羽以朱湛丹秫"，丹秫应即高粱。3世纪末的《抱朴子》中已有蜀黍，称作"四川之稷"，《齐民要术》中将蜀黍列入西南地区的外来食物。《本草纲目》记载："蜀黍北地种之，以备粮缺，余及牛马，盖栽培已有四千九百年。"至于高粱之名，则是在元代王祯《农书》中才出现的。

高粱是中国最早栽培的禾谷类作物之一。高粱在中国经过长期的栽培驯化，渐渐形成独特的中国高粱群，许多植物学形态与农艺性状均明显区别于非洲起源的各种高粱。中国高粱叶脉白色，颖壳包被小，易脱粒，米质好，分蘖少，气生根发达，茎成熟后髓部干涸，糖分少或不含糖分等。另外，中国高粱与非洲高粱杂交，容易产生较强的杂种优势。

（2）甘薯。甘薯是薯蓣属植物的块根。薯蓣自古以来便是西非最重要的食物，刚果是西非最早种植薯蓣的地方。薯蓣主要有6个品种，其中白薯又叫几内亚薯，黄薯又叫几内亚黄薯，中国甘薯也是由西非原生中心传播来的。白薯，中国古称甘薯，俗称山薯、红山药。3—4世纪已在南方交广地区栽培。嵇含《南方草木状》最早记载甘薯，写作"甘𦳊"，说"甘𦳊，盖薯蓣之类，或曰芋之类。根、叶亦如芋，实如拳。有大如瓯者，皮紫而肉白，蒸鬻食之，味如薯蓣，性不甚冷。旧珠崖之地，海中之人，皆不业耕稼，惟掘地种甘𦳊，秋熟收之，蒸晒切如米粒，仓圌贮之，以充粮糒，是名𦳊粮。北方人至者，或盛具牛豕脍炙，而末以甘𦳊荐之，若粳粟然。大抵南人二毛者百无一二，惟海中之人寿百余岁者，由不食五谷，而食甘𦳊故尔"。甘薯从东南亚海上引入越南和海南岛，海南岛居民将甘薯作为优质粮食款待北方来客。从这段描述看，嵇含所说的甘薯包括两类：一类如芋头，"实如拳"；另一类"大如瓯"，"皮紫而肉白"，"味如薯蓣"。《齐民要术》卷一〇引东汉杨孚《异物志》记载："甘藷似芋，亦有巨魁，剥去皮，肌肉正白如脂肪，南人专食以为米谷。"学术界对甘薯的来源有不少争论。实际上，争论的焦点是关于明代传入的美洲番薯。来自非洲的甘薯是与美洲的番薯不同的植物。

（3）亚麻。亚麻是古老的韧皮纤维作物和油料作物。亚麻起源于地中海沿岸，早在5000多年前，古代埃及人已经栽培亚麻并用其纤维纺织衣料，埃及各地的"木乃伊"也是用亚麻布包盖的。亚麻纤维是世界上最古老的纺织纤维。中国在前200多年已有关于亚麻的记载，叫做"胡麻"。张骞出使西域时带回的亚麻种子，在新疆、甘肃、宁夏、黑龙江、吉林、内蒙古、山西、东北等地开始种植，初始亚麻籽主要作药用，直到16世纪才用以榨油。

（4）芝麻。芝麻在中国也被称为"胡麻"，原产地在赤道非洲，非洲的芝麻有12个品种。相传是西汉张骞通西域时引入中国的。

（5）蓖麻。蓖麻是一年生或多年生草本植物、热带或南方地区常成多年生灌木或小乔木。原产于热带非洲的埃塞俄比亚、塞纳尔、科尔多凡。蓖麻在唐代以前未见记载。中国的蓖麻可能是从印度间接引入的。在中国，蓖麻又名牛蓖子草、红蓖麻、勒菜、杜麻、草麻。《唐本草》说："蓖麻，此人间所种者，叶似大麻叶而甚大，其子如蜱又名草麻。今胡中来者茎赤，树高丈余，子大如皂荚核，用之益良。"《蜀本草》说："《图经》云，（蓖麻）树生，叶似大麻大数倍，子壳有刺，实大于巴豆，青黄色班。夏用茎叶，秋收子，冬采根，日干。胡中来者茎子更倍大，所在有之。又云对似蓉草而厚大，茎赤有节屈口首蓝。"

（6）草棉。是棉花的一种。我国最早种植棉花是从印度引进的大陆棉。草棉是一年生草本，原生于非洲西苏丹，是通过西域传入中国的，时间大抵不晚于西汉中期。西域在汉代就已经种植草棉。明宋应星《天工开物·布衣》说："〔棉花〕种有木棉、草棉两者，花有白、紫二色，种者白居十九，紫居十一。"钟广言注："草棉：又名小棉、非洲棉，属锦葵科。6世纪经中亚细亚传入我国新疆、甘肃一带，所以又称阿拉伯棉。"《中国近代史资料选辑·采炼钢铁纺纱织布议》说："考中国古仅有木棉，名古贝。宋末时南番入贡，中国始有草棉，名古终，即今之华棉也。"

（7）红花。又名红蓝花、燕支花，或通称黄蓝。是原产于埃塞俄比亚的菊科一年生草本，具特异香气，味微苦，以花片长、色鲜红、质柔软者为佳。红花在前 1500 年时引入埃及，埃及包裹木乃伊所用的指甲花中就掺入红花。根据南宋赵彦卫《云梦漫钞》和明李时珍《本草纲目》中的说法，红花是汉代张骞通西域时，所传进的物种，且描述染出的色相叫做"真红"。红花是绘画颜料，也是染料，同时是妇女的化妆品色料。红花最初盛行于匈奴人，他们认为妻妾如红花般可爱，因此称之为阏氏。古时烟支山（今甘肃省永昌县、山丹县之间）盛产红花，汉武帝时大将霍去病夺下曾为匈奴占领的烟支山，使匈奴"妇女无颜色"。至 2 世纪时，红花已经引入到黄河流域。南北朝时，红花在黄河中下游地区的栽培已经很广泛。红花引进不久，就被作为上等药物，用于治疗活血、通经、产后瘀滞、跌打损伤、症瘕积聚及斑疹。

（8）椰枣。又名波斯枣、番枣，是枣椰树的果实，《本草纲目》称无漏子。椰枣树之名是因为外观像椰子树，而果实像枣，原产地大约是北非的沙漠绿洲和波斯湾周围地区，以非洲栽培最多。椰枣树是人类最早进行驯化栽培的四大果树之一（其他三种为葡萄、无花果、和油橄榄），埃及古铭文中已有椰枣树，种植极为普遍。在晋代，椰枣从临邑引入中国。8 世纪后，波斯商人再次将椰枣带入中国，所以又称为"波斯枣"。椰枣营养丰富，富含果糖，含有多种维生素、蛋白质、矿质元素及其他营养成分，自古以来被人们视为很好的滋补营养食品。

（9）木蓝。又名为蓝靛、槐蓝、小青、野槐树。双子叶植物药豆科植物。叶供提取蓝靛染料，又入药，能凉血解毒、泻火散郁；根及茎叶外敷，可治肿毒。木蓝主要产于非洲埃塞俄比亚、努比亚、塞纳尔等地。中国使用木蓝制造靛青很早，后汉赵岐《蓝赋》说洛阳附近种蓝特盛。

（10）苋。原产赤道非洲，一年生草本。东汉时已经引入中国，称为"胡苋"。8—9 世纪时各地已经普遍种植。

（11）罗望子。又称酸豆、酸角、酸梅、木罕、酸果、麻夯、甜目坎、通血图，是原生于热带非洲和苏丹的豆科常绿乔木，包括马达加斯加落叶林。罗望子经苏丹引入印度繁衍栽植，生长非常适宜，以致人们误认为罗望子是印度土生土长的植物。后经印度传入我国云南、广西、广东等地区。罗望子为果荚果肉，颜色为棕黑色，十年生长，十年开花，十年结果，可谓奇珍。罗望子在我国主要分布于云南，云南被称为"酸角之乡"。

（12）黎豆。豆科植物头花黎豆的种子。原产于非洲北部，后传入印度。可能也是通过印度传入中国的。

（13）胡豆子。古代胡豆大多是指豌豆，另有一种胡豆子，是野生豌豆，古代埃及已经种植。

（14）西瓜。西瓜原产于南非。赤道非洲发现过西瓜的原生种。公元前从苏丹传播到埃及和西亚地区，古埃及图像中可以见到西瓜。西瓜是在辽代时从阿拉伯人那里传入的。

（15）小黄瓜。原产于赤道非洲。张骞通西域后黄瓜传入中国。

（16）葫芦。葫芦首先栽培于苏丹，前2000年左右传入埃及，在埃及葫芦还被作为陪葬品。在印度，葫芦的栽培也很早。在中国河南考古遗址出土的葫芦皮最早的是7000—8000年前的。河姆渡文化遗址中发现的葫芦种子也有7000年的历史，但这可能是中国土生的小葫芦。非洲葫芦的传入是在前1000年。中国最早将葫芦称为瓠、匏和壶。在《诗经》《论语》中均有葫芦被提到。

（17）莴苣。又名春菜、生菜，是菊科莴苣属之一年生或二年生蔬菜。莴苣原产地北非和地中海沿岸，前4500年时莴苣在地中海沿岸普遍栽培。莴苣约在5世纪传入中国。

（18）水芹。多年水生宿根草本植物，别名水英、细本山芹菜、牛草、楚葵、刀芹、蜀芹、野芹菜等。原产于埃塞俄比亚，古埃及时代已经栽培这种植物。中国自古就食用，《吕氏春秋》中称，"云梦之芹"是菜中的上品。我国中部和南部栽培较多，以江西、浙江、广东、云南和贵州栽培面积较大。

（19）乳香。原产于亚丁湾和南阿拉伯，古称熏陆。3世纪时在越南北部已有栽培。

（20）没药。原产于埃塞俄比亚和索马里。后传播到东南亚，11世纪时广州已有栽培，但在中国没有能广泛推广繁殖。

（21）胡葵。别称一丈红、大蜀季、戎葵。二年生直立草本，高达2米，茎枝密被刺毛。花呈总状花序顶生单瓣或重瓣，有紫、粉、红、白等色。原产于赤道非洲。

（22）野西瓜苗。锦葵科的直立草本植物，因其叶掌状裂，再羽状深裂，叶外形极像西瓜，因而称为"野西瓜苗"。原产于非洲。我国最早的记载见于明代的《救荒本草》。

（23）竹节树。常绿乔木，原产于非洲马达加斯加岛。在我国主要分布滇西南、广东、广西等地。

（24）龙血树。原产地在赤道非洲，西非的加那利群岛以龙血树闻名，大约8—9世纪移植到广州。中国称龙血树脂为"麒麟竭"或"血竭"。血竭常被用于医药和防腐，具有止血、活血、补血，内外兼用，被人们推崇为"圣药"。

（25）乌文木。原产赤道非洲东部雨林区。越南北部在2—3世纪已有移植，后来广东地区也有栽培，用作造船的木材。